I0199987

Robert Faurisson

Écrits révisionnistes

Volume I

OMNIA VERITAS

ROBERT FAURISSON
(1929-2018)

Écrits révisionnistes
Volume I
1974-1983

Publié par
Omnia Veritas Ltd

OMNIA VERITAS

www.omnia-veritas.com

IN MEMORIAM

L a coutume voudrait qu'en tête de ces *Écrits révisionnistes* je remercie tous ceux, sans distinction, qui me sont venus en aide dans mes recherches ou dans la réalisation de l'ouvrage.

À l'encontre de cette coutume, je m'abstiendrai de nommer ici les vivants et je ne nommerai que les morts.

En un temps où désigner un révisionniste par son nom c'est en quelque sorte le dénoncer à la police de la pensée ou à la meute des médias et l'exposer ainsi au risque de la perquisition, de la saisie, du chômage, de l'amende ou de la prison, on comprendra que je ne puis, en conscience, dédier le présent ouvrage à aucun de ceux ni à aucune de celles qui mériteraient que je leur exprime publiquement, de leur vivant, ma gratitude ou mon admiration.

De la cohorte des morts que marque le sceau du révisionnisme je ne retiendrai ici que quelques noms sous l'invocation desquels j'ai, pendant un quart de siècle, vécu l'aventure du révisionnisme historique et auxquels je voudrais dire ma reconnaissance posthume : Jean Norton Cru (pour la première guerre mondiale), Paul Rassinier, Maurice Bardèche, Louis-Ferdinand Céline, Albert Paraz, Jean Genet[1] et François Duprat. À ces noms j'ajouterai ceux, pour la France, de Jean Beaufret et de Michel de Boüard ; pour l'Autriche, de Franz Scheidl ; pour l'Allemagne, de Hellmut Diwald et, pour les États-Unis, de James Morgan Read, le premier *historien* au monde qui se soit interrogé sur la réalité des prétendues chambres à gaz nazies, et cela *dès le mois de mai 1945*, en même temps d'ailleurs – pure rencontre de grands esprits – que l'Anglais George Orwell.

Je dédie aussi ces pages à l'Allemand Reinhold Elstner qui, à Munich le 25 avril 1995, s'est immolé par le feu en signe de protestation contre « le Niagara de mensonges » déversé sur son peuple ; la police allemande a, sur ordre, confisqué les bouquets déposés à l'endroit du sacrifice et procédé à l'interpellation de ceux qui, par ce geste de compassion, témoignaient de leur propre souffrance.

---

[1] N'en déplaise aux mânes de Jean-Paul Sartre, Jean Genet ne croyait pas au génocide des juifs ; il y voyait même une imposture. Pour lui, « le peuple juif [...] a fait croire au génocide » et l'État d'Israël a le comportement d'un « dément parmi les nations » (*Quatre heures à Chatila ;* les passages censurés par *La Revue d'études palestiniennes* se retrouvent dans *L'Ennemi déclaré*, Paris, Gallimard, 1991, p. 408, n. 30).

Au risque d'être mal compris par certains, je dédie également cet ouvrage à ceux, parmi les vainqueurs ensanglantés de la seconde guerre mondiale, qui, tels Churchill, Eisenhower ou de Gaulle, se sont refusés, aussi bien pendant la bataille qu'après la bataille, à cautionner, ne fût-ce que d'un mot, l'atroce, la grotesque, l'insolente imposture du prétendu génocide des juifs et des prétendues chambres à gaz nazies.

Je souhaite enfin que le présent ouvrage puisse s'inscrire sous le signe d'une mémoire, non pas sélective et tribale, mais universelle, sans exclusive aucune : *in memoriam omnium*. Puisse-t-il aussi se lire comme un hommage aux *vraies* souffrances de *toutes* les victimes de la guerre de 1939-1945, que ces victimes aient appartenu au camp des vainqueurs qu'on encense ou à celui des vaincus qu'on ne cesse, depuis près d'un demi-siècle, d'humilier et d'offenser !

Introduction

> « Il faudrait être bien éperdument prévenu en sa faveur
> pour oser se flatter que dans un ouvrage aussi étendu, et qui
> renferme autant de noms, de faits et de dates que celui-ci,
> il ne se soit glissé beaucoup de fautes. Je suis très persuadé
> qu'il m'en est échappé un grand nombre, pour lesquelles je
> demande l'indulgence du public avec d'autant plus de
> confiance que ma docilité à les corriger effacera peut-être
> la honte de les avoir faites. »
>
> Piganiol de la Force, *Introduction à la Description de la
> France*, 3 .édition, 1752, p. IX-X.

Ce n'est pas un révisionniste qui l'affirme mais un antirévisionniste :

> « Négateur de l'Holocauste », « révisionniste »,
> « négationniste », tout le monde sait ce que signifient de tels
> reproches. L'exclusion de l'humanité civilisée. Quelqu'un qui est
> en proie à de tels soupçons est anéanti. Sa vie civique est détruite,
> sa réputation scientifique ruinée. »

Et d'ajouter :

> « Il faudra débattre de l'état de l'opinion publique dans un pays
> où il suffit de brandir l'accusation redoutable du négationnisme
> d'Auschwitz pour détruire moralement, en l'espace d'une seconde,
> un savant renommé. »[2]

Contre la loi

Le présent ouvrage ne peut être diffusé. Son édition est privée et hors commerce. Son contenu enfreint la loi.

En France, il est interdit de contester la Shoah.

En application d'une loi du 13 juillet 1990 « sur la liberté de la presse », la Shoah, en ses trois hypostases – le prétendu génocide des

---

[2] Ces mots sont de Karl Schlögel, prenant la défense de Gabor Tamas Rittersporn accusé par Maxime Leo (*Berliner Zeitung* 14 février 1998) d'avoir apporté son soutien à la liberté d'expression de Robert Faurisson en 1980. (« *Eine Jagdpartie. Wie man einem Wissenschaftler ruiniert* », p. 42.)

juifs, les prétendues chambres à gaz nazies et les prétendus six millions de victimes juives de la seconde guerre mondiale – est devenue incontestable sous peine d'un emprisonnement de un mois à un an, d'une amende de 2.000 F à 300.000 F, du versement de dommages-intérêts dont le montant peut être considérable et sous peine d'autres sanctions encore. Plus précisément, cette loi interdit de *contester* l'existence d'un ou plusieurs « crimes contre l'humanité » tels que définis en 1945 et punis en 1946 par les juges du Tribunal militaire international de Nuremberg, tribunal institué exclusivement par des vainqueurs pour juger exclusivement un vaincu.

Certes, débats et controverses sur la Shoah – qu'on appelle aussi l'« Holocauste » – restent autorisés mais dans le cadre tracé par le dogme officiel. Controverses ou débats qui conduiraient à remettre en cause tout ou partie de la Shoah ou simplement à la révoquer en doute sont interdits. Répétons-le : en la matière, même le doute est proscrit, et puni.

L'idée d'une telle loi, d'inspiration israélienne[3], avait été formulée, en France, pour la première fois en 1986 par un certain nombre d'historiens d'origine juive dont Pierre Vidal-Naquet, Georges Wellers et François Bédarida, réunis autour du grand rabbin René-Samuel Sirat[4]. La loi fut votée en 1990 grâce aux initiatives de Laurent Fabius, président de l'Assemblée nationale et lui-même juif de combat. A la même époque, une violation de sépultures dans le cimetière juif de Carpentras donna lieu à une exploitation médiatique qui paralysa, chez les députés et les sénateurs de l'opposition, toute velléité de résistance effective au vote de cette loi. Dans Paris, drapeaux israéliens au vent, environ deux cent mille manifestants protestèrent contre « la résurgence de la bête immonde ». Le bourdon de Notre-Dame fit entendre sa voix comme pour un événement particulièrement tragique ou significatif de l'histoire de France. La loi une fois publiée au *Journal officiel de la République française* (avec nomination, le même jour, de Pierre Vidal-Naquet dans

---

[3] « En juillet 1981, la Knesset vota une loi interdisant la négation du Génocide : "La diffusion, écrite ou orale, d'œuvres niant les actes commis durant la période du régime nazi – crimes contre le peuple juif, crimes contre l'humanité – ainsi que les propos minimisant l'importance de ces actes dans le but de défendre ceux qui les ont perpétrés, et le soutien ou l'identification aux coupables sont passibles de cinq ans d'emprisonnement". Une proposition d'élever la peine à dix ans de prison fut rejetée. Ainsi l'extermination des Juifs ne constituait plus un sujet de recherche historique ; cet événement avait été, en quelque sorte, extrait de l'Histoire elle-même, et il était devenu un dogme national, protégé par la loi, jouissant d'un statut juridique similaire à celui de la croyance religieuse, plus élevé même : la peine maximale pour "grossièreté" à l'égard de la sensibilité ou de la tradition religieuse – y compris sans doute la négation de l'existence de Dieu – est d'un an de prison. » (Tom Segev, *Le Septième Million. Les Israéliens et le Génocide*, p. 535)

[4] *Bulletin quotidien de l'Agence télégraphique juive*, 2 juin 1986, p. 1, 3.

l'ordre de la Légion d'honneur), le scandale de Carpentras ne fut plus évoqué que de loin en loin, pour mémoire. Ne resta alors que la loi « Fabius-Gayssot ».

Sous la pression d'organisations juives nationales et internationales, d'autres pays adoptèrent à leur tour, sur les modèles israélien et français, des lois interdisant toute contestation de la Shoah. Ce fut le cas pour l'Allemagne, l'Autriche, la Belgique, la Suisse, l'Espagne et la Lituanie. D'autres pays, encore, du monde occidental ont promis aux organisations juives d'en faire autant, en particulier la Grande-Bretagne et le Canada. Mais, en réalité, une telle loi, de caractère spécifique, n'est pas indispensable pour la chasse au révisionnisme historique. En France, comme en d'autres pays, l'usage a été, et parfois reste, de poursuivre les contestataires de la Shoah en application d'autres lois, par exemple celles réprimant, selon le cas, le racisme ou l'antisémitisme, la diffamation de personnes vivantes, l'outrage à la mémoire des morts, l'apologie de crime, la propagation de fausses nouvelles et – source d'indemnités pécuniaires pour les plaignants – le dommage à autrui.

En France, policiers et juges assurent avec rigueur la protection ainsi accordée à une version officielle de l'histoire de la seconde guerre mondiale. Selon cette version rabbinique, l'événement majeur du conflit aurait été la Shoah, autrement dit une extermination physique ou une tentative d'extermination physique des juifs que les Allemands auraient perpétrée de 1941-1942 à 1944-1945 (ne disposant d'aucun document – et pour cause, puisqu'il s'agit d'une fiction – les historiens officiels ne proposent que des dates aussi divergentes qu'approximatives).

CARACTÈRE PARTICULIER DU PRÉSENT OUVRAGE : UNE CHRONIQUE RÉVISIONNISTE

De 1974 à ce jour, il m'a fallu mener tant de combats judiciaires que je n'ai pu trouver le loisir de rédiger l'exposé démonstratif qu'on était en droit d'attendre d'un universitaire qui, pendant de longues années, aura consacré ses recherches à un point et un seul de l'histoire de la seconde guerre mondiale : l'« Holocauste » ou la Shoah.

Année après année, une avalanche de procès, aux conséquences les plus graves, est venue contrarier tous mes projets de publication d'un tel ouvrage. En plus de mes propres procès, il m'a fallu consacrer une large part de mon temps à la défense, devant leurs tribunaux respectifs, de révisionnistes français et étrangers. Encore aujourd'hui, à l'heure où je rédige cette introduction, deux procès m'attendent personnellement (l'un aux Pays-Bas et l'autre en France) cependant qu'il me faut intervenir de manière directe ou indirecte dans les procès de révisionnistes qui vivent respectivement en Suisse, au Canada et en Australie. Faute de temps, j'ai dû refuser mon aide à d'autres révisionnistes, notamment à deux révisionnistes japonais.

Dans le monde entier, la tactique de nos adversaires est la même : en appeler aux tribunaux afin de paralyser les travaux de recherche des révisionnistes à défaut d'obtenir la condamnation de ces derniers soit à la prison, soit au versement d'amendes ou de dommages-intérêts. Pour le condamné, la prison entraînera l'arrêt de toute activité révisionniste tandis que le versement d'amendes ou de dommages-intérêts signifiera pour lui la recherche fébrile de l'argent, une recherche stimulée par les menaces de l'huissier, les « saisies-assignations », les « avis à tiers détenteurs » et le blocage du compte bancaire.

De ce simple point de vue, ma vie, pendant ce dernier quart de siècle, aura été difficile ; elle le reste et, selon toute vraisemblance, le restera.

Ajoutons à cela, pour aggraver la situation, que ma conception de la recherche n'a jamais été celle de l'universitaire ou de l'historien « de papier ». J'estime indispensable de me porter sur le terrain : soit le terrain de l'investigation matérielle, soit le terrain où se déploie l'adversaire. Je ne saurais parler de Dachau, de Majdanek, d'Auschwitz ou de Treblinka sans me rendre sur place afin d'y interroger les lieux et les gens. Je ne saurais entendre parler d'une action antirévisionniste (manifestation, conférence, colloque, procès) sans m'y rendre en personne ou sans y déléguer un observateur que je prépare à sa mission ; ce qui ne va pas sans risque mais permet d'obtenir des renseignements à bonne source. Je suscite d'innombrables lettres ou interventions. Je me porte à tous les créneaux. Pour ne prendre qu'un exemple, je crois pouvoir dire que, si l'impressionnante conférence internationale de l'« Holocauste » organisée à Oxford en 1988 par le milliardaire Robert Maxwell (dit « Bob le menteur ») a, du propre aveu de son instigateur[5], pitoyablement échoué, c'est grâce à une opération que j'ai personnellement menée sur place avec l'aide d'une révisionniste française qui ne manquait ni de courage, ni d'audace, ni d'ingéniosité : son action, à elle seule, aura certainement valu mieux que plusieurs livres. Mais les confectionneurs de livres à tout va comprendront-ils ce que je dis là ?

Aux jours et aux heures ainsi passés à la préparation des procès ou à ces multiples actions ponctuelles, on ajoutera les heures et les jours perdus dans les hôpitaux à se remettre soit des effets d'un exténuant combat, soit des conséquences d'agressions physiques menées par des

---

[5] Voy. Robert Maxwell, « J'accuse » [en français dans le texte], *Sunday Mirror*, 17 juillet 1988, p. 2.

milices juives (en France, les milices armées sont strictement interdites sauf pour la communauté juive).

Enfin, il m'a fallu inspirer, diriger ou coordonner, en France ou à l'étranger, de multiples actions ou travaux de caractère révisionniste, soutenir les énergies chancelantes, assurer une relève, répondre aux appels, mettre en garde contre les provocations, les erreurs, les dérives, et surtout lutter contre les complaisances car, chez certains révisionnistes, grande est la tentation, en un pareil combat, de rechercher un compromis avec l'adversaire et, parfois même, de se rétracter. Il ne manque malheureusement pas d'exemples où des révisionnistes sont, de guerre lasse, tombés dans la repentance publique. Je ne leur jette pas la pierre. Je sais d'expérience que le découragement guette chacun d'entre nous parce que le combat est inégal : nos moyens sont dérisoires et ceux de nos adversaires, immenses.

Nécessité faisant loi, le présent ouvrage se réduit donc à un choix de notes, d'articles, d'essais, de préfaces, d'interviews, de recensions que j'ai rédigés de 1974 à 1998 et qui sont ici présentés dans l'ordre chronologique de leur composition ou de leur publication. Le lecteur en tirera peut-être l'impression d'un ensemble disparate, entaché de bien des redites. Je sollicite son indulgence. Au moins cette diversité même lui permettra-t-elle de suivre au jour le jour l'aventure révisionniste dans ses vicissitudes. Quant aux redites, il arrive que je m'en console en songeant que, somme toute, je ne me suis peut-être pas encore assez répété puisque persistent aujourd'hui tant de méprises sur l'exacte nature du révisionnisme historique.

LE RÉVISIONNISME HISTORIQUE

Le révisionnisme est une affaire de méthode et non une idéologie.

Il préconise, pour toute recherche, le retour au point de départ, l'examen suivi du réexamen, la relecture et la réécriture, l'évaluation suivie de la réévaluation, la réorientation, la révision, la refonte ; il est, en esprit, le contraire de l'idéologie. Il ne nie pas mais il vise à affirmer avec plus d'exactitude. Les révisionnistes ne sont pas des « négateurs » ou des « négationnistes » ; ils s'efforcent de chercher et de trouver là où, paraît-il, il n'y avait plus rien à chercher ni à trouver.

Le révisionnisme peut s'exercer en cent activités de la vie courante et en cent domaines de la recherche historique, scientifique ou littéraire. Il ne remet pas forcément en cause des idées acquises mais souvent amène à les nuancer. Il cherche à démêler le vrai d'avec le faux. L'histoire est, par essence, révisionniste ; l'idéologie est son ennemie. Comme l'idéologie n'est jamais aussi forte qu'en temps de guerre ou de conflit, et comme elle fabrique alors du faux à profusion pour les nécessités de sa propagande, l'historien sera, en la circonstance, conduit à redoubler de vigilance : passant au crible de l'examen ce qu'on a pu lui assener de « vérités », il s'apercevra sans doute que, là où une guerre a provoqué des dizaines de millions de victimes, la première des victimes aura été la vérité vérifiable : une vérité qu'il s'agira de rechercher et de rétablir.

L'histoire officielle de la seconde guerre mondiale contient un peu de vrai combiné avec beaucoup de faux.

L'HISTOIRE OFFICIELLE : UN PEU DE VRAI COMBINÉ AVEC BEAUCOUP DE FAUX. SES RECULS SUCCESSIFS DEVANT LES AVANCÉES DU RÉVISIONNISME HISTORIQUE

Il est exact que l'Allemagne nationale-socialiste a créé des camps de concentration ; elle l'a fait après – et avec – bien d'autres pays, tous convaincus que ces camps seraient plus humains que la prison ; Hitler voyait dans ces camps ce que Napoléon III avait cru voir dans la création des colonies pénitentiaires : un progrès pour l'homme. *Mais* il est faux qu'elle ait jamais créé des « camps d'extermination » (expression forgée par les Alliés). *Il est exact* que les Allemands ont fabriqué des camions fonctionnant au gaz (*Gaswagen*). *Mais* il est faux qu'ils aient jamais fabriqué des camions à gaz homicides (si un seul de ces camions avait existé, il figurerait au Musée de l'automobile ou dans les musées de l'« Holocauste », ne fût-ce que sous la forme d'un croquis de valeur scientifique).

Il est exact que les Allemands employaient le Zyklon (produit à base d'acide cyanhydrique utilisé dès 1922) pour protéger par la désinsectisation la santé des civils, des troupes, des prisonniers ou des internés. *Mais* ils n'ont jamais employé le Zyklon pour tuer qui que ce fût et surtout pas des foules d'êtres humains ; en raison des précautions draconiennes d'emploi du gaz cyanhydrique, les prétendus gazages homicides d'Auschwitz ou d'autres camps auraient été, d'ailleurs, radicalement impossibles ; je m'étends longuement sur ce point dans le corps du présent ouvrage.

Il est exact que les Allemands envisageaient une « solution finale de la question juive » (*Endlösung der Judenfrage*). *Mais* cette solution était territoriale (*territoriale Endlösung der Judenfrage*) et non pas homicide ; il s'agissait de pousser ou, si nécessaire, de forcer les juifs à quitter l'Allemagne et sa sphère d'influence en Europe pour établir, en accord avec les sionistes, un foyer national juif, à Madagascar ou ailleurs. Beaucoup de sionistes ont collaboré avec l'Allemagne nationale-socialiste en vue de cette solution.

Il est exact que des Allemands se sont réunis, le 20 janvier 1942, dans une villa d'une banlieue de Berlin (Berlin-Wannsee) pour traiter de la question juive. *Mais* ils y ont envisagé l'émigration forcée ou la déportation des juifs ainsi que la création future d'une entité juive spécifique et non pas un programme d'extermination physique.

Il est exact que des camps de concentration possédaient des fours crématoires pour l'incinération des cadavres. *Mais* c'était pour mieux combattre les épidémies et non pour y incinérer, comme on a parfois osé le dire, des êtres vivants en plus des cadavres[6].

Il est exact que les juifs ont connu les souffrances de la guerre, de l'internement, de la déportation, des camps de rétention, des camps de concentration, des camps de travail forcé, des ghettos, des épidémies, des exécutions sommaires pour toutes sortes de raisons ; ils ont aussi souffert de représailles ou même de massacres car il n'est pas de guerre sans massacres. *Mais* il est également vrai que toutes ces souffrances ont été aussi le lot de bien d'autres nations ou communautés pendant la guerre et, en particulier, des Allemands et de leurs alliés (les souffrances des ghettos mises à part, car le ghetto est d'abord et avant tout une création spécifique des juifs eux-mêmes[7]) ; il est surtout vraisemblable, pour qui n'est pas affligé d'une mémoire hémiplégique et pour qui s'efforce de connaître les deux faces de l'histoire de la seconde guerre mondiale (la face toujours montrée et la face presque toujours cachée), que les souffrances des vaincus pendant la guerre *et après la guerre* ont été, en nombre et en qualité, pires que celles des juifs et des vainqueurs, surtout pour ce qui est des déportations.

Il est faux que, comme on a longtemps osé le prétendre, il ait existé un ordre quelconque de Hitler ou de l'un de ses proches d'exterminer les juifs. Pendant la guerre, des soldats et des officiers allemands ont été condamnés par leurs propres cours martiales, et parfois fusillés, pour avoir tué des juifs.

Il est bon que les exterminationnistes (c'est-à-dire ceux qui croient à l'extermination des juifs) aient fini, de guerre lasse, par reconnaître qu'on

---

[6] Les « bébés juifs [étaient] jetés tout vivants dans les crématoires » (Pierre Weil, directeur de la SOFRES, « L'anniversaire impossible », *Le Nouvel Observateur*, 9 février 1995, p. 53).

[7] « Il est d'ailleurs intéressant […] de souligner que le ghetto est historiquement une invention juive » (Nahum Goldmann, *Le Paradoxe juif*, p. 83-84) ; voy. aussi Pierre-André Taguieff, « L'identité juive et ses fantasmes », p. 65.

ne trouve trace d'aucun plan, d'aucune instruction, d'aucun document relatif à une politique d'extermination physique des juifs et que, de la même façon, ils aient enfin admis qu'on ne trouve trace d'aucun budget pour une pareille entreprise ni d'aucun organisme chargé de mener à bien une telle politique.

Il est bon que les exterminationnistes aient enfin concédé aux révisionnistes que les juges du procès de Nuremberg (1945-1946) ont accepté pour vrais des faits de pure invention comme l'histoire du savon fabriqué à partir de la graisse des juifs, l'histoire des abat-jour faits de peau humaine, celle des « têtes réduites », l'histoire des gazages homicides de Dachau ; et surtout il est bon que les exterminationnistes aient enfin reconnu que l'élément le plus spectaculaire, le plus terrifiant, le plus significatif de ce procès, c'est-à-dire l'audience du 15 avril 1946 au cours de laquelle on a vu et entendu un ex-commandant du camp d'Auschwitz (Rudolf Höss) confesser publiquement que, dans son camp, on avait gazé des millions de juifs, n'était que le résultat de tortures infligées à ce dernier. Cette confession, présentée durant tant d'années et en tant d'ouvrages historiques comme la « preuve » n°1 du génocide des juifs, est maintenant reléguée aux oubliettes, du moins par les historiens.

Il est heureux que des historiens exterminationnistes aient enfin reconnu que le fameux témoignage du SS Kurt Gerstein, élément essentiel de leur thèse, est dénué de valeur ; *il est détestable* que l'Université française ait retiré au révisionniste Henri Roques son titre de docteur pour l'avoir démontré en 1985.

Il est pitoyable que Raul Hilberg, le pape de l'exterminationnisme, ait osé écrire, en 1961, dans la première édition de *The Destruction of the European Jews*, qu'il avait existé deux ordres de Hitler d'exterminer les juifs, pour ensuite déclarer, à partir de 1983, que cette extermination s'était faite d'elle-même, sans aucun ordre ni plan mais par « une incroyable rencontre des esprits, une transmission de pensée consensuelle » au sein de la vaste bureaucratie allemande. R. Hilberg a ainsi remplacé l'assertion gratuite par l'explication magique (la télépathie).

Il est bon que les exterminationnistes aient enfin, dans la pratique, à peu près abandonné l'accusation, appuyée de « témoignages », selon laquelle il existait des chambres à gaz homicides à Ravensbrück, à Oranienburg-Sachsenhausen, à Mauthausen, à Hartheim, au Struthof-Natzweiler, au Stutthof-Danzig, à Bergen-Belsen…

Il est bon que la chambre à gaz nazie la plus visitée du monde – celle d'Auschwitz-I – ait été enfin reconnue, en 1995, pour ce qu'elle était, c'est-à-dire une fabrication. Il est heureux qu'on ait enfin admis que « TOUT Y EST FAUX » et, personnellement, je me réjouis de ce qu'un historien appartenant à l'Établissement officiel ait pu écrire : « À la fin des années 70, Robert Faurisson exploita d'autant mieux ces falsifications que les responsables du musée rechignaient alors à les reconnaître.[8] » Je m'en réjouis d'autant plus qu'au fond la justice française m'avait, de façon inique, condamné pour l'avoir dit.

Il est bon que, dans le même article, le même historien ait révélé qu'une sommité du monde juif comme Théo Klein ne voit dans cette « chambre à gaz » qu'un « artifice ».

Il est également bon que, dans le même article, le même historien ait révélé d'abord que les autorités du musée d'Auschwitz ont conscience d'avoir trompé des millions de visiteurs (cinq cent mille par an au début des années quatre-vingt-dix), puis qu'elles continueront néanmoins à l'avenir de tromper les visiteurs car, selon la sous-directrice du musée : « [Dire la vérité sur cette « chambre à gaz »], c'est trop compliqué. On verra plus tard » ![9]

Il est heureux qu'en 1996 deux historiens d'origine juive, le Canadien Robert Jan van Pelt et l'Américaine Debórah Dwork, aient, enfin, dénoncé quelques-unes des énormes supercheries du camp-musée d'Auschwitz et le cynisme avec lequel on y trompe les visiteurs.[10]

Il est, en revanche, inadmissible que l'UNESCO (United Nations Educational, Scientific and Cultural Organisation) maintienne depuis 1979 son patronage à un site comme celui d'Auschwitz dont le centre recèle, avec cette fausse « chambre à gaz » (sans compter d'autres énormes falsifications), une imposture maintenant avérée ; l'UNESCO (dont le siège est à Paris et qui est dirigée par Federico Mayor) n'a pas le droit d'utiliser les cotisations des pays adhérents pour cautionner une

---

[8] Éric Conan, « Auschwitz : la mémoire du mal », p. 68.

[9] *Ibid.* En 1992, c'est-à-dire longtemps après la « fin des années 70 », un jeune révisionniste californien d'origine juive, David Cole, se présentera en découvreur des falsifications de la « chambre à gaz » d'Auschwitz-I. Dans une médiocre vidéo, il montrera, d'une part, la version des guides du musée (cette chambre à gaz est authentique) et, d'autre part, la version d'un responsable du musée, Franciszek Piper (cette chambre à gaz est « *very similar* » [très semblable] à l'originale). Jusque-là rien de nouveau. L'ennui est que D. Cole et ses amis ont ensuite fortement exagéré – pour ne pas dire plus – quand ils sont venus prétendre que F. Piper avait reconnu qu'il y avait eu « fraude ». Effectivement, il y avait eu fraude mais malheureusement D. Cole n'avait pas su le démontrer parce qu'il connaissait mal le dossier révisionniste. Il aurait pu définitivement confondre F. Piper en lui montrant, à la caméra, les plans originaux que j'avais découverts en 1975-1976 et publiés « à la fin des années 70 ». On y voit fort bien que l'actuelle prétendue « chambre à gaz » est la résultante d'un certain nombre de maquillages du lieu auxquels on a procédé après la guerre. Par exemple, les quatre prétendus « orifices de déversement du Zyklon B » pratiqués dans le plafond ont été percés – très grossièrement et très maladroitement – après la guerre : les fers à béton ont été brisés par les communistes polonais et laissés en l'état.

[10] R. J. van Pelt et D. Dwòrk, *Auschwitz. 1270 to the Present*, p. 363-364, 367, 369.

vaste escroquerie aussi contraire à « l'éducation », à « la science » et à « la culture ».

Il est heureux que Jean-Claude Pressac, après avoir été porté aux nues, soit tombé dans le discrédit. Lancé par le couple Klarsfeld, ce pharmacien a cru intelligent de rechercher une position médiane entre ceux qui croient aux chambres à gaz et ceux qui n'y croient pas. Pour lui, en quelque sorte, la femme à examiner n'était ni enceinte ni non enceinte mais à demi-enceinte et même, le temps passant, de moins en moins enceinte. Auteur d'écrits censés porter sur les chambres à gaz nazies mais où l'on ne pouvait trouver ni une photographie d'ensemble, ni un dessin d'ensemble d'un seul de ces abattoirs chimiques, le pitoyable gribouille devait faire la démonstration, le 9 mai 1995, à la XVIIe chambre du tribunal correctionnel de Paris, de sa totale impuissance à répondre aux questions de la présidente du tribunal sur ce qu'aurait bien pu être l'un de ces abattoirs. Trois ans plus tard, il en est réduit à écrire : « Ainsi, d'après les dires d'anciens membres du *Sonderkommando*, on estime avec une forte certitude qu'un film sur les gazages homicides fut tourné par les SS à Birkenau. Pourquoi ne serait-il pas retrouvé par hasard dans le grenier ou la cave d'un ancien SS ? »[11]

Il est heureux que « la chambre à gaz » à l'état de ruines, appartenant au Krematorium-II de Birkenau (Auschwitz-II), puisse surtout servir à démontrer « *in vivo* » et « *de visu* » qu'il n'y a jamais eu d'« Holocauste », ni dans ce camp ni ailleurs. En effet, d'après les interrogatoires d'un accusé allemand et d'après des photographies aériennes « retouchées » par les Alliés, le toit de cette chambre à gaz aurait possédé quatre ouvertures spéciales (de 25 cm x 25 cm, précisait-on) pour le déversement du Zyklon. Or, tout le monde peut constater sur place qu'aucune de ces ouvertures n'existe ni n'a jamais existé. Auschwitz étant la capitale de l'« Holocauste » et ce crématoire en ruines étant au cœur de l'extermination des juifs à Auschwitz, j'ai pu dire en 1994 – et la formule semble avoir fait son chemin dans les esprits : « *No holes, no "Holocaust"* » (Pas d'orifices, pas d'« Holocauste »).

Il est également heureux qu'on ait ainsi finalement invalidé une pléthore de « témoignages » selon lesquels ces gazages-là avaient existé et *il est, du même coup, extrêmement déplorable* que tant d'Allemands, jugés par leurs vainqueurs, aient été condamnés et parfois même exécutés pour des crimes qu'ils n'avaient pas pu commettre.

Il est bon qu'à la lumière de procès qui ressemblent à des mascarades judiciaires les exterminationnistes eux-mêmes émettent des doutes sur la validité de maints témoignages ; ces témoignages apparaîtraient encore

---

[11] J.-C. Pressac, « Enquête sur les chambres à gaz », p. 41.

plus clairement erronés si l'on se donnait enfin la peine d'ordonner des expertises judiciaires de l'arme *supposée* du crime *supposé* puisque, à l'occasion de mille procès concernant Auschwitz ou d'autres camps, aucun tribunal n'a ordonné une telle expertise (la seule exception, très peu connue, étant celle du Struthof-Natzweiler, dont les résultats ont été tenus cachés jusqu'à ce que je les révèle). On savait pourtant bien que des témoignages ou des aveux doivent être circonstanciés et vérifiés et que, faute de ces deux conditions, ils sont dépourvus de valeur probatoire.

Il est heureux que l'histoire officielle ait révisé à la baisse – souvent dans de considérables proportions – le nombre supposé des victimes. Il a fallu plus de quarante années de pressions révisionnistes pour que les autorités juives et celles du musée d'Auschwitz retirent les dix-neuf plaques qui, en dix-neuf langues différentes, annonçaient que le nombre des victimes du camp s'élevait à quatre millions. Il a ensuite fallu cinq années de disputes internes pour qu'on s'accorde sur le nouveau chiffre d'un million et demi, chiffre qui, ensuite, à son tour, a été très vite contesté par des auteurs exterminationnistes ; J.-C. Pressac, le protégé de S. Klarsfeld, ne propose plus, pour sa part, que le chiffre de 600.000 à 800.000 victimes juives et non juives pour toute la durée de l'existence du complexe d'Auschwitz. Il est dommage que cette quête du vrai chiffre ne se poursuive pas pour atteindre le chiffre probable de 150.000 personnes, victimes, principalement, d'épidémies en près de quarante camps du complexe d'Auschwitz. *Il est déplorable* que, dans les écoles de France, on continue de projeter *Nuit et Brouillard* où le chiffre des morts d'Auschwitz est fixé à neuf millions ; en outre, dans ce film on perpétue le mythe du « savon fabriqué avec les corps », celui des abat-jour en peau humaine et celui des traces d'ongles des victimes dans le béton des chambres à gaz ; on y entend dire que « rien ne distinguait la chambre à gaz d'un block ordinaire » !

Il est bon qu'en 1988 Arno Mayer, professeur d'origine juive, enseignant à l'université de Princeton, ait soudainement écrit : « Les sources pour l'étude des chambres à gaz sont à la fois rares et douteuses » ; mais pourquoi avoir si longtemps affirmé que les sources étaient innombrables et dignes de confiance, et pourquoi avoir vilipendé les révisionnistes qui écrivaient dès 1950 ce qu'Arno Mayer découvrait en 1988 ?

Il est surtout bon qu'en 1996 un historien, Jacques Baynac, qui s'était fait une spécialité, y compris dans le journal *Le Monde*, de traiter les révisionnistes de faussaires, ait enfin reconnu qu'il n'y a, en définitive, aucune preuve de l'existence des chambres à gaz. C'est, précise-t-il,

« pénible à dire comme à entendre »[12]. Peut-être, dans certaines circonstances, la vérité est-elle, pour certains, « pénible à dire comme à entendre » mais, pour les révisionnistes, la vérité est agréable à dire comme à entendre.

Il est enfin heureux que les exterminationnistes se soient permis de porter atteinte au troisième et dernier élément de la trinité de la Shoah : le chiffre de six millions de morts juives. Il semble que ce chiffre ait été lancé pour la première fois (un an avant la fin de la guerre en Europe !)[13] par le rabbin Michael Dov Weissmandel (1903-1956) ; établi en Slovaquie, ce rabbin a été l'artisan principal du mensonge d'Auschwitz à partir des prétendus témoignages de Slovaques comme Rudolf Vrba et Alfred Wetzler ; il organisait d'intenses « campagnes d'information » en direction des Alliés, de la Suisse et du Vatican. Dans une lettre du 31 mai 1944, il n'hésitait pas à écrire : « Jusqu'à ce jour, six fois un million de juifs d'Europe et de Russie ont été détruits. »[14]

Également bien avant la fin de la guerre, on trouve ce chiffre de six millions chez le juif soviétique Ilia Ehrenbourg (1891-1967) qui fut peut-être le plus haineux propagandiste de la seconde guerre mondiale.[15] En 1979, ce chiffre a été soudainement qualifié de « symbolique » (c'est-à-dire de faux) par l'exterminationniste Martin Broszat lors du procès d'un révisionniste allemand. En 1961, Raul Hilberg, le plus prestigieux des historiens conventionnels, estimait le nombre des morts juives à 5,1

---

[12] Jacques Baynac dans *Le Nouveau Quotidien* (de Lausanne), 2 septembre 1996, p. 6 et 3 septembre 1996, p. 14 ; voy., auparavant, Jacques Baynac et Nadine Fresco, « Comment s'en débarrasser ? », p. 2.

[13] On a parfois soutenu que le chiffre de six millions trouvait sa source dans un article de journal de… 1919 : Martin H. Glynn, « The Crucifixion of Jews Must stop! ». Ledit M. H. Glynn lançait un appel de fonds en faveur de six millions de juifs européens qui, disait-il, étaient affamés et persécutés et vivaient ainsi un « holocauste », une « crucifixion ». Le mot d'« holocauste » dans son acception de « désastre » est attesté en anglais dès le XVIIe siècle ; ici, en 1919, il désignait les conséquences d'une famine décrite comme un désastre menaçant. En 1894, Bernard Lazare appliquait le mot aux massacres de juifs : « …de temps en temps, rois, nobles ou bourgeois offraient à leurs esclaves un holocauste de juifs […] on offrait des juifs en holocauste » (*L'Antisémitisme, son histoire et ses causes*, p. 67, 71).

[14] «Till now six times a million Jews from Europe and Russia have been destroyed. », Lucy S. Dawidowicz, dans une compilation, *A Holocaust Reader*, p. 327 ; il s'agit de lettres traduites de l'hébreu et publiées à New York en 1960 sous le titre de *Min hametzar*.

[15] Je suis redevable de cette découverte à l'historien allemand Joachim Hoffmann ; dans *Stalins Vernichtungskrieg 1941-1945*, p. 161 et n. 42 de la p. 169, il signale qu'Ilia Ehrenburg donne ce chiffre dans un article de *Soviet War News* du 4 janvier 1945 intitulé : « Once again-Remember ! » En cherchant à vérifier ce point à l'Imperial War Museum de Londres, je n'ai rien trouvé à cette date ; en revanche, j'ai trouvé le texte signalé par J. Hoffmann sous un autre titre et à une autre date : sous le titre de « Remember, Remember, Remember » et à la date du 22 décembre 1944, p. 4-5. Faudrait-il en conclure que *Soviet War News* était publié sous différentes formes ?

millions. En 1953, un autre de ces historiens, Gerald Reitlinger, avait proposé un chiffre compris entre 4,2 et 4,6 millions. Mais, en fait, aucun historien de cette école n'a présenté de chiffres fondés sur une enquête ; il ne s'agit que de supputations propres à chacun. Le révisionniste Paul Rassinier, pour sa part, a avancé le chiffre d'environ un million de morts juives mais en partant, précisait-il, de chiffres fournis par la partie adverse ; donc, là aussi, il s'agissait d'une supputation. La vérité est que beaucoup de juifs européens ont péri et que beaucoup ont survécu. Avec les moyens modernes de calcul, il devrait être possible de déterminer ce que « beaucoup » signifie dans chacun des deux cas. Mais les trois sources auxquelles on pourrait puiser les renseignements nécessaires sont, dans la pratique, interdites aux chercheurs indépendants ou d'un accès limité :

– il s'agit d'abord de l'énorme documentation assemblée par le Service international de recherches (SIR) d'Arolsen-Waldeck (Allemagne), dépendant du Comité international de la Croix-Rouge (Suisse) et dont l'accès est jalousement contrôlé par dix États dont celui d'Israël ;

– il s'agit ensuite des documents possédés par la Pologne et la Russie et dont seulement une partie a été rendue accessible : registres mortuaires de certains camps, registres des incinérations, etc. ;

– il s'agit enfin des noms des millions de survivants juifs qui ont perçu ou perçoivent des indemnités ou réparations financières, soit en Israël, soit dans plusieurs dizaines de pays représentés au sein du Congrès juif mondial. La simple énumération de ces noms montrerait à quel point une communauté souvent dite « exterminée » n'a pas du tout été exterminée.

Encore cinquante-deux ans après la guerre, l'État d'Israël évalue officiellement à environ neuf cent mille le nombre, dans le monde, des « survivants » de l'« Holocauste » (exactement : entre 834.000 et 960.000)[16]. D'après une estimation du statisticien suédois Carl O. Nordling, à qui j'ai soumis cette évaluation du gouvernement israélien, il est possible, à partir de l'existence de neuf cent mille « survivants » en 1997, de conclure à l'existence, en 1945, d'un peu plus de trois millions de « survivants » au sortir de la guerre. Aujourd'hui encore, les organisations de « survivants » pullulent sous les dénominations les plus diverses ; elles rassemblent aussi bien d'anciens « résistants » juifs que d'anciens enfants d'Auschwitz (c'est-à-dire des enfants juifs nés dans ce camp ou internés dès leur jeune âge avec leurs parents), des travailleurs forcés juifs ou, plus simplement, des fugitifs ou des clandestins juifs. Des « miraculés » par millions ne sont plus un « miracle » mais les produits d'un phénomène naturel. La presse américaine rapporte assez souvent des

---

[16] Voy. « Holocaust Survivors », Adina Mishkoff, Administrative Assistant, AMCHA, Jérusalem, 13 août 1997 (chiffres fournis par le cabinet du premier ministre israélien).

retrouvailles entre survivants d'une même famille dont chaque membre était, nous assure-t-on, convaincu jusque-là que « toute sa famille » avait disparu.

En résumé, malgré le dogme et malgré les lois, la recherche de la vérité historique sur la seconde guerre mondiale en général et sur la Shoah en particulier a progressé dans ces dernières années ; le grand public est tenu dans l'ignorance de ces progrès ; il serait suffoqué d'apprendre que beaucoup de ses croyances les plus solides ont été, depuis le début des années quatre-vingt, reléguées par les historiens les plus orthodoxes au rayon des légendes populaires. On pourrait dire qu'il existe, à ce point de vue, deux conceptions de l'« Holocauste » : d'une part, celle du grand public et, d'autre part, celle des historiens conformistes ; l'une paraît inébranlable tandis que l'autre menace ruine, tant on y procède à de hâtives réparations.

Les concessions faites aux révisionnistes par les historiens orthodoxes, année après année, surtout à partir de 1979, ont été si importantes en nombre et en qualité que ces historiens se trouvent aujourd'hui dans une impasse. Ils n'ont plus rien à dire de substantiel sur le sujet même de l'« Holocauste ». Ils ont passé le relais aux cinéastes, aux romanciers, aux gens de théâtre. Même les muséographes sont en panne. À l'Holocaust Memorial Museum de Washington on a pris la « décision » de n'offrir aux visiteurs « aucune représentation physique des chambres à gaz » (déclaration qui m'a été faite en août 1994 par Michael Berenbaum, responsable scientifique du musée, en présence de quatre témoins, et auteur d'un livre-guide de plus de deux cents pages où, en effet, ne se trouve aucune représentation physique des chambres à gaz, pas même d'une misérable et fallacieuse maquette tout de même présentée aux visiteurs[17]). Les visiteurs du musée n'ont pas le droit de prendre des photographies. Claude Lanzmann, auteur de *Shoah*, film remarquable par son absence de contenu historique ou scientifique, n'a plus aujourd'hui que la ressource de vaticiner en déplorant que « les révisionnistes occupent tout le terrain »[18]. Quant à Élie Wiesel, il en appelle à la discrétion de tous ; il nous adjure de ne plus chercher à voir de près ou à imaginer ce qui se passait, selon lui, dans les chambres à

---

[17] La misérable et fallacieuse maquette (avec ses prétendues ouvertures pour le Zyklon dans le toit alors que de telles ouvertures, on le constate encore aujourd'hui, n'ont jamais existé, et avec ses prétendues colonnes poreuses alors que les colonnes de béton, comme on peut encore le voir, étaient pleines) est reproduite dans un autre livre-guide publié en 1995 ; voy. Jeshajahu Weinberg et Rina Elieli, New York, Rizzoli, p. 126-127 ; en revanche, ce livre-guide ne reproduit pas ce qui, dans le précédent livre-guide, celui de M. Berenbaum, était présenté comme la pièce à conviction par excellence des gazages homicides : une prétendue porte de chambre à gaz à Majdanek.

[18] *Le Nouvel Observateur*, 30 septembre 1993, p. 96.

gaz : « Les chambres à gaz, il vaut mieux qu'elles restent fermées au regard indiscret. Et à l'imagination.[19] » Les historiens de l'« Holocauste » se sont mués en théoriciens, en philosophes, en penseurs. Leurs querelles entre « intentionnalistes » et « fonctionnalistes » ou encore entre tenants et adversaires d'une thèse comme celle de Daniel Goldhagen sur la propension quasi naturelle des Allemands à verser dans l'antisémitisme et dans le crime raciste ne sauraient nous dissimuler l'indigence de leurs travaux proprement historiques.

SUCCÈS ET INSUCCÈS DU RÉVISIONNISME

En 1998, le bilan de l'entreprise révisionniste s'établit comme suit : un éclatant succès sur le plan de l'histoire et de la science (sur ce plan-là, nos adversaires ont signé leur capitulation en 1996) mais un échec sur le plan de la communication (nos adversaires ont verrouillé tout accès du révisionnisme aux médias sauf, pour l'instant, au réseau Internet).

Dans les années 1980 et tout au début des années 1990, des auteurs antirévisionnistes avaient tenté d'engager le fer avec les révisionnistes sur le terrain de la science historique. Tour à tour, Pierre Vidal-Naquet, Nadine Fresco, Georges Wellers, Adalbert Rückerl, Hermann Langbein, Eugen Kogon, Arno Mayer ou Serge Klarsfeld (ce dernier avec l'aide du pharmacien Jean-Claude Pressac) avaient essayé de faire croire aux médias que réponse avait été trouvée aux arguments matériels ou documentaires des révisionnistes. Même Michael Berenbaum, même l'Holocaust Memorial Museum avaient, en 1993 et au début de l'année 1994, voulu relever le défi que j'avais lancé de nous montrer ne fût-ce qu'une seule chambre à gaz nazie et ne fût-ce qu'une seule preuve, de leur choix, qu'il avait existé un génocide des juifs. Mais leurs échecs ont été si cuisants qu'il leur a fallu progressivement abandonner le combat sur ce terrain. Tout récemment, en 1998, M. Berenbaum a bien publié un gros ouvrage intitulé : *The Holocaust and History*[20] mais, précisément, loin d'y étudier ce qu'il appelle l'« Holocauste » sur le plan de l'histoire (ce qu'avait expressément tenté A. Mayer en 1988), il nous montre plutôt, sans le vouloir, que l'« Holocauste » est une chose et l'« Histoire » une tout autre chose. D'ailleurs, l'ouvrage est quasi immatériel. Il ne contient ni photographie, ni dessin, ni la moindre tentative de représenter physiquement une réalité quelconque. Seule la couverture de l'ouvrage donne à voir… un amas de chaussures. Ces chaussures sont supposées être parlantes comme à l'Holocaust Memorial Museum de Washington

---

[19] *Tous les fleuves mènent à la mer*, p. 97.
[20] *The Holocaust and History*, edited by Michael Berenbaum and Abraham J. Peck.

où elles nous disent, paraît-il : « *We are the shoes, we are the last witnesses.* » (Nous sommes les chaussures, nous sommes les derniers témoins.) L'ouvrage n'est qu'un ensemble de cinquante-cinq contributions écrites et publiées sous la haute surveillance du rabbin Berenbaum : même Raul Hilberg, même Yehuda Bauer, même Franciszek Piper y renoncent à tout véritable effort de recherche scientifique et l'anathème y est prononcé contre un Arno Mayer qui, dans un récent passé, avait tenté de replacer l'« Holocauste » dans l'histoire[21]. L'irrationnel l'a emporté sur les tentatives de rationalisation. É. Wiesel, C. Lanzmann, Steven Spielberg (avec un film, *La Liste de Schindler*, inspiré d'un roman), ont finalement triomphé de ceux qui, dans leur propre camp, essayaient de prouver l'« Holocauste ».

L'avenir montrera rétrospectivement que c'est en septembre 1996 que le glas a sonné pour les espérances de ceux qui avaient voulu combattre le révisionnisme sur le terrain de la science et de l'histoire. Les deux longs articles publiés à cette époque par l'historien antirévisionniste J. Baynac dans un journal helvétique ont définitivement clos le chapitre des tentatives de réponse rationnelle aux arguments des révisionnistes.[22]

Au milieu et à la fin des années 1970, j'avais apporté ma propre contribution au développement du révisionnisme ; j'avais alors découvert et formulé ce qu'il est, depuis lors, convenu d'appeler l'argument physico-chimique, c'est-à-dire les raisons physiques et chimiques pour lesquelles les prétendues chambres à gaz nazies étaient tout simplement inconcevables. À l'époque, je me flattais d'avoir mis au jour un argument décisif que n'avaient jusqu'ici exposé ni un chimiste allemand (l'Allemagne ne manque pas de chimistes), ni un ingénieur américain (les États-Unis possèdent des ingénieurs qui, au vu des complications draconiennes requises pour la construction d'une chambre à gaz dans les pénitenciers de leur pays auraient dû se rendre compte que les prétendues chambres à gaz nazies étaient impossibles à fabriquer pour des raisons physico-chimiques). Si, à cette époque, au milieu du fracas provoqué par ma découverte, un devin m'avait prédit que, vingt ans plus tard, vers 1994-1996, mes adversaires, après bien des tentatives pour montrer que j'étais dans l'erreur, se résigneraient, comme l'a fait J. Baynac, à reconnaître qu'en fin de compte il n'existe pas la moindre preuve de la réalité d'une seule chambre à gaz nazie, je m'en serais certainement réjoui. Et j'en aurais peut-être conclu que le mythe de l'« Holocauste », frappé en plein cœur, ne survivrait pas, que les médias abandonneraient le service du Grand Mensonge et que, tout normalement, la répression antirévisionniste s'éteindrait d'elle-même.

---

[21] *Id.*, p. 15.
[22] Voy., ci-dessus, p. XI.

J'aurais commis là une erreur à la fois de diagnostic et de pronostic. Car la croyance superstitieuse vit d'une autre vie que celle de la science. Elle va son propre chemin. Le monde de la religion, de l'idéologie, de l'illusion, des médias et du cinéma de fiction peut se développer en dehors des réalités scientifiques. Même Voltaire n'est jamais parvenu à « écraser l'infâme ». Ainsi pourrait-on dire que, comme Voltaire dénonçant les absurdités des récits hébraïques, les révisionnistes sont condamnés, en dépit du caractère scientifique de leurs travaux, à ne jamais l'emporter sur les élucubrations de la Synagogue, cependant que la Synagogue, elle, de son côté, ne parviendra jamais à étouffer la voix des révisionnistes. La propagande de l'« Holocauste » et le « Shoah-Business » continueront de prospérer. Reste aujourd'hui aux révisionnistes à montrer comment cette croyance, ce mythe, en sont venus à naître, à croître, puis à prospérer avant, peut-être, de disparaître pour laisser place, un jour, non pas à la raison mais à d'autres croyances et à d'autres mythes.

Comment trompe-t-on les hommes et pourquoi se trompent-ils eux-mêmes de si bon cœur ?

LA PROPAGANDE DE L'« HOLOCAUSTE » : MONTRER DES MORTS ET PARLER DE TUÉS, MONTRER DES FOURS CRÉMATOIRES ET PARLER DE CHAMBRES À GAZ

C'est par la manipulation des images qu'il est le plus facile d'abuser les foules. Dès avril 1945, des journalistes britanniques et américains se sont empressés, à l'ouverture des camps de concentration allemands, de photographier ou de filmer des horreurs vraies dont on a ensuite fait, si l'on peut dire, des horreurs plus vraies que nature. Dans le langage familier cher aux gens de presse, on a « bidonné » ; on nous a fourni du « Timisoara » avant la lettre.[23] D'une part, on nous a montré de vrais morts ainsi que d'authentiques crématoires et, d'autre part, grâce à des commentaires fallacieux et à une mise en scène cinématographique, on a procédé à un tour de passe-passe dont le résultat peut tenir en une formule propre à servir de sésame pour la découverte de toutes ces impostures :

---

[23] À propos de Timisoara, voy., dans le présent ouvrage, vol. III, p. 1141-1151, mon étude du livre de Michel Castex, *Un Mensonge gros comme le siècle. Roumanie, histoire d'une manipulation.*

On nous a fait prendre des *morts* pour des *tués* et des *fours crématoires* pour des *chambres à gaz homicides*.

On aurait envie d'ajouter : « ... et des *vessies* pour des *lanternes* ».

Ainsi est née la confusion, encore si répandue de nos jours, entre, d'une part, les fours crématoires, qui ont réellement existé (mais non à Bergen-Belsen) pour servir à l'incinération des morts, et, d'autre part, les chambres à gaz nazies qui, elles, auraient servi à tuer des foules d'hommes et de femmes mais qui n'ont, en réalité, jamais existé ni même pu exister.

Le mythe, sous sa forme *médiatique*, des chambres à gaz nazies associées à des fours crématoires trouve son point de départ dans les images et les commentaires de la presse au sujet d'un camp – Bergen-Belsen – qui, de l'avis même des historiens orthodoxes, ne possédait ni chambres à gaz homicides ni même de simples fours crématoires.

Des « chambres à gaz » jamais vues, jamais montrées

En mars 1992, à Stockholm, lors d'une conférence de presse, je lançais un défi au parterre de journalistes de la presse et de la télévision. Ce défi tenait en quelques mots : « Montrez-moi ou dessinez-moi une chambre à gaz nazie ! » Le lendemain, les journalistes rapportaient la conférence de presse mais en passaient sous silence l'objet essentiel : ce défi, précisément. Ils avaient cherché des photographies et n'en avaient pas trouvé.

Des milliards d'hommes, en ce demi-siècle, s'imaginent (ou se sont imaginé) avoir vu des chambres à gaz nazies dans des livres ou dans des films documentaires. Beaucoup sont convaincus d'avoir, au moins une fois en leur vie, rencontré la photographie d'une telle chambre à gaz. Certains ont visité Auschwitz ou d'autres camps où les guides leur ont expliqué que tel local avait été une chambre à gaz. On leur a dit qu'ils avaient sous les yeux une chambre à gaz, selon le cas, « à l'état d'origine » ou « à l'état de reconstitution » (cette dernière formule impliquant que ladite reconstitution est honnête et conforme à l'original). Parfois, on leur a désigné des ruines comme « ruines d'une chambre à gaz.[24] » Or, dans tous les cas, ils ont été abusés ou, mieux, ils se sont abusés eux-mêmes. Ce phénomène s'explique aisément. Trop de

---

[24] La prétendue maquette de crématoire avec « chambre à gaz » qu'on présente au musée national d'Auschwitz et celle qu'on peut voir au musée de l'Holocauste à Washington sont tellement succinctes en ce qui concerne précisément la « chambre à gaz » et tellement en contradiction avec les vestiges qu'on peut examiner sur place, à Auschwitz-Birkenau, qu'il est dérisoirement facile de prouver que ces deux maquettes sont de pures fantaisies ; voy., ci-dessus, note 1 p. XX.

personnes s'imaginent qu'une chambre à gaz peut se réduire à une pièce quelconque avec du gaz dedans. C'est confondre un gazage d'exécution avec un gazage suicidaire ou accidentel. Un gazage d'exécution, comme aux États-Unis pour la mise à mort d'un seul condamné, est nécessairement d'une redoutable complication car, dans ce cas, il faudra veiller à tuer sans provoquer d'accident et sans mettre en danger sa propre vie ou celle de personnes de son entourage, surtout dans la phase finale, c'est-à-dire quand il faudra pénétrer dans le local pour y manipuler un cadavre contaminant et l'extraire de la chambre à gaz. Cela, la plupart des visiteurs de musées, ainsi que la plupart des lecteurs, la plupart des spectateurs de films et même la plupart des historiens l'ignorent manifestement. Les responsables des musées, eux, tirent profit de cette ignorance générale. En guise de chambre à gaz nazie, il leur suffit de présenter au bon public un local d'apparence lugubre, une chambre froide de morgue, une salle de douches (de préférence située en sous-sol), un abri antiaérien (doté d'une porte à judas) et le tour sera joué. Les trompeurs peuvent se contenter de moins : il leur suffit de faire voir une simple porte, un mur, un toit d'une prétendue « chambre à gaz ». Les trompeurs les plus avisés se contenteront d'encore moins : ils montreront un ballot de cheveux, un monceau de chaussures, un tas de lunettes et ils prétendront qu'il s'agit des seules traces ou vestiges qu'on ait retrouvés des « gazés » ; évidemment, ils se garderont de rappeler que, pendant la guerre et le blocus, dans une Europe en proie à la disette et à la pénurie, on procédait à la « récupération », puis au « recyclage » de tout matériau transformable, y compris des cheveux, lesquels, pour leur part, servaient, par exemple, à faire des vêtements.

Les témoins de l'« Holocauste » : des témoignages non vérifiés

À propos des témoins règne la même confusion. On nous présente des cohortes de témoins du génocide des juifs. Par la parole ou par l'écrit, ces témoins prétendent attester de ce que l'Allemagne exécutait un plan d'extermination générale des juifs en Europe. En réalité, ces témoins peuvent seulement attester de la réalité de la déportation, de celle des camps de rétention, des camps de concentration ou des camps de travail forcé, et même, dans quelques cas, du fonctionnement des fours crématoires. Les juifs étaient si peu voués à l'extermination ou aux chambres à gaz homicides que chacun de ces innombrables témoins survivants ou rescapés, loin de constituer, comme on veut nous le faire croire, une « preuve vivante du génocide », est, au contraire, une preuve vivante de ce qu'il n'y a pas eu de génocide. Comme on l'a vu ci-dessus, à la fin de la guerre le nombre des « survivants » juifs de l'« Holocauste » dépassait probablement le chiffre de trois millions.

Pour le seul camp d'Auschwitz, la liste est considérable des anciens internés juifs qui, sur l'extermination des juifs dans ce camp, ont porté un témoignage public par la parole ou par l'écrit, à la télévision, dans des livres, devant des tribunaux. Parmi les plus connus, citons :

Odette Abadie, Louise Alcan, Esther Alicigüzel, Jehuda Bacon, Charles Baron, Bruno Baum, Charles-Sigismond Bendel, Paul Bendel, Maurice Benroubi, Henri Bily, Ada Bimko, Suzanne Birnbaum, Eva Brewster, Henry Bulawko, Robert Clary, Jehiel Dinour alias K. Tzetnik, Szlama Dragan, Fania Fénelon, Arnold Friedman, Philip Friedman, Michel Gelber, Israël Gutman, Dr Hafner, Henry Heller, Benny Hochman, Régine Jacubert, Wanda Jakubowska, Stanislas Jankowski alias Alter Fajnzylberg, Simone Kadouch-Lagrange, Raya Kagan, Rudolf Kauer, Marc Klein, Ruth Klüger, Guy Kohen, Erich Kulka, Simon Laks, Hermann Langbein, Leo Laufer, Sonia Letwinska, Renée Louria, Henryk Mandelbaum, Françoise Maous, Mel Mermelstein, Ernest Morgan, Filip Müller, Flora Neumann, Anna Novac, Myklos Nyiszli, David Olère, Dounia Ourisson, Dov Paisikovic, Gisella Perl, Samuel Pisar, Macha Ravine-Speter, Jérôme Scorin, Georges Snyders, Henri Sonnenbluck, Jacques Stroumsa, David Szmulewski, Henri Tajchner, Henryk Tauber, Sima Vaïsman, Simone Veil née Jacob, Rudolf Vrba, Robert Weil, Georges Wellers…

Parmi les derniers venus, citons également le cas retentissant du clarinettiste Binjamin Wilkomirski. On ne sait trop pourquoi, ce faux témoin-là a été publiquement démasqué après trois ans d'une gloire qui lui avait valu, aux États-Unis, le *National Jewish Book Award ;* en Grande-Bretagne, le Jewish Quaterly Literary Prize ; en France, le prix Mémoire de la Shoah, ainsi qu'une impressionnante série d'articles dithyrambiques dans la presse du monde entier. Sa prétendue autobiographie d'enfant déporté à Majdanek et à Auschwitz (?) était parue chez Suhrkampf en 1995 sous le titre de : *Bruchstücke. Aus einer Kindheit, 1939 bis 1948* (Fragments. D'une enfance, de 1939 à 1948). En France, le livre avait été publié chez Calmann-Lévy en 1997 sous le titre de : *Fragments d'une enfance, 1939-1948*. Au terme de son enquête, un auteur juif, Daniel Ganzfried, révélait que Binjamin Wilkomirski, alias Bruno Doessekker, né Bruno Grosjean, avait certes connu Auschwitz et Majdanek mais seulement après la guerre, en touriste.[25] En 1995, l'Australien Donald Watt avait, lui aussi, abusé les grands médias de

---

[25] Voy. *Weltwoche* (Zurich), 27 août et 3 septembre 1998 ; Nicolas Weill, « La mémoire suspectée de Binjamin Wilkomirski ».

langue anglaise avec son prétendu témoignage de « chauffeur » des crématoires-II et III à Auschwitz-Birkenau.[26] En septembre-novembre 1998, en Allemagne et en France, une vaste opération médiatique s'organisait également autour de soudaines « révélations » du Dr Hans-Wilhelm Münch, ancien médecin SS d'Auschwitz. La veine est décidément intarissable.

Primo Levi, lui, tend à nous être présenté encore aujourd'hui comme un témoin digne de foi. On verra dans le présent ouvrage que cette réputation était peut-être méritée en 1947 à la parution de son livre *Se questo è un uomo* ; malheureusement, P. Levi a, par la suite, démérité. Élie Wiesel reste incontestablement « le grand faux témoin » de l'« Holocauste ». Dans *La Nuit*, récit autobiographique, il ne mentionne pas les « chambres à gaz » ; pour lui, les Allemands jetaient les juifs dans des fournaises ; encore le 2 juin 1987, au procès Barbie, il témoignera sous serment avoir « vu, dans un petit bois, quelque part dans [Auschwitz-] Birkenau, des enfants vivants que des SS jetaient dans les flammes ». Dans le présent ouvrage, on notera comment le traducteur et l'éditeur de la version allemande de *La Nuit* ont ressuscité les « chambres à gaz » dans le récit d'É. Wiesel. En France, Fred Sedel agira de même et mettra en 1990, dans la réédition d'un livre publié en 1963, des « chambres à gaz » là où il n'avait mentionné, vingt-sept ans plus tôt, que des « fours crématoires ».[27]

On logera à la même enseigne du « pieux mensonge » les témoignages de certains non juifs et, en particulier, du général André Rogerie qui, fort de l'appui que lui accordait Georges Wellers, se présentait en 1988 en « témoin de l'Holocauste » ayant « assisté à la Shoah à Birkenau »[28] alors que, dans l'édition originale de ses souvenirs, *Vivre, c'est vaincre*, publiée en 1946, il disait seulement avoir *entendu parler* des « chambres à gaz ».[29] Notre héros jouissait dans le camp même d'Auschwitz-Birkenau d'un sort privilégié. Il était installé au bloc des « caïds » et y bénéficiait d'une « planque royale » dont il « garde de bons souvenirs ». Il y mangeait des crêpes à la confiture et y jouait au bridge. Certes, écrivait-il, « il ne se passe pas [dans le camp] que des événements gais »

---

[26] Donald Watt, *Stocker*.
[27] Fred Sedel, *Habiter les ténèbres*.
[28] *Vivre, c'est vaincre* est présenté comme ayant été écrit en 1945 et imprimé au troisième trimestre de 1946. En 1988, il est réédité à grand fracas par Hérault-Éditions. La bande annonce porte : « J'ai été témoin de l'Holocauste. » C'est dans *Le Figaro* du 15 mai 1996 (p. 2) que le général Rogerie déclarera avoir « assisté à la Shoah à Birkenau ». La description, extrêmement succincte, qu'on lui a faite des « chambres à gaz » et des fours est contraire à la version aujourd'hui admise : son « témoin » lui a parlé de gaz arrivant *par les pommes de douche* et de fours *électriques* (p. 75).
[29] A. Rogerie, *Vivre, c'est vaincre*, p. 70, 85.

mais, au moment de quitter Birkenau, il a cette pensée : « À l'encontre de bien d'autres, j'y ai été moins malheureux que partout ailleurs. »

Samuel Gringauz avait passé la guerre dans le ghetto de Kaunas (Lituanie). En 1950, c'est-à-dire à une époque où l'on pouvait encore s'exprimer avec une certaine liberté sur le sujet, il allait dresser le bilan de la littérature des survivants de « la grande catastrophe juive ». Il déplorait alors dans cette littérature les méfaits du « complexe hyper-historique » (*hyper-historical complex*) ou complexe de surenchère par rapport à l'histoire. Il écrivait :

> « Le complexe hyper-historique peut se décrire comme judéo-centrique, loco-centrique et égocentrique. Il ne trouve essentiellement de signification historique qu'à des problèmes juifs liés à des événements locaux, et cela sous l'aspect d'une expérience personnelle. C'est la raison pour laquelle, dans la plupart des souvenirs et des récits, s'étalent une absurde verbosité, l'exagération de l'écrivassier, les effets de théâtre, une présomptueuse inflation de l'ego, une philosophie d'amateur, un lyrisme d'emprunt, des rumeurs non vérifiées, des distorsions, des attaques partisanes et de minables discours.[30] »

On ne peut que souscrire à ce jugement qui, formulé en 1950, s'appliquerait aujourd'hui idéalement à un Claude Lanzmann ou à un Élie Wiesel. Pour le « complexe hyper-historique » de ce dernier, pour le caractère « judéo-centrique, loco-centrique et égocentrique » de ses écrits, on pourra se reporter aux deux volumes de ses mémoires : *Tous les fleuves vont à la mer (Mémoires)*, puis :

... Et la mer n'est pas remplie (Mémoires 2). On s'y rendra compte, d'ailleurs, que, loin d'avoir été exterminés, les juifs roumains-hongrois de la seule petite ville de Sighet ont vraisemblablement survécu en grand nombre à la déportation, notamment vers Auschwitz, en mai-juin 1944. Originaire de cette ville de Sighet, É. Wiesel a subi le sort commun. Après la guerre, ses pas l'ont porté en différents points du monde où, par l'effet d'une succession de « miracles », il a rencontré un nombre étonnant de parents, d'amis, de vieilles connaissances ou d'autres personnes de Sighet ayant survécu à Auschwitz ou à l'« Holocauste ».

---

[30] Samuel Gringauz, « Some Methodological Problems in the Study of the Ghetto », p.65.

Aperçu d'autres mystification
de la seconde guerre mondiale

Toujours aussi perplexes, les générations futures se poseront des questions identiques sur bien d'autres mythes de la seconde guerre mondiale que celui des chambres à gaz nazies : en plus du « savon juif », des peaux humaines tannées, des « têtes réduites » et des « camions à gaz » ci-dessus mentionnés, citons les expériences médicales loufoques attribuées au Dr Mengele, les ordres d'Adolf Hitler pour entreprendre l'extermination des juifs, l'ordre de Heinrich Himmler pour faire cesser cette extermination, les exterminations de juifs par l'électricité, par la vapeur d'eau, par l'emploi de la chaux vive, en des fours crématoires, en des fosses de crémation, par des pompes à faire le vide ; citons également la prétendue extermination des Tziganes et des homosexuels ou le prétendu *gazage* des aliénés.

Ces générations futures s'interrogeront sur bien d'autres sujets : les massacres sur le front de l'Est tels que rapportés par écrit, et seulement par écrit, au procès de Nuremberg par le faux témoin professionnel Hermann Gräbe ; les impostures maintenant avérées comme le *Hitler m'a dit*, livre signé d'Hermann Rauschning, dû, en grande partie, au juif hongrois Imre Révész, alias Emery Reves, et pourtant abondamment utilisée au procès de Nuremberg comme si elle avait été authentique ; l'expérimentation possible d'une bombe atomique pour éliminer des juifs près d'Auschwitz, mentionnée au procès de Nuremberg ; les « aveux » aberrants extorqués à des prisonniers allemands ; le prétendu journal d'Anne Frank ; le jeune garçon du ghetto de Varsovie présenté comme allant à la mort alors qu'il a vraisemblablement émigré à New York après la guerre ; et tant de faux mémoires, faux récits, faux témoignages, fausses attributions dont, avec un minimum d'attention, il était facile de détecter la vraie nature.

Mais il est probable que ces mêmes futures générations s'étonneront surtout du mythe instauré et sacralisé par le procès de Nuremberg (et, à moindre degré, par le procès de Tokyo) : celui de l'intrinsèque barbarie des vaincus et de l'intrinsèque vertu des vainqueurs qui pourtant, à y voir de près, ont commis des horreurs bien plus saisissantes, en qualité comme en quantité, que celles perpétrées par les vaincus.

Une boucherie universelle

À l'heure où l'on finirait par croire que seuls les juifs ont vraiment souffert durant la seconde guerre mondiale et que seuls les Allemands se sont comportés en véritables criminels, un retour s'impose sur les vraies souffrances et les véritables crimes de tous les belligérants.

« Juste » ou « injuste », toute guerre est une boucherie et même un concours de boucherie, et cela en dépit de l'héroïsme de nombre de combattants ; si bien qu'à la fin du conflit le vainqueur n'est plus qu'un bon boucher, et le vaincu, un mauvais boucher. Le vainqueur peut alors infliger au vaincu une leçon de boucherie mais il ne saurait lui administrer une leçon de droit ou de justice. C'est pourtant ce qu'au procès de Nuremberg (1945-1946) les quatre grands vainqueurs, agissant en leur propre nom et au nom de dix-neuf puissances victorieuses (sans compter le Congrès juif mondial bénéficiant du statut d'*amicus curiae*, c'est-à-dire d'« ami de la cour »), ont eu le cynisme de faire à l'endroit d'un vaincu réduit à une totale impuissance. Selon Nahum Goldmann, président du Congrès juif mondial et président de l'Organisation sioniste mondiale, l'idée du procès est tout droit sortie de quelques cerveaux juifs.[31] Quant au rôle des juifs dans le procès même de Nuremberg, il a été considérable. La délégation américaine, qui menait toute l'affaire, était largement composée de « rémigrants », c'est-à-dire de juifs qui, après avoir quitté l'Allemagne dans les années trente pour émigrer aux États-Unis, étaient revenus en Allemagne. Le fameux psychologue G. M. Gilbert, auteur du *Nuremberg Diary* (1947), qui travaillait en sous-main avec le ministère public américain, était juif et ne se privait pas, à sa façon, de pratiquer la torture psychologique sur les accusés allemands. Dans un livre préfacé par le juge assesseur, Lord Justice Birkett, un attaché à la délégation britannique, Airey Neave constatait que les interrogateurs américains étaient « pour beaucoup de naissance allemande et tous d'origine juive ».[32]

Pour des raisons qu'on me verra exposer dans le présent ouvrage, on peut estimer qu'en ce siècle le procès de Nuremberg aura été le crime des crimes. Ses conséquences se sont révélées tragiques. Il a accrédité une somme extravagante de mensonges, de calomnies et d'injustices qui, à leur tour, ont servi à justifier des abominations de tous ordres, à commencer par les crimes de l'expansionnisme bolchevique ou sioniste aux dépens des peuples d'Europe, d'Asie et de Palestine.

Mais, comme les juges de Nuremberg ont, d'abord et avant tout, condamné l'Allemagne pour sa responsabilité unilatérale dans la

---

[31] *Op. cit.*, p. 148-149.
[32] *They Have Their Exits*, p. 172.

préparation et le déclenchement de la seconde guerre mondiale, c'est ce point qu'il nous faut examiner en premier.

Quatre géants et trois nains : qui a voulu la guerre ?

L'histoire étant d'abord de la géographie, considérons un planisphère de l'année 1939 et marquons-y d'une seule couleur quatre immenses ensembles : la Grande-Bretagne avec son empire qui occupait un cinquième du globe et « sur lequel le soleil ne se couchait pas », la France avec son vaste empire colonial, les États-Unis et leurs vassaux et, enfin, l'impressionnant empire de l'Union des Républiques socialistes soviétiques ; puis, d'une autre couleur, marquons la modeste Allemagne en ses frontières d'avant-guerre, la maigre Italie et son petit empire colonial et, enfin, le Japon dont les armées, à l'époque, occupaient une partie du territoire chinois. Laissons de côté les pays qui allaient se ranger, au moins provisoirement, au côté de l'un ou de l'autre de ces deux groupes de belligérants.

Le contraste, pour ce qui est des deux groupes, est frappant au point de vue d'abord de la superficie, puis à celui des ressources naturelles, industrielles et commerciales. Certes, à la fin des années trente, l'Allemagne et le Japon commençaient – ainsi que l'après-guerre allait le prouver – à secouer le joug et à se forger une économie et une armée capables d'inquiéter de plus grands et de plus forts qu'eux. Certes, les Allemands et les Japonais allaient déployer une somme d'énergie peu ordinaire et, pendant les premières années de la guerre, se tailler d'éphémères empires. Mais, tout considéré, l'Allemagne, l'Italie et le Japon n'étaient, pour ainsi dire, que des nains comparés à ces quatre géants qu'étaient les empires britannique, français, américain et soviétique.

A qui fera-t-on croire qu'à la fin des années trente les trois nains cherchaient délibérément, comme on l'a prétendu au procès de Nuremberg et au procès de Tokyo, à provoquer une guerre mondiale ? Et qui osera affirmer qu'en 1945, quand le combat s'est achevé, les quatre géants avaient commis moins d'horreurs que les trois nains ? Mieux : qui croira un seul instant que, dans la boucherie généralisée, le premier de ces trois nains (l'Allemagne) s'est rendu coupable de tous les crimes imaginables tandis que le deuxième (le Japon) est venu loin derrière le premier et que le troisième (l'Italie), passé en 1943 dans l'autre camp, n'a commis aucun crime vraiment répréhensible ? Qui acceptera l'idée que les quatre géants n'ont, pour reprendre la terminologie de Nuremberg, commis aucun « crime contre la paix », aucun « crime de guerre » ni aucun « crime contre l'humanité » qui ait mérité, après 1945, d'être jugé par un tribunal international ?

Il est pourtant facile de montrer, preuves à l'appui, que les vainqueurs ont, en six années de guerre et en quelques années de l'après-guerre, accumulé plus d'horreurs que les vaincus en fait de massacres de prisonniers de guerre, de massacres de populations civiles, de déportations gigantesques, de pillages systématiques et d'exécutions sommaires ou judiciaires. Katyn, le Goulag, Dresde, Hiroshima, Nagasaki, la déportation de douze à quinze millions d'Allemands (de Prusse orientale, de Poméranie, de Silésie, de Pologne, de Tchécoslovaquie, de Hongrie, de Roumanie, de Yougoslavie) dans d'horribles conditions, la livraison de millions d'Européens au Moloch soviétique, la plus sanglante « Épuration » qui ait balayé tout un continent, était-ce vraiment si peu que pas un tribunal n'ait eu à en juger ? En ce siècle, pas un corps de bataille n'aura tué autant d'enfants que l'US Air Force en Europe, au Japon, en Corée, au Vietnam, en Irak, en Amérique Centrale et, pourtant, aucune juridiction internationale ne lui a demandé compte de ces tueries, que ses « *boys* » sont toujours prêts à déclencher encore une fois en n'importe quel point du globe, car tel est leur « *job* ».

Les Français voulaient-ils la guerre ?

« Maudite soit la guerre ! » porte le monument aux morts de la commune de Gentioux dans le département de la Creuse. Le monument de Saint-Martin d'Estréaux, dans le département de la Loire, est plus prolixe mais son « Bilan de la guerre » lance le même cri.[33] En France, dans nos églises ou sur nos monuments publics, la liste des morts de la guerre de 1914-1918 est un crève-cœur. Aujourd'hui, personne, au fond, n'est plus capable de dire pour quelle raison au juste la jeunesse française (tout comme, de son côté, la jeunesse allemande) a été ainsi fauchée.

Sur les mêmes monuments de nos communes figurent parfois, en nombre sensiblement plus restreint, les noms de jeunes Français morts ou

---

[33] D'un texte de plus de deux cent cinquante mots on retiendra en particulier : « Plus de douze millions de morts ! Autant d'individus qui ne sont pas nés ! Plus encore de mutilés, blessés, veuves et orphelins ! Pour d'innombrables milliards de destructions diverses. Des fortunes scandaleuses édifiées sur des misères humaines. Des innocents au poteau d'exécution. Des coupables aux honneurs. La vie atroce pour les déshérités. La formidable note à payer ». Ailleurs se lit : « Il faut améliorer l'esprit des Nations en améliorant celui des individus par une instruction assainie et largement répandue. Il faut que le peuple sache lire. Et surtout comprendre la valeur de ce qu'il lit ». Le texte se termine sur : « Maudite soit la guerre. Et ses auteurs ! »

disparus durant la campagne de 1939-1940 : environ 87.000. Parfois aussi on y lit les noms de victimes civiles ; à eux seuls, les Anglo-Américains ont tué dans leurs bombardements environ 65.000 Français. Parfois encore on y lit des noms de résistants, y compris quelquefois, pour faire nombre, les noms de résistants décédés bien après la guerre dans leur lit. Manquent, presque partout et presque toujours, les noms de Français victimes de l'« Épuration » (probablement quatorze mille et non trente mille ou même, comme on l'a parfois dit, cent cinq mille) dans laquelle les juifs, les communistes et les gaullistes de la dernière heure ont joué un rôle primordial. Sauf exception, manquent également, parce qu'ils n'appartenaient pas de naissance à ces communes, les noms de membres des troupes coloniales « morts pour la France ».

Pour la France, les deux guerres mondiales ont constitué un désastre : la première par le nombre des pertes humaines et la seconde par son caractère de guerre civile qui se perpétue encore aujourd'hui.

À contempler ces listes des morts de la première guerre mondiale, à les compléter des noms des disparus, à se remémorer les bataillons entiers de « gueules cassées », de blessés, de mutilés, d'infirmes à vie, à faire le compte des destructions de toute sorte, à songer aux familles dévastées par ces pertes, aux prisonniers, aux « fusillés pour désertion », aux suicides entraînés par tant d'épreuves, à se remémorer également les vingt-cinq millions de morts provoquées en Amérique et en Europe à partir de 1918 par une épidémie improprement appelée « grippe espagnole » et qui était due, en fait, à une sorte de peste d'origine animale importée en Europe par les troupes américaines[34], ne peut-on comprendre aussi bien les pacifistes et les « munichois » d'avant 1939-1945 que les pétainistes de juin 1940 ? De quel droit, aujourd'hui, parle-t-on volontiers de lâcheté aussi bien à propos des accords de Munich, passés les 29 et 30 septembre 1938, que de l'armistice signé à Rethondes le 22 juin 1940 ? Les Français qui, en ces temps-là, portaient encore, dans leur chair ou dans leur esprit, la marque de l'holocauste de 1914-1918 et de ses suites immédiates – un véritable holocauste, pour le coup – pouvaient-ils, à la fin des années trente, envisager comme une obligation morale d'avoir à se lancer dans une nouvelle boucherie ? Et, après la signature d'un armistice qui, si dur fût-il, n'avait rien d'infamant, qu'y avait-il de déshonorant à rechercher l'entente avec l'adversaire, non pour faire la guerre mais pour conclure la paix ?

---

[34] Voy. Christiane Gallus, « Une pandémie qui a fait trois fois plus de victimes que la guerre de 1914-1918 ».'

Les Allemands voulaient-ils la guerre ?

« Hitler est né à Versailles » : la formule a servi de titre à un ouvrage de Léon Degrelle. Le diktat de Versailles – car il n'y eut pas vraiment de traité – fut, en 1919, d'une telle rigueur et si infamant pour le vaincu que les sénateurs américains refusèrent de le reconnaître (20 novembre 1919) et qu'il tomba peu à peu dans le discrédit. Il dépeçait l'Allemagne, la soumettait à une impitoyable occupation militaire, l'affamait. En particulier, il obligeait le vaincu à céder à la Pologne la Posnanie, la Silésie et une partie de la Prusse occidentale. Les quatre cent quarante articles du « Traité de paix entre les puissances alliées et associées et l'Allemagne » (ainsi que les pièces annexes) signés à Versailles le 28 juin 1919 constituent, avec les traités connexes, un monument d'iniquités que seule la fureur d'une guerre qui venait de s'achever peut, à la rigueur, expliquer. « On a beau jeu de reprocher aux Allemands de n'avoir pas respecté Versailles. Leur rôle et leur vertu d'Allemands étaient de le tourner d'abord, et de le déchirer, de même que le rôle et la vertu des Français étaient de le maintenir.[35] »

Vingt ans après l'écrasante humiliation, Hitler voudra recouvrer une partie des territoires livrés à la Pologne, de même que la France, après la défaite de 1870, avait voulu recouvrer l'Alsace et une partie de la Lorraine.

Comme aucun historien n'est en mesure – à moins de légèreté – de désigner le responsable principal d'un conflit mondial, on se gardera de faire porter à Hitler l'unique responsabilité de la guerre de 1939-1945 sous prétexte que, le 1er septembre 1939, il est entré en guerre contre la Pologne. En revanche, justifier l'entrée en guerre, deux jours plus tard, de la Grande-Bretagne et de la France contre l'Allemagne par la nécessité, au nom d'un traité, de secourir la Pologne n'a pas grand sens puisque, deux semaines plus tard, l'URSS entrait à son tour en guerre contre la Pologne pour en occuper une bonne partie, sans provoquer pour autant de réaction militaire de la part des Alliés.

Les conflits mondiaux ressemblent à ces gigantesques catastrophes naturelles qu'on ne saurait exactement prédire même si, quelquefois, on les sent venir. On ne les explique qu'après coup, laborieusement, et non sans déployer des trésors de mauvaise foi dans les accusations mutuelles de négligence, d'aveuglement, de mauvaise volonté ou d'irresponsabilité.

On peut toutefois constater qu'en Allemagne, à la fin des années trente, le parti de la guerre avec l'Occident était pour ainsi dire

---

[35] Pierre Kaufmann, « Le danger allemand », *Le Monde,* 8 février 1947.

inexistant ; les Allemands n'envisageaient au pire qu'une « poussée vers l'Est » (*Drangnach Osten*). En revanche, en Occident, le parti de la guerre avec l'Allemagne était puissant. La « coterie de guerre » voulut « la croisade des démocraties », et l'obtint.

Parmi ces nouveaux croisés figuraient au premier rang, à de notables exceptions près, l'ensemble des juifs américains et européens.

WINSTON CHURCHILL ET LES BRITANNIQUES EN MAÎTRES DE LA PROPAGANDE DE GUERRE

Durant la première guerre mondiale, les Britanniques avaient, avec cynisme, exploité toutes les ressources de la propagande à base de récits d'atrocités entièrement fictives. Durant la seconde guerre mondiale ils n'ont pas dérogé. On est aujourd'hui sévère pour la politique d'« apaisement » menée par Neville Chamberlain à l'égard des Allemands et on admire, ou affecte d'admirer, Winston Churchill pour sa détermination à poursuivre la guerre. Il n'est pas dit que l'histoire, avec le temps, maintiendra ce jugement. Ce qu'on découvre peu à peu de la personnalité et du rôle de Churchill amène à s'interroger sur les motifs plutôt douteux de cette détermination et sur les fruits de sa politique. Au moins Chamberlain avait-il prévu que même une victoire de la Grande-Bretagne tournerait au désastre pour elle-même, pour son empire et aussi pour d'autres vainqueurs. Churchill ne le vit pas ou ne sut pas le voir. Il annonçait la sueur, les larmes, le sang, et puis la victoire. Il ne prévoyait pas les lendemains amers de la victoire : la disparition accélérée de cet empire britannique auquel il tenait et la livraison de près de la moitié de l'Europe à l'impérialisme communiste.

Dans l'une de ses conférences, David Irving, biographe de Churchill, montre le caractère illusoire des motifs successifs que Churchill fut amené à invoquer, d'abord pour lancer ses compatriotes dans la guerre, puis pour les y maintenir. L'affaire, si l'on peut dire, se passa en quatre temps.

En un premier temps, Churchill assura aux Britanniques que leur devoir était de venir en aide à la Pologne agressée par Hitler, mais, deux semaines plus tard, ce motif devenait caduc avec l'agression de la Pologne par l'Union soviétique.

En un deuxième temps, il expliqua à ses concitoyens qu'ils devaient continuer la guerre pour sauvegarder l'empire britannique ; il refusait les offres de paix réitérées de l'Allemagne ; en mai 1941, il faisait interner le messager de paix Rudolf Hess ; et, alors que l'Allemagne était attachée au maintien de l'empire britannique, il choisit de conclure une alliance avec le pire ennemi qui fût de cet empire : l'Américain Franklin Roosevelt. Le deuxième motif devenait ainsi caduc à son tour.

En un troisième temps, Churchill annonça à ses compatriotes qu'il leur fallait se battre pour la démocratie, y compris sous sa forme la plus paradoxale : la démocratie socialiste soviétique ; il fallait, disait-il, ouvrir un second front en Europe pour soulager les efforts de Staline. C'était venir en aide à une dictature qui avait pourtant agressé la Pologne le 17 septembre 1939 et qui s'apprêtait à une nouvelle conquête de ce pays.

Encore un mois avant la fin de la guerre en Europe (8 mai 1945), la propagande anglaise tournait ainsi à vide, cependant que beaucoup de soldats britanniques et américains découvraient avec effarement à quel point l'aviation anglo-américaine avait ravagé l'Allemagne.

C'est alors que, soudain, en avril 1945, un miracle se produisit qui permit à Churchill de trouver cette fois-ci le quatrième et bon motif : la découverte du camp de Bergen-Belsen l'amena à prétendre que, si la Grande-Bretagne s'était tant battue et avait provoqué et subi tant de destructions pendant près de six ans, ce n'était pour rien moins que la civilisation. Assurément, Churchill avait déjà, plus d'une fois, débité aux Britanniques les habituels couplets, depuis la guerre de 1914-1918, sur la Grande-Bretagne, ce berceau de la civilisation mis en péril par les hordes teutoniques (par « les Huns », disait-il), mais la mécanique oratoire tournait à vide. Le miracle fut la découverte en avril 1945 de ce camp de concentration ravagé par les épidémies : une aubaine pour Churchill et pour la propagande britannique.

Les Britanniques inaugurent à Bergen-Belsen les reality shows des « crimes nazis » (avril 1945)

Situé près de Hanovre, Bergen-Belsen avait d'abord été un camp pour blessés de guerre allemands. En 1943, les Allemands y établirent un camp de détention pour juifs européens à échanger contre des civils allemands détenus par les Alliés. En pleine guerre, des juifs furent transférés de ce camp vers la Suisse ou même vers la Palestine via la Turquie (preuve supplémentaire, soit dit en passant, de l'absence de toute politique d'extermination physique des juifs).

Jusqu'à la fin de 1944, les conditions de vie des détenus de Bergen-Belsen furent à peu près normales quand, avec l'arrivée de convois de déportés venus de l'Est devant la poussée soviétique, les épidémies de dysenterie, de choléra et de typhus exanthématique provoquèrent un désastre aggravé par les bombardements anglo-américains qui empêchaient l'arrivée des médicaments, de la nourriture et – ce fut le coup de grâce – de l'eau. Les convois des nouveaux arrivants ne mettaient plus deux ou trois jours à venir de l'Est mais une à deux semaines ; à cause des bombardements et des mitraillages de l'aviation alliée, ils ne pouvaient circuler que de nuit ; le résultat en fut qu'à leur arrivée ces convois ne contenaient plus guère que des morts, des mourants ou bien des hommes et des femmes épuisés et donc incapables d'affronter de telles épidémies. Le 1er mars 1945, le commandant du camp, Josef Kramer, adressa au général Richard Glücks, responsable des camps de concentration, une lettre décrivant en propres termes cette « catastrophe » et se terminant par : « J'implore votre aide pour surmonter cette situation. »[36] L'Allemagne, à bout de forces, ne pouvait plus faire face à l'afflux de ses propres réfugiés de l'Est arrivant par millions. Elle ne parvenait plus à ravitailler son armée en armes et en munitions et sa propre population en nourriture. Enfin, elle ne pouvait plus remédier aux conditions de vie dramatiques des camps où même les gardiens mouraient parfois du typhus. Himmler autorisa des responsables de la Wehrmacht à prendre contact avec les Britanniques pour avertir ces derniers de ce qu'ils approchaient, dans leur avance, d'un redoutable foyer d'infection. Des négociations s'ensuivirent. Une large zone autour de Bergen-Belsen fut déclarée hors-combats et Britanniques et membres de la Wehrmacht décidèrent, d'un commun accord, de se partager la surveillance du camp.

Mais le spectacle que découvrirent les Britanniques et l'odeur insoutenable des cadavres en décomposition ainsi que des baraquements ou des tentes inondés de matière fécale finirent par soulever l'indignation générale. On crut ou on laissa croire que les SS avaient délibérément choisi de tuer ou de laisser mourir les détenus. Et, malgré leurs efforts, les Britanniques furent incapables d'enrayer l'effrayante mortalité.

Comme une nuée de vautours, les journalistes s'abattirent sur le camp et filmèrent ou photographièrent toutes les horreurs possibles. Ils procédèrent, au surplus, à des montages. Une scène fameuse, reprise dans *Nuit et brouillard*, montre un bulldozer poussant des cadavres dans une fosse commune. Beaucoup de spectateurs de cette scène furent conduits à croire qu'il s'agissait de « bulldozers allemands ».[37] Ils ne s'aperçurent pas que le bulldozer (au singulier) était conduit par un soldat britannique qui, sans doute, après le décompte des cadavres, repoussait ceux-ci dans une vaste fosse creusée après la libération du camp.

Encore en 1978, une publication juive montrera ce bulldozer mais non sans en décapiter, opportunément, sur la photographie le conducteur de manière à cacher son béret de soldat anglais.[38] Le juif Sydney Lewis

---

[36] Voy. Mark Weber, « Bergen-Belsen Camp: The Suppressed Story ».

[37] Tel fut le cas, par exemple, de Bartley C. Crum, *Behind the Silken Curtain*, p. 114.

[38] Arthur Suzman et Denis Diamond, *Six Million Did Die. The Truth Shall Prevail*, p. 18.

Bernstein, responsable, à Londres, de la section cinématographique du ministère de l'Information, fit appel à Alfred Hitchcock pour produire un film sur ces « atrocités nazies ». En fin de compte, seuls des fragments de ce film furent rendus publics, probablement parce que le film dans son intégralité contenait des assertions propres à faire douter de son authenticité.[39]

Mais, dans son ensemble, le « coup de Bergen-Belsen » constitua une extraordinaire réussite pour la propagande des Alliés. C'est à partir de cette prouesse médiatique que le monde entier apprit à ne pas voir ce qu'il avait sous les yeux : on lui présenta soit des *morts*, soit des *mourants* mais le commentaire l'amena à croire qu'il avait sous les yeux soit des *tués*, des *assassinés*, des *exterminés*, soit des cadavres ambulants condamnés à la *tuerie*, à l'*assassinat*, à l'*extermination*. Ainsi, comme on l'a vu plus haut, c'est à partir d'un camp qui ne possédait ni fours crématoires, ni – de l'avis même des historiens conformistes – la moindre chambre à gaz homicide, que s'édifia le mythe général de la présence à Auschwitz et ailleurs de « chambres à gaz » couplées avec des fours crématoires.

Dans ce camp, parmi les plus célèbres victimes des épidémies se trouvèrent Anne Frank et sa sœur Margot que, pendant près de quarante ans après la guerre, on persistera généralement à présenter comme gazées à Auschwitz (camp dont elles provenaient effectivement) ou comme tuées à Bergen-Belsen ; aujourd'hui, on s'accorde à reconnaître qu'elles sont mortes du typhus à Bergen-Belsen en mars 1945.

Le « coup de Bergen-Belsen » fut très vite imité par les Américains qui, faisant appel à Hollywood, tournèrent une série de films sur la libération des camps allemands ; ils procédèrent à une sélection de leurs prises de vue (six mille pieds de pellicule sur un total de quatre-vingt mille pieds, c'est-à-dire mille huit cents mètres seulement sur près de vingt-cinq mille mètres) qui, le 29 novembre 1945, fut projetée au procès de Nuremberg où tout le monde, y compris la plupart des accusés, en éprouva un choc. Quelques accusés flairèrent la supercherie mais il était trop tard : le bulldozer du grand mensonge était lancé. Il roule encore aujourd'hui. Les spectateurs de tous ces films d'horreur sur les « camps nazis » furent, à la longue, mis en condition par le choix des images et par le commentaire. Un pan de mur, un tas de chaussures, une cheminée : il ne leur en fallut pas plus pour croire qu'on leur avait montré un abattoir chimique.

Cinquante-deux ans après la libération du camp de Bergen-Belsen, Maurice Druon, secrétaire perpétuel de l'Académie française, viendra

---

[39] En 1945, A. Hitchcock, né en 1899, était déjà connu. Pour ses goûts macabres ou morbides, pour son art de « manipuler son public », pour l'étrange fascination que le gaz exerçait sur son esprit, on lira Bruno Villien, *Hitchcock*, Colonna, 1982, p. 9-10.

déposer au procès de Maurice Papon. Voici un extrait de cette déposition où sont évoquées les chambres à gaz homicides de Bergen-Belsen (dont tous les historiens reconnaissent aujourd'hui que ce camp était dépourvu), le fameux bulldozer et les « cheveux tondus sur les morts pour en faire quelque ersatz » :

> « Quand aujourd'hui on parle des camps on a dans les yeux, et les jurés présents ont dans les yeux ces images atroces que les films et les écrans nous présentent et nous représentent ; et l'on a bien raison de le faire, et on devrait les rediffuser dans toutes les classes terminales, chaque année. Mais ces images-là, des chambres à gaz, des monceaux de cheveux tondus sur les morts pour en faire quelque ersatz, de ces enfants jouant parmi les cadavres, et de ces cadavres si nombreux qu'on était forcé de les pousser dans les fosses au bulldozer, et de ces cohortes squelettiques, titubantes et hagardes, en vestes rayées, avec la mort dans les yeux, ces images-là, et j'en livre ici témoignage, je fus, en ma modeste qualité d'officier d'information, l'un des vingt officiers alliés à les « visionner » en premier, quand parvint le matériel cinématographique brut, comme on dit, de la libération par les Anglais du camp de Bergen-Belsen. Mais c'était au printemps de 1945. Jusque-là, on ne savait pas. – Il ne faut pas juger avec nos yeux instruits [sic] d'aujourd'hui, mais avec nos yeux aveugles d'hier. »[40]

Druon, en réalité, avait hier des « yeux instruits » et il a aujourd'hui des « yeux aveugles ». Plus de cinquante années de propagande l'ont rendu définitivement aveugle. Mais déjà pendant la guerre, M. Druon et son oncle Joseph Kessel, tous deux juifs, n'étaient-ils pas aveuglés par la haine du soldat allemand lorsqu'ils composaient l'atroce *Chant des Partisans* (« Tueurs à la balle et au couteau, tuez vite ! ») ?

Américains et Soviétiques renchérissent sur les Britanniques

Au moins, en 1951, une juive comme Hannah Arendt avait-elle l'honnêteté d'écrire : « Il n'est pas sans importance de savoir que toutes les photographies de camps de concentration sont trompeuses (*misleading*) dans la mesure où elles montrent les camps dans leurs

---

[40] *Le Figaro*, 24 octobre 1997, p. 10.

derniers stades, au moment où les Alliés y pénétrèrent [...]. Les conditions régnant dans les camps résultaient des faits de guerre durant les derniers mois : Himmler avait ordonné l'évacuation de tous les camps d'extermination de l'Est ; en conséquence, les camps allemands furent considérablement surpeuplés et [on] n'était plus en mesure d'assurer le ravitaillement en Allemagne ».[41] Rappelons ici, une fois de plus, que l'expression de « camps d'extermination » (*extermination camps*) est une création de la propagande de guerre alliée.

Eisenhower emboîta donc le pas à Churchill et procéda, sur une échelle américaine, à une telle propagande à base de récits d'atrocités que tout devint permis aussi bien à l'égard du vaincu qu'à l'endroit de la simple vérité des faits. Dans les prétendus reportages sur les camps allemands on ajouta, comme je l'ai dit, aux horreurs vraies des horreurs plus vraies que nature. On élimina les photographies ou les fragments de films montrant des internés à la mine aussi florissante que celle de Marcel Paul, ou encore des internés en bonne santé relative malgré la disette ou les épidémies, ou bien encore, comme à Dachau, des mères juives hongroises en bonne santé donnant le biberon à de beaux poupons. On ne retint guère que les cachectiques, les infirmes, les loques humaines qui étaient, en réalité, des victimes tout autant des Allemands que des Alliés qui, avec leurs bombardements en tapis de bombes sur toute l'Allemagne et leurs mitraillages systématiques des civils jusque dans les champs, avaient créé une situation apocalyptique au cœur même de l'Europe.

La vérité oblige à dire que ni Churchill, ni Eisenhower, ni Truman, ni de Gaulle ne poussèrent tout de même l'impudence jusqu'à cautionner les histoires d'abattoirs chimiques ; ils laissèrent ce soin à leurs officines de propagande et aux juges de leurs tribunaux militaires. D'affreuses tortures furent infligées aux Allemands coupables, aux yeux des Alliés, de tous ces « crimes » ; des représailles furent exercées sur les prisonniers allemands et sur les civils. Jusqu'en 1951 on fusilla ou pendit des Allemands et des Allemandes (encore dans les années quatre-vingt, les Soviétiques fusilleront des « criminels de guerre » allemands ou alliés des Allemands). Les militaires britanniques et américains, un instant bouleversés par le spectacle à la fois des villes allemandes réduites en cendres et de leurs habitants transformés en troglodytes, purent rentrer chez eux la conscience tranquille. Churchill et Eisenhower s'en portaient garants : les troupes alliées avaient terrassé le Mal ; elles incarnaient le Bien ; on allait procéder à la « rééducation » du vaincu en brûlant par

---

[41] *The Origins of Totalitarianism*, p. 446, n. 138.

millions ses mauvais livres. Tout compte fait, la Grande Tuerie avait été conduite à bonne fin et pour le bon motif.

C'est ce bluff que consacra le procès-spectacle de Nuremberg.

Il ne fallut pas moins de cinquante ans pour qu'une historienne, Annette Wieviorka, et un cinéaste, William Karel, révèlent au grand public, dans un documentaire intitulé *Contre l'oubli*, les mises en scène et les fabrications américaines et soviétiques de 1945 au sujet de la libération des camps de l'Ouest et de l'Est.

A. Wieviorka, juive française, et W. Karel, Israélien vivant en France depuis 1985, ont manifestement subi l'influence de l'école révisionniste française. Très hostiles aux révisionnistes, ils n'en ont pas moins admis que l'heure était enfin venue de dénoncer quelques inventions trop voyantes de la propagande exterminationniste. On se reportera sur le sujet soit à un article de Philippe Cusin[42], soit, surtout, à l'occasion de la rediffusion du documentaire sur *Antenne 2*, à un article de Béatrice Bocard dont le titre, à lui seul, en dit long : « La Shoah, de la réalité aux shows. Face aux récits des déportés, l'indécente mise en scène de leurs libérateurs.[43] » La journaliste écrit :

> « En exagérant à peine, on pourrait dire que la libération des camps de concentration a inauguré les *reality shows* […]. Les prémices de la société du spectacle qu'allaient banaliser cinquante ans plus tard les chaînes de télévision comme CNN étaient déjà là, avec la surenchère à l'indécence, au voyeurisme, et le recours à la mise en scène […]. Devant les caméras, on fait répéter leur texte aux moins mal en point des survivants : « J'ai été déporté parce que j'étais juif », dit l'un. Une fois, deux fois […]. Pour ne pas être en reste après le « show » américain, les Soviétiques, qui n'avaient rien fait au moment de la libération d'Auschwitz, filment une « fausse libération » quelques semaines plus tard, avec des figurants polonais acclamant les soldats à grands cris… « William Karel est le premier à décortiquer ces images fausses que l'on nous a toujours montrées, encore très récemment, comme authentiques », dit Annette Wieviorka. Comment a-t-on pu y croire ? « On n'a pas l'habitude de mettre les images en doute

---

[42] *Le Figaro*, 16 janvier 1995, p. 29.
[43] *Libération*, 18 décembre 1995, p. 41.

comme on le fait pour l'écrit », explique l'historienne. « L'exemple du charnier de Timisoara n'est pas si lointain. »

Il va sans dire que, dans cet article de B. Bocard, les manipulations étaient montrées comme outrageantes… pour les déportés. Quant aux Allemands, civils et militaires, certains d'entre eux avaient dénoncé dès 1945 ce type de montages mais plutôt que de les croire, on les accusa de nazisme ou d'antisémitisme.

Éminente responsabilité des organisations juives dans cette propagande

De son origine, en 1941, à nos jours, la propagande qui s'est développée autour du « génocide » ou des « chambres à gaz » est essentiellement le fait d'organisations juives. En conséquence s'est peu à peu formée dans le grand public la conviction qu'une entreprise d'extermination physique menée par les Allemands visait, avant tout, les juifs et que les « chambres à gaz » étaient en quelque sorte réservées aux juifs (y compris aux juifs du « *Sonderkommando* » conduisant leurs coreligionnaires à l'abattoir). Aujourd'hui, les innombrables « musées de l'Holocauste » constituent un monopole juif et c'est un mot hébreu, celui de « Shoah » (catastrophe), qui désigne de plus en plus souvent ce prétendu génocide. Quelle qu'ait pu être leur participation à la constitution et au succès du mythe, les Alliés n'ont joué en la circonstance qu'un rôle secondaire et *toujours* sous la pression des organisations juives. Cependant, le cas des Soviétiques pourrait avoir été différent : leur propre fabrication d'un « Auschwitz » où l'accent n'est pas mis sur le sort des juifs pourrait avoir trouvé son origine dans la nécessité d'une propagande, par-delà le rideau de fer, en direction des progressistes occidentaux.

Et ce n'est pas parce qu'aujourd'hui des voix juives s'élèvent pour demander qu'on parle moins des « chambres à gaz » que la propagande de l'« Holocauste » ou de la Shoah baisse de ton chez les responsables de la communauté juive. Plus simplement, aux yeux des historiens juifs, ces incroyables « chambres à gaz » sont devenues encombrantes pour la propagation de la foi en la Shoah.

Une personnalité politique française a dit des chambres à gaz nazies qu'elles étaient un détail de la seconde guerre mondiale. Or, dans leurs ouvrages respectifs sur cette guerre, Eisenhower, Churchill et de Gaulle ont apparemment jugé que ces abattoirs chimiques étaient même moins qu'un détail puisqu'ils n'en ont pas pipé mot. On note la même discrétion chez l'historien René Rémond, membre important d'abord du Comité d'histoire de la deuxième guerre mondiale, puis de l'Institut d'histoire du temps présent : dans deux de ses ouvrages où l'on s'attendrait à voir figurer les mots de « chambre à gaz », on ne trouve rien de tel. L'historien américain Daniel Jonah Goldhagen parle de ces chambres comme d'un « épiphénomène ». Dans la version française du jugement de Nuremberg, seuls 520 mots, *extrêmement vagues*, sur environ 84.000 leur sont consacrés, ce qui constitue 0,62 % du texte de ce jugement.

Pour un révisionniste, les chambres à gaz sont moins qu'un détail parce qu'elles n'ont tout simplement pas existé mais le mythe des chambres à gaz, lui, est beaucoup plus qu'un détail : il est la pierre angulaire d'un immense édifice de croyances en tout genre que la loi nous interdit de contester.

« Chambres à gaz ou pas, quelle importance ? » On entend parfois cette question, empreinte de scepticisme. Elle irrite l'historien Pierre Vidal-Naquet pour lequel abandonner les chambres à gaz reviendrait à « capituler en rase campagne ». On ne peut que lui donner raison. En effet, selon que ces chambres à gaz ont existé ou non, on nous présentera les Allemands comme de fieffés criminels ou bien les juifs comme de fieffés menteurs (ou bonimenteurs). Dans le premier cas, les Allemands ont, pendant trois ou quatre ans, tué, par un moyen industriel et en des proportions industrielles, de malheureuses victimes désarmées tandis que, dans le second cas, les juifs, depuis plus d'un demi-siècle, colportent un mensonge de dimension historique.

En 1976, l'universitaire américain Arthur Robert Butz publiait son ouvrage *The Hoax of the Twentieth Century* ; de mon côté, je publiais dans *Le Monde* du 21 décembre 1978 et du 16 janvier 1979 deux textes sur « la rumeur d'Auschwitz » et, tout au début de la même année 1979, Wilhelm Stäglich publiait *Der Auschwitz Mythos*. Se faisant le porte-parole de bien des inquiétudes juives devant l'éclosion des écrits révisionnistes, le sioniste W. D. Rubinstein, professeur à l'université Deakin de Melbourne, écrivait alors :

« Si l'on démontrait que l'Holocauste est une mystification, l'arme n° 1 de l'arsenal de la propagande d'Israël disparaîtrait. »[44]

Se répétant quelque temps plus tard, il déclarait :

[44] Lettre à *Nation Review*.

« [C'est] un fait que, si l'on peut démontrer que l'Holocauste est un « mythe sioniste », la plus forte de toutes les armes de l'arsenal de la propagande d'Israël s'effondre. »[45]

Huit ans plus tard, comme en écho, un avocat de la LICRA déclarait :

« Si les chambres à gaz ont existé, la barbarie nazie n'est égale à aucune autre. Si elles n'ont pas existé, les juifs ont menti et l'antisémitisme s'en trouverait justifié. Voilà l'enjeu du débat. »[46]

Selon la formule d'E. Zündel, « l'''Holocauste'' est l'épée et le bouclier d'Israël ».

L'enjeu n'est donc pas simplement historique mais politique. Cet enjeu politique est paradoxal : le mythe de l'« Holocauste » sert à condamner d'abord le national-socialisme allemand, puis toute forme de nationalisme ou d'idée nationale sauf le nationalisme israélien et l'idée sioniste que ce mythe, au contraire, renforce.

L'enjeu est également financier quand on songe que, au moins depuis les accords sur les « réparations » signés à Luxembourg en 1952, les contribuables allemands ont versé des sommes « astronomiques » (le qualificatif est de Nahum Goldmann) à l'ensemble des juifs de l'État d'Israël ou de la Diaspora et qu'ils continueront, à cause de la Shoah, de payer pour les crimes qu'on leur impute au moins jusqu'en l'an 2030. Le « Shoah Business », dénoncé même par un P. Vidal-Naquet, est indissociable de la Shoah.

Aujourd'hui, le bluff de la Shoah autorise un racket à l'échelle mondiale. Pour commencer, une série croissante de pays riches ou pauvres, dont la France, se voient réclamer, par le Congrès juif mondial que préside le milliardaire Edgar Bronfman et par de richissimes organisations juives américaines, des montagnes d'or et d'argent à titre de nouvelles « restitutions » ou de nouvelles « réparations ». Les pays d'Europe, à commencer par la Suisse, ne sont pas les seuls visés. Pour l'instant, une maffia, qui a pignon sur rue, opère en quatre directions principales (il y en aura d'autres, à n'en pas douter) : « l'or nazi », les avoirs juifs, les collections d'art juives et les polices d'assurances souscrites par des juifs. Les principales cibles sont les gouvernements, les banques, les musées, les salles de vente publique et les compagnies d'assurance. Aux États-Unis, sous la pression des organisations juives, l'État du New Jersey a déjà voté des mesures de boycottage contre les

---

[45] « The Left, the Right and the Jews », p. 27.
[46] Me Bernard Jouanneau, *La Croix*, 23 septembre 1987, p. 2.

institutions bancaires suisses. Ce n'est qu'un début. Le seul véritable argument invoqué par les maîtres-chanteurs tient en un mot : celui de Shoah. Pas un gouvernement, pas une banque, pas une société d'assurance n'ose rétorquer pour sa défense qu'il s'agit là d'un mythe et qu'il n'y a pas lieu de payer pour un crime qui n'a pas été commis. Les Suisses, sous la pression des organisations juives, en un premier temps ont eu la naïveté de voter une loi interdisant toute remise en cause de la Shoah ; mais ils n'ont pas plus tôt publié cette loi qu'E. Bronfman leur a présenté la note à payer. Les Suisses ont alors offert des sommes considérables. Peine perdue. E. Bronfman, « en colère », a fait savoir qu'il lui en fallait infiniment plus.

« Mon expérience des Suisses », a-t-il déclaré, « est qu'à moins que vous ne leur teniez les pieds tout près du feu, ils ne vous prennent pas au sérieux. »[47]

Quant au préjudice moral causé à l'Allemagne en particulier et aux non juifs en général par la propagation de la religion de l'« Holocauste », il est incalculable. Les organisations juives ne cessent de réitérer leurs accusations contre une Allemagne coupable d'un « génocide » des juifs et contre Churchill, Roosevelt, de Gaulle, Staline, le pape Pie XII, le Comité international de la Croix-Rouge, les pays neutres et d'autres pays encore, coupables, paraît-il, d'avoir laissé l'Allemagne commettre ce « génocide » et redevables, par conséquent, de « réparations » financières, eux aussi.

LES ORGANISATIONS JUIVES IMPOSENT LE CREDO DE L'« HOLOCAUSTE »

Mon ouvrage, comme on le verra, touche peu à la « question juive ».

Si, durant tant de lustres, j'ai poursuivi avec acharnement l'enquête historique sans trop me soucier de la « question juive » en tant que telle, c'est que, dans mon esprit, cette dernière n'était que d'une importance secondaire. Elle risquait de me détourner de l'essentiel : je cherchais, d'abord et avant tout, à déterminer les parts

---

[47] *Globe and Mail* (Canada), 2 juin 1998, p. A1, 15. Edgar Bronfman, président du Congrès juif mondial, est l'empereur de l'alcool et de la pornographie. Il préside le groupe Seagram et, à Hollywood, possède Universal Studios. Il vient de recevoir, d'un jury d'humoristes américains, la distinction du « Silver Sewer » (Égout d'argent) notamment pour des films mettant en scène stripteaseuses enceintes, jeunes prostitués se battant avec leurs souteneurs, croque-morts copulant avec des cadavres, etc. (*Financial Times*, 21-22 mars 1998).

respectives de la vérité et du mythe dans l'histoire dite de l'« Holocauste » ou de la Shoah ; il m'importait donc beaucoup plus d'établir la matérialité des faits que de rechercher les responsabilités.

Pourtant, malgré moi, deux faits allaient me contraindre à sortir de ma réserve : l'attitude de nombreux juifs à l'endroit de mes travaux et leur mise en demeure lancinante d'avoir à me prononcer sur ce qui passionne tant d'entre eux : la « question juive ».

Quand, au début des années soixante, j'abordai ce qu'Olga Wormser-Migot allait, dans sa thèse de 1968, appeler « le problème des chambres à gaz », je sus d'emblée les conséquences que pourrait entraîner pareille entreprise. L'exemple de P. Rassinier m'avertissait que je pouvais craindre de graves répercussions. Je décidais néanmoins d'aller de l'avant, de m'en tenir à une recherche de caractère purement historique et d'en publier le résultat. Je choisissais aussi de laisser à l'adversaire éventuel la responsabilité de sortir du domaine de la controverse universitaire pour employer les moyens de la coercition et peut-être même de la violence physique.

C'est précisément ce qui se produisit. Usant d'une comparaison, je pourrais dire qu'en quelque sorte la fragile porte de bureau derrière laquelle je rédigeais mes écrits révisionnistes céda, un jour, subitement, sous la poussée d'une tourbe vociférante de protestataires. Force me fut alors de le constater, la totalité ou la quasi-totalité des trublions étaient des fils et des filles d'Israël.

« Les juifs » venaient de faire irruption dans ma vie. Je les découvrais soudain non plus tels que je les avais connus jusque-là, c'est-à-dire comme des individus à distinguer les uns des autres, mais comme les éléments, impossibles à détacher les uns des autres, d'un groupe particulièrement soudé dans la haine et, pour employer leur propre mot, dans la « colère ». Frénétiques, l'écume à la bouche, sur le ton à la fois du gémissement et de la menace, ils venaient me corner aux oreilles que mes travaux les hérissaient, que mes conclusions étaient fausses et qu'il me fallait impérativement faire allégeance à leur propre interprétation de l'histoire de la seconde guerre mondiale. Cette interprétation casher place « les juifs » au centre de cette guerre en tant que victimes, à nulle autre pareilles, d'un conflit qui a tout de même causé probablement près de quarante millions de morts. Pour eux, leur massacre était unique dans l'histoire du monde. On me prévenait qu'à moins de me soumettre je verrais ma carrière ruinée. On me mènerait devant les tribunaux. Puis, par la voie médiatique, le grand Sanhédrin, formé des prêtres, des notables et des docteurs de la loi juive, lança contre ma personne une virulente campagne d'appels à la haine et à la violence. Je ne m'attarderai pas sur la suite, interminable, des outrages, des agressions physiques et des procès.

Les responsables de ces organisations me traitent volontiers de « nazi », ce que je ne suis pas. Comparaison pour comparaison, je serais plutôt, par rapport à elles, un « Palestinien », traité comme tel et porté à croire qu'à l'égard de ceux qui leur déplaisent les juifs se comportent dans la Diaspora comme on les voit se conduire en Palestine. Mes écrits sont, si l'on veut, les pierres de mon Intifada. A franchement parler, je ne découvre pas de différence essentielle entre le comportement des responsables sionistes à Tel-Aviv ou à Jérusalem et celui des responsables juifs à Paris ou à New York : même dureté, même esprit de conquête et de domination, mêmes privilèges, sur un fond incessant de chantage, de pressions accompagnées de plaintes et de gémissements. Cela dans l'espace. En est-il autrement dans le temps ? Le peuple juif a-t-il été aussi malheureux dans les siècles passés qu'il veut bien le dire ? A-t-il autant souffert de guerres et de guerres civiles que les autres communautés humaines ? A-t-il connu autant de détresses et de misère ? N'a-t-il vraiment aucune responsabilité dans les réactions d'hostilité dont il se plaint volontiers ? Sur ce point, Bernard Lazare écrit :

> « Si cette hostilité, cette répugnance même, ne s'étaient exercées vis-à-vis des Juifs qu'en un temps et en un pays, il serait facile de démêler les causes restreintes de ces colères ; mais cette race a été, au contraire, en butte à la haine de tous les peuples au milieu desquels elle s'est établie. Il faut donc, puisque les ennemis des Juifs appartenaient aux races les plus diverses, qu'ils vivaient dans des contrées fort éloignées les unes des autres, qu'ils étaient régis par des lois différentes, gouvernés par des principes opposés, qu'ils n'avaient ni les mêmes mœurs, ni les mêmes coutumes, qu'ils étaient animés d'esprits dissemblables ne leur permettant pas de juger également de toutes choses, il faut donc que les causes générales de l'antisémitisme aient toujours résidé en Israël même et non chez ceux qui le combattirent. »

Ceci n'est pas pour affirmer que les persécuteurs des Israélites eurent toujours le droit de leur côté, ni qu'ils ne se livrèrent pas à tous les excès que comportent les haines vives, mais pour poser en principe que les Juifs causèrent – en partie du moins – leurs maux.[48]

---

[48] B. Lazare, *L'antisémitisme...*, première page du chapitre premier.

B. Lazare, qui n'est nullement hostile à ses coreligionnaires, – bien au contraire – a la franchise de rappeler à plusieurs reprises combien les juifs ont su, tout au long de leur histoire, dès l'Antiquité, s'acquérir des privilèges :

« [Beaucoup] d'entre les pauvres gens étaient attirés par les privilèges accordés aux juifs. »[49]

On me permettra ici une confidence.

En mes qualités à la fois d'ancien latiniste, de justiciable poursuivi devant les tribunaux par des organisations juives, de professeur d'université empêché de donner ses cours à cause de manifestations juives, et, enfin, d'auteur interdit de publication à cause de décisions du grand rabbinat entérinées par la République française, il m'arrive de confronter mes expériences avec celles d'illustres prédécesseurs. C'est ainsi que je songe à l'aristocrate romain Lucius Flaccus. En 59 avant notre ère, Cicéron eut à le défendre notamment contre ses accusateurs juifs ; la description que fait l'illustre orateur de l'influence, de la puissance et des procédés des juifs de Rome dans le prétoire me donne à penser que, s'il revenait sur terre, au XXe siècle, pour y défendre un révisionniste, il n'aurait pour ainsi dire pas un mot à changer sur ce point dans sa plaidoirie du *Pro Flacco*.

Ayant eu à enseigner à la Sorbonne, je songe également à mon prédécesseur Henri Labroue, auteur d'un ouvrage sur *Voltaire antijuif*. À la fin de l'année 1942, en pleine occupation allemande, à une époque où l'on veut nous faire croire que les juifs et leurs défenseurs se faisaient le plus discrets possible, il dut renoncer à donner ses cours sur l'histoire du judaïsme. Citons André Kaspi : « Une chaire d'histoire du judaïsme a été créée à la Sorbonne pour la rentrée de 1942 et confiée à Henri Labroue. Les premières leçons ont donné lieu à des manifestations d'hostilité et à des incidents qui ont entraîné la suppression des cours. »[50]

Mais, aujourd'hui, immanquablement se retrouveraient devant les tribunaux, sur plainte d'associations juives, des dizaines de grands noms de la littérature mondiale dont Shakespeare, Voltaire, Hugo ainsi que Zola (le défenseur de Dreyfus a également écrit *L'Argent*) ? Parmi les grands noms de la politique, même un Jaurès siégerait au banc d'infamie.

De telles considérations pourraient me valoir l'épithète d'antisémite ou d'antijuif. Je récuse ces qualificatifs que je tiens pour de faciles insultes. Je ne veux aucun mal à aucun juif. En revanche, je trouve détestable le comportement de la plupart des associations, organisations et groupes de pression qui prétendent représenter les intérêts juifs ou la « mémoire juive ». Les responsables de ces associations, organisations ou groupes ont manifestement le plus grand mal à comprendre qu'on

---

[49] *Id.*, p. 27.
[50] A. Kaspi, *Les Juifs pendant l'Occupation,* p. 109, n. 27.

puisse agir par simple honnêteté intellectuelle. Si, pour ma part, j'ai consacré une bonne partie de ma vie au révisionnisme, d'abord dans le domaine des études littéraires, puis dans celui de la recherche historique, ce n'est nullement à la suite d'odieux calculs ou pour servir un complot antijuif, mais par un mouvement aussi naturel que celui qui fait que l'oiseau chante, que la feuille pousse et que, dans les ténèbres, l'homme aspire à la lumière.

Résistance naturelle de la science historique à ce credo

À l'instar de quelques autres révisionnistes, j'aurais pu opérer ma soumission, faire acte de repentance, me rétracter ; autre échappatoire : j'aurais pu me contenter d'ourdir de savants et biscornus stratagèmes. Non seulement je décidai, dès les années soixante-dix, de résister à visage découvert et en pleine lumière mais je me promis de ne pas entrer dans le jeu de l'adversaire. Je formai la résolution de ne rien changer à mon propre comportement et de laisser les excités s'exciter chaque jour davantage. Parmi les juifs, je n'écouterais que ceux, particulièrement courageux, qui osaient prendre ma défense au moins l'espace d'une saison.[51]

Les organisations juives dans leur ensemble traitent d'antisémites ceux qui n'adoptent pas leur propre conception de l'histoire de la seconde guerre mondiale. On peut les comprendre puisque aller jusqu'à dire, comme je le fais ici et maintenant, qu'elles comptent, pour moi, parmi les principaux responsables du colportage d'un gigantesque mythe a les apparences d'une opinion inspirée par l'antisémitisme. Mais, en réalité, je ne fais que tirer les conclusions évidentes d'une enquête historique qui, selon toute vraisemblance, doit être des plus sérieuses puisque aucun tribunal, malgré les fiévreuses recherches de l'accusation, n'a pu y déceler trace de légèreté, de négligence, d'ignorance délibérée ou de mensonge.

Par ailleurs, à des groupes de personnes qui n'ont pas manifesté le moindre respect pour mes recherches, mes publications, ma vie

---

[51] J'entends parfois dire qu'il risque d'en coûter plus cher à un juif qu'à un non juif de faire profession de révisionnisme. Les faits démentent cette assertion. Pas un juif n'a été condamné en justice pour révisionnisme, pas même Roger-Guy Dommergue (Polacco de Menasce) qui, depuis des années, multiplie les écrits les plus véhéments contre ce qu'il appelle les mensonges de ses « congénères ». Jusqu'ici on n'a osé lui appliquer ni la loi Pleven (1972) ni la loi Fabius-Gayssot (1990). Il convient toutefois de rappeler le cas du jeune révisionniste américain David Cole qui montre à quelle violence certaines organisations juives peuvent recourir afin de faire taire des juifs qui ont pris parti pour la cause révisionniste.

personnelle, familiale ou professionnelle, je ne vois pas pourquoi, de mon côté, je témoignerais du respect. Je n'attaque ni ne critique ces groupes pour leurs convictions religieuses ou leur attachement à l'État d'Israël. Tous les groupes humains se repaissent de fantasmagories. Libre, par conséquent, à chacun d'entre eux de s'offrir de son histoire une représentation plus ou moins réelle, plus ou moins imaginaire. Mais cette représentation, il ne faut pas l'imposer aux autres. Or, les organisations juives nous imposent la leur, ce qui, en soi, est inacceptable et l'est encore plus quand cette représentation est manifestement erronée. Et je ne connais pas en France de groupe qui, d'un article de foi de sa religion (celle de la Shoah) soit parvenu à faire un article de la loi républicaine ; qui bénéficie du privilège exorbitant de posséder des milices armées avec l'assentiment du ministère de l'Intérieur ; et qui, enfin, peut décréter que des universitaires qui lui déplaisent n'auront plus le droit d'enseigner ni en France, ni à l'étranger (voy., en particulier, l'affaire Bernard Notin).

Pour un révisionnisme sans complexe

Les révisionnistes ne connaissent en fait ni maître ni disciple. Ils forment une troupe hétéroclite. Ils répugnent à s'organiser, ce qui présente autant d'inconvénients que d'avantages. Leur individualisme les rend inaptes à l'action concertée ; en revanche, les services de police se révèlent incapables de pénétrer et de surveiller un ensemble aussi disparate ; ils ne peuvent remonter aucune filière puisque précisément il n'existe aucun réseau révisionniste. Ces individus se sentent libres d'improviser, chacun selon ses aptitudes ou ses goûts, une activité révisionniste qui prendra les formes les plus diverses. La qualité des travaux entrepris s'en ressent et il faut reconnaître que le résultat est inégal. De ce point de vue, on peut dire qu'il reste encore beaucoup à faire. Le simple amateur côtoie l'érudit et l'homme d'action, le chercheur dans ses archives. Je ne donnerai pas ici de noms par crainte de cataloguer chacun de ces individus.[52]

Sur la manière de mener le combat révisionniste, il va de soi que les révisionnistes se partagent entre partisans et adversaires d'une sorte de réalisme politique. La plupart estiment que, face à la puissance du tabou,

---

[52] Un chercheur indépendant, qui ne s'en réclame pourtant pas, peut indirectement contribuer au révisionnisme par la simple qualité de son travail. Je donnerai ici un nom, celui de Jean Plantin, responsable d'une publication dont le titre, à lui seul, indique le caractère érudit : *Akribeia* – tel est le titre de cette publication semestrielle – signifie « exactitude », « soin minutieux » et a donné en français le mot d'« acribie » (qualité de l'érudit qui travaille avec un soin extrême). *AKRIBEIA*, 45/3 route de Vourles, 69230 Saint Genis Laval.

mieux vaut procéder par des voies obliques et ne pas heurter de front les tenants de l'orthodoxie. Pour ces révisionnistes-là, il est maladroit et imprudent de lancer, par exemple, que l'« Holocauste » est un mythe ; mieux vaut, selon eux, insinuer que l'« Holocauste » a bel et bien existé mais non dans les proportions généralement admises. Épris de stratégie ou de tactiques, ces révisionnistes chercheront à ménager les susceptibilités juives et suggéreront, à tort, que la partie légendaire de l'« Holocauste » est surtout imputable aux communistes ou aux Alliés mais non aux juifs, ou si peu. Ne voit-on pas des apprentis révisionnistes pratiquer le fallacieux amalgame qui consiste à présenter les juifs comme victimes, au même titre que les autres, d'une sorte de croyance universelle erronée ? Les juifs se seraient vus obligés, en quelque sorte par une force immanente, de croire au génocide et aux chambres à gaz cependant, sans doute, que la même force les pousserait à réclamer encore et plus d'argent pour réparation de souffrances fictives.[53] Un juif errant viendra-t-il à passer dans le camp révisionniste, on lui fera fête comme au plus pur génie du révisionnisme. Reprendra-t-il à son compte, et maladroitement, les découvertes de ses prédécesseurs non juifs sur Auschwitz, on saluera en ce nouveau venu un phare de la pensée scientifique.

J'admets certaines formes de ce réalisme politique mais à la condition qu'il ne s'accompagne pas d'arrogance. Il n'y a nulle supériorité, ni intellectuelle ni morale, à penser que la fin justifie les moyens et qu'il faut bien parfois emprunter à l'adversaire les armes de la dissimulation et du mensonge. Mais, personnellement, ma préférence va à un révisionnisme sans complexes et sans trop de compromissions. On déclare la couleur. On marche droit au but. Seul, s'il le faut. On ne ménage pas l'adversaire. D'ailleurs, une bien longue expérience du combat révisionniste me donne à penser que la meilleure stratégie, la meilleure tactique peuvent consister en une succession d'attaques frontales ; l'adversaire ne s'y attendait pas ; il s'imaginait qu'on n'aurait jamais l'audace de le défier ainsi ; il découvre qu'il ne fait plus peur ; il en est décontenancé.

Un conflit sans fin

Les révisionnistes ont cent fois proposé à leurs adversaires un débat public sur le génocide, les chambres à gaz et les six millions. Les organisations juives se sont toujours dérobées à cette proposition. La

---

[53] Voy. la pertinente analyse de Guillermo Coletti, « The Taming of Holocaust Revisionism » [Apprivoiser le révisionnisme de l'Holocauste].

preuve est maintenant faite qu'elles ne l'accepteront pas. Au moins l'Église catholique admet-elle aujourd'hui une forme de dialogue avec les athées mais la Synagogue, elle, n'oubliera pas l'offense qui lui a été faite[54] et ne se résoudra jamais à courir le risque d'un tel dialogue avec les révisionnistes. Par ailleurs, trop d'intérêts politiques, financiers et moraux sont en jeu pour que, de leur côté, les responsables de l'État d'Israël ou de la Diaspora acceptent d'entamer un pareil débat sur la version casher de l'histoire de la seconde guerre mondiale.

L'épreuve de force continuera donc. Je ne lui vois pas de fin. Le conflit auquel nous assistons entre « exterminationnisme » et « révisionnisme », c'est-à-dire entre, d'une part, une histoire officielle, figée, sacrée et, d'autre part, une histoire critique, scientifique, profane, s'inscrit dans la lutte sans fin que se livrent dans les sociétés humaines, depuis des millénaires, la foi et la raison ou la croyance et la science. La foi en l'« holocauste » ou Shoah fait partie intégrante d'une religion, la religion hébraïque dont, à y regarder de près, les fantasmagories de l'« Holocauste » ne sont qu'une émanation. On n'a jamais vu une religion s'effondrer sous les coups de la raison. Ce n'est pas demain que disparaîtra la religion juive avec l'une de ses composantes les plus vivaces. Selon les interprétations en cours, cette religion est vieille de mille cinq cents ans ou bien de trois, sinon de quatre, mille ans. On ne voit pas pourquoi les hommes de l'an 2000 bénéficieraient du privilège d'assister en direct au naufrage d'une religion qui remonte à des temps aussi anciens.

On entend parfois dire que le mythe de l'« Holocauste » ou de la Shoah pourrait un jour s'effacer comme s'est effondré il n'y a guère le communisme stalinien ou comme s'effondreront un jour prochain le mythe sioniste et l'État d'Israël. C'est comparer ce qui n'est pas comparable. Communisme et sionisme reposent sur des bases fragiles ; tous deux présupposent chez l'homme de hautes aspirations qui sont largement illusoires : le désintéressement généralisé, le partage à égalité entre tous, le sens du sacrifice, le travail au profit de tous ; leurs emblèmes sont, dans un cas, la faucille, le marteau et le kolkhoze et, dans l'autre cas, l'épée, la charrue et le kibboutz. La religion juive, elle, sous les dehors alambiqués de la massore ou du pilpoul, ne plane pas dans ces rêveries ; elle vise bas pour viser juste ; elle table sur le réel ; sous le couvert d'extravagances talmudiques et de prestidigitations intellectuelles ou verbales, on voit qu'elle a surtout partie liée avec l'argent, le roi-dollar, le Veau d'Or et les blandices de la société de consommation. Qui peut croire que ces valeurs-là perdront un jour

---

[54] « L'oubli n'est pas notre principale vertu » (le président du Consistoire de Toulouse, selon *Le Figaro*, 9 octobre 1997, p. 10).

prochain de leur pouvoir ? Et, par ailleurs, comment la disparition de l'État d'Israël entraînerait-elle de néfastes conséquences pour le mythe de l'« Holocauste » ? Au contraire, des millions de juifs, forcés de gagner ou de regagner les pays riches de l'Occident, ne manqueraient pas de crier au « Second Holocauste » et, à nouveau et encore plus fort, accuseraient le monde entier de cette nouvelle épreuve imposée au peuple juif, qu'il faudrait alors « dédommager ».

Enfin, la religion juive – on ne le voit que trop avec les récits de l'« Holocauste » – s'ancre dans ce qu'il y a peut-être de plus profond en l'homme : la peur. Là est sa force. Là est sa chance d'une survie malgré tous les aléas et malgré les coups de boutoir portés contre ses mythes par le révisionnisme historique. En jouant avec la peur, les religionnaires juifs gagnent à tous les coups.

Je souscris au constat du sociologue et historien Serge Thion[55] pour lequel « le révisionnisme historique, qui a gagné toutes les batailles intellectuelles depuis vingt-cinq ans, perd tous les jours la guerre idéologique. Le révisionnisme se heurte à l'irrationnel, à une pensée quasi religieuse, au refus de prendre en considération ce qui provient d'un pôle non juif ; nous sommes en présence d'une sorte de théologie laïque dont Élie Wiesel est le grand prêtre international consacré par l'attribution d'un prix Nobel ».

L'AVENIR ENTRE RÉPRESSION ET INTERNET

Les nouveaux venus du révisionnisme ne devront pas se bercer d'illusions. Leur tâche sera rude. Le sera-t-elle moins que pour Paul Rassinier et ses successeurs les plus directs ? La répression sera-t-elle moins féroce ?

Personnellement, j'en doute. Cependant, dans le monde, le changement des équilibres politiques et des techniques de la communication donnera peut-être aux minorités la chance de se faire mieux entendre que dans un récent passé. Grâce à Internet, pour les révisionnistes la censure sera peut-être plus facile à déjouer et les sources d'information historiques deviendront sans doute plus accessibles.

Il reste qu'en cette fin de siècle et de millénaire l'homme est appelé à vivre l'étrange expérience d'un monde où livres, journaux, radios et chaînes de télévision sont, plus que jamais, étroitement contrôlés par le

---

[55] S. Thion est, en particulier, l'auteur d'un ouvrage révisionniste qui porte le titre parlant de *Une Allumette sur la banquise*. Un ouvrage révisionniste, même si son contenu paraît être de la dynamite, n'apporte, en fin de compte, peut-être pas plus de clarté et de chaleur qu'une allumette « dans la nuit polaire, sur la banquise des idées gelées » (p. 90).

pouvoir de l'argent ou par la police de la pensée alors que, parallèlement, se développent, à vitesse accélérée, de nouveaux moyens de communication qui échappent, en partie, à tout contrôle. On croirait un monde à deux faces : l'une se fige et vieillit, l'autre a l'insolence de la jeunesse et regarde vers l'avenir. Le même contraste s'observe dans la recherche historique, celle du moins que surveille la police de la pensée : d'un côté, les historiens officiels, qui multiplient les ouvrages sur l'« Holocauste » ou la Shoah, s'enferment dans le domaine de la croyance religieuse ou de la ratiocination en vase clos tandis que, de l'autre côté, des esprits indépendants s'efforcent de n'observer que les préceptes de la raison et de la science ; grâce à ces derniers, la libre recherche historique manifeste, notamment sur Internet, une impressionnante vitalité.

Les tenants d'une histoire officielle protégée et garantie par la loi seront, pour toujours, condamnés à trouver devant eux les contestataires d'une vérité d'office. Les uns ont, avec l'âge, le pouvoir et l'argent ; les autres, un véritable avenir.

Une répression qui s'aggrave

S'il est un point sur lequel le présent ouvrage peut apporter autant d'information aux révisionnistes qu'aux antirévisionnistes, c'est celui de la répression que subissent les premiers par le fait des seconds.

Chaque révisionniste est payé pour savoir ce qu'il lui en coûte de s'exprimer sur un sujet tabou mais il n'a pas toujours conscience de ce que subissent à la même heure ses pareils en d'autres pays que le sien. Les antirévisionnistes, de leur côté, minimisent systématiquement l'ampleur de leurs actions répressives ; ils n'ont de pensée que pour leurs propres tourments, comparables à ceux de Torquemada et des Grands Inquisiteurs : il leur faut frapper, toujours frapper ; leur bras se fatigue, les crampes leur viennent, ils souffrent, ils gémissent ; ils trouvent que, s'il est des hommes à plaindre, ce sont les bourreaux ; ils se bouchent les yeux et les oreilles pour éviter de voir et d'entendre toutes leurs victimes. Parfois même, ils s'étonnent, peut-être de bonne foi, quand on leur présente la liste des révisionnistes qu'ils sont parvenus à briser dans leur vie personnelle, familiale ou professionnelle, à ruiner, à accabler d'amendes ou de peines de prison, à grièvement blesser, à vitrioler, à tuer, à pousser au suicide, cependant qu'à l'inverse on ne saurait produire un seul cas où un révisionniste aurait touché ne fût-ce qu'un cheveu de l'un de ses adversaires.

Il faut dire que la presse s'emploie à dissimuler le plus possible certains effets de cette répression généralisée. En France, le journal *Le*

Monde s'est fait sur ce chapitre une spécialité, comme on le verra, de passer sous silence certaines abominations qui, si des juifs antirévisionnistes à la Vidal-Naquet en avaient été les victimes, auraient suscité, sur toute la surface du globe, défilés de protestation et manifestations en tous genres.

Le mieux qu'on puisse attendre des apôtres de la Shoah sera, tout au plus, une mise en garde contre des excès d'antirévisionnisme qui pourraient causer du tort à la bonne renommée des juifs et à la cause sacrée de la Shoah.

Dans le flot des toutes dernières mesures de répression prises contre les révisionnistes, on notera, pour la France, la révocation de l'Éducation nationale de Michel Adam, qui enseignait l'histoire et la géographie dans un collège de Bretagne ; à cinquante-sept ans, avec cinq enfants à charge, il se retrouve sans la moindre ressource et même, pour l'instant, sans le revenu minimum d'insertion (RMI). Quant à Vincent Reynouard, lui aussi révoqué de l'Éducation nationale, il vient d'être condamné par le tribunal de Saint-Nazaire, ce 10 novembre, à trois mois de prison ferme et à dix mille francs d'amende pour avoir diffusé le *Rapport Rudolf ;* âgé de vingt-neuf ans, marié, père de trois jeunes enfants, il se retrouve, avec sa femme, sans la moindre ressource. Toujours en France, le pasteur Roger Parmentier est exclu du Parti socialiste pour avoir apporté son soutien devant un tribunal à Roger Garaudy tandis que Jean-Marie Le Pen, lui, est mis en examen, en France comme en Allemagne, pour une déclaration anodine sur « le détail » des chambres à gaz.

À Barcelone, le 16 novembre, sur plainte du Centre Simon Wiesenthal, de SOS racisme-Espagne, des deux communautés israélites de la ville et du Mouvement juif libéral espagnol, le libraire Pedro Varela a été condamné à cinq ans de prison ferme pour « négation de l'Holocauste » et « incitation à la haine raciale » par l'écrit. Il est également condamné à une amende de trente mille francs et à de lourds frais de justice. Les 20.972 livres et les centaines de cassettes qui composent le fonds de sa librairie seront détruits... par le feu. Sa librairie avait été l'objet d'attentats et d'incendies ; à plusieurs reprises, son employée ou lui-même avaient été agressés. Le Centre Simon Wiesenthal tenterait aujourd'hui d'obtenir l'annulation du doctorat en histoire accordé à Pedro Varela il y a plus de dix ans.[56]

En Allemagne, on saisit et on brûle de plus en plus d'écrits révisionnistes. Gary Lauck (citoyen américain extradé par le Danemark vers l'Allemagne), Günter Deckert et Udo Walendy végètent toujours en prison et peuvent se tenir pour heureux si on ne prolonge pas leur

---

[56] Voy. « Un libraire espagnol condamné pour "apologie du génocide" », *Le Monde*, 19 novembre 1998, p. 3 ; Emmanuel Ratier, *Faits et Documents,* 1er décembre 1998, p. 12.

incarcération sous le moindre prétexte. Erhard Kemper, de Münster, après un an de prison et sous la menace de nouvelles et lourdes peines qui le maintiendraient en prison probablement jusqu'à la fin de sa vie, a dû se réfugier dans la clandestinité. D'autres Allemands ou Autrichiens vivent en exil.

Au Canada, le calvaire d'Ernst Zündel et de ses amis continue devant l'un de ces tribunaux *ad hoc,* dits « commissions des droits de l'homme », où se trouvent bafoués, comme à plaisir, les droits normaux de la défense ; par exemple, il y est interdit de plaider que ce qu'on a écrit correspond à une vérité vérifiable ; ces commissions ne se soucient pas de la vérité ; seul les intéresse le point de savoir si ce qui est écrit fait ou non de la peine à certains ! D'autres commissions spéciales rattachées à l'Intelligence Service du Canada, prennent, dans le cas des révisionnistes, leurs décisions à huis-clos sur dossier non communiqué à l'intéressé. En 1999, Ottawa adoptera une loi antirévisionniste autorisant la police à saisir à domicile tout livre ou matériel qui *pourrait*, selon la police elle-même, propager le révisionnisme ; cette même loi stipulera que les tribunaux aligneront leur pratique sur celle des commissions *ad hoc* et ne permettront plus à l'accusé de se défendre en invoquant la vérité de ce qu'il écrit.[57]

Partout dans le monde les associations juives multiplient les initiatives en vue de l'adoption d'une loi antirévisionniste spécifique. Récemment, lors d'une conférence réunie à Salonique, l'Association internationale des avocats et juristes juifs a réclamé l'instauration en Grèce d'une telle loi et a fait savoir qu'elle tiendrait des conférences identiques en plus de vingt autres pays.[58]

Le devoir de résistance

Quelles que puissent être les tempêtes et les vicissitudes présentes ou à venir, l'historien révisionniste doit maintenir le cap. Au culte d'une mémoire tribale fondée sur la peur, la vengeance et le lucre, il préférera la recherche obstinée de l'exactitude. De cette manière, sans même l'avoir voulu, il rendra justice aux *vraies* souffrances de *toutes* les victimes de la seconde guerre mondiale. Et, de ce point de vue, c'est lui qui évitera toute discrimination de race, de religion, de communauté. Par-dessus tout, il refusera l'imposture suprême qui a couronné ce conflit : celle du procès de Nuremberg, du procès de Tokyo et de mille autres procès de l'après-guerre à l'occasion desquels, encore aujourd'hui, le

---

[57] Voy. « Crackdown on hate materials planned », *National Post,* 25 novembre 1998.
[58] Voy. *Athens News,* 28 juin 1998, p. 1.

vainqueur, sans avoir à rendre le moindre compte de ses propres crimes, s'arroge le droit de poursuivre et de condamner le vaincu.

Contrairement à la vision romantique de Chateaubriand, l'historien n'est nullement « chargé de la vengeance des peuples » et, encore moins, de la vengeance d'un peuple qui se prétend élu de Dieu.

Sur quelque sujet que ce soit, l'historien en général et l'historien révisionniste en particulier n'ont pas d'autre mission que de vérifier si ce qu'on dit est exact. Il s'agit là d'une mission élémentaire, évidente, mais – l'expérience l'enseigne – périlleuse.

3 décembre 1998

MODE D'EMPLOI

Cet ouvrage est un recueil de textes. Il a semblé que le classement le plus simple serait l'ordre chronologique. On trouvera donc ici la plupart des textes écrits par le professeur Faurisson depuis plus de vingt ans, ayant trait de près ou de loin à la question révisionniste. On sait que, parmi beaucoup d'autres acceptions historiquement attestées – on a par exemple publié des écrits de Lénine sous le titre *Contre le révisionnisme* – le terme de révisionnisme s'applique ici à l'idée que le régime nazi aurait, pendant la dernière guerre mondiale, entrepris d'exterminer les juifs d'Europe, en usant, en particulier d'un instrument spécifique, la chambre à gaz à caractère industriel.

Engagé dans une recherche qui allait se voir bientôt frappée de tabou, le professeur Faurisson a été non seulement critiqué, blâmé, insulté, frappé, rejeté et généralement traité comme un paria, mais il a eu toutes les peines du monde à s'exprimer, bien que son « cas », son « affaire » aient été au centre de puissantes polémiques, animées par des mouvements politiques et intellectuels solidement installés dans le champ culturel. Les textes ci-dessous rassemblés portent les stigmates de ces « débats et combats », pour reprendre une expression de Lucien Febvre. Souvent, ils ont été écrits dans la fièvre, dans l'indignation, mais aussi dans le désir passionné de convaincre, d'ouvrir à la raison du lecteur l'accès à une compréhension plus large, plus profonde, de ce qu'il croyait déjà savoir.

On trouvera donc des redites, des retours sur des raisonnements que l'on aura d'abord vus embryonnaires : ce sont les vertus de l'ordre chronologique, qui permet souvent d'assister à l'éclosion de la pensée.

Il faut savoir aussi que beaucoup de ces textes furent comme des bouteilles à la mer. Si certains trouvaient accueil dans des publications amies, bientôt pourchassées par les censeurs, les autres circulaient de main en main, de photocopieuse en photocopieuse, et, s'ils traversaient souvent les océans, leur distribution n'en restait pas moins limitée, difficile et aléatoire. Leur regroupement ici viendra ainsi donner, pour la première fois, une idée à peu près complète de ce qu'aura été l'intervention du professeur Faurisson sur la scène intellectuelle de cette fin de vingtième siècle. On n'en mesurera les conséquences que dans le cours du siècle prochain.

Mais placé devant le large fleuve qui charrie ces textes depuis plus de vingt ans, le lecteur pourrait se sentir intimidé ou rebuté. Il lui faut adopter un principe de lecture, de consultation. Il trouvera à la fin de l'ouvrage une table des textes qui lui permettra d'avoir une vue synoptique de la matière ouvrée sur ce chantier et un index des noms propres. Nous invitons donc les lecteurs à s'y reporter pour poursuivre ce que les habitués d'Internet appellent une "navigation" à travers ces textes qui se répondent, se complètent, s'appuient les uns sur les autres, car ils proviennent tous du même esprit, animé par la même quête, encadré par les mêmes exigences morales et intellectuelles.

De même pour la bibliographie. Plutôt que de répéter à chaque fois les références qui étaient données dans des textes qui circulaient séparément, nous les avons regroupées à la fin de l'ouvrage. Le lecteur désireux de vérifier ou de poursuivre les pistes que lui signalera sa propre curiosité y trouvera les références complètes des ouvrages et des documents cités dans le livre.

Depuis plus de vingt ans, certains cherchent quelles réponses apporter aux pertinentes questions du gêneur. Faute de trouver ces réponses, ils recourent aux insultes ou à des épithètes qui ridiculisent surtout ceux qui en font la distribution. Ils trouveront dans ce recueil la somme des questions auxquelles ils n'ont pas su répondre, somme qui, pour user d'un mot qui fait florès dans les salons, est, à ce jour, **incontournable**.

Certains écrits du professeur Faurisson sont absents de ce recueil. D'abord ses livres, qui peuvent encore se trouver en vente ; si votre libraire ne les possède pas, vous pouvez les demander à la Librairie du Savoir, 5 rue Malebranche, à Paris, 5e. Ensuite, certains textes qui auraient fait double emploi. Puis, des textes qui n'existent que dans des langues étrangères. D'autres, enfin, ont pu échapper à notre attention. Quelques-uns des textes retenus sont accompagnés d'une « note des éditeurs », en abrégé : N.d.é.

En complément du présent ouvrage nous espérons pouvoir publier un cahier photographique.

La rumeur nous dit qu'un nombre croissant de textes du professeur Faurisson se trouvent sur Internet, ce qui ne laisse pas d'étonner leur auteur qui n'utilise, pour sa part, qu'un vieux stylo-plume. Mais le contraire serait encore plus surprenant. C'est aux lecteurs qu'il appartiendra de vérifier si cette rumeur dit vrai.

Décembre 1998.

PRÉAMBULE

17 juin 1972

LA CRITIQUE DE TEXTES (TROIS ÉCOLES)

Trois façons de voir un texte. Trois façons de voir les choses, les gens, les textes. Trois façons de voir un stylobille et d'en parler.

1.**L'ancienne critique** déclare : « Cet objet est une pointe Bic. Il sert à écrire. Replaçons-le dans son contexte historique : nous reconnaissons dans cet objet le "style" des Anciens ; il se présente ici sous une forme moderne ; il est pratique, aisé à manier et à transporter ; il a son autonomie. Voyons le cadre socio-économique dans lequel il s'inscrit : il obéit aux contingences de la production industrielle en série : il est bon marché ; il se consomme et il se jette. Décrivons-le [il est remarquable que l'ancienne critique ait tendance à retarder ce moment de la description qui devrait en bonne logique précéder tout autre moment ; on dirait qu'elle a peur de la réalité et qu'elle ne l'aborde qu'au terme d'une sorte de mouvement tournant, d'allure historique, qui lui donne des apparences réfléchies] : cette pointe Bic se compose d'un étui, d'un conduit pour l'encre, d'un capuchon, d'une pointe métallique ; l'ensemble est surtout fait de matière plastique molle ou dure ; l'étui est bleu, blanc et doré ; sa section est hexagonale ; sa forme est allongée. Préoccupons-nous de savoir qui est l'auteur de cette œuvre et ce que l'auteur a dit de son œuvre : découvrons ainsi que cet objet est fabriqué dans les usines du baron Bich ; cet industriel est honorablement connu ; voyez ce qu'en ont dit *Paris-Match, Jours de France* et *France-Soir ;* le baron Bich n'a pas caché comment, pourquoi et pour qui il avait conçu et fabriqué ce produit ; il en est le producteur et il connaît donc son affaire mieux que personne ; il est allé jusqu'à faire des confidences sur son produit ; il a révélé ainsi que toute sa pensée, toute son intention pouvait se résumer en ceci : "J'ai, d'abord et avant tout, pensé aux travailleurs, aux gagne-petit…" »

2.**La nouvelle critique** survient et déclare : « L'ancienne n'intéresse plus grand monde. Ses vues sont sclérosées. Elles sont l'expression d'une société qui s'est figée vers 1880-1900. Encore Taine, Renan et Lanson n'étaient-ils, à tout prendre, que les continuateurs de Sainte-Beuve. Honorons les vieillards. Ils sont émouvants. Mais ils sont dépassés. Par qui ? Mais par nous, en toute modestie. Voici ce qu'il faut comprendre : les choses ne disent pas ce qu'elles veulent dire ni même ce qu'elles disent. De même pour les gens et pour les mots. Il faut chercher autour, en dessous, à travers. Le regard doit à la fois se promener négligemment et, subitement, venir percer les choses. Cette "pointe Bic" [l'appellation est plate et bassement circonstanciée] n'est que tout à fait accessoirement cela. Elle est... un agencement de *structures*. De telle forme. Dans tel contexte à la fois [et non : successivement] historique, économique, social, esthétique, individuel. Ici tout est dans tout, et réciproquement. Cet objet [ob-jet] est un ensemble de structures scripturaires ou scripturales où se conjuguent différents systèmes de coloration bleuâtre et de matité translucide. Il s'agit d'une réalité chatoyante et arachnéenne à capter dans la complexité des lacis et des modulations. Ce tube est anaphorique [ça se porte la pointe en avant]. Dans ce tube s'inscrit l'intériorité de l'objet [l'ob-jet]. Ce tube est l'élément charnière grâce auquel l'étendue interne de l'œuvre s'articule en un volume signifiant. Toute thématique relève ainsi à la fois d'une cybernétique [ça bouge] et d'une systématique [c'est construit]. Un déchiffrement psychanalytique s'impose. On sait que le baron Bich est féru de marine à voile. Il est hanté par l'America Cup qu'il n'est jusqu'ici jamais parvenu à gagner. Eh bien, regardez cette pointe anaphorique. Il est manifeste que le baron a opéré un transfert sur les structures de la pointe Bic. Notez cette manière offensive de fendre les flots dans le contexte d'une société tout entière tournée vers la production et la consommation. Ce que le baron ne réussit pas sur les flots, il le tente ailleurs. À un autre *niveau* d'analyse, on pourrait aussi parler de symbole phallique. À ce point de vue, il n'est pas inintéressant de relever que, pour baptiser l'objet [l'ob-jet] en question, le baron a procédé soit à l'amputation de la lettre H [Bich a donné Bic], soit à l'ablation de cette lettre. L'amputation peut s'interpréter de différentes façons sur lesquelles il convient de passer. Quant à l'ablation, elle peut se comprendre comme le signe d'une appartenance, discrète et émouvante. À une entité "Homo" de type balzacien, réinterprété avec tant de finesse par Roland Barthes dans son *S/Z*. Mais d'autres déchiffrements structuralistes sont possibles : par exemple, selon la conscience imaginante de Bachelard, la conscience perceptive [ou : a-thétique de soi] de Merleau-Ponty, la sentimentalité ontologique de Jean Wahl, la méditation marcelienne du corps et, de façon plus générale, l'intentionnalité phénoménologique. » (NB : Toute cette dernière phrase figure dans *L'Univers imaginaire de Mallarmé*, de J.-P. Richard, thèse, 1961 ; tout le baragouin ontologique de ma **nouvelle critique** se trouve dans les premières pages de cette œuvre.)

3.**La critique de toujours** s'étonne de tant de science et de si peu de jugeote. Elle va droit à l'objet. C'est là son premier mouvement. Son premier mouvement n'est pas de tourner autour du pot. Elle ne veut d'abord savoir ni qui, ni quoi, ni qu'est-ce. Elle ne veut connaître ni l'époque, ni le lieu. Ni le nom de l'auteur, ni ses déclarations. Pas de commentaire, pas de philosophie. Montrez-moi ça. Elle examine de loin et de près. Elle voit écrit Reynolds. A priori, l'objet serait un stylobille de la marque Reynolds. Méfiance toutefois ! La réalité correspond-elle à la dénomination et à l'apparence ? C'est à voir. Nouvel examen de l'objet. Serait-ce un stylobille postiche ? Cette apparence de stylobille pourrait dissimuler, que sais-je ? une arme, un micro... de la poudre à éternuer. Tout est à examiner soigneusement. Le résultat de l'examen pourra être que je suis incapable de m'expliquer cet objet. En conséquence, je me garderai bien de faire comme si je me l'expliquais. Et je ne prétendrai pas l'expliquer aux autres. Je ne ferai pas de commentaire. Je me *tairai*. La **critique de toujours** a de redoutables exigences : réfléchir avant de parler ; commencer par le commencement ; se taire quand, en fin de compte, on n'a rien à dire. Un bel exemple de cette critique (toujours prônée, rarement mise en pratique) : l'histoire de la dent d'or racontée par Fontenelle. Les illustrissimes professeurs se sont ridiculisés tandis que l'orfèvre anonyme a pensé juste, droit et vrai.

[Exposé de soutenance de thèse en Sorbonne, 17 juin 1972. Publié dans *Vérité historique ou vérité politique ? (VHVP)*, p 52-54.]

1974

23 mars 1974

Lettre circulaire à divers spécialistes

Voici le texte intégral d'une lettre adressée personnellement à un certain nombre de spécialistes que je désirais consulter sur le problème exclusif de l'existence des chambres à gaz hitlériennes. Cette lettre était à en-tête de la Sorbonne Nouvelle. [NdA]

Monsieur,

Puis-je me permettre de vous demander votre sentiment, votre sentiment personnel, sur un point délicat de l'histoire contemporaine : les chambres à gaz hitlériennes vous semblent-elles avoir été un mythe ou une réalité ? Auriez-vous l'obligeance de me préciser éventuellement dans votre réponse quel crédit, selon vous, il convient d'accorder au « document Gerstein », à la confession de R. Höss, au témoignage Nyiszli (faut-il dire Nyiszli-Kremer) et, d'une façon générale, à ce qui s'est écrit de ce point de vue sur Auschwitz, sur le gaz Zyklon B, sur le sigle « N.N. » (« Nacht und Nebel » ou « Nomen Nescio » ?) et sur la formule de « solution finale » ?

Votre opinion sur la possibilité d'existence de ces chambres a-t-elle varié depuis 1945 ou bien reste-t-elle aujourd'hui ce qu'elle était il y a vingt-neuf ans ?

Je n'ai pu, jusqu'à présent, découvrir de photographies de chambres à gaz qui paraissent présenter quelque garantie d'authenticité. Ni le Centre de documentation juive de Paris, ni l'*Institut für Zeitgeschichte* de Munich n'ont pu m'en fournir. Auriez-vous, pour votre part, connaissance de photographies à verser au dossier de la question ?

Merci d'avance pour votre réponse et peut-être pour votre aide. Veuillez recevoir, Monsieur, l'assurance de ma considération distinguée.

P.S. Avez-vous, personnellement, eu accès aux originaux des documents Gerstein, Höss ou Nyiszli ? Connaissez-vous quelqu'un dont vous êtes sûr qu'il a eu accès à ces originaux ?

***

28 juin 1974

LETTRE À UNE DÉPORTÉE QUI DIT POUVOIR TÉMOIGNER

Madame,

« Déportée à Auschwitz en tant que juive, j'ai passé des mois à l'annexe (!) de Birkenau toute proche des chambres à gaz et des fours crématoires dont nous pouvions voir fumer les cheminées. »

Quel est l'antécédent de « dont » ?

En quoi apportez-vous ici un élément à qui recherche des témoignages sur les « chambres à gaz » ?

[Extrait de *Tribune juive Hebdo*, n° 315, 12 juillet 1974, qui reproduit, dans un article, la réponse faite par le professeur Faurisson à M$_{me}$ Ruth Freschel, de Marseille, qui lui avait écrit « en se présentant comme un témoin survivant aux chambres à gaz ».]

***

17 juillet 1974

LE CANARD ENCHAÎNÉ, 17 JUILLET 1974 DÉFAUT D'INFORMATION

Paris, le 23 mars 1974 à Monsieur le D$_r$ Kubovy

Directeur du Centre de documentation juive de Tel-Aviv

Monsieur,

Puis-je me permettre de vous demander votre sentiment personnel sur un point particulièrement délicat de l'histoire contemporaine : les chambres à gaz hitlériennes vous semblent-t-elles avoir été un mythe ou une réalité ? Auriez-vous l'obligeance de me préciser éventuellement dans votre réponse quel crédit, selon vous, il convient d'accorder au « document Gerstein » à la confession de R. Hüss [Höss], au témoignage Nyiszli (faut– il dire Nyiszli–Kremer ?) et, d'une façon générale, à ce qui s'est écrit, de ce point de vue, sur Auschwitz, sur ce gaz Zyklons B [Zyklon B], sur le sigle « N.N. » (« Nacht und Nebel » ou « Nomen Nescia » ? [Nescio]) et sur la formule de « solution finale » ?

Votre opinion sur la possibilité d'existence de ces chambres a-t-elle varié depuis 1945 ou bien reste-t-elle aujourd'hui ce qu'elle était il y a vingt-neuf ans ?

Je n'ai pu, jusqu'à présent, découvrir de photographies de chambres à gaz qui paraissent présenter quelque garantie d'authenticité.

Cette lettre qu'on hésite de qualifier de « sérieuse », a été publiée par le quotidien israélien *Yediot Aharouot* [*Aharonot*] dans son numéro du 26 mai dernier. Elle a pour auteur un nommé Faurisson qui dispense son enseignement à la Faculté des Lettres et des Sciences humaines (Centre Censier, Paris). Chargé de commenter cet ahurissant poulet, l'écrivain Haim Gouri finissait par admettre, avec un humour féroce, que si, en 1974, un professeur de la Sorbonne pouvait encore douter de l'existence des camps de la mort, et poser au directeur du Centre de la documentation juive de Tel-Aviv la question de savoir si, au sujet de ceux–ci, son opinion restait aujourd'hui ce qu'elle était il y a vingt–neuf ans, ce ne pouvait être que par défaut d'information.

Il est vrai qu'on a si peu évoqué les joyeusetés de la « solution finale », qu'il est permis à un Sorbonnard de s'interroger sur cette vague formule. Et qu'est–ce que c'est, Auschwitz ? Ce gaz zyklone ? Ce document Gerstein ? Et ces chambres à gaz, dont on ne peut découvrir de *photographies qui paraissent présenter quelque garantie d'authenticité ?*

Faute de culture et de lecture, M. le professeur Faurisson pourrait peut–être aller faire du tourisme en Allemagne, du côté d'Auschwitz, où on peut les « visiter » ces chambres à gaz…

[Publié dans *Le Canard enchaîné*, 17 juillet 1974.]

***

Août 1974

LETTRE AU JOURNAL *LE MONDE*

Des chambres à gaz auraient-elles cependant fonctionné « en quelques points de Pologne et notamment à Auschwitz-Birkenau » ? Mme Delbo affirme en avoir vu une. Mais qu'a-t-elle vu au juste ? Elle ne nous le dit pas. Elle mêle les fours crématoires (où l'on brûlait les cadavres) avec les chambres à gaz (ou, à ce qu'on prétend, on tuait jusqu'à dix mille personnes par jour). Höss, dit-elle, avoue qu'il collait son œil au hublot de la chambre à gaz. Pour ma part, je lis dans l'ouvrage qu'elle cite que

Höss regardait l'intérieur de la chambre à gaz « à travers le trou de la serrure de la porte ».[59] Cette absurdité, jointe à cent autres de même acabit, fait de la « confession » de Höss un document auquel on peut accorder autant de valeur qu'aux aveux des procès de Moscou, de Prague ou, comme c'est le cas ici, de Varsovie. D'ailleurs, le manuscrit de Höss n'est, en fait, pas consultable et les versions qui en circulent sont gravement contradictoires.

Il est troublant que des détenus qui ont passé plus de trois ans à Auschwitz-Birkenau affirment n'y avoir jamais vu de chambre à gaz ; tel est le cas de Benedikt Kautsky, déporté juif et leader du Parti social-démocrate autrichien. Rien ne permet de dire que les « actions spéciales » crûment relatées dans le journal saisi sur le chirurgien d'Auschwitz Johann-Paul Kremer soient des gazages.[60] Enfin, une question : la Croix-Rouge internationale a-t-elle, sur le sujet, procédé, en septembre 1944, à une enquête minutieuse auprès de prisonniers de toutes les catégories et a-t-elle conclu à l'inexistence, passée et présente, de ces chambres à gaz que la radio anglaise situait à Auschwitz-Birkenau ?

Les déportés sont morts de faim, de froid, de maladies, d'épidémies, de mauvais traitements. Ils ont parfois été exécutés par armes à feu ou par pendaison. Ils ont parfois été victimes des bombardements alliés. Ils ont été décimés par d'incessants transferts. À toutes ces horreurs faut-il ajouter celle, bien plus abominable et parfaitement démoniaque, des chambres à gaz ? Je l'ai cru. Je ne le crois plus guère. Mais le doute n'interdit pas la recherche. Au contraire.

[Publié dans *VHVP*, p. 63. *Le Monde* avait publié, sous la plume de M_{me} Charlotte Delbo, un article qui reprenait la lettre circulaire publiée par *Le Canard enchaîné*, passant outre au refus du professeur Faurisson de la voir publier dans ces conditions (11-12 août 1974). *Le Monde* n'a pas publié la lettre ci-dessus.– N.d.é]

***

---

[59] R. Höss, *Le Commandant d'Auschwitz parle…*, p. 288.
[60] *Hefte von Auschwitz* n° 13, 1971.

Fin 1974

LA RÉVISION DE 1960 : IL N'Y A PAS EU UN SEUL « GAZAGE » DANS TOUT L'ANCIEN REICH

(En particulier, ni à Buchenwald, ni à Dachau)

Remarque sur cette pièce : *L'hebdomadaire* Die Zeit, *n° 34, du 19 août 1960, p. 16 (éd. américaine, n° 34, du 26 août 1960, p. 14) publiait une lettre du Dr Martin Broszat de l'Institut d'histoire contemporaine de Munich. Le titre choisi par l'hebdomadaire était : « Pas de gazage à Dachau ». Ainsi que le montre le contenu de la lettre, ce titre aurait dû être : « Pas de gazage dans tout l'ancien Reich » (Allemagne dans ses frontières de 1937).*

Dans une lettre du 23 août 1974, le Dᵣ Martin Broszat, devenu entre-temps directeur de son institut, et que j'interrogeais sur d'autres « chambres à gaz » que celles de l'ancien Reich, me faisait savoir qu'il ne pouvait me répondre. Il m'écrivait : « Une information qui se veut scientifique, sur le problème complexe [ou : compliqué] des chambres à gaz, ne peut se réduire à répondre à un catalogue de questions-pièges sur des points coupés de leur contexte. » C'était là une dérobade. Je ne vois pas en quoi une simple feuille de questions très simples ne pouvait recevoir de réponse. En quoi était-il difficile de répondre à des questions comme : « Pour vous, a-t-il, oui ou non, existé une ou des "chambre(s) à gaz" au Struthof ? à Mauthausen? »

Retenons, en tout cas, que pour le Dᵣ Broszat il existe un problème des chambres à gaz et que ce problème est même « complexe » (ou : « compliqué »).

Relançant le Dᵣ Broszat, je lui ai dit que je lui faisais grâce du reste et que je lui demandais seulement de répondre à la question suivante : pour lui, avait-il, oui ou non, existé une « chambre à gaz » homicide au Struthof ? Je n'ai jamais reçu de réponse à cette simple question. J'ai pourtant saisi jusqu'aux autorités officielles dont dépendait l'institut pour obtenir le droit d'avoir une réponse. Rien n'y a fait. Les autorités officielles ont cautionné le refus de réponse du Dᵣ Broszat.

Aucun gazage à Dachau
(par le Dr Martin Broszat)

Ni à Dachau, ni à Bergen-Belsen, ni à Buchenwald des juifs ou d'autres détenus n'ont été gazés. La chambre à gaz de Dachau n'a jamais été complètement terminée et mise « en service ». Des centaines de milliers de détenus, qui périrent à Dachau ou dans d'autres camps de concentration situés à l'intérieur des frontières de l'ancien Reich, furent victimes avant tout des catastrophiques conditions d'hygiène et d'approvisionnement : rien que dans les douze mois allant de juillet 1942 à juin 1943, 110.812 personnes moururent de maladie et de faim dans tous les camps de concentration du Reich, d'après les statistiques officielles de la SS. L'anéantissement massif des juifs par le gaz commença en 1941-1942 et il prit place uniquement en de rares points choisis à cet effet et pourvus d'installations techniques adéquates, avant tout en territoire polonais occupé (mais nulle part dans l'ancien Reich) : à Auschwitz-Birkenau, à Sobibor-sur-Bug, à Treblinka, Chelmno et Belzec.

Là mais non à Bergen-Belsen, Dachau ou Buchenwald, furent érigés ces dispositifs d'anéantissement en masse, camouflés en douches ou en chambres de désinfection, dont il est question dans votre article.[61] Cette distinction nécessaire ne change assurément pas d'un pouce le caractère criminel de l'institution des camps de concentration. Mais peut-être peut-elle aider à supprimer la fatale confusion d'où il résulte que maints incorrigibles se servent d'arguments isolément justes mais séparés de leur contexte à des fins polémiques et [d'où il résulte aussi] que se hâtent d'y répliquer des gens qui assurément possèdent un exact jugement d'ensemble mais qui s'appuient sur des informations fausses ou défectueuses.

---

[61] Allusion à un article publié la semaine précédente en première page de *Die Zeit* sous la plume de son rédacteur en chef, R. Strobel. Ce dernier avait violemment pris à partie le général américain Unrein qui avait, paraît-il, déclaré que la « chambre à gaz » de Dachau n'était qu'une douche. R. Strobel demandait que le général américain fût chassé d'Allemagne. On a là un exemple de la surenchère allemande dans les accusations portées contre l'Allemagne. Ce goût de surenchère atteint d'étonnantes proportions dans des domaines sans rapport avec le sujet tabou des « chambres à gaz ». Deux exemples : un marchand de jouets vendait des petits avions du modèle des avions allemands de la dernière guerre ; il est condamné pour leur avoir laissé l'insigne de la croix gammée ; le héros de la chasse allemande Hans Rudel publie *Trotzdem ;* aux États-Unis le livre est vendu à deux millions d'exemplaires ; en Allemagne, il est mis à l'index (fait rapporté par *Europäische Freiheitsbewegung*, juin 1980, p. 1 : à vérifier). [NdA]

Dr M. Broszat,
Institut d'histoire contemporaine,
Munich.

[Publié dans *Mémoire en défense*, p. 181-184.]

1975

18 février 1975

EXPOSÉ DU PRÉJUDICE SUBI

J'estime avoir été insulté et diffamé, à l'occasion de l'exercice de mes fonctions, par le fait d'instances administratives à l'occasion, elles-mêmes, de l'exercice de leurs propres fonctions. Elles m'ont laissé insulter par voie d'affiche sans intervenir si peu que ce fût. Elles ont surtout pris à mon endroit une série de graves décisions qui m'attaquaient dans mon honneur et dans ma délicatesse, qui portent atteinte à ma réputation de professeur et de chercheur et qui, sans préjudice du retentissement possible des effets de ces décisions sur la suite de ma carrière, entravent mon libre exercice de la profession. J'ai été insulté publiquement par voie d'affiche sur le lieu de mes fonctions. J'ai été diffamé en séance publique le 25 juin 1974. J'ai été diffamé par voie de presse, le 5 juillet 1974, par le président de mon université. J'ai été à nouveau diffamé, le 8 octobre 1974, par le conseil de mon UER.

À un article diffamatoire paru dans un magazine de diffusion limitée, la Sorbonne Nouvelle a donné une extension considérable. Par la diffusion du Procès-Verbal de la séance du 25 juin 1974, elle a saisi de l'affaire Faurisson, tout le personnel auxiliaire, technique, ouvrier et de service de « Censier », tous les étudiants, tous les collègues. Des incidents s'en sont suivis sur les lieux mêmes, en juin et en octobre 1974. Des collègues ont pris parti pour ou contre moi. Excipant de la condamnation de la Sorbonne, mon syndicat – auquel j'appartenais depuis vingt-deux ans (SNES d'abord, puis SNESup) – m'a exclu sans même m'entendre. À Lyon, la section syndicale du SNESup a approuvé cette décision, sans m'entendre non plus. Comment d'ailleurs ne pas les comprendre ? Ils supposent, en toute bonne foi, que si le président du Conseil de l'Université de la Sorbonne Nouvelle et son président m'avaient condamné à l'unanimité, ce ne pouvait être qu'en s'entourant de toutes les précautions qui s'imposaient : enquête préalable, audition de l'intéressé, etc. À Lyon, cette condamnation et cette exclusion me valent de la part de jeunes collègues une subite mise en quarantaine. Là encore des incidents – très limités il est vrai – se sont produits.

L'approbation en quelque sorte accordée par le président de la S.N. à *Tribune juive-Hebdo* a déclenché durant le second semestre de l'année 1974 un véritable tir de la presse française : *Le Canard enchaîné* (deux fois), *Tribune Juive* (deux fois encore, dont une pour suggérer mon éviction du SNESup), *Le Monde, Le Droit de Vivre, Les Temps Modernes* dénonçaient, parfois sans le nommer, parfois en le nommant et en donnant l'adresse de son domicile, ce « professeur à la Sorbonne qui ose mettre en doute l'existence des camps de concentration » (ou : « des fours crématoires », ou : « des chambres à gaz »). Sur la première chaîne de la télévision française, le dimanche 15 septembre 1974, à 14 h, le grand rabbin Kaplan stigmatisait, sans le nommer, ce professeur à la Sorbonne.

J'ai reçu des lettres d'injures (dont une qui fait expressément mention du président de la Sorbonne Nouvelle) et des appels téléphoniques insultants. Ma femme a été prise à partie une fois ; ma fille (qui ignorait alors tout de l'affaire) deux fois. À mon domicile, dans le couloir d'entrée de mon immeuble, quelqu'un avait inscrit : « Faurisson, tu crèveras. »

Avec le souci de distinguer ce qui, dans les attaques dont je suis la cible, est le fait de la presse ou de personnes civiles et ce qui – seul point qui doit m'intéresser ici – est le fait de l'Administration à laquelle j'appartenais, je déclare que :

> « la Sorbonne Nouvelle, soit dans son Conseil d'université, soit dans son Conseil de Gestion, soit dans telle de ses instances chargées de veiller au bon ordre des choses et à la sécurité des personnes dans l'exercice de leurs fonctions, a gravement manqué à ses obligations administratives et s'est permis, avec une longue persistance dans l'outrage délibéré, de m'infliger un préjudice dont j'ai grandement souffert durant tout le second semestre de l'année 1974 et dont je souffre encore aujourd'hui dans mon travail alors même que je dépends d'une autre université, et dans ma vie privée et celle de ma famille. »

✳✳✳

Novembre 1975

Bibliographie sur le « problème des chambres à gaz » (Ont-elles, oui ou non, vraiment existé ?)

La littérature concentrationnaire est immense. Elle ne compte pourtant aucun ouvrage, si court soit-il, sur les chambres à gaz hitlériennes.[62] Ce fait, à lui seul, est troublant. En trente ans, il ne s'est écrit aucun livre, en aucune langue, sur ce qu'on peut considérer comme la pierre angulaire du système concentrationnaire nazi. Aucun livre. Aucun article non plus, à notre connaissance. Certains livres consacrés, par exemple, à Auschwitz peuvent avoir un chapitre dont le titre laisse espérer que l'auteur va traiter de chambre à gaz, mais, immanquablement, les promesses de ce titre ne sont pas tenues.

Récemment paru, un gros ouvrage d'Hermann Langbein sur Auschwitz[63] ne contient pas un seul développement sur le sujet ; en revanche, à tout instant, le lecteur se voit entretenir de « cheveux de gazés », de « dents de gazés », de gazages (sans autre précision), de « sélection » (entendue au sens de « sélection pour le gazage ou le massacre ») ; pour l'auteur, l'existence de ces chambres n'a apparemment besoin que de précisions imprécises. Quant à Olga Wormser-Migot, elle ne consacre que quatre pages, à peu près, de son importante thèse sur *Le Système concentrationnaire nazi,* au sujet même des chambres à gaz. Or, ces pages s'intitulent « Le problème des chambres à gaz ». Et ce problème n'est autre que celui de leur existence ou de leur inexistence à Mauthausen et à Ravensbrück. La réponse de l'auteur est très nette : ces deux camps n'ont jamais possédé de chambre à gaz. On sait pourtant l'abondance, la précision, la qualité des « preuves », des « témoignages » et des « documents » ainsi que l'autorité morale des « témoins » (voy. Germaine Tillion) qui plaidaient en faveur de l'existence de ces chambres.[64] Olga Wormser-Migot ne traite du sujet qui nous intéresse ici à propos d'aucun autre camp. Soit dans cette même thèse, soit dans sa thèse complémentaire, il lui arrive bien de faire allusion à l'existence de chambres à gaz en quelques points de l'actuelle Pologne, mais rien ne nous permet de dire sur quoi elle fonde sa conviction – au moins apparente – que ces chambres-là ont bien existé. On se demande en quoi les témoignages et documents concernant Auschwitz présentent plus de valeur à ses yeux que ceux qui touchent Mauthausen ou Ravensbrück.

L'Institut d'histoire contemporaine de Munich passe généralement pour l'autorité la plus compétente en ce qui regarde le nazisme. Son antinazisme, en tout cas, ne fait de doute pour personne. Son directeur, Martin Broszat, est à ce point *persona grata* auprès des autorités

---

[62] Il convient ici de se méfier de certains titres comme *Dokumentation zur Massen-Vergasung...*

[63] H. Langbein, *Hommes et femmes à Auschwitz.*

[64] Même les commandants des deux camps étaient, nous dit-on, passés aux aveux.

polonaises qu'il a été admis au rare privilège de consulter le manuscrit des « mémoires » (*sic*) de Rudolf Höss, qui commanda pendant un certain temps le camp d'Auschwitz. Il en publia en 1958 la version originale ou prétendue telle. On ne connaît rien du D. Martin Broszat sur le gazage sinon sa lettre du 19 septembre 1960 à *Die Zeit*. Il y déclare qu'il n'a, en fin de compte, existé aucune chambre à gaz dans les camps situés sur le territoire de l'ancien Reich, mais seulement en quelques point de Pologne. On attendait, depuis cette très grave « rectification » d'ordre historique, la publication d'un ouvrage où on nous aurait fait savoir, d'une part, pourquoi M. Broszat ne croyait plus à l'existence de ces chambres à gaz, et, d'autre part, pourquoi il persistait à croire en l'existence de celles qui se situaient en Pologne. Non seulement cet ouvrage n'est pas venu mais il ne faut pas compter qu'il viendra. M. Broszat ne répond plus. Il déclare n'être pas en état de répondre par une lettre « au problème compliqué des chambres à gaz »[65] : il promet un ouvrage sur les victimes juives du régime nazi où il sera traité de la question ; il ne peut, même approximativement, en donner la date de publication.

Comment faire devant ce silence ou ces dérobades ?

Interroger d'autres spécialistes de l'histoire des camps de concentration ? Nous l'avons fait pendant quelques années ; le résultat n'est pas plus encourageant.

Reste à se lancer soi-même dans l'examen des quarante-deux tomes de compte rendu du procès international de Nuremberg, ou des archives des procès américains de Nuremberg, ou des sténogrammes du procès Eichmann (Jérusalem, 1961), ou des comptes rendus du procès de Francfort (19631965), ou des procès-verbaux d'interrogatoire des anciens responsables de camps nazis.

Il s'agit là d'un travail immense, passionnant… et très édifiant.

Mais quelles lectures conseiller à un profane, de langue française, qui voudrait s'initier à la question ? Peut-être pourrait-on lui suggérer de lire – avec une attention de tous les instants – les ouvrages suivants :

Allainmat (Henry), *Auschwitz en France. La vérité sur le seul camp d'extermination en France : le Struthof*, Paris, Presses de la Cité, 1974, 249 p.
Poliakov (Léon), *Auschwitz*, Paris, Julliard (coll. Archives), 1964, 223 p.

---

[65] « *Zu dem komplizierten Problem der Gaskammern* », Correspondance personnelle (mais communicable).

Höss (Rudolf), *Le Commandant d'Auschwitz parle*, traduit de l'allemand par Constantin de Grunwald, Paris, 1959, rééd. 1970, 297 p.

Nyiszli (Dr Miklos), *Médecin à Auschwitz. Souvenirs d'un médecin déporté*, traduit et adapté du hongrois par Tibère Kremer, Paris, Julliard, 1961, 257 p.

Rassinier (Paul), *Le Véritable Procès Eichmann ou les vainqueurs incorrigibles*, Paris, Les Sept Couleurs, 1962, 255 p.[66]

***

Lettre à Historama [Nacht und Nebel]

Novembre 1975

Je me permets de vous signaler une erreur et une omission aux pages 87 et 88 de votre revue du mois de juillet 1975.

Erreur, le *Nacht und Nebel Erlass* est en fait du 7 décembre et non du 12 décembre 1941. Il est vrai, que sauf erreur de ma part, le texte de cette ordonnance n'a pas été retrouvé et que l'on cite toujours, comme cela a été le cas au grand procès de Nuremberg, le texte en date du 12 décembre qui y fait référence.

Omission, plus grave pour qui, du moins, a le souci de ne pas confondre l'histoire avec la propagande ou le journalisme : *Nacht und Nebel* est une expression inventée d'après les initiales N.N. couramment utilisées dans l'administration allemande (et aussi italienne) pour désigner soit l'anonymat de fait soit l'anonymat de contrainte. Dans le premier cas, il s'agit de *Nomen Nescio* (nom inconnu) et, dans le second, il s'agit de *Nomen Notetur* (nom à censurer). L'équivalent français en est soit *Inconnu*, soit X soit *sans autre renseignement*.[67]

Le livre de Walter Görlitz sur Keitel, traduit par R. Moreigne, sans entrer dans ces explications, rappelle, p. 247, que la traduction de N.N. par *Nuit et Brouillard* n'est qu'une habitude qu'on a prise.

Ne pensez-vous pas, avec moi, qu'il importe de revenir sur certaines habitudes et de rétablir la vérité par un retour aux sources ? Nous nous

---

[66] Cet ouvrage, remarquable par sa précision, mais un peu trop polémique pour notre goût, émane d'un historien, ancien déporté, dont les écrits ont ouvert les yeux de bien des historiens sur le mythe possible des chambres à gaz hitlériennes. Son premier ouvrage sur les mythes de guerre dans certains camps (*Le Mensonge d'Ulysse*) est loin de valoir ses publications ultérieures.

[67] Référence : *Deutsches Wörterbuch* de Jakob et Wilhelm Grimm, 1889, à l'article N.

trompons tous et très souvent mais ne croyez-vous pas que, de rectification en rectification, *Historama* peut apparaître comme une revue qui, à la différence de quelques autres, recherche la vérité ?

[Publié dans *Historama*, novembre 1975, p. 10, repris dans *VHVP*, p.81.]

1976

23 septembre 1976

LE « MUSÉE » DU CAMP DE NATZWEILER-STRUTHOF VA ÊTRE RECONSTITUÉ...

Remarques et mises en garde à ce sujet

L e « musée » et ses dépendances – la « chambre à gaz » par exemple – ont été, ces dernières années, au centre de diverses polémiques. Certaines des critiques alors formulées apparaissent, avec le temps, de plus en plus fondées. Les autorités publiques n'ont pas cru devoir en tenir compte. Il ne faudrait pas aujourd'hui répéter les erreurs du passé. Les autorités publiques seraient bien inspirées d'intervenir pour que le nouveau « musée » soit conçu dans un esprit d'honnêteté plutôt que dans une intention de propagande.

La propagande de guerre, toujours haineuse et mensongère, ne peut avoir qu'un temps. Certaines parties de l'ancien « musée » n'étaient que de la propagande de guerre. L'exposition, par exemple, qui était consacrée à l'histoire de la déportation était hautement contestable à la fois dans son esprit et dans sa composition matérielle. Tout ce qui concernait le cas d'Auschwitz (« *Auschwitz Stammlager* », Birkenau, Monowitz) était l'objet d'exagérations fabuleuses, riches de précisions inventées et de chiffres extravagants, et cela à tel point que le « *Panstwowe Muzeum w Oswiecimiu* », organisme de l'État polonais, lui-même notablement plus soucieux de propagande que de vérité, se trouvait largement dépassé par le « musée » du Struthof au point de vue de la surenchère dans l'horreur. Cette exposition, conçue longtemps après la guerre, semble avoir été l'œuvre d'un professeur d'histoire et d'un libraire dont le moins qu'on puisse dire est qu'ils n'ont pas fait preuve de beaucoup de discernement dans le choix de leur documentation.

Les photographies et leurs légendes ainsi que les textes et les documents de la nouvelle exposition seraient cette fois-ci à choisir avec la plus grande attention afin d'écarter les éléments tendancieux, douteux ou franchement apocryphes qui déshonoraient l'ancienne exposition. Il faudrait aussi tenir compte, en matière d'histoire de la déportation, des importantes mises au point et rectifications apportées dans ces dernières années par la science historique. Je tiens à votre disposition de nombreux documents d'importance, relatifs à ce qu'il est convenu d'appeler la « réécriture » de la déportation.

Il y a plus grave dans les reproches qu'on peut adresser aux muséographes du Struthof. Et là une intervention des pouvoirs publics s'impose. Le petit local (225 cm x 320 cm x 275 cm) désigné aux visiteurs comme une « chambre à gaz » – et classé à ce titre comme « monument historique » – **ne pouvait pas être une « chambre à gaz »** ! Le colonel Rémy n'est pas le seul sans doute à le penser quand il écrit : « […] je pense comme lui [M. Verheyre, ancien déporté de Gross-Rosen et de Buchenwald] qu'il n'y avait pas de chambre à gaz au Struthof-Natzweiler. Il y avait un crématoire, de même qu'à Buchenwald. »[68] Personnellement, je tiens à votre disposition les preuves de la supercherie ou de l'« erreur ». Je suis prêt à fournir, en particulier, toute précision sur les points suivant :

- la prétendue « chambre à gaz » n'est nullement « en état d'origine » ainsi que le prétend l'inscription officielle ; des travaux importants y ont été faits comme le révèle l'état des lieux et comme le confirment non seulement des devis mais des factures (ainsi que la déposition, recueillie par mes soins, de la patronne d'une entreprise de la région)[69] ;
- l'installation est conçue de telle sorte qu'à tout coup le gazeur aurait été gazé et le voisinage avec lui ;
- l'opération de gazage décrite dans les différentes versions de ses « aveux » par Kramer est remarquablement vague, absurde et inapplicable en la circonstance, vu la configuration de la pièce, la forme du « trou » (!!!), la dimension du « regard » (!), l'état de la porte « blindée » (*sic*), l'absence de toute herméticité, et quelques autres détails dont la cheminée de système « boîte à fumée » ;
- le témoignage de me Naud sur le « procès du Struthof » ;
- l'analyse critique d'une bibliographie de base (Ragot, Hornung, Spitz, Allainmat…) ;
- une conversation téléphonique et un échange de correspondance avec M. François Faure (« Amicale des Déportés et Familles de Disparus de Natzweiler-Struthof et ses Kommandos ») ;
- divers dossiers dont celui du classement des lieux en « monument historique ».

---

[68] Voy. *Historama,* oct. 1975, p. 13.
[69] Je précise que ces travaux ont affecté non seulement le contenant (c'est-à-dire la ferme de M. Edouard Idoux) mais le contenu (c'est-à-dire le petit local baptisé « chambre à gaz »).

J'ajoute que le bâtiment où est censé se trouver la « chambre à gaz » est, d'autre part, doté d'une pièce où d'anciennes cuves à choucroute et à pommes de terre (?) sont présentées aux visiteurs comme… des cuves à formol pour les cadavres. Pourtant la seule absence de toute espèce de fermeture hermétique (il n'y a que de simples abattants de bois faits de planches grossières, comme c'est d'ailleurs le cas pour la porte de la « chambre à gaz ») aurait dû, ainsi que l'absence du moindre système d'évacuation, avertir les muséographes que ces cuves n'auraient pu contenir ni formol, ni cadavres pour ainsi dire laissés à l'air libre.

Ma dernière remarque et mise en garde sera, si vous le permettez, pour dire qu'un « musée du Struthof » ne saurait passer sous silence le fait que ce camp a servi de lieu de détention non seulement avant mais après la Libération. Et cela dans des conditions sinon identiques, du moins comparables.

1977

Traduction du document
NI-9912 de Nuremberg

*L*e document *NI-9912 :* il anéantit tous les prétendus *« témoignages »*, sans exception, sur l'emploi du Zyklon B pour *tuer des êtres humains.*

Remarque sur ce document : il provient des archives des procès de Nuremberg. Il a été enregistré par les Américains à une date tardive : le 21 août 1947, sous la cote NI (Nuremberg, Industrialists). Il provient des archives de la Degesch. Il est répertorié sous quatre rubriques, dont la rubrique des « Atrocités » (*sic*).

L'original se présente sous la forme de quatre grandes pages à placarder. Il s'agissait d'une affichette qui a dû être distribuée à de très nombreux exemplaires, ici par l'Institut d'Hygiène de Prague en pleine guerre sans doute. Son contenu montre qu'il s'agit de directives pour l'emploi du Zyklon (acide prussique ou cyanhydrique) en vue d'exterminer la vermine dans les bâtiments qui pouvaient être aussi bien civils que militaires (appartements, casernes, etc.). Ce document nous rappelle opportunément une vérité d'expérience : de toutes les armes mortelles, le gaz restera sans doute longtemps la moins maniable ; quand il tue, il tue si bien qu'il peut être fatal au tueur qui s'avise de l'employer. Autant il est facile de tuer avec de l'acide prussique, autant il est difficile de tuer son prochain sans de terribles risques pour soi-même. Ce document décrit les propriétés du Zyklon, son risque d'explosion, sa toxicité. Seules des personnes possédant un certificat délivré au terme d'un entraînement spécial peuvent utiliser ce produit. Le programme d'un gazage, puis ses préparatifs nécessitent des mesures et des travaux qui requièrent plusieurs heures, sinon plusieurs jours. Puis vient l'opération elle-même. Parmi de nombreux détails on notera que le Zyklon ne se déverse pas en tas ou à la volée. Pour avoir son effet, il doit être étalé en couche mince sur des napperons de papier ; rien n'ira s'égarer dans un coin et tout sera récupéré le moment venu. Il faudra de six à trente-deux heures pour tuer la vermine (seize heures en moyenne). Puis viendra le moment le plus critique : celui de l'aération. Le texte dit : « L'aération présente le plus grand danger pour les participants comme pour les non-participants. Il faut donc y procéder avec une prudence particulière et toujours en portant le masque à gaz. » Cette aération devra durer « au moins vingt heures ». Des sentinelles, pendant tout ce temps et même par la suite, doivent rester près du bâtiment. Pour s'assurer qu'il ne reste plus de gaz, les spécialistes, toujours portant leurs masques, pénètrent dans les locaux avec une bande de papier indicateur de gaz résiduel. Vingt heures auparavant, la simple ouverture des portes et fenêtres ainsi que les débouchages faciles (cet effort n'est rien à côté du transport de milliers de cadavres !) avaient présenté un certain danger puisque, après chaque étage aéré, il leur avait fallu se rendre à l'air libre et, là, ôter leur masque pour respirer l'air frais pendant dix minutes au moins. Tout est à l'avenant et je laisse au lecteur le soin de découvrir à chaque ligne de ce document combien par comparaison sont absurdes les récits de nos faux témoins. [NdA]

Document NI-9912

Richtlinen für die Anwendung von Blausaüre (Zyklon) zur Ungeziefervertilgung (Entwesung)

[Traduction de ce document]

Directives pour l'utilisation de l'acide prussique (Zyklon) en vue de l'extermination de la vermine (désinfection).

I. PROPRIÉTÉS DE L'ACIDE PRUSSIQUE

L'acide prussique est un gaz qui se dégage par évaporation.
Point d'ébullition : 26°C.
Point de congélation : – 15°C.
Poids spécifique : 0,69
Le liquide s'évapore facilement.
Liquide : limpide comme de l'eau, incolore.
Odeur : caractéristique, douceâtre.
Pouvoir de pénétration extraordinairement élevé.
L'acide prussique est soluble dans l'eau.
Risque d'explosion : 75 g d'acide prussique par m3 d'air. (Utilisation normale : env. 8-10 g par m3 dans ce cas, non explosif). L'acide prussique ne doit pas être mis en contact avec une flamme nue, des fils métalliques incandescents, etc. Il brûle alors lentement et perd complètement son effet. (Il se forme de l'acide carbonique, de l'eau et de l'azote.)
Toxicité pour les animaux à sang chaud :

L'acide prussique n'a presque pas d'effet avertisseur ; c'est pourquoi il est hautement toxique et hautement dangereux. L'acide prussique est un des poisons les plus violents. Il suffit d'un mg par kg de poids corporel pour tuer un homme. Les enfants et les femmes sont généralement plus sensibles que les hommes. Des quantités très faibles d'acide prussique ne sont pas nocives pour l'homme, même respirées de façon continue. Les oiseaux et les poissons sont particulièrement sensibles à l'acide prussique.

Toxicité pour les insectes :

L'effet de l'acide prussique sur les insectes ne dépend pas de la température autant qu'en dépend l'effet d'autres gaz ; c'est-à-dire qu'il agit aussi aux basses températures (il agit encore à $-5°C$). Chez beaucoup d'insectes, particulièrement chez les punaises et les poux, les œufs sont plus sensibles que les imagos.[70]

Toxicité pour les plantes :

Le degré de toxicité dépend de l'état de végétation des plantes. Les plantes sclérophylles sont moins sensibles que les plantes à feuilles molles. Les moisissures et le bolet destructeur ne sont pas détruits par l'acide prussique. *Les bactéries ne sont pas détruites par l'acide prussique.*

II. FORME D'UTILISATION DE L'ACIDE PRUSSIQUE

Le *Zyklon* est le produit obtenu par l'absorption d'un mélange d'acide prussique et d'un gaz irritant dans une substance porteuse. On utilise comme substance porteuse soit des disques de fibres ligneuses, soit une masse granuleuse rouge brun (*Diagriess*), soit de petits cubes bleus (*Erco*).

Le gaz irritant a, outre son rôle de gaz d'avertissement, l'avantage de stimuler la respiration des insectes. Dégagement de l'acide prussique et du gaz irritant par simple évaporation. *Le Zyklon se conserve trois mois.* Utiliser d'abord les boîtes abîmées. *Toujours utiliser complètement le contenu d'une boîte.* L'acide prussique liquide attaque les vernis, laques, peintures, etc. L'acide prussique gazeux ne cause pas de dégâts. L'adjonction du gaz irritant ne modifie pas la toxicité de l'acide prussique ; mais elle réduit considérablement le danger.

On peut rendre le Zyklon inoffensif en le brûlant.

III. POSSIBILITÉS D'INTOXICATION

1. Intoxications légères

Vertiges, étourdissements, maux de tête, vomissements, indispositions, etc. Tous ces symptômes se dissipent si l'on sort immédiatement à l'air frais. L'alcool diminue la résistance lors d'une

---

[70] Un imago est un insecte adulte n'ayant plus à subir aucune mue.

opération de gazage par l'acide prussique. Il ne faut donc pas boire d'alcool.

Administrer : 1 comprimé de Cardiazol ou de Veriazol pour prévenir des troubles cardiaques ; le cas échéant, encore un comprimé après 2 à 3 heures.

2. Intoxications graves :

La personne intoxiquée s'affaisse brusquement et reste sans connaissance. Premiers secours : de l'air frais, retirer le masque à gaz, desserrer les vêtements, respiration artificielle, Lobelin par voie intramusculaire 0,01 g.

Les injections de camphre sont interdites.

[fin de la page 1 de l'original]

3. Intoxications par la peau

Mêmes symptômes qu'au point 1. Même traitement aussi.

4. Intoxications stomacales

À traiter avec : Lobelin, 0,01 g par voie intramusculaire, sulfate de fer, magnésie calcinée.

IV. PROTECTION CONTRE LE GAZ

Pour les gazages au Zyklon, utiliser seulement le filtre spécial, par ex. la cartouche filtrante « J » (bleu brun) de la firme Auergesellschaft de Berlin, ou de la firme Drägerwerke de Lübeck.

Si le gaz traverse le masque, quitter immédiatement le bâtiment et changer le filtre après avoir vérifié aussi l'étanchéité du masque et de son ajustement. La cartouche filtrante est épuisée quand du gaz traverse le masque. Avec la cartouche « J », se déplacer deux minutes environ à l'air libre afin d'obtenir un certain degré d'humidité dans la cartouche filtrante par l'air expiré.

On ne doit en aucun cas changer le filtre dans le local rempli de gaz.

V. LE PERSONNEL

Pour chaque désinfection, employer une équipe de désinfection de deux hommes au moins. C'est le chef de gazage qui est responsable du gazage. C'est à lui qu'incombent notamment l'inspection, l'aération, l'autorisation d'accès après gazage et les mesures de sécurité. Le chef de gazage doit désigner immédiatement son remplaçant pour le cas où il devrait s'en aller. Il faut suivre immédiatement les instructions du chef de gazage.

Il est interdit, pour les travaux de gazage, d'utiliser des personnes ou bien n'ayant pas suivi l'entraînement spécial ou bien ayant suivi l'entraînement mais ne possédant pas encore de certificat. Il est également interdit de faire entrer ces personnes dans des locaux emplis de gaz. Le chef de gazage doit toujours savoir où il peut atteindre ses hommes. Tous les hommes de l'équipe doivent pouvoir présenter à tout moment l'autorisation officielle qu'ils ont obtenue pour utiliser l'acide prussique en vue de la destruction des parasites.

Les présentes directives devront dans tous les cas être strictement suivies.

VI. ÉQUIPEMENT

Chacun doit toujours avoir sur lui :

1. Son propre masque à gaz.
2. Au moins 2 cartouches spéciales contre l'acide prussique-Zyklon.
3. La notice : « Premiers secours aux personnes intoxiquées par l'acide prussique. »
4. Les instructions de travail.
5. Le certificat d'agrément.

Chaque équipe de désinfection doit toujours avoir avec elle :

1. au moins trois filtres spéciaux comme réserve supplémentaire.
2. un appareil de détection du gaz restant.
3. un nécessaire pour injections de Lobelin.
4. des ampoules de Lobelin de 0,01 g.
5. des comprimés (de Cardiazol), de Veriazol.
6. un ouvre-boîtes à levier ou un marteau à points pour ouvrir les boîtes de Zyklon.
7. des panneaux de signalisation du modèle prescrit.
8. du matériel d'étanchéisation.
9. des feuilles de papier comme napperons d'étalement.
10. une lampe de poche électrique.

Toujours tenir les appareils bien propres et en ordre. Réparer immédiatement les appareils abîmés.

VII. PROGRAMME D'UN GAZAGE

1) Le gazage est-il seulement réalisable ?
   a) Type de bâtiment et situation.
   b) Nature, état du toit.
   c) Nature, état des fenêtres.
   d) Présence de carneaux de chauffage, de cheminées d'aération, de brèches dans les murs, etc.
2) Déterminer la nature des parasites à détruire.
3) Calculer le cubage des locaux (ne pas se fier à des plans, mais mesurer soi-même. Prendre seulement les dimensions extérieures, maçonnerie incluse).
4) Préparer les gens.

(À retirer [le jour venu] : animaux domestiques, plantes, nourriture, plaques photographiques non développées, tabacs et boissons, filtres de masques à gaz).

5) Déterminer les obturations particulièrement difficiles. (Cheminées d'aération, conduits, planchéiages pour gros orifices, toits).

6) Déterminer les mesures de sécurité adéquates. (Garde, équipe d'ouvriers pour calfeutrer.)

7) Fixer le jour du gazage et le délai d'évacuation.

8) Le cas échéant, faire prendre à temps des mesures de sécurité pour le voisinage.

9) Notifier aux autorités.

VIII. PRÉPARATIFS D'UN GAZAGE

1. Obturation étanche.
2. Ouvrir totalité des portes, armoires, tiroirs, etc.
3. Défaire les lits.
4. Retirer les liquides à l'air libre (restes de café, eau de lavage, etc.).

[fin de la page 2 de l'original]

5. Retirer la nourriture.
6. Retirer plantes et animaux domestiques (aquariums, etc.).
7. Retirer plaques et films photographiques *non développés*.
8. Retirer pansements adhésifs, médicaments non emballés ou en sachets (spécialement charbon).
9. Retirer filtres de masques à gaz.
10. Préparer le contrôle du résultat.
11. Faire évacuer les gens.
12. Se faire remettre les clés. (Toutes les clés des portes).

IX. LA CONCENTRATION DU GAZ ET SA DURÉE D'ACTION

dépendent de la nature des parasites, de la température, du degré de remplissage des locaux et de l'étanchéité du bâtiment.

À des températures intérieures de plus de + 5°C, on prend généralement 8 g/m₃ d'acide prussique.

Durée d'action : 16 heures à moins que des conditions particulières, une construction fermée, par ex., ne requièrent moins de temps. Quand il fait chaud, on peut descendre jusqu'à six heures. À des températures inférieures à + 5°C, allonger la durée d'action jusqu'à trente-deux heures au moins.

La concentration et la durée susmentionnées sont à observer pour : punaises, poux, puces, etc. avec œufs, larves et pupes.[71]

Pour les teignes : plus de + 10°C, 16 g/m₃ et durée d'action de 24 heures. Mites de la farine : comme pour les punaises.

X. GAZAGE D'UN BÂTIMENT

1. Vérifier si tout le monde a quitté le bâtiment.
2. Déballer les caisses de Zyklon. Pour chaque étage, préparer la quantité requise.
3. Répartir les boîtes. Un homme se rend dans le bâtiment : il y reçoit les boîtes apportées par l'équipe d'ouvriers et il les répartit. (Il les fait déposer à côté des napperons d'étalement.)
4. Renvoyer l'équipe d'ouvriers.
5. Placer les hommes de garde ; le chef de gazage leur donne ses consignes.
6. Vérifier qu'étanchéisation et évacuation sont complètes.
7. Mettre l'ensemble de protection contre le gaz.
8. Ouvrir les boîtes et déverser leur contenu. Répandre en couche mince pour que le Zyklon s'évapore rapidement et pour obtenir au plus vite la concentration en gaz nécessaire. Le traitement commence par le dernier étage ; commencer par la cave avant le rez-de-chaussée, si la cave n'a pas d'issues. Ne plus pénétrer, si possible, dans les locaux déjà traités. Le traitement s'opère lentement et calmement. Aller avec une lenteur particulière dans l'escalier. N'interrompre le traitement qu'en cas de besoin.
9. Fermer à clé la porte de sortie, la rendre étanche (ne pas oublier le trou de serrure) et remettre la clé au chef de gazage.
10. On collera sur la porte un avis rédigé comme suit : « Attention ! Gaz toxiques. Danger de mort. Entrée interdite. » L'avis doit – si nécessaire – être rédigé en plusieurs langues. Il doit comprendre en tout cas au moins une tête de mort bien visible.
11. Ensemble de protection contre le gaz, appareils de réanimation et indicateurs de gaz résiduel doivent être à portée. Chacun des hommes de l'équipe de gazage doit savoir où se trouvent ces objets.
12. Un homme au moins du personnel de gazage reste toujours à proximité immédiate du bâtiment soumis au gazage. Son emplacement doit être notifié à la garde.

XI. AÉRATION

L'aération présente le plus grand danger pour les participants comme pour les non-participants. Il faut donc y procéder avec une prudence

---

[71] Une pupe est l'enveloppe lymphale des insectes, et, plus particulièrement, des diptères.

particulière et toujours en portant le masque à gaz. En principe il faut aérer de façon à *pouvoir gagner l'air libre dans le plus bref délai* et de façon que le gaz s'évacue d'un côté où *tout risque est exclu pour les non-participants.* Si l'aération est difficile, un homme ayant suivi l'entraînement spécial reste devant le bâtiment pour observer l'évacuation du gaz.

1. Veiller à ce qu'aucune personne étrangère au gazage ne se trouve aux environs du bâtiment.
2. Disposer les sentinelles de sorte que, sans être incommodées par le gaz qui s'évacue, elles puissent néanmoins observer les accès au bâtiment.
3. Mettre le masque à gaz.
4. Entrer dans le bâtiment. Fermer les portes mais non à clé.
5. Ouvrir d'abord les fenêtres du côté du bâtiment opposé à la direction du vent. Aérer étage après étage. Commencer par le rez-de-chaussée et faire une pause de dix minutes au moins après chaque étage.
6. Dans chaque pièce du bâtiment, il faut ouvrir les portes donnant accès au couloir, les portes de communication entre les chambres et ouvrir aussi les fenêtres. Si l'on a des difficultés pour certaines fenêtres, on peut ne les ouvrir qu'après que la plus grande partie du gaz s'est évacuée.

[fin de la page 3 de l'original]

7. Les planchéiages et autres dispositifs d'étanchéité qui ne pourraient pas être facilement rangés peuvent n'être retirés qu'après que la plus grande partie du gaz s'est évacuée.
8. En cas de gel et de risque de gel, veiller à ce que le chauffage et les conduites d'eau ne gèlent pas.
9. Les chambres contenant des choses de valeur telles que garde-robes, etc., peuvent être refermées à clé dès que les fenêtres sont ouvertes.
10. Bloquer fenêtres et portes pour qu'elles ne se referment pas d'elles-mêmes.
11. Les obturateurs étanches des cheminées seront enlevés après la levée provisoire de l'interdiction d'accès.
12. L'aération doit durer au moins vingt heures.
13. La garde doit rester près du bâtiment pendant toute la durée de l'aération.

XII. LEVÉE PROVISOIRE DE L'INTERDICTION D'ACCÈS

Un local qui a été gazé peut redevenir provisoirement accessible dès que la bande de papier indicateur de gaz résiduel prend – les fenêtres et portes étant ouvertes – une coloration d'un bleu plus pâle que le milieu de l'échelle colorimétrique de référence. Dans les locaux provisoirement accessibles, on ne peut procéder qu'à des travaux d'aération et d'aménagement. En aucun cas on ne peut s'y reposer ou dormir. Fenêtres et portes doivent rester constamment ouvertes.

XIII. Travaux de rangement après la levée provisoire de l'interdiction d'accès

1) Enlever les restants de Zyklon des locaux qui ont été gazés. Il faut en général – comme pour les boîtes et caisses – les renvoyer à l'usine. Avant de les renvoyer des locaux qui ont été gazés, retirer des caisses l'inscription « Poison ». Les restants humides, mouillés ou salis, ainsi que les boîtes abîmées, ne peuvent en aucun cas être renvoyés. On peut les jeter aux ordures ou sur le crassier, mais il ne faut jamais les vider dans des eaux courantes.

2) Matelas, paillasses, coussins, meubles rembourrés ou autres objets semblables : les secouer ou les battre pendant une heure au moins dans le vestibule, sous la surveillance du chef de gazage ou de son représentant.

3) Si c'est possible, renouveler le rembourrage des paillasses. Mais le vieux rembourrage n'aura pas à être brûlé ; on pourra le réutiliser après l'avoir encore aéré.

4) Si les cheminées ont été obturées en haut, il faut retirer soigneusement ce qui les obture, sinon le danger existe qu'il n'y ait pas assez de tirage pour le feu dans les poêles et les cuisinières, ce qui provoquerait des intoxications par l'oxyde de carbone.

5) Après la levée définitive d'interdiction d'accès, rédiger un rapport de gazage en double exemplaire selon le modèle prescrit. Doivent notamment y figurer :
   a) le cubage qui a été gazé,
   b) la quantité de Zyklon utilisée,
   c) le nom du chef de gazage,
   d) les noms des autres membres du personnel,
   e) la durée d'action du gaz,
   f) le jour et l'heure d'autorisation d'accès aux locaux désinfectés.

XIV. Levée définitive d'interdiction d'accès

1. En aucun cas moins de vingt et une heures après le début de l'aération.

2. Rapporter dans la pièce tous les objets qu'on avait sortis pour les battre.

3. Fenêtres et portes seront fermées pendant une heure.

4. Dans les locaux chauffables, la température doit être portée au moins à 15°C.

5. Détection du gaz résiduel. Même s'il est placé entre des couvertures superposées, entre des matelas superposés et dans des locaux difficiles d'accès et difficiles à aérer, le papier indicateur ne doit pas être d'un bleu plus prononcé que le degré le plus clair de l'échelle colorimétrique de référence. Si ce n'est pas le cas, il faudra continuer l'aération et recommencer le contrôle du gaz résiduel après quelques heures.

6. Dans des bâtiments à réutiliser le plus rapidement possible pour y dormir, procéder au contrôle du gaz résiduel dans chaque pièce séparément. En aucun cas, on ne pourra dormir, pendant la nuit qui suit le gazage, dans une pièce qui a été gazée. Les fenêtres doivent toujours rester ouvertes pendant la première nuit où l'on réutilisera la pièce.

7. Le chef de gazage ou son représentant ne peut pas quitter le bâtiment avant que la levée définitive d'interdiction d'accès n'ait été accordée jusqu'à la dernière pièce.

Publié par l'Institut d'Hygiène du Protectorat de Bohême-Moravie à Prague.

[fin de la page 4 et dernière de l'original]

***

Juillet 1977

« Comment travaille le journaliste Pierre Viansson-Ponté ? »

« Le Mensonge » : tel est le titre que M. Viansson-Ponté, journaliste du *Monde,* vient de donner à son compte rendu d'une brochure anglaise (traduite en français), où se trouve niée l'existence réelle à la fois des « chambres à gaz » hitlériennes et du « génocide » des juifs.

L'édition de cette brochure en français s'intitule maladroitement et avec une faute d'orthographe : *Six millions de morts le sont-ils réel[l]ement ?* Le journaliste dit que c'est la publication d'« une "Historical Review Press", qui a son siège à Richmond, dans le Surrey, et que son auteur est un écrivain nommé Richard E. Harwood ».

Le compte rendu se trouve à la page 13 du numéro du *Monde* daté 17-18 juillet 1977 (voy. copie ci-jointe). Il comprend quinze alinéas.

Alinéa 1. Le journaliste dit que cette brochure porte « en guise de signature, la mention "Historical Fact n° 1". »

Remarque : Il ne s'agit pas d'une manière de signature. Cette formule, encadrée, annonce le titre ! La signature apparaît en page 3a : « Richard E. Harwood ».

Alinéa 2. Le journaliste ne donne pas à son lecteur une référence qui lui permettre de se procurer cette brochure, de la lire et de s'en faire une opinion personnelle. Cette référence s'imposait d'autant plus que, de l'avis même du journaliste, la maison d'édition n'est pas connue ; elle serait « *une* " Historical Review Press" » (voy. ci-dessus).

Alinéa 3. Le journaliste dit que « cette brochure est assez largement diffusée, gratuitement bien sûr ».

Remarque : Le journaliste n'explique pas le sens de ce « bien sûr ».

Alinéa 4. Le journaliste dit que « six millions de Juifs ont été victimes du génocide perpétré par les nazis ». Il ajoute que le nier serait vraiment « trop énorme ».

Remarque : Ce chiffre, ce « génocide », cette « énormité », le journaliste les pose comme trois évidences, qui ne souffrent pas la discussion.

Alinéa 5. Le journaliste dit que, pour R.E. Harwood (R. E. H.), « les nazis, n'ont nullement exterminé, entre 1939 et 1945, six millions de juifs, mais tout au plus "quelques milliers" ».

Remarque : En réalité, ainsi que le journaliste le précisera dans la phrase qui suit celle-ci, R. E. H. dit qu'*aucun* Juif n'a été la victime d'une volonté d'*extermination*. Quant au chiffre des *pertes juives* (comme on dit : « les pertes alliées » ou « les pertes des populations civiles allemande », par exemple) durant la Seconde Guerre mondiale, il ne fait de la part de R.E.H, l'objet que d'estimations si confuses et si contradictoires qu'on ne s'y reconnaît pas. Comparant, p. 8a, deux statistiques américaines, l'une de 1938 et l'autre de 1948, il en déduit que ces statistiques ne permettent qu'un chiffrage « par milliers ». Mais, p. 34a, il paraît situer ces pertes autour d'un million quand il cite, d'une part le maximum de 1,2 million calculé par Paul Rassinier, et, d'autre part, le chiffre de 896.892 morts trouvé – prétend R. E. H – par Raul Hilberg. Enfin, à la page 35, il estime à 300.000 le nombre de « personnes qui moururent dans des prisons et des camps de concentration entre 1939 et 1945, victimes de persécutions politiques, raciales ou religieuses ». Il ajoute que « toutes ces victimes n'étaient pas juives ». Il est à noter, en passant, que R. E. H. attribue cette statistique à la Croix-Rouge internationale et qu'il renvoie son lecteur à *Die Tat*, numéro du 19 janvier 1955 (Zurich). Or, vérification faite, s'il apparaît vraisemblable que cette statistique provient en effet de la CRI, il faut dire que *Die Tat* ne le précise pas et surtout que le chiffre de 300.000 est celui des victimes allemandes, y compris les juifs allemands. (Remarque à propos de ce chiffre : ce chiffre est considérablement exagéré. Le nombre des victimes *recensées* – c'est-à-dire – le seul nombre qu'un historien puisse retenir des « victimes de la persécution nationale-socialiste » – s'élevait au 31 décembre 1976 à 357.190, dont près de 51.000 pour les camps et sous-camps d'Auschwitz.[72])

Alinéa 5 (bis). Le journaliste ajoute : « Encore pour R. E. H., ces Juifs-là n'ont-ils pas été massacrés, fusillés, exécutés, gazés, brûlés, assassinés. » Ils n'ont été les victimes que d'épidémies et de famine, comme les Allemands, à cause des Alliés.

Remarque : R. E. H. mentionne en effet le typhus, les maladies ou épidémies, la faim ou la famine. Mais il cite encore les Juifs morts dans les guerres de partisans (p. 15a) ou lors du « soulèvement dramatique du ghetto de Varsovie » (p. 20b). Il ne dit nulle part que les juifs, par une sorte de privilège, auraient échappé aux horreurs communes de la guerre (prises d'otages, exécutions, attentats, bombardements). Ce qu'il dit en revanche (le point sur lequel il insiste et sur lequel il défie qu'on lui oppose un démenti), c'est qu'Hitler n'a jamais donné l'ordre de tuer qui que ce fût en raison de sa race ou de sa religion. Il ajoute que parler, comme on le fait parfois d'un « ordre oral » ou de « formules enveloppées », cela revient à spéculer. Il insiste sur le fait que la qualité de juif pouvait valoir internement et même déportation, mais non pas la mort. Il y a eu des camps de concentration, mais il n'y a pas eu de camps d'extermination. Les fours crématoires ont existé : on y brûlait des cadavres, au lieu de les enterrer. Les « chambres à gaz » sont une totale invention de la propagande de guerre.

Alinéa 6. Le journaliste dit que, pour R. E. H., « en 1939, il ne restait plus, en Allemagne, en Autriche et dans les pays d'Europe qui allaient être envahis par l'armée allemande, que trois millions de Juifs tout au plus, au lieu de neuf millions dix ans plus tôt ».

Remarque : L'historien ne parle pas de 1929 (1939 moins dix ans = 1929). Il dit qu'en 1933 il y avait, dans cette partie du monde, 6.500.000 juifs, chiffre que des émigrations successives vers l'Ouest, le Sud et, surtout à partir de 1941, vers l'intérieur de l'URSS, ont réduit vers cette époque à trois ou quatre millions (p. 35a : quatre millions ; p. 35b : trois millions).

Alinéa 7. Le journaliste dit vrai, à quelques détails près.

Alinéa 8. Le journaliste dit que, pour R. E. H. : « Ces camps n'étaient que des centres de production, bien organisés et bien tenus. On y était astreint au travail, c'est vrai, mais bien traité, bien nourri, bien soigné sauf peut-être dans quelques-uns vers la fin de la guerre. »

---

[72] Voy. Service international de recherches, D-3548 Arolsen, exposé présenté par A. de Coquatrix, directeur du S.I.R. à la conférence de Vienne le 12 avril 1977, 11 pages.

Remarque : Le journaliste dit vrai, en substance. L'historien minimise les souffrances de certains déportés dans certains camps. Il n'a retenu que des témoignages qui allaient dans son sens. Il a voulu démontrer qu'on s'était rendu coupable de colossales exagérations, dans la description de la vie des camps. Tenant compte de ce qui lui apparaissait comme trente ans d'une propagande d'horreurs, il a rappelé certains points des déclarations de Margaret Buber (-Neumann), de Charlotte Bormann (p. 25b), du Dr Barton (p. 29a-b) et de « centaines de déclarations sous serment faites pour les procès de Nuremberg » mais non mises en évidence (p. 28b). À propos de Bergen-Belsen (la plupart des photos d'horreur concernent ce camp partiellement hôpital), il parle de « chaos » à la fin de la guerre (p. 28b).

Alinéa 8 (bis). Le journaliste dit que, pour R.E.H., aucun camp de concentration « n'a jamais comporté de " chambres à gaz ", ni de véritables fours crématoires ».

Remarque : R. E. H. dit qu'il n'a pas existé une seule de ces monstruosités baptisées « chambres à gaz ». En revanche, il dit, sans équivoque, que des cadavres étaient brûlés dans des fours crématoires, de vrais fours crématoires, au lieu d'être enterrés. Il écrit : « Christophersen (auteur de *le Mensonge d'Auschwitz,* 1973) reconnaît qu'il devait certainement y avoir des fours crématoires à Auschwitz puisque 200.000 personnes vivaient dans ce camp et qu'il y a des fours crématoires dans toutes les grandes villes de 200.000 habitants » (p. 20a). Il écrit encore, parlant de l'unique four crématoire de Dachau : « [Il écrit] semblable aux fours crématoires utilisés actuellement dans tous les cimetières ; on l'employait tout simplement pour incinérer les cadavres des personnes mortes au camp à la suite de diverses causes naturelles, de maladies infectieuses spécialement. Ce fait fut prouvé d'une façon concluante par le cardinal Faulhaber, archevêque de Munich. Il fit savoir aux Américains [après la guerre] que trente mille personnes avaient été tuées à Munich au cours des bombardements alliés de septembre 1944. L'archevêque demanda alors [à l'époque] aux autorités allemandes d'incinérer les corps des victimes dans le four crématoire de Dachau, mais on lui répondit que c'était impossible puisqu'il n'y avait qu'un seul four qui ne pouvait pas incinérer autant de cadavres. » (p. 27a)

Alinéa 8 (ter). Le journaliste prête à R. E. H. la pensée suivante :

« Mensonges, calomnies, que tous les récits fabriqués de toutes pièces, les photos truquées, les livres et les films qui présentent ces camps comme des lieux d'extermination, de torture et de mort. »

Remarque : Tout au long de sa brochure, l'historien donne des exemples spectaculaires de cette industrie du faux. Le Tribunal de Nuremberg [art. 19 des statuts] autorisait cyniquement l'usage du faux :

« On décréta que "le Tribunal ne serait pas lié par des règles techniques de preuve". » (p. 12a.) On se priva d'autant moins de fabriquer des faux qu'aucune poursuite judiciaire n'était possible pour usage de faux. Le commerce s'en mêla.

Dans certains cas, même les Juifs s'émurent de la prolifération de ces faux : ex. : *Au nom de tous les miens,* de Martin Gray (p. 25a-b). L'historien traite de faux tous les mémoires, « aveux » ou « confessions » qui présentent les camps comme des lieux d'« extermination ». Les exemples qu'il donne paraissent sans réplique (Hoess, Gerstein, Nyiszli, l'étonnant montage photographique de sa page 30a, etc., etc.). Dans un seul cas, son argumentation est sans valeur : dans celui du *Journal* de Anne Frank. Ce *Journal* est une supercherie littéraire aisément démontrable par d'autres moyens que celui qu'emploie R.E. H.

Alinéa 9. Le journaliste parle d'« un tourbillon de citations où se mêlent sans qu'on puisse s'y reconnaître la Croix-Rouge internationale le journal *Die Tat* de Zurich dans son numéro du 19 janvier 1955, etc. ».

Remarque : On peut se demander quel est le sens de ces mots à supposer qu'ils en aient un. Le journaliste se plaindrait-il de ce qu'il y a trop de citations ?

Alinéa 10. Le journaliste dit que R. E. H. étaye sa démonstration par des « citations d'auteurs connus ou inconnus, obscurs ou imaginaires ».

Remarque : Le journaliste, ne citant aucun exemple à l'appui de son affirmation, on ne peut savoir ce qu'il entend par « auteurs *inconnus* » et surtout « *imaginaires* ».

Alinéa 10 (bis). Le journaliste dit que, pour R. E. H., « tous les aveux de nazis » ont été « extorqués par la torture, systématiquement pratiquée par les Alliés après la défaite du Reich ».

Remarque : Le journaliste omet de dire que les Américains eux-mêmes ont eu l'honnêteté de reconnaitre qu'ils avaient fait un emploi systématique des tortures les plus graves dans de nombreux cas. Voy. prison de Schwäbisch Hall, procès de Malmédy, Sepp Dietrich, Jochen Peiper, Oswald Pohl, commission Simpson, juge Edward L. van Roden déclarant : « Sur les 139 cas de notre enquête, 137 de ces soldats allemands [dans la seule affaire de Malmédy] avaient reçu des coups de pied dans les testicules qui leur avaient laissé des blessures inguérissables. C'était un moyen standard utilisé dans ces interrogatoires par ces Américains. » […] « Des hommes forts furent réduits à l'état d'épaves humaines prêtes à marmotter n'importe quels aveux exigés par le ministère public. » (p. 13a-b.) L'historien évoque bien d'autres cas patents de torture pratiquée par les Alliés et, spécialement, par les Polonais et les Soviétiques (cas Wisliceny, [Ohlendorf], Rudolf Hœss…). Pour expliquer des cas extravagants comme ceux, par exemple, de responsables « avouant » l'existence de « chambres à gaz » dans des camps où les Alliés ont fini par admettre... qu'il n'y avait pas eu de ces « chambres », l'historien ne limite pas ses explications à des explications par la torture. Il parle également d'« aveux » « sous la contrainte », « ou parce qu'on [avait] promis [aux accusés] des peines réduites ». Voy. p. 16b, l'affaire Bach-Zelewski. La menace de livrer un accusé aux Polonais ou aux Soviétiques, le chantage de la suppression des cartes d'alimentation accordées aux familles des accusés, les mesures de rétorsion brandies contre le soldat si l'officier n'« avoue » pas, et vice versa, la formidable pression morale que font peser sur un accusé la justice et l'appareil judiciaire de son vainqueur, le courage héroïque qu'il faut à des témoins à décharge pour venir défendre des « criminels » jugés d'avance et sans appel : tous ces éléments et bien d'autres, soit que l'historien les précise de lui-même, soit qu'ils apparaissent à l'évidence quand on garde présent à l'esprit ce qu'il dit sur d'autres sujets que les « aveux », constituent des explications à ces mêmes « aveux » ou « témoignages ».

Alinéa 10 (ter). Le journaliste dit que, dans la brochure de R.E.H., on « trouve une foule de références impressionnantes, évidemment invérifiables ou alors, si on tente de contrôler l'une de celles qui, exceptionnellement, peuvent l'être, grossièrement truquées ».

Remarque : Le journaliste ne fournit aucun exemple à l'appui de cette affirmation (voy. en effet, notre remarque sur « Un exemple », à l'alinéa suivant). On aimerait d'ailleurs savoir ce qu'est une référence « invérifiable » (le journaliste a-t-il voulu dire : « incomplète » ?) et, surtout, une « référence *évidemment* invérifiable ».

Alinéa 11. Le journaliste écrit : « Un exemple : la brochure se réfère à l'''éminent historien américain Harry Elmer Barnes'' (?) qui, dans *Rampart Journal (??)* au cours de l'été 1967, aurait écrit en substance – mais la citation est évidemment donnée entre guillemets – qu'il n'y avait pas eu d'extermination systématique dans les "camps de la mort". »

Remarque : Harry Elmer Barnes a été un historien de réputation internationale. Ses publications, en trente ans de carrière universitaire, ont été très nombreuses. Un livre d'hommages vient de lui être consacré par ses anciens élèves et disciples. Il compte 884 pages (Hardback éd.). *Rampart Journal of Individualist Thought* n'est pas une publication fictive. La référence « été 1967 » est exacte (vol. 3, n° 2). L'article de H.E.B. s'y intitule « The Public Stake in Revisionism » (p. 19-41). Nulle part R. E. H. ne prétend citer H. E. B. « en substance » pour aller ensuite le citer « entre guillemets » ! D'emblée, il cite entre guillemets H.E.B. Quant au passage cité, il n'a nullement le sens qu'y trouve le journaliste. Ce passage, d'une importance capitale, montre que, tout de suite après la guerre, les vainqueurs ont tenté de faire passer certains camps de l'Ouest pour des camps, non pas de simple concentration mais d'extermination (Dachau, Buchenwald, etc.). Puis, quand il fut démontré que l'accusation n'était pas soutenable, on la reporta sur les camps de l'Est. Or, comme le remarque R. E. H., ces camps, et notamment ceux du complexe d'Auschwitz, n'étaient toujours pas visitables plusieurs années après la fin de la guerre. Par conséquent, le passage cité entre guillemets a la valeur d'un avertissement et d'un rappel salutaire pour quiconque oublierait cette « méprise » de l'immédiat après-guerre où Buchenwald l'emportait sur Auschwitz dans la propagande d'horreurs.

Alinéa 11 (bis). Le journaliste, après avoir fait suivre d'un point d'interrogation le nom d'H.E. Barnes, puis de deux points d'interrogation, celui de *Rampart Journal,* place trois points d'interrogation après celui de Berta Schirotschin.

Remarque : On ne peut tenir rigueur à l'historien de ce que tous les noms des détenus de Dachau ne soient pas universellement connus. Citant Ernst Ruff, Jan Piechowiak et Berta Schirotschin, il prend soin d'indiquer pour chacun sa qualité ou son emploi au camp de Dachau.

Alinéas 12 à 15. Ces quatre derniers alinéas n'appellent pas de remarques particulières. Le journaliste y exprime son opinion sur une brochure que, comme on a pu le constater, il a très superficiellement parcourue. Son jugement s'exprime dans les termes suivants : « stupide » « fantastique », « monstrueux de bêtise autant que d'ignominie », « cette sale brochure », « envie de vomir », « allégations aussi inouïes », « aveuglé », « imbécile », « funambulesques énormités », « ignorant », « très sot », « charlatans, marchands d'orviétan, escrocs de tout poil », « mentez, mentez, il en restera toujours quelque chose ». Pour terminer le journaliste renouvelle l'expression de sa foi en l'horreur des camps de concentration *et* d'extermination.

***

18 août 1977

LETTRE À MME OLGA WORMSER-MIGOT ET SA RÉPONSE

Chère Madame,

Il y a aujourd'hui trois ans et une semaine qu'en ouvrant le journal *Le Monde,* je découvrais un « témoignage » où une ancienne déportée, sans me nommer mais en me désignant, me traitait de « falsificateur », de « pauvre dément » et d'« esprit perverti ». Et cela parce que j'osais mettre en doute l'existence des « chambres à gaz » hitlériennes. Lors d'une entrevue que vous vouliez bien m'accorder à votre domicile et qui avait lieu le 24 septembre 1974, vous me faisiez savoir que vous aviez manifesté votre réprobation à l'endroit de ce « témoignage » ; vous l'aviez même fait savoir à l'intéressée, c'est-à-dire à Charlotte Delbo.

Ce même jour, vous me proposiez d'intervenir auprès de M. Raymond Las Vergnas pour lui dire que vous désapprouviez le texte par lequel la Sorbonne nouvelle portait condamnation de mes recherches.

Ce même jour encore, vous me prédisiez toutes sortes d'ennuis si je persistais dans la voie où je m'étais engagé. Vous me confirmiez ce que je savais déjà au sujet des ennuis graves que vous avaient valus vos trois pages sur « le problème des chambres à gaz ».

Vous ne vous trompiez pas. Voici une liste succincte des ennuis que j'ai rencontrés :

Campagne de presse partie d'Israël en 1974, *Tribune juive-Hebdo, Le Canard enchaîné, Le Monde, Le Droit de vivre, L'Humanité* (paraît-il), le grand rabbin Kaplan à la télévision ; on me nomme ; on me désigne ; on publie mon adresse personnelle ; je reçois un flot de lettres de menaces, parfois signées de leurs auteurs et sur papier à en-tête ; inscription injurieuse à mon domicile ; injures au téléphone ; ma fille insultée ; ma femme insultée.

La Sorbonne Nouvelle, déformant totalement l'esprit de recherches dont elle ne sait d'ailleurs rigoureusement rien, porte condamnation de Faurisson dont elle va jusqu'à dire qu'il n'appartient pas à la Sorbonne nouvelle.

Mon UER porte également condamnation en des termes outrageants ; je ne suis ni entendu, ni informé, tout se passe dans mon dos ; je n'apprends les condamnations qu'après coup.

Tribune juive-Hebdo ayant suggéré que ma place n'est plus au SNESup (j'appartenais au SNES, où j'avais été secrétaire de section, puis au SNESup, depuis plus de vingt ans), je suis exclu de mon syndicat ; là encore je ne suis ni entendu, ni informé ; j'apprends la sanction par hasard et après coup ; je demande à être entendu. Peine perdue. J'envoie un papier à la « commission des litiges » qui expédie mon cas, sans autre forme de procès.

Lyon-II, ma nouvelle université, prend une décision sans précédent : elle décide ne pas me proposer pour le poste de professeur sans chaire que je sollicitais. Vous savez que, lorsqu'une université veut bloquer la carrière d'un maître de conférences, elle n'agit pas de cette façon. Il lui suffit de classer en dernière position le nom du candidat. Agir autrement, agir comme on l'a fait dans mon cas, c'est prendre une très grave initiative qui ne peut avoir qu'un motif extrêmement grave, si grave même que le candidat devrait pour le moins être entendu, puis, la décision une fois prise, se voir notifier cette décision. Encore que sur ce point je m'avance peut-être beaucoup, étant donné que mon cas serait sans précédent. Toujours est-il que là encore je n'ai appris cette décision que par hasard et grâce à une indiscrétion. Mais voyez plutôt comment, ensuite, on a pris ses aises avec la vérité. Je suis parvenu à mettre l'autorité universitaire au pied du mur, et cela grâce au tribunal administratif de Lyon et au Conseil d'État. Dans un premier temps on m'a dit qu'on me reprochait d'être nazi ; motif : je niais l'existence des camps de concentration ou des « chambres à gaz », *ad libitum*. Dossier de l'accusation : coupures de presse du *Canard enchaîné*, du *Monde*, etc. Dans un deuxième temps on m'a dit qu'on me reprochait non pas d'être nazi, mais d'être fou ; motif : même motif ; dossier : même dossier. Dans un troisième temps on est allé encore plus loin. On a totalement abandonné les deux accusations précédentes pour se rabattre sur le motif suivant, un motif présenté cette fois au tribunal administratif : « M. Faurisson n'a jamais rien publié, et cela de son propre aveu. » Dossier cette fois-ci : une lettre de moi. Dans cette lettre, que j'avais adressée au président de mon université pour lui dire mon étonnement devant l'accusation de nazisme, j'avais effectivement écrit que, puisque *je n'avais rien publié,* je ne voyais pas sur quoi cette accusation pouvait être fondée. Il allait de soi que cette phrase signifiait que *je n'avais jamais rien publié...* qui puisse donner à penser que j'étais nazi. On a extrait cette phrase de ma lettre pour faire de moi un maître de conférences qui n'avait jamais publié un seul livre ou article. L'imputation était d'autant plus cynique que mon dossier de candidature contenait sur toute une page la liste de mes publications dont certaines sont passablement connues en France et à l'étranger.

Je passe sur trois ou quatre ignominies que je pourrais ajouter à cette liste, je passe sur le fait que ma vie est devenue difficile ; je passe sur le fait que, sans argent, il me faut payer des avocats ; je passe sur le fait que ma femme souffre d'une grave dépression nerveuse à laquelle tant d'ennuis, malheureusement, ne sont pas étrangers.

Mais, voyez-vous, je me sens propre et je sais que bien des gens se sont salis. Je passe pour « nazi » comme, en d'autres temps, je passais pour l'« Angliche » et comme, si Hitler avait gagné la guerre, je passerais pour faire le jeu des « judéo-marxistes ».

Je vais droit mon chemin. Vous me disiez que je vous paraissais naïf. Entre nous, je me crois à peu près aussi naïf que Voltaire. Voltaire était naïf et, en bon Français, il était courageux par accès mais sans grande continuité. Mon travail, en fin de compte, je préfère le comparer à celui de Jean Norton Cru, qui a mené sa tâche à bien jusqu'au bout, malgré les outrages et sans désespérer des hommes.

Je suis arrivé à la conclusion que les « chambres à gaz » hitlériennes n'ont jamais existé. Mon enquête remonte à bien des années. Quand je suis allé vous trouver, j'en savais déjà très long sur la question. Parce que vous m'étiez sympathique, parce que je ne voulais pas vous froisser dans votre sensibilité et aussi – soyons franc – parce que c'est ma façon d'enquêter, je ne vous ai pas révélé, à l'époque, ce que je savais de précis sur les « documents » Höss ou Gerstein, sur les « témoignages » de Nyiszli et consorts. Je ne vous ai pas dit que je pouvais vous réciter les deux « dépositions » du Dr Bendel. Rappelez-vous ce que je vous ai, par la suite, écrit sur le « document » NO365 : un exemple, parmi bien d'autres, de présentation malhonnête du Centre de documentation juive contemporaine.

Vous m'avez envoyé une photo de la « chambre à gaz » de Majdanek, d'autant plus précieuse, me disiez-vous, qu'elle datait d'un temps antérieur à la « frénésie muséographique qui a présidé à la transformation des lieux » (je vous cite de mémoire). Cette photo est celle d'une salle de douche. Quant aux lieux, je les ai visités en 1975 : comme supercherie grossière, on ne fait pas mieux. C'est à rire. J'ai visité Auschwitz et Birkenau en 1975 et en 1976. Je possède une abondante documentation photographique sur tout ce qui a trait aux « chambres à gaz » des deux camps. J'ai des copies de plans particulièrement intéressants et qu'on se garde bien de publier.

J'ai lu une foule de « documents », de « témoignages », d'« affidavits », de NO, de NI, de NIK, de PS, etc., à la fois de l'IMT des NMT, du « procès de Francfort » ou d'autres procès. J'ai étudié les sténogrammes du « procès de Jérusalem ». J'ai aussi lu bien des ouvrages de la tendance Hilberg-Reitlinger ou de la tendance Rassinier-Butz.

Je me demande quelle piste j'ai pu laisser inexplorée.

Ma première visite au Centre de documentation juive contemporaine remonte à 1967. Du début de 1974 à juillet 1977, j'ai passé des centaines ou des milliers d'heures dans ce même CDJC, bien qu'on s'y soit ingénié à me rendre mes visites et mes conditions de travail de plus en plus difficiles. J'y ai exploré à fond le fichier « Extermination-gazage » et bien d'autres documents non répertoriés dans ce fichier. J'ai eu quelques entretiens avec MM. Wellers, Rutkowski et surtout avec M. Billig. Ce dernier, qui m'avait, en 1974, adressé une lettre où il se déclarait étonné qu'on puisse douter de l'existence des « chambres à gaz » parce qu'il en existait tant de preuves, a fini par reconnaître devant moi en mai 1977 qu'il n'était pas en mesure, tout compte fait, de me fournir une preuve de l'existence d'une « chambre à gaz ». Et, comme j'insistais pour savoir s'il connaissait une personne capable de fournir une telle preuve, il me répondait qu'au fond il n'en connaissait pas. Il ajoutait, je dois le dire, qu'à son avis, s'il n'y avait pas eu de « chambre à gaz », il avait forcément existé un moyen industriel – il ne savait pas lequel au juste – de perpétrer un gigantesque massacre, un « génocide ».

J'aurais beaucoup à dire sur cette position de repli, mais passons.

Lors de notre entrevue du 24 septembre 1974, vous m'aviez dit : « Il ne faut pas attaquer les déportés. Je vous demande une chose : promettez-moi de ne rien écrire. » Ma réponse avait été : « Un article de moi peut sortir. Je m'y emploie. » Vous m'avez alors dit : « Envoyez-le-moi. »

C'est ce que je fais aujourd'hui. Cet article, intitulé « Le problème des chambres à gaz », je l'ai envoyé le 26 juillet 1977 au journal Le Monde, qui hésite à le publier. Le Monde me doit réparation. Il m'a insulté le 11 août 1974 et il m'a refusé tout droit de réponse. Cette réparation, je l'obtiendrai tôt ou tard, d'une façon ou d'une autre. P. Viansson-Ponté me prend, figurez-vous, pour un sympathisant des nazis. Il se plaint de ce que, dans mes lettres à J. Fauvet ou à d'autres de ses collègues, je l'insulte. Il voit là probablement le signe de je ne sais quelle frénésie. Il a oublié le mal qu'il m'a fait le 11 août 1974. Je lui ai dit qu'il avait, de plus, gravement dénaturé le contenu de la brochure de R. Harwood dans son article du 17-18 juillet 1977. Je disais que je ne voulais pas, à mon tour, subir le même traitement (être l'objet de dénaturations, falsifications, adultérations, etc.). Je lui ai dit que dans le texte d'Harwood il y avait du très bon et du très mauvais, etc., etc. Il m'a écrit une lettre furibonde. Il m'a dit qu'il était prêt à m'entendre à condition que Germaine Tillion ou – à défaut – Mme Olga Wormser-Migot, lui dise ou lui écrive que je n'ai pas tort dans ma thèse sur les « chambres à gaz ». Je lui ai répondu que je ne pouvais avoir confiance en G. Tillion étant donné ses témoignages sur la prétendue « chambre à gaz » de Ravensbrück. J'ai ajouté : « D'accord pour Mme Olga Wormser-Migot. Ayons, vous, elle et moi une entrevue ensemble. Elle m'a aimablement reçu chez elle en 1974. Elle ne connaît pas mes dossiers. Mais en vingt minutes elle verrait bien ce qu'ils valent. »

À mon collègue Delpech – que je connais assez mal et surtout pour l'avoir rencontré au CDJC – vous auriez dit : « Attention ! Faurisson n'est pas un nazi. Il ne faut pas lui faire d'ennuis. » Je me demande au fond si ce soupçon de nazisme n'est pas également chez P. Viansson-Ponté la vraie pierre d'achoppement. Voyez si, à défaut d'autre chose, vous ne pourriez pas le rassurer là-dessus.

Mon article est-il nazi ? violent ? agressif ?

Je vous dis que, s'il faut désamorcer toute cette affaire de « chambres à gaz » et de « génocide », cet article peut y parvenir. Les choses en ce moment évoluent vite, très vite.

Et puis tout cela est bien simple. Qu'on réponde à ma question : « Si les "chambres à gaz" n'ont pas existé, faut-il le dire ou le taire ? »

Je vous ai parlé sans détours. Répondez-moi de même.

La réponse d'Olga Wormser-Migot est datée du 7 novembre 1977 :

« [...] Je ne veux pas vous écrire un volume, mais seulement vous préciser ma position.

1° Votre visite m'avait beaucoup émue à tous points de vue. Je pensais surtout à cette persécution ininterrompue contre un homme de bonne foi ;

2° la première différence entre mes positions et les vôtres, et vous le savez, c'est que je crois à l'existence de chambres à gaz à Auschwitz et à Majdanek, ainsi qu'à la « chambre expérimentale » (1 m sur 2 sur 3) du Struthof ;

3° dernière et principale différence : étant donné les sentiments des déportés, profondément traumatisés par les souffrances subies, il est évident que votre attitude ne peut que les heurter. Il est des cas où l'Histoire se doit d'attendre que le Temps permette une étude sans agressivité de certains problèmes d'horreur.

Écoutez-moi – et vous savez que je crois votre recherche pure de tout autre motivation que la vérité historique – votre attitude d'obstination à partir du moment où votre thèse a été contestée et où votre défense elle-même vous portait à vous opposer de plus en plus aux déportés, prêtait à confusion.

En effet, plus vous apportiez d'arguments au renforcement de votre propos, plus vous affirmiez sa vérité, plus vous *sembliez* aux yeux de certains laver Hitler d'une des accusations portées contre lui et ses camps.

Pour moi, cher Monsieur, un tel problème ne peut être traité que dans le contexte général du nazisme. Tortures, expériences, génocide, fours crématoires et charniers, horreurs portées à l'extrême, dites-moi si dans tout cela l'existence ou la non-existence de chambres à gaz présente aux yeux de l'histoire infâme de ces années une importance « de surcroît » assez capitale pour continuer sur ce point à meurtrir encore les déportés et à mettre votre propre existence en malheur ?...

Je vous rappelle que, dans une occasion semblable – il s'agit de ma thèse *Le Système concentrationnaire nazi* où, comme vous le savez, j'ai mis en doute et davantage l'existence de chambres à gaz à Ravensbrück et Mauthausen – et après des obstinations d'historiens qui ne servaient qu'à envenimer les choses, j'ai simplement introduit un rectificatif expliquant la position des déportés à ce sujet. Car pour moi les déportés comptent toujours d'abord.

Sachez que je suis prête, cher Monsieur, à vous aider dans toute la mesure de mes possibilités afin d'effacer de votre vie des accusations aussi nocives pour vous, votre travail et votre famille. Mais je vous prie de tout faire pour comprendre l'esprit de cette lettre.

C'est la raison pour laquelle je ne puis accéder à votre désir de rencontrer M. Viansson-Ponté en ma présence : il ne faut pas continuer de controverses sur un tel sujet. Je lui écris par contre par le même courrier.

J'insiste encore sur la nécessité d'un état d'esprit réaliste de votre part. Je suis prête à écrire à qui vous voudrez pour qu'il soit tenu compte de l'inanité des accusations qui vous atteignent. Mais *dans l'esprit de cette lettre exclusivement.* »

[Publié dans *VHVP*, p. 74-79.]

Août 1977

LETTRE À *HISTORIA* (EXTRAITS)

J'ai l'honneur d'élever une protestation contre la nature de ce numéro spécial d'*Historia*, consacré aux « Médecins SS ». [...]

Comment pouvez-vous croire un instant à l'authenticité de la « chambre à gaz » du Struthof... que vous ne pouvez d'ailleurs montrer en photographie ? Vous êtes-vous demandé pourquoi aucun livre sur le Struthof, y compris le *roman* d'Allainmat, ne reproduit la photographie de cette « chambre à gaz » pourtant visitable et montrée telle qu'en son « état d'origine », dit l'inscription que vous trouverez sur place ? Comment avez-vous pu reproduire cette photographie de l'extérieur avec une cheminée de ce genre ? [...]

Saviez-vous que Kramer [commandant du Struthof, puis de Bergen-Belsen, N.D.L.R.] est l'auteur d'une confession sur la « chambre à gaz » dont le vague et l'absurdité dépasse tout ce qu'on a pu « confesser » dans les procès de Moscou, de Cracovie (Höss) ou de Prague il n'y a guère ?

Comment avez-vous pu reproduire la photographie de la p. 45 ? N'avez-vous pas lu le livre de Harwood, *Did Six Million Really Die ?* et surtout l'ouvrage d'Udo Walendy, *Bild "Dokumente" für Geschichtschreibung,* où cette photographie est étudiée aux pages 74 et 75 ?

Je vous signale, en passant, que votre photographie est un montage de montage. Voyez la façon dont est posée sur « ses » épaules la tête du premier personnage de gauche. [...]

Et la photographie de la p. 93 : la femme aux seins nus ! Comment n'avez-vous pas discerné que, là encore, il y avait montage. Regardez la tête de « Photomaton » ![73] [...]

Comment pouvez-vous cautionner ainsi une propagande qui est celle qui a préparé le procès de Nuremberg ? Ne vous rappelez-vous pas le stupéfiant article 19 des statuts du tribunal : « Le Tribunal ne sera pas lié par les règles techniques relatives à l'administration des preuves » ? N'est-ce pas d'un effroyable cynisme ? Ne devrait-il pas donner l'éveil à tout honnête homme ?

J'ai été férocement antinazi. Je ne peux supporter le fascisme sous aucune forme. Mais [...] je vous adjure de garder constamment présents à la mémoire les procès de sorcellerie. Rappelez-vous les « aveux », les « preuves », les « témoignages ». Une sorcière n'allait pas dire à un tribunal : « Vous savez bien que tout cela est faux, que le sabbat est une invention et les rencontres avec le diable une autre invention. » Elle aurait rencontré une incrédulité totale. Et pourtant elle aurait dit la vérité. Pour se défendre, il lui fallait, selon la vieille loi encore en vigueur, plaider le vraisemblable et non le vrai. J'ai eu l'occasion de vous le dire et je le répète ici, je suis prêt à ouvrir devant vous tel de mes dossiers qu'il vous plaira sur cette imposture du génocide. Il paraît bien des livres sur la question. Les temps sont mûrs.

[Publié dans *Historia,* août 1977, p. 132 et cité dans *VHVP,* p. 82.]

***

---

[73] Voy. Walendy, *op. cit.,* p. 23.

14 octobre 1977

LETTRE À MM. FAUVET ET LAUZANNE, DU JOURNAL *LE MONDE*

Malgré le ton extrêmement désagréable de ses lettres, j'ai honnêtement essayé de m'expliquer et de m'entendre avec M. Viansson-Ponté. En pure perte. Il est impossible de discuter avec quelqu'un qui a manifestement l'habitude des lectures hâtives. De plus M. Viansson-Ponté porte des coups, puis il se dérobe. En 1974, il m'a avec cet article de Mme Charlotte Delbo, porté un terrible coup dont j'ai essayé, à nouveau le 11 août 1977, de lui montrer toutes les conséquences, sur le plan professionnel, syndical, familial. Une seule de ces conséquences, si quelqu'un d'autre qu'un « nazi » avait eu à les subir, aurait dû susciter article et débat dans les colonnes de votre journal.

M. Viansson, lui, se moque de ce qu'il ose appeler mes « démêlés » et il en décline la responsabilité. Il va jusqu'à dire que, dans l'article de 1974, je n'ai été « ni nommé, ni désigné ». Or, cet article, qui s'inscrivait dans une campagne de presse, commençait par une longue citation. Cette citation, on avait pu la lire dans *Yedioth Aharonoth* (26 mai 1974), dans *Tribune juive Hebdo* (14 juin), dans *Le Canard enchaîné* (17 juillet) : l'auteur était nommé et son adresse était donnée et même répétée. Il s'agissait de Faurisson, maître de conférences à la Sorbonne. Les mêmes journaux ou d'autres revenaient sur cette affaire.

Le 14 mai 1974, votre collaborateur m'avait demandé l'autorisation de publier ce texte. Il écrivait en propres termes : « (Je) vous demande si **vous n'avez pas d'objection à formuler contre sa publication éventuelle.** » Je lui répondais, par lettre R.A.R. du 21 mai, que je **m'opposais** à cette publication d'une lettre **personnelle.** Or, le 11 août, précisément en pleine campagne de presse, je voyais paraître ce texte, sous la responsabilité de M. Viansson-Ponté. J'y étais, sous la plume de Mme Delbo traité de « pauvre dément », de professeur qui s'est documenté uniquement pour avoir « des preuves contre la vérité », d'« esprit perverti » ; quant au titre de ce « témoignage », il me faisait tout simplement grief de « falsifier ».

N'importe quel honnête homme trouvera, je pense, de tels procédés indignes d'un grand journal. J'y vois, pour ma part, une bassesse comme je n'en découvre pas dans les autres publications qui m'ont attaqué. Et c'est *le Monde* qui a eu cette conduite. Je ne l'admettrai jamais. Et, bien franchement, je ne crois pas que vous soyez prêts, tous deux, à lui trouver des excuses. Votre journal me doit réparation. Voilà trois ans que je la réclame. J'ai été correct avec vous. Je ne me suis laissé aller à aucun écart de langage. Rendez-moi cette justice que ma réponse de 1974 (sur « le droit au doute et à la recherche ») ainsi que ma réponse de 1977 (sur « le problème des chambres à gaz ») sont d'un tout autre ton que la *publication* injurieuse, insérée dans votre journal, après des mois de réflexion peut-être, par M. Viansson-Ponté.

Le 6 août 1977, ce dernier m'adressait une étrange lettre dans laquelle il me disait qu'il n'accepterait de publier mon texte sur « le problème des chambres à gaz » qu'à la condition que Mme Germaine Tillion ou Mme Olga Wormser-Migot prennent en considération mes affirmations. Bien que je ne croie pas un instant ni à l'argument d'autorité, ni à la valeur des recommandations ou patronages, j'acceptais, dans un esprit de conciliation, d'ouvrir mes dossiers devant Mme Wormser-Migot. Pour Mme Tillion, dont le crédit est grand auprès des journalistes, elle s'est discréditée à mes yeux par ses « témoignages » réitérés sur la « chambre à gaz » de Ravensbrück… qui – les instituts historiques ont fini par l'admettre – n'avait jamais eu un commencement d'existence (voyez notamment, Martin Broszat, *Die Zeit,* 19 août 1960). Là-dessus, en réponse à mon acceptation du 11 août 1977, votre collaborateur m'écrit qu'il a interrogé Mmes Tillion et Wormser-Migot et il ajoute : « L'une et l'autre, interrogées, me feront savoir qu'à leurs yeux votre thèse est absurde, votre obstination maniaque et qu'il n'y a aucune raison d'ouvrir un débat là où il n'y en a pas, dont la propagande [M. V.-P. dit curieusement la « *contre-propagande* »] pro-nazie ne manquerait pas de tirer argument. » Un peu plus loin, il écrit encore : « (…) faites-moi parvenir une caution écrite de Mme Wormser-Migot. (…) »

C'est se moquer des gens. C'est, une fois de plus, se dérober. M. Viansson-Ponté, de la même façon, écrivait sur la brochure de Richard Harwood un compte rendu insultant. Il commençait d'ailleurs par ne fournir aux lecteurs et juges aucune référence qui permette de trouver cette brochure et de s'en faire soi-même une opinion. Puis, constatant l'abondance des réactions suscitées par une affaire qu'il avait pris la responsabilité de lancer, il vous laissait croire, si j'en juge par une lettre de M. Lauzanne du 22 juillet, qu'il reviendrait sur le problème évoqué et qu'il ferait état des réactions provoquées. En fait, rien n'est venu.

Tout cela est-il net et franc ? M. Viansson-Ponté est meilleur, la plume à la main et derrière un bureau que sous les projecteurs de la télévision. En direct et en pleine lumière, il est difficile d'esquiver la réplique éventuelle à un propos excessif ou insultant. J'ai remarqué qu'à la télévision les polémistes ne sont pas reconnaissables ; ils n'assument plus la moitié de ce qu'ils ont écrit.

J'assume pleinement la responsabilité de ma « libre opinion » sur l'imposture des « chambres à gaz ». Par son silence sur la question depuis *trente ans,* ou plutôt par un matraquage de propagande de guerre, c'est-à-dire sans possibilité de critique historique, la grande presse dans son ensemble et, malheureusement aussi *le Monde* en particulier, ont encouru une effroyable responsabilité. Les temps sont mûrs pour revenir sur de pareilles erreurs. Je demande qu'aux contestataires de l'histoire officielle, *le Monde,* sur ce point capital des « chambres à gaz », reconnaisse un autre droit que le droit au silence. Il y a la popularité de la fable, d'un côté ; et puis, de l'autre côté, il y a le devoir d'être vrai et la difficulté d'être vrai. Que *le Monde,* à la fin des fins, respecte sur ce chapitre la liberté d'opinion et qu'il donne à l'accusé lui-même le droit de présenter lui-même sa défense. Trêve de censure ! Le droit que je réclame est élémentaire en démocratie : le droit au doute, à la recherche, à la libre opinion : **le droit de réponse.** Recevez, Messieurs, je vous prie, l'expression de ma confiance en votre discernement et en votre courage.

[Publié dans *VHVP*, p. 79-81.]

1978

6 février 1978

LETTRE À DES UNIVERSITAIRES DE LYON

à MM. Marius-François Guyard,
recteur de l'Académie de Lyon, chancelier des Universités,
Maurice Bernadet, président de l'université Lyon-II,
André Latreille, doyen honoraire, président d'honneur du
Centre régional interuniversitaire d'histoire religieuse.

Objet : Publication des actes du colloque sur « Églises et Chrétiens de France dans la deuxième guerre mondiale. »
P.J. : Le « problème des chambres à gaz » (6 pages).

Messieurs,

Le Centre régional interuniversitaire d'histoire religieuse (universités de Lyon-II, Grenoble-II, Saint-Étienne, centre universitaire de Savoie, universités de Franche-Comté) a pris la responsabilité d'organiser à Lyon, du 27 au 30 janvier 1978, un « colloque national » sur « Églises et Chrétiens de France dans la deuxième guerre mondiale ». Vous avez vous-mêmes pris la responsabilité de présider ce colloque. J'ai, pour ma part, pris la responsabilité d'y participer (notamment par le versement d'une cotisation de cent francs) et j'ai pris la responsabilité d'y intervenir le dimanche 29 janvier lors de la séance consacrée au quatrième thème de ce colloque : « Les Églises face à la persécution raciale. » La séance était présidée par M. Margiotta-Broglio, professeur à l'université de Florence. Le rapporteur était M. François Delpech, maître-assistant à l'université Lyon-II.

Avec la plus vive appréhension sur l'accueil qui serait réservé à mon intervention, avec toutes les précautions qui s'imposaient en pareil cas pour éviter de froisser les susceptibilités par une attitude provocante, après consultation, en privé, de quatre participants (dont trois « intervenants ») qui m'approuvaient d'intervenir à condition que ce fût avec beaucoup de ménagements pour mon auditoire, je décidais de révéler aux participants du colloque la conclusion de mes travaux de recherche sur les textes, les documents et les témoignages de toutes provenances, relatifs au « système concentrationnaire national-socialiste ». Ces travaux de recherche se fondaient en partie sur les actes et documents du Saint-Siège relatifs à la deuxième guerre mondiale. Ma conclusion était la suivante : si, à la fin de la guerre, toutes les autorités religieuses et, en particulier, le Vatican avaient cru devoir déclarer qu'elles n'avaient rien su des « chambres à gaz » et d'une politique d'extermination (ou : « génocide »), c'est tout simplement que ces « chambres à gaz », cette extermination, ce « génocide » n'avaient jamais existé que dans des imaginations enfiévrées par la propagande de guerre et de haine. Depuis trente ans, une vingtaine d'auteurs, dont les ouvrages ont été passés sous silence ou traités injurieusement, ont contribué à dévoiler le mensonge des « chambres à gaz » et du « génocide ». La popularité de la fable, la force colossale des médias, le conformisme de la « science historique » officielle exigent de nous que nous obéissions à ce mensonge, que nous participions chaque jour à ce mensonge. Pour avoir enfreint le tabou des « chambres à gaz » et du « génocide », j'ai, depuis plus de trois ans, gravement compromis la tranquillité de ma vie personnelle et de la vie de ma famille. Sur le plan professionnel, mon université s'est permis de porter atteinte au développement normal de ma carrière en m'accusant de « nazisme » (*sic*), de « folie » (*sic*) et en prétendant que je n'avais rien publié, et cela de mon propre aveu, ce qui est scandaleusement contraire à la vérité.

Mon intervention au colloque sur le sujet des « chambres à gaz » devait être, en principe, de cinq minutes, puis de trois-quatre minutes (?). Au bout de deux minutes cinquante-cinq secondes, le président faisait valoir que j'avais épuisé mon temps de parole. Je passais alors à la conclusion d'un feuillet d'une page et demie. Mon intervention, deux fois interrompue, avait duré, en tout, trois minutes trente-deux secondes. Un intervenant – très applaudi – élevait alors une « protestation solennelle » contre mes propos.

Le lendemain, j'apprenais que mon intervention pourrait ne pas être consignée dans les actes du colloque. S'il devait en être ainsi, je vous fais savoir que j'élève à mon tour une protestation solennelle contre cette forme de **censure**. Et je vous demande respectueusement de prendre, en la matière, toutes vos responsabilités, comme j'ai pris la responsabilité, envers et contre tout, de proclamer mon opinion.

Veuillez recevoir, je vous prie, Messieurs, l'assurance de ma haute considération.

P.S. : A l'intention de M. X. Pérouse de Montclos, directeur du Centre régional interuniversitaire d'histoire religieuse, qui me faisait grief d'avoir enregistré mon intervention sans lui en avoir demandé la permission, je déclare que je n'avais pas à demander cette permission. Je suis prêt à lui donner mes raisons. Sans l'aimable proposition du spécialiste de la prise de son, j'aurais procédé par moi-même à mon enregistrement.

***

Avril 1978

LE DOCU-DRAME HOLOCAUST
OU LA FIN D'UN TABOU

Les « chambres à gaz » hitlériennes n'ont jamais existé.

Le « génocide » (ou : la tentative de « génocide ») des juifs n'a jamais eu lieu. Ces prétendues « chambres à gaz » et ce prétendu « génocide » sont un seul et même mensonge.

Ce mensonge est d'origine essentiellement sioniste.

Il a permis une gigantesque escroquerie politico-financière dont l'État d'Israël est le principal bénéficiaire.

Ce mensonge a été dénoncé par les Allemands dès 1944.

De 1945 à nos jours, il a été dénoncé aussi par des Français, des Anglais et des Américains.

Pendant trente ans, le grand public n'a rien su de ces dénonciations du mensonge. Les grands moyens d'information n'en ont rien dit. Au contraire, ils ont répété le mensonge d'une façon de plus en plus assourdissante.

À partir de 1974-1975, ils ont commencé à parler de ceux qui dénonçaient le mensonge. Avec des injures et en déformant leurs propos. Ils ont dit, par exemple : « Ces gens sont des nazis, des fous, des illuminés. Ils nient l'évidence. Ils osent dire que les camps de concentration nazis et leurs fours crématoires n'ont pas existé. »

En 1977, les grands moyens d'information ont continué de plus belle. Ils ont lancé des cris d'alarme. Ils ont dit que le nazisme renaissait en Allemagne et un peu partout dans le monde.

Pas une fois ils n'ont accepté de donner la parole à ceux qu'ils accusaient. Pas une fois ils n'ont fait connaître l'opinion exacte des accusés.

Pourquoi cela ?

Parce qu'ils ont peur que le grand public, en voyant ce que sont réellement et ce que disent réellement les accusés, ne se rende compte qu'on lui a menti.

Le grand public verrait que les accusés sont des gens sérieux, informés, soucieux de vérité et non de propagande. Ces gens n'ont jamais nié l'existence des camps de concentration et des fours crématoires. Ils disent que ces camps ont existé et ils ajoutent que les Allemands n'ont été ni les premiers, ni les derniers à utiliser des camps de concentration. Ils disent que ces fours crématoires ont, eux aussi, existé et ils ajoutent qu'il n'y a rien de mal à brûler des cadavres au lieu de les enterrer, surtout là où il y avait des risques d'épidémies.

Ils disent, en revanche, que **jamais** les dirigeants de l'Allemagne n'ont donné l'ordre, ni ne se sont donné les moyens de tuer qui que ce fût en raison de sa race ou de sa religion. Le prétendu « holocauste » de six millions de Juifs est un mensonge orchestré, bon gré mal gré, par les médias. Le film américain *Holocaust*, qualifié de « docu-drame », n'est qu'une farce, doublée d'une opération politico-commerciale. Il constitue l'aveu, en 1978, que le tabou sioniste n'a plus le choix qu'entre le nazisme de sex-shop et le battage de show-business.

***

Mai 1978

« Majdanek-Prozess » à Düsseldorf

Pour les tribunaux allemands, à propos des prétendues « chambres à gaz » que les visiteurs peuvent voir aujourd'hui à Majdanek (près de Lublin).

Résumé : Si un tribunal allemand n'a pas de rapport d'expert allemand à propos des prétendues chambres à gaz de Majdanek, aucun juge allemand ne peut dire que, trente-cinq ans auparavant, existaient à Majdanek des « chambres à gaz » allemandes et que des groupes d'êtres humains ont été détruits de cette façon... pour la première et la dernière fois dans l'histoire. Pour un **crime** aussi extraordinaire (d'un point de vue scientifique et historique) et pour une **arme** [du crime] aussi extraordinaire (qu'aucun juge allemand n'a jamais vue à l'œuvre), nous avons véritablement besoin que l'**arme** du **crime** soit **expertisée**. Cette **arme** du **crime** doit même faire l'objet d'un **rapport d'expertise** d'une **qualité exceptionnelle** (d'un point de vue scientifique et historique parce qu'aucun juge allemand n'a vu cette arme fonctionner).

Détails : Si un tribunal allemand était prêt à effectuer un transport de justice sur les lieux afin d'examiner les prétendues « chambres à gaz », ce serait un bon début. Ensuite, aucun juge allemand, après cette visite, ne pourrait dire : « Nous avons vu une chambre à gaz. » Le juge pourrait dire seulement : « Nous avons vu des locaux appelés chambres à gaz. » Mais même ceci ne serait pas correct. Pour être tout à fait correct, il devrait dire : « Nous avons vu des locaux qui sont donnés comme des anciennes "chambres à gaz". »

Le juge devrait prendre en considération le fait que cette affirmation émanait d'une commission d'enquête composée exclusivement de gens qui étaient en guerre avec l'Allemagne.[74] Cette commission était en fait composée de magistrats polonais et soviétiques. Il serait indispensable de se procurer les conclusions auxquelles est arrivée cette commission, ainsi que *tous* les documents sur lesquels elle s'est appuyée.

Aucun juge allemand n'a, je suppose, vu une « chambre à gaz » (expressément faite pour détruire des *groupes* d'êtres humains), qu'elle soit en état de marche ou abandonnée. Pour un juge allemand, une « chambre à gaz » est quelque chose comme une « soucoupe volante ». Supposons que l'on vienne voir un juge et qu'on lui dise : « Venez et je vous montrerai une soucoupe volante. » Le juge irait voir. En bas d'une sorte de bunker, il verrait un misérable tas de ferrailles… Je suppose que le juge, après cela, n'irait pas proclamer : « J'ai vu une soucoupe volante. » Il demanderait un **rapport d'expertise**.

Pour les « chambres à gaz » de Majdanek, le **rapport d'expertise** doit être fait par des archéologues, des chimistes, des physiciens, des architectes, des historiens, des documentalistes et des ingénieurs. En un mot, l'enquête doit être conduite avec la même rigueur que pour Katyn. On la voudrait même encore plus scientifique qu'à Katyn, car le prétendu massacre dans les prétendues « chambres à gaz » relève d'une technique plus sophistiquée.

Dans la mesure où aucun **rapport d'expertise** n'est attendu, aucun juge allemand ne peut conclure qu'il existait des « chambres à gaz » à Majdanek.

Pièces jointes : 18 photos, « Visite en 1946 », « Visite en 1975 » : changement complet !

[L'original est en anglais.]

$$* * *$$

---

[74] Voy. le document allemand du 25 septembre 1944, référencé 237g et coté, au procès de Nuremberg, PS-325.

23 mai 1978

LES RETOMBÉES POLITICO-FINANCIÈRES DU « GÉNOCIDE » DES JUIFS

Nahum Goldmann est le président honoraire du Congrès juif mondial. Il a été le négociateur, auprès du chancelier Adenauer, des réparations allemandes. Il a publié Le Paradoxe juif. *De ce livre,* Le Nouvel Observateur *a publié les bonnes pages, sous le titre de :* « *Nahum Goldmann : au nom d'Israël* ». *[NdA]*
Légende de la photo, p. 120 : « Peu de gens savent que l'Allemagne continue de payer des réparations à Israël. »

« Ces réparations constituent une innovation extraordinaire en matière de droit international… C'est Jacob Robinson qui eut cette idée extravagante et sensationnelle… [Après le procès de Nuremberg, en 1946] plusieurs leaders juifs ont alors tenté d'établir des relations avec Adenauer mais leurs propositions étaient souvent ridicules. Une organisation lui suggéra de payer vingt millions de deutsche marks ; or, au terme des accords que j'ai obtenus, ce sont quatre-vingts milliards de deutsche marks que les Allemands devront verser au total !… Sans les réparations allemandes, qui ont commencé à intervenir au cours des dix premières années d'existence de l'État, Israël n'aurait pas la moitié de son infrastructure actuelle : tous les trains en Israël sont allemands, les bateaux sont allemands, ainsi que l'électricité, une grande part de l'industrie… sans même parler des pensions individuelles versées aux survivants. Aujourd'hui, Israël reçoit encore, annuellement, des centaines de millions de dollars en monnaie allemande. [Pinhas Sapir a dit :] « Goldmann a apporté à Israël huit milliards de dollars. »… Certaines années, les sommes d'argent qu'Israël recevait de l'Allemagne dépassaient le montant des collectes du judaïsme international – les multipliant parfois par deux ou par trois. Aujourd'hui, plus personne n'est contre ce principe ; même certains membres du *Herout* perçoivent les réparations…
« Monsieur le chancelier, dis-je à Adenauer, ce moment est historique. D'ordinaire, je n'aime pas les grands mots mais l'instant où le représentant du peuple juif rencontre le leader de la nation allemande qui a massacré six millions de juifs est forcément historique, et je vais vous expliquer pourquoi… » Je lui dis pour

terminer : « Monsieur le chancelier, je ne jouerai pas les diplomates car notre problème n'est pas un problème de diplomatie mais de moralité. Si vous décidez de traiter, vous vous engagez à un devoir moral. Si vous décidez d'aborder le débat en diplomate, il vaut mieux que nous ne nous revoyions plus. Les Israéliens demandent un milliard de dollars et j'ai demandé que cette somme soit considérée comme une base de départ. M. Blankenhorn [Allemand] m'a dit que, d'après votre constitution, c'était tout à fait impossible. Je lui ai répondu que je ne pouvais pas attendre parce que le peuple juif est dans une grande effervescence et que sa majorité s'oppose à toute négociation susceptible de laver l'Allemagne de ses crimes. Mais maintenant que j'ai fait votre connaissance, je crois ressentir que vous avez une personnalité assez forte pour oublier un instant les rigueurs de votre constitution – quand il s'agit d'un tel sujet. »… Je dictai la lettre, à laquelle Adenauer apporta une seule modification ; j'avais écrit que le milliard de dollars serait « *die Basis* », la base, et il remplaça ce mot par « *Grundlage* », le fondement – ce qui revenait au même… Aucun autre homme d'État n'aurait osé faire cela. Après cette signature, il eut de grandes difficultés avec son cabinet qui lui reprocha de s'être conduit en dictateur, d'avoir promis ce milliard de dollars sans avoir recueilli l'avis de personne. Mais c'était Adenauer, un véritable leader, et tout le monde finit par s'incliner. C'est souvent ainsi qu'il faut conduire une démocratie… L'Allemagne a versé à ce jour soixante milliards de marks et le total lui reviendra à quatre-vingts milliards – soit de dix à quatorze fois plus que ce que nous avions [nous juifs et Allemands] calculé à l'époque… On ne saurait donc reprocher aux Allemands d'avoir été mesquins et de n'avoir pas tenu leurs promesses… [Les Allemands demandent aux juifs six mois de patience moyennant une avance de deux ou trois cents millions de marks]

« Je regrette, mais c'est impossible », répondis-je. « Il s'agit en effet d'un problème émotionnel. Le peuple juif est agité jusqu'au fond de son âme. » [Rendant compte de ses tractations à Ben Gourion qui, lui, se contenterait de trois cents millions de dollars parce qu'il a un urgent besoin d'argent] Je lui répondis qu'à moins de cinq cents millions de dollars [venant des Allemands] je n'accepterais aucun arrangement mais que j'espérais obtenir entre six et sept cents. J'obtins finalement trois milliards de marks, soit huit cent-vingt-trois millions de dollars : partant d'une base d'un milliard, recueillir 82 % n'était pas une mauvaise opération… [Ben Gourion à Nahum Goldmann :] « Nous avons connu de terribles défaites ; six millions de juifs ont été exterminés. Mais nous avons aussi remporté deux immenses succès historiques : la création de l'État d'Israël et les réparations obtenues de l'Allemagne. »

Nahum Goldmann dit en passant qu'il ne descend que dans des hôtels de grand luxe. Il dit souvent que le peuple juif est très riche. Il déclare : « La vie juive est composée de deux éléments : ramasser de l'argent et protester.[75] » L'éditorialiste du quotidien israélien *Maariv* du 9 novembre 1971, à propos d'étudiants juifs voulant empêcher la semaine culturelle allemande, écrit : « Je propose aux étudiants de l'université hébraïque […] de calculer le montant des marks qui déferlent sur Israël […] et leur permettent de poursuivre leurs études. »[76]

N.B. A ces réparations versées à l'État d'Israël qui n'avait pas d'existence au temps du IIIe Reich et à ces confiscations, s'ajoute le principal, c'est-à-dire les indemnités versées par l'Allemagne de l'Ouest aux victimes juives ou non juives, vivants ou ayants droit, personnes privées ou morales. Sur ce point, sur les différentes catégories de victimes (par exemple, les juifs de Shanghai obtenant d'être classés « juifs de ghetto »), sur les faux dossiers, sur les trafics financiers, voy. pour commencer le livre du juif américain Raul Hilberg, The Destruction of the European Jews, 1961, p. 738 à 759.

Sur le formidable discrédit moral qui s'attache au peuple allemand du fait du génocide, reportez-vous aux médias habituels., voy., notamment, le « docu-drame » Holocaust.

$$***$$

25 mai 1978

Pour une histoire véridique de la seconde guerre mondiale Le « génocide »

Deux écoles historiques : l'histoire officielle (avec ses nuances et ses contradictions) et l'histoire révisionniste (avec ses nuances et ses contradictions).

---

[75] N. Goldmann, *Le Paradoxe juif*, p. 67.
[76] D'après Inge Deutschkronn dans *Bonn et Jérusalem*, p. 453. Ce livre, écrit par une juive américaine, apporte d'intéressantes confirmations sur les confiscations de biens allemands au profit exclusif d'organisations juives dès le début de l'occupation de l'Allemagne ; voy., notamment, p. 59.

1. L'histoire officielle. Celle des universités et des instituts officiels, celle de Raul Hilberg (*The Destruction of the European Jews*) et de Gerald Reitlinger (*The Final Solution. The Attempt to Exterminate the Jews of Europe 1939-1945*). Voy. les publications de l'« *Institut für Zeitgeschichte* » de Munich, celles des instituts ou des centres de recherche juifs tels que le Centre de documentation juive contemporaine de Paris, les ouvrages de Joseph Billig, d'Olga Wormser-Migot, de Léon Poliakov, de Georges Wellers ; les publications du « Comité d'histoire de la Deuxième guerre mondiale », etc.

2. L'histoire révisionniste. Celle d'auteurs isolés, dont les publications ont été l'objet de saisies ou d'interdictions diverses, dont les ouvrages – quand leur diffusion est tolérée – sont parfois difficiles à trouver. Voy., notamment, *Le Véritable Procès Eichmann*, par Paul Rassinier (ancien déporté) et *The Hoax of the Twentieth Century* par Arthur R. Butz.

3. Thèse officielle. Les Allemands ont placé de très nombreux juifs dans des camps de concentration. Certains camps étaient dotés de fours crématoires où étaient brûlés les cadavres. Jusque-là rien d'effroyable, puisque les Allemands n'ont été ni les premiers, ni les derniers à placer en camps de concentration des catégories de civils tenus pour dangereux, indésirables, favorables à l'ennemi, etc., et puisque brûler des cadavres au lieu de les enterrer n'a rien d'une pratique criminelle, surtout là où il y avait, dans l'Europe en guerre, de terribles épidémies de typhus. Le crime des Allemands commence avec la volonté de « génocide » et avec l'institution de ces abattoirs industriels qu'étaient les « chambres à gaz ». Hitler a fait tuer des gens en raison de leur race et de leur religion. Il a ainsi tué quatre à six millions de juifs. C'est cela le « génocide », l'« extermination », l'« holocauste ». Il est normal que l'Allemagne (au moins celle de l'Ouest) ait versé et continue de verser à l'État d'Israël et aux communautés juives internationales de substantielles réparations financières. Il est normal que les rescapés d'un si grand massacre, qui est sans précédent dans l'histoire, aient obtenu de la communauté internationale le droit de s'installer dans un territoire qui ne leur appartenait pas *de jure*. À souffrances exceptionnelles, procédures exceptionnelles et réparations exceptionnelles.

4. Thèse révisionniste. Il suffit d'appliquer ici les méthodes de routine de la critique historique pour découvrir que ces camps de concentration et ces fours crématoires ont réellement existé, tandis que cette prétendue tentative de « génocide » et ces prétendues « chambres à gaz » ne sont qu'une seule et même invention de la propagande de guerre. Cette invention est d'origine essentiellement sioniste. Elle a eu des retombées politico-financières dont l'État d'Israël est le principal bénéficiaire. Jamais Hitler n'a donné l'ordre de *tuer* ne serait-ce qu'un seul homme en raison de sa race ou de sa religion. Les juifs qui sont morts autrement que de causes naturelles sont morts par « faits de guerre ». Il y a eu des « pertes juives » comme il y a eu des « pertes » françaises, allemandes, russes, japonaises… Dans la seconde guerre mondiale, des millions de soldats, de francs-tireurs, de civils ont eu à souffrir des maux suivants : humiliations, persécutions, arrestations, internements, déportations, travaux forcés, faim, froid, épidémies, bombardements… Certains ont été torturés, exécutés, massacrés, acculés au suicide… D'autres ont été privés de leurs biens, de leurs terres, de leur patrie… Avec les moyens modernes d'investigation et grâce à la somme colossale d'archives dont nous disposons (en particulier grâce aux archives allemandes des camps), il serait parfaitement possible de déterminer, sans doute à quelques milliers d'unités près, le montant exact des « pertes juives ».[77] Un homme peut disparaître à jamais mais il ne peut guère, en même temps, faire disparaître dans les documents et dans les mémoires toutes trace de son existence passée. Pourquoi, là encore, n'avoir pas, en plus de trente ans, appliqué les méthodes de recherche qui sont de routine ? Pourquoi là où, par exception, un service officiel a fait ce travail, en cache-t-on les résultats (France) ou en déforme-ton les résultats par des commentaires tendancieux (Service international de recherches de la Croix-Rouge) ? Le nombre des juifs « exterminés » par Hitler (ou « victimes du génocide ») s'élève heureusement à… ZÉRO. En revanche, le nombre des Européens « tués par faits de guerre » pourrait être de l'ordre de quarante millions ; parmi eux, celui des juifs européens, pourrait être de l'ordre d'un million, mais, plus probablement, de plusieurs centaines de milliers. Un jour le chiffre exact sera trouvé : il va de soi que ce chiffre exact ne peut émaner que d'une instance internationale, procédant selon des méthodes scientifiques et permettant les vérifications qui seraient de rigueur.[78]

5. Attitude des médias. Les médias prennent parti depuis trente-quatre ans et sur les cinq continents pour la thèse officielle ; ils renchérissent même sur ces affirmations. Pendant trente ans, ils ont ignoré la thèse révisionniste ; depuis quelques années, ils commencent à en parler mais en la déformant systématiquement et en la présentant comme l'œuvre de « nazis ». Par exemple, ils disent couramment ceci : « Des nazis prétendent que les camps de concentration, les chambres à gaz et les fours crématoires n'ont jamais existé ! » Ou encore : « Des nazis prétendent que pas un juif n'a été gazé. » Les deux formules sont

---

[77] Il est probable que les plus fortes et terribles déportations ont eu pour victimes les minorités allemandes de l'est européen. [NdA]

[78] « Solution finale » = émigration ou évacuation (vers l'Est). [NdA]

habiles mais elles déforment la thèse qu'elles prétendent résumer. Le vrai résumé est le suivant :

> « Les camps : oui. Les crématoires : oui. Les chambres à gaz : non. Hitler n'a jamais fait tuer d'hommes en raison de leur race ou de leur religion. Le « génocide » (mot et chose) est une invention de la propagande de guerre, complaisamment répercutée par les médias. »

***

Juin 1978

Le « problème des chambres à gaz »[79] par Robert Faurisson[80]

> « Le Tribunal ne sera pas lié par les règles techniques relatives à l'administration des preuves [...] » (art. 19 des statuts du Tribunal militaire international[81])
>
> « Le Tribunal n'exigera pas que soit rapportée la preuve des faits de notoriété publique, mais les tiendra pour acquis [...] » (art. 21 des mêmes statuts)

Personne, pas même les nostalgiques du IIIe Reich, ne songe à nier l'existence des camps de concentration hitlériens. Tout le monde reconnaît également que certains de ces camps étaient dotés de fours crématoires. Au lieu d'enterrer les cadavres, on les brûlait. La fréquence même des épidémies exigeait la crémation, par exemple, des cadavres de typhiques (voyez les photographies de charniers).

Ce qui est contesté, en revanche, par de nombreux auteurs français, anglais, américains et allemands, c'est l'existence, dans l'Allemagne hitlérienne, de « camps d'extermination ». Ce terme désigne, chez les historiens de la déportation, des camps de concentration qui auraient été dotés de « chambres à gaz ». Ces « chambres à gaz », à la différence des

---

[79] L'expression est d'Olga Wormser-Migot, *Le Système concentrationnaire nazi...*, p. 541.

[80] Maître de conférences à l'université de Lyon-II (critique de textes et de documents). M. Faurisson nous demande de rappeler qu'il ne cautionne évidemment pas les opinions politiques de ceux qui le publient.

[81] En fait : Tribunal militaire interallié siégeant à Nuremberg.

« chambres à gaz » américaines, auraient été conçues pour tuer *en masse*. Les victimes auraient été des hommes, des femmes et des enfants dont Hitler aurait décidé l'extermination à cause de leur appartenance raciale ou religieuse. C'est là ce qu'on appelle le « génocide ». L'arme par excellence, du « génocide » aurait été ces abattoirs humains appelés « chambres à gaz » et le gaz employé aurait été principalement le Zyklon B (insecticide à base d'acide prussique ou cyanhydrique).

Les auteurs qui contestent la réalité du « génocide » et des « chambres à gaz » sont appelés « révisionnistes ». Leur argumentation est à peu près celle-ci :

« Il suffit d'appliquer à ces deux problèmes les méthodes de routine de la critique historique pour s'apercevoir qu'on se trouve devant deux mythes qui, d'ailleurs, forment un ensemble indissociable. L'intention criminelle qu'on prête à Hitler n'a jamais pu être prouvée. Quant à l'arme du crime, personne, en fait, ne l'a jamais vue. On se trouve là devant une réussite particulière de la propagande de guerre et de haine. L'histoire est pleine d'impostures de ce genre, à commencer par les affabulations religieuses sur la sorcellerie. Ce qui, en la matière, distingue notre époque de celles qui l'ont précédée, c'est que la formidable puissance des médias est venue orchestrer d'une façon assourdissante, et jusqu'à la nausée, ce qu'il faut bien appeler "l'imposture du siècle". Malheur à qui, depuis trente ans, s'avise de la dénoncer ! Il connaîtra – selon les cas – prison, amendes, coups, insultes. Sa carrière pourra être brisée ou compromise. Il sera dénoncé comme "nazi". Ou bien on ne se fera pas l'écho de ses thèses, ou bien on déformera sa pensée. Pas un pays ne lui sera plus impitoyable que l'Allemagne. »

Aujourd'hui, le silence est en train de se rompre autour des contestataires qui ont osé prendre la responsabilité d'écrire que les « chambres à gaz » hitlériennes, y compris celles d'Auschwitz et de Majdanek, ne sont que mensonge historique.[82] Il y a là un progrès. Mais que d'insultes et de déformations, quand un historien comme Georges

---

[82] Voyez, en plus de nombreux articles de presse, uniformément hostiles ou insultants, une étude de Hermann Langbein parue dans *Le Monde Juif*, « Coup d'œil sur la littérature néo-nazie ». H. Langbein a été interné au camp d'Auschwitz. Il a témoigné dans de nombreux procès. Il exerce de hautes responsabilités dans le monde des anciens déportés. Un de ses récents ouvrages porte le titre en français, de *Hommes et femmes à Auschwitz*. Pas un seul des trente chapitres de ce livre n'est consacré aux « chambres à gaz » ! En revanche, il y est à tout instant question de « sélection pour la chambre à gaz », de « cheveux de gazés », de « rescapés de la chambre à gaz », etc. Voyez aussi une étude de Georges Wellers dans *Le Monde Juif*, « La "solution finale de la question juive" et la mythomanie néonazie ». Voy., par ailleurs, une étude d'Ino Arndt et de Wolfgang Scheffler dans les *Vierteljahreshefte für Zeitgeschichte*, « Organisierter Massenmord an Juden in Nazi Vernichtungslagern ».

Wellers se décide enfin, dix ans après la mort de Paul Rassinier, à « exposer » une partie infime des arguments de cet ancien déporté qui a eu le courage de dénoncer dans ses écrits le mensonge des « chambres à gaz » ! Toute une presse, toute une littérature où s'étale un nazisme de sex-shop (et même un journal comme *le Monde*[83]) s'emploient à répandre l'idée que les nouveaux nazis oseraient nier l'existence des *fours crématoires*. Mieux : ces néonazis oseraient prétendre qu'aucun *juif n'a été gazé*. Cette dernière formule est habile. Elle donne à entendre que les nouveaux nazis, sans contester l'existence des « chambres à gaz », poussent le cynisme jusqu'à prétendre que les juifs seuls auraient bénéficié du privilège de ne pas passer à la « chambre à gaz » ![84]

La meilleure façon, pour un historien, de se renseigner sur les thèses réelles des disciples de Paul Rassinier est de se reporter à l'ouvrage de l'Américain A. R. Butz sur *The Hoax of the Twentieth Century* [L'imposture du XXe siècle].[85]

Pour ma part, je me permettrai de ne formuler ici que quelques remarques dédiées aux historiens qu'anime l'esprit de recherche.

Je leur ferai d'abord remarquer un paradoxe. Alors que les « chambres à gaz » constituent, aux yeux de l'histoire officielle, la pierre angulaire du « système concentrationnaire nazi » (et alors que, pour démontrer le caractère intrinsèquement pervers et diabolique des camps allemands par rapport à tous les camps de concentration passés et présents, il conviendrait de démonter avec la dernière minutie le processus qui a conduit les nazis à inventer, à fabriquer et à utiliser ces formidables abattoirs humains), on remarque, non sans étonnement, que dans l'impressionnante bibliographie de l'histoire de ces camps il n'existe pas un livre, pas une brochure, pas un article sur les « chambres à gaz » elles-mêmes ! Je demande qu'on ne se laisse pas abuser ici par certains titres prometteurs et qu'on examine le contenu même des écrits. J'appelle « histoire officielle » l'histoire telle que l'écrivent – sur le sujet des camps – des institutions ou des fondations à deniers partiellement ou entièrement publics comme, en France, le Comité d'histoire de la Deuxième guerre mondiale ou le Centre de documentation juive

---

[83] Voyez *Le Monde* du 16-17 octobre 1977, p. 3 : « Des centaines de tracts néonazis... »

[84] Le comble de la déformation dans le compte rendu détaillé d'une brochure semble avoir été atteint, de ce point de vue, par M. Pierre Viansson-Ponté. Voyez, dans *Le Monde* du 17-18 juillet 1977, p. 13, son article sur « Le Mensonge », compte rendu de la traduction en français de *Did Six Million Really Die ?* de R. Harwood. Ceux qui ont revendiqué ou justifié l'assassinat de F. Duprat, diffuseur de cette brochure, ont repris à leur compte les fausses accusations de M. Viansson-Ponté. (voy. *Le Monde*, 23 mars 1978, p. 7 et 26 avril, p. 91.)

[85] Même éditeur que pour R. Harwood. Première édition en 1976, 315 p. (cinq cents pages en typo courante). L'ouvrage est d'une valeur scientifique exceptionnelle.

contemporaine et, en Allemagne, l'Institut d'histoire contemporaine de Munich.

Il faut attendre la page 541 de la thèse d'Olga Wormser-Migot sur *Le Système concentrationnaire nazi*, pour voir apparaître un développement sur les « chambres à gaz ». Encore le lecteur a-t-il trois surprises :

– Le développement en question n'est que de trois pages ;

– Il s'intitule : « Le problème des chambres à gaz » ;

– Ce « problème » n'est autre que celui de savoir si les « chambres à gaz » de Ravensbrück (en Allemagne) et de Mauthausen (en Autriche) ont réellement existé ; l'auteur conclut formellement qu'elles n'ont pas existé et n'examine pas le problème des « chambres à gaz » d'Auschwitz ou d'autres camps, probablement parce que là, il n'y a pas de « problème » – à son avis.

Or, le lecteur aimerait bien savoir pourquoi une analyse qui permet de conclure à la non-existence de « chambres à gaz » dans certains camps n'est subitement plus employée dès qu'il s'agit, par exemple, d'Auschwitz. Pourquoi l'esprit critique s'éveille-t-il *ici* et pourquoi, soudainement, tombe-t-il *là* dans la plus profonde léthargie ? Après tout, nous disposons pour la « chambre à gaz » de Ravensbrück, de mille « preuves », « certitudes » et « témoignages irréfutables », à commencer par les témoignages réitérés et circonstanciés d'une Marie-Claude Vaillant-Couturier ou d'une Germaine Tillion. Il y a mieux. Plusieurs années après la guerre, et cela devant les tribunaux *anglais* et *français,* les responsables de Ravensbrück (Suhren, Schwarzhuber, D$_r$ Treite) continuaient d'avouer l'existence d'une « chambre à gaz » dans leur camp ! Ils allaient jusqu'à en décrire – vaguement – le fonctionnement ! Pour finir, on les exécutait à cause de cette « chambre à gaz » fictive, ou bien ils se donnaient la mort. Mêmes aveux, avant mort ou exécution, de Ziereis pour Mauthausen ou de Kramer pour le Struthof. Aujourd'hui, on peut visiter la prétendue « chambre à gaz » du Struthof et lire sur place l'ébouriffante confession de Kramer. Cette « chambre à gaz », classée « monument historique » n'est qu'une supercherie. Il suffit d'un minimum d'esprit critique pour se rendre compte qu'une opération de gazage dans ce petit local dépourvu de toute étanchéité tournerait à la catastrophe pour le gazeur et les gens des environs. Pour faire croire à l'authenticité de cette « chambre à gaz », garantie « en état d'origine », on est allé jusqu'à donner un maladroit coup de burin dans une mince cloison dont on a ainsi brisé quatre carreaux de faïence. On a ainsi creusé le « trou » par lequel Kramer aurait versé les cristaux d'un gaz dont il n'a rien pu dire, sinon qu'avec un peu d'eau en surplus ce gaz tuait en une minute ! Comment Kramer empêchait-il le gaz de refluer par le « trou » ? Comment pouvait-il voir ses victimes par un regard qui ne permettait de voir que la moitié de la pièce ? Comment ventilait-il la pièce avant d'en ouvrir la bonne porte paysanne de bois grossier ? Peut-être faudrait-il poser des questions à l'entreprise de travaux publics de Saint-Michel-sur-Meurthe qui, après la guerre, a transformé les lieux prétendument « en état d'origine » ?

Longtemps encore après la guerre, des prélats, des universitaires, et puis aussi de simples gens, rendaient des témoignages d'une vérité criante sur les « chambres à gaz » de Buchenwald et de Dachau. Pour Buchenwald, la « chambre à gaz » devait disparaître en quelque sorte d'elle-même dans l'esprit de ceux qui l'avaient vue. Pour Dachau, on procédait autrement. Après avoir soutenu, à l'exemple de M$_{gr}$ Piguet, évêque de Clermont, que la « chambre à gaz » avait notamment servi à gazer des prêtres polonais[86], la vérité officielle devenait progressivement la suivante : « Cette "chambre à gaz", commencée en 1943, était inachevée en 1945, à la libération du camp. Personne n'a pu y être gazé. » Le petit local présenté aux visiteurs comme « chambre à gaz » est, en réalité, parfaitement inoffensif et, alors qu'on possède tous les documents architecturaux imaginables sur les constructions de la « *Baracke X ... »* (crématoire et environs), on ne voit pas sur quel document, ni d'ailleurs sur quelle enquête technique, on s'est fondé pour parler ici de « chambre à gaz inachevée » (?).

Aucun institut historique officiel n'a, pour accréditer le mythe des « chambres à gaz », fait plus que l'Institut d'histoire contemporaine de Munich. Le directeur, depuis 1972, en est M. Martin Broszat. Collaborateur de cet institut dès 1955, M. Broszat devait se rendre célèbre par la publication (partielle !) des prétendus mémoires de Rudolf Höss, en 1958. Or, le 19 août 1960, cet historien devait annoncer à ses compatriotes ébahis qu'en définitive il n'avait jamais existé de « chambre à gaz » **dans tout l'ancien Reich** mais seulement en quelques « points choisis », avant tout (?) en quelques points de Pologne, dont Auschwitz-Birkenau. Cette nouvelle surprenante, il prenait le parti de l'annoncer dans une simple lettre à l'hebdomadaire *Die Zeit*. Le titre donné à la lettre était singulièrement restrictif : « *Keine Vergasung in Dachau* » (pas de gazage à Dachau).

M. Broszat ne fournissait, à l'appui de ses affirmations, pas la moindre preuve. Aujourd'hui, près de dix-huit ans après sa lettre, ni lui, ni ses collaborateurs n'ont encore apporté la moindre explication à ce mystère. Il serait pourtant du plus haut intérêt de savoir :

– comment M. Broszat prouve que les « chambres à gaz » de l'ancien Reich sont des impostures ;

---

[86] Mgr Piguet, *Prison et déportation*, p. 77.

– comment il prouve que les « chambres à gaz » de Pologne ont été réelles ;

– pourquoi les « preuves », les « certitudes », les « témoignages » rassemblés sur les camps qui, géographiquement nous sont proches, n'ont soudain plus de valeur, alors que les « preuves », les « certitudes », les « témoignages » rassemblés sur les camps de Pologne resteraient vrais.

Par une sorte d'accord tacite, pas un historien officiel n'a publiquement soulevé ces questions. Combien de fois dans « l'histoire de l'histoire » s'en est-on remis à la pure et simple *affirmation* d'un seul historien ?

Mais venons-en aux « chambres à gaz » de Pologne.

Pour affirmer qu'il a existé des « chambres à gaz » à Belzec ou à Treblinka, on se fonde essentiellement sur le rapport « Gerstein ». Ce document d'un S.S. qu'on a « suicidé » (?) en 1945 à la prison du Cherche-Midi[87] fourmille de telles absurdités qu'il est depuis longtemps discrédité aux yeux des historiens. Ce « rapport » n'a d'ailleurs jamais été publié, y compris dans les documents du Nuremberg Military Tribunal, que sous des formes irrecevables (avec troncations, adultérations, rewritings…). Il n'a jamais été publié avec ses aberrantes annexes (le « brouillon » en français, les « *Ergänzungen* » ou « compléments » en allemand).

Pour ce qui est de Majdanek, la visite des lieux s'impose. Elle est, s'il se peut, encore plus concluante que celle du Struthof. Je publierai un dossier sur la question.

Pour Auschwitz et Birkenau, on dispose essentiellement des mémoires de R. Höss, rédigés sous la surveillance de ses geôliers polonais.[88] Sur place on ne trouve qu'un local « *rekonstruiert* » et des ruines.

Une exécution par le gaz n'a rien à voir avec une asphyxie suicidaire ou accidentelle. Dans le cas d'une exécution, le gazeur et son entourage ne doivent pas courir le moindre risque. Aussi, pour leurs exécutions, les Américains emploient-ils un gaz sophistiqué, et ceci dans un espace très réduit et hermétiquement clos. Après usage, le gaz est aspiré et neutralisé. Les gardiens doivent attendre plus d'une heure pour pénétrer dans le petit local.

Aussi se demande-t-on comment à Auschwitz-Birkenau, par exemple, on pouvait faire tenir deux mille hommes dans un local de deux cent dix

---

[87] Voyez la réflexion du médecin-légiste rapportée par Pierre Joffroy dans *L'Espion de Dieu…*, p. 262.

[88] R. Höss], *Kommandant in Auschwitz, Autobiographische Aufzeichnungen* ; voyez sur les gazages, les p. 126 et 166. L'entrée de l'équipe dans la « chambre à gaz » se fait « *sofort* », c'est-à-dire immédiatement (p. 166).

mètres carrés (!), puis déverser (?) sur eux des granulés du très violent insecticide Zyklon B ; enfin **instantanément** après la mort des victimes, envoyer, *sans masque à gaz,* dans ce local saturé d'acide cyanhydrique une équipe pour en extraire les cadavres cyanurés. Deux documents[89] des archives industrielles allemandes répertoriées par les Américains à Nuremberg nous apprennent d'ailleurs que le Zyklon B adhérait aux surfaces, ne pouvait se ventiler par ventilation forcée, et exigeait une aération de près de vingt-quatre heures, etc. D'autres documents qu'on ne trouve que sur place, aux archives du musée d'Oswiecim[90], et qui n'ont jamais été décrits nulle part, montrent par ailleurs que ce local de deux cent dix mètres carrés, aujourd'hui à l'état de ruines, n'était qu'une morgue rudimentaire (« *Leichenkeller* »), enterrée (pour la protéger de la chaleur) et pourvue d'une seule et modeste porte d'entrée et de sortie.

Sur les crématoires d'Auschwitz (comme, d'une façon générale, sur tout le camp), on possède une surabondance de documents, y compris les factures, au pfennig près. En revanche, sur les « chambres à gaz » on ne possède rien : ni un ordre de construction, ni une étude, ni une commande, ni un plan, ni une facture, ni une photographie. Lors de cent procès, rien de ce genre n'a pu être produit.[91]

« J'étais à Auschwitz et je peux vous assurer qu'il ne s'y trouvait pas de ''chambre à gaz''. » A peine écoute-t-on les témoins à décharge qui ont le courage de prononcer cette phrase. On les poursuit en justice. Encore aujourd'hui, quiconque, en Allemagne, porte témoignage en faveur de Thies Christophersen, qui a écrit *Le Mensonge d'Auschwitz*[92], risque une condamnation pour « outrage à la mémoire des morts ».

Au lendemain de la guerre, les Allemands, la Croix-Rouge internationale, le Vatican (lui, pourtant, si bien renseigné sur la Pologne), tous déclaraient piteusement, avec bien d'autres : « Les "chambres à gaz" ? Nous ne savions pas. »

Mais, demanderais-je aujourd'hui, comment peut-on savoir les choses quand elles n'ont pas existé ?

Il n'a pas existé une seule « chambre à gaz » dans un seul camp de concentration allemand : telle est la vérité.

Cette inexistence des « chambres à gaz » est à accueillir comme une bonne nouvelle qu'on aurait tort de tenir plus longtemps cachée. De

---

[89] Ces deux longs documents, d'une importance capitale, non exploités, semble-t-il, lors des procès Gerhardt Peters (directeur de la Degesch), sont cotés NI-9098 et NI-9912. Ils annihilent, sans réplique possible, le « témoignage » de Höss sur les « chambres à gaz ».

[90] Photos Nég. 6228 sq.

[91] Cas Wilhelm Stäglich, par exemple (voy. l'ouvrage de Butz, s.v.).

[92] « Die Auschwitz-Lüge », n° 23 de *Kritik*, 2341 Kälberhagen ; Post Mohrkirch, All., 1974, suivi de « Der Auschwitz Betrug », n° 27 (*Das Echo an die Auschwitz Lüge*).

même que dénoncer « Fatima » comme une imposture, ce n'est pas attaquer une religion, de même dénoncer les « chambres à gaz » comme un mensonge historique, ce n'est pas s'en prendre aux déportés. C'est répondre au devoir d'être vrai.

[Publié dans *Défense de l'Occident*, juin 1978, p. 32-40, et reproduit dans *VHVP*, p. 83-89.]

Robert Faurisson a fait suivre cet article d'un « complément » polycopié qu'il a envoyé, avec le texte, à différentes personnalités :

– Complément –

A. Conclusions (de trente ans de recherches) *des auteurs révisionnistes :*
1. Les « chambres à gaz » hitlériennes n'ont jamais existé.
2. Le « génocide » (ou : la « tentative de génocide ») des juifs n'a jamais eu lieu, en clair, jamais Hitler n'a donné l'ordre (ni admis) que quiconque fût tué en raison de sa race ou de sa religion.
3. Les prétendues « chambres à gaz » et le prétendu « génocide » sont un seul et même mensonge.
4. Ce mensonge, qui est d'origine essentiellement sioniste, a permis une gigantesque escroquerie politico-financière dont l'État d'Israël est le principal bénéficiaire.
5. Les principales victimes de ce mensonge et de cette escroquerie sont le peuple allemand et le peuple palestinien.
6. La force colossale des moyens d'information officiels a, jusqu'ici, assuré le succès du mensonge et censuré la liberté d'expression de ceux qui dénonçaient ce mensonge.
7. Les partisans du mensonge savent maintenant que leur mensonge vit ses dernières années ; ils déforment le sens et la nature des recherches révisionnistes ; ils nomment « résurgence du nazisme » ou « falsification de l'histoire » ce qui n'est qu'un juste retour au souci de la vérité historique.

B. *Mes publications et une intervention officielle :*
1. Une lettre à *Historama* (nov. 1975, p. 10) sur l'expression « N.N. » (laquelle n'a jamais signifié « *Nacht und Nebel* » = « Nuit et Brouillard », mais « *Nomen Nescio* » = « Anonyme » ; dans la pratique, interdiction faite à certains déportés de recevoir ou d'envoyer du courrier).
2. Fragments d'une lettre à *Historia* (août 1977, p. 132) : « L'imposture du génocide ».

3. Le 29 janvier 1978, au « colloque national de Lyon sur : Églises et chrétiens de France dans la deuxième guerre mondiale », intervention sur l'imposture des « chambres à gaz » (voy. *Rivarol*, 16 février 1978, p. 5).

C. *Quelques-unes de mes fiches techniques :*
1. Bibliographie du « problème des chambres à gaz ».
2. Mes enquêtes au Struthof (1974), à Majdanek (1975), à Auschwitz (1975 et 1976) : 120 photographies.
3. Des années de recherche au Centre de documentation juive contemporaine de Paris.
4. Consultations des historiens spécialisés.
5. Procès de « criminels de guerre ». Les sténogrammes du « procès Eichmann ».
6. L'insecticide « Zyklon B ».
7. Le « Protocole de Wannsee ».
8. « Solution finale » signifiait « refoulement à l'Est ».
9. Une visite, en sept. 1944, du représentant de la Croix-Rouge internationale au camp d'Auschwitz : dénaturations en tous genres du rapport original.
10. Le « rapport Gerstein » et Léon Poliakov ou Georges Wellers.
11. Les *Mémoires* de R. Höss « œuvre » de J. Sehn, revue et corrigée par Martin Broszat.
12. Les « chambres à gaz » visitables à Majdanek : une « arme du crime » jamais expertisée *(idem* pour toutes les « chambres à gaz » visitables).
13. Les « aveux ».
14. « Six millions d'assassinés » ou « cinq cent mille morts par tous faits de guerre » ? Le Comité d'histoire de la Deuxième guerre mondiale (Henri Michel et Claude Lévy) refuse de publier les résultats globaux de sa propre enquête sur les déportés de France, « par crainte des associations de déportés ».
15. Le *Mémorial de la déportation des Juifs de France* par Serge Klarsfeld : une œuvre tardive, hâtive, dépourvue de garantie scientifique ; un quart des juifs de France a été « déporté » ou « refoulé » vers l'Est ; l'auteur n'a pas cherché à déterminer sérieusement le nombre des morts ; il ose déclarer « morts » ou « gazés » tous les déportés de France (la plupart provenaient de l'Est) qui ne sont pas revenus dès 1945 (!) se déclarer vivants soit à nos services (le chiffre du ministère des Anciens combattants est « officieux »), soit aux services officiels belges !!! Les journaux présentent ce « mémorial » comme un « annuaire de la mort », un

« monument aux morts ». L'auteur a fait ce qu'il fallait pour entretenir l'équivoque.

16. Les retombées politico-financières du « génocide ».
17. La presse française devant le droit au doute et à la recherche.
18. Comment travaille le journaliste Pierre Viansson-Ponté du *Monde*.
19. Le « génocide » à la télévision française.
20. L'université française et la tradition des procès de sorcellerie.

16 juin 1978

[Avertissement]

À la lecture de ces pages, certains pourront interpréter mes idées comme une tentative d'apologie du national-socialisme.

En réalité – pour des raisons que je n'ai pas à exprimer ici – la personne, les idées ou la politique d'Hitler me séduisent aussi peu que celles d'un Napoléon Bonaparte. Je refuse simplement de croire la propagande des vainqueurs, pour qui Napoléon était « l'Ogre » tandis que Hitler aurait été « Satan » ou « Amalec ».

Il doit être entendu pour tout le monde que le seul souci qui m'anime dans mes recherches est celui de la vérité ; j'appelle « vérité » ce qui est le contraire de l'erreur et du mensonge.

Je tiendrai pour diffamation toute imputation ou insinuation de nazisme.

En conséquence, j'invite à la réflexion toute personne physique ainsi que toute personne morale, de droit public ou de droit privé, qui, par ses propos, discours, écrits ou actions, me contraindrait d'avoir recours à la loi.

Des copies de ces pages seront envoyées à des instances juridiques et administratives, ainsi qu'à des journaux, groupements et associations.

[Publié dans *VHVP*, p. 89-90.]

***

1978

Falsification de photographie par mutilation

Les accusateurs de l'Allemagne utilisent souvent une photographie montrant un soldat allemand qui paraît tirer au fusil sur une femme en train de porter un enfant.

Or, cette photographie est tronquée.

La photographie complète montre, à mon avis, que ce soldat, au contraire, cherche à protéger cette femme et son enfant. Il semble tirer à gauche de la femme qui, elle, court s'abriter vers un endroit où cinq personnes sont déjà en train de se terrer. Au pied du soldat on croit deviner un corps couché ou abattu.

On trouvera la photographie non mutilée dans :

– *Hitler – Aufstieg und Untergang des Dritten Reiches*, p. 156-157. La photographie est dépourvue de légende.

– *Heinrich Himmler Geheimreden 1933 bis 1945 und andere Ansprachen*, trente-quatrième photographie après la page 192. La légende porte : « *Ermordung einzelner oder Massenexekutionen* (Sosnowitz 1939) » [Assassinat individuel ou exécutions massives].

On trouvera la photographie mutilée dans :

– *Heinrich Himmler. Discours secrets…*, photographie n° 13. Il s'agit de la traduction du précédent ouvrage. Ici la photographie est délibérément tronquée : on ne voit pas les cinq personnes en train de se terrer. La légende porte : « Massacre de la population polonaise, Sosnowiec, 1939, *R.S.W.*, Prague. »

Pour ce qui est de ces deux derniers ouvrages, ils constituent en eux-mêmes une assez belle collection de faux en tous genres. Les discours en question n'étaient pas « secrets » ; encore le titre allemand ajoute-t-il : … « et autres allocutions » ; le titre français, lui, donne à entendre que *tous* les textes en question étaient des discours secrets. Le choix des textes est orienté, les intertitres sont la plupart du temps inventés de toutes pièces, les traductions en français sont falsifiées.

En mutilant cette photographie on est parvenu à faire croire l'exact contraire de la réalité puisque ce soldat allemand, loin de chercher à *tuer* une femme et un enfant, veut les *protéger*. De la même façon, si les Allemands utilisaient le Zyklon B, c'était pour *protéger* les santés, y compris celles des juifs en camps de concentration, et non pour *tuer* !

N.B. : *Même si on pouvait me contester tel ou tel point de mon interprétation de la photographie intégrale, il reste que la mutilation de cette photographie répond manifestement à un souci de faire dire à cette photographie ce qu'elle ne dit pas car, sinon, pourquoi la mutiler ? [Voy. le cahier photographique à paraître.]*

***

Août 1978

Le Journal d'Anne Frank est-il authentique ?

1. « Le *Journal* d'Anne Frank est-il authentique ? » Depuis deux ans cette question est inscrite au programme officiel de mon séminaire de « Critique de textes et documents ». (Ce séminaire est réservé à des étudiants de quatrième année, déjà pourvus d'une licence.)
2. « Le *Journal* d'Anne Frank est une supercherie. » Telle est la conclusion de nos études et de nos recherches. Tel est le titre du livre que je publierai.
3. Pour étudier la question posée et lui trouver une réponse, j'ai procédé aux investigations suivantes :

[Chapitre premier] Critique interne : le texte même du *Journal* (texte hollandais) recèle une quantité inexplicable de faits invraisemblables ou inconcevables. (Alinéas 4-12.)

[Chapitre II] Étude des lieux à Amsterdam : d'une part, les impossibilités matérielles, et, d'autre part, les explications forgées par le père d'Anne Frank compromettent gravement ce dernier. (Alinéas 7 avec, en annexe n° 1, des documents photographiques.) [Chapitre III] Audition du principal témoin : M. Otto Frank ; cette audition s'est révélée accablante pour le père d'A. Frank. (Alinéas 18-47.)

[Chapitre IV] Examen bibliographique : de curieux silences et de curieuses révélations. (Alinéas 48-55.) [Chapitre V] Retour à Amsterdam pour une nouvelle enquête : l'audition des témoins se révèle défavorable à M. Frank ; la vérité probable (Alinéas 56-63.)

[Chapitre VI] Le « dénonciateur » et l'arrestateur des Frank : pourquoi M. Frank a-t-il voulu leur assurer un tel anonymat ? (Alinéas 64-67 1, avec annexe n° 2 : « Confidentiel ».)

[Chapitre VII] Confrontation entre le texte hollandais et le texte allemand : voulant trop en faire M. Frank s'est trahi ; il a signé une supercherie littéraire. (Alinéas 72103.)

Chapitre premier

4. **Critique interne :** le texte même du *Journal* (texte hollandais) recèle une quantité inexplicable de faits invraisemblables ou inconcevables.
5. Prenons l'exemple des bruits. Les clandestins, nous dit-on, ne doivent pas faire le moindre bruit. C'est au point que, s'ils toussent, ils prennent vite de la codéine. Les « ennemis »

pourraient les entendre. Les murs sont tellement « minces » (25 mars 43). Ces « ennemis » sont très nombreux : Lewin qui connaît l'immeuble « comme sa poche » (1er octobre 42) les hommes du magasin, les clients, les livreurs, le facteur, *la femme de ménage, le gardien de nuit* Slagter, les plombiers, le « service d'hygiène », le comptable, la police qui multiplie les perquisitions, les voisins proches ou éloignés, le propriétaire, etc. Il est donc invraisemblable et même inconcevable que Mme Van Daan ait pour habitude de passer *l'aspirateur* chaque jour à 12 h 30 (5 août 43). Les aspirateurs de l'époque étaient, de plus, particulièrement bruyants. Je demande : « Comment cela est-il concevable ? » Ma question n'est pas de pure forme. Elle n'est pas oratoire. Elle n'a pas pour but de manifester un étonnement. Ma question est une question. Il faut y répondre. Cette question pourrait être suivie de quarante autres questions concernant les bruits. Il faut expliquer, par exemple, l'usage d'un *réveille-matin* (4 août 43). Il faut expliquer de bruyants *travaux de menuiserie :* suppression de marches de bois, transformation d'une porte en armoire tournante (21 août 42), fabrication d'un lustre en bois (7 décembre 42). Peter fend du bois au grenier devant la fenêtre ouverte (23 février 44). Il est question de fabriquer avec le bois du grenier « des étagères et autres charmantes bricoles » (11 juillet 42). Il est même question de construire au grenier… « un cagibi » pour y travailler (13 juillet 43). Il y a le bruit presque constant de la *radio,* des *portes claquées,* des « *cris interminables* » (6 décembre 1943), les *disputes,* les *cris,* les *hurlements,* un *« fracas de jugement dernier »* (9 novembre 42), « Un *vacarme* s'ensuivit […]. J'étais pliée en deux de *rire* » (10 mai 44). L'épisode rapporté le 2 septembre 1942 est inconciliable avec la nécessité d'être silencieux et discret. On y voit les clandestins à table. Ils *bavardent* et *rient.* Tout à coup un *sifflement perçant* se fait entendre. Et on entend la voix de Peter qui *crie,* par le tuyau du poêle, qu'il ne descendra certainement pas. M. Van Daan se lève, sa serviette tombe et, le visage en feu, il *crie :* « C'en est assez. » Il monte au grenier et là, *coups et frappements de pieds.* L'épisode rapporté le 10 décembre 1942 est du même genre. On y voit Mme Van Daan soignée par le dentiste Dussel. Celui-ci lui touche, de son crochet, une dent malade. Mme Van Daan lance alors « *des sons invraisemblables ».* Elle essaye d'arracher le petit crochet. Le dentiste regarde la scène, les mains sur les hanches. Les autres spectateurs sont tous pris de *« fou rire ».* Anne, au lieu de manifester la moindre angoisse devant ces cris ou ce fou rire, déclare : « Ça, c'était vache, car je suis sûre que j'aurais crié encore bien plus fort qu'elle. »

6. Les remarques que je fais ici à propos des bruits, je pourrais les répéter à propos de *toutes* les réalités de la vie matérielle et morale. Le *Journal* présente même cette particularité que pas un domaine de la vie qui y est vécue n'échappe à la règle d'invraisemblance, d'incohérence, d'absurdité. Dès leur arrivée dans leur cachette, les Frank, pour cacher leur présence, *installent des rideaux*. Or, installer des rideaux à des fenêtres qui n'en possédaient pas jusqu'alors, n'est-ce pas le meilleur moyen de signaler son arrivée ? N'est-ce pas le cas, en particulier, si ces rideaux sont faits de pièces « *bigarrées* » (11 juillet 42) ? Pour ne pas trahir leur présence, les Frank brûlent leurs *ordures*. Mais, ce faisant, ils signalent leur présence par la *fumée* qui s'échappera du toit d'une demeure qui est censée être inhabitée ! Ils font du feu pour la première fois le 30 octobre 1942, alors qu'ils sont arrivés dans les lieux le 6 juillet. *On se demande ce qu'ils ont pu faire des ordures de 116 jours d'été.* Je rappelle, d'autre part, que les apports de nourriture sont énormes. En régime normal, les clandestins et leurs hôtes, consomment chaque jour huit petits déjeuners, huit à douze déjeuners et huit dîners. En neuf passages du livre, on fait allusion à une nourriture mauvaise, médiocre ou insuffisante. Ailleurs, la nourriture est abondante et « délicieuse ». Les Van Daan « dévorent » et Dussel « absorbe des quantités énormes » de nourriture (9 août 43). On fabrique sur place des saucisses et des saucissons, des conserves de fraises et des confitures en bocaux. Eau-de-vie ou alcool, cognac, vins et cigarettes ne semblent pas non plus manquer. Le café est si peu rare qu'on ne comprend pas que l'auteur, énumérant (23 juillet 43) ce que chacun voudra faire le jour où il pourra quitter la cachette, dise que le vœu le plus cher de M_{me} Frank sera d'avoir une tasse de café. Voici, d'autre part, en février 1944 – le terrible hiver 1943-1944 – l'inventaire des réserves disponibles pour les seuls clandestins, à l'exclusion de tout cohabitant ami ou « ennemi » : 30 kg de blé, à peu près 30 kg de haricots et dix livres de pois, cinquante boîtes de légumes, dix boîtes de poisson, quarante boîtes de lait, 10 kg de lait en poudre, trois bouteilles d'huile, quatre bocaux de beurre salé, quatre *idem* de viande, deux bouteilles de fraises, deux bouteilles de framboises à la groseille, vingt bouteilles de tomates, dix livres de flocons d'avoine, huit livres de riz. Il entre, à d'autres moments, des sacs de légumes pesant chacun *vingt-cinq kilos,* ou encore un sac de *dix-neuf livres* de petits pois frais (8 juillet 44). Les livraisons sont

faites par le « gentil marchand de légumes ». Et cela « toujours à l'heure du déjeuner » (11 avril 44). C'est invraisemblable. Comment, dans une ville par ailleurs décrite comme affamée, un marchand de légumes peut-il, en plein jour, quitter sa boutique avec de pareils chargements pour aller les déposer dans un immeuble situé dans un quartier animé ? Comment ce marchand pouvait-il éviter, dans son propre quartier (il était « du coin »), la rencontre de ses clients normaux pour qui, en ces temps de disette, il devait normalement être un personnage qu'on recherche et qu'on sollicite ? Il y a bien d'autres mystères à propos des autres marchandises et de la manière dont elles parviennent dans la cachette. Pour les fêtes et les anniversaires des clandestins, les cadeaux abondent : œillets, pivoines, narcisses, jacinthes, pots de fleurs, gâteaux, livres, sucreries, briquet, bijoux, nécessaire à raser, jeu de roulette, etc. Je signalerais à ce propos une véritable prouesse réalisée par Elli. Celle-ci trouve le moyen d'offrir des raisins le 23 juillet 1943. Je dis bien : des raisins, à Amsterdam, un 23 juillet. On nous en indique même le prix : cinq florins le kg.

7. L'invention de la *« porte-armoire »* est une absurdité. En effet, la partie de l'immeuble qui est censée abriter les clandestins existait bien avant leur arrivée. Donc installer une armoire, c'est signaler sinon une présence, du moins un changement dans cette partie de l'immeuble. Cette transformation des lieux – accompagnée du bruit des travaux de menuiserie – ne pouvait échapper aux « ennemis » et, en particulier, à la femme de ménage. Et ce prétendu « subterfuge », destiné à égarer la police en cas de perquisition, est bien propre, au contraire, à lui donner l'éveil. (« Il y a beaucoup de perquisitions à cause des vélos cachés », dit Anne le 21 août 1942 et c'est pour cette raison que la porte d'entrée de la cachette a été ainsi dissimulée.) La police, ne trouvant pas de porte d'accès au bâtiment qui sert de cachette, s'étonnerait de cette étrangeté et découvrirait vite qu'on a voulu la tromper, puisqu'elle se trouverait devant un bâtiment d'habitation sans accès !

8. Invraisemblances, incohérences, absurdités fourmillent également à propos des points suivants : les *fenêtres* (ouvertes et fermées), *l'électricité* (allumée et éteinte), *le charbon* (prélevé sur le tas commun sans que les « ennemis » s'en rendent compte), les ouvertures et fermetures de *rideaux* ou *camouflages,* l'usage de *l'eau* et des *cabinets,* les moyens de faire la *cuisine,* les mouvements des *chats,* les *déplacements* de l'avant-maison vers l'arrière maison (et vice-versa), le comportement du *gardien de nuit,* etc. La longue lettre du 11 avril 1944 est particulièrement

absurde. Elle rapporte une affaire *de cambriolage.* Soit dit en passant, la police nous y est montrée s'arrêtant devant la « porte-armoire », en pleine nuit, sous la lumière électrique, à la recherche des cambrioleurs qui se sont livrés à une effraction. Elle donne des secousses à la « porte-armoire ». Ces policiers, accompagnés du gardien de nuit, ne s'aperçoivent de rien et ne cherchent pas à pénétrer dans l'arrière maison ! Comme dit Anne : « Dieu doit nous avoir particulièrement protégés ! »

9. Le 27 février 1943, on nous dit que le *nouveau propriétaire* n'a heureusement pas insisté pour visiter l'arrière-maison. Koophuis lui a dit qu'il n'avait pas la clé sur lui et ce nouveau propriétaire, pourtant accompagné d'un *architecte,* n'a pas examiné sa nouvelle acquisition ni ce jour-là, ni un autre jour.

10. Quand on a toute une année pour se choisir une cachette (voy. 5 juillet 42), choisit-on son *bureau ?* Y amène-t-on sa famille ? Et un *collègue ?* Et la famille de ce collègue ? Choisit-on ainsi un endroit plein d'« ennemis » et où la police et les Allemands viendront automatiquement vous chercher s'ils ne vous trouvent plus à votre domicile ? Ces Allemands, il est vrai, ne sont guère curieux. Le 5 juillet 1942 (un *dimanche),* le père Frank (à moins que ce ne soit Margot ? !) a reçu une « *convocation* » des SS (voy. la lettre du 8 juillet 1942). Cette « convocation » n'aura pas de suite. Margot, recherchée par les SS, se rend vers la cachette à *bicyclette*, et cela le 6 juillet, alors que, d'après la première des deux lettres du 20 juin, les juifs se sont vu confisquer leurs bicyclettes depuis un certain temps.

11. Pour contester l'authenticité du *Journal,* on pourrait invoquer des arguments d'ordre psychologique, littéraire et historique. Je m'en abstiendrai ici. Je ferai simplement remarquer que les absurdités matérielles sont si graves et si nombreuses qu'elles ont une répercussion d'ordre psychologique, littéraire et historique.

12. Il ne faudrait pas attribuer à *l'imagination* de l'auteur ou à la *richesse de sa personnalité* des choses qui sont, en réalité, *inconcevables.* Est inconcevable « ce dont l'esprit ne peut se former aucune représentation parce que les termes qui le désignent enveloppent une impossibilité ou une contradiction, par exemple : *un rond carré* ». Celui qui dit qu'il a vu un rond carré, dix ronds carrés, cent ronds carrés, ne témoigne ni d'une imagination fertile, ni d'une riche personnalité. Car, en fait, ce qu'il dit et rien sont exactement la même chose. Il fait la preuve de sa pauvreté d'imagination. C'est tout. Les absurdités du *Journal* sont celles d'une pauvre imagination qui se développe en dehors d'une

expérience vécue. Elles sont dignes d'un mauvais roman ou d'un pauvre mensonge. Toute personnalité un tant soit peu riche renferme ce qu'il est convenu d'appeler des contradictions psychologiques, morales ou mentales. Je m'abstiendrai de démontrer ici que la personnalité d'Anne ne renferme rien de tel. Sa personnalité est fabriquée et invraisemblable tout comme l'expérience que le *Journal* est censé relater. D'un point de vue historique, je ne serais pas étonné qu'une étude des journaux hollandais, de la radio anglaise et de la radio hollandaise de juin 1942 à août 1944, ne nous prouve une supercherie de la part de l'auteur réel du journal. Le 9 octobre 1942, Anne parle déjà de « chambre à gaz » (texte hollandais : « vergassing ») !

Chapitre II

13. **Étude des lieux à Amsterdam :** d'une part, les impossibilités matérielles et, d'autre part, les explications forgées par le père d'Anne Frank compromettent gravement ce dernier.

14. Quiconque vient de lire le *Journal,* ne peut normalement que recevoir un choc en découvrant la « Maison Anne Frank ». Il découvre une « maison de verre » qui est visible et observable de toutes parts et accessible de ses quatre côtés. Il découvre aussi que le plan de la maison, tel qu'il est reproduit dans le livre par les soins d'Otto Frank, constitue un maquillage de la réalité. Otto Frank s'était bien gardé de dessiner le rez-de-chaussée et il s'était bien gardé de nous dire que la courette de séparation entre l'avant-maison et l'arrière maison n'avait que trois mètres soixante-dix de largeur. Il s'était surtout bien gardé de nous signaler que cette même courette est commune à la « Maison Anne Frank » (263, Prinsengracht) et à la maison située à droite quand on regarde la façade (265, Prinsengracht). Grâce à toute une série de fenêtres et de portes-fenêtres, les gens du 263 et ceux du 265 vivaient et se déplaçaient sous les yeux et sous le nez (odeurs de cuisine !) de leurs voisins respectifs. Les deux maisons n'en font qu'une. D'ailleurs, le musée regroupe aujourd'hui les deux immeubles. *De plus, l'arrière-maison avait son propre accès grâce à une porte donnant, par derrière, sur un jardin.* Ce jardin est commun au 263 Prinsengracht et aux gens d'en face, habitant au 190 Keizersgracht. (Quand on est dans le musée, on voit fort distinctement ces gens du 190 et, d'ailleurs, de bien d'autres numéros de Keizersgracht.) De ce côté (côté jardin) et de l'autre côté (côté canal), j'ai dénombré deux cents fenêtres d'immeubles anciens par lesquelles

ont avait vue sur la « Maison Anne Frank ». Même les habitants du 261 Prinsengracht pouvaient avoir accès, par les toits, au 263. C'est une dérision que de laisser croire la moindre possibilité d'une vie réellement clandestine en ces lieux. Je dis cela en tenant compte, bien entendu, des transformations apportées aux lieux depuis la guerre. À dix visiteurs successifs, j'ai demandé, en montrant la vue sur le jardin, comment Anne Frank avait pu vivre ici cachée avec les siens pendant vingt-cinq mois. Après un moment de surprise (car les visiteurs de musée vivent généralement dans une sorte d'état d'hypnose), chacun des dix visiteurs successifs s'est rendu compte, en quelques secondes, de cette totale impossibilité. Les réactions ont été variables : chez les uns, consternation ; chez d'autres, éclat de rire (« My God ! »). Un visiteur, sans doute froissé, m'a dit : « Ne pensez-vous pas qu'il vaut mieux laisser les gens à leurs rêves ? » Personne n'a soutenu la thèse du *Journal,* et cela malgré quelques pitoyables explications fournies par les prospectus ou par les inscriptions du musée.

15. Les explications sont les suivantes : 1° Les « ennemis » se trouvant dans une des pièces de l'avant-maison croyaient que les fenêtres qui donnaient sur la courette donnaient directement sur le jardin ; ils ignoraient ainsi l'existence même d'une arrière-maison ; et, s'ils ignoraient cela, c'est que les fenêtres étaient occultées de papier noir, pour assurer la conservation des épices entreposées ; 2° Les Allemands, quant à eux, n'auraient jamais pensé à l'existence d'une arrière-maison « vu qu'ils ne connaissent pas ce genre de maison » ; 3° La fumée du poêle « n'attirait pas l'attention vu que dans le temps cette pièce (où il se trouvait) servait de laboratoire à la petite usine, où un poêle devait également brûler tous les jours ». Les deux premières de ces trois explications proviennent d'une publication de trente-six pages, sans titre et sans date, imprimée par Koersen, Amsterdam. La dernière vient du prospectus de quatre pages, disponible à l'entrée du musée. Le contenu de ces deux imprimés a reçu l'aval de M. Otto Frank. Or, dans les trois cas, ces explications n'ont pas la moindre valeur. L'arrière-maison était visible et palpable de cent façons par le rez-de-chaussée (interdit à la visite), par le jardin, par des couloirs de communication sur quatre niveaux, par les deux fenêtres du bureau sur cour, par les immeubles voisins. Certains des « ennemis » devaient même s'y rendre pour satisfaire leurs besoins naturels puisqu'il *n'y avait rien pour cela dans l'avant-maison.* Le rez-de-chaussée de la maison du fond recevait même des clients de la

firme. Quant à la « petite usine » qui aurait existé « dans le temps », en plein cœur de ce quartier résidentiel et commerçant, elle serait restée au moins deux ans sans cracher de fumée, puis, soudain, le 30 octobre 1942, elle se serait remise à cracher de la fumée. Et quelle fumée ! Jour et nuit ! Hiver comme été, canicule ou pas. À la vue de tous (et, en particulier, d'« ennemis » comme Lewin qui avait là autrefois son laboratoire de chimiste), la « petite usine » se serait remise en marche ! Mais pourquoi M. Frank s'est-il ingénié à trouver cette explication, vu que, par ailleurs, l'arrière-maison est déjà décrite comme une sorte de maison fantôme ?

16. En conclusion de ce point, je dirais que, si je ne me trompe en refusant toute valeur à ces « explications », nous avons le droit d'affirmer : 1° que des faits très graves pour M. Otto Frank restent sans explication ; 2° que M. Otto Frank est capable d'affabulations et même d'affabulations grossières et médiocres, comme celles précisément que j'ai signalées dans ma lecture critique du *Journal*. Je demande à mon lecteur de retenir cette conclusion. Il verra plus loin quelle réponse m'a personnellement faite M. Otto Frank, en présence de sa femme.

17. Pour la documentation photographique concernant la « Maison Anne Frank », voyez la pièce intitulée : annexe n° 1.

Chapitre III

18. **Audition du principal témoin :** M. Otto Frank Cette audition s'est révélée accablante pour le père d'Anne Frank.

19. J'avais fait savoir à M. Frank que je préparais avec mes étudiants une étude sur le *Journal*. Je lui avais précisé que ma spécialité était la « critique de textes et documents » et que j'avais besoin d'un entretien prolongé. Cet entretien, M. Otto Frank me l'a accordé avec empressement et c'est ainsi que j'ai été reçu à son domicile de Birsfelden, banlieue de Bâle, d'abord le 24 mars 1977, de 10 h à 13 h, puis de 15 h à 18 h et, enfin, le lendemain, de 9 h 30 à 12 h 30. En vérité, le lendemain, rendez-vous avait été fixé dans une banque de Bâle. M. Frank tenait à retirer d'un coffre, en ma présence, ce qu'il appelait les manuscrits de sa fille. Notre entretien s'est donc poursuivi ce jour-là en partie à la banque, en partie sur le chemin du retour vers Birsfelden et, en partie, à nouveau, au domicile de M. Frank. Tous les entretiens qui ont eu lieu à son domicile se sont déroulés en présence de sa femme (sa seconde femme, puisque la première est morte en déportation, du typhus semble-t-il, ainsi que Margot, ainsi qu'Anne). Dès la

première minute de notre entretien, j'ai déclaré de but en blanc à M. et Mme Frank que j'avais des doutes sur l'authenticité du *Journal*. M. Frank n'en a marqué aucune surprise. Il s'est déclaré prêt à me fournir tous les renseignements que je désirerais. J'ai été frappé, durant ces deux journées, par l'extrême amabilité de M. Frank. Malgré son âge – quatre-vingt-huit ans – il n'a jamais pris prétexte de sa fatigue pour écourter notre entretien. Dans le *Journal*, il est décrit comme un homme plein de charme (voy. 2 mars 44). Il inspire confiance. Il sait aller au-devant de désirs inexprimés. Il s'adapte remarquablement aux situations. Il adopte volontiers une argumentation à base de sentiments. Il parle beaucoup de tolérance et de compréhension. Je ne l'ai vu qu'une seule fois perdre tout sang-froid et se montrer même intransigeant et violent : c'est à propos de la cause sioniste, qui doit lui paraître sacrée. C'est ainsi qu'il m'a déclaré qu'il ne mettrait plus jamais les pieds sur le sol de France, puisque, à son avis, la France ne s'intéresse plus qu'au pétrole arabe et se moque d'Israël. Sur trois points seulement M. Frank allait manquer à sa promesse de répondre à mes questions. Il est intéressant de savoir que ces trois points sont les suivants : 1°-adresse d'Elli, en Hollande ; 2°moyens de retrouver la trace de l'employé de magasin appelé V. M. dans le livre (et dont je savais qu'il s'appelait probablement Van Maaren) ; 3°moyens de retrouver l'Autrichien Karl Silberbauer qui avait arrêté les clandestins, le 4 août 1944.

20. Pour ce qui est d'Elli, M. Frank me déclarait qu'elle était très malade et que, « peu intelligente », elle ne pouvait m'être d'aucun secours. Quant aux deux autres témoins, ils avaient eu assez d'ennuis comme cela, sans que j'aille les importuner par des questions qui leur rappelleraient un passé douloureux. En revanche, M. Frank me recommandait de me mettre en rapport avec Kraler (de son vrai nom : Kugler), établi au Canada, et avec Miep et son mari, demeurant toujours à Amsterdam.

21. En ce qui concerne le *Journal* lui-même, M. Frank me déclarait que le fond en était authentique. Les événements relatés étaient véridiques. C'était Anne, et Anne seule, qui avait écrit les manuscrits de ce *Journal*. Comme tout auteur littéraire, Anne avait peut-être des tendances, soit à l'exagération, soit à la transformation imaginative, mais tout cela dans des limites courantes et acceptables, sans que la vérité des faits eût à en souffrir. Les manuscrits d'Anne formaient un ensemble important. Ce que M. Frank avait présenté aux éditeurs, ce n'était pas le texte de ces manuscrits, le texte purement original, mais un texte qu'il

avait, en personne, tapé à la machine : un « tapuscrit ». Il avait été obligé de transformer ainsi les divers manuscrits en un seul « tapuscrit » pour différentes raisons. D'abord, les manuscrits présentaient des redites. Ensuite, ils contenaient des indiscrétions. Puis, il y avait des passages sans intérêt. Enfin, il y avait... des omissions ! M. Frank, devant ma surprise, me donnait l'exemple suivant (un exemple sans doute anodin, mais n'y en avait-il pas de plus graves, qu'il me cachait ?) : Anne aimait beaucoup ses oncles ; or, dans son *Journal,* elle avait omis de les citer parmi les personnes qu'elle chérissait ; alors, M. Frank avait réparé cette « omission » en citant les oncles dans le « tapuscrit ». M. Frank me disait qu'il avait changé des dates ! Il avait également changé les noms des personnages. C'était Anne elle-même paraît-il, qui avait pensé sans doute à ces changements de noms. Elle avait envisagé l'éventualité d'une publication. M. Frank avait retrouvé, sur un bout de papier, la liste des vrais noms avec leurs équivalents de faux noms. Anne aurait même imaginé d'appeler les Frank du nom de Robin. M. Frank avait retranché des manuscrits certaines indications du prix des choses. Mieux : se trouvant du moins pour certaines périodes, devant deux états différents du texte, il lui avait fallu « **combiner** » (le mot est de lui) deux textes en un seul texte. Résumant toutes ces transformations, M. Frank me déclarait finalement : « C'était une tâche difficile. J'ai fait cette tâche selon ma conscience. »

22. Les manuscrits que M. Frank m'a présentés comme étant ceux de sa fille forment un ensemble impressionnant. Je n'ai pas eu le temps de les regarder de près. Je me suis fié à la description qui m'en a été faite et que je résumerais de la façon suivante :

   – la première date est celle du 12 juin 1942 ; la dernière est celle du 1er août 1944 (trois jours avant l'arrestation) ;
   – pour la période allant du 12 juin 1942 au 5 décembre de la même année (mais cette date ne correspond à aucune lettre imprimée), on dispose d'un petit cahier à couverture de toile, quadrillé rouge, blanc, brun (« cahier écossais ») ;
   – pour la période allant du 6 décembre 1942 au 21 décembre 1943, on ne possède pas de cahier particulier (mais voyez, plus loin, les « feuillets volants »). Ce cahier aurait été perdu ;
   – pour la période allant du 2 décembre 1943 au 17 avril 1944, puis pour celle allant de cette même date du 17 avril 1944 (!) à la dernière lettre (1er août 1944), deux cahiers noirs cartonnés, couverts de papier brun.

23. À ces trois cahiers et au cahier manquant s'ajoute : un ensemble de trois cent trente-huit « feuillets volants » pour la période allant du 20 juin 1942 au 29 mars 1944. M. Frank dit que ces feuillets constituent une reprise et un remaniement, par Anne elle-même, de lettres qui étaient contenues, sous une première forme, dans les cahiers susmentionnés : le « cahier écossais », le cahier manquant, le premier des deux cahiers noirs.

24. Le total, jusqu'à présent, de ce qu'Anne aurait écrit durant ses vingt-cinq mois de clandestinité est donc de cinq volumes. A ce total il convient d'ajouter le recueil des *Contes*. Ces *Contes* auraient été inventés par Anne. Le texte se présente comme une parfaite mise au net. Cette mise au net ne peut qu'impliquer au préalable un travail de rédaction au brouillon. Anne aurait donc noirci beaucoup de papier !

25. Je n'ai pas compétence en matière de graphologie et je ne peux donc porter de jugement en la matière. Je peux seulement donner ici mes impressions. Mes impressions ont été que le « cahier écossais » contenait des photos, des images et des dessins ainsi qu'une variété d'écritures très enfantines, dont le désordre et la fantaisie paraissent authentiques. Il faudrait voir de près l'écriture des textes qui ont été prélevés par M. Frank pour constituer tout le début du *Journal*. Les autres cahiers et l'ensemble des trois cent trente-huit « feuillets volants » sont de ce que j'appellerais : une écriture d'adulte. Quant au manuscrit des *Contes*, il m'a vivement surpris. On dirait l'œuvre d'un comptable chevronné, et non pas le travail d'une enfant de quatorze ans. La table des matières se présente comme un répertoire des *Contes* avec, pour chaque pièce, sa date de rédaction, son titre, sa page de renvoi !

26. M. Frank fait grand cas des conclusions de deux expertises réclamées vers 1960 par le procureur de Lübeck pour instruire l'affaire d'un enseignant (Lothar Stielau), qui, en 1959, avait émis des doutes sur l'authenticité du *Journal*[93]. M. Frank avait déposé une plainte contre cet enseignant. L'expertise graphologique avait été confiée à Mme Minna Becker. Mme Anne-Marie Hübner avait été chargée de dire si les textes imprimés en hollandais et en allemand étaient fidèles au texte des manuscrits. Les deux expertises, déposées en 1961, s'étaient révélées favorables à M. Frank.

27. Mais, en revanche, ce que M. Frank ne me révélait pas – et que je devais apprendre bien après ma visite et par une voie allemande –

---

[93] Cas 2 Js 19/59, VU 10/59.

c'est que le procureur de Lübeck avait décidé une troisième expertise. Pourquoi une troisième expertise ? Et sur quel point, étant donné que, selon toute apparence, tout le champ possible d'une enquête était exploré par la graphologue et par M$_{me}$ Hübner ? La réponse à ces questions est la suivante : le procureur s'était avisé de ce qu'une expertise du genre de celle de M$_{me}$ Hübner risquait de donner raison, dans les faits, à Lothar Stielau. Au vu des premières analyses, il allait être impossible de déclarer que le *Journal* était « dokumentarisch echt ». Peut-être pourrait-on le déclarer « literarisch echt » (!). Le romancier Friedrich Sieburg allait être chargé de répondre à cette curieuse question.

28. De ces trois expertises, seule m'aurait vraiment intéressé celle de M$_{me}$ Hübner. Le 20 janvier 1978, une lettre de M$_{me}$ Hübner me laissait espérer que j'obtiendrais une copie de son expertise. Peu de temps après, M$_{me}$ Hübner ne répondant pas à mes lettres, je lui faisais téléphoner par un ami allemand. A ce dernier, elle faisait savoir que « l'affaire était délicate, étant donné qu'un procès sur la question du *Journal* était actuellement en cours à Francfort ». Elle ajoutait qu'elle s'était mise en rapport avec M. Frank. D'après le peu d'éléments que je possède sur le contenu de ce rapport d'expertise, ce dernier ferait état d'une grande quantité de *faits* intéressants au point de vue de la comparaison des textes (manuscrits, « tapuscrit », texte hollandais, texte allemand). M$_{me}$ Hübner y mentionnerait de très nombreuses « omissions » (*Auslassungen*), « additions » (*Zusätze*), « interpolations » (*Interpolationen*). Elle parlerait de texte « remanié » pour les nécessités d'une publication (*überarbeitet*). Elle irait, par ailleurs, jusqu'à nommer des personnes qui auraient apporté leur « collaboration » (*Zusammenarbeit*) à M. Frank dans sa rédaction du « tapuscrit ». Ces personnes seraient Isa Cauvern et son mari Albert Cauvern. M$_{me}$ Anneliese Schütz, pour sa part, aurait collaboré à l'établissement du texte allemand, au lieu de se contenter d'un rôle de traductrice.

29. En dépit de ces *faits* relevés par elle-même, M$_{me}$ Hübner aurait conclu à l'authenticité du *Journal* (texte imprimé hollandais et texte imprimé allemand). Elle aurait donc porté le jugement suivant : « Ces *faits* ne sont pas graves ». Ce jugement ne peut que lui être personnel. Là est toute l'affaire. Qui nous assure qu'un tout autre jugement ne pourrait être porté sur les faits signalés par l'experte ? Et puis, pour commencer, l'experte a-t-elle fait preuve d'impartialité et d'esprit réellement scientifique en nommant les *faits* comme elle les a nommés ? Ce qu'elle a nommé, par exemple,

« interpolations » (mot d'apparence scientifique et de portée ambiguë), ne serait-il pas appelé par d'autres « retouches », « remaniements », « intercalations » (mots plus exacts sans doute, et plus précis) ? De la même façon, des mots comme « additions » et, surtout, « omissions » sont neutres en apparence, mais, en réalité, ils recouvrent des réalités confuses : une « addition » ou une « omission » peuvent être honnêtes ou malhonnêtes ; elles peuvent ne rien changer d'important à un texte ou bien, au contraire, l'altérer profondément. Dans le cas particulier qui nous intéresse ici, ces deux mots ont une apparence franchement bénigne !

30. En tout cas il est impossible de tenir ces trois expertises (Becker, Hübner et Sieburg) pour probantes ou non, étant donné qu'elles n'ont pas été examinées par un tribunal. En effet, pour des raisons que j'ignore, M. Frank devait retirer sa plainte contre Lothar Stielau. Si mes renseignements sont exacts, ce dernier acceptait de verser 1.0 0 DM sur les 15.712 de frais de procédure engagés. Je suppose que M. Frank a versé au tribunal de Lübeck ces 1.000 DM et qu'il a ajouté à cette somme 14.712 DM pour sa propre part. Je crois me rappeler que M. Frank m'a dit que Lothar Stielau avait, de plus, accepté de lui présenter des excuses écrites. Lothar Stielau avait perdu son emploi d'enseignant par la même occasion. M. Frank ne m'a pas parlé du coaccusé de Lothar Stielau : Heinrich Buddeberg. Peut-être ce dernier a-t-il eu, lui aussi, 1.000 DM à verser et des excuses à présenter.

31. Je ne m'attarde ici à ces affaires d'expertises que parce que, lors de notre entrevue, M. Frank s'y était lui-même attardé, tout en ne mentionnant pas certains faits importants (par exemple, l'existence d'une troisième expertise), et tout en me présentant les deux expertises comme probantes. L'affaire des manuscrits ne m'intéressait pas non plus outre mesure. Je savais que je n'aurais pas le temps de les examiner de près. Ce qui m'intéressait au premier chef, c'était de savoir comment M. Frank m'expliquerait la « quantité inexplicable de faits invraisemblables ou inconcevables » que j'avais relevés dans la lecture du *Journal*. Après tout, que m'importait que des manuscrits, même déclarés authentiques par des experts, contiennent ce genre de faits, si ces faits ne peuvent avoir existé ? Or, M. Frank devait se révéler incapable de me fournir la moindre explication. À mon avis, il s'attendait à voir contester l'authenticité du *Journal* par les arguments habituels d'ordre psychologique, littéraire ou historique. Il ne s'attendait pas à des arguments de critique interne

portant sur des réalités de la vie matérielle : des réalités qui, comme on le sait, sont « têtues ». Dans un moment de désarroi, M. Frank devait d'ailleurs me déclarer : « Mais… je n'ai jamais pensé à ces affaires matérielles ! »

32. Avant d'en venir à des exemples précis de ce désarroi je dois à la vérité de dire qu'à deux reprises, M. Frank allait me donner une bonne réponse, et cela à propos de deux épisodes que je n'ai pas cités jusqu'ici, précisément parce qu'ils allaient trouver une explication. Le premier épisode m'était incompréhensible à cause d'une petite omission de la traduction française (je ne possédais pas, à l'époque, le texte hollandais). Le second épisode, lui, m'était incompréhensible à cause d'une erreur qui figure dans tous les textes imprimés du *Journal*. Là où, à la date du 8 juillet 1944, il est question du marchand de légumes, le manuscrit donne : *« la marchande de légumes »*. Et c'est heureux, car un lecteur attentif du livre sait fort bien que le marchand de légumes en question n'a pas pu livrer aux clandestins « dix-neuf livres de petits pois frais » (!) le 8 juillet 1944 pour la bonne raison qu'il a été arrêté quarante-cinq jours auparavant par les Allemands pour un motif des plus graves (il avait deux juifs chez lui). Ce motif l'avait mis « au bord de l'abîme » (25 mai 1944). On concevait mal qu'un marchand de légumes sorte de « l'abîme » pour livrer ainsi à d'autres juifs une telle quantité de marchandise compromettante. À vrai dire, on ne le conçoit pas beaucoup mieux de l'épouse du malheureux, mais le fait est là, le texte du manuscrit n'est pas absurde comme celui des imprimés hollandais, français, allemand, anglais… La rédaction du manuscrit avait été plus soignée. Il reste que l'erreur des imprimés n'était peut-être pas une erreur, mais bel et bien une correction délibérée et malencontreuse, du manuscrit. On lit, en effet, dans l'imprimé hollandais : « […] *van der groenteboer om de hoek, 19 pond »* [crie Margot] ; et Anne répond : *« Dat is aarding van hem. »* Autrement dit, Margot et Anne emploient le masculin à deux reprises : « […] du marchand de légumes du coin, 19 livres ». Réponse d'Anne : « C'est gentil de lui. » Pour ma part, je tirerais deux autres conclusions de cet épisode : 1° La critique interne portant sur la cohérence d'un texte permet de détecter des anomalies qui se révèlent être de vraies anomalies ; 2°Un lecteur du *Journal* serait en droit, arrivé à la lecture de cet épisode du 8 juillet 1944, de déclarer *absurde* un livre où l'un des héros (« le gentil marchand de légumes du coin ») ressurgit du fond de l'abîme comme on ressuscite de la mort.

33. Ce marchand de légumes, m'a dit M. Frank, s'appelait Van der Hoeven.

Déporté pour avoir hébergé des juifs chez lui, il revint de déportation. Lors de cérémonies commémoratives, il lui est arrivé de figurer aux côtés de M. Frank. J'ai demandé à M. Frank si, après la guerre, des gens du voisinage lui avaient déclaré : « Nous nous sommes doutés de la présence de clandestins au 263 Prinsengracht. » M. Frank m'a nettement répondu que personne ne s'était douté de leur présence, y compris les hommes du magasin, y compris Lewin, y compris Van der Hoeven. Ce dernier les aurait aidés sans le savoir !

34. Malgré mes questions réitérées sur ce point, M. Frank n'a pas pu me dire ce que vendaient ou fabriquaient ses voisins du n° 261. Il ne se souvenait pas qu'il y eût dans sa propre maison, au n° 263, une femme de ménage décrite dans le livre comme une « ennemie » potentielle ! Il finit par me répondre qu'elle était « très, très vieille » et qu'elle ne venait que très rarement, peut-être une fois par semaine. Je lui dis qu'elle avait dû s'étonner de voir tout d'un coup l'installation de la « porte-armoire » sur le palier du deuxième étage. Il me répondit que non, étant donné que la femme de ménage ne venait jamais par là. Cette réponse devait provoquer une première sorte d'altercation entre M. Frank et son épouse qui assistait à notre entretien. Auparavant, en effet, j'avais eu la précaution de me faire préciser par M. Frank que jamais les clandestins n'avaient fait de ménage en dehors du ménage d'une partie de l'arrière-maison. La conclusion logique des deux affirmations de M. Frank devenait donc : « Pendant vingt-cinq mois, personne n'a fait le ménage du palier du deuxième étage. » Devant cette invraisemblance, M_{me} Frank intervenait subitement pour dire à son mari : « Allons donc ! Pas de ménage sur ce palier ! Dans une factorie ! Mais il y aurait eu de la poussière haut comme cela ! » Ce que M_{me} Frank aurait pu ajouter, c'est que ce palier était censé servir de lieu de passage pour les clandestins dans leurs allers et retours entre l'arrière-maison et l'avant-maison. La trace de leurs allées et venues aurait été manifeste au milieu de tant de poussière accumulée. Et cela sans compter la poussière du charbon transportée d'en bas. En fait, M. Frank ne pouvait pas dire la vérité quand il parlait ainsi d'une espèce de fantôme de femme de ménage pour une maison si vaste et si salissante.

35. À plusieurs reprises, au début de notre entretien, M. Frank tentait ainsi d'apporter des explications qui, en définitive, n'expliquaient rien du tout et le conduisaient, au contraire, dans des impasses. Je

dois dire ici que la présence de son épouse devait se révéler particulièrement utile. M_{me} Frank, qui connaissait assez bien le *Journal,* croyait manifestement jusqu'ici à l'authenticité de ce *Journal* ainsi qu'à la sincérité de son mari. Sa surprise n'en était que plus frappante devant la qualité exécrable des réponses de M. Frank à mes questions. Pour ma part, je conserve un souvenir pénible de ce que j'appellerais certaines « prises de conscience » de M_{me} Frank. Je ne veux nullement dire que M_{me} Frank tient aujourd'hui son mari pour un menteur. Mais je prétends que M_{me} Frank a été vivement consciente, lors de notre entrevue, des anomalies et des absurdités graves de toute l'histoire d'Anne Frank. Entendant les « explications » de son mari, il lui est arrivé d'employer à son adresse, des phrases du genre de :

– « Allons donc ! »
– « C'est incroyable ce que vous dites là ! »
– « Un aspirateur ? C'est incroyable ! Je ne l'avais pas remarqué ! »
– « Mais vous étiez vraiment imprudents ! »
– « Ça, vraiment, c'était imprudent ! »

La remarque la plus intéressante qu'ait faite M_{me} Frank est la suivante : « Je suis sûre que les gens [du voisinage] savaient que vous étiez là. » Pour ma part, je dirais plutôt : « Je suis sûr que les gens du voisinage voyaient, entendaient, sentaient la présence des clandestins, si toutefois il s'est bien trouvé des clandestins dans cette maison pendant vingt-cinq mois. »

36. Je prendrais un autre exemple des explications de M. Frank. D'après lui, les gens qui travaillaient dans l'avant-maison ne pouvaient pas apercevoir le corps de bâtiment de l'arrière-maison à cause du « papier d'occultation sur les vitres ». Cette affirmation, qu'on trouve dans les prospectus du musée, M. Frank me la répétait devant sa femme. Sans m'attarder à cette affirmation, je passais à un autre sujet : celui de la consommation d'électricité. Je faisais remarquer que la consommation d'électricité dans la maison devait être considérable. Comme M. Frank s'étonnait de ma remarque, je lui précisais : « Cette consommation devait être considérable, parce que la lumière électrique fonctionnait toute la journée dans le bureau sur cour et dans le magasin sur cour de l'avant-maison. » M. Frank me disait alors : « Comment cela ? La lumière électrique n'est pas nécessaire en plein jour ! » Je lui faisais observer que ces pièces ne pouvaient recevoir la lumière du jour, vu que les fenêtres avaient du « papier d'occultation ». Il me répondait alors que les pièces n'étaient pas pour autant dans le noir : réponse

déconcertante et qui se trouvait en contradiction avec l'affirmation des prospectus rédigés par M. Frank : « Il faut [...] conserver les épices dans le noir » (p. 25 du prospectus de trente-six pages susmentionné dans mon alinéa 15). M. Frank osait alors ajouter que, ce qu'on distinguait tout de même par ces fenêtres sur cour, ce n'était qu'un mur. Il précisait, contre toute évidence, qu'on ne voyait pas que c'était le mur d'une maison ! Cette précision contredisait le passage suivant du même prospectus : « On voyait bien qu'il y avait des fenêtres [occultées] mais on ne pouvait pas voir au travers de celles-ci et tout le monde supposait qu'elles donnaient sur le jardin » (ibidem). Je demandais si ces fenêtres occultées n'étaient tout de même pas quelquefois ouvertes, ne serait-ce que pour l'aération du bureau où l'on recevait des visiteurs, ne serait-ce que l'été, par les jours de canicule. Mme Frank m'approuvait là-dessus et faisait remarquer que ces fenêtres devaient bien tout de même être quelquefois ouvertes. Silence de M. Frank.

37. La liste des bruits laissait perplexes M. et, surtout, Mme Frank. Pour ce qui est de l'aspirateur, M. Frank sursautait et me déclarait : « Mais il ne pouvait pas y avoir d'aspirateur. » Puis, devant mon assurance qu'il y en avait un, il se mit à bredouiller. Il me dit que, si vraiment il y avait un aspirateur, on devait le faire fonctionner le soir, quand les employés (les « ennemis ») avaient quitté l'avant-maison, après leur travail. J'objectais que le bruit d'un aspirateur de cette époque aurait d'autant mieux été entendu des voisins (les murs étaient « minces », 25 mars 43) qu'il se serait produit dans des locaux vides ou à proximité de locaux vides. Je lui révélais que, de toute façon, Mme Van Daan, pour sa part, était supposée passer cet aspirateur tous les jours, régulièrement, vers 12 h 30 (la fenêtre étant probablement ouverte). Silence de M. Frank, cependant que Mme Frank était visiblement émue. Même silence pour le réveille-matin, à la sonnerie parfois intempestive (4 août 43). Même silence pour l'évacuation des cendres, surtout par les jours de canicule. Même silence pour les prélèvements des clandestins sur le stock de charbon (denrée rare), commun à toute la maison. Même silence pour la question des bicyclettes utilisées après leur confiscation et après l'interdiction faite aux juifs d'en utiliser.

38. Une quantité de questions restaient ainsi sans réponse ou bien suscitaient, en un premier temps, des explications par lesquelles M. Frank aggravait son cas. Puis M. Frank eut en quelque sorte une trouvaille : une formule magique. Cette formule fut la suivante : « M. Faurisson, vous avez théoriquement et

scientifiquement raison. Je vous approuve à 100 %.... Ce que vous me signalez était en effet, impossible. Mais, dans la pratique, c'est pourtant bien ainsi que les choses se sont passées. » Je fis remarquer à M. Frank que cette déclaration jetait le trouble dans mon esprit. Je lui dis que c'était un peu comme s'il convenait avec moi qu'une porte ne peut être à-la-fois-ouverte-et-fermée et comme si, malgré cela, il m'affirmait avoir vu une telle porte. Je lui faisais remarquer, par ailleurs, que les mots de « scientifiquement », de « théoriquement » et de « dans la pratique » étaient superflus et introduisaient une distinction dénuée de sens puisque, de toute façon, « théorique », « scientifique » ou « pratique », une porte à-la-fois-ouverte-et-fermée ne peut tout simplement pas exister. J'ajoutais que je préférerais à chaque question particulière une réponse appropriée ou, à la rigueur, pas de réponse du tout.

39. Vers le début de notre entretien, M. Frank m'avait fait le plus aimablement du monde une concession capitale, une concession annoncée par moi, ci-dessus, à l'alinéa 16. Comme je commençais à lui faire comprendre que je trouvais absurdes les explications qu'il avait fournies dans ses prospectus, à la fois sur l'ignorance par les Allemands de l'architecture typique des maisons hollandaises et sur la présence d'une fumée constante au-dessus de l'arrière-maison (la « petite usine »), il voulait bien admettre d'emblée, sans aucune insistance de ma part, qu'il s'agissait bien là de pures inventions de sa part. Sans employer, il est vrai, le mot d'inventions, il me déclarait en substance : « Vous avez tout à fait raison. Dans les explications qu'on donne aux visiteurs, il faut simplifier. Cela n'est pas si sérieux. Il faut rendre cela agréable aux visiteurs. Ce n'est pas la manière scientifique. On n'a pas toujours la chance de pouvoir être scientifique. »

40. Cette confidence nous éclaire sur ce que je crois être un trait de caractère de M. Frank : M. Frank a le sens de ce qui plaît au public et il cherche à s'y adapter, quitte à prendre ses aises avec la vérité. M. Frank n'est pas homme à se mettre martel en tête. Il sait que le grand public se contente de peu. Le grand public recherche une sorte de confort, de rêve, de monde facile où on lui apportera exactement le genre d'émotion qui le confirme dans ses habitudes de sentir, de voir et de raisonner. Cette fumée au-dessus du toit pourrait troubler le grand public ? Qu'importe ! Inventons-lui une explication non pas vraisemblable forcément, mais simple et, s'il le faut, simple et grossière. La perfection est atteinte si cette invention flatte des idées reçues ou des sentiments habituels : par

exemple, il est bien probable que, pour ceux qui aiment Anne Frank et qui viennent visiter sa maison, les Allemands sont des brutes et des bêtes ; eh bien, ils trouveront une confirmation de cela dans les explications de M. Frank : les Allemands allaient jusqu'à ignorer l'architecture typique des maisons d'Amsterdam (sic !). D'une façon générale, M. Frank m'est apparu, à plus d'une reprise, comme un homme dépourvu de finesse (mais non de finasserie) et pour qui une œuvre littéraire est, par rapport à la réalité, une forme d'invention mensongère, un domaine où l'on prend ses aises avec la vérité, une chose qui « n'est pas si sérieuse » et qui permet d'écrire un peu n'importe quoi.

41. Je demandais à M. Frank quelles explications il pouvait me fournir sur les deux points où il convenait qu'il n'avait rien dit de sérieux aux visiteurs. Il ne sut me répondre. Je l'interrogeais sur la configuration des lieux. J'avais noté des anomalies dans le plan de la maison, tel qu'il se trouve reproduit par M. Frank – dans toutes les éditions du Journal. Ces anomalies m'avaient été confirmées par ma visite du musée (compte tenu de transformations apportées aux lieux pour en faire un musée). C'est alors qu'à nouveau, M. Frank allait être conduit, devant les évidences matérielles, à me faire de nouvelles et graves concessions, notamment, ainsi qu'on va le voir, en ce qui concerne la « porte-armoire ». Il commençait par admettre que le schéma du plan n'aurait pas dû cacher au lecteur que la courette qui sépare l'avant-maison de l'arrière-maison était commune au n° 263 (maison des Frank) et au n° 265 (maison de leurs voisins et « ennemis ») ; il est d'ailleurs bizarre que, dans le Journal, il n'y ait pas la plus petite allusion à ce fait qui, pour les clandestins, était d'une gravité extrême. M. Frank reconnaissait ensuite que le schéma du plan laissait croire qu'au troisième étage la galerie en plein air n'était pas accessible ; or, cette galerie était accessible par une porte de l'arrière-maison et elle aurait pu bel et bien offrir à la police ou aux « ennemis » une facile voie d'accès au cœur même des lieux habités par les clandestins. Enfin et surtout, M. Frank me concéda que la « porte-armoire »… n'avait aucun sens. Il reconnut que ce maquillage n'aurait pu, en aucun cas, empêcher une perquisition de l'arrière-maison vu que cette arrière-maison était accessible par d'autres voies et, notamment, par la voie la plus naturelle : la porte d'entrée donnant sur le jardin. Cette évidence, il est vrai, ne peut apparaître au vu du schéma, puisque le schéma ne contient aucun dessin du rez-de-chaussée tout entier. Quant aux visiteurs du musée, ils n'ont pas accès à ce même rez-de-chaussée. Cette fameuse « porte-

armoire » devient ainsi une invention des « clandestins » particulièrement aberrante. On doit, en effet, songer ici que la fabrication de cette « porte-armoire » a été une besogne périlleuse. La destruction des marches d'escalier, le montage de cette fausse armoire, la transformation d'un lieu de passage en un apparent cul-de-sac, tout cela ne pouvait que donner l'éveil aux « ennemis ». Tout cela avait donc été suggéré par Kraler et exécuté par Vossen (21 août 42) !

42. Plus mon entretien avançait, plus l'embarras de M. Frank était visible. Mais son amabilité ne se démentait pas ; au contraire. Sur la fin, M. Frank allait employer une argumentation sentimentale, apparemment habile et sur un ton de bonhomie. Cette argumentation était la suivante : « Oui, je vous l'accorde, nous avons été un peu imprudents. Certaines choses étaient un peu dangereuses, il faut le reconnaître. D'ailleurs, est-ce peut-être bien pour cela que nous avons été finalement arrêtés. Mais ne croyez pas, monsieur Faurisson, que les gens étaient soupçonneux à ce point. » Cette curieuse argumentation allait dicter à M. Frank des phrases comme : « Les gens étaient gentils ! » ou bien : « Les Hollandais étaient bons ! » ou même, à deux reprises : « La police était bonne ! »

43. Ces phrases n'avaient qu'un inconvénient : elles rendaient absurdes toutes les « précautions » signalées dans le livre. Dans une certaine mesure, elles ôtaient même au livre tout son sens. Ce livre raconte, en effet, l'aventure tragique de huit personnes traquées, contraintes de se cacher, de s'enterrer vivantes pendant vingt-cinq mois au sein d'un monde férocement hostile. Dans ces « jours de tombeau », seuls quelques êtres d'élite savaient leur existence et leur portaient secours. On peut dire qu'en recourant à ses derniers arguments, M. Frank tentait, d'une main, de calfeutrer les fissures d'un ouvrage que, de l'autre main, il démantelait.

44. Le soir de notre première journée d'entretien, M. Frank me remettait son propre exemplaire, en français, du livre d'E. Schnabel : Spur eines Kindes (Sur les traces d'Anne Frank). Il me dit que je trouverais peut-être dans ce livre des réponses à certaines de mes questions. Les pages de cet exemplaire n'étaient pas découpées. Il faut dire que M. Frank parle et comprend le français, mais le lit avec un peu de difficulté. (Je précise ici que tous nos entretiens se déroulaient en anglais, langue que M. Frank maîtrise parfaitement.) Je n'avais pas encore lu ce livre, parce que la stricte observance des méthodes propres à la pure critique interne fait obligation de ne rien lire sur une œuvre aussi longtemps qu'on ne

s'est pas fait personnellement une idée claire de cette œuvre. Dans la nuit qui précéda notre second entretien, je parcourus ce livre. Parmi une dizaine de points qui allaient me confirmer que le Journal était une affabulation (et cela alors même que Schnabel déployait beaucoup d'efforts pour nous persuader du contraire), je relevai, à la page 151, un passage stupéfiant. Ce passage concernait M. Vossen, l'homme qui s'était, paraît-il, dévoué comme menuisier pour la fabrication de la « porte armoire » destinée à cacher les clandestins (Journal, 21 août 1942). Le « bon Vossen » était censé travailler au 263 Prinsengracht. Il tenait les clandestins au courant de tout ce qui se passait au magasin. Mais la maladie l'avait obligé à se retirer chez lui où sa fille Elli le rejoignait après ses propres heures de travail. À la date du 15 juin 1943, Anne en parle comme d'un ami précieux. Or, si l'on en croit un propos d'Elli, rapporté par Schnabel, le bon Vossen... ignorait l'existence des Frank au 263 Prinsengracht ! Elli raconte, en effet, qu'à la date du 4 août 1944, quand elle rentra à son domicile, elle informa son père de l'arrestation des Frank. « Je me suis assise au bord du lit et je lui ai tout raconté. Mon père aimait beaucoup M. Frank qu'il connaissait depuis longtemps. Il ignorait que les Frank n'étaient pas partis pour la Suisse, comme on le prétendait mais qu'ils s'étaient cachés dans la Prinsengracht. » Mais ce qui est incompréhensible, c'est que Vossen ait pu croire à ce bruit. Pendant près d'un an il lui avait été donné de voir les Frank à Prinsengracht, de leur parler, de les aider, de devenir leur ami. Puis, quand, en raison de sa mauvaise santé, il avait quitté son emploi à Prinsengracht, sa fille Elli pouvait le tenir au courant des faits et gestes de ses amis Frank.

45. M. Frank ne put m'expliquer ce passage du livre de Schnabel. Se précipitant sur les textes allemand et américain du même ouvrage, il faisait une surprenante découverte : tout le passage où Elli parle de son père figurait bien dans ces textes mais... amputé de la phrase commençant par : « Il ignorait... », et se terminant par : « la Prinsengracht » Dans le texte français, Elli poursuivait : « Il ne dit rien. Il restait couché en silence. » Voici, pour comparaison, le texte allemand : « Ich setzte mich zu ihm ans Bett und habe ihm alles gesagt. Er hing sehr an Herrn Frank, denn er kannte ihn lange **[passage manquant]** Gesagt hat er nichts. Er hat nur dargelegen. »[94]

Et voici le texte américain :

---

[94] E. Schnabel, *Anne Frank*, p. 115.

« I sat down beside his bed and told him everything. He was deeply attached to Mr. Frank, whom he had known a long time **[passage manquant]**. He said nothing. »[95]

46. Rentré en France, il me fut facile d'élucider ce mystère : par bien d'autres points du texte français il devenait évident qu'il avait existé *deux* versions originales allemandes. La première version de Schnabel avait dû être envoyée en « tapuscrit » à la maison d'édition française Albin Michel pour qu'en soit préparée une traduction en français, sans perdre de temps. Là-dessus, Schnabel ou, fort probablement, M. Frank, avait procédé à une révision de son texte. Il en avait alors supprimé la phrase litigieuse sur Vossen. Puis, Fischer avait publié cette version corrigée. Mais, en France, on avait mis les bouchées doubles et le livre sortait déjà des presses. Il était trop tard pour le corriger. Je remarque d'ailleurs une curiosité bibliographique : mon exemplaire de *Sur les traces d'Anne Frank* porte la mention de « 18ᵉ mille » et sa date d'« achevé d'imprimer » est de février 1958. Or, le premier mille de l'édition **originale** allemande est de **März** 1958. La traduction est donc bien parue avant l'original.

47. Reste, bien entendu, à savoir pourquoi M. Frank ou E. Schnabel ont cru bon de procéder à cette étonnante correction. Toujours est-il que M. Frank a manifesté son désarroi une fois de plus devant cette anomalie supplémentaire. Nous prenions congé dans une atmosphère des plus pénibles, où chaque témoignage d'amabilité que me prodiguait M. Frank me gênait un peu plus. Peu après mon retour en France, j'écrivais à M. Frank pour le remercier de son accueil et pour lui demander l'adresse d'Elli. Il me répondait aimablement en me demandant de lui renvoyer l'exemplaire en français du livre de Schnabel, et sans me parler d'Elli. Je lui renvoyais son exemplaire en lui redemandant l'adresse. Pas de réponse cette fois-ci. Je lui téléphonais à Birsfelden. Il me répondit qu'il ne me donnerait pas cette adresse, et cela d'autant moins que j'avais envoyé à Kraler (Kugler) une lettre « idiote ». Je reviendrai sur cette lettre.

Chapitre IV

48. Examen bibliographique : de curieux silences et de curieuses révélations.

---

[95] E. Schnabel, *Anne Frank: A portrait in Courage*, p. 132.

49. Le livre susmentionné de Schnabel (Spur eines Kindes) a de curieux silences, tandis que le long article, non signé, que Der Spiegel (1er avril 1959, p. 51-55) a consacré au Journal, à la suite de l'affaire Stielau, nous apporte de curieuses révélations. Le titre de cet article est éloquent : « Anne Frank. Was schrieb das Kind ? » (Anne Frank. Qu'a écrit l'enfant ?)

50. Ernst Schnabel fait ouvertement l'apologie d'Anne Frank et d'Otto Frank. Son livre est relativement riche sur tout ce qui précède et sur tout ce qui suit les vingt-cinq mois de la vie à Prinsengracht. En revanche, il est d'une pauvreté extrême en ce qui concerne ces vingt-cinq mois. On dirait que les témoins directs (Miep, Elli, Kraler, Koophuis, Henk) n'ont rien à déclarer sur cette période capitale. Pourquoi se taisent-ils ainsi ? Pourquoi n'avoir dit que quelques banalités du genre de : « […] quand à midi, là-haut, chez eux, nous prenions notre assiettée de soupe » (p. 99) ou bien : « Nous mangions toujours ensemble » (p. 102) ? Pas un détail concret, pas une description, pas une anecdote n'est là qui, par sa précision, donnerait l'impression que les clandestins et leurs fidèles amis partageaient ainsi régulièrement la même table à midi. Tout apparaît dans une espèce de brouillard. Or, ces témoins n'ont été interrogés que treize ans, tout au plus, après l'arrestation des Frank, et certains d'entre eux, comme Elli, Miep et Henk, étaient encore jeunes. Je ne parle pas de nombreuses autres personnes que Schnabel qualifie abusivement de « témoins » et qui, en fait, n'ont jamais connu ni même rencontré les Frank. C'est le cas, par exemple, pour le fameux « marchand de légumes ». Ce « Gemüsemann » : « Il ne connaissait pas du tout les Frank » (p.73). D'une façon générale, l'impression que je retire de la lecture du livre de Schnabel est la suivante : cette Anne Frank a réellement existé ; elle a été une petite jeune fille sans grand caractère, sans forte personnalité, sans précocité scolaire (au contraire même), et personne ne lui soupçonnait d'aptitude à écrire ; cette malheureuse enfant a connu les horreurs de la guerre ; elle a été arrêtée par les Allemands ; elle a été internée, puis déportée ; elle est passée par le camp d'Auschwitz-Birkenau ; elle a été séparée de son père ; sa mère est morte à l'infirmerie de Birkenau le 6 janvier 1945 ; sa sœur et elle ont été, vers octobre 1944, transférées au camp de Bergen-Belsen ; Margot est morte du typhus ; puis, Anne, à son tour, seule au monde, a dû, elle aussi, mourir du typhus, en mars 1945. Voilà des points sur lesquels les témoins n'ont pas hésité à parler. Mais chez tous on sent de la méfiance devant une Anne de légende, capable de tenir la plume

comme on nous le dit, capable de tenir ce *Journal* et d'écrire ces *Contes,* et de rédiger « un début de roman », etc. Schnabel lui-même écrit une phrase révélatrice quand il déclare : « Sur la personne d'Anne mes témoins savaient beaucoup raconter mais sa légende les laissait seulement silencieux ou tout à fait craintifs. Ils ne la contestèrent ni ne la contredirent par une seule parole mais c'était comme s'ils avaient eu à s'en protéger eux-mêmes. Tous avaient lu le journal d'Anne mais ils ne le mentionnèrent pourtant pas » (p. 8). Cette dernière phrase est importante :

« *Tous avaient lu le journal d'Anne, mais il ne le mentionnèrent pourtant pas.* » Même Kraler, qui envoya de Toronto une longue lettre à Schnabel, ne fit mention ni du *Journal,* ni des autres écrits d'Anne (p. 77). Kraler est le seul témoin direct à raconter une anecdote ou deux sur Anne ; or, d'une façon très curieuse, il situe ces anecdotes à l'époque où les Frank habitaient encore leur appartement de Merwedeplein, avant leur « disparition » (« avant qu'ils fussent disparus » (p. 78). C'est seulement dans l'édition corrigée que la seconde anecdote est située à Prinsengracht même « alors qu'ils étaient déjà dans l'arrière-maison » (p. 78). Les témoins n'ont pas voulu que leurs noms soient publiés. Les deux plus importants témoins (le « dénonciateur probable » et le policier autrichien) n'ont été ni interrogés, ni même recherchés. Schnabel tente à plusieurs reprises d'expliquer cette curieuse abstention (p. 11, 119 et toute la fin du chapitre X). Il va jusqu'à présenter une sorte de défense du policier arrestateur ! Une personne mentionne tout de même le *Journal,* mais c'est pour en signaler un point qui lui semble bizarre et qui concerne l'école Montessori dont cette personne était la directrice (p. 40). Schnabel lui-même traite curieusement le *Journal.* Comment expliquer, en effet, les amputations qu'il pratique quand il cite un passage comme celui de ses pages 106 et 107 ? Citant un long passage de la lettre du 11 avril 1944 où Anne raconte la descente de police à la suite du cambriolage, il supprime la phrase où Anne donne la raison essentielle de son angoisse, cette raison c'est que la police, paraît-il, est allée jusqu'à donner de bruyantes secousses à la « porte-armoire ». (« *Das und das Rasseln der Polizei an der Schranktüre waren für mich die schrecklichsten Augenblicke.* ») Schnabel n'aurait-il pas pensé, comme tout homme sensé, que ce passage est absurde ? En tout cas, il nous dit qu'il a visité le 263 Prinsengracht avant sa transformation en musée. Il n'y a pas vu de « porte-armoire ». Il écrit : « Le rayonnage qu'on avait posé contre cette porte pour la camoufler entièrement a été arraché. Seules les charnières tordues pendent encore à la porte » (p. 67). Il n'a trouvé aucune trace d'un camouflage spécial, mais seulement, dans la chambre d'Anne, un morceau de rideau jauni (« *ein zerschlissener, vergilbter Rest der Gardine* » [*ibidem*]). M. Frank, paraît-il, marquait au crayon, sur le papier mural, près d'une porte, les tailles successives de ses filles. Aujourd'hui, au musée, les visiteurs peuvent voir un impeccable carré de papier mural, placé sous verre, et où se remarquent d'impeccables traits de crayon qui paraissent avoir été tracés le même jour. On nous dit que ces traits de crayon indiquaient les tailles des enfants de M. Frank. Quand j'ai vu M. Frank à Birsfelden, je lui ai demandé s'il ne s'agissait pas là d'une « reconstitution ». Il m'a assuré que tout cela était authentique. C'est difficile à croire. Schnabel, lui, a simplement vu, comme marque, un « A 42 » qu'il interprète ainsi : « Anne 1942 ». Ce qui est curieux, c'est que le papier « authentique » du musée ne porte rien de tel. Schnabel dit bien qu'il n'a vu que cette marque et que les autres ont été détruites ou arrachées (« die anderen Marken sind abgerissen » [*ibidem*]). M. Frank se serait-il rendu coupable ici d'un artifice (« ein Trick »), comme celui qu'il a suggéré à Henk et à Miep pour la photocopie de leur passeport ? Un point très intéressant de l'histoire d'Anne est celui qui touche aux manuscrits. J'ai le regret de dire que je trouve peu vraisemblable le récit de la découverte de ces manuscrits, puis de leur transmission à M. Frank par sa secrétaire Miep. La police aurait jonché le sol de toutes sortes de papiers. Parmi ces papiers, Miep et Elli auraient recueilli un « cahier écossais » (« ein rotkariertes Buch » : un livre quadrillé rouge) et bien d'autres écrits où elles auraient reconnu l'écriture d'Anne. Elles n'en auraient rien lu. Elles auraient mis tous ces papiers de côté dans le grand bureau. Puis, ces papiers auraient été remis à M. Frank à son retour de Pologne (p. 155-157). Ce récit ne coïncide pas du tout avec le récit de l'arrestation. L'arrestation s'est faite lentement, méthodiquement, correctement, tout comme la perquisition. Les témoignages sont unanimes sur ce point (voyez le chapitre IX). Après l'arrestation, le policier est revenu à plusieurs reprises sur les lieux. Il a, en particulier, interrogé Miep. La police a voulu savoir si les Frank étaient en relation avec d'autres clandestins. Le *Journal,* tel que nous le connaissons, aurait révélé, au premier coup d'œil, une foule de renseignements précieux pour la police et terriblement compromettants pour Miep, pour Elli et pour tous les amis des clandestins. La police a pu négliger le « cahier écossais » si, dans son état originel, il ne comportait, comme je le pense, que des dessins, des photographies ou des notes de caractère inoffensif. Mais il paraîtrait invraisemblable qu'elle ait laissé sur place plusieurs cahiers et plusieurs centaines de feuillets épars, dont l'écriture était, au moins en apparence, celle d'un adulte. De la part d'Elli et de Miep, ç'aurait été folie de rassembler et de garder, surtout au bureau, une telle masse de documents compromettants. Elles savaient, paraît-il, qu'Anne tenait un journal. Dans un journal, on est censé raconter ce qui se passe au jour le jour. Anne risquait, par conséquent d'y mentionner Miep et Elli.

51. À propos du livre de Schnabel, M. Frank m'avait fait une surprenante révélation. Il m'avait dit que ce livre, pourtant traduit en plusieurs langues, ne l'avait pas été en néerlandais ! La raison de cette exception était que les principaux témoins résidaient en Hollande et que, par modestie en même temps que par souci de calme, ils souhaitaient qu'on ne parle pas d'eux. En réalité, M. Frank se trompait ou bien il me trompait. Une enquête menée à Amsterdam devait, en un premier temps, me donner à croire que le livre de Schnabel n'avait pas été traduit en néerlandais. Même la maison d'édition Contact répondait ou faisait répondre à plusieurs libraires et à plusieurs particuliers que ce livre n'existait pas. Je découvrais alors que, dans une vitrine du musée, le livre de Schnabel était indiqué comme ayant été traduit et publié en 1970 (douze ans après sa publication en Allemagne, en France et aux États-Unis !) sous le titre de : Haar laatste Levensmaanden (« Ses derniers mois »). Le livre était malheureusement introuvable. Mêmes réponses des libraires et de la maison Contact. À force d'insistance, Contact me répondait enfin qu'il ne leur restait qu'un exemplaire d'archives. Non sans difficulté j'obtins de le consulter, et puis d'en avoir la photocopie pour les pages 263 à 304. Car en réalité, l'ouvrage en question ne contenait qu'un extrait du livre de Schnabel, réduit à trente-cinq pages, et placé en appendice au texte du Journal. L'étude comparée de Spur eines Kindes et de sa « traduction » en néerlandais est du plus haut intérêt. Du livre de Schnabel, les Néerlandais ne peuvent lire que les cinq derniers chapitres (sur treize chapitres en tout). Encore trois de ces cinq chapitres ont-ils subi des coupures de toute sorte. Certaines de ces coupures sont signalées par des points de suspension. D'autres ne sont pas signalées du tout. Les chapitres ainsi mis en pièces sont les chapitres IX, X et XIII, c'est-à-dire ceux qui concernent, d'une part, l'arrestation et ses suites directes (en Hollande) et, d'autre part, l'histoire des manuscrits. Dès qu'il ne s'agit plus de ces sujets, dès qu'il s'agit des camps (ce qui est le cas dans les chapitres XI

et XII), le texte original de Schnabel est respecté. Examinées de près, les coupures semblent avoir été introduites pour enlever les détails un tant soit peu parlants qui figuraient dans les témoignages de Koophuis, de Miep, de Henk et d'Elli. Par exemple, il manque, sans que rien ne nous signale l'existence d'une coupure, le passage capital où Elli raconte comment elle a appris à son père l'arrestation des Frank (les treize lignes de la page 115 de Spur sont totalement absentes de la page 272 de Haar laatste Levensmaanden). Il est aberrant que le seul peuple auquel on ait ainsi réservé une édition expurgée de la vie d'Anne Frank soit précisément celui où est née l'aventure d'Anne Frank. Imagine-t-on des révélations sur Jeanne d'Arc qui seraient faites à toute sorte de peuples étrangers, mais interdites en quelque sorte au peuple français ? Une pareille façon d'agir ne se comprend que lorsque des éditeurs craignent que, dans le pays d'origine, des « révélations » ne paraissent assez vite suspectes. L'explication donnée par M. Frank ne tient guère. Puisque Koophuis, Miep, Henk et Elli se trouvent de toute façon nommés (d'ailleurs par des pseudonymes complets ou partiels), et puisque Schnabel leur fait tenir tel et tel propos, on ne voit pas comment les coupures introduites dans ces propos peuvent flatter la modestie chatouilleuse de leurs auteurs ou leur assurer plus de tranquillité dans leur vie à Amsterdam. Je croirais plutôt que la mise au point de la traduction néerlandaise a donné lieu à de très longues et laborieuses tractations entre tous les intéressés ou, du moins, entre M. Frank et certains d'entre eux. Les « témoins » ont certes accepté de prêter leur collaboration à M. Frank dans l'édification de l'histoire d'Anne Frank, mais, avec les années, ils sont devenus plus circonspects et plus avares de détails que dans leurs « témoignages » originels.

52. L'article susmentionné de *Der Spiegel* nous apporte, comme je l'ai dit, de curieuses révélations. J'ai pour principe de me défier des journalistes. Ils travaillent trop vite. Ici, il est manifeste que le journaliste a mené une enquête approfondie. Le sujet était trop brûlant et trop délicat pour être traité à la légère. La conclusion de ce long article pourrait, en effet, être la suivante : en suspectant le *Journal* d'être un faux, Lothar Stielau n'a peut-être rien prouvé, mais il n'empêche qu'il a « heurté un problème effectivement épineux – le problème de la genèse de l'édition du livre » (*auf ein tatsächlich heikles Problem gestossen – das Problem der Enstehung der Buchausgabe*, p. 51). Et il se révèle que nous sommes *très loin* du texte des manuscrits originaux quand nous

lisons en néerlandais, en allemand ou en quelque langue que ce soit, le livre intitulé *Journal* d'Anne Frank. À supposer un instant que les manuscrits soient authentiques, il faut bien savoir, en effet, que ce nous lisons sous ce titre, par exemple en néerlandais (c'est-à-dire dans la langue supposée originale), n'est que le résultat de toute une série de travaux de **refonte** et de **rewriting** auxquels ont participé notamment M. Frank et quelques amis intimes parmi lesquels, pour le texte néerlandais, le couple Cauvern, et, pour le texte allemand, Anneliese Schütz, dont Anne fut l'élève.

53. Entre l'état original du livre (c'est-à-dire les manuscrits) et son état imprimé (c'est-à-dire l'édition néerlandaise de Contact en 1947), le texte a connu *au moins* **cinq états** successifs. **Premier état :** entre fin mai 1945 et octobre 1945, M. Frank a établi une sorte de copie (« Abschrift ») des manuscrits, en partie seul, en partie avec l'aide de sa secrétaire Isa Cauvern (cette femme était l'épouse d'un ami de M. Frank : Albert Cauvern ; avant la guerre, les Cauvern avaient reçu chez eux les enfants Frank, pour les vacances). **Deuxième état :** d'octobre 1945 à janvier 1946, M. Frank et Isa Cauvern travaillèrent ensemble à une nouvelle version de la copie, une version dactylographiée (« *Neufassung der Abschrift* » / « *maschinen geschrie bene Zweitfassung* »). **Troisième état :** à une date non précisée (fin de l'hiver 1945-1946 ?), cette seconde version (dactylographiée) fut soumise à Albert Cauvern ; celui-ci, en tant qu'homme de radio – il était « lecteur » à la chaîne de radio « De Vara » à Hilversum – s'entendait en rewriting de manuscrits ; selon ses propres paroles, il commença par « passablement changer » cette version ; il rédigea son propre texte en « homme d'expérience » (« *Albert Cauvern stellt heute nicht in Abrede, daß er jene maschinengeschriebene Zweitfassung mit kundiger Hand redigiert hat : « Am Anfang habe ich ziemlich viel geänder*t », p. 52). Détail surprenant pour un journal : il ne craignit pas de regrouper sous une seule date des lettres écrites à des dates différentes ; en un second temps, il se borna à corriger la ponctuation ainsi que les fautes d'expression et de grammaire ; tous ces changements et corrections furent portés sur le texte dactylographié ; A. Cauvern n'a jamais vu les manuscrits originaux. **Quatrième état :** à partir des changements et des corrections, M. Frank établit ce qu'on peut appeler le troisième texte dactylographié, au printemps de 1946 ; il en soumit le résultat à « trois hautes personnalités compétentes » (« *drei prominente Gutachter* », p. 53), *en leur laissant croire qu'il s'agissait de la reproduction intégrale d'un manuscrit, à l'exception, bien*

compréhensible, de quelques points d'ordre personnel ; ensuite, ces trois personnes ayant apparemment donné leur caution au texte, M. Frank alla le proposer à plusieurs maisons d'édition d'Amsterdam qui le refusèrent ; se tournant alors, selon toute vraisemblance mais ce point n'est pas très clair vers l'une de ces trois personnes, M_{me} Anna Romein-Verschoor, il obtint que le mari de cette dernière, M. Jan Romein, professeur d'histoire des Pays-Bas à l'université d'Amsterdam, écrivît dans le quotidien *Het Parool* un article retentissant qui commençait par ces mots : « Il m'est par hasard tombé entre les mains un journal [etc.] » ; l'article étant fort élogieux, une modeste maison d'édition d'Amsterdam demanda à publier ce journal (Contact). **Cinquième état :** l'accord une fois passé ou en voie de l'être, M. Frank alla trouver plusieurs « conseillers spirituels » (*mehrere geistliche Ratgeber*), dont le pasteur Buskes ; il leur accorda pleine licence de censurer le texte (« *räumte ihnen freiwillig Zensoren-Befugnisse ein* », p. 53-54). Et cette censure s'exerça.

54. Mais là ne s'arrêtent pas les bizarreries. Le texte allemand du *Journal* fait l'objet d'intéressantes remarques de la part du journaliste de *Der Spiegel*. Il écrit : « Une curiosité de la "littérature Anne Frank" est constituée par l'œuvre de traduction d'Anneliese Schütz, dont Schnabel disait : "Je souhaiterais que toutes les traductions fussent aussi fidèles", mais dont le texte s'écarte très souvent de l'original hollandais » (p. 54). En fait, comme je le montrerai plus loin (alinéas 72-103), le journaliste est tout à fait indulgent dans sa critique, quand il dit que le texte allemand s'écarte très souvent de ce qu'il appelle l'original (c'est-à-dire sans doute de l'original *imprimé* par les Hollandais). Le texte imprimé allemand n'a pas droit au titre de traduction de l'imprimé hollandais : il constitue, à proprement parler un autre livre à lui seul. Mais passons sur ce point. Nous y reviendrons. Anneliese Schütz, grande amie des Frank, comme eux réfugiée juive allemande en Hollande, et professeur d'Anne, mit donc au point un texte, en allemand, du journal de son ancienne élève. Elle s'attela à ce travail... pour la grand-mère d'Anne ! Celle-ci, très âgée, ne lisait pas, en effet, le hollandais. Il lui fallait donc une traduction en allemand, langue maternelle des Frank. Anneliese Schütz composa sa « traduction » « dans la perspective de la grand-mère » (*aus der Grossmutter-Perspektive*, p. 55). Elle prit de stupéfiantes libertés. Là où, d'après ses souvenirs, Anne s'était mieux exprimée, elle la fit... s'exprimer mieux ! La grand-mère avait droit à cela ! ([...] *die Grossmutter habe ein Recht darauf,*

mehr zu erfahren – vor allem dort, « wo Anne nach meiner Erinnerung etwas besseres gesagt hatte ») *(ibidem).* Soit dit en passant, Anneliese Schütz n'est jamais mentionnée dans le *Journal* par Anne Frank. Faut-il comprendre qu'elle a vécu auprès d'Anne ou qu'elle l'a rencontrée pendant les vingt-cinq mois où celle-ci se cachait à Prinsengracht ? À la « perspective de la grand-mère », qui dictait certaines « obligations », succéda ce qu'on peut appeler la « perspective commerciale » qui dicta d'autres obligations. En effet, quand vint le moment de publier en Allemagne le *Journal,* Anneliese Schütz introduisit de nouvelles modifications. Prenons un exemple qu'elle cite elle-même. Le manuscrit, à ce qu'on dit, comportait la phrase suivante : « [...] pas de plus grande hostilité au monde qu'entre les Allemands et les juifs » *(ibidem).* Anneliese Schütz remplaça « les Allemands » par « *ces* Allemands », en prenant soin de mettre « *ces* » en italique, pour donner à entendre aux lecteurs allemands que Anne désignait par là les nazis. Anneliese Schütz déclarait au journaliste de *Der Spiegel :* « Je me suis toujours dit qu'un livre, appelé à être vendu en Allemagne, ne peut contenir d'expression outrageante pour les Allemands » *(ibidem).* Pour ma part, je dirais que cette argumentation d'ordre à la fois commercial, sentimental et politique se comprend à la rigueur de la part d'une femme d'origine juive berlinoise, qui avait milité avant la guerre dans un mouvement de suffragettes et qui avait dû s'expatrier pour des raisons politiques, mais qu'autrement cette argumentation est d'autant moins acceptable que les propos « outrageants » ont été et continuent d'être propagés dans des millions d'exemplaire du *Journal* vendus à travers le monde en d'autres langues que l'allemand. Et je ne parle pas ici du simple point de vue du respect de la vérité.

55. On n'a pas l'impression que les « collaborateurs » de M. Frank à l'édition du *Journal* se soient tellement félicités de leur travail, ni qu'ils se soient réjouis spécialement du bruit fait autour de ce *Journal.* Prenons ces collaborateurs les uns après les autres. D'Isa Cauvern, nous ne pouvons rien dire sinon qu'elle s'est suicidée, en se jetant de sa fenêtre, en juin 1946. M. Frank venait de signer ou allait signer son contrat de publication avec Contact. Le motif de ce suicide ne nous est pas connu et il est présentement impossible d'établir un lien quelconque entre ce suicide et l'affaire du *Journal.* Quant à la préfacière, Anna Romein-Verschoor, elle devait déclarer en 1959 à *Der Spiegel :* « Je n'ai pas du tout été assez méfiante » *(Ich bin wohl nicht misstrauisch genug gewesen).* Son mari n'avait pas été plus méfiant. Albert Cauvern lui, n'a jamais

pu obtenir de M. Frank le retour du texte dactylographié sur lequel il avait travaillé. Il avait demandé ce texte « en mémoire de [s]a femme », morte en 1946. M. Frank n'avait pas envoyé le texte en question. Kurt Baschwitz, ami de M. Frank, était l'une des « trois personnalités éminentes » (les deux autres étant M. et M$_{me}$ Romein). En 1959, il devait plaider pour un « arrangement » entre M. Frank et Lothar Stielau. Il préconisait, d'autre part, une publication intégrale du texte des manuscrits pour résoudre le problème. Pour savoir à quoi s'en tenir, cette solution aurait été, en effet, la plus commode. Anneliese Schütz, pour sa part devait manifester sa réprobation, à la fois du « Mythe Anne Frank » et de l'attitude de M. Frank à l'endroit de Lothar Stielau. Elle était pour la politique du silence : le moins de bruit possible autour d'Anne Frank et de son *Journal*. Elle allait jusqu'à désapprouver M. Frank et Ernst Schnabel pour *Spur eines Kindes :* qu'avait-on besoin de ce livre ? Quant à Stielau, s'il avait formulé la remarque que lui reprochait M. Frank, il n'y avait qu'à faire comme si on ne l'entendait pas. Cette réaction « tranchante » (*scharf* [*ibidem*]) d'Anneliese Schütz était d'autant plus curieuse que cette femme se présentait comme la « traductrice » du *Journal* en allemand et que Ernst Schnabel avait – mais peut-être ne le savait-elle pas ? – poussé la complaisance jusqu'à déclarer à propos de cette invraisemblable « traduction » : « *Ich wünschte, alle Übersetzungen wären so getreu* » (p. 54) (« Je souhaiterais que toutes les traductions fussent aussi fidèles »).

Chapitre V

56. **Retour à Amsterdam pour une nouvelle enquête :** l'audition des témoins se révèle défavorable à M. Frank. La vérité probable.
57. La critique interne du *Journal* m'avait conduit à estimer que ce *Journal* était un « conte à dormir debout », un roman, un mensonge. Les investigations suivantes n'avaient fait que renforcer ce jugement. Mais, si je voyais bien où était le mensonge, je ne voyais pas pour autant où était la vérité. Je voyais bien que la famille Frank n'avait pas pu vivre pendant vingt-cinq mois, au 263 Prinsengracht, de la façon dont elle le prétendait. Mais comment avait-elle vécu en réalité ? Où ? Avec qui ? Et, pour finir, est-ce bien au 263 Prinsengracht qu'elle avait été arrêtée ?
58. Sans illusion sur la réponse qu'il me ferait, je posais ces questions à Kraler (de son vrai nom, Kugler) dans une lettre que je lui envoyais au Canada. Je lui demandais également si Anne lui

paraissait avoir été l'auteur du *Journal* et comment il pouvait m'expliquer que Vossen (de son vrai nom, Voskuyl) ait cru que les Frank étaient ailleurs qu'au 263 Prinsengracht, et même précisément, en Suisse. Sa réponse fut discourtoise. Il communiqua ma lettre et cette réponse à M. Frank. C'est cette lettre que M. Frank qualifia d'« idiote » lors d'une conversation téléphonique. C'est, je suppose, cette réponse qui valut à Kraler, un an plus tard, de recevoir d'une institution un prix de dix mille dollars pour avoir « protégé Anne Frank et sa famille pendant la guerre, à Amsterdam ».[96] Abstraction faite de sa discourtoisie, la réponse de Kraler ne me parut pas inintéressante. Kraler me répondait que la suggestion de Vossen concernant la présence des Frank en Suisse « était faite pour protéger la famille qui se cachait » (lettre du 14 avril 1977). Il ajoutait, à propos d'Anne, « il a existé d'autres jeunes, même plus jeunes qu'Anne, grandement doués ». Je trouvais que le premier point de cette réponse était précis mais incompréhensible si l'on se rappelle que Vossen avait, d'après sa propre fille, le *sentiment personnel* que les Frank étaient en Suisse. Quant au second point de la réponse, son caractère stéréotypé était frappant de la part d'un homme qui n'aurait dû avoir que l'embarras du choix pour donner une réponse précise et convaincante. Kraler, en effet était censé avoir vécu pendant vingt-cinq mois en un contact quasi quotidien avec cette Anne Frank dont le « journal » était un secret de polichinelle, paraît-il, pour ceux qui la connaissaient.

59. L'audition d'Elli, le 30 novembre 1977, puis celle de Miep et de Henk le 2 décembre 1977, me frappèrent d'emblée par l'impression que ces trois personnes n'avaient nullement vécu pendant vingt-cinq mois au contact des Frank et des autres clandestins de la façon dont cela nous est rapporté dans le *Journal*. En revanche, j'acquis la conviction qu'au moins Miep et Elli avaient été présentes au 263 Prinsengracht, le 4 août 1944, lors de la descente de police. Il m'est difficile de rendre compte de l'insistance avec laquelle Elli et Miep se dérobèrent à mes questions sur les vingt-cinq mois, pour en venir et en revenir à la journée du 4 août 1944. Elli, dont j'avais eu beaucoup de peine à trouver la trace, n'attendait ni ma visite, ni le type de questions précises que j'allais lui poser. Miep et Henk s'attendaient à ma visite et savaient que j'avais vu M. Frank. Dans aucune de ces deux auditions, je n'eus besoin de procéder comme avec M. Frank. Mes

---

[96] Voy. *Hamburger Abendblatt*, 6 juin 1978, p. 13.

questions furent brèves, en nombre limité, et sauf exception, je ne montrais pas à mes témoins soit leurs contradictions mutuelles, soit leurs contradictions avec le *Journal*. Elli, pleine de bonne volonté, me paraissait avoir une bonne mémoire des années de guerre et de menus événements de sa vie quotidienne d'alors (elle avait vingt-trois ans en 1944). Or, pour ce qui est des vingt-cinq mois, ses réponses à mes questions furent en général : « Je ne sais pas… Je ne me rappelle pas… Je ne peux pas vous expliquer… » « Le dépôt de charbon ? Il était dans la chambre des Van Daan. » « Les cendres ? Je suppose que les hommes les descendaient. » « Le gardien de nuit Slagter ? Je n'en ai jamais entendu parler ; après la guerre, nous avons eu un[e] secrétaire qui s'appelait de ce nom. » « Lewin ? Je n'ai jamais eu affaire à lui. » « La "porte-armoire" ? Vous avez raison, elle était inutile, mais c'était un camouflage pour les étrangers. » A Elli, je demandais de me décrire d'abord l'avant-maison, puis l'arrière-maison. Pour l'avant-maison, elle sut me donner des détails ; il est vrai qu'elle y travaillait. Pour l'arrière-maison, sa réponse fut intéressante. Elle me déclara qu'elle y avait, en tout et pour tout, passé une seule nuit, et cela avant l'arrivée des clandestins ! Elle ajouta qu'elle ne se rappelait pas les lieux, parce qu'elle avait été très nerveuse. Or, dans le *Journal,* Elli passe pour venir prendre à peu près tous ses repas de midi chez les clandestins (voy. 5 août 1943 : Elli arrive régulièrement à 12 h 45 ; 20 août 1943 : elle arrive régulièrement à 17 h 30 en « annonciatrice de la liberté » ; 2 mars 1944 : elle fait la vaisselle avec les deux mères de famille…). Je demandais enfin à Elli de me rappeler un détail quelconque de la vie familière, une anecdote quelconque qui ne figurent pas dans le livre. Elle s'en montra totalement incapable.

60. Miep et Henk furent également incapables de me fournir le moindre détail sur la vie des clandestins. La phrase capitale de leur témoignage fut la suivante : « **Nous ne savions pas exactement comment ils vivaient.** » Et d'ajouter : « Nous n'avons été qu'un week-end dans l'arrière-maison ; nous avons couché dans la *future* chambre d'Anne et de Dussel. » « Comment se chauffaient les clandestins ? Peut-être au gaz. » « Le dépôt de charbon était en bas dans le magasin. » « Il n'y avait pas d'aspirateur. » « Le marchand de légumes n'apportait jamais rien à Prinsengracht. » « La "porte-armoire" a été construite bien avant l'arrivée des Frank » (!) « Moi, Miep, j'apportais les légumes tandis qu'Elli apportait le lait. » « Moi, Henk, je travaillais ailleurs que dans l'entreprise, mais, tous les jours, je venais déjeuner au bureau des filles et je venais leur parler quinze ou vingt minutes. » (Ce point parmi d'autres est en

totale contradiction avec le *Journal,* où il est dit que Henk, Miep et Elli prennent leur déjeuner dans l'arrière-maison, avec les clandestins. Voy. 5 août 43.) Pendant tout notre entretien, Miep me donna l'impression d'être comme à la torture. Son regard me fuyait. Soudain, quand je lui permis enfin de me parler du 4 août 1944, son attitude changea du tout au tout. C'est avec un plaisir manifeste qu'elle se mit à évoquer avec un grand luxe de détails, l'arrivée de la police et ses suites. Je notais cependant une disproportion frappante dans les détails du récit. Ces détails étaient nombreux, vivants et d'une vérité criante quand Miep évoquait ce qui lui était personnellement arrivé avec l'arrestateur autrichien Silberbauer, soit ce jour-là, soit les jours suivants Mais, dès qu'il s'agissait des Frank et de leurs compagnons d'infortune, les détails devenaient rares et flous C'est ainsi que Miep n'avait rien vu de l'arrestation des clandestins. Elle ne les avait pas vus partir. Elle ne les avait pas vus monter dans la voiture de police, parce que cette voiture, qu'elle apercevait par la fenêtre de son bureau, « était trop près du mur de la maison ». Henk avait aperçu de loin, de l'autre côté du canal, la voiture de la police, mais sans pouvoir distinguer les gens qui entraient ou sortaient. À propos des manuscrits, Miep me répéta le récit qu'elle avait fait à Schnabel. Elle me dit aussi que M. Frank, revenu en Hollande à la fin de mai 1945, vécut pendant sept ans sous leur toit. C'est seulement vers la fin de juin ou le début de juillet 1945 qu'elle lui remit les manuscrits.

61. À la suite de ces deux auditions, mon jugement devenait le suivant : « Ces trois personnes ont dû, dans l'ensemble, me dire la vérité sur leur propre vie. Il est probablement vrai qu'elles ne connaissaient pour ainsi dire pas l'arrière-maison. Il est certainement vrai que, dans l'avant-maison, la vie se déroulait à peu près comme elles me l'ont raconté (repas de midi pris ensemble dans le bureau des secrétaires ; les hommes du magasin mangeant dans le magasin ; menues courses alimentaires faites dans le quartier, etc.). Il est certainement vrai qu'une descente de police a eu lieu le 4 août 1944 et que Miep a eu affaire ce jour-là et les jours suivants à un Karl Silberbauer. Il est probable, d'autre part, que ces trois personnes entretenaient des relations avec la famille Frank. Dans ce cas, pourquoi répugnaient-elles si visiblement à en parler ? Supposons, en effet, que les Frank et d'autres clandestins aient réellement vécu pendant vingt-cinq mois à proximité de ces trois personnes. Dans ce cas, pourquoi un tel silence ? »

62. La réponse à ces questions pouvait être la suivante : les Frank et, peut-être, d'autres juifs ont effectivement vécu dans l'arrière-maison du 263 Prinsengracht. Mais ils y ont vécu **tout autrement** que ne le raconte le *Journal*. Par exemple, ils y ont vécu d'une vie sans doute discrète, mais non comme dans une prison. Ils ont pu y vivre comme tant d'autres juifs qui se cachaient soit à la ville, soit à la campagne. Ils « se cachaient sans se cacher ». Leur aventure a été tristement banale. Elle n'a pas eu ce caractère rocambolesque, absurde et visiblement mensonger, que M. Frank a voulu faire passer pour réaliste, authentique et vécu. Après la guerre, autant les amis de M. Frank étaient prêts à témoigner en sa faveur, autant ils hésitaient à cautionner le récit du *Journal*. Autant ils pouvaient se porter garants des souffrances réelles de M. Frank et de sa famille, autant il leur paraissait difficile de témoigner, en plus, de souffrances imaginaires. Kraler, Koophuis, Miep, Elli, Henk apportaient à M. Frank leur amitié ; ils lui manifestaient publiquement leur sympathie comme à un homme plein de charme et, en même temps, accablé de malheurs. Ils se sentaient peut-être flattés d'être présentés dans la presse comme ses compagnons des jours d'infortune. Peut-être certains d'entre eux acceptaient-ils l'idée que, quand un homme a souffert, il a le droit moral d'exagérer un peu le récit de ses souffrances. Aux yeux de certains, le principal a pu être que M. Frank et les siens avaient eu à souffrir cruellement des Allemands ; peu importaient alors les « détails » de ces souffrances. Mais la complaisance a des limites. M. Frank n'a trouvé qu'une personne pour cautionner son récit de l'existence d'un *Journal*. Cette personne a été son ancienne secrétaire et amie : Miep Van Santen (de son vrai nom : Miep Gies). Encore le témoignage de Miep est-il étrangement timide. Ce témoignage revient à dire qu'après l'arrestation des Frank, elle avait ramassé sur le sol d'une pièce de l'arrière-maison un journal, un livre de comptabilité, des cahiers et un certain nombre de feuilles volantes. Il s'agissait pour elle d'objets appartenant à Anne Frank. Ce témoignage, Miep ne l'a rendu sous une forme officielle, que trente ans après les faits, le 5 juin 1974, dans l'étude de Me Antoun Jacob Dragt, notaire à Amsterdam. Miep ajoutait qu'elle avait fait cette découverte avec Elli. Or, le même jour, auprès du même notaire, cette dernière déclarait qu'elle se souvenait d'avoir été là lorsque ces pièces furent découvertes, mais qu'elle ne savait plus exactement comment elles furent découvertes. La restriction est grave et elle n'a pas dû plaire à M. Frank.

63. Schnabel écrivait (voy. ci-dessus, alinéa 50) que *tous* les « témoins » qu'il avait interrogés – y compris, par conséquent, Miep, Elli, Henk, Koophuis – s'étaient comportés « comme s'ils avaient eu à se protéger eux-mêmes contre la légende [d'Anne Frank] ». Il ajoutait que si tous avaient lu le *Journal,* ils ne le mentionnèrent pourtant pas. Cette dernière phrase signifie manifestement que, dans chaque audition de témoin, c'est Schnabel lui-même qui a dû prendre l'initiative de parler du *Journal.* On comprend que son livre n'ait pas été publié en Hollande, sinon sous une forme tronquée et censurée : c'est en Hollande que se trouvaient les principaux « témoins ». De son côté, l'article de *Der Spiegel* (voy., ci-dessus, alinéa 55) prouve que d'autres « témoins » de M. Frank ont fini par avoir les mêmes réactions négatives. Les fondements du mythe d'Anne Frank – mythe qui repose sur la véracité et l'authenticité du *Journal* – ne se sont pas affirmis avec le temps : ils se sont délabrés

Chapitre VI

64. **Le « dénonciateur » et l'arrestateur des Frank :** pourquoi M. Frank a-t-il voulu leur assurer l'anonymat ?

65. Dès 1944, M. Frank et ses amis savaient que leur « dénonciateur » supposé s'appelait Van Maaren et leur arrestateur, Silberbauer. Van Maaren était l'un des employés de leur magasin. Silberbauer était un sous-officier du S.D. d'Amsterdam. Dans le *Journal,* ainsi que dans le livre susmentionné de Schnabel, Van Maaren est appelé V. M. Quant à Silberbauer, il est appelé Silber*thaler* dans le livre de Schnabel. Il semble qu'à la Libération, Van Maaren eut des ennuis avec la justice de son pays. Sa culpabilité ne put être prouvée, m'a dit M. Frank. « V. M. a eu assez d'ennuis comme cela et il faut le laisser tranquille », m'a-t-il déclaré. Schnabel n'a pas voulu recueillir le témoignage de V. M. Il n'a pas voulu non plus recueillir celui de l'arrestateur.

66. En 1963, la presse internationale se faisait soudain l'écho d'une nouvelle retentissante : Simon Wiesenthal venait de retrouver l'arrestateur des Frank. Il s'appelait Silberbauer. Il était fonctionnaire de police à Vienne. S. Wiesenthal n'avait pas prévenu M. Frank de ses recherches. Ce dernier, interrogé par les journalistes, déclarait qu'il connaissait depuis près de vingt ans le nom de son arrestateur. Il ajoutait que tout cette affaire était fâcheuse et que Silberbauer n'avait fait que son devoir en l'arrêtant. Miep, pour sa part, déclarait que, si elle avait employé

le pseudonyme de Silberthaler pour désigner l'arrestateur, c'était sur la demande de M. Frank ; ce dernier lui avait fait valoir qu'il pouvait, en effet, exister d'autres personnes portant le nom de Silberbauer et à qui, par conséquent, du tort pouvait être fait : « [*De Heer Frank*] *had mij venocht de naam Silberthaler te noemen, omdat er misschien nog meer mensen Silberbauer heetten en die zouden wij dan in diskrediet brengen.* »[97]

67. Il y eut une sorte de conflit entre S. Wiesenthal et M. Frank. C'est ce dernier qui l'emporta en quelque sorte. En effet, Karl Silberbauer fut, au bout de onze mois, réintégré dans la police viennoise. Une commission de discipline, siégeant à huis clos (comme il est d'usage), le relaxa. Le jugement en commission d'appel (« *Oberdisziplinar kommission* ») fut également favorable à Silberbauer, ainsi que les conclusions d'une commission d'enquête du ministère de l'intérieur. Silberbauer avait bien arrêté les Frank au 263 Prinsengracht, mais sa participation à des « crimes de guerre contre les juifs ou les résistants » n'avait pu être prouvée. En juin 1978, j'obtins une entrevue de S. Wiesenthal dans son bureau de Vienne. À propos de cette affaire, il me déclara que M. Frank était « *crazy* » (« piqué »). À son avis, M. Frank, dans son souci d'entretenir un culte (celui de sa fille), entendait ménager les anciens nazis, tandis que lui, S. Wiesenthal, n'avait qu'un souci : celui de voir rendre la justice. S. Wiesenthal ne connaissait pas le vrai nom du magasinier V. M. Là encore M. Frank avait fait le nécessaire : l'Institut royal de documentation (pour la seconde guerre mondiale), dirigé par son ami Louis De Jong, répondait, s'il faut en croire un journal d'Amsterdam (*Trouw*, 22 novembre 1963), que ce nom ne serait pas donné à M. Wiesenthal, même s'il en faisait la demande : « […] *deze naam zou men zelfs aan Mr. Wiesenthal niet doorgeven, wanneer deze daarom zou verzoeken* ».

68. Les autorités de Vienne n'ont pas pu m'autoriser à consulter les dossiers des commissions d'enquête. Quant à Karl Silberbauer, il est mort en 1972. Mon enquête s'est donc limitée au dépouillement de quelques journaux hollandais, allemands et français de 1963 et 1964 et à l'audition d'un témoin que je crois bien informé, de bonne foi et de bonne mémoire. Ce témoin nous a adjurés, mon accompagnateur et moi-même, de ne pas divulguer son nom. J'ai promis de taire son nom. Je ne tiendrai ma promesse qu'à demi. L'importance de son témoignage est telle qu'il me paraît

---

[97] *Volkskrant*, 21 nov. 1963.

impossible de le passer sous silence. Le nom de ce témoin et son adresse ainsi que le nom de mon accompagnateur et son adresse sont notés sous pli cacheté contenu dans mon annexe n° 2 : « Confidentiel ».

69. Voici d'abord ce que j'appellerais : « Le témoignage de Karl Silberbauer, recueilli par un journaliste hollandais de *Haague Post* et traduit en allemand par un journaliste juif allemand de *l'Allgemeine Wochenzeitung der Juden in Deutschland.* »[98] Silberbauer raconte qu'à cette époque-là (4 août 1944) il avait reçu un appel téléphonique d'un inconnu qui lui avait révélé que des juifs se tenaient cachés dans un bureau de Prinsengracht : « J'alertais alors huit Hollandais du S. D et me rendis avec eux à Prinsengracht. Je vis qu'un de mes accompagnateurs hollandais cherchait à parler à un employé mais ce dernier fit un signe de pouce vers le haut. » Silberbauer décrit comment il pénétra dans l'endroit où les juifs se tenaient cachés : « Les gens couraient en tous sens et faisaient leur valise. Un homme est alors venu vers moi et il s'est présenté comme étant Otto Frank. Il avait, disait-il, été officier de réserve de l'armée allemande. À ma question sur le temps depuis lequel ils se cachaient, Frank avait répondu : "Vingt-cinq mois". Comme je ne voulais pas le croire, poursuit Silberbauer, il prit par la main une jeune fille qui se tenait à côté de lui. Cela doit avoir été Anne. Il plaça l'enfant contre un montant de porte, qui portait des encoches à différents endroits. Je dis encore à Frank : "Quelle jolie fille vous avez là!" » Silberbauer aurait dit ensuite qu'il n'avait fait que bien plus tard le rapprochement entre cette arrestation et ce que les journaux disaient de la famille Frank. Après la guerre, la lecture du *Journal* le surprit fort. Il ne comprenait surtout pas comment Anne pouvait savoir que les juifs étaient gazés : « Nous ignorions tous, expliqua Silberbauer, ce qui attendait les juifs. Je ne comprends surtout pas comment Anne dans son *Journal* pouvait affirmer que les juifs étaient gazés. » De l'avis de Silberbauer, il ne serait rien arrivé à la famille Frank, si elle ne s'était pas tenue cachée.

70. Cette interview exclusive de Silberbauer constitue un résumé assez fidèle, je pense, des propos prêtés par les journalistes à l'arrestateur de la famille Frank. Le témoignage que j'annonçais ci-dessus (alinéa 68) confirme en gros le contenu de l'interview, à ceci près que l'épisode du pouce levé serait une pure invention. Silberbauer n'aurait rien noté de tel, pour la bonne raison d'ailleurs qu'il se

---

[98] 6 décembre 1963, p. 10.

serait rendu immédiatement vers l'arrière-maison. Il n'aurait fait que prendre le couloir et l'escalier, sans aucun détour vers les bureaux ou les magasins. Et, c'est là que le témoignage en question nous fournit un élément capital. On aura remarqué que, dans son interview, le policier ne précise pas comment il avait accédé à l'endroit où se tenaient les clandestins. Il ne mentionne pas l'existence d'une « porte-armoire » (« *ein drehbares Regal* »). Or, mon témoin est tout à fait affirmatif : Silberbauer n'avait jamais rencontré rien de tel, mais... une grossière porte de bois comme on en trouve à l'entrée, par exemple, d'un grenier. Le mot propre était : « eine Holzverschlag ». Le policier avait simplement frappé à cette porte et... on lui avait ouvert. Un troisième point de ce témoignage est, s'il se peut, encore plus important : Karl Silberbauer disait et répétait qu'il ne croyait pas à l'authenticité du fameux *Journal* parce que, selon lui, il n'avait jamais existé sur place quoi que ce fût qui ressemblât aux manuscrits que Miep prétendait avoir trouvés, jonchant le sol, une semaine après le 4 août 1944. Le policier avait l'habitude professionnelle de conduire, dès avant la guerre, arrestations et perquisitions. Un tel amas de documents ne lui aurait pas échappé. (Ajoutons ici que huit hommes l'accompagnaient et que toute l'opération avait été conduite lentement et correctement ; et puis, le policier, après avoir confié la clé des lieux à V. M. ou à un autre employé, était revenu sur les lieux à trois reprises.) Silberbauer avait, affirme le témoin, l'habitude de dire que Miep n'avait, en réalité, pas joué grand rôle dans toute cette histoire (d'où le fait qu'on ne l'avait pas même arrêtée). Par la suite, Miep avait cherché à se donner de l'importance, notamment avec cet épisode de la découverte miraculeuse des manuscrits

71. Le même témoin m'a déclaré, en présence de mon accompagnateur, que Silberbauer avait rédigé en 1963-1964 un compte rendu pour la justice de l'arrestation des Frank et que dans ce compte rendu *pouvaient* figurer ces détails. Un second témoin aurait certainement pu m'apporter un témoignage très précieux sur les dires de Silberbauer, mais ce second témoin a préféré se taire.

Chapitre VII

72. **Confrontation entre le texte hollandais et le texte allemand :** voulant trop en faire, M. Frank s'est trahi ; il a signé une supercherie littéraire.

73. J'ai deux textes sous les yeux. Le premier est en hollandais (H), tandis que le second est en allemand (D). Les éditeurs me disent que H est le texte original, tandis que D est la traduction de ce texte original. Je n'ai *a priori* aucune raison de mettre leur parole en doute. Mais la rigueur scientifique, ainsi que le bon sens et l'expérience, apprennent qu'il faut accueillir avec circonspection les dires des éditeurs. Il arrive, en effet, qu'il puisse y avoir erreur ou tromperie de leur part. Le livre est une marchandise comme une autre. L'étiquette peut tromper sur le contenu. En conséquence, je laisserai ici de côté les étiquettes qu'on me propose ou qu'on m'impose. Je ne parlerai ni de « version originale en hollandais », ni de « traduction en allemand ». Je suspendrai provisoirement tout jugement. Je n'accorderai de dénomination précise à ces deux livres que sous bénéfice d'inventaire. Pour l'instant, je leur accorderai une dénomination qui soit, à la fois, égale et neutre. Je parlerai donc de **textes**.

74. Je vais décrire le texte H et le texte D que j'ai sous les yeux. Je vais commencer par le texte H, mais je pourrais, tout aussi bien, commencer par le texte D. J'insiste sur ce dernier point. L'ordre de succession que j'ai choisi ici ne devra impliquer aucune succession dans le temps, ni aucun rapport de filiation du type père-fils entre H et D.

75. Mon texte se présente ainsi : Anne Frank – *Het. Achterhuis* Dagboekbrieven – 14. Juni 1942 1 Augustus 1944 – 1977, Uitgeverij Contact Amsterdam, Eerste druk 1947 – Vijfenvijftigste druk 1977. Le texte de l'auteur commence à la page 22 avec la reproduction photographique d'une sorte de dédicace signée : « Anne Frank. 12. Juni 1942 ». À la page 23, apparaît la première des cent soixante-neuf lettres qui composent ce « journal » auquel on a donné pour titre *l'Arrière-maison*. Le livre a deux cent soixante-treize pages. La dernière page se termine à la page 269. J'estime la longueur du texte proprement dit à environ soixante-douze mille cinq cents mots hollandais. (Pour des raisons de commodité, j'emploierai le mot de « hollandais » au lieu de celui de « néerlandais ».) Je n'ai pas comparé le texte de cette cinquante-cinquième édition avec le texte de la première édition. Lors de mon enquête à Amsterdam, j'ai reçu l'assurance de MM. Fred Batten et Christian Blom qu'aucun changement n'avait été apporté aux éditions successives. Ces deux personnes appartenaient à la maison Contact et elles sont à l'origine, avec M. P. De Neve (†), de l'acceptation du manuscrit dactylographié que M. Frank avait déposé chez un interprète du nom de M. Kahn. C'est ce M. Kahn

qui devait, en 1957, servir d'accompagnateur et d'interprète à Ernst Schnabel, quand ce dernier est venu voir Elli à Amsterdam.

76. Mon texte D se présente ainsi : *Das Tagebuch der Anne Frank –* 12. Juni 1942 – 1. August 1944 – 1977, Fischer Taschenbuch Verlag – N° 77 – Ungekürzte Ausgabe – 43. Auflage 1293000-1332000 – Aus dem Hollandischen übertragen von Anneliese Schütz – Hollandische OriginalAusgabe « Het Achterhuis », Contact, Amsterdam. Après la page de dédicace, la première des lettres apparaît à la page 9. Il y a cent soixante-quinze lettres. La dernière lettre se termine à la page 201. J'estime la longueur du texte à environ soixante-dix-sept mille mots allemands. Le livre a deux cent trois pages. Ce « livre de poche » a eu sa première édition en mars 1955. Fischer a obtenu la Lizenzausgabe de la maison Lambert Schneider, de Heidelberg.

77. Je relève un premier **fait** troublant. Le texte H a cent soixante-neuf lettres, tandis que le texte D, qui se présente comme la traduction du texte H, possède cent soixante-quinze lettres.

78. Je relève un deuxième **fait** troublant. Si je pars à la recherche des lettres supplémentaires de D, ce n'est pas six lettres que je découvre (175 – 169 = 6), mais sept. L'explication est la suivante : le texte D ne possède pas la lettre du « 6 december 1943 » du texte H !

79. Je relève un troisième **fait** troublant. La langue hollandaise et la langue allemande étant très proches l'une de l'autre, la traduction ne devrait pas être sensiblement plus longue que le texte qu'on a traduit. Or, même si je fais abstraction du nombre de mots qui composent les sept lettres en question, je suis très loin d'atteindre une différence de 4.500 mots environ (D 77.000 – H 72.500 = 4.500). C'est donc que le texte D, même quand il possède des lettres en commun avec le texte H, les possède sous une **autre** forme : en tout cas, sous une forme plus longue. Voici ma démonstration, chiffres à l'appui :

a) Lettres que D possède en plus :

3. August 1943	210 mots environ
7. August 1943	1600
20. Februar 1943	270
15. April 1944	340
21. April 1944	180
25. April 1944	190
12. Mai 1944	380
Total..............................3170 mots environ	

[Erreur de ma part (R. Faurisson) : La lettre du 12 mai 1944 (380 mots) ne manque pas au texte H. Elle existe dans le texte H mais datée : 11 mai. Ce qui manque au texte H, c'est la lettre du 11 mai qui, dans le texte D, a... cinq cent vingt mots !]

b) Lettre que D possède en moins :

6 december 1943 = 380 mots environ

c) Mots que D possède en plus, à quantité égale de lettres :

4.500 (3.170 380) = 1.710 mots.

En réalité, ainsi qu'on le verra par la suite, ce chiffre ne représente qu'une faible partie du surplus de mots que contient D. Mais, en attendant, pour ne pas sembler trop attaché aux calculs, je vais donner des exemples précis portant sur cinq cent cinquante mots environ.

80. Parmi les lettres que H et D possèdent apparemment en commun, voici des lettres (parmi beaucoup d'autres) où D possède des fragments supplémentaires, c'est-à-dire des fragments dont le lecteur hollandais n'a jamais eu connaissance :

16. Oktober 1942 « Vater... Schrifsteller» 20 mots

20. Oktober 1942 «Nachdem... habe» 30

5. Februar 1943 «Über... bedeutet» 100

10. August 1943 «Gestern... anziehen» 140

31. März 1943 «Hier... prima» 70

«Als... warum?» 25

2. Mai 1944 «Inzwischen... spendiert» 90

3. Mai 1944 «Herr... besorgt» 40

«Langer... hat» 35

Total de ces simples exemples 550 mots

81. Parmi les lettres que H et D possèdent apparemment en commun, voici des lettres (parmi beaucoup d'autres) où D possède des fragments en moins, c'est-à-dire des fragments dont le lecteur allemand n'a jamais eu connaissance :

17 nov. 1942 « Speciale... overgelegd » 15 mots

13 juni 1943 « Daar Pim... heeft » 30

29 juli 1943 « Ijdelheid... persoontje » 20

Total de ces simples exemples 65 mots

Un fait remarquable est que les fragments qui manquent sont très nombreux et très courts. Par exemple, la lettre du 20. Augustus 1943 est amputée de 19 mots dans le texte allemand, et ces 19 mots se répartissent ainsi : 3 + 1 + 4 + 4 + 7 = 19.

82. Je relève un quatrième **fait** troublant. Ce fait est indépendant des quantités qui sont en plus ou moins. Ce fait, c'est que des fragments de lettres voyagent en quelque sorte d'une lettre à l'autre, du texte H au texte D. Par exemple, tout l'avant-dernier

alinéa de la lettre H de Donderdag, 27. April 1944 se trouve au dernier alinéa de la lettre D de Dienstag, 25. April 1944. Le 7 janvier 1944, le dernier alinéa de H devient, dans D, le 6e alinéa avant la fin. Le 27 avril 1944, l'avant-dernier alinéa de H devient, dans D, le dernier alinéa de la lettre du 25 avril 1944.

83. Je relève un cinquième **fait** troublant. Il n'est plus question, cette fois-ci, d'additions, de soustractions, de translations, mais d'**altérations** qui sont le **signe d'incompatibilités.** Je veux dire ceci : à supposer que je laisse de côté tous les traits par lesquels H et D diffèrent si visiblement l'un de l'autre, et à supposer que je me tourne maintenant vers ce que j'appellerais « le reste » (un « reste » qui, d'après les éditeurs, devrait constituer « le fonds commun », « la partie identique »), j'ai la surprise de constater que, d'un bout à l'autre de ces deux livres, à de rarissimes exceptions près, ce « reste » est très loin d'être identique. Comme on va le voir par les exemples qui suivent, ces incompatibilités ne peuvent s'attribuer à une traduction maladroite ou fantaisiste. La même lettre du 10 mars 1943 donne, pour H, « *Bij kaarslicht* » (« À la lueur des bougies ») et pour D, « *Bei Tage* » (« À la lueur du jour ») ; « *een nacht* » (« une nuit ») pour « *Eines Tages* » (« Un jour ») ; « verdwenende dieven » (« les voleurs disparurent ») pour « schwieg der Larm » (« le bruit se tut »). Le 13 janvier 1943, Anne dit qu'elle se réjouit à la perspective d'acheter après la guerre des « nieuwe kleren en schoenen » (« des vêtements et des souliers neufs ») ; cela dans le texte H, car dans le texte D elle parle de « *neue Kleider und Bücher* » (de « vêtements et livres neufs »). Le 18 mai 1943 Mme Van Daan est « *als door Mouschi gebeten* » (« comme mordue par [le chat] Mouschi »), cela dans le texte H, car dans le texte D elle est « *wie von einer Tarantel gestochen* » (« comme piquée par une tarentule »). Selon que l'on consulte H ou D, un homme est un « *fascist* » ou bien un « *Riese* » (« colosse ») (20 octobre 1942). De « jolies petites chaises » (« *fijne stoeltjes* ») se retrouvent « coûteux mobilier » (« *kostbaren Mobel* ») (29 octobre 1942). Des « haricots rouges et des haricots blancs » (« *bruine en witte bonen* ») se retrouvent « haricots blancs » (« *weisse Bohnen* ») (12 mars 1943). Des sandales pour 6,50 florins deviennent des sandales sans indication de prix *(ibidem),* tandis qu'« un nombre de 5 otages » (« *een stuk of 5 gijzelaars* ») est devenu « un certain nombre de ces otages » (« *eine Anzahl dieser Geilseln* »), et cela dans la même lettre du 9 octobre 1942 où « les Allemands » (« *Duitsers* ») ne sont plus que « *ces* Allemands » (« *diese*

Deutschen ») très particuliers que sont les nazis (voy., ci-dessus, l'alinéa 54). Le 17 novembre 1942, Dussel retrouve les Frank et les Van Daan dans leur cachette. Le texte H dit que « Miep l'aida à quitter son pardessus » (« *Miep liet hem zijn jas uitdoen »*) ; apprenant que les Frank sont là, « il faillit s'évanouir d'étonnement » et, dit Anne, il resta « muet » « comme s'il voulait d'abord un peu, un moment, lire la vérité sur nos visages » (« *viel hij haast flauw van verbazing* [...] *sprakeloos* [...] *alsof hij eerst even goed de waarheid van onze gezichten wilde lezen »*) ; mais le texte D, lui, dit de Dussel qu'il « devait quitter son manteau » et décrit ainsi son étonnement : « il ne pouvait comprendre [...] il ne pouvait en croire ses yeux » (« *Er mußte den Mantel ausziehen* [...] *konnte er es nicht faßen* [...] *And wollte seinen Augen nicht trauen »*). Une personne qui souffrait de l'œil et qui « se le bassinait avec de la camomille » (« *bette het* [...] *met kamillen-the »*) devient une personne qui se « faisait des compresses » (« *machte Umschläge »*) (10 décembre 1942). Là où « Papa » seul attend (« *Pim verwacht »*), c'est « nous » tous qui attendons (« Wir erwarten ») (27 février 1943). Là où les deux chats reçoivent leurs noms de Moffi et de Tommi, selon qu'ils paraissent « boche » ou « angliche », « Tout comme en politique » (« *Net als in de politiek »*), le texte D dit qu'ils sont nommés « selon leurs dispositions d'esprit » (« *Ihren Anlagen gemäß »*) (12 mars 1943). Le 26 mars 1943, des gens qui « étaient très en éveil » (« *waren veel wakker »*) deviennent des gens qui « étaient dans une peur sans fin » (« *schreckten immer wieder auf »*), « un coupon de flanelle » (« *een lap flanel »*) devient une « housse à matelas » (« *Matratzen-schoner »*) (1er mai 1943). « Faire grève » (« *staken »*) « dans de nombreux domaines » (« *in viele gebieden »*) devient : « on sabote de toutes parts » (« *an allen Ecken und Enden sabotiert wird »*) *(ibidem)*. Un « lit pliant » (« *harmonicabed »*) se retrouve « chaise longue » (« *Liegestuhl »*) (21 août 1942). La phrase suivante : « Le feu des canons ne nous faisait plus rien, notre peur s'en était allée » (« *Het kanonvuur deerde ons niet meer, onze angst was weggevaad »*) devient : « et la situation, pour aujourd'hui, était sauve » (« *und die Situation war für heute gerettet »*) (18 mai 1943).

84. Ces quelques exemples d'incompatibilités, je les avais relevés au cours d'un simple sondage, qui ne dépassait pas la cinquante-quatrième lettre du texte H (18 mai 1943). Je décidais alors de procéder à un sondage beaucoup plus serré, portant sur les seize lettres allant du 19 juillet au 29 septembre 1943 (lettres 60 à 75).

Aux incompatibilités, je décidais d'ajouter les additions et les soustractions. Le résultat fut tel que la simple énumération des différences relevées demanderait plusieurs pages dactylographiées. Je ne peux le faire ici. Je me contenterai de quelques exemples que voici, en évitant les plus frappants parce que malheureusement, les plus frappants sont aussi les plus longs à citer.

- Lettre du 19 juillet 1943 : « parents tués » (« dode ouders ») devient : « parents » (« Eltern ») ;
- lettre du 23 juillet 1943 : D possède, en plus au moins 49 mots + 3 mots ;
- lettre du 26 juillet 1943 : D possède, en plus, 4 + 4 mots et, en moins, 2 mots : « over Italië » :
- lettre du 29 juillet 1943 : D possède 20 mots en moins, et « 20 ans » (« twintig jaar ») deviennent « 25 ans » (« 25 Jahren ») ;
- lettre du 3 août 1943 : cette lettre D de 210 mots manque totalement dans H ;
- lettre du 4 août 1943 : H donne « divan » et D donne « chaise-longue ». Dans H une puce « flotte » (« drijft ») dans l'eau de lavage, « seulement dans les mois ou les semaines de chaleur » (« allen in de hete maanden of weeken ») tandis que pour D cette puce doit y « laisser la vie » (« sein Leben lassen »), sans autre précision de temps. H donne : « manier des cotons [imbibés] d'eau oxygénée (cela sert à blanchir un duvet noir de moustache) » (« waterstofwatjes hanteren [dient om zwarte snorharen te bleken] ») tandis que D donne simplement : « et d'autres petits secrets de toilette… » (« und andere kleine Toilettengeheimnisse… ».) La comparaison de « comme un ruisseau tombant d'une montagne » (« als een beekie van een berg ») deviant « comme un ruisseau sur les cailloux » (« wie ein Bächlein über die Kiesel »). Des « verbes irréguliers français » : c'est à quoi pense Anne dans le texte H (« aan Franse onregelmatige wekworden ») mais, dans le texte D, ce ne peut être qu'à des verbes irréguliers hollandais, semble-t-il, puisque elle dit qu'elle « rêve » (« träume ich ») de « verbes irréguliers » (« von unregelmassigen Verben »). Le texte D se contente de : « Drring, en haut [sonne chez les Van Daan] le réveil » (« Krrrrr, oben der Wecker ») tandis que H donne : « Drring… le petit réveil [sonne], qui à chaque heure du jour (quand on le lui demande ou parfois aussi sans cela) peut élever sa petite voix. » (« Trrr… het wekkertje, dat op eIk uur

van de dag [als men er naar vraagt of soms ook sonder dat]
zijn stemmetje kan verheffen ») ;

- lettre du 5 août 1943 : toute la description du repas habituel,
de 13 h 15 à 13 h 45, et de ses suites est l'objet de différences
importantes ; d'ailleurs, ce qui, par H, est annoncé comme
« La *grande* distribution » est annoncé par D comme « *Petit*
lunch » (« De *grote* uitdeling » – « *Kleiner* Lunch » : je
souligne les adjectifs ; l'ironie possible, mais non certaine, de
H a disparu dans D). Des trois « divans » de H, il ne subsiste
plus qu'un « divan » dans D ;

- lettre du 7 août 1943 : cette lettre constitue une énigme tout à
fait intéressante. Très longue, elle commence, dans le texte D,
par 9 lignes de présentation d'un conte de soixante-quatorze
lignes intitulé *Kaatje* ainsi que d'un autre conte intitulé
Katrientje, de 99 lignes. Cette lettre est totalement absente de
H. Les Hollandais, pour leur part, ne connaissent ces contes
que par un livre distinct intitulé *Contes,* où figurent,
d'ailleurs, d'autres « contes inédits » d'Anne Frank ;

- lettre du 9 août 1943 : parmi bien d'autres curiosités, figurent
« des lunettes d'écaille » (« een hoornen bril ») qui
deviennent « des lunettes d'écaille fumées » (« eine dunkle
Hornbrille ») dans le texte D ;

- lettre du 10 août 1943 : le « matériel de guerre » de H devient
les « canons » (« Kanonen ») de D. La phrase concernant la
cloche de Westertoren est entièrement différente. Et, surtout,
D possède un épisode de 140 mots qui n'apparaît pas dans H.
Anne qui a reçu des souliers neufs y raconte une série de
mésaventures qui lui seraient arrivées le même jour : elle s'est
piqué le pouce droit avec une grosse aiguille, elle s'est cogné
le front contre la porte de l'armoire ; à cause du bruit
provoqué, elle a reçu un « savon » (« Ruffel ») ; elle n'a pas
pu se rafraîchir le front, parce qu'il ne fallait pas faire couler
d'eau, elle a eu une grosse bosse à l'œil droit ; elle s'est
encastré un orteil dans l'aspirateur ; son pied s'est infecté, il
est tout gonflé. Résultat : Anne ne peut mettre ses jolis
souliers neufs. (On aura noté ici la présence d'un aspirateur
en un lieu où le silence devrait être constamment de rigueur) ;

- lettre du 18 août 1943 : parmi 9 différences, on voit des
« haricots » (« bonen ») se transformer en petits pois
(« Erbsen ») ;

- lettre du 20 août 1943 : je ne retiendrai qu'un exemple de
différence ; il concerne le pain ; le récit est sensiblement

différent et, d'ailleurs, pour H, ce pain se trouve dans deux emplacements successifs : d'abord l'armoire d'acier du bureau donnant sur la rue (dans l'avant-maison), puis l'armoire de cuisine de l'arrière maison (« stalen kast », « voorkantoor » – « keukenkast »), tandis que D ne cite que le premier emplacement, sans préciser le second ; le malheur est que le premier emplacement cité par D est une simple armoire situé dans le bureau donnant sur… la cour : le bureau de Kraler, et non celui de Koophuis (« le pain, qui chaque jour est placé pour nous dans la pièce de Kraler ») ! (Sur les bureaux respectifs de Kraler et de Koophuis, voy. la lettre du 9 juillet 1942.) Il y a là une grave contradiction matérielle entre les deux textes, avec changements de mots, de phrases, etc. ;

– lettre du 23 août 1943 : parmi d'autres curiosités, « lire ou étudier » (« lesen of leren ») devient « lire ou écrire » (« lesen oder schreiben »), « Dickens et le dictionnaire » (« Dickens en het woordenbook ») deviennent seulement « Dickens », des « traversins » (« peluwen ») se transforment en « édredons » (« Plumeaus ») (en hollandais « édredon » se serait dit « [eider] dons » ou bien « dekbed ») ;

– lettre du 10 septembre 1943 : parmi cinq différences, je note que l'émission, chaque jour tant attendue, de Radio-Oranje (voix de la Hollande d'outre-mer) commence à 8 h 15 pour H et à 8 h pour D ;

– lettre du 16 septembre 1943 : « dix valérianes » (« tien Valeriaantjes ») deviennent « dix des petites pilules blanches » (« zehn von den kleinen weissen Pillen »). « Un visage allongé et une bouche tombante » (« een uitgestreken gezicht en neerhangende mond ») deviennent « une bouche pincée avec les plis du souci » (« einen zusammengekniffenen Mund und Sorgenfalten »). L'hiver comparé à un obstacle redoutable, un hiver « mordant », qui est là comme un « gros bloc de rocher » (« het grote rotsblok, dat winter heet »), n'est plus qu'un simple hiver (« dem Winter »). Un « pardessus » (« jas ») devient « chapeau et canne » (« Hut und Stock »). Une phrase de vingt-quatre mots, prétendant décrire une scène pittoresque, se trouve réduite à cinq mots allemands. À l'inverse, six mots hollandais deviennent treize mots allemands d'un sens très différents ;

- lettre du 29 septembre 1943 : « un père grognon » (« een mopperenden vader ») devient « le père qui n'est pas d'accord avec son choix » (« den Vater, der nicht mit ihrer Wahl einverstanden ist »). Énergiquement (« energiek ») devient « ganz kalt und ruhig » (« de façon tout à fait froide et calme »), etc.

85. Inutile, je pense, de poursuivre une telle énumération. Il n'est pas exagéré de dire que la première lettre du recueil nous donne, en quelque sorte, le ton de l'ensemble. Dans cette courte lettre, les Hollandais apprennent que, pour son anniversaire, Anne a reçu « une petite plante » (« een plantje »). Les Allemands ont le privilège d'apprendre que cette plante était « un cactus » (« eine Kaktee »). En revanche, les Hollandais savent qu'Anne a reçu « deux branches de pivoines », tandis que les Allemands doivent se contenter de savoir qu'il y a eu « quelques branches de pivoines » (« einige Zweige Pfingstrosen »). Les Hollandais ont le droit à la phrase suivante : « tels étaient, ce matin-là, les enfants de Flore qui se tenaient sur ma table » (« dat waren die ochtend de kinderen van Flora die op mijn tafel stonden »). Dans le texte allemand, la table a disparu, ainsi que « les enfants de Flore » (curieuse expression stéréotypée sous la plume d'un enfant de treize ans ; on l'attendrait plutôt d'un adulte qui cherche laborieusement et ingénument à « fleurir » son style). Les Allemands ont simplement droit à : « Tels étaient, pour commencer, les fleurs offertes en guise de compliments » (« Das waren die ersten Blumengrüße »). Les Hollandais apprendront qu'Anne, ce jour-là, offrira à ses professeurs et à ses camarades de classe « des petits-beurre » (« boterkoekjes »). Les Allemands auront droit à des « bonbons » (« Bonbons »). Le « chocolat », présent pour les Hollandais, disparaîtra chez les Allemands. Plus surprenant : un livre qu'Anne pourra s'acheter avec l'argent qui vient de lui être donné en ce *dimanche* 14 juin 1942 devient, dans le texte allemand, un livre qu'elle s'est déjà acheté (« zodat ik me […] kan kopen » / « habe ich mir […] gekauft »).

86. En revanche, la dernière lettre du recueil est identique dans les deux textes. Cela nous confirme, s'il en était besoin, que la traductrice allemande – s'il fallait parler de « traduction » – était fort capable de respecter le texte hollandais. Mais il est trop évident maintenant qu'on ne saurait parler de traduction, ni même d'« adaptation ». Est-ce traduire, est-ce « adapter » que de mettre **jour** pour **nuit** (10 mars 1943) ? **Livres** pour **souliers** (13 janvier 1943) ? **Bonbons** pour **petits-beurre** (14 juin 1942) ? **Colosse**

pour **fasciste** (20 octobre 1942) ? « **Bougies** » se traduit-il par « **jour** » et « **chat** » par « **tarentule** » ? « **Flotter** » par « **mourir** » ? **Grand** par **petit** (4 août 1943) ? Il n'y a que les prestidigitateurs pour transformer un pardessus en un chapeau et en une canne. Avec M_{me} Anneliese Schütz et M. Frank, la table disparaît (14 juin 1942) et l'escalier se dérobe (la lettre hollandaise du 16 septembre 1943 mentionne un très curieux escalier, qui conduirait *directement* chez les clandestins : « die direct naar boven leidt »). La réserve de pain change de place. Ce qui est derrière se retrouve devant (bureau de Kraler). Les chiffres apparaissent et disparaissent. Les heures changent. Les visages se transforment. Les événements se multiplient ou disparaissent. Les êtres comme les choses sont sujets à éclipses et à transformations soudaines. Anne, pourrait-on dire, sort de la tombe pour venir allonger un de ses récits ou pour le raccourcir ; parfois, elle en écrit un autre ou bien elle le restitue au néant.

87. Dix ans après sa mort, le texte d'Anne continue de se transformer. Les éditions Fischer éditent en livre de poche, en 1955, son *Journal* sous une forme « discrètement » remaniée. Le lecteur pourra notamment comparer les lettres suivantes :

- 9 juillet 1942 : « Hineingekommen… gemalt war » (= 25 mots) remplacé par : « Neben… gemalt war » (= 41 mots). Apparition d'une porte !
- 11 juillet 1942 : « bange » remplacé par « besorgt » ;
- 21 septembre 1942 : « gerügt » remplacé par « gescholten » et « drei Westen » se transformant en « drei Wolljacken » ;
- 27 septembre 1942 : « mit Margot bin ich mehr so intim » devient : « mit Margot verstehe mich nicht sehr gut » ;
- 28 septembre 1942 : « bestürzt » remplacé « erschüttert » ;
- 7 novembre 1942 : « ohne den Hergang zu kennen » devient : « ohne zu wissen, worum es ging » et « Er ist mein Ideal » devient : « Er ist mein leuchtendes Vorbild ». Cette dernière transformation du texte ne manque pas de saveur, si l'on sait qu'il s'agit ici du père d'Anne. M. Frank n'est plus un « idéal » pour sa fille, mais « un modèle lumineux » ! Autre changement : « und das Ärgste ist » devient : « und am schlimmsten ist » ;
- 7 août 1943 : j'ai signalé plus haut (voy. l'alinéa 84) cette très longue lettre qui contient deux contes. Je suppose que ces contes existaient dans le manuscrit qui leur était réservé et qu'ils ont été abusivement insérés dans le *Journal*. Dans ce cas, on se demande qui a rédigé les neuf lignes d'introduction,

où Anne demande notamment à sa correspondante si elle croit que ses contes vont plaire aux enfants.

88. Ces dernières transformations se sont faites d'un texte allemand à un autre texte allemand. Elles ne sauraient donc avoir l'excuse d'une traduction maladroite ou fantaisiste. Elles prouvent que l'auteur du Journal – j'appelle ainsi, tout normalement, le responsable du texte que je lis – vivait encore en 1955. De la même façon, en découvrant le texte allemand de 1950 (édition Lambert Schneider), je découvrais que l'auteur du Journal (un auteur particulièrement prolifique) vivait encore en 1950. Cet auteur ne pouvait pas être Anne Frank qui, comme on le sait, est morte en 1945.

89. Dans mes comparaisons de textes, j'ai suivi l'ordre chronologique officiel. J'ai montré comment le texte imprimé en hollandais (1947) jurait avec le premier texte imprimé allemand (1950), lequel, à son tour, subissait d'étranges métamorphoses dans le second texte imprimé allemand (1955). Mais, scientifiquement, rien ne prouve que l'ordre chronologique de parution reflète l'ordre chronologique de composition. Par exemple, il a pu exister des manuscrits en allemand qui ont précédé la confection des manuscrits hollandais. Il se peut que le modèle ou le canevas « princeps » ait été rédigé en allemand. Il se peut qu'ensuite ce modèle ou ce canevas, après avoir donné naissance à un texte traduit en hollandais, ait aussi donné naissance à un texte allemand entièrement rédigé. Il se peut que durant plusieurs années, des textes très différents aient ainsi vécu en symbiose. Ce phénomène s'appelle le phénomène de contamination. Il est cependant clair que M. Frank ne peut invoquer cet argument de la contamination des textes, puisqu'il n'existe, d'après lui, qu'un seul texte : celui des manuscrits hollandais. Pour certaines périodes des vingt-cinq mois de Prinsengracht, il est possible que les différents manuscrits du Journal nous proposent des variantes ; encore ces variantes ne pourraient-elles pas fournir les innombrables absurdités et incompatibilités que nous avons vues. Pour d'autres périodes, comme celle de toute une année (du 6 décembre 1942 au 21 décembre 1943), où, du propre aveu de M. Frank, on ne dispose que d'une version, il ne devrait pas exister la moindre variante, pas le moindre désaccord entre le texte H et le texte D : C'est pour cette raison que j'ai choisi dans cette période le plus grand nombre de mes exemples d'incompatibilités.

90. Je n'ai noté, dans mes sondages, ni plus, ni moins d'incompatibilités pour cette période que pour les autres. D'une

façon constante, le texte H nous présente une Anne Frank qui a, sinon les traits, du moins le stéréotype de la jeune adolescente, tandis que le texte D nous propose le stéréotype de l'adolescente déjà proche, par certains côtés, de la femme mûre. Il y a, dans le texte D, des passages qui sont incompatibles avec les passages correspondants du texte H, et même formellement incompatibles avec toute la substance de tout le texte H. On atteint là au summum de l'intolérable dans la manipulation des textes. Voici, par exemple, la lettre du 5 janvier 1944. Anne confesse qu'avant son temps de clandestinité, c'est-à-dire, avant l'âge de treize ans, il lui est arrivé, passant la nuit chez une amie, d'éprouver le besoin de l'embrasser : « J'ai eu un fort besoin de l'embrasser et je l'ai d'ailleurs fait » (« een sterke behoefte had haar te zoenen en dat ik dat ook gedaan heb »). Dans le texte D, apparaît une fille de treize ans sensiblement plus délurée. Ici, Anne a demandé à sa camarade d'une nuit si, en témoignage de leur amitié, elles ne pouvaient pas se palper réciproquement les seins. Mais la camarade avait refusé. Et Anne, qui paraît avoir de la pratique en la matière ajoute : « je trouvais toujours agréable de l'embrasser et je l'ai fait » (« fragte ich sie, ob wir als Beweis unserer Freundschaft uns gegenseitig die Brüste befühlen wollten, aber sie weigerte sich. Ich fand es immer schön, sie zu küssen, und habe es auch getan »). Sur la sensibilité sexuelle d'Anne, je recommande également la lecture comparée des textes H et D du 7 janvier 1944. Il est étonnant qu'on ait privé le lecteur hollandais de tant de révélations réservées par M. Frank et Anneliese Schütz à… la grand-mère d'Anne, qui était si « âgée » (voy. ci-dessus, l'alinéa 54). Que de révélations encore dans le texte D sur des goûts musicaux ou sur des connaissances musicales que les Hollandais n'avaient pas le droit de connaître (pour quelle raison, au fait ?) ! Le texte D de la lettre du 9 juin 1944 nous réserve l'exclusivité d'une dissertation de deux cents mots sur la vie de Liszt (traité, par une Anne très féministe, de « coureur de jupons » – « Schürzenjager »), sur Beethoven, Wagner, Chopin, Rossini, Mendelsohn ; de nombreux autres noms sont mentionnés : H. Berlioz, Victor Hugo, Honoré de Balzac… La lettre du 20 février 1944 (deux cent vingt mots) est absente de l'édition H. Elle contient pourtant des éléments d'une importance capitale à bien des points de vue. Dussel a pour habitude de siffler « das Violin-Konzert von Beethoven » ; l'emploi du temps du dimanche nous est révélé ; il faut reconnaître qu'un point, au moins, de cet emploi du temps est plus que troublant : M. Frank est montré en salopette, à genoux brossant le tapis avec un tel élan que toute la chambre en est remplie de nuages de poussière (« Vater liegt im Overall auf den Knien und bürstet den Teppich mit solchem Elan, daß das ganze Zimmer in Staubwolken gehüllt ist »). Outre le bruit que provoquerait une telle opération dans un lieu où, même la nuit, quand les voisins ne sont pas là, il ne faut pas tousser, il est manifeste que la scène est décrite par quelqu'un qui n'a pu la voir : un tapis n'est jamais ainsi brossé sur le sol d'une chambre, à l'emplacement même où il s'est empoussiéré. Dans la lettre du 3 novembre 1943, un fragment de cent vingt mots, qui manque au texte H, nous révèle une autre affaire de tapis brossé chaque soir par Anne dans l'« Ofenluft » (à l'air libre), et cela parce que l'aspirateur (« Der Staubsauger ») « ist kaputt » (ce fameux aspirateur qui, pour M. Frank, ne pouvait pas avoir existé, voy. ci-dessus, l'alinéa 37). Sur les connaissances ou les idées d'Anne en matière d'événements historiques ou politiques, on fera des découvertes dans les lettres des 6 juin, 13 juin et 27 juin 1944. Sur le caractère de Peter, on aura des révélations dans la lettre du 11 mai 1944. Cette lettre de cinq cent vingt mots n'existe pas dans le texte H. Et pourtant, dans le texte H, on trouve une lettre à cette date du 11 mai ; cependant le texte correspondant est daté, dans le texte D, du 12 mai ! Peter défie sa mère en l'appelant « la vieille » (« Komm mit, Alte ! »). Rien à voir avec le Peter du texte H !

91. Il serait intéressant de soumettre à l'analyse de psychologues ou de psychiatres chacun des personnages principaux du texte H et du texte D. Anne, en particulier, apparaîtrait sous des traits profondément contradictoires. Mais il s'agit là d'une pure hypothèse. Je pense en effet que ces analystes verraient qu'Anne n'a pas plus de consistance réelle qu'une invention de toutes pièces. Les quelques prétendues descriptions d'Anne que j'ai pu rencontrer m'ont surtout convaincu que leurs auteurs avaient lu le Journal très superficiellement. Il est vrai que la platitude de leurs descriptions pouvait s'expliquer par la platitude du sujet décrit. Le stéréotype appelle le stéréotype, comme le mensonge appelle le mensonge.

92. La langue et le style de H s'efforcent d'être caractéristiques d'une jeune adolescente naïve et empruntée. La langue et le style de D s'efforcent d'être caractéristiques d'une adolescente déjà proche, par certains côtés, de la femme mûre et libérée. Il y a là une évidence qu'illustrent à eux seuls les fragments que j'ai cités, des fragments que je n'ai pourtant pas choisis en vue d'étudier la langue et le style des deux Anne Frank.

93.　M. Frank s'est livré à des affabulations. Cela se constate facilement, quand on voit comment il a transformé le texte imprimé allemand de 1950 (Lambert Schneider) pour en faire le texte imprimé Fischer (1955). C'est à cette occasion, notamment, qu'il fait dire à sa fille Anne que son père est son « idéal » (version 1950) ; puis, réflexion faite, qu'il est son « modèle lumineux » (version 1955). Ce goût de l'affabulation n'est pas venu d'un seul coup à M. Frank. Il avait, nous dit un ancien maître d'école d'Anne, l'innocente manie de composer « avec sa fille » des récits et des poèmes (« manchmal die Geschichten und Gedichte... die sie mit ihrem Vater zusammen gemacht hatte. »[99]). Cela se passait vers 1940. Anne avait onze ans et son père cinquante et un ans. En 1942, M. Frank, ancien banquier à Francfort et ancien commerçant et homme d'affaires à Amsterdam, prenait une retraite forcée à l'âge de cinquante-trois ans. Je ne pense pas que le goût d'écrire lui ait alors passé dans ses longues journées d'inactivité. En tout cas, le *Journal* ne nous renseigne guère sur ce que M. Frank faisait de ses journées. Mais qu'importe ! M. Frank est un affabulateur qui s'est lui-même trahi. Le drame des affabulateurs, c'est qu'ils rajoutent à leurs affabulations. Ils ne cessent de retoucher, de remanier, de retrancher, de corriger. Ce faisant, ils finissent par susciter la méfiance de certains. Et c'est un jeu d'enfant pour ceux-là de prouver l'affabulation. Il est très facile de confondre M. Frank. Il suffit d'avoir sous la main l'édition H et l'une des deux différentes éditions D. Il suffit de lui rappeler qu'aux Hollandais il a déclaré par écrit : « Je vous garantis qu'ici, à telle date, Anne a écrit : **jour** ou **souliers** ou **petits-beurre** ou **fasciste** ou **grand** », tandis qu'aux Allemands il est allé déclarer par écrit à propos des mêmes lieux et des mêmes dates : « Je vous garantis qu'Anne a écrit : **nuit** ou **livres** ou **bonbons** ou **colosse** ou **petit** ». Si M. Frank a dit la vérité dans le premier cas, il a affabulé dans le second cas. Et vice-versa. Il a affabulé ou bien ici, ou bien là. **Ou encore** – et c'est le plus probable – **il a affabulé ici et là**. De toute façon, on ne pourra jamais prétendre que M. Frank, dans cette affaire du *Journal,* est un homme qui a dit la vérité, toute la vérité, rien que la vérité.

94.　Le *Journal* ne peut, en aucune façon, être authentique. La consultation de manuscrits prétendument authentiques est superflue. En effet, aucun manuscrit au monde ne pourrait attester qu'Anne Frank a réussi la miraculeuse prouesse d'écrire deux mots à la fois et – qui plus est – deux mots de significations incompatibles, et – qui mieux est – deux textes tout entiers à la

---

[99] E. Schnabel, *Spur eines Kindes,* p. 39.

fois, et qui sont la plupart du temps totalement contradictoires. Il est bien entendu que tout texte imprimé peut avoir un apparat critique avec ses variantes, ses scolies, ses indications de l'existence d'interpolations possibles. Mais j'ai déjà dit (voy. ci-dessus, l'alinéa 88) que, là où l'on ne dispose que d'un manuscrit, il n'y a plus de variantes possibles (à moins de cas d'espèce : difficultés de déchiffrement d'un mot, erreurs d'éditions précédentes). Et quand on dispose de plusieurs manuscrits (deux, tout au plus, pour certaines périodes du *Journal* ; peut-être trois dans des cas très limités), il suffit d'éliminer ces périodes et ces cas pour s'en tenir strictement aux périodes et aux cas où il a fallu se contenter d'un seul manuscrit (ici, la période du 6 décembre 1942 au 21 décembre 1943).

95. Dans l'hypothèse, désormais inconcevable, où il existerait un manuscrit authentique, je dis qu'aucun des textes imprimés ne peut prétendre reproduire le texte de ce manuscrit. Le tableau suivant établit, en effet, que l'édition Fischer de 1955 arrive en 8e position dans l'ordre de succession des divers états du *Journal*. Pour la compréhension de ce tableau, on se reportera, notamment, aux alinéas 52 et 53.

Tableau chronologique (« officiel ») des états successifs du texte du Journal

I.   Manuscrits d'Anne Frank ;

II.   Abschrift (copie) d'Otto Frank, puis d'O. Frank et Isa Cauvern ;

III.   Neufassung der Abschrift (nouvelle version de la copie) d'O. Frank et d'Isa Cauvern ;

IV.   Neu-Neufassung der Abschrift d'Albert Cauvern ;

V.   Neu-Neu-Neufassung d'Otto Frank ;

VI.   Neu-Neu-Neu-Neufassung d'Otto Frank et des « censeurs » ;

VII.   Éditions Contact (1947) ;

VIII. Éditions Lambert Schneider (1950), radicalement différente de la précédente et même incompatible avec celle-là ;

IX.   Éditions Fischer (1955) reprenant la précédente sous une forme « discrètement » (?) remaniée et retouchée.

On pourrait, bien sûr, prétendre que (V) n'était peut-être qu'une très fidèle mise au net de (IV). De même pour (VII) par rapport à (VI). Ce serait supposer que M. Frank, qui remaniait le texte à tout instant se serait subitement abstenu de le faire au moment de recopier, sans témoin, le texte (IV), et au moment de la correction probable des épreuves d'imprimerie pour (VII). Personnellement, je tiens ces 9 étapes pour un minimum auquel il faut bien ajouter une, deux ou trois « Abschrift » pour le texte (VIII).

96. Le seul intérêt d'une étude des manuscrits qui sont, prétendument, d'Anne Frank serait de faire apparaître des éléments encore plus accablants pour M. Frank : par exemple, des lettres ou des fragments de lettres qui n'ont jamais été publiés (les raisons de cette non-publication seraient à rechercher de près sans se fier aux raisons données par M. Frank et qui ont toujours une coloration sentimentale très suspecte) ; par exemple aussi, des dénominations très variables pour les « correspondantes » d'Anne (l'idée de la montrer s'adressant toujours à la même « chère Kitty » semble une idée tardive), etc.

97. Le raisonnement qui consisterait à prétendre que, dans le *Journal*, il existerait tout de même un fond de vérité serait un raisonnement sans valeur. D'abord parce qu'il faudrait connaître cette vérité ou pouvoir la distinguer dans le fatras des affabulations certaines ; le mensonge, n'est, le plus souvent, que l'art d'accommoder la vérité. Ensuite, parce qu'une œuvre de l'esprit (comme, par exemple, la rédaction d'un « journal ») ne se définit pas par un fond, mais par un ensemble de formes : les formes d'une expression écrite, les formes qu'un individu lui a données une fois pour toutes, pour le meilleur ou pour le pire.

98. Le raisonnement qui consisterait à dire qu'il n'y a eu que quelques centaines de modifications entre tel et tel état du *Journal* est fallacieux. Le mot de « modifications » est trop vague. Il permet, au gré de chacun, toutes les condamnations ou, surtout, toutes les excuses. De plus, une modification peut porter, on l'a vu, sur un seul mot ou sur un texte de mille six cents mots !

99. Pour ma part, j'ai relevé plusieurs centaines de modifications, ne serait-ce qu'entre le texte hollandais et n'importe lequel des deux textes – différents entre eux – qui ont été publiés en Allemagne. Ces modifications, je les appelle : **additions, soustractions, translations et altérations** (par substitutions d'un mot à un autre, d'un groupe de mots à un autre, ces mots et ces groupes de mots étant *incompatibles* entre eux, quand bien même, par exception rarissime, le sens pourrait être sauvegardé [?]). L'ensemble de ces modifications doit intéresser environ vingt-cinq mille[100] mots du texte Fischer qui, lui, doit être de soixante-dix-sept mille mots (c'est, en tout cas, le chiffre que je prends pour base).

---

[100] Cette estimation de 1978 n'a pas grand sens. Les manipulations sont à l'état endémique et en chiffrer le nombre est illusoire. (Note pour la présente édition [de 1980]) [NdA].

100. La traduction française de *Het Achterhuis* peut, malgré l'absence d'une des cent soixante-neuf lettres de l'édition hollandaise Contact et malgré bien des faiblesses, malgré aussi des bizarreries qui donnent à penser que là encore il y aurait de fâcheuses découvertes à faire, se qualifier de « traduction ». L'édition Lambert Schneider ne peut, en aucun cas, se présenter comme une traduction. Quant à l'édition Fischer, elle ne peut se dire une reproduction de l'édition Lambert Schneider, non plus qu'une traduction de *Het Achterhuis*.

101. Cet ensemble impressionnant d'additions, de soustractions, de translations, d'altérations, ces affabulations de M. Frank ; ces malhonnêtetés d'éditeurs ; ces interventions de personnes étrangères, amies de M. Frank ; cette existence de deux livres si différents présentés comme un seul et même *Journal* d'Anne Frank, tout cela révèle une œuvre qui ne peut, en aucune façon, garder le prestige attaché à un témoignage authentique. Les incompatibilités des différents textes sont de toutes natures. Elles touchent à la langue et au style, à la longueur et à la forme des pièces constitutives du *Journal,* au nombre et à la nature des anecdotes rapportées, à la description des lieux, à la mention des réalités matérielles, aux dialogues, aux idées échangées, aux goûts exprimés, elles touchent aux personnalités mêmes des principaux personnages, à commencer par la personnalité d'Anne Frank, une personnalité qui donne l'impression de vivre dans un monde de pure fiction.

102. En se portant garant personnel de l'authenticité de cette œuvre, qui n'est qu'une affabulation, M. Frank, qui est, par ailleurs manifestement intervenu à tous les stades de la genèse du livre, a signé ce qu'il est convenu d'appeler une supercherie littéraire. Le *Journal* d'Anne Frank est à ranger au rayon, déjà très fourni, des faux mémoires. Notre après-guerre a été fertile en ouvrages ou écrits de ce genre. Parmi ces ouvrages faux, apocryphes ou suspects (soit entièrement, soit par insertions d'éléments étrangers), on peut citer : les divers « témoignages » de Rudolf Höss, de Kurt Gerstein, de Miklos Nyiszli, d'Emmanuel Ringelblum, les mémoires d'Eva Braun, d'A. Eichmann, de W. Schellenberg, mais aussi le document intitulé : « Prière de Jean XXIII pour les juifs ».[101] On citera surtout les faux journaux d'enfants fabriqués par l'Institut historique juif de Varsovie et dénoncés par l'historien français Michel Borwicz, d'origine juive

---

[101] Voy. vol. III, p. 1161.

polonaise ; parmi ces journaux pourrait figurer celui d'une Thérèse Hescheles, âgée de treize ans.[102]

103. Je n'aurais garde d'oublier qu'un des faux les plus célèbres a été fabriqué contre les juifs. Il s'agit des « Protocoles des Sages de Sion ». Je demande que l'on ne se méprenne pas sur le sens que j'ai donné à mes recherches sur l'authenticité du Journal d'Anne Frank. Même si ma conviction personnelle est que cette œuvre émane de M. Frank, même si je pense qu'à raison de deux lettres par jour, il lui a suffi de trois mois pour mettre sur pieds le premier état de son affabulation maladroite, même si je pense qu'il ne croyait pas que son œuvre connaîtrait un immense succès (qui, du même coup, risquerait d'en faire apparaître les terribles failles), même si je pense qu'on peut donc lui trouver mille circonstances atténuantes, même si j'ai la conviction qu'il ne cherchait nullement à monter une vaste escroquerie, mais qu'il s'est trouvé comme entraîné par les circonstances à cautionner toutes les suites extraordinairement brillantes d'une obscure et banale entreprise, malgré tout cela, la vérité m'oblige à dire que le Journal d'Anne Frank n'est qu'une simple supercherie littéraire.

Note des éditeurs (1980)

Le *rapport* qu'on vient de lire n'était pas destiné à la publication. Dans l'esprit du professeur Faurisson, il ne constituait qu'une pièce, parmi d'autres, d'un ouvrage qu'il entendait consacrer au *Journal d'Anne Frank*.

Si nous le publions aujourd'hui, malgré les réticences de son auteur qui, pour sa part, aurait souhaité une publication plus étendue comprenant des éléments qui sont encore en chantier, c'est parce que la presse française et la presse étrangère ont mené tapage autour de l'opinion du professeur sur le *Journal d'Anne Frank*. Le public, lui, peut éprouver le besoin de juger sur pièces. Nous avons donc voulu mettre l'essentiel de ces pièces à sa disposition. On se fera ainsi sa propre religion sur les méthodes de travail de Faurisson et sur les résultats auxquels celui-ci était parvenu en août 1978.

Ce rapport, dans la forme exacte sous laquelle nous le publions, a déjà une existence officielle. C'est en août 1978 qu'il a été transmis, dans sa version allemande, à l'avocat Jurgen Rieger pour être déposé auprès d'un tribunal de Hambourg. Maître Rieger était et reste encore aujourd'hui le

---

[102] M. Borwicz, « Journaux publiés à titre posthume », p. 93.

défenseurd'Ernst Romer, soumis à un procès pour avoir publiquement exprimé *ses doutes* sur l'authenticité du *Journal*.

Note de l'auteur (1997)

Ce rapport, expressément destiné à un tribunal, s'accompagnait de trois annexes.

La première comportait quatorze documents photographiques (voy. dans le cahier photographique, à paraître).

La deuxième contenait, sous pli fermé, l'identité du témoin de l'affaire Karl Silberbauer (section 68 du rapport) et l'identité de mon accompagnateur ; je suis en mesure de révéler aujourd'hui que le témoin était la veuve de K. Silberbauer et que mon accompagnateur était Ernst Wilmersdorf, tous deux de Vienne (Autriche).

[Publié dans *VHVP*, p. 213-285 ; voy. le cahier photographique à paraître.]

***

1er novembre 1978

Lettre à L'Express

Monsieur,

J'espère que certains des propos que le journaliste Philippe Ganier-Raymond vient de prêter à Louis Darquier de Pellepoix amèneront enfin le grand public à découvrir que les prétendus massacres en « chambres à gaz » et le prétendu « génocide » sont un seul et même mensonge, malheureusement cautionné jusqu'ici par l'histoire officielle (celle des vainqueurs) et par la force colossale des grands moyens d'information. Comme le Français Paul Rassinier (ancien déporté résistant), comme l'Allemand Wilhelm Stäglich, comme l'Anglais Richard E. Harwood, comme l'Américain Arthur R. Butz (auteur de *L'Imposture du XXe siècle*, ouvrage si remarquable qu'on ne parvient manifestement pas à lui répliquer), comme vingt autres auteurs, passés sous silence ou calomniés tout à loisir, je proclame ici, comme je l'avais fait au colloque national de Lyon sur « Églises et Chrétiens de France dans la seconde guerre mondiale » (27-30 janvier 1978) : « *Les massacres en prétendues "chambres à gaz" sont un mensonge historique* ». Hitler n'a jamais ordonné ni admis que quiconque fût tué en raison de sa race ou de sa religion. Je ne cherche à outrager ni à réhabiliter personne. Jusqu'à preuve du contraire, je pense avoir conduit mes recherches selon les méthodes de routine de la critique historique. Je suis prêt à tout débat sur la question des « chambres à gaz » et du « génocide », à toute confrontation, à toute interview dûment enregistrée : cela, j'ai eu l'occasion de le déclarer par écrit à maintes autorités, à maintes publications (*Tribune juive hebdo*, par exemple), à maints organes d'information depuis quatre ans, et je le répète ici aujourd'hui. La lumière ne viendra ni du « docu-drame » *Holocaust*, ni de la LICA, ni d'une nième levée de boucliers ; elle ne pourra venir que d'un examen, à armes égales, des thèses en présence. Pour ma part, j'aime la lumière.

***

20 décembre 1978

Lettre à M. Pierre Guillaume

Cher Monsieur,

Je vous remercie vivement pour cet envoi, si rapide, de la photocopie d'*Ulysse trahi par les siens* (seule la page 28 est un peu difficile à déchiffrer). Merci également pour ces noms d'avocats. Je regrette seulement de n'avoir pas fait plus tôt votre connaissance. Le refus de me Henri Leclerc d'assumer ma défense, accompagné de sa répugnance à me nommer un confrère qui aurait pu l'assurer à sa place, m'avait obligé, je vous le rappelle, à prendre au moins provisoirement un avocat qui m'était conseillé par un ami de droite. À Lyon, le problème avait été encore plus ardu. Les cinq premiers avocats contactés se sont tous récusés. Je me suis alors tourné vers l'avocat parisien pour qu'il me trouve un confrère à Lyon. Vaines recherches. Il n'a pu que me recommander un confrère de Villefranche-sur-Saône, qui est de droite, lui aussi. Il paraît que pour Rassinier il en allait de même. Toujours est-il qu'à moins d'un événement imprévu, je n'ai l'intention d'abandonner aucun de ces deux avocats qui, à l'heure du péril (avant toute pétition dans *Le Monde*), sont littéralement venus à mon secours. J'étais alors désespéré par ce lâchage général. Ma courte expérience des gens du barreau me laisse perplexe. Vous ai-je dit que mon avocat du Conseil d'État ne s'était pas présenté le jour de la séance ? Il n'avait pas retiré à temps son courrier professionnel au Conseil d'État ! « Ces choses-là sont très désagréables ; il faudrait maintenant passer retirer son courrier tous les huit jours ! » : tel a été son commentaire.

Mais j'en viens au principal : notre conversation à Paris, en présence du sympathique Jean B.[103]

Vous avez manifestement le sens de la réflexion politique. Moi, je ne l'ai pas. J'ai plutôt, en la matière, des mouvements d'humeur. Je vais plutôt là où, sur le moment, j'ai l'impression qu'on appelle au secours. Je ne parle pas de 68 où c'était de ma part, du pur enthousiasme. Je parle de toutes les autres circonstances de la vie où j'ai vu les vainqueurs terrasser les vaincus. Le vaincu n'est toujours qu'un pauvre chien et je ne vais pas me soucier s'il est jaune, noir ou brun. Je suis persuadé qu'aux Tagarins on a torturé dans tous les sens de l'histoire. Cela dit, ne jouons pas les saint-bernard. Comme tout le monde ou presque, j'ai des indignations qui sont peut-être, en gros, à sens unique. J'ai cru constater, par exemple, qu'en règle générale, un homme de gauche ou un juif trouvent toujours des défenseurs quand ils sont persécutés ; quand ce n'est pas dans un coin de la terre, c'est dans un autre ; ils ne crient tout de même pas dans le désert. En revanche, quand l'homme de droite ou l'antisémite est persécuté, on dirait que tous les coups sont permis. Les exceptions à cette règle sont rares. Aux juifs je reproche de crier tellement plus fort quand il s'agit de l'un des leurs qu'on n'entend même plus les cris des autres suppliciés. Le grand public en est presque venu à croire que seuls les juifs passaient dans les prétendues « chambres à gaz ». Les juifs, pour moi, constituent le contraire d'une minorité à plaindre dans la France d'aujourd'hui ; or, jamais peut-être ils ne se sont autant plaints. Cela vient, me souffle-t-on, de ce qu'ils sentent que l'état d'Israël est en perdition. C'est possible. Je suis prêt à plaindre Begin si, de puissant, il se retrouve misérable. Je compatis sincèrement à la désillusion des sionistes comme à la désillusion de tous les désillusionnés du monde. Mais il y a le sort affreux des Palestiniens. Les malheureux ont cru s'en sortir par une forme de « terrorisme ». Les médias leur sont tombés dessus à bras raccourcis. Les juifs ont tort de lier, pour la plupart d'entre eux, leur cause à la cause sioniste. Je voudrais bien que certains juifs, comme Vidal-Naquet, se désolidarisent franchement et courageusement de la cause sioniste. Le moyen existe : qu'ils se désolidarisent de l'affreux mensonge qui est à la base de la création de l'état d'Israël, cette imposture des « chambres à gaz » et du « génocide ». Cette histoire est pourrie, fichue ; en réalité, plus un seul historien n'acceptera de la cautionner bien longtemps encore ; elle n'est plus bonne que pour un Georges Wellers qui invoque « la perfidie allemande » ou la « perfidie arabe » dans son *Étoile jaune à l'heure de Vichy*. La projection d'*Holocauste* va être une catastrophe pour les juifs de France, s'ils en

---

[103] Le "sympathique" Jean B., ou Jean Barot, est maintenant mieux connu sous son vrai nom de Gilles Dauvé. [N.d.é]

profitent pour nous resservir les mêmes fables. Tout cela est vraiment dangereux.

Somme toute, je vous approuve quand vous me dites qu'il ne faut pas que mon entreprise serve à de gros malins pour relancer une campagne antijuive. Vos remarques font même que j'ai pris une décision : celle de désamorcer par tous les moyens possibles la tentation chez certains de refiler la note aux « juifs ». Un mot, une phrase bien placée, peuvent avoir ici leur effet. Il faut bien voir que dans quelques années on risque d'assister à une dispute entre juifs de l'Ouest et communistes de l'Est : c'est à celui qui mettra sur le compte de l'autre ces histoires de « chambres à gaz » polonaises et de massacres généralisés par les « *Einsatz gruppen* ». Un mensonge, c'est encombrant. « C'est pas moi, c'est l'autre ; moi, je n'ai fait que répéter. » Ayons tous, et tout de suite, l'amour de la vérité et manifestons cet amour. Vous, avec votre habitude de la réflexion politique, vous sauriez, je suppose, trouver les moyens les plus adéquats.

*****

29 décembre 1978

« *Le problème des chambres à gaz* » ou « *la rumeur d'Auschwitz* »

Nul ne conteste l'utilisation de fours crématoires dans certains camps allemands. La fréquence même des épidémies, dans toute l'Europe en guerre, exigeait la crémation, par exemple des cadavres de typhiques (voy. les photos).

C'est l'existence des « chambres à gaz », véritables abattoirs humains, qui est contestée. Depuis 1945, cette contestation va croissant. Les grands moyens d'information ne l'ignorent plus.

En 1945, la science historique officielle affirmait que des « chambres à gaz » avaient fonctionné, aussi bien dans l'ancien Reich qu'en Autriche, aussi bien en Alsace qu'en Pologne. Quinze ans plus tard, en 1960, elle révisait son jugement : il n'avait, « avant tout » (?), fonctionné de « chambres à gaz » qu'en Pologne.[104] Cette révision déchirante de 1960 réduisait à néant mille « témoignages », mille « preuves » de prétendus gazages à Orani-en-bourg, à Buchenwald, à Bergen-Belsen, à

---

[104] « *Keine Vergasung in Dachau* », par le Dr Martin Broszat, directeur de l'Institut d'histoire contemporaine de Munich.

Dachau, à Ravensbrück, à Mauthausen. Devant les appareils judiciaires anglais ou français, les responsables de Ravensbrück (Suhren, Schwarzhuber, Dr Treite) avaient avoué l'existence d'une « chambre à gaz » dont ils avaient même décrit, de façon vague, le fonctionnement. Scénario comparable pour Ziereis, à Mauthausen, ou pour Kramer au Struthof. Après la mort des coupables, on découvrait que ces gazages n'avaient jamais existé. Fragilité des témoignages et des aveux !

Les « chambres à gaz » de Pologne – on finira bien par l'admettre – n'ont pas eu plus de réalité. C'est aux appareils judiciaires polonais et soviétique que nous devons l'essentiel de notre information sur elles (voy., par exemple, l'ébouriffante confession de R. Höss, *Commandant à Auschwitz).*

Le visiteur actuel d'Auschwitz ou de Majdanek découvre, en fait de « chambres à gaz », des locaux où tout gazage aurait abouti à une catastrophe pour les gazeurs et leur entourage. Une exécution collective par le gaz, à supposer qu'elle soit praticable, ne pourrait s'identifier à un gazage suicidaire ou accidentel. Pour gazer un seul prisonnier à la fois, pieds et poings liés, les Américains emploient un gaz sophistiqué, et cela dans un espace réduit, d'où le gaz, après usage, est aspiré pour être ensuite neutralisé. Aussi, comment pouvait-on, par exemple à Auschwitz, faire tenir deux mille (et même trois mille) hommes dans un espace de deux cent dix mètres carrés (!), puis déverser (!) sur eux des granulés du banal et violent insecticide appelé Zyklon B ; enfin, tout de suite après la mort des victimes, envoyer sans masque à gaz, dans ce local saturé d'acide cyanhydrique, une équipe chargée d'en extraire les cadavres pénétrés de cyanure ? Des documents trop peu connus[105] montrent d'ailleurs : 1° que ce local, que les Allemands auraient fait sauter avant leur départ, n'était qu'une morgue typique (*Leichenkeller*), enterrée (pour la protéger de la chaleur) et pourvue d'une seule petite porte d'entrée et de sortie ; 2° que le Zyklon B ne pouvait pas s'évacuer par une ventilation accélérée et que son évaporation exigeait au moins vingt-et-une heures. Tandis que sur les crématoires d'Auschwitz on possède des milliers de documents, y compris les factures, au pfennig près, on ne possède sur les « chambres à gaz », qui, paraît-il, flanquaient ces crématoires, ni un ordre de construction, ni une étude, ni une commande, ni un plan, ni une facture, ni une photo. Lors de cent procès (Jérusalem, Francfort, etc.), rien n'a pu être produit.

« J'étais à Auschwitz. Il ne s'y trouvait pas de "chambre à gaz". » A peine écoute-t-on les témoins à décharge qui osent prononcer cette phrase. On les poursuit en justice. Encore en 1978, quiconque en

---

[105] D'une part, photos du musée d'Auschwitz (nég. 519 et 6228) ; d'autre part, documents de Nuremberg « NI-9098 et NI-9912).

Allemagne porte témoignage en faveur de T. Christophersen, auteur du *Mensonge d'Auschwitz,* risque une condamnation pour « outrage à la mémoire des morts ».

Après la guerre, la Croix-Rouge internationale (qui avait fait son enquête sur « la rumeur d'Auschwitz »[106], le Vatican (qui était si bien renseigné sur la Pologne), les nazis, les collabos, tous déclaraient avec bien d'autres : « Les "chambres à gaz" ? nous ne savions pas. » Mais comment peut-on savoir les choses quand elles n'ont pas existé ?

Le nazisme est mort, et bien mort, avec son Führer. Reste aujourd'hui la vérité. Osons la proclamer. L'inexistence des « chambres à gaz » est une bonne nouvelle pour la pauvre humanité. Une bonne nouvelle qu'on aurait tort de tenir plus longtemps cachée.[107]

[Publié dans *Le Monde*, 29 décembre 1978. Reproduit dans *VHVP*, p.104-105.]

***

Décembre 1978

TRAVAUX PUBLIÉS

Université Lyon-II. UER de Lettres et civilisations classiques et modernes.

Robert Faurisson, maître de conférences.

Thèse d'État : *La Bouffonnerie de Lautréamont*, 17 juin 1972, Université de Paris-Sorbonne. Thèse publiée sous le titre d'*A-t-on lu Lautréamont ?*

A. Livres publiés :

---

[106] CICR, *Documents sur l'activité du Comité international de la Croix-Rouge...*, série II, n°1, reproduisant partiellement (j'ai copie du texte intégral confidentiel) le document n° 9925 : *Visite au commandant du camp d'Auschwitz d'un délégué du* CICR (septembre 1944), pp. 91 et 92. Une phrase capitale de ce document a été habilement amputée de trois mots dans le livre de Marc Hillel, *Les Archives de l'espoir*, p. 257, et la phrase la plus importante (« Les détenus eux-mêmes n'en ont pas parlé ») a été sautée.

[107] Parmi la vingtaine d'auteurs qui nient l'existence des « chambres à gaz », citons Paul Rassinier, ancien déporté *(Le Véritable Procès Eichmann)* et, surtout l'Américain A. R. Butz pour son remarquable livre sur *The Hoax of the Twentieth Century (L'Imposture du XXe siècle).*

A-t-on lu *Rimbaud* ?, J.-J. Pauvert, 1961, réimp. en 1971 sous le titre d'*A-t-on* lu *Rimbaud* ? suivi de *L'Affaire Rimbaud* (quelques éléments de la polémique déclenchée), 21x28 cm, 2 col., 63 p.

A-t-on lu *Lautréamont* ?, Gallimard, 1972, 14x21 cm, 445 p.

La Clé des Chimères *et* Autres Chimères *de Nerval*, J.-J. Pauvert, 1977, 13,5x21 cm, 144 p.

B. Articles publiés :

« La Leçon de Bardamu » (Céline), *Les Cahiers de l'Herne*, n° 3, 1963, p. 306-311 ;

« Traduction prosaïque de La Chanson du mal-aimé » (Apollinaire), *L'Information littéraire*, nov. 1964, p. 207-211 ;

« Le Soulier de satin » (Claudel), *L'Information littéraire*, mars 1965, p. 81-92 ;

« Le Bateau ivre » (Rimbaud), *L'Information littéraire*, mars 1966, p. 83-88 ;

« Les Caves du Vatican » (Gide), *L'Information littéraire*, mai 1966, p. 124-130 ;

« Notes sur *Alcools* » (Apollinaire), *L'Information littéraire*, janvier 1967, p. 35-44 ;

« El Desdichado » (Nerval), *L'Information littéraire*, mars 1968, p. 94-98 ;

« La Vie antérieure » (Baudelaire), *L'Information littéraire*, mai 1970, p. 147-149 ;

« Sur quelques vers – trop connus – de Ronsard », *L'Information littéraire*, janvier 1971, p. 45-48 ;

« Les Divertissements d'Isidore » (Lautréamont), *NRF*, janvier 1971, p. 67-75 ;

« La Belle Énigme des *Deux Amis* de La Fontaine », *L'Information littéraire*, septembre 1972, p. 183-184 ;

« Les Faux-monnayeurs » (sur la « Nouvelle Critique »), *Les Nouvelles Littéraires*, 29 janvier 1973, p. 13-14 ;

« Lautréamont en perte de vitesse », *Les Nouvelles Littéraires*, 5 mai 1975, p. 6 ;

« À quand la libération de Céline ? », *Les Nouvelles Littéraires*, 28 mai, p. 4-5, et 18 juin 1973, p. 2 ;

« Céline au purgatoire », *Les Nouvelles Littéraires*, 24 juin 1974, p.4 ;

« La Clé des *Chimères* » (Nerval), *Les Nouvelles Littéraires*, 20 janvier 1975, p. 8-9 ;

« Céline dans de beaux draps », *Les Nouvelles Littéraires*, 17 novembre 1975, p. 5 ;

« Céline en joie », *Les Nouvelles Littéraires,* 22 juin 1978, p. 6.

Dans d'autres périodiques, des articles sur « La Dissertation littéraire », « Le Commentaire composé », (La *Franco-Ancienne*, revue des professeurs de français, de latin et de grec) « Cent minutes avec Henry Miller » (dans une revue ronéotypée du sanatorium des étudiants de France de St Hilaire-du-Touvet, vers 1953), « Une Enfantine de Larbaud » (dans une revue éditée par la Compagnie fermière de Vichy, vers 1958), « Comprendre Rimbaud », etc. Inédit : *Vocales Rimbaldi*, 4 pages en latin, remis à Jean Paulhan, vers 1961.

C. Autres travaux :

Andromaque (Racine), Hachette, 1970, ref.1976 (livre de l'élève et livre du maître) ;

Scénario d'un film documentaire sur Rimbaud (1970) (6mn. Le film a été fait et projeté) ;

« Notes sur Céline » dans *Actes du Colloque international* de 1976 (Société d'études céliniennes, 1978, p. 179-83) ;

« Quelques exécutions du "Maquis Bernard" (Charente) », *Défense de l'Occident,* juillet 1977, p. 44-49 ;

« Le "Problème des chambres à gaz" », *Défense de l'Occident*, juin 1978, p. 32-40.

D. En préparation :

➢ Travaux littéraires sur : un poème de Hugo, des mystifications de Lautréamont, le vocabulaire de Céline ;
➢ Travaux historiques sur le *Journal* d'Anne Frank, quelques aspects de l'« Épuration », le mythe des « chambres à gaz ».

E. Spécialité :

Critique de textes et documents (littérature, histoire, médias...). Recherche, en particulier par la critique interne, du sens et du contresens ainsi que du vrai et du faux. Le critique, le chartiste, l'historien devant la popularité de la fable, la difficulté d'être vrai, le devoir d'être vrai.

***

1978

NOTES CÉLINIENNES

La Société d'études céliniennes a reçu de M. Robert Faurisson les notes suivantes qui sont une version rédigée d'interventions orales faites en marge des communications du colloque.

1. Les « données de mentalité »

Dans sa communication sur les « données de mentalité », M. Poli tente une mise au point sur les idées de Céline. Et il s'abstient de tout jugement. Je trouve qu'il a bien fait. Je constate en effet que Céline est souvent jugé sur des idées qu'il n'a seulement jamais eues. Et puis à quoi sert de juger ? M. Poli nous présente avec clarté le développement harmonieux d'une « mentalité ». Quelques points nous en étaient bien connus, mais encore fallait-il en trouver l'agencement, ainsi que le rapport avec des points beaucoup moins connus de cette « mentalité » : la notion d'« âme », par exemple, chez Céline. M. Poli y est parvenu. Il nous rappelle par ailleurs combien il serait intéressant d'étudier, chez ce cœur sensible et généreux et chez ce "rêveur bardique" qu'était Céline, le dégoût que lui inspirait, par-delà l'Église, le christianisme même.

2. La subtilité du racisme antijuif de Céline

Il serait étonnant que Céline manifeste dans ses idées politiques – fussent-elles racistes – une absence de cœur et une lourdeur d'esprit qu'on ne lui voit nulle part ailleurs. J'espère montrer, lors du prochain colloque, que l'antisémitisme de Céline, qui tient à la fois d'un racisme instinctif et d'une sorte de réflexion anticolonialiste, n'est pas dénué d'intelligence et de cœur. On peut, comme c'est son cas, être raciste sans se faire à proprement parler d'illusion sur la beauté, la force ou les vertus de sa race par rapport à d'autres races.

3. Une idéologie de « petit bourgeois » ?

Il est possible que, par certains de ses aspects, l'idéologie célinienne s'apparente à celle d'un « petit bourgeois », encore que le mot soit galvaudé et que je lui préfère celui de « poincariste » que nous suggère Trotski ou encore ceux de « hobereau déclassé ». Les deux pôles de l'idéologie célinienne me paraissent être l'*égalitarisme* et le *racisme* ; or, la mentalité du « petit bourgeois » répugne à l'égalitarisme et elle ne laisse pas vraiment de place au racisme en tant que tel. Céline, qui n'est ni « boutiquier », ni « bas de plafond », se situe en tout cas aussi loin que possible de l'esprit « poujadiste ». Il a trop parcouru le vaste monde pour cela et il a connu les aventures du cœur et de l'esprit : on le voit à chaque moment de son œuvre. Il est bien vrai que, dans ses pamphlets, il tient à mettre la « petite bourgeoisie » en garde contre une politique qui la conduit à la guerre et qui, en fin de compte, se révèle dangereuse pour ses intérêts de boutique, mais la France était peut-être, comme encore aujourd'hui, faite en majorité de « petits bourgeois ». S'adresser à ces derniers, c'était alors s'adresser à « la France ». Mais, de toute façon, Céline lance les mêmes avertissements aux paysans, aux ouvriers (« Putois Jules terrassier ») et aussi à la noblesse française qu'il considère pourtant comme pourrie jusqu'à l'os. Il sait trop bien que la guerre moderne ne fait plus de détail.

4. La « trépanation »

Où Céline a-t-il personnellement écrit qu'il avait été trépané ?

5. *Bagatelles juives pour un massacre des Aryens ?*[108]

Du point de vue de l'auteur, ce « massacre » est celui des Aryens. Il sera perpétré par la volonté des juifs. Ces derniers veulent provoquer une croisade contre Hitler. Ils font tout pour "nous filer au casse-pipe" mais, quant à eux, comme en 14, ils trouveront mille subterfuges pour essayer de se planquer. Énumérant cent turpitudes de la grande ou de la petite « musique juive », Céline les présente comme autant de « *bagatelles juives* », comme autant d'inoffensives babioles qui *préludent à* la grande boucherie, c'est-à-dire au massacre des Aryens. Cela en 1937. L'année suivante, dans *L'École des cadavres*, il mettra de nouveau les Aryens en garde contre la volonté juive de les dresser pour en faire des cadavres. Peine perdue ! Il ne sera pas écouté. L'Europe continentale – et non pas seulement la France – se trouvera vite dans de « beaux draps ».

---

[108] Sur le sens à donner au titre de *Bagatelles pour un massacre* on pourra consulter le livre (30e édition) aux pages 86, 124, 133 et 134, 182, 200, 203, 225, 240, 244, 250, 260, 262, 269, 272, 278, 281, 297, 299, 323, 324...

6. « *Alors tu veux tuer tous les juifs ?* »[109]

À cette question de son confident Gustin, Céline répond que, si la guerre doit éclater, il faudra bien que les juifs "saignent". (Il l'a dit et répété sur tous les tons, ce sera *leur* guerre.) Si, le moment venu, les juifs le poussent, lui, en première ligne, il les butera tous, ces « pousse-au-crime ».

7. « *Luxez le juif au poteau !* »[110]

Céline n'a jamais préconisé le massacre des juifs. Cette phrase, dont on lui fait souvent le reproche, est l'objet d'un contresens. Elle signifie, non pas : « COLLEZ LE JUIF AU POTEAU [d'exécution] ! », mais...

« COIFFEZ LE JUIF AU POTEAU [d'arrivée] ! » La page d'où cette phrase est extraite porte en épigraphe : « S.O.S. » et commence en ces termes : « Plus de tergiverses ! Plus d'équivoques ! – Le communisme Labiche ou la mort ! Voilà comme je cause ! Et pas dans vingt ans, mais tout de suite ! » Céline, en effet, appelle de ses vœux un communisme à la bonne franquette faute de quoi les Français connaîtront le communisme juif, marxiste ou stalinien. Il faut faire vite. Il faut coiffer le juif sur le poteau d'arrivée de la course au communisme. « Vinaigre ! Luxez le juif au poteau ! y a plus une seconde à perdre ! C'est pour ainsi dire couru ! ça serait un miracle qu'on le coiffe ! une demi-tête !... un oiseau !... un poil !... un soupir !... »[111]

8. *Insouciance et jubilation céliniennes*

« Ballet veut dire féerie ». À la fin de *Bagatelles*, dans le ballet de « VAN BAGADEN », Céline, comme il lui arrive souvent, entonne un hymne à la joie et à l'insouciance. Van Bagaden est un vieux tyran qui n'aime que l'or. Le pauvre Peter est son esclave soumis (soumis au point de prendre la défense de son maître qui l'a enchaîné). Mais le tyran va mourir dans son or. Le présent est tout à la joyeuse rébellion des mutines ouvrières, des marins, des ouvriers. Le livre se termine sur « toute cette joie, cette folie... l'immense farandole... » Les communistes du (théâtre)

---

[109] Céline, *Bagatelles pour un massacre* aux pages 318 et 319.
[110] Céline, *Les Beaux Draps,* aux pages 197 et 198.
[111] Le mot de « luxer » appartient à l'argot des carabins. G. Esnault, dans son *Dictionnaire des argots*, en propose la définition suivante : « Remplacer par un autre, de droit, dans sa fonction (externes des hôpitaux, 1867), un invité absent à table (étud., 1903). ÉTYM. c.-à-d. « déboîter ; cf. allemand *vertreten* (luxer le pied), remplacer par quelqu'un ».

« Marinski » voulaient que Céline leur présente un ballet moins « archaïque » et plus « sozial » que « La Naissance d'une fée ». Eh bien, nous y voici! Avec le ballet de « VAN BAGADEN », ils auront du « sozial » et même de la « Révolution ». Mais à la manière de Céline. Vive la libération des travailleurs dans l'ivresse de la joie et de l'enthousiasme ! La tyrannie de l'or et du travail, souvent dénoncée dans le cours du livre, va prendre fin. Le communisme arrive, non pas celui – « concombres et délation » – du camarade Toutvabienovi(t)ch, mais celui – art, danse, musique et rythme – des "colonisés" qui se libèrent et retrouvent spontanément le lyrisme intime de la race. « Le Communisme doit être folie avant tout, par-dessus tout Poésie », pourra-t-on lire dans *L'École des cadavres*.[112] On notera que la « libération » se situe dans cette Flandre chère au cœur de Céline.

9. La signification des trois arguments de ballet

Céline n'est pas clair quand, par opposition à l'art contemporain qualifié de « juif », il nous vante l'art du patrimoine aryen. Il ne fournit guère d'exemple de cet art qui serait sans doute « pudeur, musique, rythme, valeur ».[113] Les exemples des « Cro-magnons – ces graveurs sublimes » – ou de Couperin laissent entendre qu'il recherche dans l'art une forme d'ingénuité et de raffinement authentique qui paraissent à jamais perdus. Et pourtant, le retour aux sources n'est peut-être pas impossible. Je suis tenté de croire qu'aux yeux de leur auteur les trois arguments de ballet constituent des exemples d'un art « aryen » rénové ou restitué. Ceux-ci ne seraient pas de simples divertissements conçus pour alléger une œuvre de caractère principalement politique, mais ils serviraient ce dessein politique. Tristes ou gais, mais toujours passablement ingénus (et peut-être même d'une ingénuité volontairement appuyée), ils se proposeraient en exemples de ce « ton personnel, racial et lyrique »[114] dont les Français, abrutis et dénaturés, devraient apprendre à retrouver le goût. En ce sens, et si l'on veut bien se rappeler qu'en musique le mot de « bagatelle » désigne une composition courte et légère, on pourrait dire que les arguments de ballet de « La Naissance d'une Fée » et de « Voyou Paul. Brave Virginie » sur lesquels s'ouvre le livre, ainsi que l'argument de ballet de « VAN BAGADEN » sur lequel termine l'auteur, sont des « bagatelles » aryennes, aussi typiquement françaises que le rigodon par exemple, et opposables en tous points aux sinistres

---

[112] Céline, *L'École des cadavres*, p. 132.
[113] Céline, *Bagatelles pour un massacre*, p. 183.
[114] 3. *Id.*, p. 176.

« bagatelles » d'une « musique juive » qui, selon l'auteur, n'est, elle, qu'un prélude à « l'immense tuerie prochaine ».[115]

[Extrait de *Céline, Actes du colloque international de Paris (27-30 juillet 1976)*, Paris, Société d'études céliniennes, 1978. Voy. aussi, dans le vol.I, p. 315 et 322 et vol. II, p. 483 et 927.]

---

[115] *Id.,* p. 133.

1979

LETTRE EN DROIT DE RÉPONSE PUBLIÉE PAR LE JOURNAL *LE MONDE*

Jusqu'en 1960, j'ai cru à la réalité de ces gigantesques massacres en « chambres à gaz ». Puis, à la lecture de Paul Rassinier, ancien déporté résistant et auteur du *Mensonge d'Ulysse*[116], j'ai commencé à avoir des doutes. Après quatorze ans de réflexion personnelle, puis quatre ans d'une enquête acharnée, j'ai acquis la certitude, comme vingt autres auteurs révisionnistes, que je me trouvais devant un mensonge historique. J'ai visité et revisité Auschwitz et Birkenau où l'on nous présente une « chambre à gaz reconstituée » et des ruines dites de « crématoires avec chambres à gaz ». Au Struthof (Alsace) et à Majdanek (Pologne), j'ai examiné des locaux présentés comme des « chambres à gaz en état d'origine ». J'ai analysé des milliers de documents, en particulier au CDJC de Paris : archives, sténogrammes, photographies, témoignages écrits. J'ai inlassablement poursuivi de mes questions spécialistes et historiens. J'ai cherché, mais en vain, un seul ancien déporté capable de me prouver qu'il avait réellement vu, de ses propres yeux, une « chambre à gaz ». Je ne voulais surtout pas d'une illusoire abondance de preuves ; j'étais prêt à me contenter d'une preuve, d'une seule preuve. Cette preuve, je ne l'ai jamais trouvée. Ce que j'ai trouvé, en revanche, ce sont beaucoup de fausses preuves, dignes des procès de sorcellerie et déshonorantes pour les magistrats qui s'en étaient accommodés. Et puis j'ai trouvé le silence, la gêne, l'hostilité et, pour terminer, les calomnies, les insultes, les coups.

Les répliques que vient de susciter mon bref article sur « La Rumeur d'Auschwitz », je les ai lues plus d'une fois en dix-huit ans de recherches. Je ne mets pas en cause la sincérité de leurs auteurs, mais je dis que ces répliques fourmillent d'erreurs, depuis longtemps signalées par les Rassinier, les Scheidl et les Butz.

Par exemple dans la lettre, qu'on me cite, du 29 janvier 1943 (lettre qui ne porte même pas l'habituelle mention de « Secret »), *Vergasung* ne signifie pas « gazage », mais « carburation ». *Vergasungskeller* désigne

---

[116] Réédité chez Omnia Veritas, www.omnia-veritas.com. (Nde)

la pièce, en sous-sol, où se fait le mélange « gazeux » qui alimente le four crématoire. Ces fours, avec leur dispositif d'aération et de ventilation, venaient de la maison Topf et Fils d'Erfurt (NO-4473).

Begasung désignait le gazage de vêtements en autoclaves. Si le gaz employé était le Zyklon B – préparation de « B[lausäure] », c'est-à-dire d'acide prussique ou cyanhydrique – on parlait de « chambres à gaz bleues ». Rien à voir avec les prétendues « chambres à gaz-abattoirs » !

Il faut citer correctement le *Journal* du médecin Johann Paul Kremer. On verra ainsi que, s'il parle des horreurs d'Auschwitz, c'est par allusion aux horreurs de l'épidémie de typhus de septembre-octobre 1942. Le 3 octobre, il écrira : « À Auschwitz, des rues entières sont anéanties par le typhus. » Lui-même, il contractera ce qu'il appelle « la maladie d'Auschwitz ». Des Allemands en mourront. Le tri des malades et des bien-portants, c'était la « sélection » ou l'une des formes de l'« action spéciale » du médecin. Ce tri se faisait soit à l'intérieur des bâtiments, soit à l'extérieur. Jamais Kremer n'a écrit qu'Auschwitz était un *Vernichtungslager*, c'est-à-dire, selon une terminologie inventée par les Alliés après la guerre, un « camp d'extermination » (entendez par là : un camp doté d'une « chambre à gaz »). En réalité, il a écrit : « Ce n'est pas pour rien qu'Auschwitz est appelé le camp de l'anéantissement (das *Lager der Vernichtung)*. » Au sens étymologique du mot, le typhus anéantit ceux qu'il frappe. Autre grave erreur de citation : à la date du 2 septembre 1942, le manuscrit de Kremer porte : « Ce matin, à 3 h, j'ai assisté dehors, pour la première fois, à une action spéciale. » Historiens et magistrats suppriment traditionnellement le mot « dehors » *(draussen)* pour faire dire à Kremer que cette action se déroulait dans une « chambre à gaz ». Enfin, les scènes atroces devant le « dernier bunker » (il s'agit de la cour du bunker n° 11) sont des exécutions de condamnés à mort, exécutions auxquelles le médecin était obligé d'assister. Parmi les condamnés se trouvent trois femmes arrivées dans un convoi de Hollande : elles sont fusillées.[117]

Les bâtiments des « Kremas » de Birkenau étaient parfaitement visibles[118] de tous. Bien des plans et des photos le prouvent, qui prouvent également l'impossibilité matérielle radicale pour ces « Kremas » d'avoir eu des « chambres à gaz ».

Si, à propos d'Auschwitz, l'on me cite, une fois de plus des aveux, des mémoires ou des manuscrits – miraculeusement – retrouvés (tous documents que je connais déjà), je veux qu'on me montre en quoi leurs précisions imprécises diffèrent des précisions imprécises de tous les

---

[117] *Auschwitz vu par les SS,* éd. du musée d'Oswiecim, 1974, p. 238, n. 85.
[118] Un terrain de football « se trouvait contre les crématoires de Birkenau » (Thadeus Borowski, d'après H. Langbein, *Hommes et femmes à Auschwitz,* p. 129).

documents qui ont fait dire aux tribunaux militaires des Alliés qu'il y avait des « chambres à gaz » là où, en fin de compte, on a fini par reconnaître qu'il n'y en avait pas eu : par exemple, dans tout l'ancien Reich !

J'avais cité les documents industriels NI-9098 et 9912. Il faut les lire avant de m'opposer les « témoignages » de Pery Broad et de R. Höss ou, pourquoi pas, les « aveux », après la guerre, de J. P. Kremer. Ces documents établissent que le Zyklon B ne faisait pas partie des gaz qualifiés de ventilables ; ses fabricants sont obligés de convenir qu'il est « difficile à ventiler, vu qu'il adhère aux surfaces ». Dans un local cyanuré par le Zyklon B, on ne peut pénétrer, avec un masque au filtre « J » – le plus sévère des filtres – qu'au bout d'une vingtaine d'heures pour procéder à un test chimique de disparition du gaz.[119] Matelas et couvertures doivent être battus à l'air libre pendant une à deux heures. Or, Höss[120] écrit : « Une demi-heure après avoir lancé le gaz, on ouvrait la porte et on mettait en marche l'appareil de ventilation. On commençait immédiatement à extraire les cadavres. » Immédiatement *(sofort) !* Et d'ajouter que l'équipe chargée de manipuler deux mille cadavres cyanurés entrait dans ce local (encore plein de gaz, n'est-ce pas ?) et en tirait les corps « en mangeant et en fumant », c'est-à-dire, si je comprends bien, sans même un masque à gaz. C'est impossible. Tous les témoignages, si vagues ou discordants qu'ils soient sur le reste[121], s'accordent au moins sur ce point : l'équipe ouvrait le local, soit immédiatement, soit « peu après » la mort des victimes. Je dis que ce point, à lui seul, constitue la pierre de touche du faux témoignage.

En Alsace la « chambre à gaz » du Struthof est intéressante à visiter. On y lit sur place la confession de Josef Kramer. C'est par un « trou » *(sic)* que Kramer versait « une certaine quantité de sels cyanhydriques », puis « une certaine quantité d'eau » : le tout dégageait un gaz qui tuait à peu près en une minute. Le « trou » qu'on voit aujourd'hui a été si grossièrement fait par un coup de burin que quatre carreaux de faïence en ont été brisés. Kramer se servait d'un « entonnoir à robinet ». Je ne vois ni comment il pouvait empêcher ce gaz de refluer par ce trou grossier, ni comment il pouvait admettre que le gaz, s'évacuant par la cheminée, aille se répandre sous les fenêtres de sa villa. Qu'on passe dans une pièce voisine et là, qu'on m'explique cette affaire de cadavres conservés pour le professeur Hirt dans des « cuves à formol », qui ne sont, en fait, que

---

[119] La réglementation française concernant l'emploi de l'acide cyanhydrique est aussi draconienne que l'allemande : voir décret 50-1290 du 18 octobre 1950, ministère de la Santé publique.

[120] *Kommandant in Auschwitz*, Deutsche Verlagsanstalt, Stuttgart, 1958, p. 126 et 166.

[121] *Justiz und NS-Verbrechen*, t. XIII (1975), p. 134 et 135.

des cuves à choucroute et à pommes de terre, munies de simples abattants de bois sans étanchéité.

L'arme la plus banale, si elle est soupçonnée d'avoir tué ou blessé, fait l'objet d'une expertise judiciaire. On constate avec surprise que ces prodigieuses armes du crime que sont les « chambres à gaz » n'ont, elles, jamais fait l'objet d'une expertise officielle (judiciaire, scientifique ou archéologique) dont on puisse examiner le rapport.[122]

Si par malheur les Allemands avaient gagné la guerre, je suppose que leurs camps de concentration nous auraient été présentés comme des camps de rééducation. Contestant cette présentation des faits, j'aurais été sans doute accusé de faire objectivement le jeu du « judéo-marxisme ». Ni objectivement, ni subjectivement je ne suis judéo-marxiste ou néo-nazi. J'éprouve de l'admiration pour les Français qui ont courageusement lutté contre le nazisme. Ils défendaient la bonne cause. Aujourd'hui, si j'affirme que les « chambres à gaz » n'ont pas existé, c'est que le difficile devoir d'être vrai m'oblige à le dire.

[Publié dans *Le Monde*, 16 janvier 1979, reproduit dans *VHVP*, p. 60-61 et 109-111.]

***

22 janvier 1979

LETTRE À M. PIERRE JOFFROY, AUTEUR DE L'ESPION DE DIEU. LA PASSION DE KURT GERSTEIN

(au sujet de sa lettre du 11 janvier envoyée au Monde, au Monde Juif…)

Vous m'adressez une lettre insultante. C'est votre affaire. Je vous répondrai courtoisement comme c'est, je pense, mon droit.

Vous prenez au sérieux ce que vous appelez le « témoignage » de Kurt Gerstein. Le malheur est que dans votre livre de 1969 vous avez reproduit une toute petite partie de ce « témoignage » écrit et que vous n'en avez pas recherché toute les parties constituantes (les « compléments », par

---

[122] La crédulité générale se contente de peu : qu'on nous montre une porte munie d'un œilleton et de verrous à bascule (système espagnolette) et nous voilà devant… une « chambre à gaz » !

exemple, et surtout, des « brouillons » en français, qui sont tout à fait édifiants). Encore faut-il préciser que cette toute petite partie, vous ne l'avez pas lue. C'est ce que démontre, d'une part, votre livre et, d'autre part, ce que vous m'avez révélé de vos méthodes de travail lors d'une conversation téléphonique que je vais me permettre de vous remettre en mémoire. J'ai consigné sur une fiche la substance de notre conversation. C'est le 14 juin 1974 au soir que je vous ai appelé au téléphone à votre domicile. J'ai noté : « embarras spectaculaire. Total bafouillage. Incapable de me dire de quoi ce texte (p. 283 sqq.) est la reproduction. N'avait pas noté que, p. 284, cela faisait 60.000 morts par jour. Répond que ce n'était pas forcément tous les jours. (Or Gerstein dit bien « par jour » dans deux cas et « maximum par jour » dans un autre cas). N'avait pas noté que 700-800 (gazables entassés) sur 25 m² = 28 à 32 personnes par m². Répond qu'on les entassait et qu'on jetait des enfants par-dessus. Je lui fais remarquer : 1 m 80 de hauteur. Lui, n'avait noté que vingt-cinq millions (de cadavres) : « chiffre un peu exagéré peut-être. » M'affirme que le livre de Friedländer, c'est un livre de Poliakov sur lequel Friedländer n'a travaillé que quelque quatre ou cinq semaines. Ne s'est pas arrêté à ces détails qui semblent tant m'intéresser. Garde une confiance entière. Prépare un roman qui me surprendra beaucoup plus (« apocalyptique » ?). » Dans cette conversation, je ne vous avais pas soumis une vingtaine d'autres énormités de cette « confession » ou de ce « témoignage » du seul document RF-350 ou PS-1553. Je ne vous ai pas parlé des fantastiques variations du texte selon qu'il se trouve reproduit par les NMT américains, par le 6e Bureau du QG de la Police d'Israël et, surtout, par les différentes moutures mises au point par Léon Poliakov dans *Le Bréviaire de la Haine* (regardez de près les différentes éditions d'après les dates d'achevé d'imprimer), comme dans *Le Monde Juif* (les stupéfiantes remakes du numéro de janvier-mars 1964), dans *La Terre retrouvée* (1er avril 1964), les versions transformées de Heydecker et Leeb, celles de Rothfels ou de Schoenberner (car les textes en allemand ont subi les mêmes traitements), etc.

Je vous renvoie aux magistrales analyses de Paul Rassinier. Je vous renvoie à la thèse d'Olga Wormser-Migot, notamment p. II, note 1, et à la page 426 : « nous arrivons difficilement pour notre part, à admettre l'authenticité intégrale de la confession de Kurt Gerstein – ou la véracité de tous ses éléments. » Je vous renvoie même aux efforts désespérés que fait G. Wellers[123] pour tenter de répliquer à Paul Rassinier : l'ingénieur Kurt Gerstein était « troublé », « profondément et violemment frappé » par ce qu'il a vu en 1942 ; il est « resté au comble de l'émotion » trois

---

[123] G. Wellers, « La "solution finale de la question juive"... », p. 46 à 62.

ans après en rédigeant son rapport pour les polices française ou américaine. Il en oubliait sa table de multiplication ou même d'addition : 5 x 4 = 25 ; 3 + 3 = 2 + 2 ; 25 x 1,9 = 45. Il en imaginait un enfant de quatre ans offrant un petit morceau de ficelle consécutivement à trois mille personnes sagement alignées ; lui, le spécialiste de l'acide cyanhydrique, il en débitait sur la question de pures incongruités : juifs de Theresienstadt tués par l'acide au plein vent des fossés :

« Pour empêcher ce conseil diabolique, je déclarais impossible cette méthode... » mais on les tue ; « La méthode pour tuer les enfants était de leur tenir sous le nez un tampon à l'acide prussique. »

Mais j'en viens au grief que vous me faites. Pour vous, je « prétends » qu'on a « suicidé » Gerstein et je m'appuie pour dire cela sur une réflexion – rapportée par vous – d'un médecin-légiste sur le rapport d'expertise établi en 1945 par le Professeur Piedelièvre. Désolé. Il fallait me citer correctement. J'ai fait suivre « suicidé » d'un point d'interrogation placé entre parenthèses : (?). Je ne « prétends » pas détenir la vérité sur la mort de Gerstein. Je dis : je doute fortement de la thèse officielle du suicide. Et pourquoi ce doute ? À cause du rapport de Piedelièvre. Cette sommité de la médecine légale aurait rédigé un rapport sans aucune valeur scientifique. Vous osez dire que le médecin-légiste qui a critiqué ce rapport l'a fait « *d'un point de vue strictement formel* » (souligné par vous) : « pas assez long, pas assez précis, manque de détails significatifs. » Désolé là encore. Ce médecin critique le rapport sur le fond et sur la forme, et cela dans les termes les plus sévères. Vous auriez dû me citer ses propres paroles que vous reproduisez à la page 262 de votre livre : « Ne me faites pas rire ! Ça, un rapport ! Je vais vous en montrer, moi, des rapports. Tenez ! Ça comporte dix, quinze pages quand c'est fait sérieusement... Votre expert ne parle même pas de l'état des poumons. N'indique pas si le mort est blanc ou bleu. Aucune mention de l'existence ou non d'ecchymoses autour du sillon de pendaison. Pas un mot sur la nature du nœud. *Des rapports comme ça ne veulent strictement rien dire.* » (Souligné par moi).

Pour ma part, je souhaiterais que le débat sur le « génocide » se poursuive sans injure ni insultes.

***

19 février 1979

TRAVAUX, ENQUÊTES, RECHERCHES

Sur un point controversé de l'histoire contemporaine, je me suis permis de donner mon opinion en un article et en une lettre.[124] me suis-je exprimé à la légère ? Ou bien ai-je travaillé et réfléchi avant de m'exprimer comme je l'ai fait ?

Quelques personnes à qui j'ai écrit ou parlé sur le sujet :
Robert Aron (sa réponse est du 10 juin 1962) – Emmanuel d'Astier – Léon Poliakov – Olga Wormser-Migot – Jean Duché – Jean Planchais – Dr S. Noller – Alain Decaux – Georges Weill – Philippe Bourdrel – Louis Martin-Chauffier – Joseph Billig – Lucien Steinberg – Jean Fontugne – Chancelier Brandt (réponse Nolte) – Jacques Pirenne – Edgar Faure (ex procureur adjoint au Tribunal militaire international de Nuremberg) – Gilbert Badia – Arnold Mandel – J.-B. Duroselle – André Fontaine – Dr Kubovy – Dr Martin Broszat – Zvi Michaeli – Élie Ben-Elissar – Serge Sellem – J.T. Sik – Joseph Kotlarsky – R. Freschel – Robert Sommer – Dr Wilhelm Pfannenstiel – Louise Alcan – Raymond Lipa – Léon Alhadeff – me Albert Naud – F. Junien – Raymond Montégut – André Malraux (réponse Sophie L. de Vilmorin) – A. Espiau de La Maestre – Jean-Marc Théolleyre – Peter Loewenberg – Bernard Lauzanne – me Jacques Isorni (qui croit aux « chambres à gaz ») – Jacques Willequet – Marlis G. Steinert – René Rémond – David Rousset – Adam Rutkowski – Georges Wellers – Ulrich Hessel – Alfred Grosser – Rita Thalmann – Simon Wiesenthal – Gitta Sereny-Honeyman – Henri Amouroux – Albert Speer – François Faure – Heinz Riesel – Pierre Joffroy – Pierre Seelic-Javet-Kahn… *Je ne parle pas des personnes, très nombreuses, de l'école historique adverse !*

Centres où j'ai travaillé, ou avec qui j'ai été en correspondance :
Centre de documentation juive contemporaine de Paris – Archives d'Auschwitz à Oswiecim (Pologne) – Service international de recherches d'Arolsen – Centrale judiciaire de Ludwigsburg – Institut d'histoire contemporaine de Munich – Institut historique allemand de Paris – Croix-Rouge internationale de Genève – Archives de l'Église évangélique de Westphalie – Comité international de Dachau (Bruxelles) – Amicale de Natzweiler-Struthof – Amicale des anciens d'Auschwitz et des camps de Haute-Silésie *(Hefte von Auschwitz)* – Amsterdam, Vienne, Sofia, Varsovie – Visite du Struthof, de Majdanek, d'Auschwitz : photos personnelles et photos d'archives.

---

[124] Voy. *Le Monde* du 29 déc. 1978, p. 8, et du 16 janvier 1979, p. 13.

Pour les procès : les quarante et un tomes du T.M.I. – les quinze tomes des procès américains – quelques tomes (très mal faits) des procès britanniques – les dix-neuf tomes (jusqu'ici parus) des *NS-Verbrechen* publiés par l'université d'Amsterdam – les (très instructifs) sténogrammes du procès Eichmann... et jusqu'à des P.V. d'interrogatoires que j'ai pu obtenir grâce à l'obligeance d'un juge d'instruction allemand convaincu de l'existence de quelques « chambres à gaz » ; je ne citerai pas les ouvrages assez nombreux qui ont été consacrés aux procès, où les éléments sont, par définition, de seconde main (ouvrages de Naumann, Langbein, Hausner, Rückerl, etc.).[125]

Les deux ouvrages de base de l'Américain Raul Hilberg et de l'Anglais Gerald Reitlinger et, seulement pour les juifs d'Allemagne, de H.-G. Adler.

Les ouvrages de référence (en français) de Léon Poliakov, de Joseph Billig et, surtout, la thèse d'Olga Wormser-Migot. Il n'existe, à ma connaissance, **aucun** livre ni même **aucun** article consacré aux « chambres à gaz » !!! (attention aux titres trompeurs).

Les publications du Comité d'histoire de la deuxième guerre mondiale[126], de l'Institut d'histoire contemporaine de Munich et, surtout, *Le Monde Juif,* revue du Centre de documentation juive contemporaine (CDJC)[127] de Paris (en particulier les études tendant à réfuter la thèse de Paul Rassinier, qui est la mienne aussi).

Des *milliers* de documents du CDJC et, en particulier, toutes les références, sans aucune exception, du fichier « Extermination-Gazage ».

Des *centaines* de témoignages écrits sur la vie des camps.

Recherches dans l'*Encyclopaedia Judaica*, dans le *Mémorial* de S. Klarsfeld. Très nombreuses recherches d'ordre matériel ou technique sur les fours crématoires ou sur le Zyklon B (acide cyanhydrique) : à Paris, à Montreuil, à Lyon, à Oswiecim. Recherches dans l'esprit de l'orfèvre de Fontenelle par opposition aux compilations de Horstius, Ingolsteterus ou Libavius sur la prétendue dent d'or miraculeusement découverte en Silésie.

---

[125] Parmi ces ouvrages, le plus instructif (involontairement), est peut-être de M. Hill et L. N. Williams, *Auschwitz en Angleterre (l'affaire Dering).*

[126] Le confidentiel (?) *Bulletin* de ce comité (rattaché au premier ministre) dit que le résultat d'ensemble de sa longue enquête sur le total des déportés de France ne sera pas publié par crainte de « réflexions désobligeantes pour les déportés » et pour éviter « des heurts possibles avec certaines associations de déportés ». Je suis en mesure de donner ces chiffres et de désigner ces associations. Cette rétention de documents date de janvier 1974.

[127] Je peux préciser et prouver pourquoi et comment j'ai été chassé du CDJC en avril 1978.

Méthodes de routine de la critique historique : « Montrez-moi vos preuves » –

« Ce document offre-t-il des garanties d'authenticité ? » – « D'où viennent vos chiffres ? » – « Que dit au juste ce témoin ? » – « Qui a rédigé la légende de cette photo ? » – « Où est le manuscrit de ce témoignage extraordinaire ? » –

« Comment expliquer les variantes considérables d'un texte pour lequel il n'existe et ne peut exister qu'un seul manuscrit ? » – « Cela tient-il debout ? »

Critique interne ou de cohérence – Critique externe – La transmission, la traduction, l'adaptation – Le film, la photo, le montage – L'expertise judiciaire, scientifique, archéologique présente ou absente : pourquoi ? Son protocole, son déroulement, ses conclusions ? Sur ces méthodes traditionnelles et sur les techniques modernes, voir l'« Encyclopédie de la Pléiade », *L'Histoire et ses méthodes*.

***

26 février 1979

Une preuve... une seule preuve

Dans une longue déclaration, trente-quatre historiens français viennent de nous faire savoir qu'il est certes « naturel » de se poser toutes sortes de questions sur la seconde guerre mondiale, mais que, néanmoins, « il n'y a pas, il ne peut y avoir de débat sur l'existence des chambres à gaz ».

Pour ma part, je constate qu'il y a un débat sur l'existence ou non des « chambres à gaz » et je crois que ce débat est légitime. Longtemps, il a opposé quelques spécialistes de l'école des historiens révisionnistes à quelques spécialistes de l'histoire officielle. Ce débat s'est en quelque sorte ouvert en 1960 quand le Dr Martin Broszat, représentant du très officiel Institut d'histoire contemporaine de Munich, a dû faire une énorme concession au révisionniste Paul Rassinier : il lui a fallu admettre qu'en dépit d'une prétendue surabondance de preuves, de documents, de témoignages et d'aveux, tous dignes de foi, il n'avait pourtant jamais existé une seule « chambre à gaz » dans tous les camps de concentration de l'Ancien Reich. En 1968, la discussion avait été relancée, du côté officiel, par Olga Wormser-Migot qui, affrontant une véritable tempête de protestations, osait parler dans sa thèse de ce qu'elle nommait alors « le problème des chambres à gaz ». Depuis 1974, ce débat est peu à peu devenu public en Europe occidentale et dans tout le monde anglo-saxon (y compris, tout récemment, en Australie !). La presse française ne peut plus l'ignorer, sous peine de pratiquer une forme de censure.

Ce débat est déjà riche d'enseignements. Un lecteur attentif du *Monde* aura beaucoup appris de la seule lecture de son journal le 21 février 1979, où toute une page est exclusivement consacrée à un exposé des thèses de l'histoire officielle. Pour commencer, le lecteur aura appris que, dans certains camps, on présente « aux pèlerins ou aux touristes » de fausses « chambres à gaz » (il est seulement dommage qu'on ne lui nomme pas ces camps). Puis, il aura appris que le chiffre de trois millions de morts pour Auschwitz est « certainement exagéré », ce qui le surprendra s'il se rappelle que le chiffre officiel est de quatre millions. Il aura constaté que, là où les archives allemandes sont déclarées « muettes »[128], on tend à les interpréter. Il aura vu que, là où les documents du III$_e$ Reich sont « apparemment anodins », on les interprète au point, par exemple, de dire que « traiter en conséquence » signifie… « gazer ». Il aura noté que les ordres d'e Himmler, soit de construire, soit de détruire les « chambres à gaz » ne font l'objet d'aucune précision ; c'est qu'en fait de tels ordres n'ont apparemment jamais existé. Il aura appris que le « document » de l'ingénieur SS Gerstein est jugé « indiscutable », non pas dans sa totalité mais seulement « sur l'essentiel ». Avec un peu d'attention encore, il aura remarqué que, dans ce qu'on veut bien lui citer de ce document, il est question de sept à huit cents personnes dans une « chambre à gaz » de 25 m$_2$ de surface et d'une hauteur d'1 m 80 : ce qui donne de vingt-huit à trente-deux personnes debout dans un espace d'1 m sur 1 m ! Dans la liste des trente-quatre historiens, il aura peut-être remarqué qu'il ne figure qu'un seul spécialiste de l'histoire des camps. Dans la liste bibliographique, il aura deux fois rencontré le nom d'Olga Wormser-Migot pour des ouvrages secondaires mais non pour sa thèse, sans doute jugée dangereuse ; et il n'aura trouvé aucun livre ni aucun article consacré aux « chambres à gaz » pour la bonne raison qu'il n'en existe, du côté officiel, ni en français, ni en aucune langue étrangère (attention, ici, à certains titres trompeurs !).

Au lecteur du *Monde* on parle d'un exposé sur « la solution finale du problème juif » en date du 20 janvier 1942. On se demande vraiment pourquoi le texte de cet exposé n'est pas appelé, comme on le fait d'habitude, par son nom de « Protocole de Wannsee ». Je note que, depuis quelque temps, on semble s'être aperçu que cet étrange procès-

---

[128] Le fait que des déportés n'aient pas été immatriculés à Auschwitz, comme on pouvait pourtant s'y attendre, ne signifie pas que ces déportés aient disparu ou qu'ils aient été « gazés ». Pour plus de détails sur ce point, voyez *Le Mémorial* de S. Klarsfeld, p. 10 et 12.

verbal (car le mot de « Protocole » est un faux sens) est plein de bizarreries et qu'il est dénué de toute garantie d'authenticité. Il a été dactylographié sur du papier ordinaire, sans indication de lieu ni de date de rédaction, sans indication de provenance, sans en-tête officiel, sans référence, sans signature. Cela dit, je pense que la réunion du 20 janvier 1942 a bien eu lieu et qu'elle concernait « la solution, enfin, du problème juif », c'est-à-dire que, leur émigration vers Madagascar étant rendue impossible par la guerre, on décidait le refoulement des populations juives vers l'Est européen.

Quiconque fonde quelque accusation que ce soit sur le « document » Gerstein (PS-1553) fait, par là même, la preuve de son incapacité à trouver un argument solide en faveur de l'existence des « chambres à gaz ». Même le Tribunal militaire international de Nuremberg n'avait pas voulu exploiter ce *texte* sorti de ses archives. D'autres tribunaux, il est vrai, s'en sont contentés. La confession de R. Höss n'a pas plus de valeur. Je ne reviendrai pas sur cet « aveu » rédigé sous la surveillance de ses geôliers polonais et staliniens. Le moindre effort d'analyse en montre le caractère fabriqué ; je renvoie là-dessus aux ouvrages de Paul Rassinier et, en particulier, à son étude sur *Le Procès Eichmann*. Quant au *Journal* de Kremer écrit pendant la guerre, il est authentique, mais on en sollicite abusivement quelques passages ou bien l'on en déforme le texte pour nous faire croire que Kremer parle des horreurs des « chambres à gaz » là où, en réalité, il décrit les horreurs d'une épidémie de typhus. Après la guerre, Kremer a, bien entendu, avoué ce qu'on voulait lui faire avouer selon tous les stéréotypes des spécialistes de l'aveu. On me reproche d'avoir caché ce point. Je ne l'ai pas caché. J'ai expressément mentionné l'existence de ces « aveux ». Je n'en ai pas analysé le texte tout simplement parce qu'on s'était heureusement abstenu de me le présenter comme une preuve de l'existence de « chambres à gaz » à Auschwitz! Quand Kremer parle de trois femmes *fusillées,* je veux bien l'en croire. Il pouvait arriver, je pense qu'un convoi de mille sept cent dix personnes comprenne trois personnes à fusiller sur place, à Auschwitz. Mais quand Kremer, après la guerre, nous dit qu'il s'agissait de femmes refusant d'entrer dans la « chambre à gaz », je n'en crois rien. Je n'ai qu'à me reporter à ce qu'il prétend avoir vu d'une prétendue opération de gazage, observée de sa voiture. Kremer fait partie de ces gens selon qui la réouverture de la « chambre à gaz » se faisait « un moment » après la mort des victimes.[129] J'ai déjà montré qu'il y avait là une impossibilité matérielle. Et puis, je constate que, pour tenter d'expliquer une confession, celle de Kremer, on s'appuie sur une autre confession, celle,

---

[129] *Justiz und NSVerbrechen,* t. XVII (1977), p. 20.

comme par hasard, de Höss. Le point troublant est que ces deux confessions, toutes deux obtenues par la justice militaire polonaise, se contredisent beaucoup plus qu'elles ne se confirment. Voyez de près la description et des victimes, et du cadre, et des exécutants et du mode d'exécution.

Je ne comprends pas la réponse qui m'est faite concernant le Zyklon B. Employé dans une « chambre à gaz », il aurait adhéré au plafond, au plancher, aux quatre murs et il aurait pénétré les corps des victimes et leurs muqueuses pendant vingt heures au moins. Les membres du Sonder-kommando (en fait, le kommando du crématoire) chargés, dit-on, d'aller retirer les cadavres de la « chambre à gaz » une demi-heure après le déversement (?) du Zyklon B auraient été instantanément asphyxiés. Et, de cela, les Allemands n'auraient pu se moquer, puisque le travail n'aurait pas été fait et qu'aucune nouvelle fournée de victimes n'aurait pu être amenée.

Il ne faut pas confondre une asphyxie suicidaire ou accidentelle avec une exécution par le gaz. Dans le cas d'une exécution, l'exécutant et son entourage ne doivent pas courir le moindre risque. Aussi les Américains, pour asphyxier un seul détenu à la fois, emploient-ils un processus compliqué dans un espace réduit et hermétiquement clos où toute manœuvre se déclenche de l'extérieur. Le prisonnier a les pieds et les poings liés et la tête immobilisée. Après sa mort, on aspire et on neutralise le gaz et les gardiens doivent attendre plus d'une heure pour pénétrer dans le petit local. Une « chambre à gaz » n'est pas une chambre à coucher.

Depuis quatre ans je souhaite un débat public avec qui l'on voudra sur « le problème des chambres à gaz ». On me répond par des assignations en justice. Mais les procès de sorcellerie, tout comme la chasse aux sorcières, n'ont jamais rien prouvé. Je connais un moyen de faire progresser le débat. Au lieu de répéter à satiété qu'il existe une surabondance de preuves attestant de l'existence des « chambres à gaz » (rappelons-nous la valeur de cette prétendue surabondance pour les « chambres à gaz » mythiques de l'Ancien Reich), je suggère que, pour commencer par le commencement, on me fournisse une preuve, une seule preuve précise de l'existence réelle d'une « chambre à gaz », d'une seule « chambre à gaz ». Cette preuve, nous l'examinerons ensemble, en public.

[Droit de réponse au *Monde* du 21 février 1979, p. 23 et du 23 février 1979, p. 40, refusé immédiatement par la direction du journal. Publié dans le *Mémoire en Défense*, p. 96-100.]

23 mars 1979

Pour un vrai débat sur les « chambres à gaz »

M. Wellers, qui me traite de « romancier », a éludé mes arguments et, en particulier, ceux qui touchent aux impossibilités matérielles du gazage. Employé dans cette prétendue « chambre à gaz » de deux cent dix mètres carrés (en réalité : une simple morgue), le Zyklon B aurait adhéré au plafond, au plancher et aux quatre murs. Il aurait pénétré les corps des victimes et leurs muqueuses (comme, dans la réalité, il pénétrait les matelas et les couvertures à désinfecter, qu'il fallait battre pendant une heure à l'air libre pour en chasser le gaz). L'équipe chargée de vider la « chambre à gaz » de ses deux mille cadavres aurait été asphyxiée à son tour. Il lui aurait fallu, sans même un masque à gaz, s'engouffrer dans un bain de vapeurs d'acide cyanhydrique et y manipuler des corps encore tout imprégnés des restes d'un gaz mortel. On me dit bien que Höss ne se souciait pas de la santé des membres de cette équipe. Soit ! Mais comme ces hommes n'auraient pu faire leur travail, je ne vois pas qui aurait évacué la « chambre à gaz » pour laisser la place à de nouvelles fournées. Quant au « dispositif d'aération et de ventilation », je répète qu'il est celui des fours, ainsi que l'atteste le document NO-4473. D'ailleurs le Zyklon B est « difficile à ventiler » dans un vaste local et, de plus, il est explosible : on n'emploie pas d'acide cyanhydrique à proximité d'un four ! Quand Kremer et ses juges parlent de trois femmes fusillées à Auschwitz, ils ne disent rien d'invraisemblable. En revanche, quand le même Kremer dit à ses juges qu'il a assisté à un gazage mais de loin, assis dans sa voiture. Je ne le crois plus. Il précise en effet que la réouverture de la « chambre à gaz » s'opérait « un moment » après la mort des victimes.[130] Il y a là une impossibilité matérielle flagrante sur laquelle je ne reviendrai pas. Et puis, je constate que, pour tenter de nous expliquer une « confession », celle de Kremer, on s'appuie sur une autre « confession », celle, comme par hasard, de Höss. Le point troublant est que ces deux confessions s'infirment plus qu'elles ne se confirment. Voyez de près la description à la fois des victimes, du cadre, des exécutants et du mode d'exécution.

On trouve plaisant que je réclame une expertise de ces « armes du crime » qu'auraient été les « chambres à gaz ». On me fait remarquer qu'une chambre à gaz pourrait s'improviser en une minute dans un simple appartement. C'est une erreur. Une chambre à coucher ne peut devenir une chambre à gaz. Une asphyxie suicidaire ou accidentelle ne peut avoir de rapport avec une exécution par le gaz. Quand on veut tuer toute une foule de victimes avec un gaz quelconque et surtout avec de

---

[130] *Justiz und NS-Verbrechen*, t. XIII (1975), p. 20.

l'acide cyanhydrique, sans risquer soi-même d'être tué, de provoquer une explosion, etc., il doit falloir mettre au point une machinerie extraordinairement compliquée. Il devient de plus en plus difficile de croire à l'existence de ces abattoirs humains qu'auraient été les « chambres à gaz ». Tout récemment, les photos aériennes d'Auschwitz et de Birkenau (documents des Américains Dino A. Brugioni et Robert G. Poirier en dix-neuf pages et quatorze photos) pourraient bien avoir porté le coup de grâce à la légende de l'extermination. On possédait déjà d'assez nombreuses photos « terrestres » des « Krémas » d'Auschwitz et de Birkenau, sans compter les plans. La nature des bâtiments et leur emplacement semblaient exclure toute possibilité d'un usage criminel. Les photos aériennes confirment cette impression. En 1944, même au plus fort de ce qu'ils appellent « la période de l'extermination », les Américains confessent leur surprise de ne pas voir ces fumées et ces flammes qui, dit-on, « jaillissaient continuellement des cheminées des crématoires et se voyaient à la distance de plusieurs *miles* ». Cette remarque, ils la font à propos de la photo du 25 août 1944 – lendemain de l'arrivée de cinq convois « à exterminer »[131] –, mais il semble bien qu'elle s'applique aussi aux autres photos : celles du 4 avril, du 26 juin, du 26 juillet et du 13 septembre 1944. En 1976, l'historien révisionniste Arthur R. Butz avait fait une remarque prémonitoire.[132] Il avait écrit que, vu les recherches industrielles avancées que les Allemands menaient dans le complexe d'Auschwitz, les Alliés possédaient certainement dans leurs archives des photos aériennes du camp. Il ajoutait que, si on ne s'empressait pas de nous révéler l'existence de ces photos, c'est que probablement celles-ci ne fournissaient pas de preuves à l'appui des accusations portées contre les Allemands.

Des historiens français viennent de condamner sorboniquement ceux qui se permettent de mettre en doute l'existence des « chambres à gaz » homicides. Depuis quatre mois je ne peux plus donner de cours à mon université. La LICA m'assigne en justice pour « falsification de l'histoire » et demande aux autorités de « suspendre [m]es enseignements […] aussi longtemps que la justice n'aura pas statué. »[133] Mais personne, à ce que je vois, n'ose affronter à armes totalement égales le débat que je propose. Ma proposition est pourtant simple à satisfaire. Toute accusation devant se prouver, je demande qu'on soumette à l'épreuve d'une analyse historique de routine une preuve, une seule preuve précise, de l'accusation portée contre l'Allemagne sur le chapitre des « chambres à gaz ». Par exemple, parmi toutes les « chambres à gaz » qu'on fait visiter

---

[131] *Hefte von Auschwitz,* n° 8 (1964), p. 60-61.
[132] *The Hoax of the Twentieth Century,* p. 150.
[133] *Le Droit de vivre,* mars 1979, p. 9.

aux pèlerins et aux touristes, que les accusateurs m'en désignent une qui, à leurs yeux, aient vraiment servi à tuer des hommes à un moment quelconque.

En attendant, je remercie le nombre croissant de ceux qui, surtout parmi les jeunes, m'apportent leur soutien. Jean-Gabriel Cohn-Bendit écrit : « Battons-nous donc pour qu'on détruise ces chambres à gaz que l'on montre aux touristes dans les camps où l'on sait maintenant qu'il n'y en eut point. »[134] Il a raison. Finissons-en avec la propagande de guerre. Les horreurs réelles suffisent. Il est inutile d'en rajouter.

[Lettre en droit de réponse adressées au *Droit de vivre*, publication de la LICRA, qui n'en a publié que de brefs extraits. Publié dans *VHVP*, p.112-113.]

***

2 mai 1979

RÉPLIQUES AUX THÈSES RÉVISIONNISTES

Dès les premiers procès pour « crimes de guerre » (des vaincus), procès instruits par les vainqueurs dans une atmosphère générale de haine hystérique, il s'est trouvé des accusés pour nier l'existence des « chambres à gaz » homicides. D'autres accusés, en très grand nombre, ont dit leur stupéfaction devant la « découverte » de pareils « faits ». Il ne leur venait guère à l'idée que les vainqueurs avaient pu avoir l'immense aplomb de monter cette affaire de toutes pièces. Ils croyaient avec toute la présomption, sans doute, des gens du XXe siècle, que les procès de sorcellerie ne pouvaient appartenir qu'au passé. Aujourd'hui encore, en Allemagne et ailleurs, les procès où il peut être question de « chambres à gaz » et de « génocide » se déroulent dans une telle atmosphère et dans un tel entourage d'« information du public » que les accusés ont tout intérêt à plaider le vraisemblable (aux yeux des juges, de la presse, des pouvoirs) plutôt que le vrai. Les accusés de Majdanek (procès de Düsseldorf) n'ont pas encore osé dire qu'il n'y avait aucune « chambre à gaz » dans leur camp. Ils préfèrent, en accord avec leurs avocats (y compris le courageux Paul Bock)[135], plaider qu'ils

---

[134] *Libération*, 5 mars 1979, p. 4.
[135] Paul Bock, père de quatre enfants, a d'ailleurs reçu tant de menaces qu'il a… renoncé à continuer son travail ! Il a été remplacé par un collègue : Me Hohl. Voyez les hurlements poussés à l'occasion de la relaxe de quatre accusés ! Interventions auprès du gouvernement etc., trente-cinq ans après les faits !

étaient personnellement en dehors du coup. Tout comme la sorcière d'autrefois, ils se gardent bien de nier l'existence du diable. La sorcière plaidait que certes le diable était bien là, mais sans doute au sommet de la colline, là où pour sa part elle n'était pas allée. Elle, elle s'était tenue au pied de la colline. (Voyez aussi l'affaire Lucien Léger et le chantage de me Naud, révélé par me Naud lui-même, écœuré rétrospectivement d'avoir agi ainsi : « Léger, soyons sérieux ! Vous me voulez comme avocat ? Nous plaiderons coupables ! »).

Depuis trente-quatre ans, les témoins à décharge de tous ces « criminels » vivent un véritable drame. Parmi eux, les auteurs révisionnistes. On ne compte plus les menaces, les chantages, les calomnies, les insultes, les agressions, les attentats qu'ils ont eu à subir. Mais, pour commencer, les historiens exterminationnistes ont essayé pendant trente ans de pratiquer la politique du silence à l'endroit des *écrits* des auteurs révisionnistes. Et puis, cette politique du silence s'est révélée en fin de compte impossible à maintenir. Il a fallu répliquer. On trouvera ces répliques dans *Le Monde Juif* (trois numéros) et les *Vierteljahreshefte für Zeitgeschichte* de l'Institut d'histoire contemporaine de Munich (un numéro). Voyez également l'étude de J. Billig sur « la solution finale », mais cette étude ne contient pas, à proprement parler, de discussion des thèses révisionnistes.

Le Monde Juif : n° 78 (avril-juin 1975), p. 8-20, par Hermann Langbein, « Coup d'œil à la littérature néo-nazie ».
- n° 86 (avril-juin 1977), p. 41-48 par Georges Wellers, « La "solution finale de la question juive" » et la mythomanie néo-nazie ».
- n° 89 (janvier-mars 1978), p. 4-19, par Georges Wellers, « Réponse aux falsifications de l'histoire ».
- *Vierteljahreshefte für Zeitgeschichte*, (*Heft* 4-1977), p. 735-775 de Martin Broszat, « Hitler und die Genesis der "End lösung" (Aus Anlass der Thesen v. David Irving) ».

Certains articles de Wellers et l'étude de J. Billig sont repris par les éditions de la fondation S. et Beate Klarsfeld (1979)

***

21 mai 1979

Lettre à M_{me} Saunier-Seïté, ministre des Universités

[…]

À ma suspension de droit allait alors succéder une suspension de fait parfaitement illégale. La situation l'exigeait puisqu'on se déclarait incapable d'assurer le déroulement normal de mes cours. Le patron m'envoyait, le 29 janvier 1979, une lettre recommandée pour m'accuser de lâcheté (je n'avais pas osé affronter mes « contradicteurs », disait-il) et pour me faire savoir qu'un collègue assurerait mon cours de licence « jusqu'à la fin de cette année ».

Tous ces événements se produisaient alors qu'allait s'ouvrir la succession de notre patron socialiste à la tête de l'université Lyon-II. Un candidat se présentait parmi d'autres : mon directeur d'U.E.R., avec lequel il était de notoriété publique que j'entretenais jusque-là d'excellentes relations. Mais l'ambition peut conduire à des égarements. Le nouveau candidat à la présidence faisait savoir publiquement que, dans mon affaire, il épousait les vues de l'ancien président. Il allait même plus loin. Il publiait dans un hebdomadaire de tendance socialiste un très long article, puis un texte en réponse à ma réponse, où j'étais présenté comme un homme médiocre, comme un enseignant ayant reçu autrefois non pas un « blâme » mais – nuance ! – des « reproches verbaux » pour de prétendus propos antisémites. Cette pure affabulation s'accompagnait d'une insinuation plus perfide et plus grave : *on insinuait que j'étais un professeur qui avait déserté son poste et qu'on payait à ne plus rien faire.*

J'élevais une vigoureuse protestation contre cette ignominie. On me proposait alors d'essayer de reprendre mes cours pour les deux dernières séances de l'année, soit le 7 et le 14 mai [1979]. J'acceptais immédiatement cette proposition sans égard pour les risques que j'aurais peut-être une fois de plus à courir.

Malheureusement, par un fait dont j'aimerais bien avoir l'explication, les manifestants étaient mis au courant de mon retour. Une fois de plus, le 7 mai, ils envahissaient les lieux et s'y déplaçaient comme à demeure. Comme d'habitude, aucun contrôle de cartes n'était même tenté à l'entrée de ma salle de cours, où je ne pouvais d'ailleurs accéder ce jour-là. Le 14 mai, les manifestants revenaient sur place. Cette fois-ci enfin, pour la dernière séance de l'année, on se décidait à pratiquer un contrôle des cartes. Je pouvais faire cours mais seulement à une étudiante, car une seule étudiante avait pu franchir le barrage des manifestants. C'est sur ce nouvel échec que se terminait une année universitaire où je n'avais pu en fin de compte, donner que trois cours de licence : les 6 et 13 novembre [1978] et le 14 mai [1979]. Pour ce qui est des autres enseignements (cours de maîtrise et de certificat C 2), c'est clandestinement que j'ai pu les assurer dans l'arrière-salle d'un café de la ville à un petit groupe d'étudiants courageux.

Ce n'est pas vous, Madame, qui allez vous soucier de prendre ma défense. Mon avocat a cherché à vous saisir de mon affaire quand il est devenu évident que les autorités de Lyon-II étaient incapables de la résoudre. A la même époque je crois savoir que les autorités de police vous ont fait savoir que j'étais en danger de mort. Vous êtes restée totalement insensible aux appels qui vous étaient lancés. Vous avez fait répondre qu'il nous fallait passer par la voie hiérarchique, c'est-à-dire par le recteur. Mais vous saviez que le recteur nous avait depuis longtemps déclaré qu'en vertu du principe de l'autonomie des universités il ne pouvait intervenir dans cette affaire.

Tout cela est dans l'ordre des choses. Je ne vois là ni complot, ni conjuration, mais un conformisme de fer. Aussi longtemps que j'ai paru rester dans le rang, j'ai été, paraît-il, un « très brillant professeur », un « chercheur très original », une « personnalité exceptionnelle ». Du jour où j'ai heurté le tabou des « chambres à gaz », ma situation professionnelle est devenue intenable. Aujourd'hui, je me vois contraint à solliciter de votre haute bienveillance ma relégation dans l'enseignement par correspondance.

[Publié dans *VHVP*, p. 120-122.]

***

16 juin 1979

Débat à la télévision suisse italienne (Lugano) sur les "chambres à gaz" et le "génocide" : légende ou réalité ?

Le mardi 17 avril 1979, la TV de Lugano a enregistré une émission d'une durée de trois heures sur le sujet suivant : « Les crimes nazis, quelle vérité historique ? »

Cette émission a été intégralement diffusée le vendredi 19 avril 1979 sous le contrôle d'un notaire-huissier constatant l'absence de toute coupure ou insertion.

L'émission était dirigée par MM. Leandro Manfrini et Willy Baggi. Défendaient la thèse de l'imposture (thèse révisionniste) :

- M. Robert Faurisson, maître de conférences à l'université Lyon II (spécialité : Critique de textes et documents) ;
- M. Pierre Guillaume, libraire-éditeur à Paris de « La Vieille Taupe » (révolutionnaire) (spécialité : œuvre de Paul Rassinier) ;

Défendaient la thèse de la réalité des « chambres à gaz » »et du « génocide » (thèse exterminationniste) :
- M_{me} L. Rolfi, ancienne déportée de Ravensbrück ;
- M_{me} Tedeschi, ancienne déportée juive d'Auschwitz-Birkenau,
- M. Enzo Collotti, auteur de *Germania Nazista* (éditions Einaudi, de Turin) ;
- Dr Wolfgang Scheffler, de Berlin, collaborateur de l'Institut d'histoire Contemporaine de Munich, expert de la question des « crimes nazis » auprès des tribunaux de la R.F.A. ;

Cette émission, tout à fait exceptionnelle, a suscité un tel intérêt qu'elle sera à nouveau diffusée le dimanche 6 mai 1979 à 9 h.

Ouvrage (nouveau) montré au début de cette émission : *Der Auschwitz Mythos* (*Legende oder Wirklichkeit ?*), par Wilhelm Stäglich.

***

16 juin 1979

Répression et censure en R.F.A

1°) Dr Wilhelm Stäglich, magistrat à Hambourg, publie un court témoignage sur Auschwitz en 1973. Il prend sa retraite. Il est condamné à voir le montant de sa retraite amputé d'un cinquième pendant cinq ans. Motif : par son témoignage il a porté atteinte au crédit de la magistrature (« Ansehen der Richterschaft ». Jugement du 1er juillet 1975 du Richterdienstsenat bei dem Hanseatischen Oberlandsgericht). Il fait appel du jugement auprès de la *Richterdienstkammer bei dem Landgericht Hamburg*. Celle-ci rend son jugement le 22 avril 1977. Un point, parmi d'autres, des attendus de ce jugement (lui aussi défavorable à W. Stäglich) mérite attention : comme W. Stäglich faisait valoir que des auteurs niaient qu'Auschwitz fût un camp d'extermination (doté de « chambres à gaz » notamment) et comme il citait, à propos l'Américain Arthur R. Butz pour son livre sur *L'Imposture du siècle* et le Français Robert Faurisson pour sa déposition écrite sur le même sujet, le tribunal se débarrassait d'un mot, d'un seul mot, de Butz et de Faurisson en faisant savoir qu'il s'agissait de... pseudonymes. Le texte porte « Butz pseudonyme » et « Faurisson pseudonyme ». Or Butz s'appelle bien Butz et Faurisson s'appelle bien Faurisson. La déposition écrite de Faurisson portait même la signature légalisée de son auteur. Tampon et cachet émanaient de la mairie du septième arrondissement de Lyon, à la date du 3 novembre 1976. Il est à noter que ce type de législation française est valable en Allemagne. Dans son mémoire du 21 juin 1977, l'avocat de W. Stäglich, tentant un nouveau recours auprès d'une autre instance faisait valoir que cet argument des pseudonymes était particulièrement inadmissible. Il apportait de nouveaux arguments en faveur du point suivant : Butz s'appelle Butz et Faurisson s'appelle bien Faurisson. En vain. La nouvelle instance repoussait la demande de W. Stäglich. Cette fois-ci Faurisson n'était même plus mentionné, ni sans doute Butz (je n'ai pas le texte du jugement) ;

2°) En 1979 le même W. Stäglich publie un gros ouvrage sur le *Mythe d'Auschwitz. Légende ou réalité ?* On se dispose, semble-t-il, à le poursuivre en justice ;

3°) L'historien anglais David Irving écrit directement en allemand un très gros manuscrit intitulé : « Hitler und seine Feldherren ». Un contrat d'édition est signé avec Ullstein Verlag à Berlin (Groupe Axel Springer). Irving corrige les épreuves et donne le bon à tirer. Le livre est publié. David Irving découvre alors avec stupeur qu'on a très gravement amputé et remanié son texte. Il faut dire que D. Irving, qui croit comme presque tout le monde à la thèse de l'extermination, mais qui s'est concentré sur la personne et les actes de Hitler, n'a rien trouvé qui lui permette de dire que Hitler ait la moindre responsabilité dans une extermination quelconque. Alors, cela, il le dit. Il ajoute que, puisque cette extermination est néanmoins un fait, c'est que le coupable est ailleurs. Il en déduit que le coupable est sans doute Himmler, lequel aurait caché tout cela à Hitler. Cette thèse marque, à mon avis, la bonne fois et la candeur de D. Irving. Le jour où D. Irving étudiera Himmler comme il a étudié Hitler, il trouvera peut-être que Göbbels était coupable. Et ainsi de suite. Toujours est-il que son éditeur a dû trouver que D. Irving faisait l'apologie de Hitler. Avec un beau sang-froid il a, sans en avertir l'auteur, gravement transformé le texte. D. Irving a été contraint d'interdire toute nouvelle impression. Puis, il a publié son travail aux États-Unis, en anglais, sous le titre de *Hitler's War*. Voici ce qu'il écrit dans son introduction, à la page XVII à propos de l'éditeur allemand d'Ullstein Verlag :

« [...] le responsable de l'édition trouva maints de mes arguments détestables et mêmes dangereux et sans m'en informer il les supprima ou même les changea du tout au tout : dans *leur* texte imprimé Hitler n'avait pas dit à Himmler qu'il ne devait y avoir « pas de liquidation » des juifs (le 30 novembre 1941) ; il lui avait dit de ne pas utiliser le mot « liquider » publiquement en relation avec leur programme d'extermination. C'est ainsi qu'on falsifie l'histoire ! (Ma proposition de publier la note d'Himmler en fac-similé avait été ignorée). J'interdis toute nouvelle impression du livre, deux jours après sa sortie en Allemagne.

Pour expliquer leurs actions, les éditeurs berlinois soutinrent que mon manuscrit exprimait des vues qui étaient un « affront à l'opinion historique établie » (*an affront to established historical opinion*) dans leur pays » ;

4°) En juillet 1978, il s'est tenu à Aschaffenburg (R.F.A.) un colloque d'historiens spécialistes de Hitler. D'après un hebdomadaire d'extrême droite, D. Irving a été conspué et n'a pas pu développer sa thèse.[136] Le modérateur n'a rien pu y faire. La télévision a gommé l'incident. Je suppose que D. Irving a connu là le traitement que j'ai moi-même connu au colloque de Lyon consacré à « Églises et Chrétiens de France dans la seconde guerre mondiale », le 29 janvier 1978. Je n'ai pu parler que deux minutes et cinquante-cinq secondes sur le mythe des « chambres à gaz ». J'ai été interrompu. La salle a éclaté en huées et en protestations. J'ai été insulté. La presse était là. Elle n'a rien rapporté. En novembre 1978, « mon affaire » éclatait en France. C'est alors que la presse révélait qu'elle connaissait mon opinion depuis longtemps mais qu'en accord avec les universitaires elle avait décidé de ne pas toucher mot de mon intervention. Quant aux organisateurs ils m'avaient fait savoir – en réponse à une question que je leur posais le lendemain du 29 janvier – qu'ils se réservaient de consigner ou de ne pas consigner le texte de mon intervention dans les actes officiels du colloque ;

5°) Hellmut Diwald est professeur d'histoire à l'université d'Erlangen (RFA). Il publie en 1978 une *Histoire des Allemands* (*Geschichte der Deutschen*) chez Propyläen Verlag à Berlin (Groupe Axel Springer). Dans les pages 163 à 165, il exprime un certain nombre de vues hétérodoxes. Il écrit notamment à la page 165 que « malgré toute la littérature » consacrée au sujet on ne voit pas encore bien clairement ce qu'il s'est réellement passé dans les années 1940 à 1945 du point de vue de la « solution finale ». Le passage serait trop long à citer. Ce qui en ressort, c'est que H. Diwald paraît sceptique sur le sujet de la réalité du « génocide ». Vive émotion en Allemagne. Heinz Galinski, président de la communauté juive allemande (officielle) exprime son émotion en des termes tels qu'Axel Springer se hâte d'annoncer que le livre de H. Diwald va faire l'objet d'une édition révisée « en une forme changée et améliorée ». Effectivement, dans sa seconde édition, les pages 163 à 165 sont refondues, une photographie montrant des cadavres dans un camp de concentration est ajoutée et on peut lire notamment que la réalité de l'extermination systématique des Juifs n'est en rien discutable (« *An der Tatsache der systematischen Vernichtung der Juden [...] ist nichts*

---

[136] *National Zeitung*, 14 juillet 1978, page 1.

strittig »). Je crois savoir que H. Diwald n'a pas rédigé ce nouveau texte. C'est un point à éclaircir ;

6°) La traduction en allemand du livre de l'Américain R. Butz vient d'être inscrite sur la liste des ouvrages « dangereux pour la jeunesse », ce qui en rend la vente ou la diffusion tout à fait aléatoires (même la vente par correspondance en est interdite).

(Dernière minute : Stäglich poursuivi pour préface au *Mensonge d'Auschwitz* de Christophersen, poursuivi aussi. Le précédent préfacier (Mᵉ Manfred Röder) radié du barreau et contraint à l'exil. Mais attention, Röder a aussi une action politique.)

***

30 juin 1979

Justice française (suite)

— Le conseil d'État a jugé que je n'avais jamais rien publié (!) et cela de mon propre aveu (!).

— Mᵐᵉ Rozès (tribunal de grande instance de Paris) a jugé que j'avais été diffamé par le *Matin de Paris ;* elle m'a accordé le franc symbolique de dommages-intérêts mais elle m'a refusé l'insertion du jugement dans la presse ainsi que le droit de réponse. « En raison des circonstances particulières [lesquelles ?] de la cause » il ne lui a pas paru « opportun d'ordonner la publication sollicitée » !

— C'est elle qui me jugera dans l'affaire que m'intentent sept associations qui m'accusent de dommages par falsification de la Vérité historique.

— Le parquet de Lyon a classé sans suite ma plainte pour violences ainsi que ma plainte pour entraves à la liberté de travail.

— Le tribunal administratif de Paris n'a jamais étudié ma requête de mars 1975. Aucune suite ne lui a été donnée.

Le Progrès, 30 juin 1979, p.3 :

M. Faurisson débouté dans une procédure contre « Le Progrès »

M. Robert Faurisson, professeur à l'université de Lyon-II, qui réfute notamment l'existence des chambres à gaz durant la seconde guerre mondiale, vient d'être débouté dons une procédure engagé contre *Le Progrès de Lyon*, pour « refus du droit de réponse ».

M. Faurisson avait demandé au tribunal de police de Lyon de déclarer la société éditrice du « Progrès » coupable de la contravention de refus d'insertion prévue par la loi du 29 juillet 1981 ». Il demandait à répondre à un article du quotidien publié le 18 novembre 1978, sous le titre :

« L'université de Lyon-II rejette les affirmations scandaleuses de M. Faurisson. »

Dans la procédure introduite par son avocat, me Daniel Burdeyron, M. Faurisson reprochait notamment aux journalistes du *Progrès* « leur collusion depuis trente-cinq ans avec les milieux officiels et officieux, pour travestir la vérité historique sur l'existence des chambres à gaz ».

Pour sa part, le *Progrès* s'était refusé à publier le texte du professeur, estimant qu'il ne pouvait se transformer en « tribune pour des thèses qui voudraient réduire les atrocités nazies à un mythe ».

Le tribunal a débouté M. Faurisson, considérant que sa lettre au *Progrès* « contenait des affirmations contraires aux bonnes mœurs et à l'ordre moral ». {Note de Faurisson : C'est exact. Le juge (M_{me} Baluze–Frachet) précise même par exemple : – « Attendu que les chambres à gaz ont existé, et que le simple fait de vouloir faire insérer dans un quotidien un article dont l'auteur se pose la question de leur existence porte atteinte au respect des bonnes mœurs. »]

M. Faurisson, selon son avocat, a l'intention de faire appel.

***

Juillet 1979

[*Sur un conflit avec* Le Progrès de Lyon]

Le 17, puis, à nouveau, le 18 novembre 1978, Robert Faurisson, maître de conférences à l'université Lyon-II est vivement pris à partie par le journal le *Progrès de Lyon*. Il envoie une lettre au journal en « droit de réponse ». Le journal refuse de publier sa lettre. R. Faurisson saisit la justice. Le jugement est rendu le 27 juin 1979 par le tribunal de police de Lyon. Le juge (unique) est M_{me} Baluze-Frachet. R. Faurisson est débouté. Dans son numéro du 30 juin 1979, le journal résume ainsi l'affaire : « Le tribunal a débouté M. Faurisson considérant que sa lettre au *Progrès* "contenait des affirmations contraires aux bonnes mœurs et à l'ordre moral". » Ce résumé est exact. Le professeur est accusé de porter atteinte aux bonnes mœurs, c'est-à-dire à « l'ensemble des règles morales auxquelles la société ne permet pas qu'il soit dérogé ». Il porte aussi atteinte à « l'ordre moral », qui n'est pas à confondre avec « l'ordre public ». Il faut sans doute remonter au temps du second Empire et à la législation en vigueur vers 1850 en France pour trouver mention de cet « ordre moral ». Les poursuites entamées contre Baudelaire et Flaubert ont dû l'être plus ou moins au nom de cet ordre-là. Au début de la III$_e$ République, les nostalgiques de la monarchie donnèrent le nom d'« ordre moral » à la politique conservatrice définie par le duc de Broglie le 26 mai 1873 et qui devait préparer la restauration de la monarchie. Appuyée sur l'Église, elle entraîna des mesures antirépublicaines (destitution de fonctionnaires républicains, etc.). Cette politique fut celle du maréchal de Mac-Mahon. Bref, « ordre moral » ne désigne plus, depuis longtemps, qu'une politique totalement réactionnaire ou rétrograde. On ne se vante plus guère d'être un défenseur de l'« ordre » et encore moins de « l'ordre moral ». M$_{me}$ Baluze-Frachet reproche au professeur les deux phrases suivantes :

1. « [...] quatorze ans de réflexion et quatre ans d'une enquête minutieuse [...] m'ont conduit à déclarer le 29 janvier 1978 aux participants d'un colloque d'historiens qui s'est tenu à Lyon que les massacres en prétendues "chambres à gaz" sont un mensonge historique. »

2. « [...] La question est de savoir s'il est vrai ou s'il est faux que les "chambres à gaz" hitlériennes ont existé réellement. »

M$_{me}$ le Juge déclare : « Ces dires sont contraires aux bonnes mœurs ». Elle ajoute : « ... il est constant que des millions de personnes, plus particulièrement juives, sont mortes dans les camps concentrationnaires nazis, victimes de différentes "machines à tuer", dont les chambres à gaz ». M$_{me}$ le Juge poursuit : « Les chambres à gaz ont existé et [...] le simple fait de vouloir faire insérer dans un quotidien un article dont l'auteur se pose la question de leur existence porte atteinte aux bonnes mœurs. »

M$_{me}$ le Juge va encore beaucoup plus loin. Elle reproche au professeur d'avoir porté atteinte à « l'honneur des membres du gouvernement, et principalement à son chef ». Ce chef est M. Raymond Barre, dont le fief électoral se situe à Lyon.

Qu'a fait Robert Faurisson pour porter atteinte à l'honneur d'aussi estimables personnes ?

La réponse est donnée par M$_{me}$ le Juge. R. Faurisson, à qui ses collègues historiens se permettaient de faire la morale, leur rappelait deux choses :

a) Ils avaient, de leur propre aveu, obtenu de la presse locale et, en particulier, du *Progrès de Lyon,* qu'on fasse silence sur les déclarations de R. Faurisson au colloque de Lyon de janvier 1978 ;
b) ils savaient tous parfaitement que le Comité d'histoire de la Deuxième guerre mondiale (de MM. Henri Michel et Claude Lévy), comité directement rattaché au Premier ministre, chef du gouvernement, cachait depuis cinq ans le nombre *véritable* des *véritables* déportés de France.

R. Faurisson avait donc écrit à la meute de ses détracteurs et donneurs de leçons de morale : « Je traite de lâches ceux qui affectent d'ignorer cette pure et simple rétention de documents. » Il avait ajouté à l'adresse du journal qui joignait sa voix à celles des détracteurs (et qui, depuis trente-cinq ans, entretenait ses lecteurs d'une histoire mythique de la dernière guerre) le reproche suivant : « Je vous reproche un silence et une collusion avec toutes sortes de pouvoirs officiels ou officieux depuis trente-cinq ans. »

R. Faurisson avait aussi rappelé que le comité fonctionnait avec l'argent du contribuable et que, si ce Comité cachait les résultats de son enquête de vingt ans, c'était, du propre aveu de M. Henri Michel, pour « éviter des heurts possibles avec certaines associations de déportés »[137] et parce que la publication de ces résultats « risquerait de susciter des réflexions désobligeantes pour les déportés. »[138] A aucun moment, R. Faurisson ne parlait de « membres du gouvernement » (au pluriel). Il écrivait seulement : « Ce comité officiel est directement rattaché au premier ministre. » Cette précision figure constamment et en gros caractères sur les publications du comité en question. M$_{me}$ le Juge, pour terminer, stigmatise, d'une façon générale, dans la lettre du professeur, ce qu'elle appelle « les passages contraires à l'ordre moral » : ces passages qu'elle a cités et commentés.

[Publié dans *VHVP*, p. 114-115.]

***

Août 1979

Interview de Robert Faurisson à Storia illustrata, *août 1979, n° 261 réalisée par Antonio Pitamitz*

---

[137] *Bulletin* [confidentiel] *d'histoire de la seconde guerre mondiale*, n° 209. 2.
[138] *Id.*, n° 212, avril 1974.

[Cette interview a été revue, corrigée et annotée par l'auteur pour la présente édition [dans VHVP en 1980]. Les notes sont placées à la fin de l'interview. Quelques corrections de forme ont été apportées par l'auteur en 1997. [N.d.é]

S.I. : Monsieur Faurisson, depuis quelque temps en France, et pas seulement en France, vous vous trouvez au centre d'une âpre polémique à la suite de certaines choses que vous avez affirmées au sujet de celle qui est encore l'une des pages les plus sombres de l'histoire de la deuxième guerre mondiale. Nous parlons de l'extermination des juifs de la part des nazis. En particulier, l'une de vos affirmations paraît aussi tranchante qu'incroyable. Est-il vrai que vous niez que les chambres à gaz aient jamais existé ?

R.F. : C'est exact. Je dis, en effet, que ces fameuses « chambres à gaz » homicides ne sont qu'un bobard de guerre. Cette invention de la propagande de guerre est comparable aux légendes de la première guerre mondiale répandues sur le compte de « la barbarie teutonne ». On accusait déjà les Allemands de crimes parfaitement imaginaires : enfants belges aux mains coupées, Canadiens crucifiés, cadavres transformés en savon...[139] Les Allemands n'étaient sans doute pas en reste sur le compte des Français.

Les camps de concentration allemands ont réellement existé mais tout le monde sait bien que ce n'est pas une originalité allemande. Les fours crématoires ont, eux aussi, existé dans certains de ces camps, mais l'incinération n'est pas plus grave ou plus criminelle que l'inhumation. Les fours crématoires constituaient même un progrès du point de vue sanitaire là où il y avait des risques d'épidémies. Le typhus a exercé ses ravages dans toute l'Europe en guerre. La plupart des cadavres qu'on nous montre si complaisamment en photos sont manifestement des cadavres de typhiques. Ces photos illustrent le fait que des internés – et

---

[139] Cette légende absurde (interrogez là-dessus un anatomiste, un chimiste, un spécialiste quelconque) a été reprise, mais sans grand succès, à propos de la seconde guerre mondiale. S'il faut en croire Gitta Sereny, les responsables allemands de l'investigation des « crimes nazis » (*Zentrale Stelle der Landesjustizverwaltungen zur Aufklärung NS-Verbrechen*) ont « infirmé » l'information selon laquelle les nazis avaient pu utiliser des corps de juifs pour en faire du savon ou des engrais. (Ces responsables travaillent à Ludwigsburg sous la direction du procureur général Adalbert Rückerl, exterminationniste convaincu.) Gitta Sereny rapporte ce fait dans *Into That Darkness* en note 2 de la page 150 de la traduction française : *Au fond des ténèbres*. Cependant, s'il faut en croire Pierre Joffroy, des « barres de savon juif » se trouvent aujourd'hui enterrées dans le cimetière juif de Haïfa (Israël). En effet, Pierre Joffroy, dans un article consacré à Anne Frank, évoquait en 1956 « ces quatre barres de "savon juif" fabriquées avec des cadavres dans les camps d'extermination et qui, trouvées en Allemagne, furent revêtues d'un linceul, en 1948, et pieusement ensevelies selon les rites dans un coin du cimetière de Haïfa (Israël) ».

parfois aussi des gardiens – sont morts du typhus. Elles ne prouvent rien d'autre. Insister sur le fait que les Allemands utilisaient parfois des fours crématoires n'est pas d'une grande honnêteté. On table, en faisant cela, sur la répulsion ou la sourde inquiétude des gens habitués à l'inhumation et non à l'incinération. Imaginez une population océanienne habituée à brûler ses morts ; dites-lui que nous enterrons les nôtres ; vous paraîtrez une sorte de sauvage. Peut-être même vous soupçonnera-t-on de mettre en terre des personnes « plus ou moins vivantes ». On fait preuve de complète malhonnêteté quand on nous présente, de la même façon, comme « chambres à gaz » homicides les autoclaves destinés en réalité à la désinfection des vêtements par le gaz. Cette accusation jamais clairement formulée a été abandonnée mais dans certains musées ou dans certains livres on ose encore nous montrer la photo d'un de ces autoclaves situés à Dachau, avec sur le devant un soldat en uniforme américain en train de déchiffrer... l'horaire des gazages ![140]

Une autre forme de gazage a réellement existé dans les camps allemands : c'est le gazage des bâtiments pour y exterminer la vermine. On utilisait alors ce fameux Zyklon B autour duquel s'est bâtie une fantastique légende. Le Zyklon B, dont la licence remonte à 1922[141], est encore utilisé aujourd'hui, notamment pour la désinfection des immeubles, des baraquements, des silos, des navires, mais aussi pour la destruction des terriers de renards ou des nuisibles de toutes sortes.[142] Il est très dangereux à manier car, comme l'indique la lettre « B », il s'agit de « Blausäure », c'est-à-dire d'acide bleu, ou acide cyanhydrique, encore appelé acide prussique. Soit dit en passant, il est à noter que les Soviétiques, se méprenant sur le sens de cette lettre, ont accusé les Allemands d'avoir tué des déportés avec du Zyklon A et avec du Zyklon B ![143] [**Rectification de 1997** : il existait différentes catégories de Zyklon, désignés par les lettres « A », « B », « C », « D ». Les Soviétiques avaient donc raison de parler de « Zyklon A ».]

Mais venons-en aux prétendues « chambres à gaz » homicides. Jusqu'en 1960 j'ai cru à la réalité de ces abattoirs humains où, selon des méthodes industrielles, les Allemands auraient tué des internés en

---

[140] Voyez cette photo de l'U.S. Army qui a fait le tour du monde et qu'Arthur R. Butz reproduit à la page 191 de *The Hoax of the Twentieth Century*, 1979.
[141] « [...] *für die Degesch vom 20. Juni 1922 ab vom Reichspatentamt patentiert* » (*Justiz und NS-Verbrechen*, Tome XIII [1975], p. 137).
[142] « Un gaz contre les renards », *Le Quotidien de Paris*, 2 septembre 1977. Voyez aussi une revue de chasse : *Le Saint-Hubert*, avril 1979, p. 180-181, « Méthodes de réduction de la population vulpine ».
[143] Je ne suis pas actuellement en mesure de prouver ce que j'avance là. J'ai découvert ce point dans les archives du CDJC de Paris dont l'entrée m'est interdite depuis janvier 1978 en raison de mes opinions en matière d'histoire.

quantités industrielles. Puis, j'ai appris que certains auteurs jugeaient contestable la réalité de ces « chambres à gaz » : parmi eux, Paul Rassinier, qui avait été déporté à Buchenwald et à Dora. Ces auteurs ont fini par former un groupe d'historiens se qualifiant de « révisionnistes ». J'ai étudié leurs arguments. Bien entendu, j'ai étudié aussi les arguments des historiens officiels. Ces derniers croient à la réalité des exterminations dans les « chambres à gaz ». Ils sont, si l'on veut, des « exterminationnistes ».[144] Pendant de longues années j'ai minutieusement confronté les arguments des uns et des autres. Je me suis rendu à Auschwitz, à Majdanek et au Struthof. J'ai cherché, mais en vain, une seule personne capable de me dire : « J'ai été interné dans tel camp. J'y ai vu, de mes yeux vu, un bâtiment qui était à coup sûr une chambre à gaz. » J'ai lu beaucoup de livres et de documents. Pendant des années, j'ai étudié les archives du CDJC de Paris. Il va de soi que je me suis particulièrement intéressé aux procès dits de « crimes de guerre ». J'ai porté une attention toute spéciale à ce qu'on me présentait comme étant des « aveux » de la part de SS ou d'Allemands quelconques. Je ne vais pas vous énumérer ici les noms de tous les spécialistes que j'ai consultés. Chose curieuse d'ailleurs : il suffisait bien souvent de quelques minutes de conversation pour que les « spécialistes » en question me déclarent : « Vous savez, je ne suis pas un spécialiste des chambres à gaz. » Chose encore plus curieuse : il n'existe à ce jour aucun livre, ni même aucun article de l'école « exterminationniste » sur les « chambres à gaz ». Je sais qu'on pourrait peut-être me citer certains titres mais ces titres sont trompeurs.[145] En réalité, dans la formidable montagne d'écrits consacrés aux camps allemands, il n'existe rien sur ce qui fait leur originalité intrinsèquement perverse ! Aucun « exterminationniste » n'a écrit sur les « chambres à gaz ». Tout au plus peut-on dire que Georges Wellers, du CDJC, a essayé d'en parler en essayant de plaider pour la véracité partielle du document Gerstein à propos de la « chambre à gaz » de Belzec.[146]

En revanche, les révisionnistes, eux, ont passablement écrit sur ces « chambres à gaz », pour dire que leur existence était douteuse ou pour affirmer qu'elle était franchement impossible. Mon opinion personnelle rejoint l'opinion de ces derniers. L'existence des « chambres à gaz » est

---

[144] Cette expression semble avoir été créée par le groupe de chercheurs suédois réuni à Täby (Suède) autour de Ditlieb Felderer et qui prépare un ouvrage sur « le mensonge d'Auschwitz » qui sera intitulé *Auschwitz Exit.*

[145] Parmi ces titres trompeurs on peut citer, de P.-S. Choumoff, *Les Chambres à gaz de Mauthausen.*

[146] G. Wellers, « La "solution finale de la question juive"... », p. 41-84. Cet article porte le titre, en anglais, de « Reply to the Neo-Nazi Falsification of Historical Facts concerning the Holocaust »

radicalement impossible. Mes raisons sont d'abord celles qu'ont accumulées les révisionnistes dans leurs publications. Elles sont ensuite celles que j'ai moi-même trouvées et que je qualifierais de matérielles, de bassement et bêtement matérielles.

J'ai pensé qu'il fallait commencer par le commencement. Vous savez qu'en général on met longtemps à s'apercevoir qu'on aurait dû commencer par le commencement. Je me suis dit que nous parlions tous de « chambres à gaz » comme si nous savions clairement le sens de ces mots. Parmi tous ceux qui prononcent des phrases, des discours ou des jugements dans lesquels apparaît cette expression de « chambre à gaz », combien de gens savent-ils de quoi ils parlent ? J'ai vite fait de noter que beaucoup de personnes commettaient une erreur des plus grossières. Ces personnes se représentaient une « chambre à gaz » comme une réalité au fond assez proche d'une simple chambre à coucher sous la porte de laquelle il passe du gaz domestique. Ces personnes oubliaient qu'une exécution par le gaz est, par définition, profondément différente d'une simple asphyxie suicidaire ou accidentelle. Dans le cas d'une exécution, il faut écarter soigneusement tout risque de malaise, d'empoisonnement ou de mort pour l'exécutant et pour son entourage. Ce risque est à écarter avant, pendant et après l'exécution. Les difficultés techniques que cela implique sont importantes. J'ai voulu savoir comment on gazait les visons d'élevage, comment on gazait les terriers de renards, comment aux États-Unis on exécutait par le gaz un condamné à mort. J'ai constaté que dans la très grande majorité des cas on employait pour cela l'acide cyanhydrique. Or, c'est précisément avec cela que les Allemands gazaient leurs baraquements et c'est avec ce gaz qu'ils étaient censés tuer des groupes d'individus ou des foules humaines. J'ai donc étudié ce gaz. J'ai voulu en connaître l'emploi en Allemagne et en France. J'ai consulté des textes ministériels régissant l'usage de ce produit hautement toxique. J'ai eu la chance de découvrir dans les archives industrielles allemandes rassemblées par les Alliés à Nuremberg des documents sur le Zyklon B ou acide cyanhydrique.

Puis, j'ai relu de près certains témoignages, certains aveux ou certains jugements de tribunaux alliés ou allemands sur la mise à mort des détenus par le Zyklon B. Et là j'ai reçu un choc. Ce choc, vous allez le recevoir à votre tour. Je vais d'abord vous lire le témoignage ou l'aveu de Rudolf Höss.[147] Ensuite, je vous dirai quelques résultats de mon enquête,

---

[147] Le camp d'Auschwitz a eu trois commandants successifs : Rudolf Höss, Arthur Liebehenschel et Richard Baer. Le premier a été interrogé par les Anglais, puis par les Polonais, qui l'ont exécuté ; le deuxième a été exécuté par les Polonais ; le troisième est subitement mort en prison alors que se préparait le fameux « Procès d'Auschwitz » à Francfort (1963-1965). À eux seuls, les Polonais semblent avoir interrogé et jugé six cent

bassement matérielle, sur l'acide cyanhydrique et le Zyklon B. (Sachez que R. Höss a été l'un des trois commandants successifs d'Auschwitz. Tous les trois ont été pris et interrogés par les Alliés. Seul R. Höss a laissé une « confession » que nous devons à ses geôliers polonais.)

Dans cette confession, la description du gazage est remarquablement brève et vague, mais il faut savoir que tous ceux qui ont prétendu avoir assisté à ce genre d'opération sont aussi vagues et brefs (avec, en plus, toutes sortes de contradictions sur certains points). R. Höss écrit : « Une demi-heure après avoir lancé le gaz, on ouvrait la porte et on mettait en marche l'appareil de ventilation. On commençait immédiatement à extraire les cadavres. » J'appelle votre attention sur le mot « immédiatement » ; en allemand : « sofort ». R. Höss ajoute que l'équipe chargée de manipuler et d'extraire deux mille cadavres de la « chambre à gaz » jusqu'aux fours crématoires faisait ce travail « en mangeant et en fumant » ; donc, si je comprends bien, sans porter de masque à gaz. Cette description heurte le simple bon sens. Elle implique qu'il serait possible d'entrer sans aucune précaution dans un local saturé d'acide cyanhydrique pour y manipuler (à mains nues ?) deux mille cadavres cyanurés dans lesquels il est probable qu'il reste du gaz mortel.[148] Il doit sans doute rester du gaz dans les chevelures (qui seront,

---

dix-sept personnes (nazies ou alliées des nazis) en rapport avec la question d'Auschwitz ; ce chiffre est donné par Hermann Langbein à la page 993 de Der Auschwitz-Prozess. De leur côté les Français, les Anglais et les Américains ont souvent eu à interroger ou à juger d'anciens gardiens d'Auschwitz. Il est surprenant que, de la masse énorme de ces interrogatoires et procès, il soit sorti une quantité aussi dérisoire de renseignements sur les prétendus massacres en « chambres à gaz ». À ma connaissance on n'a jamais fait mention d'« aveux » ou même d'un renseignement quelconque de la part de Liebehenschel ou de Baer sur les « chambres à gaz ». Le vrai « procès des chambres à gaz » d'Auschwitz a été – on ne le dira jamais assez – celui des architectes Walter Dejaco et Fritz Ertl à Vienne (Autriche) en 1972.

Ce procès déclenché par Simon Wiesenthal et présenté comme une affaire sensationnelle devait très vite apparaître comme un fiasco pour l'accusation. Les deux hommes à qui l'on reprochait d'avoir « construit et réparé les gigantesques chambres à gaz et fours crématoires d'Auschwitz-Birkenau » surent apparemment démontrer en techniciens que, s'ils avaient effectivement construit ou fait construire les fours crématoires, ils ne risquaient certes pas d'avoir dessiné des plans de « chambres à gaz » mais seulement des plans des chambres froides qui flanquaient ces fours crématoires. Les deux architectes furent acquittés.

[148] [R. Höss], Kommandant in Auschwitz. Autobiographische Aufzeichnung. C'est à la page 166 de ce livre, dans le fragment de confession que Höss aurait rédigé en novembre 1946, que se trouve le passage suivant : « Eine halbe Stunde nach den Einwurf des Gases wurde die Tür geöffnet und die Entlüftungsanlage eingeschaltet. Es wurde sofort mit dem Herausziehen der Leichen begonnen. » Et c'est à la page 126 du livre, dans le fragment daté de février 1947, qu'il est dit que l'équipe chargée de sortir les cadavres des « chambres à gaz » faisait ce travail avec une « morne indifférence » « mit einer stumpfen Gleichmütigkeit » « comme s'il s'agissait de n'importe quelle besogne quotidienne (« als

paraît-il, tondues après l'opération), dans les muqueuses et aussi entre les cadavres amoncelés. Quel est le ventilateur surpuissant capable de faire disparaître instantanément tant de gaz flottant dans l'air ou dissimulé çà et là ? Même si ce ventilateur existait, il faudrait bien qu'un test de disparition de l'acide cyanhydrique avertisse l'équipe que le ventilateur a effectivement rempli son office et que, par conséquent, la voie est libre. Or, il est manifeste que dans la description de Höss nous avons affaire à un ventilateur magique qui agit instantanément et avec une telle perfection qu'il n'y a place pour aucune crainte, ni aucune vérification.

Ce que nous suggère le simple bon sens nous est pleinement confirmé par les documents techniques afférents au Zyklon B et à son emploi.[149]

---

wenn es irgend etwas alltägliches wäre »). Höss est censé ajouter : « *Beim Leichenschleppen assen sie oder rauchten.* » Autrement dit : « Tout en traînant les cadavres, ils mangeaient ou fumaient. » Pour Höss, ils ne cessaient d'ailleurs de manger. Ils mangeaient quand ils extrayaient les cadavres hors des chambres, quand ils enlevaient les dents en or, quand ils coupaient les cheveux, quand ils traînaient leur charge vers les fosses ou vers les fours. Höss ajoute même cette énormité : « Aux fosses ils entretenaient le feu, ils arrosaient [les cadavres] avec la graisse qui s'accumulaient, ils fouillaient dans les montagnes de cadavres en feu pour faciliter l'arrivée de l'air. ». Il ne nous dit pas comment la graisse faisait pour n'être pas brûlée elle-même (on ne *rôtit* pas les corps à la broche comme s'il s'agissait de poulets mais on les *carbonise* en tas accumulés sur le sol ou sur les bûchers). Il ne nous dit pas comment les hommes pouvaient approcher de ces formidables bûchers pour en recueillir les flots de graisse (!), ni comment ils pouvaient fouiller dans ces montagnes de cadavres pour faciliter le passage de l'air. L'absurdité de cet « arrosage avec graisse accumulée » (« *das Uebergiessen des angesammelten Fettes* ») est d'ailleurs telle que le traducteur français du livre présenté par Martin Broszat a très discrètement omis de traduire ces cinq mots allemands (R. Höss, *Le Commandant d'Auschwitz parle...*, p. 212).

[149] Pour les différents procès dits « de Nuremberg », les Américains ont dépouillé de nombreux documents techniques relatifs au Zyklon B. S'ils avaient lu ces documents avec attention et s'ils avaient poursuivi leurs recherches, comme je l'ai fait moi-même, dans certains ouvrages techniques qui étaient en possession de la Library of Congress de Washington, ils se seraient aperçus de la somme incroyable d'impossibilités techniques contenue dans tous les témoignages selon lesquels les Allemands avaient utilisé le Zyklon B pour tuer des êtres humains en « chambres à gaz ». Je consacrerai ailleurs qu'ici une étude aux quatre documents qui, pour moi, anéantissent la légende des « chambres à gaz ». Ces quatre documents sont d'abord deux documents enregistrés par les Américains pour les procès de Nuremberg, puis deux études techniques signées de Gerhard Peters et que l'on peut consulter à la bibliothèque de Washington. Je rappelle que Gerhard Peters a été, pendant la guerre, le directeur temporaire de la firme DEGESCH qui contrôlait notamment la distribution de Zyklon B. Après la guerre, Gerhard Peters allait être plusieurs fois traduit en justice par ses compatriotes : il n'avait, disait-il, jamais entendu parler pendant la guerre d'un emploi homicide du Zyklon B.
– Documents de Nuremberg (documents NI, c'est-à-dire Nuremberg, Industrialists) : a) NI-9098, enregistré seulement le 25 juillet 1947 : brochure intitulée *Acht Vorträge aus dem Arbeitgebiet der DEGESCH* (Huit exposés sur le champ d'activités de la DEGESCH) et imprimée en 1942 pour usage privé. À la fin de cette brochure, p. 47, apparaît un tableau descriptif de chacun des huit gaz fabriqués par la firme. Au point n° 7 de la description

Pour gazer un baraquement, les Allemands étaient contraints à un grand luxe de précautions : équipe spécialement diplômée après un long stage chez le fabricant de Zyklon B, matériel très important et, notamment, masques au filtre « J » (le plus sévère de tous), évacuation des baraquements aux alentours, avis placardés en plusieurs langues avec tête de mort, examen minutieux du local pour en repérer les fissures et les boucher, bouchage des cheminées et des conduits, retirer les clés des portes. Les boîtes de Zyklon B étaient ouvertes à l'intérieur du local. Lorsque le gaz était supposé avoir tué la vermine, commençait l'opération la plus délicate : celle de l'aération. Des sentinelles étaient postées à une certaine distance des portes et des fenêtres, le dos au vent ; elles devaient, de loin, empêcher toute personne d'approcher. L'équipe, munie de masques, pénétrait dans le bâtiment. Elle ouvrait les fenêtres et débouchait les cheminées et les fissures. Dès qu'un étage était terminé, elle devait se rendre dehors, ôter les masques et, pendant dix minutes, respirer à l'air libre. Puis elle devait remettre les masques et se porter à l'autre étage. Lorsque ce travail était terminé, il fallait attendre *vingt*

---

on lit pour le Zyklon B : « *Luftbarkeit* : wegen starken Haftvermögens des Gases an Oberflächen, erschwert u. langwierig » (Ventilation properties : complicated and long to ventilate since the gas adheres strongly to surfaces. Ventilation : compliquée et longue vu que le gaz adhère fortement aux surfaces) ;

b) NI-9912, enregistré seulement le 21 août 1947 : affiche intitulée *Richtlinien für die Anwendung von Blausäure (Zyklon) zur Ungeziefervertilgung (Entwesung)* (Directives pour l'usage de l'acide prussique [Zyklon] pour détruire la vermine [désinfection]). Ce document est d'une importance capitale ; mieux que tout autre, il montre à quel point le maniement du Zyklon B ne peut être le fait que d'une personne entraînée. Le temps requis pour que le produit détruise la vermine va de six heures par temps chaud à trente-deux heures par temps froid ; la durée normale est de seize heures. Cette longue durée s'explique sans doute par la composition du Zyklon. Le Zyklon est de l'acide prussique ou cyanhydrique absorbé par un support de diatomite. Le gaz se dégage lentement en raison même de la nature du support. Cette lenteur est telle qu'on ne comprend pas comment les Allemands auraient pu choisir le Zyklon pour liquider des foules humaines. Il leur aurait été beaucoup plus facile d'utiliser de l'acide cyanhydrique sous sa forme liquide. Ils disposaient d'importantes quantités de cet acide dans les laboratoires de l'IG-Farben d'Auschwitz où ils travaillaient notamment à la préparation du caoutchouc synthétique. C'est du document NI-9912 (traduit dans le présent volume, p. 18) que je tire les informations concernant l'emploi du Zyklon B pour le gazage d'un baraquement, la durée de l'aération (au moins vingt et une heures), etc.

– Documents de la Library of Congress : il s'agit de deux études techniques écrites par Gerhard Peters et publiées toutes deux dans *Sammlung chemischer und chemisch-technischer Vorträge*, l'une en 1933 et l'autre en 1942. En voici les titres :

a) « Blausäure zur Schädlingsbekämpfung ».

b) « Die hochwirksamen Gase und Dämpfe in der Schädlingsbekämpfung ». Soit dit en passant, on admirera que cette revue publiée en pleine guerre en Allemagne soit parvenue également en pleine guerre à la Library of Congress de Washington ; c'est ainsi que le numéro de 1942 a été enregistré à Washington... le 1er avril 1944 !

heures. En effet, le Zyklon B étant « difficile à ventiler, vu qu'il adhère aux surfaces », seule une très longue aération naturelle pouvait venir à bout de ce gaz. Du moins était-ce le cas pour de vastes volumes comme ceux d'une baraque avec ou sans étage, car le Zyklon B employé quelquefois en autoclave (volume de dix mètres cubes) était, lui, ventilé. Au terme de ces vingt heures, l'équipe revenait avec masques, fermait les ouvertures, puis, si c'était possible, portait la température des lieux à quinze degrés. Elle sortait alors. Au bout d'une heure, elle revenait à nouveau, toujours avec masques. Elle vérifiait avec un papier test (virant au bleu en cas de présence d'acide cyanhydrique) que le local était de nouveau habitable. Et c'est ainsi qu'un local qui avait été gazé n'était accessible sans masque à gaz qu'au bout d'un minimum de *vingt et une heures.* La législation française concernant l'emploi de l'acide cyanhydrique fixe, quant à elle, ce minimum à *vingt-quatre heures.*[150]

On voit donc qu'en l'absence d'un ventilateur magique, capable d'expulser instantanément un gaz « difficile à ventiler, vu qu'il adhère aux surfaces », l'abattoir humain appelé « chambre à gaz » aurait été inaccessible pendant près d'une journée. Ses murs, son sol, son plafond auraient pendant tout ce temps-là retenu des particules d'un gaz foudroyant pour l'homme. Et que dire des cadavres ? Ces cadavres n'auraient pu faire moins que de s'imprégner de gaz à la manière des coussins, matelas et couvertures dont les mêmes documents techniques concernant l'emploi du Zyklon B nous révèlent qu'ils devaient être transportés à l'air libre pour y être battus pendant une heure par temps sec ou pendant deux heures par temps humide. Après quoi, ils étaient empilés les uns sur les autres et battus à nouveau si le papier test virait au bleu.

L'acide cyanhydrique étant inflammable et explosible, comment pouvait-on l'employer à proximité de la bouche des fours crématoires ? Comment pouvait-on pénétrer dans la « chambre à gaz » en fumant ?

Et je ne parle pas de la foule d'impossibilités techniques ou matérielles qu'on découvre au surplus quand on se rend sur place à Auschwitz ou à Birkenau pour y examiner l'emplacement et les dimensions des prétendues « chambres à gaz ». D'ailleurs, ainsi que le découvre le fouineur des archives du musée polonais d'Auschwitz, ces locaux n'étaient, en réalité, que des « chambres froides » parfaitement caractéristiques dans leur architecture et dans leurs dimensions. C'est ainsi qu'à Birkenau la prétendue « chambre à gaz » du Kréma-II, dont on ne voit plus que les ruines, était en réalité une « chambre froide »,

---

[150] La réglementation française concernant l'emploi de l'acide cyanhydrique est aussi draconienne que l'allemande ; voyez le décret 50-1290 du 18 octobre 1950 du ministère de la Santé publique.

enterrée (pour la protéger de la chaleur), d'une longueur de trente mètres et d'une largeur de sept mètres (deux mètres pour un cadavre plus trois mètres au centre pour le mouvement des chariots plus deux mètres pour un autre cadavre). La porte, les dégagements, le petit monte-charge vers la salle des crématoires, tout était d'une dimension lilliputienne par rapport à ce qu'en laisse supposer le récit de Höss.[151] Selon ce dernier, la « chambre à gaz » contenait couramment deux mille victimes debout, mais elle aurait pu en contenir trois mille. Imagine-t-on cela : trois mille personnes sur deux cent dix mètres carrés ? Autrement dit, pour prendre une comparaison, deux cent quatre-vingt-six personnes debout dans une pièce de cinq mètres sur quatre ! Et qu'on ne vienne pas nous dire que les Allemands ont fait sauter avant leur départ « chambres à gaz » et fours crématoires afin de cacher la trace de prétendus crimes. Quand on veut effacer toute trace d'une installation obligatoirement très sophistiquée, on la démantèle minutieusement et de bout en bout jusqu'à ne plus laisser la moindre pièce à conviction. Une destruction par explosif serait une naïveté. Dans ce dernier cas, il suffirait de retirer les blocs de béton pour découvrir tel vestige accusateur. Précisément les Polonais de l'actuel musée d'Auschwitz ont rassemblé quelques vestiges des « Krémas » (entendez par là des complexes formés par crématoires et prétendues « chambres à gaz »). Or, toutes les pièces ainsi montrées aux touristes attestent de l'existence de fours crématoires à l'exclusion de toute autre chose.[152] Si ce sont les Allemands qui ont fait sauter à la dynamite ces installations comme le fait souvent une armée en retraite, c'est que ces installations ne recélaient précisément rien de suspect. À Majdanek, en revanche, ils ont laissé intactes des installations qu'après la guerre on a baptisées du nom de « chambres à gaz ».

---

[151] Le plan qui nous permet de donner ces dimensions au centimètre près se trouve dans les archives du musée d'État d'Oswiecim (Auschwitz). La cote de la photo de ce plan est : Neg. 519. Les plans des Kremas-IV et V sont encore plus intéressants que ceux des Kremas-II et III. Ils prouvent en effet que les trois pièces abusivement qualifiées de « chambres à gaz » étaient d'inoffensives pièces, dotées de portes et de fenêtres ordinaires. Il n'y a pas de cave, ni de grenier. Le seul moyen pour les S.S. de « jeter le Zyklon » dans ces pièces « en venant de l'extérieur » aurait été le suivant : il aurait fallu que les S.S. prient leurs futures victimes, entassées à plusieurs centaines ou milliers dans 236,78 m2 de bien vouloir ouvrir les fenêtres pour qu'ils « jettent le Zyklon » – après quoi, les victimes auraient soigneusement refermé ces fenêtres, puis elles se seraient abstenues de briser les vitres jusqu'à ce que mort s'ensuive. On comprend vraiment que les communistes polonais se montrent si discrets sur le compte de ces plans et qu'ils préfèrent évoquer les « aveux » de Höss sans fournir beaucoup d'illustrations topographiques.

[152] Ces intéressants vestiges des Kremas sont visibles derrière une grande vitrine de l'arrière-salle qui, dans le bloc d'exposition n° 4, est consacrée aux Kremas.

Aux États-Unis, la première exécution par le gaz eut lieu le 8 février 1924 à la prison de Carson City (Nevada). Deux heures après l'exécution on relevait encore des traces de poison dans la cour de la prison. M. Dickerson, gouverneur de la prison déclara qu'en ce qui concernait le condamné la méthode était certainement la plus humaine jusqu'ici appliquée. Mais il ajouta qu'il rejetterait cette méthode à cause du danger qu'elle faisait courir aux témoins.[153] Tout récemment, le 22 octobre 1979, Jesse Bishop a été gazé dans cette prison. C'est vers 1936-1938 que les Américains semblent avoir mis au point leurs chambres à gaz. Ce type d'exécution est obligatoirement très compliqué.[154] Encore les Américains ne gazent-ils qu'un prisonnier à la fois (il est arrivé que certaines de leurs chambres à gaz disposent de deux sièges pour l'exécution de deux frères). Encore ce prisonnier est-il totalement immobilisé. Il est empoisonné par

---

[153] Ces détails sur la première exécution aux gaz toxiques ont été donnés par le journal belge *Le Soir* du 9 février 1974 ; sous la rubrique « Il y a 50 ans », ce journal reproduisait un article du *Soir* du 9 février 1924.

[154] Le résumé que je donne ici d'une exécution par l'acide cyanhydrique s'inspire d'une enquête qu'un avocat américain a bien voulu mener pour moi auprès de six pénitenciers et auprès d'une firme fabriquant des chambres à gaz. Les six pénitenciers sont les suivants : pénitenciers de San Quentin (Californie), de Jefferson City (Missouri), de Santa Fe (Nouveau Mexique), de Raleigh (Caroline du Nord), de Baltimore (Maryland), de Florence (Arizona). La firme est celle d'Eaton Metall Products Co. de Denver (Colorado). Il va de soi qu'il y a des variantes dans le mode d'exécution d'un pénitencier à l'autre. J'ai personnellement obtenu l'autorisation de visiter l'une de ces chambres à gaz. La feuille de procédure (« *Gas Chamber Procedure Check Sheet* ») révèle que la simple préparation de la chambre pour une exécution exige deux jours de travail pour deux employés à raison de huit heures de travail par jour chacun. La chambre une fois prête, l'opération elle-même se déroule en quarante-sept temps. Cette feuille ne suffit pas du tout à se faire une idée de la complication des tâches puisqu'il s'agit d'une simple énumération de manœuvres. Prenons un exemple : la dernière indication de manœuvre est ainsi rédigée : « *Empty Chamber ; Body Removed* » (Vider la chambre ; enlèvement du corps). Or, ces mots signifient ceci : le médecin et ses deux assistants doivent, après avoir attendu le temps réglementaire, pénétrer dans la chambre en portant masque à gaz, tablier de caoutchouc et gants de caoutchouc ; le médecin doit passer la main dans la chevelure du mort pour en chasser les molécules d'acide cyanhydrique qui y seraient restées ; les deux assistants doivent, avec un jet, soigneusement laver le corps ; ils doivent en particulier laver l'intérieur de la bouche et toutes les ouvertures du corps ; ils ne doivent pas oublier de laver avec grand soin le pli des bras et le pli des genoux. La simple vue d'une de ces petites chambres à gaz faites pour tuer un seul condamné rend dérisoires ces locaux de pierres, de bois et de plâtre qu'on nous présente comme étant d'anciennes chambres à gaz allemandes. Si la chambre à gaz américaine est faite exclusivement d'acier et de verre, c'est pour une raison de bon sens et pour une raison plus spécialement technique. La première raison, c'est que l'acide ayant tendance à adhérer aux surfaces et même à les pénétrer il faut éviter toute matière qui se prêterait à cette adhérence et à cette pénétration. La seconde raison est que, lorsque les ventilateurs vident l'air de la chambre, il y a un risque d'implosion ; d'où l'épaisseur remarquable de l'acier et des verres de l'habitacle. Il va de soi que la très lourde porte d'acier ne peut se fermer qu'avec un volant.

de l'acide cyanhydrique (en réalité par des boulettes de cyanure de sodium qui, tombant dans une cuve d'acide sulfurique et d'eau distillé, provoquent un dégagement d'acide cyanhydrique). En quarante secondes environ le condamné s'assoupit et en quelques minutes il meurt. Ce gaz ne provoque apparemment aucune douleur. Comme dans le cas du Zyklon B, c'est l'évacuation du gaz qui va poser des problèmes. Ici il n'est pas possible de provoquer une aération naturelle de près de vingt-quatre heures. La disposition des lieux ne permettrait pas cette aération sans les plus graves dangers pour les gardiens et les détenus de la prison. Alors comment procéder puisque, d'autre part, ce gaz est difficile à ventiler ? La solution qui s'impose est de transformer cet acide en un sel qu'on lavera ensuite à grande eau. L'ammoniaque servira de base. Quand l'acide cyanhydrique aura ainsi disparu, au moins presque entièrement, un produit avertisseur en préviendra le médecin et ses aides qui se trouvent de l'autre côté de la vitre. Ce produit est de la phénolphtaléine, disposée dans des coupes en différents points de l'habitacle et virant au pourpre quand il n'y a plus d'acide. Un système de ventilateurs orientables balaie les fumées d'ammoniac vers une hotte d'aspiration. Le médecin et des aides pénètrent dans l'habitacle avec un masque à gaz. Ils portent des gants de caoutchouc. Le médecin ébouriffe la chevelure du condamné pour en chasser d'éventuels restes d'acide cyanhydrique. C'est seulement une heure après cela que les gardes pourront pénétrer dans la pièce. Auparavant, le corps aura été lavé ainsi que l'habitacle. Le gaz résiduel a été rejeté par une cheminée tout au haut de la prison. Parfois, quand il y a des risques pour les gardiens en poste dans les tours de surveillance de la prison, on fait descendre ceux-ci lors de toute exécution. Je passe sur les nécessités d'une herméticité totale de la chambre à gaz : sas, vitres extrêmement épaisses « Herculite », système pour faire le vide, soupapes à mercure, etc.

Un gazage, cela ne s'improvise pas. Si les Allemands avaient décidé de gazer des millions d'individus, il leur aurait fallu mettre au point une formidable machinerie. Il aurait fallu un ordre général, qu'on n'a jamais trouvé, des instructions, des études, des commandes, des plans, qu'on n'a jamais vus. Il aurait fallu des réunions d'experts : architectes, chimistes, médecins, spécialistes de toutes sortes de technologies. Il aurait fallu débloquer des fonds et les répartir, ce qui, dans un État comme celui du IIIe Reich, aurait laissé de multiples traces (nous savons au pfennig près combien coûtait le chenil d'Auschwitz ou les lauriers commandés aux pépinières). Il aurait fallu des ordres de mission. On n'aurait pas fait d'Auschwitz et de Birkenau des camps où il y avait tant d'allées et venues que le meilleur moyen de parer aux fréquentes fuites de détenus était de leur tatouer sur le bras un numéro d'immatriculation.[155] On n'aurait pas laissé les travailleurs civils et les ingénieurs civils se mêler aux détenus. On n'aurait pas autorisé des Allemands de l'endroit à partir en permission ou à recevoir au camp des membres de leur famille. Et surtout on n'aurait pas libéré des détenus qui, leur temps de peine accompli, regagnaient leur patrie. Ce fait que les historiens ont longtemps tenu caché nous a été révélé il y a quelques années par un article de Louis De Jong, directeur de l'Institut historique d'Amsterdam.[156] La récente publication aux États-Unis des photographies aériennes[157] d'Auschwitz porte d'ailleurs le coup de grâce à cette légende de l'extermination : même en 1944, au plus fort de l'arrivée des juifs hongrois, on ne note aucun bûcher humain, aucune foule près des crématoires (mais un portail ouvert et un jardin bien dessiné), aucune fumée suspecte (et cela alors même que ces cheminées de crématoires étaient censées cracher, jour et nuit, flamme et fumée visibles à plusieurs kilomètres).

Je terminerai par ce que j'appellerais le critère du faux témoignage en ce qui concerne les « chambres à gaz ». J'ai remarqué que tous ces témoignages, si vagues ou si discordants qu'ils soient sur le reste, s'accordent au moins sur ce point : l'équipe chargée de retirer les cadavres de la « chambre à gaz » pénétrait dans le local soit « immédiatement », soit « peu après » la mort des victimes. Je dis que ce point, à lui seul, constitue la pierre de touche du faux témoignage, car il y a là une impossibilité physique totale. Si vous rencontrez une personne qui croit à la réalité des « chambres à gaz », demandez-lui donc comment, à son avis, on pouvait en sortir les cadavres pour la fournée suivante.

---

[155] Les communistes polonais eux-mêmes reconnaissent que le tatouage avait pour but de rendre les fuites plus difficiles (et de faciliter l'élucidation de la provenance d'un fugitif rattrapé) ; voyez *Contribution à l'histoire du KL-Auschwitz* p. 16 et 99.

[156] L. De Jong, « Die Niederlande und Auschwitz ». Sensible au caractère délicat de ce genre de révélations, le directeur de la revue, H. Rothfels, s'explique dans un avant-propos (*Vorbemerkung*) sur la raison qui l'a conduit à publier cette étude. Cette raison est que M. L. De Jong n'étant pas allemand, il serait d'autant moins soupçonné de faire l'apologie du national-socialisme qu'au contraire il avait en tant que directeur d'un institut officiel comme celui d'Amsterdam, fourni tous les gages souhaitables de son sérieux. Cet avant-propos donne une idée de la situation où se trouvent les historiens allemands : il y a certaines vérités qu'ils ne peuvent pas dire sans être soupçonnés de faire l'apologie du nazisme. Il faut savoir aussi que M. L. De Jong est d'autant moins suspect qu'il est d'origine juive.

[157] Ces photographies aériennes ont été révélées au grand public par Dino A. Brugioni et Robert G. Poirier dans un article intitulé « The Holocaust Revisited ». Les deux auteurs offrent un exemple intéressant d'aveuglement. Ils essayent à tout prix d'adapter ce que leur montre la réalité matérielle de ces photos avec ce qu'ils croient savoir de la réalité d'Auschwitz grâce à trois ouvrages exterminationnistes. Il y a une contradiction spectaculaire entre les photos et les commentaires qu'ils sont ainsi conduits à donner de ces photos.

S. I. : Comment pouvez-vous affirmer tout ceci, après tout ce qui a été dit et écrit en trente-cinq ans ? Après tout ce que les rescapés des camps ont raconté, après les procès des criminels de guerre, après Nuremberg? Sur quelles preuves et sur quels documents basez-vous votre affirmation ?

R.F. : Beaucoup d'erreurs historiques ont duré plus de trente-cinq ans. Ce que certains rescapés ont raconté constitue des témoignages, parmi d'autres témoignages. Des témoignages ne sont pas des preuves. Ceux des procès contre les « criminels de guerre » doivent être accueillis avec une méfiance particulière. Si je ne me trompe, pas un seul témoin en trente-cinq ans n'a été poursuivi pour faux témoignage, ce qui revient à donner une garantie exorbitante à toute personne désireuse de témoigner sur les « crimes de guerre ». C'est d'ailleurs ainsi que s'explique le fait que des tribunaux aient établi l'existence de « chambres à gaz » en des points d'Allemagne où l'on a fini par reconnaître qu'il n'y en avait jamais eu : par exemple, dans tout l'Ancien Reich.

Les jugements prononcés à Nuremberg n'ont qu'une valeur très relative. Des vaincus étaient jugés par leurs vainqueurs, sans la moindre possibilité de faire appel. Les articles 19 et 21 du statut de ce tribunal politique lui donnaient cyniquement le droit de se passer de preuves solides ; ils autorisaient même le recours aux on-dit.[158] Tous les autres procès pour « crimes de guerre » se sont ensuite inspirés de la législation de Nuremberg. Encore aujourd'hui, en Allemagne, les tribunaux se fondent sur ce qu'ils prétendent avoir été établi à Nuremberg. Ainsi ont procédé pendant des siècles les tribunaux ayant à juger des sorciers et des sorcières.

Il a existé, du moins en apparence, des preuves et des témoignages de gazage à Oranienburg, à Buchenwald, à Dachau, à Ravensbrück, à Mauthausen. Des professeurs, des prêtres, des catholiques, des juifs, des communistes ont attesté de l'existence de « chambres à gaz » dans ces camps et de l'usage du gaz pour tuer des détenus. Pour ne prendre qu'un exemple, Mgr Piguet, évêque de Clermont-Ferrand, a écrit que des prêtres polonais étaient passés par la « chambre à gaz » à Dachau.[159] Or, il est

---

[158] L'article 19 du statut du Tribunal militaire international dispose : « Le Tribunal ne sera pas lié par les règles techniques relatives à l'administration des preuves. [...] » (*The Tribunal shall not be bound by technical rules of evidence. [...] – Der Gerichtshof ist an Beweisregeln nicht gebunden. [...]*)

L'article 21 dispose : « Le Tribunal n'exigera pas que soit rapportée la preuve de faits de notoriété publique, mais les tiendra pour acquis. [...] » (*The Tribunal shall not require proof of facts of common knowledge but shall take judicial notice thereof. [...] – Der Gerichtshof soll nicht Beweis für allgemein bekannte Tatsachen fordern, sondern soll sie von Amts wegen zur Kenntnis nehmen. [...]*)

[159] Mgr Piguet, *Prison et déportation*, p. 77.

aujourd'hui reconnu que personne n'a jamais été gazé à Dachau.[160] Il y a mieux : des responsables de camps ont avoué l'existence et le fonctionnement de « chambres à gaz » homicides là où il a fallu par la suite reconnaître qu'il n'avait jamais rien existé de tel.[161] Pour Ravensbrück, le commandant du camp (Suhren), son second (Schwarzhuber) et le médecin du camp (D$_r$ Treite) ont avoué l'existence d'une « chambre à gaz » et en ont même décrit, de façon vague, le fonctionnement. On les a exécutés ou ils se sont suicidés. Même scénario pour le commandant Ziereis à Mauthausen qui, sur son lit de mort, aurait fait des aveux lui aussi dès 1945.[162] Il ne faudrait pas croire que les aveux

---

[160] La prétendue « chambre à gaz » de Dachau porte aujourd'hui l'inscription suivante rédigée en cinq langues (allemand, anglais, français, italien, russe) :

Gaskammer getarnt als « Brausebad » – war nicht in Betrieb

Gas chamber disguised as a « shower room » – never used

Chambre à gaz « chambre de douche » camouflée – ne fut jamais utilisée.

J'ai demandé à Frau Barbara Distel, directrice du musée de Dachau, et au Dr Guerisse, président du Comité international de Dachau, sis à Bruxelles, ce qui leur permettait de qualifier de « chambre à gaz » un local « inachevé » ; on se demande, en effet, comment on peut savoir qu'un local inachevé est destiné à devenir, une fois achevé, une chose qu'on n'a encore jamais vue de sa vie. J'ai également voulu savoir si on avait fait procéder à une expertise technique, scientifique ou judiciaire de ce lieu. Sur ce second point la réponse a été que non. Sur le premier point je n'ai pas reçu de réponse. Chaque visiteur de Dachau ne serait-il pas en droit d'exiger des éclaircissements sur place ? Chaque Allemand ne serait-il pas en droit de demander aux accusateurs une preuve à l'appui de leur terrible accusation ? Car c'est une terrible accusation que de dire que telle ou telle personne a forgé une arme abominable avec l'intention de tuer des êtres humains dans une sorte d'abattoir.

[161] Voyez « Réflexions sur l'étude de la déportation », par Germaine Tillion, Consultez les pages 16, 17, 20, 21, 24, 26 et, surtout, la note 2 de la page 17, la note 2 de la page 18 et la note 1 de la page 20.

[162] Document de Nuremberg « Paris. Storey » PS-3870 : déclarations sous serment du policier Hans Marsalek. Les conditions dans lesquelles Ziereis aurait, d'après ce policier, avoué l'existence et le fonctionnement d'une « chambre à gaz » à Mauthausen valent d'être méditées. Elles font de l'interrogatoire une pure et simple séance de torture qui a duré de six à huit heures jusqu'à ce que Ziereis rende l'âme. Le policier lui-même dit qu'il a conduit l'interrogatoire du commandant pendant six à huit heures dans la nuit du 22 au 23 mai 1945. Il dit que Franz Ziereis était grièvement blessé, que trois balles l'avaient traversé de part en part et qu'il savait qu'il allait mourir. On peut voir aujourd'hui au musée de Mauthausen une photo prise au flash et qui représente Ziereis encore vivant tandis qu'assis près de lui un interné l'écoute ; il y a d'autres gens dans la pièce au chevet du moribond ; peut-être le général Seibel, commandant de la 11e division blindée américaine, et l'ancien médecin des internés, le déporté Dr Koszenski, étaient-ils là, comme l'affirme le policier. Qu'un général de division et un médecin de profession aient admis de participer à cette séance de torture en dit long sur la mentalité de ceux qui estiment avoir un « nazi » sous la main : un « nazi » n'est pas un homme, mais une sorte de bête malfaisante. C'est bien ainsi, on peut en être sûr, que tous les commandants de camps ont été considérés. Il ne faut pas s'étonner des « aveux » qu'ils ont faits ou qu'on dit qu'ils ont faits.

des responsables de Ravensbrück leur ont été arrachés par des Russes ou par des Polonais. Ce sont les appareils judiciaires anglais ou français qui ont obtenu ces aveux. Circonstance aggravante : ils les obtenaient plusieurs années encore après la guerre. Le nécessaire a été fait pour que jusqu'au bout, jusqu'en 1950, un homme comme Schwarzhuber collabore avec ses interrogateurs ou ses juges d'instruction ou ses juges du siège.

Plus aucun historien sérieux ne prétend qu'on a gazé des gens dans un camp quelconque de l'ancien Reich. On ne se contente plus que de certains camps situés aujourd'hui en Pologne. Le 19 août 1960 constitue une date importante dans l'histoire du mythe des « chambres à gaz ». Ce jour-là, le journal *Die Zeit* a publié une lettre qu'il a intitulée : « Pas de gazage à Dachau ».[163] Étant donné le contenu de la lettre, il aurait dû, pour être tout à fait honnête, l'intituler : « Pas de gazage dans tout l'ancien Reich » (Allemagne dans ses frontières de 1937). Cette lettre émanait du Dr Martin Broszat, devenu depuis 1972 directeur de l'Institut d'histoire contemporaine de Munich. Le Dr Broszat est un antinazi convaincu. Il fait partie des historiens « exterminationnistes ». Il a cru à l'authenticité du « journal » de R. Höss qu'il a publié en 1958, avec de graves troncations du texte dans les passages où R. Höss avait « un peu beaucoup » exagéré pour obéir sans doute aux suggestions de ses geôliers polonais.[164] Bref, le Dr Broszat a dû admettre le 19 août 1960 qu'il n'avait pas existé de gazage dans tout l'ancien Reich. Il ajoutait, dans une formule embarrassée, qu'il n'y avait eu de gazage *avant tout* (?)[165] qu'en quelques points choisis de Pologne,

---

[163] « Keine Vergasung in Dachau » par le Dr Martin Broszat (voy. sa traduction à la page 8 du présent volume).

[164] Voyez l'ouvrage [R. Höss], *Kommandant in Auschwitz...* Le Dr Martin Broszat explique dans la note 1 de la page 167 pourquoi il ne donne pas la suite du texte de Höss. Il dit que dans cette suite, Höss nous livre des « données tout à fait déroutantes » (« *völlig abwegige Angaben* ») qu'il qualifie d'informations « qu'on ne peut absolument pas prendre au sérieux » (« *müssen diese Mitteilungen als gänzlich unzuverlässig gelten* »). Le Dr Broszat donne un exemple de ces aberrations, mais il prend soin de choisir la moins aberrante de ces aberrations. Quinze ans après la publication de son livre, il se trouve que les Polonais ont, à leur tour, donné ce qu'il est convenu d'appeler le texte de la confession de Höss. Et c'est là que, pour le coup, on s'aperçoit que les « aberrations » s'étaient multipliées sous la plume de Höss. Pour en avoir une idée, on pourra se reporter à l'ouvrage suivant : *KL-Auschwitz in den Augen der S.S.,* p. 135-136. Le Dr Broszat s'est disqualifié aux yeux de tout historien sérieux par la publication qu'il a ainsi faite de la « confession de Höss » et, avec un tant soit peu d'attention et d'honnêteté, il aurait dû conclure que cette confession, là où elle est auto-accusatrice, n'est qu'un amas d'absurdités et d'aberrations qui n'ont pu être dictées à Höss que par ses geôliers polono-staliniens.

[165] L'expression employée par le Dr Broszat est « *vor allem* » ; cette expression embarrassée Me semble avoir été dictée par le désir de ne pas se prononcer sur l'authenticité de « chambres à gaz » qui ne sont situées ni en Pologne, ni dans l'ancien Reich ; c'est le cas pour Mauthausen, situé en Autriche, et le Struthof, situé en Alsace.

dont Auschwitz. Et cela, tous les historiens officiels, à ma connaissance, ont fini par l'admettre avec le Dr Broszat. Je déplore que le Dr Broszat se soit contenté d'une lettre. Une communication scientifique s'imposait. Des explications détaillées s'imposaient. Il fallait nous expliquer pourquoi des preuves, des témoignages et des aveux considérés jusqu'alors comme inattaquables perdaient soudain toute valeur. Voilà près de vingt ans que nous attendons les explications du Dr Broszat.[166] Elles nous seraient précieuses pour déterminer si les preuves, les témoignages et les aveux que nous possédons sur les gazages d'Auschwitz ou de Treblinka ont plus de valeur que les preuves, les témoignages et les aveux que nous possédions sur les faux gazages de Buchenwald ou de Ravensbrück.[167] En attendant, il est extrêmement curieux que les éléments recueillis surtout par les tribunaux français, anglais et américains aient soudain perdu ainsi toute valeur alors que les éléments en possession surtout des tribunaux polonais et soviétiques conserveraient toute leur valeur sur le même sujet.

En 1968, c'est la « chambre à gaz » de Mauthausen (en Autriche) qui devait, à son tour, être déclarée légendaire par une historienne « exterminationniste » : Olga Wormser-Migot. Voyez dans sa thèse sur *le Système concentrationnaire nazi* le développement intitulé : « Le Problème des chambres à gaz. »[168] Retenons d'ailleurs cette formule. Du propre aveu des « exterminationnistes », il existe un « problème des chambres à gaz ».

À propos des faux aveux j'ai demandé un jour à l'historien Joseph Billig (attaché au CDJC) comment il pouvait, pour sa part, les expliquer. J. Billig avait fait partie de la délégation française au procès de Nuremberg. Je vous livre sa réponse. Il s'agissait, selon lui, de « phénomènes psychotiques » ! Pour ma part, j'ai une explication à proposer de ces prétendus « phénomènes psychotiques » ainsi que de « l'apathie schizoïde » de R. Höss le jour de sa déposition devant le

---

[166] Par suite d'un phénomène fréquent en la matière, le Dr Broszat a pu donner l'impression qu'il rétractait plus ou moins ses affirmations courageuses du 19 août1960. Il a écrit ou laissé écrire par des membres de son institut de Munich des lettres ou des articles où l'on se demande s'il revient sur les termes de sa lettre à *Die Zeit*. En réalité, à regarder les textes de près, on a surtout l'impression que le Dr Broszat fait des concessions de pure forme. Pour en juger, on se reportera aux textes suivants :

    a) Réponse de Frau Dr S. Noller, le 26 octobre 1967, au journaliste de *Paris-Match* Pierre Joffroy. Cette réponse est partiellement publiée dans le livre de Pierre-Serge Choumoff, *Les Chambres à gaz de Mauthausen* (p. 73-74).

    b) L'avant-propos du Dr Broszat à une étude de Frau Dr I. Arndt et du Dr W. Scheffler, « Organisierter Massenmord an Juden in NS-Vernichtungslagern » ;

    c) Réponse de Frau Dr I. Arndt, le 25 novembre 1977, au Pr Egon G. L. Rieder. Cette réponse a été publiée en janvier 1979.

[167] Sur Treblinka ainsi que sur Belzec, Sobibor et Chelmno, voyez A. Rückerl, *NSVernichtungslager*...

[168] O. Wormser-Migot, *Le Système concentrationnaire* ..., p. 541-544.

tribunal de Nuremberg : R. Höss a été *torturé* par ses gardiens anglais.[169]
Il a été « interrogé à la cravache et à l'alcool ». Aux procès dits « de

---

[169] Höss a été torturé. C'est par les Polonais eux-mêmes que nous le savons. Ils l'ont autorisé à le dire dans sa confession. Il peut y avoir plusieurs motifs à cette autorisation du juge d'instruction Jan Sehn. Comme Höss se répand en louanges sur la bonté de ses geôliers de Cracovie, il se peut qu'on ait voulu nous donner l'idée que, si Höss avait auparavant dit n'importe quoi dans ses dépositions recueillies par les Britanniques, c'est qu'il avait parlé sous la torture tandis que, cette fois-ci, dans sa prison de Cracovie, il s'exprimait en toute liberté. Dans son « empressement » à tout avouer à ses tortionnaires britanniques, Höss était allé jusqu'à parler du camp « d'extermination » de... « Wolzek près de Lublin » ; or, Wolzek n'a jamais existé ni près de Lublin, ni ailleurs en Pologne. Höss citait pourtant ce camp mythique dans le document NO1210 du 14 mars 1946, puis dans le document PS-3868 du 5 avril 1946, puis dans le document NI-034 du 20 mai 1946. Dans ce « Wolzek » terriblement embarrassant on a proposé de voir Belzec, ce qui est absurde puisque dans le document PS-3868 il est précisé par Höss qu'il y avait « trois autres camps d'extermination dans le Gouvernement général : Belzekx *(sic)*, Treblinka et Wolzek » (« *drei weitere Vernichtungslager in General gouvernment : Belzekx, Treblinka und Wolzek* »). Cette solution absurde est *imposée* par la « bible » des recherches exterminationnistes que constitue l'ouvrage de J. Robinson et H. Sachs, *The Holocaust. The Nuremberg Evidence*, (voyez p. 334). Une solution encore moins acceptable a été proposée par le procureur A. Rückerl en note 5 de la page 37-38 de *Vernichtungslager im Spiegel....* Ce magistrat n'hésite pas à dire que Wolzek est... Sobibor ! On n'en finirait pas de citer les aberrations contenues dans les papiers que la justice militaire britannique a fait signer à Höss. Pour ne prendre ici qu'un seul autre exemple, Höss situe à Treblinka une installation de gazage par camions qu'il situera ensuite à Culmhof ! Les Anglais lui font dire « Treblinka » (NO1210 et PS-3868) là où les Polonais lui font dire « Culmhof » (NO-4498 B) ; or la distance, à vol d'oiseau, est de près de deux cent cinquante kilomètres entre Treblinka qui est à l'est de Varsovie et Kulmhof ou Chelmno-sur-Ner qui est à l'ouest de Varsovie. Jan Sehn a donc autorisé son prisonnier à nous faire des révélations sur la manière dont il avait été traité avant de bénéficier de l'hospitalité si enviable de la prison de Cracovie. Les Anglais l'ont sérieusement malmené et cela à tel point que Höss a dû, dit-il, signer un procès-verbal dont il ne connaissait pas le contenu. Il commence par écrire ceci dans sa confession aux Polonais de Cracovie : « *Es wurde übel zugesetz durch die Feld Security-Police.* » (Je subis un traitement fâcheux de la part de la police de sécurité militaire britannique.) Et il ajoute : « *Unter schlagenden Beweisen kam meine erste Vernehmung zustande. Was in dem Protokoll drin steht weiss ich nicht obwohl ich es unterschrieben habe. Doch Alkohol und Peitsche waren auch fur mich* zuviel. » (C'est sous arguments frappants que se déroula mon premier interrogatoire. Ce que contient le procès-verbal, je l'ignore, bien que je l'aie signé. L'alternance de l'alcool et du fouet était vraiment *de trop,* même pour moi.) Höss ajoute encore que, transféré quelques jours après à Minden-sur-Weser au centre principal des interrogatoires de la zone anglaise, il subit un traitement encore plus brutal de la part du procureur général anglais, un major. (« *Dort wurde mir noch mehr zugesetz durch den 1. englischen Staatsanwalt, einem Major.* ») Il dit que le régime de la prison correspondait à l'attitude du major. Pendant trois semaines il ne put ni se laver ni se raser. Pendant trois semaines il dut garder les menottes ! Transféré à Nuremberg, son séjour dans la maison d'arrêt lui fit l'effet d'une cure en sana : un séjour idéal en comparaison de ce qu'il avait connu. Mais les interrogatoires, menés par des juifs exclusivement, furent terribles, d'un point de vue non pas physique mais psychologique. Ses interrogateurs ne lui laissaient aucun doute sur le sort qui l'attendait, notamment en

Dachau », les Américains, ainsi que devait notamment le révéler une commission d'enquête, ont abominablement torturé d'autres accusés allemands.[170] Mais la torture est le plus souvent inutile. Les procédés d'intimidation sont multiples. La formidable réprobation universelle qu'on fait peser sur les accusés nazis garde encore aujourd'hui presque toute sa force. Quand « l'anathème éclate dans une unanimité religieuse digne des grandes communions médiévales », il n'y a plus qu'à s'incliner surtout si les avocats se mettent de la partie et font valoir que des concessions sont nécessaires. Je me souviens de ma propre haine des Allemands pendant la guerre et juste après la fin de la guerre : une haine incandescente que je croyais mienne et dont, avec le recul du temps, je devais m'apercevoir qu'on me l'avait insufflée. Ma haine me venait de la radio anglaise, de la propagande de Hollywood et de la presse stalinienne. J'aurais été impitoyable pour un Allemand qui m'aurait dit qu'il avait été

Europe orientale. Transféré en Pologne, il connut à nouveau de terribles épreuves, mais soudain apparut le procureur et désormais Höss fut traité avec une surprenante prévenance (« *anständig und* entgegenkommend »). On trouvera tous ces détails dans les pages 145-147 de *Kommandant in Auschwitz...*. Ce que Höss ne mentionne pas, c'est le résultat de ces tortures physiques et morales subies avant sa livraison aux Polonais. Le 5 avril 1946, soit dix jours avant sa comparution devant le Tribunal de Nuremberg, on lui extorquait une stupéfiante déclaration sous serment (en américain : af fidavit) qu'il signait bien qu'elle fût, non pas dans sa langue maternelle, mais... en *anglais*. C'est le document PS-3868. Devant le tribunal, le 15 avril 1946, le procureur américain (le procureur Amen) lut, en présence de Höss, le texte de cette déclaration. Les propos signés de Höss firent sensation. Quant à Höss, il frappa tout le monde par son « apathie » (sic). Ses réponses se limitaient pour la plupart à un « oui » lorsque le colonel Amen lui demandait si tout ce qu'il lisait était exact. Cette « apathie » fut qualifiée par les observateurs de « schizoïde » ou de termes approchants. Ces observateurs, acharnés contre Höss, ne se doutaient pas à quel point l'adjectif de « schizoïde » qu'ils voulaient insultant, était exact et reflétait une terrible réalité : Höss était dans un état second, il était « deux hommes à la fois », déchiré, hébété, scindé en deux ou presque : « schizoïde » en vérité comme peut l'être un homme physiquement et psychologiquement torturé et qui, comme il l'a dit dans sa confession, se demandait ce qu'il venait faire devant ce formidable tribunal. Il faut lire le texte du dialogue entre le colonel Amen et l'accusé Höss à la date du 15 avril 1946 dans le tome XI, p. 425 et suivantes, du grand procès de Nuremberg (références de l'édition française).
[170] Sur les tortures systématiquement infligées par les Américains à leurs prisonniers allemands, on voudra bien se reporter dans l'index du livre d'A. R. Butz (*The Hoax...*) aux références concernant Justice Gordon Simpson ou Judge Charles F. Wennerstrum. Je recommande aussi un des plus beaux livres jamais écrits en faveur des droits de l'homme : *Manstein, His Campaign and His Trial*, par Sir R. T. Paget, doté d'une étonnante préface de Lord Hankey. À la page 109, Sir R. T. Paget mentionne que la commission d'enquête américaine Simpson – Van Roden – Laurenzen avait rapporté « entre autres choses que sur les cent trente-neuf cas examinés il avait été découvert que cent trente-sept [soldats et officiers allemands] avaient eu leurs testicules détruits à jamais par les coups reçus de l'équipe américaine d'investigation des crimes de guerre » (« *reported among other things that of the 139 cases they had investigated 137 had their testicles permanently destroyed by kicks received from the American War Crimes Investigation team* »).

gardien dans tel camp et qu'il n'avait vu aucun des massacres dont tout le monde parlait alors. Si j'avais été son juge d'instruction, j'aurais pensé qu'il était de mon devoir de le « faire passer aux aveux ».

Depuis trente-cinq ans le drame de ce type d'accusés allemands est comparable à celui des sorciers et des sorcières du Moyen Âge. Songeons au courage dément qu'il aurait fallu à l'une de ces prétendues sorcières pour oser dire à son tribunal : « La meilleure preuve que je n'ai pas eu commerce avec le diable, c'est tout simplement que le diable n'existe pas. » La plupart du temps, ces prétendues sorcières ne pouvaient pas croire aux *faits* qui leurs étaient reprochés, mais elles partageaient ou affectaient de partager avec leurs juges-accusateurs la *croyance* au diable. De la même façon, l'ingénieur Dürrfeld, d'Auschwitz, affirmait d'abord à ses juges qu'il n'avait personnellement jamais soupçonné l'existence de « chambres à gaz » dans son camp, puis, se ralliant à la *croyance* du jour, il déclarait au tribunal son indignation devant cette « marque d'infamie pour le peuple allemand ».[171] La sorcière rusait avec ses juges, comme les Allemands, encore aujourd'hui au procès de Düsseldorf, rusent avec leurs juges à propos de Majdanek. La sorcière faisait par exemple valoir que le diable était bien là tel jour, mais qu'il se trouvait au haut de la colline, tandis qu'elle-même, était restée au pied de la colline. L'accusé allemand, lui, s'efforce de démontrer qu'il n'avait rien à voir avec les « chambres à gaz ». Quelquefois il va jusqu'à dire qu'il a aidé à pousser des gens dans la « chambre à gaz » ou encore qu'on lui a fait verser un produit par une trappe du plafond en le menaçant, s'il

---

[171] Le Docteur-ingénieur Dürrfeld était le directeur temporaire de l'usine Buna à Auschwitz. Dans le document NI-034 on fait dire à Höss que le Dr Dürrfeld était au courant des gazages d'êtres humains à Birkenau et qu'il en parlait à ses collègues. Or, dans le document NI-11046, l'intéressé répond : « Je regrette d'avoir à dire que c'est par la radio et par les journaux que j'ai pour la première fois entendu parler [de ces gazages]. Je dois dire que c'est là une marque d'infamie pour le peuple allemand, cela je dois le dire. » (« It is a sorry fact that I heard of first through the radio and through newspaper reports. I must say that it is a brand of infamy for the German people, that I must say. ») Voyez également le document NI-9542 pour Otto Ambros ou le document NI-11631 pour Kurt Rosenbaum. Bien placés pour tout connaître de ce qui se passait à Auschwitz, ces deux hommes affirment n'avoir jamais rien su des gazages. Des internés aussi ont eu le courage d'écrire qu'ils n'avaient jamais vu de « chambre à gaz » à Auschwitz ou à Birkenau, bien qu'ils se soient trouvés tout près de l'endroit où ces « chambres » étaient censées se trouver. C'est le cas de Benedikt Kautsky, le social-démocrate autrichien d'origine juive. Il vécut sept ans en camp de concentration. Sa mère mourut à Birkenau le 8 décembre 1944, à l'âge de quatre-vingts ans passés. Dans *Teufel und Verdammte*, il écrit, p. 316, qu'il n'a personnellement pas vu ces « chambres à gaz » dans le camp. Cela ne l'empêche d'ailleurs pas de se livrer ensuite à une sorte de description de ce qu'il n'a pas vu. Il le fait sur la foi de ceux « qui ont vu ».

n'obéissait pas, d'être exécuté.[172] Souvent il donne ainsi l'impression de biaiser. Les accusateurs pensent : « En voilà un qui cherche à tirer son épingle du jeu. Ils sont extraordinaires, ces Allemands ! Ils n'ont pour ainsi dire jamais rien vu ni jamais rien su. » La vérité, c'est qu'en effet ils n'ont rien vu ni rien su de ce qu'on veut leur faire dire en matière de gazage.[173] Leur façon de biaiser, c'est à nous, accusateurs, que nous devrions la reprocher et non à eux qui sont pris dans le seul système de défense que nous leur laissions. Les avocats ont une lourde responsabilité dans l'adoption de ce système. Je parle de ceux qui savent ou qui soupçonnent qu'on est là devant un énorme mensonge. Ils préfèrent soit dans leur propre intérêt, soit dans l'intérêt de leur client ne pas soulever cette question L'avocat d'Eichmann ne croyait pas à l'existence des « chambres à gaz » mais il n'empêche qu'au procès de Jérusalem il s'est bien gardé de lever ce lièvre.[174] On ne peut le lui reprocher. Je crois savoir

---

[172] Je fais ici allusion à certains accusés du procès de Francfort (1963-1965), procès dont Hermann Langbein prétend avoir rendu compte dans *Der Auschwitz-Prozess*. Franz Hofmann aurait employé l'expression de « aider à pousser » ; il l'aurait curieusement employée au pluriel : « *haben wir [...] mitgeschoben* » (p. 241). Hans Stark aurait aidé un infirmier à verser du gaz par une ouverture dans le toit de la « chambre à gaz » ; mais Stark est confus, très vague et le président donne l'impression surtout de lui faire réciter un texte (p. 439).

[173] On devrait accorder la plus grande attention au quarante-deuxième et dernier tome des comptes rendus du grand procès de Nuremberg. Ce tome s'ouvre sur le très long document (cent cinquante-trois pages) PS-862. Il s'agit d'une synthèse du colonel britannique Neave. Celui-ci avait été chargé de résumer une foule d'enquêtes réalisées dans les camps de prisonniers des Alliés. Il en ressort ce qui ressort également du document « *Politische Leiter-54* » (p. 348) : Les 26.674 anciens *dirigeants politiques* interrogés ont déclaré que c'est seulement après la capitulation de mai 1945 qu'ils ont, pour la première fois, entendu parler d'une extermination de juifs dans des camps appelés « d'extermination ». (« *Sie von einer Vernichtung von Juden in sog. Vernichtungslagern erst nach der Kapitulation im Mai 1945 Kenntnis erhielten.* »)

[174] Dans une correspondance privée, Me Robert Servatius, qui fut avocat au grand procès de Nuremberg (1945-1946) et qui défendit Adolf Eichmann au « procès de Jérusalem » (1961) m'a parlé de « prétendu gazage » et de « personnes prétendument gazées » (« *der behaupteten Vergasung ;* », lettre du 22 février 1975 ; « *der in Auschwitz angeblich vergasten Personen* », lettre auparavant, du 21 juin 1974). Le célèbre avocat résume en une phrase la raison pour laquelle les avocats allemands se gardent bien de soulever devant un tribunal la question de l'existence des « chambres à gaz » : il semble, dit-il, que pour les défenseurs le problème de l'existence des chambres à gaz soit passé à l'arrière-plan par rapport à la question de la participation de leurs mandants aux prétendus gazages (« *Anscheinend ist die Frage der Existenz von Gaskammern für die Verteidiger zurückgetreten, gegenüber der Frage der Beteiligung ihrer Mandanten an der behaupteten Vergasung* »). On ne saurait mieux dire. L'avocat précisait en outre, en réponse à l'une de mes questions sur Eichmann que ce dernier avait déclaré (à qui ? la lettre n'est pas claire sur ce point) n'avoir jamais vu de chambre à gaz, ni avoir eu connaissance de rapports à leur sujet (« *Eichmann hat erklärt, dass er niemals eine Gaskammer gesehen habe oder dass ihm darüber berichtet worden sei* » (lettre du 22

---

que les statuts de ce tribunal permettaient de relever l'avocat du droit de défendre son client s'il devait se produire un incident qualifié du terme d'« insoutenable » ou d'un terme approchant. Une vieille recette des avocats, une recette nécessitée parfois par les besoins de la défense, est de plaider le vraisemblable plutôt que le vrai. Le vrai est parfois trop difficile à faire passer dans les esprits des juges. On se contentera du vraisemblable. Un exemple l'illustre bien. Il est raconté par me Albert Naud, avocat de Lucien Léger que toute la presse présentait comme l'auteur certain d'un crime abominable. Lucien Léger proteste de son innocence. Il choisit pour avocat me Naud. Ce dernier va le trouver dans sa prison. Il lui dit : « Léger, soyons sérieux ! Si vous me voulez comme avocat, nous allons plaider coupable. » Marché conclu. Léger sauve sa tête. Quelques années plus tard, me Naud acquiert la conviction que Léger est innocent. Il s'en veut terriblement d'avoir contraint Léger à plaider coupable. Il se bat de toutes ses forces pour obtenir une révision du procès.[175] Trop tard. Il meurt. Et Léger, s'il est innocent, paiera sans doute jusqu'à la fin de ses jours l'attitude abominable de la presse et l'aveuglement de son avocat.

Un tribunal n'a aucune qualité pour déterminer la vérité historique. Même les historiens ont le plus grand mal, bien souvent, à distinguer le vrai du faux sur un point d'histoire. L'indépendance des juges est forcément très relative. Les juges lisent leur journal comme tout le monde. Ils s'informent en partie par la radio ou la télévision. Des revues et des livres leur présentent, comme à nous tous, des « documents » ou des « photos » d'atrocités nazies. À moins d'avoir un entraînement spécial à la critique de ce genre de documents ou de photos, ils se feront prendre aux pièges les plus grossiers de la propagande orchestrée par les médias. D'autre part, les juges ont pour souci de faire respecter l'ordre public, la moralité publique, certaines normes, certains usages, certaines croyances même de la vie publique. Tout cela, sans compter le souci de ne pas voir leur nom vilipendé dans la presse, ne peut que les conduire à des jugements en matière de « crimes de guerre » que l'historien, lui, n'est pas obligé de reprendre à son compte.

La justice s'est jugée elle-même. Pas une fois dans ce genre de procès elle n'a même envisagé de faire procéder à une expertise de ce qu'on

---

février 1975). Les sténogrammes du procès (consultables en plusieurs langues au CDJC) prouvent qu'Eichmann n'a apparemment rien su des « chambres à gaz », sinon ce qu'il en avait lu en prison dans la « confession » de Höss (voyez la séance du 19 avril 1961, cotes JI-MJ à 02 RM).

[175] C'est à la télévision française que Me Albert Naud, visiblement ému, devait faire cette déclaration impromptue (*Antenne 2*, « L'huile sur le feu », émission de Philippe Bouvard, octobre 1976).

appelle « l'arme du crime ». Un couteau, une corde, un revolver sont expertisés quand on soupçonne qu'ils ont servi d'instrument à un crime. Il s'agit pourtant là d'objets qui n'ont rien de mystérieux. Or, dans le cas des « chambres à gaz », il n'y a pas eu en trente-cinq ans *une seule* expertise. On parle bien d'une expertise faite par les Soviétiques mais on sait ce qu'en vaut l'aune et, de toute façon, le texte semble en être resté secret. Pendant un an et demi, au procès de Francfort de 1963-1965, un tribunal allemand a conduit l'affaire dite « des gardiens d'Auschwitz » sans ordonner aucune expertise de l'arme du crime. *Idem* pour le procès de Majdanek à Düsseldorf et, juste après la guerre, pour le procès du Struthof en France. [**Rectification de 1997 :** J'allais découvrir en 1981 qu'une expertise du D$_r$ René Fabre allait conclure négativement dans le cas du Struthof !] Cette absence d'expertise est d'autant moins excusable que pas un juge, pas un procureur, pas un avocat ne pouvait se vanter de savoir d'expérience la nature et le fonctionnement de ces extraordinaires abattoirs humains. Au Struthof et à Majdanek ces « chambres à gaz » sont pourtant présentées comme étant en état d'origine : il suffirait donc d'examiner sur place « l'arme du crime ». À Auschwitz, les choses sont moins claires : au camp principal on laisse croire aux touristes que la « chambre à gaz » est authentique, mais, si les autorités du musée sont pressées de questions, elles battent en retraite et parlent de « reconstruction » (ce qui n'est d'ailleurs qu'un fieffé mensonge aisément prouvable par certains documents d'archives) ; à l'annexe de Birkenau, on ne montre que des ruines de « chambres à gaz » ou, encore moins, des espaces de terrain censés avoir été occupés par des « chambres à gaz ». Mais même là des expertises sont parfaitement possibles. À un archéologue quelques maigres indices suffisent parfois pour savoir la nature et la destination d'un emplacement inhabité depuis plusieurs siècles. Pour vous donner une idée de la complaisance mise par les avocats du procès de Francfort à suivre d'avance l'accusation, je vous dirais qu'un de ces avocats s'est même fait photographier par la presse en train de soulever une trappe *(sic !)* de la prétendue « chambre à gaz » du camp principal d'Auschwitz.[176] Dix ans après les procès j'ai demandé à cet avocat ce qui lui avait permis de considérer que le bâtiment en question était une « chambre à gaz ». Sa réponse écrite a été plus qu'évasive. Elle ressemble à la réponse que m'ont faites les autorités du musée de Dachau. Je leur demandais par écrit sur quels documents elles se fondaient pour affirmer qu'une certaine pièce du camp était une « chambre à gaz » inachevée. Je m'étonnais en effet qu'on puisse décréter qu'un local inachevé était destiné à devenir, une fois achevé, une

---

[176] Cet avocat complaisant était Me Anton Reiners, de Francfort.

chose qu'on n'avait jamais vue de sa vie. Je publierai un jour ma correspondance avec ces autorités ainsi qu'avec les responsables du Comité international de Dachau à Bruxelles.

Vous me demandez sur quelles preuves et sur quels documents je fonde mon affirmation que les « chambres à gaz » n'ont pas existé. Je crois avoir déjà largement répondu à cette question. J'ajouterais qu'une bonne partie de ces preuves et documents sont... ceux de l'accusation.[177] Il suffit de bien relire les textes de l'accusation pour s'apercevoir que l'accusation aboutit à l'inverse du résultat qu'elle recherchait. Les textes de base sont les quarante-deux tomes du grand procès de Nuremberg [**Rectification de 1997 :** en français, quarante et un tomes car manque le tome XXIII, c'est-à-dire celui qui devait contenir l'index des matières], les quinze tomes des procès américains, les dix-neuf tomes jusqu'ici publiés par l'université d'Amsterdam, les sténogrammes du procès Eichmann, différents procès-verbaux d'interrogatoire, les ouvrages de Hilberg, de Reitlinger, d'Adler, de Langbein, d'O. Wormser-Migot, *L'Encyclopedia Judaica,* le *Mémorial* de Klarsfeld (très intéressant pour les listes de faux gazés), les publications de différents instituts. J'ai surtout beaucoup travaillé au CDJC. J'en ai été chassé au début de 1978, sur l'initiative, en particulier, de M. Georges Wellers parce qu'on a su à quelles conclusions j'avais abouti sur les « chambres à gaz » et sur le « génocide ». Le CDJC est un organisme semi-public : il reçoit de l'argent public. Néanmoins, il s'arroge le droit de chasser ceux qui ne pensent pas comme il faut penser. Et il le dit !

S. I. : Vous allez même jusqu'à nier la volonté délibérée de Hitler d'exterminer les juifs. Et dernièrement aussi, au cours d'un débat à la télévision de la Suisse italienne, vous avez dit : « Hitler n'a jamais fait tuer une seule personne en tant que juive. » Qu'entendez-vous dire exactement avec cette phrase, de laquelle il découle d'ailleurs que Hitler aurait fait tuer des juifs ?

R.F. : Je dis exactement ceci : « Jamais Hitler n'a ordonné ni admis que quiconque fût tué en raison de sa race ou de sa religion. » Cette phrase est peut-être choquante pour certains mais je la crois vraie. Hitler était antijuif et raciste.

[Son racisme ne l'empêchait d'ailleurs pas de nourrir de l'admiration pour les Arabes et pour les Hindous. Il était hostile au colonialisme. Le 7 février 1945 il déclare à ses proches : « Les blancs ont apporté à ces peuples [coloniaux] le pire qu'ils pussent apporter, les plaies du monde

---

[177] R. Hilberg, *The Destruction of the European Jews ;* G. Reitlinger, *The Final Solution ;* H. G. Adler, *Der Verwaltete Mensch ;* H. Langbein, *Menschen in Auschwitz ;* O. Wormser-Migot, *Le Système concentrationnaire nazi (1933-1945) ;* S. Klarsfeld, *Le Mémorial de la déportation des Juifs de France.*

qui est le nôtre : le matérialisme, le fanatisme, l'alcoolisme et la syphilis. Pour le reste, ce que ces peuples possédaient en propre étant supérieur à ce que nous pouvions leur donner, ils sont demeurés eux-mêmes. [...] Une seule réussite à l'actif des colonisateurs : ils ont partout suscité la haine. »[178]] [**Rectification de 1997** : Le passage placé entre crochets se fonde sur l'ouvrage « *Le Testament politique de Hitler* ». Or, à la réflexion, cet ouvrage me paraît être un faux dont le responsable pourrait être François Genoud, récemment disparu. Dans sa longue préface, l'historien anglais H. R. Trevor-Roper affirme que « l'authenticité [de ces pages] ne peut faire aucun doute. » À mon avis, il se trompe.]

Hitler n'est devenu antijuif qu'assez tardivement. Avant de dire et de répéter que les juifs sont « les grands maîtres du mensonge », il leur était plutôt favorable.[179] Il écrit dans *Mein Kampf* : « Persuadé qu'ils avaient été persécutés pour cela [leur religion], les propos défavorables sur leur compte m'inspiraient une antipathie qui, parfois allait presque jusqu'à l'horreur. » Personnellement, je connais mal Hitler et il ne m'intéresse pas plus que Napoléon Bonaparte. S'il délirait, je ne vois pas pourquoi, nous, nous délirerions à son propos. Efforçons-nous de parler de Hitler avec le sang-froid que l'on met généralement à parler d'Amenophis-Akhenaton. Il y a eu entre Hitler et les juifs une guerre inexpiable. Il est évident que chacun renvoie sur l'autre la responsabilité de ce conflit. En la personne de Chaïm Weizmann, président de l'Organisation sioniste mondiale et futur premier président de l'État d'Israël, la communauté juive internationale a déclaré la guerre à l'Allemagne le 5 septembre 1939.[180] Auparavant, dès 1934, l'hostilité de la communauté juive internationale s'était manifestée par des mesures de boycottage économique de l'Allemagne nazie.[181] Il va de soi que si elle agissait ainsi c'était par rétorsion contre les mesures prises par Hitler contre les juifs allemands. Cet engrenage fatal allait conduire, de part et d'autre, à une guerre mondiale. Hitler disait : « Les juifs et les Alliés veulent notre anéantissement, mais ce sont eux qui seront anéantis » cependant que les Alliés et les juifs disaient : « Hitler et les nazis et leurs alliés veulent notre anéantissement, mais ce sont eux qui seront anéantis. » Les deux camps

---

[178] Extrait de ce que les Allemands nomment « Bormann Vermercke ». La partie finale de ces « Bormann Vermercke » a été publiée en France sous le titre de *Le Tes tament politique de Hitler,* p. 71-72.

[179] « *Dass sie deshalb [ihre Konfession] verfolgt worden waren, wie ich glaubte, liess manchmal meine Abneigung gegenüber ungünstigen Aeusserungen über sie fast zum Abscheu werden.* » *(Mein Kampf,* München, Zentralverlag der N.S.D.A.P., 1942, p. 55) « *Die grossen Meister der Lüge* » (les grands maîtres du mensonge) est un mot de Schopenhauer, repris par Hitler, p. 53 de *Mein Kampf.*

[180] Déclaration publiée dans *The Jewish Chronicle* du 8 septembre 1939, p. 1.

[181] *Daily Express,* 24 mars 1933, p. 1.

s'enivraient ainsi, tout au long de la guerre, de proclamations belliqueuses et fanatiques. L'ennemi devient une bête à égorger. Songez, de la même façon, aux paroles de *La Marseillaise* : « Qu'un sang impur abreuve nos sillons ! » Cela dit, les Alliés qui ont fait une guerre impitoyable aux nazis et qui, trente-cinq ans après la guerre, poursuivent une sorte de « chasse aux nazis », ne sont jamais allés jusqu'à décider : « Un national-socialiste, du seul fait de son appartenance au parti national-socialiste, sera à tuer, qu'il s'agisse d'un homme, d'une femme, d'un enfant, d'un vieillard. » On peut dire que, de même, Hitler, malgré tout ce qu'il a accumulé contre les juifs, n'a jamais décrété : « Tout juif sera à tuer », ni même : « Un juif, du seul et unique fait qu'il est juif sera à tuer. » Certes, dans le cas de représailles contre des « partisans » ou des « terroristes », lorsque les Allemands choisissaient leurs otages à exécuter, mieux valait n'être ni juif, ni communiste, ni prisonnier de droit commun, mais il s'agissait là d'un effet bien connu de la prise d'otages telle qu'elle se pratique en tous lieux et en tous temps.

Hitler a fait interner une partie des juifs européens, mais interner ne signifie pas exterminer. Il n'y a eu ni « génocide », ni « holocauste ». Tout camp de concentration est une pitié ou une horreur, qu'il s'agisse d'un camp allemand, russe, français, américain, japonais, chinois, vietnamien ou cubain. Il y a des degrés dans cette pitié ou cette horreur et il est sûr qu'en temps de guerre, de famine, d'épidémie, un camp de concentration devient plus horrible encore. Mais rien dans le cas qui nous intéresse ici ne permet de dire qu'il y a eu des camps d'extermination, c'est-à-dire des camps où l'on aurait mis des gens pour les y tuer.

Les « exterminationnistes » prétendent que dans l'été 1941 Hitler a donné l'ordre d'exterminer les juifs. Mais personne n'a jamais vu cet ordre. Il existe, en revanche, soit des propos de Hitler, soit des mesures prises par ses armées qui impliquent qu'un tel ordre n'a pu être donné. Le 24 juillet 1942, dans un cercle restreint, Hitler, rappelant que les juifs lui ont déclaré la guerre par l'intermédiaire de Chaïm Weizmann, dit *qu'après la guerre* il détruira leurs villes les unes après les autres ; il précise : « ... si ces ordures de juifs ne décampent pas et s'ils n'émigrent pas vers Madagascar ou vers quelque autre foyer national juif. »[182] Pour ma part, je voudrais savoir comment on peut concilier ce « libre propos » avec un ordre d'extermination donné une fois pour toutes un an auparavant. Encore en juillet 1944, sur le front de l'Est où le soldat allemand mène un féroce combat contre les partisans (juifs ou non juifs,

---

[182] « *Nach Beendigung des Krieges werde er [Hitler] sich rigoros auf den Standpunkt stellen, dass er Stadt für Stadt zusammenschlage, wenn nicht die Drecksjuden rauskämen und nach Madagaskar oder einem sonstigen jüdischen Nationalstaat abwanderten* » (H. Picker, *Hitlers Tischgespräche...*, p. 471).

russes ou communistes, ukrainiens, etc.) l'armée donne les ordres les plus draconiens pour qu'aucun soldat allemand ne participe à des excès sur la population civile, juifs y compris. Sinon, c'est le tribunal militaire.[183] Hitler appelait à une lutte impitoyable dans le combat, surtout contre les partisans, y compris, s'il le fallait, contre les femmes et les enfants mêlés aux partisans ou apparemment complices des partisans. Il n'a évidemment pas reculé (les Alliés non plus, d'ailleurs) devant le système de la prise d'otages. Mais il n'est pas allé au-delà. Le jour où nos médias se décideront à enfreindre certains tabous et à consacrer aux « crimes de guerre » des Alliés le millième du temps qu'ils consacrent aux « crimes de guerre » des vaincus, il y aura des étonnements chez les naïfs. Les « crimes » de Hitler prendront alors leurs justes proportions dans une perspective historique. On nous parle bien un peu de Dresde et de Katyn.

---

[183] Les textes et les faits abondent qui prouvent que les autorités allemandes interdisaient et réprimaient ces excès, même quand les juifs pouvaient en être les victimes. Je ne citerai qu'un texte et deux faits. Ce texte est celui du général von Roques daté du 29 juillet 1944, sur le front russe (document NOKW-1620). Quant aux faits, ils sont rapportés dans le document OKW-501. Voici le premier fait : au printemps de 1944, à Budapest, un lieutenant tue une juive qui voulait le dénoncer parce qu'il lui avait volé, avec certains de ses hommes, quelques-uns de ses biens. Un tribunal militaire allemand le condamne à mort et il est passé par les armes, tandis que plusieurs de ses hommes de troupe et sous-officiers sont condamnés à de longues peines de prison. Voici le second fait : près de Rostov sur le Don (URSS), deux soldats sont condamnés à mort par un tribunal militaire allemand (et exécutés ?) pour avoir tué l'unique habitant juif d'un village. On trouve ces exemples et bien d'autres faits du même genre dans le 42e et dernier tome des comptes rendus du grand procès de Nuremberg. Malheureusement, ce tome est quasiment ignoré de tout le monde. Il est notamment ignoré par les magistrats qui se permettent d'invoquer « ce qui a été établi à Nuremberg » mais ne prennent pas assez le soin de relire les documents pourtant établis par les **vainqueurs** ayant à juger les **vaincus.** L'historien peut d'autant moins se permettre cette légèreté qu'il sait que ces vainqueurs-là ont commis deux très graves malhonnêtetés :
1.ils ont eux-mêmes procédé au tri des documents sans y associer la défense ;
2.ils ont procédé à un tri de ce tri en publiant les 42 tomes sans inclure bien des pièces déposées par la défense. Il faut savoir qu'aujourd'hui encore, près de trente-cinq ans après la guerre, les Alliés maintiennent au secret une formidable quantité de documents dont on peut penser qu'ils ont prélevé déjà tout ce qui, à leurs yeux, pouvait accabler l'Allemagne. Imagine-t-on l'Himalaya de « crimes de guerre » qu'avec de tels procédés on pourrait faire juger par un « tribunal militaire international » formé de **vaincus** ayant à juger leurs **vainqueurs ?** Mais, pour en revenir à la question des « excès » ou « crimes de guerre », je Me permets de suggérer que l'armée allemande et, en particulier le corps des S.S., a été redoutablement dure à la fois dans le combat et dans les mesures de police dues à la guerre de partisans, mais qu'elle a été, d'une certaine façon, moins redoutable pour les civils non combattants que beaucoup d'autres armées. Plus une armée est disciplinée et tenue en mains et moins, en principe, les populations civiles en auront à craindre des excès de toutes sortes. À ce point de vue, des bandes de partisans, quelque sympathie qu'on puisse éprouver pour la cause qu'elles sont censées défendre, sont presque toujours redoutables pour la population civile.

Je dis que Dresde et Katyn ne sont pas grand-chose à côté des déportations que nous avons infligées aux millions d'Allemands des minorités de l'Est. Il est vrai qu'il ne s'agissait pas de « déportations » mais de... « déplacements ». Et je me demande si les champions toutes catégories des « crimes de guerre » n'ont pas été les Britanniques avec la livraison aux Soviétiques de leurs internés russes.[184]

S. I. : Quel est votre concept et quelle est votre définition de génocide ?

R.F. : J'appelle « génocide » le fait de tuer des hommes en raison de leur race. Hitler n'a pas plus commis de « génocide » que Napoléon, Staline, Churchill ou Mao. Roosevelt a interné dans des camps de concentration des citoyens américains de race japonaise. Ce n'était pas non plus un « génocide ».

Hitler a traité les civils juifs comme les représentants d'une minorité belligérante ennemie. Il est malheureusement banal de traiter ce genre de civils comme des gens dangereux ou virtuellement dangereux. En bonne logique guerrière, Hitler aurait été conduit à interner *tous* les juifs tombés sous sa coupe. Il est très loin de l'avoir fait, non sans doute pour des raisons humanitaires mais pour des motifs d'ordre pratique. Dans certains points d'Europe il a fait porter à ses ennemis un signe distinctif : l'étoile juive (à partir de septembre 1941 en Allemagne et à partir de juin 1942 dans la zone nord de la France). Les porteurs d'étoiles ne pouvaient se déplacer librement et à toute heure. Ils étaient comme des prisonniers en liberté surveillée. Hitler se préoccupait peut-être moins de la question juive que d'assurer la sécurité du soldat allemand. Le troupier allemand aurait été incapable de distinguer les juifs des non-juifs. Ce signe les lui désignait. Les juifs étaient soupçonnés de pouvoir pratiquer le renseignement (beaucoup d'entre eux parlaient allemand), l'espionnage, le trafic d'armes, le terrorisme, le marché noir. Il fallait éviter tout contact entre le juif et le soldat allemand. Par exemple, dans le métro parisien les juifs porteurs d'étoile ne devaient monter que dans le dernier des cinq wagons et le soldat allemand, lui, n'avait pas le droit de monter dans ce wagon.[185] Je ne suis pas un spécialiste de ces questions et je peux me tromper mais je crois que ce type de mesures était dicté autant par des raisons de sécurité militaire que par une volonté d'humiliation. Là où il y

---

[184] Cette livraison fut qualifiée du nom de « *Keelhaul Operation* ». Voyez *The Hoax* d'Arthur R. Butz, p. 248-249. Le terme de « Keelhaul » est parlant ; ce verbe anglais signifie : « infliger le châtiment de la cale humide à quelqu'un, ou le haler d'un côté à l'autre du navire en le faisant passer sous la quille ».

[185] Je signale qu'à la même époque, et cela sans aucune excuse militaire, la ségrégation raciale à l'encontre des Noirs (parfois dénoncée dans les journaux français de la « collaboration ») sévissait chez nos alliés américains et sud-africains.

avait de fortes concentrations juives impossibles à surveiller vraiment, sinon par l'intermédiaire d'une police juive, les Allemands redoutaient ce qui allait d'ailleurs se passer dans le ghetto de Varsovie où, soudain, juste à l'arrière du front, en avril 1943, une insurrection s'est produite. [**Rectification de 1997** : Il n'y a pas eu dans ce cas d'insurrection mais une réaction de groupes de jeunes juifs face à une opération de police allemande. Voir R. Faurisson, « Le ghetto de Varsovie en avril-mai 1943 : insurrection ou opération de police ? ».[186]] Avec stupéfaction, les Allemands avaient alors découvert que les juifs avaient fabriqué sept cents blockhaus.[187] Ils ont réprimé cette insurrection et ils ont transféré les survivants dans des camps de transit, de travail, de concentration. Les juifs ont vécu là une tragédie. Je sais qu'on pense parfois que des enfants de six à quinze ans ne pouvaient constituer un danger et qu'ils n'auraient pas dû être astreints au port de l'étoile. Mais si l'on reste dans le cadre de cette logique militaire, il existe aujourd'hui suffisamment de récits et de mémoires où des juifs nous racontent que dès leur enfance ils se livraient à toutes sortes d'activités illicites ou de résistance aux Allemands.

Il faudrait voir de près ce qu'il y a de réel et ce qu'il y a de mythologique dans la représentation qu'on se fait des juifs qui se sont laissé égorger comme des moutons. Les non-juifs ont-ils tellement résisté ? Les juifs ont-ils si peu résisté ? Ce qui fausse en partie les données du problème, c'est que beaucoup de nos jugements se fondent sur un présupposé : celui du « génocide » des juifs. Il va de soi que si une volonté de « génocide » avait existé, on pourrait comprendre le reproche de lâcheté que, paraît-il, les jeunes Israéliens font à leurs pères. Mais si, comme l'affirment les révisionnistes, le « génocide » n'est qu'une légende, ce reproche de lâcheté n'a plus guère de fondement.

S. I : S'il n'y avait pas de la part de Hitler une volonté délibérée de génocide, alors pourquoi Auschwitz, Treblinka, Belzec et les autres camps d'extermination ? Ils ont existé, ils ont été une réalité. Non seulement des juifs y sont entrés et y sont morts, mais aussi des « politiques », des Tziganes, des Slaves, des homosexuels, c'est-à-dire tous ces « différents » que le racisme naziste condamnait. Pourquoi alors avoir organisé ces camps, avec quelle finalité ?

R.F. : Un camp ne peut être qualifié « d'extermination » que si on y extermine des hommes. C'est si vrai que, selon la nomenclature créée par les historiens officiels, seuls sont appelés « d'extermination » les camps

---

[186] Voy. ci-dessous, 1993, vol. IV, p. 1436.

[187] Discours prononcé à Posen le 6 octobre 1943, p. 169 de *Discours secrets* d'Heinrich Himmler. Il s'agit de la traduction française de *Geheimreden 1933 bis 1945 und andere Ansprachen*. Cet ouvrage, et surtout sa traduction française, sont à utiliser avec précaution.

prétendument dotés d'une ou de plusieurs « chambres à gaz ». Ces camps n'ont pas existé. L'horrible épidémie de typhus de Bergen-Belsen n'a pas transformé ce camp (en grande partie sans barbelés) en un camp d'extermination. Ces morts ne sont pas un crime, sinon un crime dû à la guerre et à la folie des hommes. Les Alliés partagent avec les Allemands une lourde responsabilité dans l'effroyable chaos où l'Europe, ses villes, ses routes, ses camps de réfugiés ou d'internés se trouvaient à la fin de la guerre. Les Alliés ont répandu à profusion des photos montrant les charniers de Bergen-Belsen. Or, des milliers de détenus sont morts du typhus après l'entrée des Anglais dans Bergen-Belsen. Les Anglais n'arrivaient pas plus que les Allemands avant eux à endiguer cette terrible épidémie. Serait-il honnête de les traiter en criminels ? Les premiers camps de concentration nazis ont été conçus pour l'internement et la rééducation (*sic !*) des opposants politiques d'Hitler. La propagande faisait valoir que ces camps, ouverts à de nombreuses visites, constituaient un progrès sur les prisons où croupit le prisonnier de droit commun. Des juifs pouvaient s'y trouver mais en qualité de communistes, de sociaux-démocrates, etc. Les juifs en tant que tels n'ont été mis en camps de concentration que pendant la guerre, surtout à partir de 1942. Ceux d'entre eux qui avaient été internés en 1938 en représailles de l'attentat d'un juif contre vom Rath avaient été pour la plupart libérés après quelques mois. Avant la guerre, Hitler avait tenté avec un certain succès de provoquer l'exode des juifs. Il souhaitait la création d'un foyer national juif hors d'Europe. Le « projet de Madagascar » était conçu comme le projet d'un foyer juif sous responsabilité allemande.[188] Il prévoyait travaux d'assèchement en priorité, système bancaire, etc. La guerre a empêché la réalisation de ce projet.[189] Il aurait fallu trop de bateaux. La petite Allemagne – regardez une carte du monde – était engagée avec le Japon et quelques alliés dans une formidable lutte contre des géants. Pour elle, le principal était de gagner la guerre. L'accessoire était de trouver une solution au problème juif, une solution enfin, une « solution définitive », une « solution finale », une « solution d'ensemble » à un problème qui, d'une certaine manière, était vieux

---

[188] Le texte du « Madagaskar Projekt » est peu connu. On le trouve au CDJC de Paris. Il porte la cote 172 de la police d'Israël (Quartier général, 6e bureau). Il semble que ce document n'ait été mis au jour qu'en 1961 à l'occasion du procès d'Adolf Eichmann. Il se compose d'une lettre de Theodor Dannecker, du 15 août 1940, adressée au secrétaire de légation Rademacher et du rapport lui-même qui paraît être, d'ailleurs, un brouillon ni signé, ni daté. Sa cote au CDJC de Paris est DXII-172.

[189] Voyez la lettre de Rademacher à l'ambassadeur Bielfeld en date du 10 février 1942 (document NG-5770).

comme le peuple juif lui-même.[190] Cette solution, à cause de la guerre, allait être en gros le « refoulement vers l'Est » dans des camps. Auschwitz était d'abord et avant tout une très importante concentration industrielle de Haute-Silésie composée de trois camps principaux et d'environ quarante sous-camps répartis sur toute une région. Les activités minières, industrielles, agricoles et de recherches y étaient considérables : mines de charbon (dont certaines à capitaux français), pétrochimie, armement, explosifs, essence et caoutchouc synthétiques, élevage, pisciculture, etc. À Auschwitz se trouvaient aussi bien des internés que des travailleurs libres, des condamnés à vie que des internés à temps. Dans le camp d'Auschwitz-II ou Birkenau on avait le spectacle affligeant de nombreuses personnes inaptes au travail et croupissant sur place ; parmi eux, les Tziganes que, sauf exception, les Allemands ne semblent pas avoir mis au travail. Il est né à Auschwitz de nombreux enfants tziganes.[191] Seuls, semble-t-il, des Tziganes nomades ont été internés. Il ne semble pas que ce soit pour des raisons raciales, mais pour des raisons de nomadisme et de « délinquance en puissance ». Je rappelle qu'en France même les résistants ont pu voir les Tziganes d'un mauvais œil et les soupçonner d'espionnage, de renseignement et de marché

---

[190] « Solution d'ensemble » (« *Gesamtlösung* ») et « solution finale » (« *Endlösung* ») sont les deux termes interchangeables employés par Göring dans sa fameuse lettre de juillet 1941 adressée à R. Heydrich. Les exterminationnistes ont épilogué à perte de vue sur cette très courte lettre (document PS-710) et, en particulier, sur ces deux mots de Göring. Ils ont d'autant plus spéculé sur ce texte qu'ils l'ont du moins pour certains d'entre eux cyniquement amputé de la première moitié de sa première phrase où se trouvait une claire et nette explication du sens qu'il faut donner à ces deux mots. Ces deux mots, qui n'en font qu'un, impliquent **émigration** ou **évacuation** (« *Auswanderung oder Evakuierung* »). Gerald Reitlinger se permet de citer intégralement la petite lettre en plaçant tout au début du texte trois points de suspension. Le lecteur de Reitlinger voit donc qu'il manque le début de la phrase qu'il va lire et il est conduit à penser qu'il n'y a certainement rien d'important dans le fragment qui manque. Il est difficile d'agir plus malhonnêtement que Reitlinger ! (Voy. Gerald Reitlinger, *Die Endlösung* « The Final Solution », 1961, p. 92.) On trouvera le texte, non amputé, à la page 32 du remarquable ouvrage de Wilhelm Stäglich *Der Auschwitz Mythos*, W. Stäglich est cet ancien magistrat de Hambourg qui subit une incessante persécution depuis 1973 à cause de ses convictions révisionnistes.

[191] On trouve mention de ces naissances dans le « calendrier » des *Hefte von Auschwitz,* édités par le musée, en particulier dans les cahiers 7 et 8. Les Allemands tenaient registre de toutes les naissances, y compris juives. Ils tenaient registre de tout. Chaque opération chirurgicale, par exemple, était notée avec le nom de l'interne, son numéro matricule, l'objet et le résultat de l'opération (en latin), la date, la signature du chirurgien. Aux crématoires, l'extraction d'une dent en or à un cadavre faisait l'objet d'un rapport (*Meldung*) circonstancié. Ce dernier point, à lui seul, rend absurde la légende des massacres en masse avec arrachage des dents en or et sur une échelle quasi industrielle.

noir.[192] Il serait intéressant de déterminer combien de troupes tziganes ont continué de sillonner l'Europe en guerre. Quant aux homosexuels, assimilés à des délinquants, ils étaient comme beaucoup d'autres délinquants tirés des prisons ou envoyés directement en camps pour y travailler ; la législation allemande, comme bien d'autres législations de l'époque, réprimait l'homosexualité. Quant aux Slaves, ceux d'entre eux qui étaient dans les camps ne s'y trouvaient nullement en qualité de slaves mais en tant qu'internés politiques, prisonniers de guerre, etc., au même titre que des Français. À Auschwitz il y avait même des prisonniers de guerre britanniques faits prisonniers à Tobrouk.

La préoccupation essentielle des Allemands, à partir de 1942, était de mettre au travail *tous* ces internés (à l'exception des inaptes et, semble-t-il, des Tziganes) pour gagner la guerre. À Auschwitz, il existait même des cours de formation professionnelle pour les jeunes de douze à quinze ans en vue d'en faire des maçons, par exemple.[193] Les responsables allemands des déportations d'étrangers vers les camps insistaient pour obtenir le plus possible d'«aptes au travail». Les gouvernements étrangers, eux, insistaient de leur côté, pour qu'on ne disloque pas les familles et pour que les vieux et les enfants se joignent aux convois. Ni les juifs, ni les autres n'avaient conscience de partir vers une extermination quelconque, si j'en crois des témoignages comme celui de G. Wellers dans *L'Étoile jaune à l'heure de Vichy*.[194] Ils avaient raison. Ce massacre n'était heureusement qu'un bobard de guerre. D'ailleurs on conçoit mal que l'Allemagne qui était dramatiquement à court de locomotives, de wagons, de charbon, de personnel qualifié, et de soldats ait pu mettre sur pied un pareil système de convois pour abattoirs. Ces convois, je le rappelle, semblent avoir eu priorité même sur les convois de matériel de guerre.[195] La main-d'œuvre, surtout qualifiée : voilà ce qui préoccupait d'abord les Allemands.

S.I. : Vous êtes spécialisé dans la critique des textes, mais vous avez fait de ce problème votre « terrain » préféré de « recherche historique ».

---

[192] J'ai personnellement fait une enquête minutieuse sur les exécutions sommaires réalisées par les résistants dans une petite région de France ; j'ai eu la surprise de constater que les communautés tziganes avaient payé un lourd tribut en morts, non pas du fait des Allemands mais du fait des résistants. Cette enquête ne peut actuellement être publiée en France.

[193] Sur l'existence d'une école de maçons, voyez, par exemple, le témoignage de Franz Hofmann dans l'ouvrage d'Hermann Langbein, *Der Auschwitz-Prozess*, p. 236. Sur les équipes d'apprentis (Lehrlings-Kommandos), voyez le témoignage du détenu Curt Posener dans le document NI-9808.

[194] Georges Wellers, *L'Étoile jaune à l'heure de Vichy...*, p. V, 4, 5 et 7.

[195] La distance de Drancy à Auschwitz (mille deux cent cinquante kilomètres) était couverte, en général, en deux jours.

Pourquoi ? Que voulez-vous dire quand vous affirmez que sur le problème des chambres à gaz et de l'extermination des juifs il y a une « conspiration du silence » ? Pourquoi devrait-il y en avoir une, et de la part de qui ?

R.F. : Pour moi, la critique des textes et des documents vise à établir le degré d'authenticité et de véracité de ce qu'on lit. On cherche là à distinguer le vrai et le faux, le sens et le contresens, etc. Je suppose que ce souci devait presque fatalement me conduire à la détection de certains faux historiques et, en particulier, à la détection de ce qui, dans quelques années, apparaîtra à tout historien comme un faux monumental.

La conspiration du silence autour des ouvrages révisionnistes fait que ces ouvrages sont pour la plupart des « *samizdat* ».[196] Quant aux auteurs qui parviennent à briser le mur du silence, ils sont traités de nazis, ce qui les confine dans un ghetto. Les procédés utilisés contre les historiens ou les individus non conformistes vont de la pure criminalité aux poursuites judiciaires en passant par les procédés de basse police. Toutes sortes de lobbies font régner ou essaient de faire régner une atmosphère de terreur. J'en sais quelque chose. Je ne peux plus enseigner à l'université. Ma vie est devenue difficile. Je heurte des intérêts gigantesques. Des jeunes me soutiennent. La lumière se fera. Des juifs sont à mes côtés ; ils veulent, eux aussi, dénoncer le mensonge et la persécution.

Je crois moins aux conspirations qu'à la force du conformisme. Les vainqueurs de la dernière guerre avaient besoin de nous faire croire à l'ignominie intrinsèque du vaincu. Soviétiques et Occidentaux, que tout séparait, avaient trouvé là un bon terrain d'accord. Hollywood et l'appareil de propagande stalinien ont conjugué leurs efforts. Quel fracas de propagande! Les principaux bénéficiaires de l'opération ont peut-être été l'État d'Israël et le sionisme international. Les principales victimes ont été le peuple allemand – mais non pas ses dirigeants – et le peuple palestinien tout entier. Mais aujourd'hui il y a de la zizanie dans l'air. Sionistes et Polonais nous présentent déjà des versions bien divergentes d'Auschwitz.

S. I. : Vous contestez une très grande partie des méthodes que les historiens « officiels » ont appliquées à cette recherche historique. Ce

---

[196] Je ne peux que renvoyer ici aux cas de Maurice Bardèche, Paul Rassinier, Manfred Röder, Thies Christophersen, Wilhelm Stäglich, J. G. Burg (juif), Hellmut Diwald, Udo Walendy, Arthur R. Butz et à mon propre cas. Rien ne manque : prison, violences physiques, amendes, incendie criminel, carrières brisées, incroyables décisions de justice, calomnies pures, exil forcé. Pas une association défendant la liberté d'expression, pas un seul groupe d'écrivains n'a élevé la moindre protestation contre les stupéfiants procédés du groupe Springer à l'égard soit de David Irving, soit du professeur d'université Hellmut Diwald. Dans ce concours de persécutions, l'Allemagne arrive incontestablement en tête. La France vient en seconde position. L'Afrique du Sud n'en est pas loin.

chapitre de l'histoire du XXe siècle n'aurait pas été écrit comme il faut. Pourquoi, et pourquoi l'auraient-ils fait ?

R.F. : Les historiens officiels ont manqué à leurs obligations. Ils n'ont pas observé dans cette affaire les méthodes de routine de la critique historique. Ils ont suivi le courant général, celui qu'imposent les médias. Ils se sont laissé absorber par le système. Un historien officiel comme le professeur d'université Hellmut Diwald va au-devant de terribles ennuis s'il risque simplement une phrase pour dire que le « génocide », malgré l'abondante littérature qui lui est consacrée, est une affaire qui pour l'essentiel « n'est pas encore bien élucidée ». Sous la pression des organisations juives allemandes, la deuxième édition de son *Histoire des Allemands* vient d'être « refondue et améliorée » *(sic !)* là où il le fallait.

Le courage de Paul Rassinier est précisément d'avoir appliqué les méthodes de routine de la critique historique. Aux accusateurs il a dit en quelque sorte :

« Montrez-moi vos preuves », « Votre document offre-t-il des garanties d'authenticité ? », « Êtes-vous sûr que cette expression, que cette phrase ont bien le sens que vous leur attribuez ? », « D'où viennent vos chiffres ? »,

« Comment a-t-on pu établir cette statistique ? », « D'où vient la légende de cette photo? Qui me dit que cette vieille femme et cet enfant que je vois sur cette photo sont "sur le chemin de la chambre à gaz" ? », « Cet amas de chaussures signifierait-il qu'on gazait des gens dans ce camp ou bien que beaucoup de détenus de ce camp étaient précisément employés à fabriquer des chaussures? », « Où est le manuscrit de cet extraordinaire témoignage qui ne devrait avoir qu'une forme et que je vois publié sous les formes les plus contradictoires, y compris par le même historien ? »

Paul Rassinier[197], modeste professeur d'histoire et de géographie, a donné une remarquable leçon de clairvoyance et de probité à ses éminents collègues de l'université. Révolutionnaire authentique, résistant authentique, déporté authentique, cet homme aimait la vérité comme il faut l'aimer : très fort et par-dessus tout. Il a dénoncé ce qu'il appelle « le mensonge d'Ulysse ». Ulysse, on le sait, a connu cent épreuves dans l'exil, mais, revenu chez lui, il en a raconté mille. Nous savons que l'homme a beaucoup de mal à ne pas affabuler. Il est souvent friand d'extraordinaires histoires de chasse, de pêche, d'amour, d'argent. Mais surtout il se régale de récits d'atrocités.

L'Américain Arthur R. Butz, lui, a écrit un livre magistral sur *La Mystification du XXe siècle (The Hoax of the Twentieth Century)*. Ce livre

---

[197] Les œuvres de Paul Rassinier ont été réédité par Omnia Veritas, www.omnia-veritas.com. (Nde)

provoque le désarroi chez les « exterminationnistes ». La démonstration est imparable. Sa traduction vient d'être pratiquement interdite en Allemagne par inscription sur la liste des « ouvrages dangereux pour la jeunesse ».[198]

L'Allemand Wilhelm Stäglich a publié *Le Mythe d'Auschwitz (Der Auschwitz Mythos)*. Le groupe suédois de *Jewish Information* annonce un *Auschwitz Exit*. D'autres juifs ont écrit dans le sens révisionniste : J. G. Burg, en Allemagne, par exemple. Et tout récemment, la revue d'extrême gauche *La Guerre sociale* vient de publier une étude intitulée : « De l'exploitation dans les camps à l'exploitation des camps ».

En Angleterre, aux États-Unis, en Allemagne (dans ce dernier pays la persécution des révisionnistes est impitoyable), en Australie, en Belgique, en Espagne, en France, un peu partout dans le monde, des voix s'élèvent pour demander qu'on renonce enfin à une absurde propagande de guerre.

Je connais même, mais je ne peux donner ici leurs noms, des historiens officiels qui se réveillent du cauchemar. Peut-être vont-ils se décider à renoncer aux délices de ce que l'historien révisionniste David Irving appelle « l'inceste entre historiens ». Cette expression imagée illustre la pratique qui consiste sur un sujet donné à ressasser voluptueusement ce que d'autres historiens ont affirmé et à ne renouveler le sujet que par de subtiles surenchères. Il faut avoir assisté à un congrès d'historiens traitant du nazisme. Quelle étrange communion dans le respect du tabou ! Et comme on se surveille et se sent surveillé ! Malheur à qui perturberait la cérémonie expiatoire par l'expression d'une thèse non officielle ! Huées et censure.[199]

S.I. : Est-ce que vous êtes antisémite ? Comment jugez-vous le nazisme ?

R.F. : Je ne suis pas antisémite. Il faut éviter de voir des antisémites partout. Les juifs qui dénoncent l'imposture du « génocide » sont comme les catholiques qui disent qu'il y a une imposture de Fatima (où des milliers de témoins auraient vu danser le soleil). La vérité, ou sa recherche, ne saurait être antisémite.

---

[198] Cette décision date du 17 mai 1979 (Bundesprüfstelle für jugendgefährdende Schriften, Entscheidung Nr. 2765). L'expert choisi a été le procureur Adalbert Rückerl. Ce dernier était juge et partie puisqu'il se trouve avoir consacré sa vie et certains de ses ouvrages à défendre une thèse (celle de l'extermination) qu'Arthur R. Butz considère, ainsi que moi-même, comme erronée. Le texte du jugement est de cinquante-cinq pages. Ce texte apparaîtra sans doute dans quelques années comme un monument d'incompétence historique. Le président du tribunal était Rudolf Stefen. Le professeur Konrad Jentzsch représentait l'art (Kunst) ; l'écrivain Bernhard Ohsam, la littérature ; Gunther Roland, le corps professoral (Lehrerschaft) ; le prélat Dr Hermann, les Églises.

[199] Ce fut mon cas à Lyon le 29 janvier 1978 au colloque national sur « Églises et chrétiens de France dans la deuxième guerre mondiale ».

Le nazisme était dans les faits la dictature d'un Führer. Il est mort avec son Führer le 30 avril 1945. Mon ennemi est vaincu. Ne comptez pas sur moi pour cracher sur son cadavre. En tant qu'homme je n'admets pas qu'on diffame le peuple allemand en lui attribuant des crimes qui seraient sans précédent dans l'histoire des hommes. Et je n'admets surtout pas qu'on l'ait si bien « rééduqué » qu'il est le premier à croire à ces crimes et qu'il se diffame lui-même autant et plus que le lui demandent ses dirigeants. En tant qu'observateur, je constate qu'Adenauer, Brandt et Schmidt répètent la leçon des vainqueurs de l'Ouest tandis que leurs homologues de l'Allemagne de l'Est répètent la leçon des vainqueurs de l'Est. C'est de la Realpolitik, je suppose.

S. I. : Vous niez également que le nombre des victimes, les six millions, soit crédible. Mais même s'il y avait eu moins de victimes, est-ce que cela changerait quelque chose au fait qu'il y a eu génocide ? Et peu importerait en fait le nombre des victimes ?

R.F. : Six millions d'hommes, c'est la population d'un pays comme la Suisse. Personne au procès de Nuremberg n'avait la moindre possibilité d'étayer un chiffre aussi extravagant. C'est le 14 décembre 1945 au matin que le procureur américain Dodd essayait d'accréditer ce chiffre par la lecture d'une déclaration du témoin Höttl.[200] L'après-midi du même jour il était contraint de battre en retraite sur l'intervention de l'avocat Kauffmann bien décidé à demander la comparution de ce témoin pour lui demander compte de ce chiffre. Le malheur est que la presse et les historiens ont retenu le chiffre comme si le tribunal lui-même y avait cru si peu que ce fût.[**Rectification de 1997 :** Le tribunal a bel et bien avalisé le chiffre de six millions[201] : il attribue ce chiffre à Eichmann alors qu'il s'agit d'une estimation attribuée par Wilhelm Höttl à son camarade Eichmann.]

Mon estimation est la suivante : 1/ le nombre des juifs exterminés par les nazis (ou victimes du « génocide ») est heureusement égal à zéro ; 2/ le nombre des Européens tués par faits de guerre (des faits de guerre souvent atroces) pourrait être de l'ordre de quarante millions ; parmi eux, celui des juifs européens pourrait être de l'ordre d'un million mais, plus probablement, de plusieurs centaines de milliers si l'on ne compte pas les juifs combattant sous les uniformes militaires alliés. J'insiste sur le fait qu'il s'agit de ma part d'une estimation sans caractère proprement scientifique. En revanche, j'ai d'assez bonnes raisons de penser que le chiffre des morts d'Auschwitz (juifs et non-juifs) s'est élevé à cinquante

---

[200] Parmi les quarante-deux tomes des comptes rendus (tronqués) du grand procès de Nuremberg, voyez le tome III, p. 574-575 de l'édition française, et lisez le document PS-2738 (déclaration sous serment – *affidavit* – de W. Höttl).

[201] Voy. *TMI*, I, p. 266, 311.

mille environ et non pas à quatre millions comme on l'a longtemps prétendu avant de se contenter d'un million maintenant comme le fait l'Institut d'histoire contemporaine de Munich. Quant au nombre des morts de tous les camps de concentration de 1933-34 à 1945, je pense qu'il a dû être de deux cent mille ou, au plus, de trois cent soixante mille. Un jour je citerai mes sources mais je dis aujourd'hui que, si on y employait les ordinateurs, on pourrait sans doute vite savoir le nombre réel des morts. Les déportés étaient fichés par de nombreuses instances. Ils ont laissé de nombreuses traces. [**Rectification de 1997 :** Au vu des registres mortuaires (*Sterbebücher*), incomplets, le total des morts d'Auschwitz et de près de quarante sous-camps pourrait avoir été de cent cinquante mille. Quant au total des morts de tous les camps, il est encore impossible à déterminer.]

S. I. : *Vous vous rendez compte que vous pourriez contribuer ainsi à une espèce de « réhabilitation » du nazisme ?*

R.F. : Est-ce réhabiliter Néron que de dire que nous ne possédons aucune preuve qu'il a fait incendier Rome ? Ce qu'il faut avoir le souci de réhabiliter ou de rétablir, c'est la vérité, du moins quand nous le pouvons. L'historien n'a pas à se préoccuper des intérêts de Pierre ou de Paul. L'important pour moi est d'apporter ma contribution à une histoire véridique de la seconde guerre mondiale. Si un ancien nazi venait me dire que les prétendues « chambres à gaz » et le prétendu « génocide » des juifs forment un seul et même mensonge historique, je l'approuverais comme s'il me disait que deux et deux font quatre. Cela n'irait pas plus loin et je le laisserais à ses idées politiques.

Le néo-nazisme est en grande partie une invention des médias qui nous vendent même un nazisme de sex-shop. C'est comme la prétendue « filière Odessa » ou les colonies nazies en Amérique du Sud. Ou les réapparitions chroniques de Hitler ou de Bormann. Il s'en gagne de l'argent avec ces inventions. En Allemagne, je crois que ceux que leurs adversaires politiques qualifient de « néo-nazis » forment 0,7 % du corps électoral. Nous vivons dans la fantasmagorie, dans une sorte de nazisme sans nazis. Je renvoie là-dessus aux pertinentes analyses de Gilbert Comte parues dans *Le Monde* du 29 et du 30 mai 1979. Rien n'étant gratuit en ce monde, il va de soi que la déconstruction de ce délire fait apparaître un jeu complexe d'intérêts, de passions, de conflits à l'échelle de la planète. L'État d'Israël a un intérêt vital au maintien de cette fantasmagorie qui n'a pas peu contribué à la possibilité de sa création en 1948. Même un État comme le nôtre a intérêt à masquer la réalité d'une foule de conflits grâce au maintien dans tous les esprits d'une mobilisation contre le pire ennemi qui soit : la fameuse bête immonde du nazisme, une bête morte il y a trente-cinq ans et sur le compte de laquelle il est permis de se défouler. D'où ces perpétuelles cérémonies expiatoires, ces condamnations aux flammes éternelles, cette nécessité de la vengeance, du châtiment, de la dénonciation sans limite de temps de lieu ou de personne.

S.I. : Ne croyez-vous pas que traiter ainsi le problème du génocide juif soit une façon d'en discréditer le souvenir sur lequel se fonde principalement la conviction répandue que l'antisémitisme est le pire de tous les racismes pratiqués au cours du XXe siècle ? Un souvenir discrédité, ne sert en effet à rien.

R.F. : L'antisémitisme n'est pas le pire des racismes mais une bonne façon de nous le faire croire est précisément de nous faire croire au « génocide » des juifs. Les sionistes sont allés trop loin. Ceux qui avaient voulu refuser le principe des « réparations financières » versées par l'Allemagne au nom, en particulier, du « génocide », auraient dû être écoutés. Malheureusement Ben Gourion pour l'État d'Israël et Nahum Goldmann à la fois pour l'État d'Israël et pour la Diaspora ont voulu tirer un gigantesque profit financier de cette affaire. Adenauer s'y est prêté. Cela donne à l'imposture du « génocide » une coloration encore plus fâcheuse. Lisez la stupéfiante interview de Nahum Goldmann parue dans le numéro 624 du *Nouvel Observateur* (25 au 29 octobre 1976) : on a rarement vu un homme aussi ébahi et heureux d'avoir réussi une splendide opération politico-financière.[202]

*S.I. : Au cours de votre polémique avec tous ceux qui contestent cette thèse, vous avez également affirmé qu'une bonne partie de ce que sait le public n'est que légende, et qu'elle aurait été rendue possible grâce à une utilisation « indiscriminée » des mass media. Que voulez-vous dire exactement avec cela ? (**Rectification de 1997** : le journaliste italien me prête ici un mot, « indiscriminée », qui n'est pas de mon vocabulaire.)*

R.F. : Ce point est grave et passionnant. La responsabilité des médias dans toute cette affaire est écrasante. Pendant trente-cinq ans, sur les cinq continents, on nous a présenté comme une vérité cette légende du

---

[202] Sous le titre de : « Nahum Goldmann : au nom d'Israël ». M. Goldmann dit que ces colossales réparations « constituent une innovation extraordinaire en matière de droit international ». Elles étaient contraires à la constitution allemande. Il a dicté ses conditions à Adenauer en 1950. Il a obtenu quatre-vingts milliards de DM, soit dix à quatorze fois plus que la somme d'abord espérée. Il dit : « Sans les réparations allemandes [...], Israël n'aurait pas la moitié de son infrastructure actuelle [1976] : tous les trains en Israël sont allemands, les bateaux sont allemands, ainsi que l'électricité, une grande part de l'industrie... sans même parler des pensions individuelles versées aux survivants [...]. Certaines années, les sommes d'argent qu'Israël recevait de l'Allemagne dépassaient le montant des collectes du judaïsme international – les multipliant par deux ou par trois. » Le jeune contribuable allemand de 1979, qui n'est pour rien dans la guerre de 1939-1945, paie, bien entendu, sa part.

« génocide » et des « chambres à gaz ». Des milliards d'hommes ont été ainsi abusés. C'est vertigineux. Quelle leçon pour ceux qui croient à la qualité d'une information diverse et contradictoire ! Il a fallu la lutte héroïque de quelques individus, de quelques esprits non conformistes pour que se fissure l'écran de la vérité officielle. Je pourrais écrire une longue étude sur la façon dont les journaux français et la télévision française s'y prennent pour étouffer l'information. Les tribunaux les y aident et les pouvoirs publics dans leur ensemble. Les journalistes craignent que dans un proche avenir on n'institue une banque des données de l'information. Cette information résulterait d'un tri qu'ils n'auraient guère de moyens de contrôler. J'ai un conseil à leur donner. S'ils veulent savoir comment on risque de les tromper, qu'ils se penchent sur le passé et, pour quelques-uns d'entre eux, sur leur propre passé. Pour savoir comment on risque de mentir un jour, qu'ils voient comment on a préservé avec un soin jaloux le plus beau mensonge de tous les temps. Quand Louis XIV mentait, ses mensonges ne dépassaient guère quelques provinces. Aujourd'hui, le mensonge peut prendre des dimensions véritablement hollywoodiennes. Un « docu-drame » comme *Holocaust* est le couronnement d'un édifice. Il n'était pas concevable dans les années qui ont suivi la guerre et qui étaient pourtant bien haineuses. Il fallait trente ans et plus d'intoxication. Une drogue aussi forte qu'*Holocaust* ne pouvait s'administrer qu'à des esprits déjà longuement imprégnés d'autres drogues du même genre et qui en réclament spontanément de plus virulentes encore.

Mais l'overdose a produit des effets salutaires par le spectacle même que nous avons eu de notre déchéance. De saines réactions ont pu être notées. Je songe là en particulier à une réaction tout à fait remarquable du « juif libre » Michel Rachline dans un numéro du *Figaro Magazine* (3 mars 1979).

La non-existence des « chambres à gaz » et du « génocide » est une bonne nouvelle. L'homme, pourtant capable de toutes les horreurs, n'a pas été capable de celles-là. Il y a mieux : des millions d'hommes qu'on nous présentait comme des complices d'un crime monstrueux ou comme des lâches ou comme des menteurs ont été honnêtes. J'ai déjà dit que les juifs accusés par leurs enfants de s'être conduits comme des moutons que les Allemands auraient menés à l'abattoir ne méritaient pas cette accusation. J'ajoute que les accusés de Nuremberg et de mille autres procès disaient la vérité quand ils affirmaient à leurs juges-accusateurs ne rien savoir de ces épouvantables massacres. Le Vatican et la Croix-Rouge disaient vrai quand ils confessaient piteusement la même ignorance. Les Américains, les Anglais, les Suisses, les Suédois et tous ces peuples ou gouvernements à qui aujourd'hui des juifs extrémistes reprochent d'avoir été inactifs pendant que, paraît-il, fonctionnaient les abattoirs nazis, n'ont plus à se conduire en coupables repentants. Le résultat le plus méprisable de cette gigantesque imposture était et restera encore pour un certain temps cette mauvaise conscience que les juifs extrémistes ont créée chez tant de peuples et en particulier dans le peuple allemand. Je ne voudrais surtout pas donner l'impression que je cherche si peu que ce soit à faire l'apologie du nazisme. Je crois même que je suis capable de présenter une analyse sévère de ce genre d'idéologie. Je ne proposerai pas cette analyse aussi longtemps que le faux nazisme dont nous assomment les « exterminationnistes » n'aura pas été dénoncé par l'ensemble des historiens officiels. Ces gens-là, en attaquant un nazisme qui n'a jamais existé, donnent l'impression d'être incapables d'attaquer la réalité de ce qu'a été le nazisme. Ils me font penser à ceux qui représentent le Mal sous la forme du diable avec des grils, des pals et des fours. Le Mal en réalité, nous le savons bien, est dans les systèmes de vie que l'homme s'est créés. Aussi longtemps qu'on s'en prendra à des formes mythiques du mal, le mal se portera bien. Notre société est déboussolée. En plein XXe siècle elle a réinventé le diable. Elle combat un ennemi imaginaire. Elle a mieux à faire. Un effort d'analyse s'impose. Ouvrons les yeux sur ce que les médias ont fait de nous. Ce que le pouvoir cherche à masquer, démasquons-le. En tout domaine.

[Entretien paru en italien dans *Storia illustrata*, n° 261, août 1979, P.36-65. Les notes ont été ajoutées à la version française publiée dans *VHVP*, p. 171-212. Il est à noter que la discussion s'est poursuivie dans les colonnes de *Storia illustrata* jusqu'en décembre 1979.]

***

30 septembre 1979

Lettre à Serge Thion

Je suis content que nous ayons pu nous rencontrer à nouveau. J'ai l'impression que nos affaires avancent. Vous y êtes pour beaucoup. Le fait que Noam Chomsky ait signé la pétition et qu'il m'ait envoyé un mot aimable me redonne du courage. Sa lettre date du 20 septembre. Il n'avait pas encore reçu mes cent quarante-cinq pages. Il va de soi qu'il ne me soutient, pour l'instant, qu'au nom du droit à la liberté d'expression. Je serais heureux que Shahak joigne sa voix à celle de Lilienthal et de Chomsky.

Voici, de plus, les quelques éléments promis :

– M. P., professeur d'histoire à l'université de Clermont (I ou II ?). Il a demandé à venir me voir à Vichy. Il m'a déclaré : « Je me suis comporté comme un lâche dans ton affaire. Tu as raison, mais je n'ai pas le courage de te soutenir. Je suis un lâche et je le resterai malheureusement ». P. est un homme de droite. Je le trouve courageux de m'avoir fait pareil aveu.

– M. Nicolas W., professeur de littérature française du XVIIIᵉ siècle à l'université de Clermont (I ou II ?). Il était tout feu, tout flamme. Il voulait écrire une lettre sanglante au *Nouvel Observateur*. Il était particulièrement indigné par l'article de Claude Martin. Puis il m'a envoyé un mot (que j'ai quelque part dans mes archives) pour me dire qu'il renonçait et qu'il me demandait de l'en excuser. Je lui ai répondu qu'il me décevait beaucoup mais que je lui gardais mon amitié. W. est un « chrétien progressiste ».

– Faurisson = OAS. Mon ami André Garnier (comptable dans une toute petite entreprise de Vichy), ancien doriotiste, homme de soixante ans aujourd'hui, incroyablement cultivé, avait été arrêté à deux reprises en 1961 et 1962 parce qu'il était soupçonné d'appartenir à l'OAS. En réalité, il avait beaucoup de sympathie pour l'Algérie française et je me souviens même d'avoir assisté à ses côtés à une réunion de ce genre de sympathisants. Même Garnier était atterré par la médiocrité de ces gens. Dans l'atmosphère d'hystérie anti-OAS des pouvoirs publics en 1961-62 (c'est difficile à comprendre pour les gens de gauche, mais c'est ainsi), il était très facile à de Gaulle et à sa police et à ses magistrats de faire n'importe quoi contre les « sympathisants de l'OAS », de la même façon que, quelques années auparavant, il leur était très facile d'arrêter, de condamner ou d'exécuter les « sympathisants du FLN ». A. Garnier a trinqué à ce moment-là (comme Bastien-Thiry, comme Degueldre, comme Dovecar, comme Piegts) et cela, je ne l'ai pas supporté. Je n'ai pris ni ma plume, ni mon téléphone pour le clamer. Mais ce n'était un mystère pour personne que j'étais ulcéré de ce qu'on faisait à mon ami. La gauche, elle, réclamait de la répression et encore plus de tribunaux d'exception pour réprimer les « fascistes de l'OAS ». Tu parles ! En tout cas, un jour de mai 1961, deux flics sont venus me chercher chez moi, soi-disant pour m'interroger. J'ai dû laisser seule à la maison ma femme qui était gravement malade. Je les ai prévenus. Ils m'ont dit : « Il y en a pour quelques minutes et vous reviendrez chez vous ». En fait, ils m'ont flanqué en garde à vue. À l'époque, cela pouvait tout signifier. Je pouvais rester ainsi au commissariat de Vichy pendant des heures ou des jours avant d'être transféré dans un centre loin de Vichy comme c'était le cas pour A. Garnier. J'ai piqué une formidable colère au poste de police. J'ai insulté ces flics. Ils m'ont relâché après un interrogatoire dont ils se souviendront toute leur vie. Je vous en parlerai. Cela se passait en mai

1961, je vous le rappelle. Dans la nuit qui a suivi, la maladie de ma femme s'est sensiblement aggravée (salpingite, 41° de fièvre...). Sales souvenirs. En octobre 1961, j'ai été inculpé d'outrage à magistrats. Le juge d'instruction m'a fait venir et revenir « n » fois à Cusset. Un jour, le 1er mars 1962 (l'hystérie anti-OAS était à son comble et les pourparlers d'Évian allaient déboucher), j'ai été une fois de plus convoqué. Et là, dans le cabinet du juge d'instruction, on m'a mis les menottes et on m'a interné à la maison d'arrêt de Riom. J'y ai passé dix-sept jours et seize nuits. Bien sûr, la presse a raconté que j'étais OAS ou quelque chose de ce genre. Bien sûr, je n'ai rien démenti. D'ailleurs, les gens n'y croyaient pas autour de moi. C'est en mai 1962, je crois, que je suis passé devant un tribunal qui, pour outrages à magistrats (outrages renouvelés dans le cabinet du juge d'instruction), m'a condamné à je ne sais quelle peine qui couvrait le temps de détention + amende + frais. Je dois dire que le SNES s'est tout de même décidé à intervenir en ma faveur. Il a dit très nettement que j'étais le contraire d'un fasciste. J'ai l'impression qu'aux *Temps modernes* et ailleurs on s'en était rendu compte. Bref, c'est un sale souvenir. Je rappelle souvent aux gens de gauche qui se plaignent de ces immondes tribunaux d'exception qu'utilise si bien Giscard qu'ils ont, *plus que tous autres*, contribué à les créer.

– Chapuzet. M. Chapuzet, appariteur à Lyon-II et « chef » des appariteurs, m'a déclaré un jour de 1979, devant M. Gallini, administrateur : « M. Faurisson, vous devez savoir que nous ne pouvons pas assurer votre sécurité. Ce n'est pas notre travail. Nous en avons discuté avec le syndicat. Nous sommes là pour protéger les lieux et non les personnes. »

– Ma plainte contre Bernadet pour voie de fait (affaire de l'affiche appelant les collègues à venir signer au secrétariat de la présidence un factum contre moi). Le tribunal s'est tout récemment déclaré incompétent. Bernadet a fait valoir qu'il avait agi ainsi dans mon propre intérêt. Je suppose que c'est dans mon propre intérêt qu'il avait tenté de me faire passer en conseil de discipline. C'est dans mon intérêt également qu'il avait fait publier le communiqué disant : « Le président de l'université Lyon-II et les directeurs et responsables du Centre régional d'histoire économique et sociale tiennent à faire savoir aux étudiants et à l'opinion publique qu'ils n'ont jamais cautionné et qu'ils rejettent catégoriquement les affirmations scandaleuses de M. Faurisson qui prétend minimiser les horreurs des crimes nazis en niant l'existence des chambres à gaz. M. Faurisson n'est pas historien et ne fait partie d'aucun centre de recherches d'histoire contemporaine de la région lyonnaise. Ses affirmations ne reposent sur aucun fondement sérieux et ne méritent que le mépris ».

Bernadet, socialiste, avait agi en collusion avec *Le Matin de Paris*. Il a aussi agi en parfaite entente avec l'homme qui, depuis le 29 janvier 1978 (Colloque de Lyon sur « Églises et Chrétiens de France dans la deuxième guerre mondiale »), me vouait une belle exécration : un maître-assistant d'histoire du nom de François Delpech (d'origine juive, je crois, mais fort chrétien).

C'est lors de ce colloque que j'ai vu se déchaîner contre moi les pires imprécations.

Il ne faudrait pas que votre livre donne pour autant l'impression que tout le monde s'acharnait contre moi. Ce qui m'a le plus atterré, c'est le silence, la peur (à toucher du doigt !), l'abstention. Songez que pas un collègue sur soixante-quinze que nous sommes dans notre UER n'a eu le moindre mot, le moindre geste de sympathie. Des gens avec qui j'avais des relations cordiales sont allés signer des textes contre moi. C'est très tardivement (vers mai, juin 1979) qu'un assistant, qui est du SNES, a commencé à réagir. Il avait *peur* lui aussi. Presque tout le monde avait *peur*.

Et puis – c'est capital – il y a eu ceux qui m'ont défendu. Je suis très touché de l'attitude de mes anciens étudiants. Les nouveaux ne me connaissaient pas. Ils n'avaient eu que deux cours avec moi. Il y a eu surtout Pierre Guillaume. Le recteur a été courageux. Vous connaissez sa réponse aux journalistes.

A. Garnier, venu m'assister à Lyon le 20 novembre, a pris peur quand il a vu les types me frapper avec une haine qui, je dois le dire, était impressionnante, et il m'a laissé tomber ce jour-là. L'étudiant qui, très courageusement, a pris ma défense et qui, par la suite, devait recevoir en même temps que moi un jet de je ne sais quoi dans la figure m'a, lui aussi, plaqué par la suite. Sa femme a exigé qu'il reste dans son coin. Deux étudiantes dont j'ai sollicité le témoignage par écrit pour un autre incident m'ont répondu par une lettre commune qu'elles ne voyaient pas de quoi je voulais parler. Mais une autre étudiante, Cécile D. (reçue quatrième à l'agrégation cette année), a fait preuve d'un incroyable courage en toute circonstance. Il y a eu d'autres cas de lâcheté et de courage.

Sachez qu'en 1978 j'ai eu toutes les peines du monde à trouver quelqu'un qui veuille bien me servir de témoin au CDJC. Il s'agissait de G. S., journaliste aux *Nouvelles Littéraires*. Au CDJC, [Meram] lui a dit que je n'étais nullement mis à la porte et que c'était un malentendu. À ma visite suivante, j'ai été mis à la porte. Pour ce qui est de l'Institut historique allemand, ils sont moins sûrs d'eux. Mais ils ont tenté le coup. C'est l'évidence. Je suis content de vous avoir eu à mes côtés. Le CNRS fait toujours son petit effet. Argument d'autorité ! On n'en sort pas.

Je ne suis pas sorti du tunnel. Mais j'aperçois une petite lueur. Des gens commencent à venir vers moi. Ils ont un peu moins peur.

[…]

Je pense à un point capital pour votre bouquin. Il faudrait bien faire sentir que je suis loin d'être la seule victime de cette formidable intolérance. Souhaitez-vous que je réunisse des renseignements sur :

- M. Bardèche, jeté en prison en 1948-1949-1950 ;
- Paul Rassinier, accablé d'outrages, poursuivi, condamné en perdant ignominieusement un procès ;
- Christophersen, maison incendiée ;
- Wilhelm Stäglich, contraint à la retraite + amputation d'1/5 de sa retraite pendant cinq ans + re-poursuivi en ce moment ;
- Hellmut Diwald, sommité de la science historique allemande, écrivant que le génocide ce n'est pas tout à fait sûr dans ses points essentiels → mise au pilori ou à l'écart de la 1re édition → annonce d'une édition améliorée → l'édition sort : « Le génocide est un fait qu'on ne saurait nier » ;
- David Irving reçoit son livre de Ullstein Verlag. Constate formidables amputations et même un truc mis à contresens. Proteste. On lui répond que cela aurait été intolérable pour le public allemand. Fait interdire la vente de son énorme bouquin ;
- « Faurisson et Butz pseudonymes », déclare tribunal allemand pour se débarrasser de nos attestations ;
- mise à l'index (*Indizierung*) du livre de Butz en Allemagne et de je ne sais combien d'autres ouvrages révisionnistes déclarés « dangereux pour la jeunesse » ;
- *Berufsverbote* depuis trente-cinq ans. Udo Walendy, diplômé de sciences politiques, mis à la porte. Lothar Stielau, professeur de lycée, mis instantanément à la porte parce qu'il écrit : « Le faux journal d'Eva Braun et le pas beaucoup plus vrai journal d'Anne Frank ».
- En ce moment, foule de procédures contre révisionnistes en Allemagne, etc.

Dernière minute : Rencontré ce matin, à Lyon, Serge G. (maître–assistant). Conversation très sympathique. *Reconnaît que c'est par peur qu'il n'a pas bougé.* S'honore de n'avoir pas signé le factum Bernadet du 16 novembre 1978. Dit que c'est par *peur* que les gens n'ont pas bougé.

***

6 décembre 1979

Un texte de Serge Thion

J'ai reçu le texte *Le Comment du pourquoi ?* de Serge Thion, document qui mérite, bien entendu, d'être diffusé. Deux réserves de ma part, cependant :

1) Je ne me tiens ni pour un homme de droite ni pour « une manière d'anarchiste de droite » (p. 2 et 4) ;

2) je pense que le texte de M. Thion, par ailleurs précis, ne devrait peut-être ne pas se contenter d'indiquer, p. 28, qu'« un institut officiel français se refuse » à publier les chiffres de son étude sur la déportation, mais dire de quel institut il s'agit précisément (je suppose qu'il s'agit du Comité d'histoire de la seconde guerre mondiale à la tête duquel sont MM. Henri Michel et Claude Lévy).

Si on me tient pour un homme de droite, il faut le dire. M. D. me taquine souvent et gentiment sur mes idées de gauche ou sur mes amis de gauche et il est un peu éberlué de me voir tenu pour un homme de droite. Dans le procès du *Matin de Paris*, il voulait dire au tribunal que j'étais un homme de gauche parce que telle était sa conviction et puis il y avait les vingt à vingt-cinq ans de SNES ou SNE-sup, ma responsabilité de secrétaire de section syndicale pendant un an ou deux, l'affaire Audin, mon attitude en 1968, ma détestation du national-socialisme. C'est moi qui lui avais demandé de ne pas mettre de politique dans cette affaire et j'avais ajouté que je ne me sentais ni de droite, ni de gauche (ce qui, paraît-il, est le signe d'une appartenance à la droite). L'autorité et la religion me font peur, c'est sûr mais je suis trop autoritaire pour être de gauche et je serais facilement intolérant à l'égard des esprits religieux. Pour le reste, je ne me suis pas examiné. Incompétent : voilà, je suis incompétent en matière de politique, d'idéologie et de toutes ces matières que je trouve pourtant quelquefois intéressantes. Ah ! Et puis je crois au progrès social, ce progrès auquel plus personne ne semble croire. [...]

***

1979

[Explication d'une phrase]

« Hitler n'a jamais ordonné ni admis que quiconque fût tué en raison de sa race ou de sa religion. »

– Explication –

Hitler a toujours considéré les juifs comme ses ennemis et il les a traités en conséquence.

Hitler et les nazis ont dit : « Les juifs et les Alliés veulent notre anéantissement mais ce seront eux qui seront anéantis. »

De la même façon, les juifs et les Alliés ont dit : « Hitler et les nazis veulent notre anéantissement, mais ce sont eux qui seront anéantis. »

Pour un camp comme pour l'autre, il s'agissait de **gagner la guerre** et contre les militaires et contre les civils (hommes, femmes, enfants, vieillards confondus).

Les Alliés ont eu beau accumuler les mesures coercitives contre les minorités allemandes ou japonaises, jugées dangereuses en pleine guerre ou indésirables après la guerre, elles ont eu beau procéder à des internements en très grand nombre ou à d'énormes déplacements ou déportations de populations civiles, jamais elles n'ont ordonné ni admis que quiconque fût tué en raison de son appartenance à ces minorités.

De même pour Hitler avec les minorités juives.

Cela dit *et* Hitler *et* les Alliés portent, aux yeux de la morale et de l'histoire, l'entière responsabilité de tous les maux, de toutes les persécutions, de toutes les morts subies par les minorités civiles de tous les pays en guerre.

***

Décembre 1979

Exemple d'une falsification dans l'avertissement au lecteur de *Mein Kampf*

Le Monde du 16 mai 1978 (p. 7) annonçait que la LIC(R)A venait d'engager une action civile devant le tribunal de Paris contre les Nouvelles Éditions Latines de F. Sorlot à la suite de la diffusion par cet éditeur du livre *Mein Kampf* d'Adolf Hitler. Voici l'article du *Monde* :

– Plainte contre Mein Kampf –

« La Ligue internationale contre le racisme et l'antisémitisme (LICA) a engagé une action civile devant le tribunal de Paris contre les Nouvelles éditions latines, la Société lorraine des magasins modernes, à Paris, et les Nouvelles Galeries, à Thionville, à la suite de la diffusion par cet éditeur et ces magasins du livre Mein Kampf, d'Adolf Hitler. La LICA s'appuie sur le fait que la réédition mise en vente ne respecte pas les dispositions légales concernant les nouveaux tirages : indication du millésime, nom de l'imprimeur ou du producteur, les lieu et date du dépôt légal initial.

L'arrêt de la cour d'appel de Paris en date du 11 juillet 1979 ordonnait que chaque exemplaire du livre contiendrait un texte, à mettre au point, qui aurait pour but de montrer aux lecteurs à quels crimes Mein Kampf avait conduit.

Le texte, rédigé sous la responsabilité de M. Henri Noguères, est de huit pages. Il manifeste l'inquiétude de la LIC(R)A devant le progrès des idées révisionnistes. Il contient la phrase suivante :

Certains « historiens » nient l'évidence des génocides perpétrés par les nazis afin de rendre à nouveau présentable cette doctrine de Mein Kampf. »

Sans doute afin de mieux faire pièce à ces négateurs de l'existence des chambres à gaz, le rédacteur du texte a-t-il voulu mentionner ces chambres à gaz comme une pure évidence que même un général SS aurait spontanément cautionnée devant le Tribunal militaire international de Nuremberg. Une telle caution n'existant pas dans la réalité, on n'a pas hésité à la forger de toute pièce. On a pris une déclaration authentique du général SS von dem Bach-Zelewski ; en un premier temps, on l'a gravement dénaturée ; puis, en un second temps, pour faire bonne mesure, on lui a ajouté une fin qui constitue un faux pur et simple.

– La déclaration originelle –

« Le 7 janvier 1946, devant le Tribunal militaire international, le Dr Thoma, avocat de l'accusé Rosenberg, allait poser une question au général von dem Bach Zelewski. Cette question portait sur une réflexion du général Ohlendorf, censé avoir fait massacrer en Russie quatre-vingt-dix mille personnes de juin 1941 à juin 1942. Ohlendorf avait dit que dans son esprit de tels massacres ne correspondaient pas à l'idéologie nationale-socialiste. Interrogé sur ce point, von dem Bach Zelewski avait répondu devant le tribunal :

"Personnellement, je suis d'un autre avis. Si, pendant des années, on prêche la doctrine que la race slave est une race inférieure et que les juifs ne sont pas même des êtres humains, une telle explosion est inévitable." »[203]

– La déclaration, reprise dans le jugement final –

---

[203] *TMI*, IV, p. 514.

Dans le jugement final, cette déclaration devait réapparaître sous une forme légèrement différente, que voici :

« Lorsqu'on demanda au témoin Bach Zelewski comment Ohlendorf avait pu trouver naturel le meurtre de quatre-vingt-dix mille personnes [on ne précise pas : en un an], il répondit : "J'estime que, si l'on enseigne pendant des années la doctrine selon laquelle la race slave est une race inférieure et le juif à peine un être humain, un tel **aboutissement** [au lieu de : explosion] est inévitable." »[204]

*– La déclaration reprise et transformée
sous l'autorité de M. Henri Noguères –*

Aux pages 2 et 3 du texte à insérer dans *Mein Kampf,* on lit :

« Mais comme l'indiquait lors du procès de Nuremberg le général des SS Bach Zelewsky : "… Si vous prêchez pendant **dix longues** années que les peuples slaves constituent une race inférieure et que les juifs sont des **sous-hommes, il s'ensuivra logiquement qu'on acceptera comme** un phénomène naturel le fait de tuer des **millions** [et non plus quatre-vingt-dix mille personnes en un an] de ces êtres humains. De « Mein Kampf » le chemin conduit directement aux **fournaises d'Auschwitz et aux chambres à gaz de Majdanek**." »

La LICRA n'a jamais travaillé autrement.

***

Décembre 1979

Le « ghetto-boy » et Simone Veil : deux symboles de l'imposture du génocide ?

Le ghetto-boy a été retrouvé en 1978. Il n'a nullement été assassiné par les Allemands dans un prétendu "camp d'extermination". Il vit à Londres avec son père et sa mère. Il est richissime. Ce "ghetto-boy" était devenu un symbole : le symbole d'un prétendu "génocide" du peuple juif. Il va de soi que, s'il devait rester un symbole, ce ne pourrait plus être que le symbole de l'imposture du "génocide".

---

[204] *TMI*, I, p. 261.

Le cas de Simone Veil est tout à fait semblable, quoique dans un sens inverse de celui du ghetto-boy de Varsovie. Simone Veil, elle aussi, est très riche. Elle jouit apparemment d'une santé florissante. Elle a longtemps été notre ministre de la Santé. Elle est devenue présidente du Parlement européen. On nous rappelle avec insistance qu'elle a été internée à Auschwitz. Mais ce que l'on nous cache, c'est qu'elle est... morte à Auschwitz. Elle a été **gazée** à Auschwitz-Birkenau le 16 avril 1944. Elle fait officiellement partie de l'immense cohorte des (faux) morts et des (faux) gazés du camp d'Auschwitz. Elle est, elle aussi, à sa façon, un symbole de l'imposture du "génocide".

Simone Veil n'a pas de responsabilité personnelle dans le fait que des historiens, plus soucieux de propagande que de vérité, aient fabriqué de longues listes de prétendus gazés dans lesquelles son nom de jeune fille (Simone Jacob, née le 13 juillet 1927 à Nice) figure parmi les noms d'autres femmes ou jeunes filles qui, elles non plus, en réalité, n'ont pu être gazées le 16 avril 1944. En revanche, le ghetto-boy a une responsabilité personnelle sinon dans la création de sa légende, du moins dans la persistance et dans le succès de cette légende. Ce n'est que contraint et forcé qu'il a révélé le pot aux roses. Trop de gens s'étaient mis à exploiter le filon, notamment en Israël, et se vantaient d'avoir connu de près le ghetto-boy. L'intéressé avait donc dû, à la longue, rappeler son existence et son identité.

Le ghetto-boy est ce tout jeune garçon à casquette qu'on voit lever ses petits bras en l'air sous la menace des armes des soldats allemands. La photo a fait le tour du monde. Les textes de présentation de cette photo sont variables mais tous donnent à entendre que la scène s'est déroulée lors de l'insurrection du ghetto de Varsovie vers avril-mai 1943 et l'on nous dit – ou bien on nous laisse entendre – que cet enfant et le groupe de juifs qui l'entourent ont été conduits vers un « camp d'extermination ». Or, la réalité aurait été toute différente. À en croire le *Jewish Chronicle*, c'est en 1941 que se situait la scène.[205] L'enfant (et tout le groupe qui l'entourait, portant des sacs ou des ballots) avait été surpris par des soldats allemands en train d'effectuer une opération de police déclenchée à l'occasion de la venue à Varsovie d'une importante personnalité nazie. « J'étais un voleur de première force ; je volais pour survivre », devait déclarer au *Jewish Chronicle* l'ex-ghetto-boy. L'enfant avait été conduit au poste de police. Sa mère qui n'avait pas assisté à la scène de l'arrestation et qui se demandait ce que son fils était devenu, était allée le réclamer au poste de police. L'enfant lui avait alors été remis par la police allemande.

---

[205] 11 août 1978, p. 1-2.

À côté des vrais résistants, des vrais déportés, des vrais médaillés, des vrais morts ou assassinés, il existe des cohortes entières de faux résistants, de faux déportés, de faux médaillés, de faux morts ou assassinés. L'historien se doit de vérifier cas par cas toutes les listes de héros ou de victimes qu'on lui présente. Il ne doit accueillir qu'avec circonspection des phrases du genre de : "Toute ma famille a disparu." Il doit exiger les identités complètes de ces disparus et vérifier, cas par cas, s'il y a lieu d'accuser les Allemands. Avec les moyens dont nous disposons aujourd'hui et, en particulier, avec les ordinateurs, ce travail de recherche est tout à fait possible.

Mais d'ores et déjà nous possédons pour les juifs déportés de France – qu'il s'agisse de juifs français ou étrangers – d'un document précieux : *Le Mémorial de la déportation des juifs de France* rédigé par me Serge Klarsfeld, édité et publié par Beate et Serge Klarsfeld en 1978 à Paris. Ce livre qui coûte cent vingt francs est de six cent cinquante-six pages de format 21 x 29,5 cm ; comme ses pages ne sont pas numérotées, je le citerai ici d'après ma propre pagination. L'auteur de ce gros ouvrage est résolument exterminationniste. Il cautionne les positions les plus contestables de l'histoire officielle. Il travaille au CDJC de Paris (Centre de documentation juive contemporaine) dans le même esprit qu'un Georges Wellers. Je ne relèverai pas ici, mais seulement dans une étude à venir, les manipulations auxquelles me Klarsfeld n'a pas craint de se livrer. Le titre de l'ouvrage est à lui seul fallacieux. Il donne à entendre – et c'est bien ainsi qu'il a été présenté à sa sortie – que ce livre est un « annuaire de la mort » alors qu'en réalité il s'agit de listes de personnes qui ont fait partie de convois ferroviaires à destination principale mais non exclusive des camps de concentration, et cela du début à la fin de la déportation des juifs de France, c'est-à-dire de mars 1942 à août-septembre 1944. Mais laissons ces points de côté et sachons que, derrière le tapage publicitaire qui a accueilli ce gros livre, on se trouve devant une pièce qui marquera une date importante dans l'histoire véridique de la déportation. Cette date de 1978 me paraît presque aussi capitale que celle du 19 août 1960. C'est ce jour-là, on le sait, que l'hebdomadaire *Die Zeit* publiait l'extraordinaire » rétractation » du Dr Martin Broszat. Ce membre éminent de l'Institut d'histoire contemporaine de Munich, exterminationniste convaincu, confiait piteusement à *Die Zeit* qu'il n'avait pas fonctionné une seule « chambre à gaz » sur tout le territoire de l'ancien Reich.

L'histoire est ainsi faite. Elle conduit à *réviser* ce que la foule croit acquis une bonne fois pour toutes. Son essence est d'être *révisionniste*.

Qu'il l'ait voulu ou non, le livre de me Klarsfeld nous permet d'établir de longues listes de faux gazés avec, presque à chaque fois, nom, prénom, date et lieu de naissance, date et lieu de départ du convoi, date et lieu d'arrivée du convoi.

Il faut lire avec attention les pages neuf à douze du *Mémorial*. On y découvre que les chiffres de « gazés » pour chaque convoi ont été mis au point, non pas, comme on aurait pu le penser, par les autorités du musée national d'Auschwitz en Pologne, mais par les autorités du CDJC de Paris. L'origine des manipulations dont je vais donner quelques exemples est à chercher non pas du côté des communistes polonais mais du côté de juifs français dont l'organisme fonctionne en partie avec l'argent du contribuable français que lui verse le CNRS (Centre national de la recherche scientifique). Ce n'est pas que les communistes polonais aient été dupes de ces chiffres puisque le mécanisme de leur détermination a été manifestement le même pour tous les pays. Ils ont sans vergogne « fabriqué » des gazés sans nous révéler leurs modes de calcul. Il semble qu'en gros ce calcul ait été le suivant : on a comptabilisé comme « gazés » les déportés qui auraient dû arriver à Auschwitz mais qui n'y sont pas arrivés ; on a également baptisé comme « gazés » les déportés qui, arrivés à Auschwitz, n'y ont pas été immatriculés. Nous allons voir comment les manipulateurs ont été ainsi amenés à commettre de fatales erreurs que me Klarsfeld, prenant les devants de la critique révisionniste, a lui-même relevées. Notons toutefois que ce dernier ne nous révèle pas plus que ses devanciers comment il a procédé pour faire ses propres comptes de « gazés », car, bien entendu, tout en réduisant sensiblement le nombre des « gazés », me Klarsfeld maintient qu'on gazait à Auschwitz. Notons enfin le curieux mode de calcul qu'il a employé pour déterminer, parmi l'ensemble des déportés juifs de France, le nombre des survivants et celui des morts. Me Klarsfeld nous demande de considérer comme morts tous les juifs qui ne sont pas revenus en France tout de suite après la guerre pour s'y déclarer vivants! Pris de scrupule, il est tout de même allé consulter les archives belges pour voir si des juifs déportés de France ne s'étaient pas, après la guerre, installés en Belgique. Or, quand on sait que la très grande majorité des juifs déportés de France étaient des étrangers, on ne voit pas pourquoi ces gens seraient revenus après la guerre dans un pays qui les avaient livrés aux Allemands. Me Klarsfeld aurait pu étendre ses recherches à une bonne dizaine de pays étrangers. Le service international de recherches d'Arolsen lui aurait certainement permis de dépister bien des juifs survivants dans ces pays-là. Pour commencer, me Klarsfeld aurait pu préciser à ses lecteurs qu'il avait systématiquement accordé la nationalité française à tous les enfants nés en France de parents étrangers. Si une législation souhaitée par me Klarsfeld fait de ces enfants-là des citoyens français, il se trouve qu'à l'époque ce n'était pas le cas pour la législation en vigueur : aux yeux d'une loi française qu'on peut déplorer ou critiquer, ces enfants étaient des étrangers.

La guerre a pris fin le 8 mai 1945. Me Klarsfeld considère comme morts les juifs, étrangers pour la très grande majorité d'entre eux, qui ne sont pas revenus en France se déclarer vivants, au plus tard le 31 décembre 1945 ! C'est se moquer. Pour commencer, on se demande pourquoi ces gens seraient venus se déclarer vivants au ministère des anciens combattants qui ne tenait *officiellement* aucune liste de « survivants » et ne demandait donc pas qu'on aille frapper à sa porte pour y compléter sa liste *officieuse*. Ensuite, si je comprends bien me Klarsfeld, toute personne qui serait passée au ministère à partir du début de janvier 1946 pour s'y déclarer vivante serait comptée comme morte dans les listes du *Mémorial*. Ce type de comptabilité surprend d'autant plus que, depuis trente-cinq ans, ce ministère tient liste ouverte de tous ceux qui, chaque année, se réveillent d'un long engourdissement pour demander à être enregistrés comme anciens déportés politiques ou résistants soit en leur propre nom, soit pour un ayant-droit ; ces étranges retardataires sont accueillis, leur cas est examiné et, si leur dossier est reconnu valable, les associations d'anciens déportés les reçoivent avec plaisir dans leur sein. Quand on voit que, malgré d'importants intérêts financiers, des gens attendent trente-cinq ans pour signaler leur existence aux pouvoirs publics, on se doute que beaucoup d'hommes et de femmes ont négligé de se faire porter sur des listes officieuses où leur inscription ne leur apportait aucun avantage d'aucune sorte.

Le Mémorial permet d'établir de longues listes de faux gazés. Je répète qu'il s'agit de faux gazés au point de vue même de me Klarsfeld. Mais un complément au *Mémorial* est nécessaire pour certaines vérifications. Il s'agit des *Cahiers d'Auschwitz*. Ces *Cahiers* sont publiés en polonais, en russe et en allemand. En allemand, ils portent le titre de *Hefte von Auschwitz*. Je les désignerai ici sous le titre de *Hefte* que je ferai suivre du numéro de tomaison, du chiffre de l'année de parution et du numéro de page. Il s'agit d'une publication réputée scientifique et de caractère officiel, émanant du musée d'Oswiecim (nom polonais d'Auschwitz). Six numéros de ces *Hefte* sont particulièrement précieux ; ils contiennent le « calendrier des événements du camp de concentration d'Auschwitz ». Ce calendrier a demandé de longues années de travail. On s'y reporte couramment pour savoir la provenance et le sort des convois de déportés de tout pays. À vrai dire, l'esprit de propagande y est presque toujours présent et seules ont été triées les informations propres, dans l'esprit des communistes polonais, à charger les « fascistes allemands ». On a d'autre part, la surprise d'y voir noter la plupart du temps le nombre des « gazés » à l'unité près, mais nous ne reviendrons pas sur ce point.

Nous nous contenterons d'en relever les anomalies signalées par me Klarsfeld lui-même.

Voici trois types d'anomalies dont la responsabilité première incombe au CDJC de Paris et la responsabilité seconde au musée d'Oswiecim :

1. convois de pure fiction avec « gazés » fictifs ;
2. convois dirigés ailleurs que sur Auschwitz avec « gazés » fictifs ;
3. convois réellement parvenus à Auschwitz avec vrais « gazés » et « gazés » fictifs.

Je me contenterai de quelques exemples de ces trois anomalies :

1. convois de pure fiction avec, par conséquent, gazés de pure fiction :

– convoi du 24 juin 1943, *Hefte* n°4, 1961, p. 109, 509 gazés fictifs ;
– second convoi du 28 oct. 1943, *Hefte* n°6, 1962, p. 74, 728 gazés fictifs ;
– second convoi du 20 janv. 1944, *Hefte* n°7, 1964, p. 75, 749 gazés fictifs ;

Total 1.979 gazés fictifs.

Pour ces convois, on se reportera notamment aux pages 10 et 470 du *Mémorial*. On pourrait ajouter encore le convoi « arrivé » fictivement à Auschwitz le 28 mars 1943 et comptant mille gazés fictifs ; voyez *Hefte* n°4, 1961, p. 86, et le *Mémorial*, p. 416.

2. Convois dirigés ailleurs que sur Auschwitz et, par conséquent, non gazés :

– convoi parti de Drancy le 4 mars 1943, *Hefte*, n° 4, 1961 p.80, ainsi que le *Mémorial* p. 386-389, 1.000 gazés fictifs ;
– convoi parti de Drancy le 6 mars 1943, *Hefte* n° 4, 1961, p.81, ainsi que le *Mémorial, idid.,* 1.002 gazés fictifs ;
– convoi parti de Drancy le 15 mai 1944, *Hefte* n° 7, 1964, p.95, ainsi que le *Mémorial,* p. 53, 1.410 gazés fictifs.

Le raisonnement tenu par nos « historiens » officiels semble avoir été le suivant : « Puisque ces convois sont bien partis de Drancy et puisque, d'autre part, on ne trouve pas trace de leur arrivée à Auschwitz, c'est qu'ils ont été intégralement gazés. » En réalité, les personnes des deux premiers de ces convois étaient descendues en gare de Cholm pour rejoindre le camp de Majdanek, tandis que celles du troisième de ces convois étaient dirigées pour partie sur Kaunas (Lituanie) et pour partie sur Revel (Estonie). D'une façon générale, il faut voir à la page 12 du *Mémorial* comment des milliers d'autres personnes ont été comptabilisées comme gazées parce qu'au lieu d'être sélectionnées pour le travail à Auschwitz, elles l'avaient été à Kosel, ville située à cent vingt kilomètres d'Auschwitz !

3. Convois avec, pour me Klarsfeld, « vrais gazés » et « gazés fictifs » :

- convoi du 13 avril 1944, *Hefte,* n°7, 1964 p. 88, ainsi que le *Mémorial,* p. 509 ;
- convoi du 20 mai 1944, *Hefte,* n°7, 1964 p. 80, ainsi que le *Mémorial,* p. 531.

Dans ce type de convois, les *Hefte* ont commis la fatale erreur de décréter qu'hommes et femmes avaient été gazés à l'exception d'un nombre donné d'*hommes,* d'où il déduisait que toutes les *femmes* avaient été gazées. En conséquence, on n'aurait dû trouver aucune survivante de ces convois. Or me Klarsfeld a bien dû se rendre à l'évidence et constater que les survivantes ne manquaient pas, à en juger simplement par les listes minimales et minimisantes qu'il avait en sa possession. En bonne logique, me Klarsfeld aurait dû conclure que pour ces convois les statistiques de gazage n'avaient **aucune valeur**. En effet, prenons l'exemple du premier de ces convois. Voici ce qu'en disent les *Hefte* :

> « Transport du camp de Drancy, mille cinq cents juifs.
>
> Après la sélection, cent soixante-cinq hommes [en allemand : *Männer*] ont été remis au camp comme détenus ; ils ont reçu les numéros 184.097 à 184.261. Les autres gens ont été gazés [en allemand : *Die Übrigen wurden vergast*]. »

Me Klarsfeld fait, à la page 509 de son *Mémorial,* le commentaire suivant :

> « Le "calendrier" d'Auschwitz ne mentionne aucune femme sélectionnée mais cela est inexact, car en 1945, on comptait soixante-dix femmes survivantes de ce convoi. »

À ces soixante-dix femmes, me Klarsfeld est bien obligé d'ajouter Simone Jacob devenue célèbre sous le nom de Simone Veil. Autrement dit, voilà nos comptables de gazages pris soixante-et-onze fois en flagrant délit d'erreur. Comment leur accorder la moindre confiance pour le reste? Et d'où vient que me Klarsfeld ne pose pas ici publiquement la question qui s'impose et qu'on peut formuler ainsi :

Mais, enfin, d'après quel critère les juifs de Paris et les Polonais d'Oswiecim ont-ils déterminé le nombre des gazés ? Et, pour commencer, comment ont-ils fait pour attribuer la mention de « gazé », ne serait-ce qu'à un seul déporté ?

Car les formidables « erreurs » commises en ce qui regarde les déportés juifs de France, il n'y a aucune raison qu'elles n'aient pas été aussi commises pour tous les autres déportés.

Les listes de déportés sont nominales. Les listes de « gazés » devraient l'être aussi puisque l'on se permet de donner le nombre des « gazés » à l'unité près, le plus souvent.

Mₑ Klarsfeld a publié la liste nominale des déportés juifs de France. D'un trait de plume infiniment discret il a signalé à ses lecteurs les noms des survivants ou plus exactement les noms de ceux auxquels, avec une extraordinaire parcimonie, il a accordé la mention de « survivants ». Il lui reste pour la prochaine édition de son ouvrage à marquer d'un signe quelconque les noms des déportés qui, d'après lui, ont été « gazés ». Et, bien entendu, il nous ferait savoir d'après quelles preuves vérifiables il se permet d'accuser les Allemands d'avoir commis le crime affreux de gazer telle ou telle personne.

Mₑ Klarsfeld a le mérite d'avoir corrigé ce qu'il appelle les « erreurs » du CDJC de Paris et celles du musée d'Oswiecim. Mais il faut être clair sur ce point. Me Klarsfeld a corrigé seulement les « erreurs » – la foule des « erreurs » – qu'il ne pouvait pas ne pas corriger. Il a, comme on dit, « limité les dégâts ». Il est, en effet, trop évident que si un convoi n'a pas existé, ce convoi n'a pu avoir de « gazé s ». De la même façon, si un convoi est allé ailleurs qu'à Auschwitz, ce convoi ne risque pas d'avoir été « gazé » à Auschwitz. Enfin, si des personnes officiellement considérées comme « gazées » réapparaissent bien vivantes, en chair et en os, comme, par exemple, Mₘₑ Simone Veil, c'est apparemment qu'elles n'ont pas du tout été tuées en « chambre à gaz ». Il est dommage pour nos historiens officiels qu'ils aient commis l'étourderie d'écrire à propos de tel convoi :

> « Mille cinq cents juifs [...] cent soixante-cinq hommes remis au camp comme détenus [...] les autres gens ont été gazés. »

Il suffisait dans ce cas de retrouver parmi les survivants une ou plusieurs femmes pour que l'« erreur » se découvre. Il aurait mieux valu pour ces historiens se ménager une porte de sortie en prévoyant pour chaque envoi deux lots d'hommes (les sélectionnés et les « gazés ») et deux lots de femmes (les sélectionnées et les « gazées »). C'est d'ailleurs ce qu'ils ont presque toujours fait. Le système a du bon. Il permet, si l'on découvre après la guerre des survivantes de tel ou tel convoi, d'inclure automatiquement et rétroactivement ces miraculés parmi... les sélectionné[e]s. Rien de plus simple : si l'ancien déporté est mort, c'est qu'il a été enregistré comme « gazé », et si l'ancien déporté est vivant, c'est qu'il a été enregistré comme « sélectionné pour le travail ».

– Résumé du cas particulier de Simone Veil –

À la page 519 du *Mémorial de la déportation des juifs de France* de me Klarsfeld, on découvre dans la colonne de gauche le nom de Simone Jacob, née le 13 juillet 1927 à Nice. Cette jeune fille a fait partie d'un convoi de mille cinq cents juifs, hommes et femmes, parti de Drancy (où les juifs étaient internés dans un groupe d'HBM ou habitations à bon marché) le 13 avril 1944. Pour savoir ce qu'est officiellement devenu ce convoi, il suffit de se reporter aux *Hefte von Auschwitz*. Ces *Hefte* ont été rédigés par les autorités du musée d'Oswiecim en Pologne. Ces autorités ont travaillé, pour les juifs de France, avec le CDJC de Paris (dont le principal responsable scientifique est Georges Wellers) ; c'est même le CDJC qui a, d'après me Klarsfeld, la principale responsabilité dans l'historique des convois et la comptabilité générale de la déportation des juifs de France. Le *Heft* n° 7, publié en 1964 (soit près de vingt ans après la guerre, ce qui laissait une marge de réflexion aux historiens, archivistes et statisticiens pour vérifier leurs affirmations) porte à la page 88 de l'édition allemande que ce convoi est arrivé à Auschwitz le 16 avril 1944. On lit exactement ceci :

« Transport du camp de Drancy, 1.500 juifs. Après la sélection, 165 hommes ont été remis au camp comme détenus ; ils ont reçu les numéros 184.097 184.261. Les autres gens ont été gazés. »

La jeune Simone Jacob a donc été gazée. Si l'on se reporte par ailleurs à ce que nos historiens officiels ont écrit sur l'opération du gazage, il est possible de préciser que Simone Jacob a été gazée le jour même de son arrivée, c'est-à-dire le 16 avril 1944, très précisément à Auschwitz-Birkenau.

Or Simone Jacob est en fait revenue d'Auschwitz. Son numéro d'immatriculation était le 78.651, si je dois en croire *Le Nouvel Observateur* du 5 mars 1979, p. 34. Elle n'a pas été enregistrée par le ministère des anciens combattants. Soixante-dix de ses compagnes du même convoi ont, elles, été enregistrées dès 1945 comme survivantes mais le nombre des survivantes est certainement très supérieur à ce chiffre.

Simone Jacob, par son mariage, est devenue Simone Veil. Elle est présidente du Parlement européen. Elle a beaucoup fait pour obtenir la projection en France du film d'horreur et de propagande qu'est *Holocauste*. Elle a en quelque sorte présidé le faux débat sur *Holocauste*. Elle s'est montrée extraordinairement discrète, pour ne pas dire fuyante, sur le sujet des « chambres à gaz ».

Plus fuyant ou plus discret encore s'est montré un autre participant à ce faux débat : M. Maurice Benroubi. Ce personnage venait de se vanter dans *L'Express* lors d'une interview recueillie par le journaliste Philippe Ganier-Raymond d'avoir travaillé aux « chambres à gaz » et d'être, par conséquent, un de ces témoins exceptionnels dont tout le monde entend parler et que personne ne parvient jamais à localiser.[206] Hélas pour nous, M. Benroubi ne devait, le soir du faux débat, pas même prononcer les mots de « chambre à gaz ».

Pour une fois, je me permettrai une supputation : M$_{me}$ Simone Veil ou M. G. Wellers ou un autre participant de ce débat à sens unique – ou encore tous les participants à la fois – avaient demandé à cet encombrant témoin de garder pour lui son « témoignage ». Me croira-t-on si j'affirme que j'avais prédit à mon entourage que M. Benroubi, plus que personne, se montrerait tout à fait discret sur le sujet des « chambres à gaz » ?

Le cas de Simone Veil n'a rien d'exceptionnel. L'ouvrage de son ami me Serge Klarsfeld nous permet de citer par leurs noms des milliers de « gazés » fictifs. M$_{me}$ Simone Veil est pour beaucoup de journalistes une personnalité de valeur exemplaire, admirable, symbolique. Pour ma part, je découvre, grâce en partie à me Serge Klarsfeld, qu'elle peut aussi symboliser à sa manière l'imposture du « génocide ».

***

Décembre 1979

Les juifs déportés ignoraient qu'ils allaient à la mort

Georges Wellers, *L'Étoile jaune à l'heure de Vichy. De Drancy à Auschwitz*, préface de Jacques Delarue, postface du R.P. Riquet, éd. Fayard, ach. d'imp. le 20 avril 1973, VI-454 p.

« Aucun de ces milliers de futurs déportés que Wellers vit pendant les dernières heures précédant le départ n'avait le moindre soupçon concernant le terrible sort qui l'attendait. »[207]
« L'extermination systématique des Juifs, l'existence des chambres à gaz spécialement construites à cet effet en Pologne appartiennent à cette catégorie de faits que l'on ignorait à l'époque… »[208]

---

[206] *L'Express*, 3 au 9 mars 1979, p. 5 et 107-110.
[207] J. Delarue, préf. à G. Wellers, *L'Étoile jaune à l'heure de Vichy…*, p. V.
[208] G. Wellers, *L'Étoile jaune à l'heure de Vichy…*, p. 4.

« Je peux affirmer d'une façon catégorique que l'on n'avait aucun soupçon concernant l'assassinat systématique auquel en réalité étaient voués les Juifs au bout du voyage en déportation. »[209]

« Et si quelqu'un me trouve naïf et sot, qu'il sache que tous les Juifs étaient pareillement naïfs et sots. »[210]

Moi, R. Faurisson, j'ajoute qu'il convient de :

1) Se rappeler qu'il y avait des volontaires pour quitter les camps d'internement et pour se joindre aux gens partant en déportation. Ces volontaires, on les appelait les « optants » (*Mémorial* [...] de Klarsfeld, p. 190 [pagination personnelle ; voir juste avant la liste alphabétique du convoi n° 21]).

2) Retrouver mention du fait suivant : au camp de Milles, en Provence, on a fait voter les gens pour savoir s'ils décidaient ou non d'emmener leurs enfants avec eux en déportation.

3) Ne pas accorder créance à la pièce présentée par Klarsfeld dans son *Mémorial,* sous le titre suivant : « La véhémente et lucide protestation du Consistoire central », 25 août 1942. Ce texte cité p. 207, a pour référence au CDJC les cotes CCXIII-15 et CDLXXII-89. Or, vérification faite, sur ma demande, par un de mes anciens étudiants, il s'agit de textes dactylographiés par un anonyme sur des feuillets parfaitement anonymes.

∗∗∗

Décembre 1979

Formule d'abjuration suggérée à R. Faurisson

Moi, Robert Faurisson, fils de feu Robert Faurisson, âgé de cinquante ans, comparaissant en personne devant ce tribunal et debout devant vous, Très éminents et révérends Juges, assigné par la Sainte LICA et les Très Saintes Associations de déportés et victimes, Grands Inquisiteurs dans toute l'Humanité contre la Perversité Nazie, les yeux sur le Rapport Gerstein que je touche de mes propres mains.

Je jure que j'ai toujours cru, que je crois à présent et que, avec la Grâce de l'Anti-fascisme, je continuerai à l'avenir de croire tout ce que la Sainte LICA, apostolique et résistante, tient pour vrai, prêche et enseigne.

---

[209] *Id.*, p. 5.
[210] *Id.*, p. 7.

Mais parce que – après que la Sainte Télévision m'ait notifié l'ordre de ne plus croire – l'opinion fausse que l'existence des chambres à gaz pour exterminer les juifs est une simple conjecture basée sur des rumeurs et des aveux contradictoires, dont certains ont été reconnus mensongers par la Sainte LICA elle-même – et de ne pas maintenir, défendre, ni enseigner, soit oralement, soit par écrit cette fausse doctrine ; après avoir été notifié que ladite doctrine était contraire à la Sainte Thèse Officielle ; parce que j'ai écrit et fait imprimer divers textes dans lesquels j'expose cette doctrine condamnée, en présentant en sa faveur une argumentation très convaincante, sans apporter aucune solution définitive ; j'ai été, de ce fait, soupçonné véhémentement d'hérésie, c'est-à-dire d'avoir maintenu et cru que les chambres à gaz, conçues expressément comme abattoirs humains industriels, n'avaient jamais existé. Pour ce, voulant effacer dans l'esprit de ces Inquisiteurs et de tout Antifasciste fidèle, ce soupçon véhément, à juste titre conçu contre moi, j'abjure et je mande d'un cœur sincère et avec une foi antifasciste non simulée, les erreur et hérésie et entreprise contraire à la Sainte Résistance ; je jure à l'avenir de ne plus rien dire, ni affirmer de voix et par écrit, qui permette d'avoir de moi de semblables soupçons, et s'il m'arrivait de rencontrer un hérétique ou présumé tel, je le dénoncerais à ce Tribunal, à la Sainte LICA, ou à la Police de mon lieu de résistance.

Je jure aussi et promets d'accomplir et d'observer strictement les pénitences qui m'ont été ou me seraient imposées par ce Tribunal ; et, si je contrevenais à l'une de mes promesses et serments, je me soumets à toutes les peines et châtiments qui sont imposés et promulgués par la Sacrée Résistance et les autres Constitutions générales et particulières contre de semblables délinquants.

Avec l'aide de la Sainte Télévision et du document Gerstein original que je touche de mes mains, Moi, Robert Faurisson, soussigné, j'ai abjuré, juré, promis et engagé comme ci-dessus ; et en foi de quoi pour attester la vérité de ma propre main, j'ai signé la présente cédule de mon abjuration et je l'ai récitée mot à mot à Paris au Palais de justice le

> Ultime suggestion faite à Faurisson
> venue de la maison des morts après un long débat
> entre G. Galilée, P. Rassinier, Jésus-Christ,
> K. Marx et C. von Clausewitz.

1980

14 mai 1980

Lettre à Serge Thion

Je vous remercie de m'avoir fait tenir une copie de la lettre de Pierre Vidal-Naquet. Il y paraît que je viens de me démasquer, que la haine des juifs m'anime, que je trafique l'histoire et que je suis un personnage d'une insigne mauvaise foi. En revanche, il paraît que sur la question du *Journal* d'Anne Frank « la preuve est apportée » : « il s'agit d'un texte trafiqué. » Malheureusement pour moi, cette question-là serait « sans importance ».

Voilà vingt ans que mes petites trouvailles du domaine littéraire commencent par être jugées invraisemblables pour être, en fin de compte, considérées comme sans importance. Peut-être est-ce ce qui attend mes petites trouvailles du domaine historique, d'abord sur les « chambres à gaz », puis sur le « génocide ». Cela ne change rien et, d'ailleurs, rien ne change : tel est l'argument essentialiste. Les religions sont friandes de cet argument-là. Elles lui doivent leur survie envers et contre les découvertes de la science et les progrès de l'esprit critique. C'est ainsi qu'autrefois on étripait ceux qui doutaient de la divinité de Jésus ou de la virginité de sa mère. L'Europe s'est ensanglantée longtemps à propos de tels sujets. Il faut croire qu'ils n'étaient pas sans importance. Il était également capital de faire taire Galilée ou Darwin et leurs moindres disciples. Et puis, le temps venant, l'Église a battu lentement en retraite. Que Jésus ait ressuscité ou non, qu'il ait accompli ou non des miracles, quelle importance, je vous le demande ? Le principal n'est-il pas de croire ? Aujourd'hui, en France, ô Fontenelle, on regarde de haut le brave homme qui reprend à son compte les arguments, à mon avis, imparables, des athées de bistrot. Pour moi, l'« Holocauste » n'est qu'une croyance d'esprit religieux. Je précise que je n'aime pas que l'on persécute les gens pour leurs croyances religieuses. Celles-ci me paraissent témoigner d'un désarroi que le plus malin d'entre les hommes ressent, je suppose, plus d'une fois dans sa vie. Laissons cela.

P. Vidal-Naquet me reproche d'avoir écrit que l'insurrection du ghetto de Varsovie s'est produite « juste à l'arrière du front ». Il dit que le front était à beaucoup plus de mille kilomètres. Je suppose qu'il a voulu parler de la ligne de front ou de quelque chose d'approchant. Moi, j'ai parlé du front, c'est-à-dire, selon la définition du Petit Larousse, de la zone de combat. En avril 1943, la zone de combat se situait depuis longtemps déjà, ou, plutôt, commençait déjà pour les Allemands aux marais du Pripet ou de Pinsk.

P. Vidal-Naquet pense-t-il sérieusement qu'au moment d'écrire ma phrase de *Storia* je me représentais la ligne de front à cinquante ou cent ou cent cinquante kilomètres de Varsovie? Je reconnais que le mot de front est équivoque ; on l'applique tout aussi bien, dans l'usage courant d'aujourd'hui, à la ligne de bataille *stricto sensu* (front de Sedan, front de la Première Armée, etc.) qu'à un formidable ensemble géographique (front russe, front de l'Atlantique, du Pacifique, etc.). Là, comme d'habitude, il convient de se reporter au contexte.

P. Vidal-Naquet dit que cinquante mille morts à Auschwitz, cela revient à trente morts par jour et il demande à quoi pouvaient alors servir ces crématoires et ces chambres froides pour cadavres qui avaient tout de même, selon mes propres dires, une belle taille. Je réponds qu'une moyenne statistique sur plus de quatre ans et demi n'a pas grand sens quand on sait qu'Auschwitz a d'abord été un camp de très modeste dimension avant de devenir un gigantesque ensemble de quarante camps. Ensuite, je ferais remarquer que le petit Krema a fonctionné, semble-t-il, dix-huit mois et que les grands Kremas de Birkenau n'ont commencé à fonctionner qu'en mars-avril-juin 1943 ; ils ont fonctionné de dix-sept à vingt mois avec, semble-t-il, de nombreuses pannes.

L'histoire des Kremas reste à écrire. Je suis le premier à le déplorer. J'ai essayé, mais en vain, d'obtenir communication de documents sur les fournées quotidiennes. Si ces documents étaient accablants pour les Allemands, je crois que le musée d'Auschwitz les publierait sous leur forme originale au lieu de ne nous livrer que de rares chiffres et cela sans spécifier très clairement les laps de temps. Le camp de Birkenau a d'abord été conçu comme un camp de prisonniers de guerre. Sur certains documents, il en porte la dénomination. Les Allemands ont été débordés dès l'été 1941 par l'afflux des prisonniers russes. Rien n'était prévu pour héberger de pareilles foules. D'où des drames affreux. Des Allemands eux-mêmes ont dénoncé cet état de fait. Le typhus a immédiatement commencé ses ravages. En 1942, le nombre des prisonniers a été considérable et l'épidémie de typhus a été horrible. Reportez-vous au témoignage de Johann-Paul Kremer (le professeur de médecine) : Dante, l'enfer, les épidémies, la chaleur tropicale, les mouches. C'est tout cela qui a incité les Allemands à prévoir de brûler les morts, y compris les leurs, dans de vastes crématoires.

Il serait abusif de dire que les chambres froides étaient conçues pour accueillir constamment leur plein de cadavres. Voyez l'exemple des

Américains : quand il a fallu rapatrier les corps de Guyana, les autopsier, les embaumer, les mettre en bière, ils n'ont pour cela utilisé qu'un seul centre situé dans une base aérienne qui avait accueilli quelques années auparavant leurs morts ou une partie de leurs morts du Vietnam.[211] Souvent, l'administration militaire prévoit ainsi des installations qui, la plupart du temps, ne sont utilisées qu'en petite partie.

Ce qui frappe dans les photos aériennes d'Auschwitz, c'est précisément le peu d'activité apparente des Kremas. Il faut lire ce que je considère comme le document ou le témoignage de base sur les morts à Auschwitz. Il s'agit du long texte du D$_r$ Tadeusz Paczula publié en français dans l'*Anthologie* du Comité international d'Auschwitz.[212] L'inspiration est « officielle » et les chiffres très suspects, mais on y trouve des phrases comme celle-ci : « Il est vrai qu'en 1944, quand la mortalité était très faible, on n'avait à enregistrer que deux morts par jour, mais en revanche les années 1942 et 1943 furent celles d'un travail éreintant pour la chancellerie. »[213] Paczula parle de six cents et même de mille cent morts par jour (y compris, dit-il, les « gazés »). Il dit que, pour une mort naturelle, il fallait vingt et une signatures et pour une mort non naturelle trente-trois.[214] Il dit, p. 45-46, qu'il serait intéressant de retrouver les quinze registres où ont été notées toutes les morts. Il dit qu'il faisait « des signes qui pouvaient permettre de savoir si les détenus avaient été fusillés, gazés ou victimes d'injection de phénol. »[215] Personnellement, je serais étonné que le très « officiel » Service de recherches d'Arolsen parvienne à grossir de beaucoup son chiffre des morts d'Auschwitz qui était, en avril 1977, de cinquante mille neuf cent vingt-trois et qui se montait, deux ans plus tard, grâce à des renseignements complémentaires, à cinquante-deux mille trois cent quatre-vingt-neuf. Je répète ici qu'au véritable « procès d'Auschwitz » (le procès Dejaco-Ertl de Vienne, en 1972) on n'a apparemment rien trouvé en fait de crime patent ou d'activité suspecte de la part des deux principaux responsables de la construction et des réparations des Kremas de Birkenau.

J'ai fort probablement commis des erreurs dans mes premiers écrits sur les « chambres à gaz » et le « génocide ». Je ne demande pas mieux qu'on me les signale. Je ne souhaiterais qu'une chose à mes adversaires,

---

[211] Le 18 novembre 1978, le « révérend » Jim Jones, chef d'une secte installée en Guyana (ex-Guyane britannique) ordonna un suicide collectif, pratiqué grâce à un breuvage au cyanure. On comptait, le lendemain, plus de neuf cents morts. [N.d.é]

[212] T. Paczula, « L'Organisation et l'administration de l'hôpital d'Auschwitz-I ».

[213] *Id.*, p. 46.

[214] *Id.*, p. 45.

[215] *Ibid.*

c'est que la haine m'ait effectivement animé. La haine aveugle. Elle fait commettre de terribles erreurs. Mes écrits devraient à ce compte fourmiller d'erreurs graves et odieuses. Resterait à expliquer comment, avec la même méthode de travail, inspiré par la même haine, j'aurais discerné la vérité là où tout le monde ne voyait que du feu. J'aurais, en effet, vu clair là où des millions de gens auraient pris le change avec ce trop fameux *Journal* d'Anne Frank. Ce journal a été vendu à des dizaines de millions d'exemplaires ; il a été traduit en cinquante-quatre langues, je ne parle pas des pièces de théâtre, des émissions de télé, des statues, de l'église Anne-Frank, de l' « Action Anne Frank », des *Homes* Anne Frank, de l'étonnante opération politico-financière qui s'est montée autour de ce *Journal*, de Jean XXIII recevant Monsieur Frank avec un exemplaire de ce *Journal* à la main, de la reine Juliana, d'Eleanor Roosevelt, de l'empereur Hiro-Hito cautionnant, chacun à sa façon, l'entreprise du sympathique escroc.

On me dira que cela n'a pas d'importance, qu'il y a là un symbole et que, de toute façon, la malheureuse enfant est morte du typhus à Bergen-Belsen. Je sais bien. Je sais ce qu'est la religion et ce qu'est le *will to believe*. Mais je sais aussi que la vérité prend un rude coup dans ces histoires et qu'il est dégoûtant d'abuser ainsi les jeunes. Je sais aussi qu'il y a eu dans la dernière guerre des millions d'enfants de toutes les nations qui ont souffert autant et plus qu'Anne Frank. J'ai horreur, franchement horreur, des larmes à sens unique. J'ai de l'estime pour la valeur intellectuelle de votre ami, mais il est religieux et c'est ce qui nous sépare.

***

3 juin 1980

LETTRE À M. LE DIRECTEUR RESPONSABLE DU MAGAZINE *LE NOUVEL OBSERVATEUR*

Monsieur le directeur,

Vous m'avez nommé et mis en cause dans votre livraison n° 812, datée « du 2 au 8 juin 1980 », p. 56, à la rubrique « On en parlera demain », sous le titre de « DROITE. De Kravtchenko au Cyclon B ».

Conformément à l'article 13 de la loi du 29 juillet 1881, je vous prie de publier dans le délai prescrit la réponse suivante dans son intégralité et selon les formes prévues par la loi :

Il n'y a aucun « sophisme » à rapprocher mon cas de celui de Kravtchenko. Kravtchenko a été « traîné dans la boue » parce qu'il disait la vérité sur les camps staliniens ; il heurtait un tabou religieux. De la même façon, je suis moi-même traîné dans la boue – et devant les tribunaux (procès le 12 novembre prochain) parce qu'à l'exemple de l'héroïque Paul Rassinier et de vingt autres chercheurs de vérité sur cette question, j'entends proclamer la vérité sur les camps nazis et cela malgré le tabou religieux des prétendues « chambres à gaz » et du prétendu « génocide ».

Votre article est intitulé « DROITE ». Vous y nommez Goering, le GRECE et « la presse Hersant ». Puis, dans le sillage, apparaissent les noms de Robert Faurisson et de Paul Rassinier opposés pour la circonstance au nom de Kravtchenko. Vous ne mentionnez pas le soutien actif et critique que m'apporte toute une gauche vivante, libertaire et antiraciste qui est l'héritière de Paul Rassinier. Vous venez pourtant bien de recevoir il y a un mois le livre de Serge Thion publié par Pierre Guillaume à la Vieille Taupe. Il s'intitule : *Vérité historique ou vérité politique ? Le dossier de l'affaire Faurisson. La question des chambres à gaz*. Cet ouvrage, ainsi qu'il est stipulé à deux reprises, est « édité avec la participation et sous la responsabilité » de : Jacob Assous, Denis Authier, Jean-Gabriel Cohn-Bendit, Maurice Di Scuillo, Jean-Luc Redlinski, Gabor Tamas Rittersporn et Serge Thion.

J'entends – et sans doute entendez-vous avec moi – que vos lecteurs jugent sur pièces. Pour être complets, vous pourriez encore mieux éclairer le jugement de vos lecteurs en leur soumettant la lettre que je vous ai envoyée pour publication, en recommandé et accusé de réception, le 3 mai 1980 : cette lettre concernait le livre de Filip Müller, intitulé *Trois ans dans une chambre à gaz d'Auschwitz*. Vous aviez publié la préface donnée à ce livre par M. Claude Lanzmann.

***

Publié en 1980

SUR AUSCHWITZ, UN DOCUMENT CAPITAL DE LA CROIX-ROUGE INTERNATIONALE

(Ce document à décharge est traditionnellement tronqué pour être transformé en un document à charge.)

Remarque sur cette pièce : Cette pièce figure parmi les documents sur l'activité du Comité international de la Croix-Rouge publiés juste après la guerre. Elle est d'une importance capitale. (Je la possède sous sa forme intégrale mais à titre confidentiel. Je dois cependant reconnaître que les parties non publiées ne changent rien au sens de ce qui a été publié, ce qui, soit dit en passant, prouve qu'on peut couper un texte sans le dénaturer.) Tout le monde peut prendre connaissance de cette pièce dans l'ouvrage suivant : Comité international de la Croix-Rouge, *Documents sur l'activité du CICR en faveur des civils détenus dans les camps de concentration en Allemagne (1939-1945).* Le titre de la pièce est : « Visite au Commandant du camp d'Auschwitz d'un délégué du CICR (septembre 1944). » À la page 92 figurent cinq phrases qui forment un tout ; elles occupent un alinéa. Pour plus de clarté, j'ai numéroté chacune de ces phrases. On verra comment les Américains ont procédé en ne retenant pour leurs propres « procès de Nuremberg » (procès Telford Taylor, dits « NMT », Nuremberg Military Tribunal) que les deux premières de ces cinq phrases.

Le CDJC, à son tour, a traité le texte à sa façon. Puis, Marc Hillel l'a amélioré pour les besoins de la cause. D'autres encore ont dénaturé ce document, par exemple les responsables du musée d'Auschwitz.

Ce document était quelque peu embarrassant pour les juges-accusateurs. Ceux-ci auraient pu le passer sous silence. Ils ont préféré lui faire subir de tels traitements que, de document à décharge, il a été transformé en un document à charge !

Notons ici que la Croix-Rouge, comme le Vatican et comme bien d'autres instances, a déclaré après la guerre qu'elle avait tout ignoré de ces affaires de « chambres à gaz » et de « génocide ». La réalité est différente : ces instances avaient forcément entendu parler de ces histoires, mais de rapides enquêtes comme celle rapportée ici leur avaient sans doute donné à penser qu'on se trouvait en face de bobards de guerre.

Les cinq phrases capitales du rapport de la Croix-Rouge sur Auschwitz (septembre 1944) :

1. « Spontanément, l'homme de confiance principal britannique de Teschen nous a demandé si nous étions au courant au sujet de la "salle de douches". »
2. « Le bruit court en effet qu'il existe au camp une salle de douches très moderne où les détenus seraient gazés en série. »
3. « L'homme de confiance britannique a, par l'intermédiaire de son Kommando d'Auschwitz, essayé d'obtenir confirmation de ce fait. »
4. « Ce fut impossible de rien prouver. »
5. « Les détenus eux-mêmes n'en ont pas parlé. »

Explication de ces cinq phrases : Il existait à Auschwitz et dans plusieurs points de Haute-Silésie des soldats britanniques qui avaient été faits prisonniers, par exemple, à Tobrouk. Ils travaillaient notamment dans des mines. Teschen (en polonais : Cieszyn) est situé à la frontière de la Tchécoslovaquie, à plus de cinquante kilomètres à vol d'oiseau d'Auschwitz (Oswiecim). Le D$_r$ Rossel, représentant de la Croix-Rouge, est arrivé en Pologne par Teschen. Là il a rencontré l'homme de confiance principal britannique de l'endroit. Ce dernier, sachant que le D$_r$ Rossel se rendait ensuite au camp d'Auschwitz, lui a demandé s'il était au courant d'un bruit concernant le camp. Il existerait une (et une seule !) salle de douches très moderne où les détenus seraient gazés en série. Le D$_r$ Rossel n'en avait sans doute pas entendu parler. L'homme de Teschen possède des liens avec le camp d'Auschwitz : une équipe de Britanniques fait la navette entre Teschen et le camp. Cette équipe n'a pas pu donner à notre homme une confirmation du bruit. Peut-être a-t-il spontanément interrogé ces hommes. Plus probablement, ainsi que le donne à entendre une phrase antérieure à l'alinéa que je cite, le D$_r$ Rossel lui a-t-il demandé de creuser lui-même la question en interrogeant ses propres compatriotes. Toujours est-il qu'on a essayé de « prouver » mais qu'il « fut impossible de rien prouver ». Quant aux détenus mêmes d'Auschwitz (et non pas le Britannique de Teschen ou les prisonniers faisant la navette), ils n'ont pas parlé de l'affaire. Et le D$_r$ Rossel ne s'y attarde pas non plus. Sans doute conclut-il que, si les premiers intéressés n'en parlent pas, c'est qu'on se trouve devant l'un de ces bruits venus de l'extérieur : rien de plus courant que de tels bruits circulant à l'extérieur d'une prison sur le compte de cette prison même.

Résumons-nous : deux phrases pour parler d'un bruit, puis trois phrases pour dire qu'on a essayé d'« obtenir confirmation », de « prouver », mais qu'on n'est parvenu à aucun résultat et que les premiers intéressés, quant à eux, n'ont pas parlé de l'affaire.

Or, après la guerre, les Américains chargés de dépouiller toutes les pièces de tous les rapports capables de prouver des crimes allemands, allaient se livrer à une opération des plus contestables. C'est ainsi que, le 17 mars 1947, l'officier responsable, C. E. Ippen, du Bureau du chef du Conseil pour les crimes de guerre, présentait, sous la cote NO-2620, le rapport de la Croix-Rouge de la façon suivante :

« Publication on the activity of the International Red Cross in favor of Civilian Internees in German Concentration camps (1939-1945). »

Et pour la page 92 il indiquait :

« A detachment of British POW worked in a mine at Auschwitz... Spontaneously, the chief British man of confidence asked us whether we know about the matter of the "showers baths". As a matter of fact, there is a rumour that very up-to-date showers exist at Auschwitz where the prisoners are gassed in large numbers ! »

L'officier américain a coupé ici le texte, non sans l'avoir enrichi d'un point d'exclamation particulièrement expressif.

De son côté, à Paris, le CDJC est allé encore un peu plus loin dans la même voie. Présentant ce document sous la cote CXXXVIII-b, 21, il en donne le résumé suivant :

« À Auschwitz, le gazage des détenus par "douches" est découvert par un prisonnier de guerre britannique. »

Cette fois-là, il ne s'agit plus d'un « bruit », mais d'une « découverte ». Dans son fichier « Extermination-Gazage », le CDJC a multiplié les présentations de ce genre. Un lecteur peu entraîné est, je suppose, subjugué par l'abondance des preuves de « gazages » qu'il croit découvrir en compulsant ce fichier. S'il se donne la peine de vérifier le contenu réel des documents mis en fiches, il découvre qu'en réalité **pas une fiche** du CDJC (je dis bien : **pas une fiche**) ne renvoie à un document qui prouverait **un seul** gazage.

Le procédé de Marc Hillel ne manque pas d'intérêt. L'auteur est connu pour avoir écrit *Au nom de la race*. Ce livre a été accueilli dans la presse française par un concert de louanges (« Un document accablant », « Un dossier [...] sec et précis comme un rapport de gendarme », « Une leçon d'histoire » « Un grand document, irréfutable [...] ») Marc Hillel a ensuite écrit *Les Archives de l'espoir*. À la page 255 de son ouvrage, voici comment il reproduit le document du CICR Là encore je détache les phrases en les numérotant :

1. « Spontanément, l'homme de confiance britannique nous a demandé si nous étions au courant de la "salle de douches". »
2. « Le bruit court en effet qu'il existe au camp une salle de douches très moderne où les détenus seraient gazés en série. »
3. L'homme de confiance britannique a, par l'intermédiaire de son commando d'Auschwitz, essayé d'obtenir confirmation de ce fait. »
4. « Ce fut impossible... » [**Phrase réduite à ces trois mots**]
5. [**Phrase manquante.**]

Et, sans désemparer, Marc Hillel qui vient de se permettre une grave amputation du texte, enchaîne, sans passer à la ligne, sur la phrase suivante du document : « Une fois de plus, en sortant d'Auschwitz, nous avons l'impression que le mystère reste bien gardé. » Le lecteur de Marc Hillel est ainsi trois fois abusé :

1. Il croit qu'il « fut impossible » d'obtenir confirmation du *fait de l'existence* d'une chambre à gaz, alors qu'en réalité l'auteur du rapport dit qu'il « fut impossible de rien prouver », en ce qui concerne le *bruit* de l'existence d'une chambre à gaz.

2. Il ignore que l'auteur du rapport a écrit cette phrase capitale en conclusion de l'affaire : « Les détenus eux-mêmes n'en ont pas parlé. »

3. Il est invité à croire que, si un mystère est bien gardé à Auschwitz, c'est celui de l'existence d'une « chambre à gaz ».

En réalité, le rapporteur du CICR est *allé à la ligne* pour écrire : « Une fois de plus, en sortant d'Auschwitz nous avons l'impression que le mystère reste bien gardé. » Et s'il est *passé à la ligne*, c'est pour donner en un treizième alinéa la conclusion générale d'un rapport de treize alinéas, un rapport en fin de compte favorable aux Allemands. Le rapport dit simplement que les officiers « comme à Oranienburg [sans "chambre à gaz", nous le savons aujourd'hui] et comme à Ravensbrück » (sans plus de « chambre à gaz ») sont « à la fois aimables et réticents ».

Cette réticence des officiers allemands s'explique. Les détenus travaillaient pour la machine de guerre allemande et pour l'économie allemande. Le secret militaire et économique était de rigueur. Il ne convenait pas de renseigner l'étranger sur les multiples activités économiques, scientifiques et d'armement du complexe d'Auschwitz. Cela est si vrai qu'en mars 1945, le gouvernement du Reich accepta la présence permanente dans les camps de concentration d'un représentant de la Croix-Rouge à condition que celui-ci « s'engageât à n'en pas sortir avant la fin des hostilités. »[216]

Le 15 juin 1977, j'écrivais à Marc Hillel pour lui demander quelques éclaircissements sur ses sources, sur la nature de certaines de ses citations, et sur ses informations. Il faut dire que les falsifications de texte sont courantes dans son livre. Je n'ai reçu aucune réponse à ma lettre. Je lui ai récrit le 13 juillet 1977. Sans plus de réponse, j'ai écrit au directeur de la librairie éditrice Arthème Fayard, le 13 septembre 1977. Aucune réponse là encore.

---

[216] Comité international de la Croix-Rouge, *Rapport... 30 juin 1947*, vol. III, *Actions de secours*, p. 87.

Pour le traitement du rapport de la Croix-Rouge par les autorités du musée national d'Auschwitz, on consultera le huitième des *Hefte von Auschwitz*, p. 70, note 65.

On peut malheureusement partir du principe que presque tous les documents d'origine que l'histoire officielle veut bien nous présenter, après un tri dont elle a seule le privilège, sont ainsi maltraités. On voit couramment des historiens de bonne foi et sérieux citer des textes qu'ils ont trouvés dans des ouvrages exterminationnistes d'apparence sérieuse. Il ne leur vient sans doute pas à l'idée que les auteurs de ces ouvrages sont allés jusqu'à mutiler des textes et inventer des citations. Et pourtant, rien de plus courant. Avec un chercheur américain de Washington, Mark Weber, j'ai été en mesure de faire l'expérience suivante. Nous nous sommes rendus aux National Archives, section historique de la seconde guerre mondiale. Là, nous avons décidé de confronter des textes allemands originaux, se rapportant de près ou de loin au « Kommissarbefehl », soit avec les traductions en américain du procès de Nuremberg, soit avec les résumés en américain (*Staff Evidence Analysis*). Sans avoir une connaissance approfondie de ce sujet (qui n'est pas le mien), j'ai dit à Mark Weber qu'il ferait probablement des découvertes surprenantes pour un honnête homme à la cadence d'une découverte toutes les cinq minutes. Tel fut le cas pendant toute notre expérience qui devait durer plus d'une heure. Je suis prêt à répéter la démonstration sur le sujet qu'on voudra au Centre de documentation juive contemporaine de Paris, avec l'analyse des fiches de ce centre. Il suffira que le sujet touche de près ou de loin aux « atrocités » du vaincu.

Dans le domaine de la librairie, le faux pullule. J'en donne quelques exemples aux pages 283-284 du livre de Serge Thion (*Vérité historique...*). Il se gagne des fortunes avec cette littérature qui est souvent très prisée. L'atrocité se vend bien. Une guerre vient-elle à éclater quelque part, on voit immédiatement surgir sur la scène journalistique des spécialistes de l'atrocité concoctée selon les recettes du genre ; les horreurs vraies sont-elles trop banales ? [...]
[Publié dans *Mémoire en défense...*, p. 241-247.]

***

Publié en 1980

LE « TÉMOIGNAGE » DE FILIP MÜLLER SUR AUSCHWITZ

Trois ans dans une chambre à gaz d'Auschwitz

Remarque sur cette pièce. La littérature de sex-shop s'est enrichie d'une pièce intéressante avec un livre attribué à Filip Müller : *Trois ans dans une chambre à gaz d'Auschwitz. Le témoignage de l'un des seuls rescapés des commandos spéciaux*. La préface est signée de Claude Lanzmann. En page 19 figure un « avertissement » qui est signé : « Les Éditeurs ». Cet avertissement constitue une tromperie délibérée. Il y est d'abord dit que : « Filip Müller n'est pas un écrivain. » On affirme ensuite : « Respectant à la lettre son exceptionnel témoignage, nous nous sommes interdits d'y apporter la moindre modification. Document historique à l'état brut, il nous est apparu essentiel de le publier tel quel, dans sa forme strictement originale. Toute manipulation à des fins esthétiques ou littéraires en aurait, selon nous, totalement annihilé le sens et la portée. » Voilà qui signifie, si les mots ont un sens, que ce livre n'a pu être traduit que d'un ouvrage allemand (*Sonderbehandlung*) qui était strictement de la main de F. Müller, sans la moindre modification, sans manipulation à des fins esthétiques ou à des fins littéraires ; le lecteur se voit garantir solennellement un document historique à l'état brut, publié tel quel, dans sa forme strictement originale. L'engagement des éditeurs est net puisque ceux-ci vont jusqu'à dire que, s'il y avait eu une manipulation quelconque à des fins esthétiques ou littéraires, l'ouvrage présenté en aurait vu son sens et puis sa portée totalement annihilés, c'est-à-dire réduits à rien.

Pour prendre ces éditeurs au mot, l'ouvrage signé de F. Müller est très exactement un ouvrage dont le sens et la portée sont… annihilés par la réalité de son origine et de sa nature. Le texte allemand dont se sont servis les éditeurs porte en toutes lettres : *Deutsche Bearbeitung von Helmut Freitag*. Il s'agit donc d'une refonte, d'un rewriting en allemand. L'édition américaine, plus honnête que la française, parlait de « literary collaboration », ce qui revient, toutefois, à atténuer l'expression de la vérité. Voilà donc au minimum « une manipulation [qui ne paraît pas « quelconque »] à des fins esthétiques ou littéraires ». La vérité est d'ailleurs bien plus crue. Filip Müller n'est qu'un autre Martin Gray, le faussaire bien connu, qui après avoir vendu de fausses antiquités, a vendu de faux mémoires : les siens, avec la collaboration de Max Gallo. Voyez *Au nom de tous les miens, « Récit recueilli par Max Gallo »*. Le Max Gallo de F. Müller s'est appelé Helmut Freitag. Les éditeurs répètent que F. Müller est resté trente ans sans parler, puis, qu'il a « décidé » « de se souvenir ». La vérité est différente. F. Müller a commencé à publier ses récits dès 1946. À la page XII de l'édition américaine, le professeur Yehuda Bauer nous rappelle quelques vérités dont il ne pouvait soupçonner qu'elles seraient graves pour les éditeurs français. Il rappelle que, dès 1946, F. Müller a vu inclure son témoignage dans un livre publié en Tchécoslovaquie (dont il ne donne malheureusement ni titre, ni référence, ce qui est dommage pour les comparatistes). Puis, en 1966, ce témoignage a été publié en anglais, dans un ouvrage de O. Kraus et O. Kulka, *The Death Factory*. Entre-temps, Filip Müller avait été un témoin-vedette, en 1964, au fameux « procès des gardiens d'Auschwitz » à Francfort. On verra, dans ma lettre à Jean Daniel, la mésaventure arrivée à ce faux témoin. J'ajoute ceci, que je découvre dans le livre de Bernd Naumann sur le procès.[217] Comme le président du tribunal admirait que F. Müller fût resté si longtemps à Auschwitz et que, membre du *Sonderkommando*, il eût échappé à tant de sélections (« Une tous les trois ou quatre mois », lui dit le président), le témoin, se voyant sans doute conduit à devoir raconter dans le détail comment à neuf ou douze reprises il avait, « par miracle » échappé à la mort en « chambre à gaz », trouva une échappatoire ; il déclara que ces histoires de « sélections » des membres du Sonderkommando existaient dans la littérature concentrationnaire, mais que, pour sa part, il n'en avait jamais vu, sinon peut-être une fois quand quelques-uns de ses compagnons avaient été requis pour partir vers Lublin ; il n'avait, un jour, vu revenir que leurs habits ; c'est donc que ses compagnons avaient été gazés à Lublin, concluait-il. Comme le président lui demandait encore comment il avait fait pour survivre, de toute façon, à Auschwitz, il lui avait répondu qu'il avait alors vingt ans : « J'étais jeune et je voulais vivre. » F. Müller n'avait pas révélé au tribunal son aventure dans la « chambre à gaz » : il avait voulu y mourir ; il s'y était introduit sans que les SS le voient ; de jeunes beautés nues l'avaient réprimandé et l'avaient expulsé, *manu feminina sed firma*, de la « chambre à gaz », après un beau discours. C'est là l'un de ces épisodes excitants et un peu forts dont ne manque pas le livre.

La version française est, sur bien des points, totalement différente de la version allemande qu'elle prétend reproduire. D'édition en édition, les souvenirs du témoin connaissent des améliorations. D'ailleurs, en quelques jours, ses éditeurs français ont assuré à Filip Müller une sorte de promotion. Présenté d'abord sur la couverture du livre et dans le prière d'insérer comme « l'un des seuls rescapés des commandos spéciaux », il est devenu dans les placards publicitaires de la presse française « l'unique survivant de toutes les liquidations successives des commandos spéciaux »[218], ces liquidations dont je rappelle que, pour l'intéressé, elles sont une invention de la littérature concentrationnaire. Les éditeurs

---

[217] B. Naumann, *Auschwitz*, p. 333.
[218] Voy. *Le Monde*, 7 juin 1980, p. 19.

français avaient d'ailleurs été plus loin que les éditeurs américains qui, eux-mêmes, avaient dépassé les Allemands. (Resterait à trouver les titres anglais de 1966 et tchèque de 1946.) Les Allemands ont titré : *Traitement spécial, Trois ans dans les crématoires et les chambres à gaz d'Auschwitz.* Les Américains ont préféré supprimer les fours crématoires pour mettre en valeur les chambres à gaz, au pluriel. Les Français, eux, ont préféré une seule chambre à gaz ; d'où leur titre : *Trois ans dans une chambre à gaz d'Auschwitz.* L'édition américaine avait des photographies : grave erreur psychologique, malgré la prudence du choix ; les Américains avaient été assez prudents pour ne donner aucune photographie des lieux, toujours réputés « en l'état d'origine », où Filip Müller est censé s'être initié aux « gazages » (c'est-à-dire ceux d'Auschwitz !), mais ils avaient aussi laissé passer des photographies qui montraient que les crématoires de Birkenau n'étaient que de modestes et d'inoffensifs bâtiments par rapport à ce que laissaient imaginer les récits du témoin.

Le livre de Filip Müller commence par un texte de Himmler, dont le sens est altéré par de fortes troncations.

Il va de soi qu'il vaut mieux n'avoir été qu'un affabulateur, après quelques autres dans ce genre de littérature, plutôt que l'homme que serait Filip Müller si ce qu'il raconte était vrai. Songe-t-on que, s'il s'agissait d'un témoignage véridique, nous aurions en la personne de Filip Müller un assassin qui compterait à son actif des centaines de milliers d'assassinats particulièrement horribles ? Au lieu de passer devant l'un de ces multiples tribunaux pour « crimes de guerre » qui fonctionnent encore trente-cinq ans après la guerre afin de juger des gens accusés de complicité (fort lointaine) pour des meurtres qui seraient à prouver, voilà que M. Filip Müller, lui, est louangé par la presse mondiale et perçoit des dividendes sur les récits quelque peu changeants – de sa participation active et intense à d'innombrables tueries.

On trouvera ci-joint ma correspondance avec Jean Daniel, directeur du *Nouvel Observateur.*[219] Quelques extraits du livre de F. Müller y sont cités dans leur version américaine et dans leur version française. Je ne disposais pas encore, à l'époque de la version allemande.

En allemand, *Sonderbehandlung, Drei Jahre in den Krematorien und Gaskammern von Auschwitz,* deutsche Bearbeitung von Helmut Freitag, München, Verlag Steinhausen. 1979, 287 p.

En américain, *Eyewitness Auschwitz, Three Years in the Gas Chambers*, Literary Collaboration of Helmut Freitag, foreword by Yehuda Bauer, Stein and Day, 1979, XIV-180 p.

---

[219] Publiée dans R. Faurisson, *Mémoire en défense...*, p. 255-263.

[Extrait du *Mémoire en Défense*, p. 251-254.]

***

Publié en 1980

POUR UNE HISTOIRE VÉRIDIQUE DE LA SECONDE GUERRE MONDIALE

D ans cette affaire des prétendues « chambres à gaz » et du prétendu « génocide », le nombre des menteurs, des escrocs et des tricheurs aura été, en définitive, relativement modeste. D'autre part, il serait tout à fait inexact de prétendre qu'il y aurait eu un complot ou une conjuration pour travestir la vérité de la seconde guerre mondiale ou pour empêcher la recherche de cette vérité.

Il me paraîtrait plus exact de dire qu'il s'est forgé un mythe, une sorte de religion patriotique qui mêle le vrai et le faux à des doses diverses chez les vainqueurs de la dernière guerre. La recherche de la vérité a été bridée par l'existence d'une sorte de tabou, par une censure spontanée, par un terrorisme qui n'a pas même conscience de la terreur qu'il exerce. Ainsi des historiens de cour ont-ils été conduits à entretenir soit par leurs paroles et leurs écrits, soit par un silence révérencieux, le culte de certaines représentations mythiques qui, à un moment donné de l'histoire de nos sociétés, ont été vitale pour ces sociétés mêmes.

Cependant l'évolution des sociétés pousse à l'évolution des mythes. Ce mythe des « chambres à gaz » et du « génocide » a fait son temps. Depuis quelques années, il ne se survit plus que par des formes de plus en plus répétitives, lancinantes, incantatoires et vides de sens. Plus obsédant est le fracas des offices, plus sensible est le désarroi des officiants. Un point ultime de dégénérescence du mythe pourrait avoir été atteint avec le rôle confié, en désespoir de cause, aux médias pour la diffusion du « docu-drame » *Holocauste* et pour la diffusion d'un produit comme celui de Filip Müller : *Trois ans dans une chambre à gaz d'Auschwitz*.

De véritables recherches sur la seconde guerre mondiale vont pouvoir commencer. Des résultats d'enquête, comme celle de notre Comité d'histoire de la deuxième guerre mondiale vont pouvoir enfin être dévoilés. Des archives vont pouvoir être ouvertes à tous les chercheurs sans que persiste la scandaleuse discrimination qui permet aux uns de passer devant, de moissonner et de trier, cependant que d'autres ne peuvent que passer derrière et glaner, quand ils ne sont pas expulsés de certaines bibliothèques ou de certains centres de recherches qui sont pourtant, en principe, ouverts à tout chercheur. Des sujets vont pouvoir être abordés. Des témoignages pourront voir le jour sans risques divers pour leurs auteurs. Tout cela deviendra possible si, comme c'est malheureusement le cas en Allemagne et en France, le terrorisme des institutions ne vient pas se porter au secours d'une croyance religieuse qui chancelle. Dans certains pays anglo-saxons, il est déjà trop tard pour les esprits religieux ; la recherche scientifique commence à y reprendre ses droits.

Seuls s'en plaindront ceux qui prétendent tirer profit du mythe. L'horreur des camps de concentration – de tous les camps de concentration – et la souffrance des internés et déportés – de tous les internés et déportés de la dernière guerre – se révéleront ainsi dans toute leur vérité et dans toute leur réalité. Jusqu'à présent, cette horreur et cette souffrance ont suscité des témoignages de grande valeur, mais ces témoignages ont été soit contaminés, soit déformés, soit ensevelis par le flot des représentations mythiques ou apologétiques. [...]

***

30 novembre 1980

Lettre à Me Éric Delcroix

Lettre non confidentielle à verser aux débats

LICA et tous autres contre Faurisson

Cher maître,

La décision en est donc prise : nous ne communiquerons au tribunal et à la partie adverse que mon livre intitulé *Mémoire en défense* et quelques pièces qui sont en rapport étroit avec nos conclusions. Vous m'avez dit qu'il valait mieux renoncer à communiquer, d'une part, le gros recueil photocopique ou photographique que j'avais constitué et, d'autre part, mon étude minutieuse de toutes les pièces, prises une à une, qu'avait déposées la partie adverse.

Vous me dites qu'après communication aux adversaires le contenu du recueil ne pourrait être protégé contre des divulgations partielles et tendancieuses de documents que j'y ai insérés et sur lesquels je n'ai évidemment pas de propriété intellectuelle.

Je tiendrais cependant à ce que le tribunal puisse se faire une idée à la fois de mon recueil et de mes remarques sur les pièces déposées par la partie adverse. Mon recueil, pour commencer par lui, constitue un ensemble de cinq cents pages environ de photographies et de documents qui sont en grande partie inédits.

La première partie de ce recueil contient des plans d'Auschwitz et de Birkenau que, depuis trente-cinq ans, on s'est bien gardé de publier alors qu'ils concernent pourtant les fameux crématoires « chambres à gaz ».

La deuxième partie groupe des documents techniques venant d'Auschwitz et qui sont en bien meilleur état que ceux déposés par la partie adverse ; il groupe aussi une centaine de photographies d'Auschwitz d'origine soit soviétique, soit polonaise, soit américaine ; on y voit en particulier des photographies de femmes ou d'enfants, de vieux ou de vieilles qu'on n'aurait normalement pas dû trouver vivants et même bien vivants à la libération du camp en janvier 1945.

La troisième partie concerne encore Auschwitz et comprend quatre types de publications, d'origine surtout polonaise ; on y fait d'étonnantes découvertes sur le camp et, en particulier, sur les femmes ayant accouché à Auschwitz ou sur les enfants qui y sont nés, sur le sort ultérieur des unes et des autres, sur les installations hospitalières à Auschwitz et à Birkenau, sur les désinfections, etc.

La quatrième partie intéresse Majdanek et quelques autres « camps et lieux d'extermination ». On peut y voir quatre ensembles photographiques différents sur « la » ou « les » « chambres à gaz » de Majdanek, selon que sur ce point l'on accorde foi ou bien à Olga Wormser-Migot, ou bien à Léon Poliakov, ou bien à un ouvrage officiel autrefois publié par le musée, ou bien, enfin, à ce qu'on montre au touriste d'aujourd'hui.

Le cinquième ensemble concerne la « chambre à gaz » du Struthof. Le sixième ensemble traite du Zyklon-gaz cyanhydrique.

Le septième, intitulé « Divers », comporte de nombreuses pièces édifiantes et en particulier le résultat de l'enquête menée par le Comité d'histoire de la deuxième guerre mondiale sur le nombre des déportés de France raciaux et non raciaux ; ce résultat est tenu caché depuis décembre 1973 ; M. Pierre Vidal-Naquet vient d'oser écrire :

> « Faurisson présente (*VHVP*, p. 98 et 115) comme inaccessibles les résultats du Comité d'histoire de la seconde guerre mondiale sur le nombre total des déportés non raciaux. On les trouvera tout simplement dans J.-P. Azéma, *De Munich à la Libération*, Seuil, 1979 p. 189 : soixante-trois mille déportés dont quarante et un

mille résistants, estimation évidemment inférieure à celles qui avaient cours jadis. »[220]

On s'étonnera d'abord qu'il ait fallu attendre 1979 pour livrer, bien discrètement, le résultat d'une enquête de vingt ans déjà établi en décembre 1973. On s'étonnera ensuite de ce que M. Azéma ne souffle pas mot du chiffre des raciaux et de ce que M. Vidal-Naquet, bien loin de souligner ce point, l'ait escamoté. Au moins, M. Azéma avait-il l'honnêteté d'écrire :

« Soixante-trois mille déportés *non raciaux* » (souligné par moi). M. Vidal-Naquet, lui, supprime ce « non raciaux » qui aurait éveillé peut-être dans l'esprit du lecteur la question suivante : « Pourquoi ne nous donne-t-on que le chiffre des non raciaux et pas celui des raciaux ? » Je peux donner une réponse à cette question que tout le monde cherche à éviter. Ma réponse est que le Comité en question est parvenu à un chiffre si bas en ce qui concerne les déportés raciaux de France que la révélation de ce chiffre ouvrirait en France et dans le monde entier un formidable débat. Je vais me faire un devoir de révéler ce chiffre si les circonstances m'y contraignent. Au moins le tribunal connaîtra-t-il ainsi une pièce que je m'apprêtais à lui révéler en déposant ce septième ensemble de pièces.

J'en viens aux pièces déposées par la partie adverse. Elles sont *consternantes*. Tout cela respire l'amateurisme. Peut-être mes adversaires s'imaginent-ils que la différence qui nous sépare est qu'ils sont démocrates tandis que je serais nazi, ou sains d'esprit tandis que je serais fou, ou honnêtes tandis que je serais malhonnête. Qu'ils n'aillent donc pas chercher si loin ! La différence essentielle qui nous sépare est simple : *je travaille ; ils ne travaillent pas*.

Le fatras qui nous a été remis à preuve de l'existence des « chambres à gaz » et du « génocide » est une honte. Je n'y ai pas découvert l'ombre de l'ombre du commencement d'une preuve de l'existence par exemple d'une seule « chambre à gaz ». Je vois la partie adverse se débattre pitoyablement dans le dilemme suivant : « Faut-il dire que le crime était un formidable secret? Ou bien faut-il dire que le crime était un secret de polichinelle ? Faut-il montrer que les Allemands ont bien pris soin d'effacer toute trace accusatrice ? Ou bien ne vaut-il pas mieux déclarer qu'ils ont laissé mille et une preuves du crime ? Faut-il prétendre que les Allemands utilisaient un langage « codé » et même « surcodé » ou bien faut-il dire qu'ils s'exprimaient franchement et cyniquement ? Faut-il dire que Himmler recommandait le secret ou bien faut-il dire qu'il

---

[220] P. Vidal-Naquet, « Un Eichmann de papier. Anatomie d'un mensonge », p. 17, note 23.

donnait l'exemple de la fanfaronnade dans le crime ? On savait tout ou on ne savait rien ? Va-t-on dire que les Allemands, se sentant vaincus, ont fait sauter la « chambre à gaz », mais alors comment expliquer qu'ils aient laissé intactes la « chambre à gaz » d'Auschwitz-I tandis qu'ils faisaient sauter celles d'Auschwitz-II (Birkenau) ? Comment faire entendre qu'ils ont sauvegardé celle du Struthof (en Alsace), celle de Stutthof près de Danzig, *toutes celles* de Majdanek ? Faut-il montrer au tribunal des photographies détaillées de ces fameux instruments du crime retrouvés providentiellement intacts ? Faut-il dire qu'il ne peut y avoir de témoins des massacres en « chambres à gaz » ou bien faut-il dire qu'il y en a eu et laisser ainsi la parole aux Filip Müller, Dov Paisikovic, Martin Gray et autres Jankowski ?

On admire la discrétion de la partie adverse en ce qui concerne ces photographies. Elles auraient dû figurer au centre du procès. Elles auraient dû être accompagnées d'autant d'*expertises* ! De vraies expertises, pas d'expertises factices.

Au lieu de cela, nous avons eu droit aux grattages du dossier du commandant Jadin pour le Struthof et à une enquête bâclée de trois... médecins sur le Struthof encore, sans compter l'absence de l'enquête du toxicologue René Fabre. Pour ce qui est d'Auschwitz on a l'indécence d'invoquer contre un professeur français et devant un tribunal français des résultats d'enquêtes staliniennes ! Si un jour un intellectuel français, digne des professeurs français qui soutenaient mordicus Staline dans ses accusations contre les assassins en blouse blanche, venait reprendre à son compte ces ignobles accusations, irait-on demander à un tribunal français de prendre en considération les « expertises » soviétiques ? Idem pour Katyn. Idem pour Vinnitsa. Idem pour le procès d'Arthur London et pour cent autres procès de ce genre où jamais les aveux n'ont bien sûr manqué. Quand le juge d'instruction polonais Jan Sehn a prétendu démontrer l'existence de « chambres à gaz » à Auschwitz et quand il a fini par déclarer qu'il y avait eu à Auschwitz plus de quatre millions de morts (chiffre qu'aujourd'hui les pires exterminationnistes officiels divisent par quatre), sait-on que la Commission nationale soviétique sur Auschwitz avait déjà publié, le 6 mai 1945, une enquête qui concluait à la mort de près de cinq millions d'internés ? L'enquête portait notamment les signatures de l'académicien – quelque peu tricheur – Lyssenko et du métropolite Nicolas qui, lui, avait signé l'enquête déclarant Katyn crime allemand. Il existait à Cracovie un Institut d'expertises judiciaires. Or, jamais cet institut n'a expertisé de « chambre à gaz » !!! Il a expertisé des objets sur lesquels il était normal qu'on découvre des traces de gaz cyanhydrique : cheveux, pièces métalliques (comme de morgues, par exemple). Pendant la guerre, chez tous les coiffeurs d'Europe on récupérait les cheveux coupés pour en faire, par exemple, des pantoufles. Ces cheveux, il fallait bien les désinfecter. Dans ce cas, les Allemands utilisaient pour leur part le Zyklon. N'était-il donc pas normal de trouver des traces de Zyklon B dans une usine silésienne fabriquant des tapis et des feutres ? Il est moins normal d'avoir remis ces cheveux au directeur du musée d'Auschwitz pour les présenter comme une preuve des crimes allemands ! (Voyez pièces n° 6 et 17, communiquées le 9 juillet 1980.) Car – il faut bien le dire ici – les cheveux devant lesquels on demande aux millions de touristes du musée d'Auschwitz de se mettre en émoi viennent au moins en partie d'une usine de feutres et de tapis sise à Kietrz (Haute-Silésie) et ont très bien pu appartenir, notamment, à de blondes Allemandes.

Au lieu d'être matérialiste et de s'intéresser à la matérialité des faits, la partie adverse a dû se contenter de *spéculations* pseudo-intellectuelles sur des mots allemands auxquels, selon la tradition exterminationniste, elle est allée chercher des significations diaboliques. Dans le film *Les Sorcières de Salem* on peut voir un juge se livrer à l'évaluation de chacune de ses preuves contre la sorcière ; il compte à peu près ainsi : « un quart de preuve + un quart de preuve + une demi-preuve = une preuve ». Les exterminationnistes procèdent de la même manière et comptent :

Une action spéciale + un traitement spécial + une solution finale = une extermination dans les chambres à gaz.

Chaque terme de l'addition étant soigneusement détaché de son contexte immédiat, il va de soi qu'on peut créer tous les faisceaux de sens que l'on voudra. On affecte d'ignorer que le terme de « spécial » était aussi courant dans la langue militaire ou médicale allemande qu'il l'est dans la langue militaire ou médicale française. Dans les pièces mêmes versées par la partie adverse, on rencontre des « trains spéciaux » pour les travailleurs comme pour les « émigrants » juifs, des baraquements « spéciaux » pour les malades ou pour les nouveaux arrivants, des mesures « spéciales » d'hébergement. D'une façon plus générale, « traitement spécial » n'a que le sens que lui donne son contexte. Il peut s'agir de soins médicaux, de mise en quarantaine pour un convoi qui arrive au camp, de transfert à part et, pour en arriver aux extrêmes, il peut s'agir aussi bien de traitement de faveur que d'exécution. Comme le reconnaît M. Vidal-Naquet lui-même : « Bien entendu, "Sonderbehandlung" (traitement spécial) pouvait aussi avoir un sens parfaitement bénin. »[221] S'il affirme cela, c'est qu'un contexte donné lui permet de l'affirmer. Mais la partie adverse, elle, s'est constamment abstenue de nous fournir un contexte quand elle a traduit « traitement spécial » par extermination de masses entières. Quand elle a voulu montrer que ce mot pouvait signifier que quelques individus étaient « à fusiller », elle a prouvé son interprétation, mais quand il s'est agi pour elle de montrer que le même mot voulait dire « à exécuter » s'agissant de personnes débarquant en masse du train, elle n'a pas essayé de fournir la moindre preuve à l'appui de son interprétation.[222]

En allemand comme en français, « soigner quelqu'un », lui accorder un « traitement spécial » peut avoir un sens ironique et l'on comprend que les Allemands aient parfois voulu éviter l'emploi du terme de « traitement spécial » s'il pouvait, dans un contexte donné, laisser croire à un massacre. L'idée que l'Allemagne vivait dans un secret total ou qu'elle se moquait de donner prise à la propagande alliée est fallacieuse. Un récent ouvrage de Walter Laqueu, *The Terrible Secret. An Investigation into the Suppression of Information about Hitler's Final Solution*, prouve, s'il en était besoin, que les Alliés étaient admirablement renseignés, tout comme les pays neutres et le Vatican, sur ce qui se passait en Allemagne et dans les territoires occupés. J'ai, de mon côté, découvert aux National Archives de Washington, dans les archives déclassées de l'OSS (ancêtre de la CIA) que, grâce à trente-deux missions aériennes sur le site d'Auschwitz et de son complexe industriel et grâce à l'espionnage ou aux mouvements de résistance, les Alliés avaient fini par connaître Auschwitz presque comme s'ils s'y étaient trouvés !

La partie adverse s'est livrée au même labeur *spéculatif* sur un terme comme *Vergasung* ou sur l'expression de « Zyklon sans produit avertisseur ». Sur *Vergasung*, elle affecte de croire que ce mot ne peut pas avoir, à côté des sens de « gazéification » ou de « gazage », le sens pourtant très courant de « carburation » ! Quant au sens de « gazage », elle le limite à celui de « gazage criminel d'êtres humains », alors que RIEN dans les documents remis n'autorise une pareille interprétation. Voici, par exemple, dans la pièce 67 un message-radio du 22 juillet 1942 adressé sous la signature du général Glücks au camp d'Auschwitz. Ce message se lit ainsi :

> « Par la présente, j'accorde l'autorisation d'effectuer le trajet aller-retour d'Auschwitz à Dessau [endroit où se livrait le Zyklon-gaz cyanhydrique] pour un camion de cinq tonnes, afin d'aller

---

[221] *Id.*, p. 16, n. 16.

[222] Si on rencontre « action spéciale » ou « traitement spécial » à propos de Buchenwald ou de Bergen-Belsen, faut-il comprendre que dans ces camps-là aussi on gazait ?

chercher du gaz destiné au gazage du camp, pour lutter contre l'épidémie qui s'est déclenchée. »

Le texte allemand donne *Gas zur Vergasung* et c'est, je le rappelle, pour lutter contre cette épidémie que le professeur Johann-Paul Kremer viendra à Auschwitz remplacer un médecin tombé malade.

Quant au « Zyklon sans produit avertisseur », je renvoie à la pièce 41 où l'on peut lire :

> « A l'époque où nous avions encore des livraisons à destination de l'étranger, environ jusqu'en 1937, il pouvait arriver qu'on livre du Zyklon sans produit d'avertissement ou qu'il soit destiné à être appliqué à des produits sensibles en Allemagne. »

L'absence de ce produit n'impliquait donc rien de criminel. Ce produit était simplement un luxe aux effets parfois fâcheux pour certaines marchandises. Il s'agissait de Bromessigsäure-Methylester[223] et je crois savoir que vers 1944 l'usine qui fabriquait ce produit avait été détruite par un bombardement (fait à vérifier).

Le comble de la spéculation est atteint quand la partie adverse donne au mot de *Gaskammer* ou de *Gasraum* le sens de « chambre à gaz » homicide alors que le contexte nous prouve qu'il s'agissait de chambre à gaz d'essai pour les masques (voyez le Struthof) ou de chambre à gaz de désinsectisation ou de désinfection (voyez, dans la pièce 131, le travail de serrurerie du 28 mai 1943, où il se confirme que ces portes à œilleton, etc., dont il est assez souvent question, sont des portes de ce que l'on appelle indifféremment *Gaskammer* (chambre à gaz) ou *Entwesungskammer* (chambre de désinsectisation).

La partie adverse s'est gardée de nous fournir des plans d'Auschwitz-Birkenau où l'on voit paraître en toutes lettres le mot de *Gaskammer*. La raison en est que ce mot désigne une partie de bâtiment lui-même qualifié d'installation de désinfection. On voit, à gauche, la partie contaminée par laquelle entrent les gens, puis la salle de déshabillage, puis, d'une part, la salle de douches et, d'autre part, la chambre à gaz avec son sas d'entrée et de sortie ; enfin, sur la droite se voit la salle de rhabillage et la sortie dite du côté propre.

Mais il y a beaucoup plus intéressant.

Dans les cartons du Struthof, on trouve un plan du crématoire de Natzweiler. Ce plan a été dessiné par le commandant français de ce camp après la libération. Il montre que la partie droite du crématoire était

---

[223] Apparemment un composé d'ester de méthylène et d'acide bromique. [N.d.é]

réservée à l'incinération tandis que la partie gauche était à vocation sanitaire. Très honnêtement, le commandant explique par le menu comment se faisait la désinfection dans cette partie gauche. Il n'essaie pas de nous faire croire que dans cette partie on gazait les prisonniers. Or, ce plan du crématoire de Natzweiler ressemble étrangement à celui des crématoires-IV et IV de Birkenau. On découvre ainsi que les Polonais communistes ont tout simplement baptisé à leur façon, qui est malhonnête, ce qu'un commandant français a tout simplement et honnêtement nommé de façon adéquate. Je suis en mesure de démontrer au tribunal, grâce à un plan-maquette où je substitue les appellations polonaises aux appellations françaises ou vice versa, qu'il y avait en Europe (précisément à Natzweiler) une « chambre à gaz » homicide de plus que ne l'imaginaient les pires exterminationnistes, ou, en sens inverse, deux installations de gazage homicide en moins à Birkenau : je veux dire aux crématoires-IV et V.

Je voudrais parler maintenant d'un point particulièrement grave. Il touche aux procès dits de « criminels de guerre ». Il touche à la justice et je le crois aberrant pour tout honnête homme. Il s'agit d'une pratique constante de la justice allemande, en particulier. Lisez dans *Justiz und NS-Verbrechen* ou dans de nombreuses pièces remises par la partie adverse tout ce qui a trait aux jugements de condamnation prononcés contre tel ou tel SS. Vous y découvrirez ou vous croirez y découvrir que les accusés ont, les uns après les autres, reconnu qu'il y avait une ou plusieurs « chambres à gaz » dans les camps où ils effectuaient leur service. En effet, à chaque fois se lisent de longs considérants qui décrivent l'historique du camp et le processus de « gazage ». Puis, après la description de ces horreurs, on trouve que le verdict est en général dérisoire par rapport à la somme des atrocités rappelées.

Or, il y a là pour le profane le risque d'une terrible erreur. Tout est fait pour que le profane s'imagine que ces récits viennent de l'accusé ou bien ont reçu son aval. Il n'en est rien. *Ces récits sont le fait du tribunal.* Et, après ces récits atroces, par exemple sur Belzec, le tribunal ajoute : « C'est dans un tel camp que se trouvait l'accusé Untel. En conséquence, cet homme a été *complice* de ces atrocités-là par sa simple présence dans le camp. » Et le tribunal se livre alors à une comptabilité digne des procès de sorcellerie. Il dit par exemple que, du temps où l'accusé était sur place, il a *dû* arriver tant de convois, lesquels *devaient* compter en moyenne tant de personnes, sur le nombre desquelles on *a dû* gazer tant d'arrivants. Le tribunal comptant ainsi par paquets de cent ou de mille, sans vérification, décrète que l'accusé a eu automatiquement une participation au crime dans tant de cas intéressant tant de victimes.

Je recommande particulièrement la lecture de la pièce 31 ou 92 où il est question du procès fait à Oberhauser par le tribunal de Munich en 1965. Le résumé historique bâti par le magistrat est particulièrement honteux. On le voit, par exemple, écrire que le décret « Nuit et Brouillard » a été pris secrètement le 1er septembre 1939 pour ordonner le meurtre des malades mentaux. Il y a là en quelques mots tant d'inepties que je préfère n'en relever aucune. Pendant cinq pages, le magistrat récite son antienne sur la « solution finale » comme s'il était un spécialiste de la question, puis il parle du camp de Belzec, un camp de deux cent cinquante mètres sur deux cents où, selon lui, de mars à mai 1942, quatre-vingt-dix mille personnes au moins trouvèrent la mort et trois cent mille personnes au moins dans la période de juillet à novembre 1942. Puis on en vient à l'accusé Oberhauser. On se demande ce que cet Oberhauser a fait concrètement. Voici la stupéfiante réponse : « Dans la période de la mi-mars au 1er août 1942, il reçut, dans cinq cas au moins, à la porte du camp les convois de chemins de fer arrivant au camp de Belzec et comptant au moins cent cinquante personnes. Il surveillait le déchargement des convois et faisait en sorte que le personnel accompagnant le train ne pénétrât pas dans la zone du camp et fût maintenu à l'extérieur du camp prêt à intervenir en cas d'une révolte ou d'une tentative désespérée de fuite de la part de ces hommes voués à la mort, pour renforcer la chaîne des surveillants extérieurs. La totalité des juifs arrivés dans ces convois fut tuée de la manière décrite ci-dessus. » Le jugement est le suivant :

> « Oberhauser Josef [...], garçon de café à Munich, actuellement en détention préventive [...] pour complicité de meurtre collectif dans trois cent mille cas et pour cinq autres crimes de complicité de meurtre dans cent cinquante autres cas, est condamné à une peine totale de quatre ans et six mois de réclusion. »

Tous les procès allemands, si courts ou si longs soient-ils, sont taillés dans cette étoffe-là. Aussi ne doit-on pas s'étonner que la partie adverse ait tenu à nous livrer le texte de plus d'un jugement, y compris celui de l'affaire Lischka. Dans cette affaire, il est de notoriété publique en France que Lischka et tous autres ont nié avoir eu connaissance de déportations pour l'extermination. Ils reconnaissaient l'existence du terme de « solution finale » mais rien ne leur avait fait soupçonner que cette solution pût être autre chose qu'une évacuation forcée vers l'Est. Or, lisez la pièce 30 ! Le tribunal y va de son antienne sur les « gazages » si bien qu'un honnête homme ne peut qu'être conduit à croire ou bien que

Lischka a admis la réalité de ces « gazages », ou bien que le tribunal les a dûment établis.

En Allemagne, la collusion entre les magistrats et les historiens officiels est une réalité de tous les procès de ce genre. Il y a là un véritable cercle vicieux ou une inadmissible pétition de principe. Ne sont admis comme historiens que ceux qui confessent leur foi en l'extermination ; ils sont les seuls experts que les tribunaux acceptent de désigner ou de consulter ; les autres sont tenus pour des gens qui tomberaient sous le coup de la loi par le simple fait qu'ils nieraient l'extermination ou en douteraient. Quant aux historiens exterminationnistes, ils rendent de vibrants hommages à la justice allemande sans la contribution de laquelle, disent-ils, les historiens ne seraient pas avancés comme ils le sont. Ils ajoutent que le phénomène de cette contribution d'un appareil judiciaire au développement de la science historique est à signaler comme une heureuse innovation.

J'ai deux mots à dire de l'un de ces historiens : il s'agit de M. Wolfgang Scheffler. Ce personnage s'est fait une spécialité des expertises exterminationnistes. Pour son malheur, il a eu à me rencontrer dans un long débat à la télévision suisse italienne en 1979. Je dois dire que j'avais fait en sorte que cet historien ne s'attende pas à me rencontrer. Je dois dire aussi que la déconfiture de ce spécialiste a été spectaculaire quand j'ai eu le loisir de montrer mes documents sur Auschwitz et de prouver les supercheries polonaises. Ce long débat a été enregistré et, à deux reprises en quinze jours, il a été intégralement diffusé. Il est donc possible d'y vérifier les audacieuses affirmations de M. Scheffler.

Dans la pièce 98, ce dernier dit que j'ai mensongèrement affirmé l'avoir vu à l'Institut d'histoire contemporaine de Munich et il ajoute que je prétends avoir effectué des visites de travail à Ludwigsburg, ce qui, ajoute-t-il, est également faux. La vérité est que je n'ai jamais dit avoir été dans aucun de ces deux centres pour la bonne raison que, si j'ai été en rapport épistolaire avec ces centres, je ne les ai jamais fréquentés. J'ai simplement eu à la télévision une réflexion sur l'Institut de Munich auquel je croyais, à tort, qu'appartenait M. Scheffler ; je lui ai dit en substance que je comptais sur lui pour m'ouvrir l'accès de cet institut ; c'était là une allusion au fait que j'avais eu de graves démêlés avec M. Broszat, directeur de cet institut, et c'était une allusion aussi au fait que j'avais été chassé d'un institut historique de Vienne quand on avait su mon nom ; je rappelle que j'avais aussi été chassé du CDJC de Paris. Mais je recommande néanmoins cette lettre de M. Scheffler à me Jouanneau ; on y verra comment un historien réputé le plus grand spécialiste allemand de l'extermination s'esquive quand on lui demande de répliquer à un révisionniste.

M. Scheffler devrait avoir honte de me reprocher d'être resté « caché derrière un écran pendant les débats ». Veut-il donner à entendre que je suis un lâche et que je n'ose prendre la responsabilité de mes propos ? Si, depuis plusieurs années, j'essaie de cacher mon visage et si je ne me laisse photographier que lorsque je ne peux pas faire autrement, c'est tout simplement que ma vie est en danger. Et si ma vie est en danger, c'est à cause de l'atmosphère d'hallali qu'on développe en France et ailleurs autour de ceux qui, comme moi, proclament que « chambres à gaz » et « génocide » forment un seul et même mensonge historique.

Quel intérêt aurais-je à soutenir une idée comme celle que je soutiens ? Que puis-je bien y gagner, sinon des coups, des injures, des procès ? Est-ce de gaîté de cœur que je perds ma vie, mon temps, mon argent dans cette affaire ? Est-ce l'esprit tranquille que je constate les répercussions sur la vie de ma femme et de mes enfants des attaques véritablement ignobles dont je suis l'objet dans les médias ? Voit-on beaucoup de professeurs compromettre à jamais leur chère carrière et leurs chères études pour se lancer à corps perdu dans le plus terrible des combats, celui qu'on livre pour la vérité ?

J'ai dit que la vraie différence que je note entre mes adversaires et moi-même, c'est que je travaille tandis qu'ils ne travaillent pas. Oui, j'ai accompli un labeur de bénédictin. Mais qu'on ne croie pas à de la présomption de ma part. Si je dis qu'en face on a compilé au lieu de travailler, c'est pour la raison qu'il existe entre mes adversaires et moi-même une autre différence, fondamentale celle-là : c'est qu'eux *ils avaient trouvé*, tandis que moi, j'ai dû *chercher*. Eux, ils possédaient la vérité ; ils n'avaient donc pas à se fatiguer pour la découvrir ; pendant trente ans ils n'ont fait qu'orner et adorner leur vérité. Pour moi, qui n'avais pas la chance de posséder la vérité, pour moi qui sentais au contraire qu'un si bel assentiment général était suspect, pour moi qui voulais savoir et apprendre, tout était à faire ou à refaire. Je trouve plaisants les donneurs de leçons qui osent me reprocher de n'avoir pas consulté dans le cours de mes recherches un haut lieu de recherches comme, par exemple, le ministère de la Justice de Pologne communiste. De toute façon, un chercheur n'est pas une mouche du coche qu'on retrouve dans toutes sortes d'instituts de recherche. Chercher, c'est choisir et non se disperser. C'est savoir que sur le sujet qui nous intéresse les deux véritables centres qui comptent ne peuvent être que le CDJC de Paris et le musée d'Auschwitz, en Pologne. Chercher, c'est s'assurer des collaborateurs de recherche là où l'on ne peut pas se rendre soi-même, ne serait-ce que parce qu'on n'a pas d'argent. Chercher, c'est posséder d'abord et avant tout une méthode de recherche dont la mise au point peut demander presque toute une vie. Chercher, c'est savoir commencer par le commencement et, quand on est un intellectuel, savoir que les archives ont certes leur intérêt mais que ce qui est matériel, local, topographique, archéologique est d'une importance primordiale. Chercher, c'est déranger et inquiéter ; c'est se déranger soi-même et s'inquiéter. Ce n'est certainement pas se rendre la vie facile. Dans le cas présent, c'est heurter des gens décorés, riches ou honorés ; c'est froisser des professionnels de la leçon morale ou patriotique ; c'est contrarier toutes sortes de pouvoirs bien assis, des grands de ce monde et des petits chefs.

Je crois aussi, mais je peux me tromper et, de toute façon, cela n'a pas ici grande importance à mes yeux, que c'est lutter pour son prochain. Je suis bouleversé par l'étendue et la gravité du mensonge des « chambres à gaz » et du « génocide ». Franchement, je ne lui vois pas de précédent, bien que je connaisse quelque peu de l'histoire des religions. Cet atroce mensonge est nauséabond. La cervelle de nos contemporains en est infectée. On comprendra par conséquent avec quel soulagement je vois que de jour en jour, en France et à l'étranger, ce mensonge perd du terrain. Les anciens déportés (je veux parler des vrais déportés, qui ne sont pas forcément ceux qui crient et tempêtent aujourd'hui le plus) et les juifs qui me poursuivent ou me persécutent, tous ces gens qui me traitent de faussaire, de fou ou de nazi devraient retenir un instant leur coup et se poser la question de savoir si je ne suis pas du camp des opprimés et non des oppresseurs. Ils devraient aussi s'interroger sur la terreur, je dis bien la terreur, qu'ils essaient de faire régner autour d'eux et autour de leurs croyances ; leur terreur est redoutable dans le fait qu'elle est celle de gens non pas assurés du pouvoir mais au contraire affolés et terrorisés à l'idée de perdre ce pouvoir.

René Rémond, l'historien qui, en France, est le spécialiste éminent de l'histoire de la seconde guerre mondiale est parfaitement au courant de mes travaux et de leurs conclusions. J'ai pu l'en entretenir à deux reprises, en 1978 et en 1979, après lui avoir fait tenir par correspondance une partie de ma documentation que je le priais de lire avec la plus grande attention pour qu'il ne soit pas amené à me poser des questions qui avaient leur réponse dans cette documentation. Je résumerai ici en trois phrases le sentiment de ce spécialiste tel qu'il a bien voulu l'exprimer devant moi :

1ère phrase : « Vous travaillez *bien*. »

2e phrase : « Pour ce qui est des chambres à gaz, soit ; je suis prêt à vous suivre. »

3e phrase : « Pour ce qui est du génocide, connaissant le nazisme comme je crois le connaître, je pense qu'il était capable de cela, mais je dois reconnaître que je n'en possède pas de preuve scientifique. »

Cet homme a refusé de signer la pétition des trente-quatre historiens. Quant au procès qui m'est fait, il l'a trouvé « curieux ». Or, cet homme que j'ai adjuré de m'envoyer un mot pour y attester de ce qu'à son avis je « travaillais *bien* » n'a pas cru devoir le faire. Ou bien ce que je dis de cet homme n'est que mensonge ou fantaisie ou illusion de ma part, et alors n'en parlons plus ; ou bien ce que j'en dis est vrai, et alors je pose la question suivante : « N'est-ce pas la peur qui dicte à cet homme sa conduite et cette peur n'est-elle pas excusable quand on voit ce qu'il peut en coûter à l'un de ses collègues qui, lui, n'a pas eu peur de briser un tabou ? »

Le très grave problème que pose le procès qui m'est intenté par *neuf* associations ne pourra cependant pas être éludé. Pour donner une idée du cynisme de la partie adverse, je dirai que l'une de ces associations, celle de me Klarsfeld (l'Association des fils et filles des déportés juifs de France) a été fondée *après* la parution des textes que *Le Monde* a publiés sous ma signature et qui me sont reprochés. Cette association a même inclus dans ses statuts un paragraphe qui me visait personnellement et dont la simple insertion, à mon avis, prouve que jusqu'ici aucune association n'avait prévu quoi que ce fût en ce sens et que c'est donc abusivement que les huit autres associations osent se prévaloir de leurs statuts pour me poursuivre.

Mais le cynisme de cette association ne s'arrête pas là et un avocat de la partie adverse a eu le front de dire que l'État d'Israël avait créé le précédent nécessaire en poursuivant Eichmann puisque cet État n'a été fondé qu'après les faits reprochés à Eichmann. Je dois dire aussi que la personne même de me Klarsfeld donne à ce cynisme une touche particulièrement préoccupante. Voilà un avocat qui ne recule ni devant les coups de main, ni devant les menaces de mort. En 1978, au moment où la question se posait de savoir si le Tribunal de Cologne accepterait de juger Lischka, me Klarsfeld s'était vu poser par *Le Monde* la question suivante : « Et si le tribunal de Cologne refuse de juger Lischka ? » Et *Le Monde* d'écrire : « me Klarsfeld répond sans détours : *"Ce serait en quelque sorte signer son arrêt de mort."*[224] » Voilà qui n'était pas sans ouvrir la voie à une autre menace de mort, celle que m'adressait la LICA dans son organe intitulé – sans rire – *Le Droit de vivre ;* en effet, dans sa livraison de décembre 1978, p. 23, pouvait se lire la phrase suivante : « Ceux qui marcheront sur ses traces [celles de Darquier de Pellepoix] ne

---

[224] *Le Monde,* 26 juillet 1978, p. 4.

feront pas d'aussi vieux os. » Et dans cette livraison j'étais explicitement dénoncé.

Mais le plus stupéfiant dans cette affaire n'est-il pas la présomption de la partie adverse, qui attend d'un tribunal de la Seine qu'il résolve un point d'histoire controversé, cela en l'espace de quelques heures d'audition des parties et *sans recours à l'audition du moindre expert ?*

J'ai récemment entendu M_{me} Simone Rozès qui pourrait être le futur juge de l'élève Faurisson – déclarer à une émission des *Dossiers de l'écran*, qu'elle « ne possédait pas la science infuse », même dans son propre domaine des affaires d'enfants, et qu'elle avait recours à des experts en la matière. Pour la LICA et tous autres, M_{me} Rozès est certainement trop modeste. En matière d'histoire, les juges ont la science infuse. C'est bien connu.

Voilà, cher maître, parmi cent autres réflexions que m'inspire le dossier scandaleux de la partie adverse, quelques remarques que j'aimerais que vous joigniez à notre propre dossier.

Je vous remercie de votre dévouement et de votre désintéressement et vous prie de croire à ma très haute considération.

***

17 décembre 1980

Interview de Robert Faurisson par le journaliste Ivan Levaï

Ivan Levaï : Vous niez le génocide et l'holocauste. Vous affirmez que Hitler n'a jamais ordonné que quiconque fût tué en raison de sa race et de sa religion. Ces contre-vérités-là ont contraint M_{me} Alice Saunier-Seïté à sanctionner le professeur que vous étiez à Lyon et face à tous ceux qui, dans ce pays, ont été les martyrs de la barbarie nazie, vous venez de recevoir, au nom de la liberté d'écrire, le renfort d'un intellectuel progressiste américain, M. Noam Chomsky.

Faut-il, M. Faurisson, avoir peur de vous et de votre effroyable enseignement ? Non.

Faut-il vous combattre ? Oui, sans doute, mais auparavant, il faut vous connaître et c'est pourquoi vous êtes là ce matin.

Trois questions : M. Faurisson, comment pouvez-vous prétendre au titre d'historien ? Est-il nécessaire de réhabiliter Hitler, dont la cause, d'un bout à l'autre de la planète, est entendue ? Enfin, vous me permettrez de vous demander pour qui vous roulez, car un citoyen normal ne peut défier seul un peuple, ses martyrs, ses historiens et tous les témoins vivants de l'holocauste.

R. Faurisson : Je ne revendique pas le titre d'historien. Une de mes spécialités est la critique de textes et documents. Cela signifie : comment peut-on discerner le sens et le contresens ? le vrai et le faux ? C'est intéressant, surtout à notre époque, de chercher à distinguer entre le vrai et le faux dans l'information. Vous dites que je parais défendre Hitler. Je me moque de Hitler, ce qui m'intéresse, c'est la vérité. Si je dis : Je n'ai pas de preuve que Néron ait incendié Rome, je ne le fais pas parce que je veux prendre la défense de Néron mais parce qu'il m'intéresse de savoir si Néron a fait brûler Rome ou non. Voici ma réponse.

Ivan Levaï : M. Faurisson, on peut toujours dire effectivement que Néron n'a pas incendié Rome, on peut dire que le Général de Gaulle n'a pas existé, que Jeanne d'Arc était un homme. Enfin, on peut dire mille choses.

R. Faurisson : On peut également, Monsieur, contester les vérités reçues, comme, par exemple, le soleil tourne autour de la Terre ; nier l'évidence peut être la meilleure ou la plus sotte des choses. Alors il faut aller au sujet.

Si vous le permettez, M. Levaï…

Ivan Levaï : On y vient tout de suite, M. Faurisson. Simplement, je disais : Comment pouvez-vous prétendre au titre d'historien ? C'était la manière de rappeler que vous étiez professeur de lettres jusqu'à ce que l'Université vous ait sanctionné. Vous avez enseigné les lettres. La méthode de critique historique n'est pas votre méthode.

R. Faurisson : Mais il n'existe pas, Monsieur, de méthode de critique historique. Il existe une méthode de critique qui peut s'appliquer soit à un sujet de radio, soit à ce que vous voudrez.

Alors, Monsieur, si vous me permettez, je voudrais résumer, puisqu'enfin j'ai la parole après avoir été tellement insulté, je vous remercie d'ailleurs de m'avoir fait venir…

Ivan Levaï : Ne me remerciez pas, je vais vous dire pourquoi vous avez la parole. Vous avez la parole, M. Faurisson, parce que M. Chomsky, dans la préface qu'il consent à écrire dans votre livre, qu'il n'a pas lu, dit : « la France est un pays totalitaire et le totalitarisme de l'information interdit à ce pauvre M. Faurisson de s'exprimer. » Eh bien ! Voyez, la preuve est faite, c'est pas un pays totalitaire, quoi qu'en pense M. Chomsky, vous êtes là et vous parlez.

R. Faurisson : Oui, en effet, Monsieur, au bout de six ans d'insultes. Très bien. J'en viens directement au sujet. Je me suis posé des questions pendant quatorze ans sur cette affaire-là et j'ai travaillé très dur pendant six ans au moins. J'ai essayé de résumer en une phrase de soixante mots le résultat de mes recherches. Je vais vous donner cette phrase de soixante mots. Je vous préviens, elle ne m'est inspirée par aucune sympathie ou antipathie politique.

Ivan Levaï : Allez-y.

R. Faurisson : Alors voici.

Les prétendues chambres à gaz hitlériennes et le prétendu génocide des juifs forment un seul et même mensonge historique qui a permis une gigantesque escroquerie politico-financière dont les principaux bénéficiaires sont l'état d'Israël et le sionisme international et dont les principales victimes sont le peuple allemand, mais non pas ses dirigeants, et le peuple palestinien tout entier.

J'en ai terminé avec ma phrase de soixante mots. Chomsky…

Ivan Levaï : Très bien, vous êtes conscient qu'en disant ça, là, calmement, à ce micro, vous insultez beaucoup de monde. Je dirais même que vous faites mourir des gens deux fois. Vous êtes conscient ?

R. Faurisson : J'entends souvent dire cela ; ce qui m'intéresse, c'est la vérité. J'estime n'avoir de responsabilité qu'à l'endroit de la vérité. Ce que je dis est vrai ou faux. C'est cela qui importe.

Ivan Levaï : M. Faurisson, était-il bien nécessaire de tenter de réhabiliter Hitler, dont la cause, d'un bout à l'autre de la planète, est définitivement entendue ?

R. Faurisson : Je condamne Hitler. Il ne m'intéresse d'ailleurs même pas. Je condamne toute dictature, voilà pourquoi. Je…

Ivan Levaï : Non, non, Monsieur, attendez ! Dans une lettre que vous avez fait publier le 1er novembre 1978, vous dites : « Hitler n'a jamais ordonné, ni admis que quiconque fût tué en raison de sa race et de sa religion. »

R. Faurisson : Fût *tué*, en effet. Laissez-moi préciser.

Ivan Levaï : Je vous en prie.

R. Faurisson : Hitler a persécuté les juifs, c'est vrai. Les déportations ont existé, c'est vrai. Les fours crématoires ont existé ; cela n'a rien de mal de brûler des cadavres, surtout là où il y a des risques d'épidémie, mais ce que l'on appelle chambres à gaz, c'est-à-dire un endroit, un abattoir humain où on aurait fait entrer des gens pour les gazer, pour les tuer, cela n'a jamais existé. L'horreur concentrationnaire est une réalité, où qu'elle soit.

Ivan Levaï : M. Faurisson…

R. Faurisson : Écoutez-moi. L'horreur concentrationnaire, je la dénonce partout…

Ivan Levaï : M. Faurisson…

R. Faurisson : Oui, je vous écoute…

Ivan Levaï : Pardonnez-moi. Il se trouve... Alors évidemment, moi qui ne suis pas historien et je n'enseigne pas...

R. Faurisson : Ça n'a pas d'importance.

Ivan Levaï : Je suis allé à Auschwitz et j'ai vu, de mes yeux vu, les chambres à gaz d'Auschwitz et je vous dis : le spectacle est insoutenable et Auschwitz est sous la protection internationale. Chaque pays a son blockhaus, chaque pays a son camp. Vous accusez de mensonge, en disant ce que vous dites, à ce micro et ce que vous écrivez depuis plusieurs années, vous accusez de mensonge, je dis, la communauté des nations et tous les êtres individuels de chair et de sang qui ont payé, je dis bien, ont payé de leur vie la folie de Hitler.

R. Faurisson : Vous permettez...

Ivan Levaï : C'est bien ça ? Pourquoi réhabiliter Hitler, c'est ma question ?

R. Faurisson : Je ne suis pas en train de réhabiliter Hitler, je dis que ces choses-là ont existé. Vous me dites que vous avez visité Auschwitz, d'autres ont visité le Struthof et d'autres Dachau. Je vous conseille de revisiter et de visiter attentivement et de vous renseigner et d'essayer de voir, de vous renseigner sur ce que peut être le Zyklon, sur...

Ivan Levaï : Le Zyklon B, oui, que vous appelez insecticide. Vous dites : C'est un insecticide. À Auschwitz, des documents prouvent que c'était un gaz véritable et M. Vidal-Naquet, dans son livre, dit que des expertises ont été faites, que dans les soixante tonnes de cheveux expertisés on a trouvé du cyanure. Il y a eu, vous le savez, des gens gazés, M. Faurisson.

R. Faurisson : Pas du tout, laissez-moi répondre. Le Zyklon est un insecticide extrêmement dangereux, mais qui existe encore aujourd'hui et qui se vend partout, là où vous avez l'autorisation de l'acheter, 18 rue Goubet, Paris (19e). Il s'emploie encore aujourd'hui.

Quant à ce que vous racontez sur les soixante tonnes de cheveux, je suis désolé, l'expertise a prouvé que, dans une usine de tapis et de peluches de Haute-Silésie, on a trouvé des cheveux dans lesquels on a trouvé trace d'acide cyanhydrique, ce qui est bien normal : on désinfecte.

Je répète, si vous permettez, que Hitler a persécuté les juifs. Je pense qu'il était plus dangereux, d'ailleurs, d'être communiste ou résistant que d'être juif pendant la guerre.

Ivan Levaï : Oh, ça se valait, ça se valait.

R. Faurisson : Non, monsieur.

Ivan Levaï : Oh si, oh si.

R. Faurisson : Ça ne valait pas mort et je vous conseille d'étudier là-dessus nos livres.

Ivan Levaï : Permettez-moi, M. Faurisson, de vous demander tout de même pour qui vous roulez, car un citoyen normal, je dis bien normal, ne peut défier seul un peuple, ses martyrs, ses historiens et tous les témoins vivants de l'Holocauste.

R. Faurisson : Ce que vous appelez témoins vivants de l'Holocauste, je les écoute et je les lis et, néanmoins, je maintiens ce que je dis, car il s'agit de savoir si on est témoin ou si on est témoin oculaire, ce qui est autre chose. Maintenant, vous me demandez pour qui je roule. La question peut être posée à Chomsky, à Cohn-Bendit, à Serge Thion. Elle peut être posée à quantité d'auteurs maintenant aux États-Unis, en Angleterre, en Australie. Moi-même j'ai…

Ivan Levaï : Non, à vous, à vous.

R. Faurisson : J'ai déjà répondu à votre question, Monsieur.

Ivan Levaï : Vous n'avez pas répondu, M. Faurisson. D'abord parce que vous allez m'obliger à dire que vous étiez en 79 à Los Angeles. Ne vous défilez pas, pardonnez-moi…

R. Faurisson : … Jamais…

Ivan Levaï : Un instant. Je dois dire, pour l'information des auditeurs d'Europe 1, à Los Angeles en 79, vous étiez présent à une Internationale révisionniste, c'est-à-dire qui voulait réviser ce qu'avaient été les soi-disant crimes de guerre. Avec M. Bennett, avec M. Butz, un nazi américain. Bien. Vous étiez… vous êtes conseiller…

R. Faurisson : Vous n'avez pas le droit de dire que M. Butz est un nazi. Quant à M. Bennett, il est l'équivalent en France, figurez-vous, de M. Noguères. Il est…

Ivan Levaï : Non, non.

R. Faurisson : Mais si. Ce monsieur est secrétaire des libertés civiles dans l'état de Victoria, en Australie. C'est un homme de gauche… Est-ce que Chomsky est un hitlérien ?

Ivan Levaï : Encore un mot, encore un mot. Pourquoi êtes-vous le conseiller « historique » d'une maison d'édition belge qui publie comme par hasard…

R. Faurisson : Non, Monsieur, je vous préviens que cette chose-là a été sanctionnée par le tribunal.

Ivan Levaï : Allons bon ! Vous allez me traînez aussi devant les tribunaux !

R. Faurisson : Méfiez-vous, Monsieur, c'est une pure calomnie.

Ivan Levaï : Alors, c'est une question que je vous pose, ce n'est ni calomnie, ni médisance. Je voudrais savoir pourquoi votre avocat est aussi celui qui défend Fredriksen et la FANE ?

R. Faurisson : Mais il ne défend nullement Fredriksen et la FANE, je vous fais remarquer, par exemple, que me Chotard, un de mes avocats, appartient au MRAP.

Ivan Levaï : Pour qui roulez-vous, M. Faurisson ?

R. Faurisson : Je vous ai répété que je roule pour, pour prendre votre expression, je roule pour la vérité, quoi qu'il doive m'en coûter, à moi-même, à ma femme, à mes enfants. J'irai jusqu'au bout de mon travail. Lors de la guerre de 14, il a été dit et répété que les Allemands coupaient les mains aux petits enfants, que dans des usines on fabriquait du savon humain, etc. Après la guerre, on a révisé. Je voudrais vous dire une chose à propos des historiens : vous les mettez dans le même sac. Je vous signale que les historiens les plus officiels, en 1960, ont fini par dire piteusement, eh bien ! à Dachau, malgré tous les témoignages, toutes les preuves, il n'y a jamais eu de gazage. Et je ne vois aucune différence...

Ivan Levaï : Étonnant, ce que vous dites ! Quand je pense que M_{me} Saunier-Seïté vous sanctionne pour votre attitude. M. Giscard d'Estaing se déplace lui-même à Auschwitz, il emmène Samuel Pisar à Auschwitz et alors tout un pays se serait trompé ! Vous auriez seul raison contre un pays...

R. Faurisson : D'abord, je suis loin d'être seul. Calmons-nous. Je conserve mon calme, conservez le vôtre.

Ivan Levaï : Oui, oui je le conserve. C'est parce qu'il est l'heure de terminer.

R. Faurisson : Je regrette. Une visite officielle, à la façon de Giscard d'Estaing, ne signifie rien. Il s'agit d'aller sur place, de faire un travail scientifique. Je sais que c'est extrêmement difficile. Monsieur, je voudrais ajouter une dernière chose ?

Ivan Levaï : C'est la dernière.

R. Faurisson : Oui. On a tendance à croire qu'on est honnête, tandis que je serais malhonnête, qu'on dit la vérité tandis que je mentirais, qu'on serait démocrate tandis que je serais nazi. La différence, elle est la suivante : je travaille et je n'admets pas les vérités admises. Ainsi, je révise, j'examine, je reviens sur la question et je suis loin d'être le seul, et croyez-moi, il y a de plus en plus de gens pour réexaminer les vérités acceptées ainsi.

Ivan Levaï : M. Faurisson, vous avez eu plus de temps que mes invités habituels. Je renvoie au fond les auditeurs d'Europe 1, à votre procès qui aura lieu le 31 mars prochain.

[Émission de radio du mercredi 17 décembre 1980 sur les antennes d'*Europe n° 1*, intitulée : « Expliquez–vous, M. X », enregistrée sur cassette et transcrite par nos soins. – N.d.é]

***

(1980)

Sur la prétendue « chambre à gaz » homicide du Struthof, les trois confessions successives et contradictoires de Josef Kramer

Josef Kramer arriva au camp de concentration du Struthof-Natzweiler en avril 1941. Il y fut d'abord l'adjoint de Hüttig, puis de Zill. En octobre 1942, il fut nommé commandant du camp. En avril 1944, il quitta le Struthof-Natzweiler pour Auschwitz. En décembre 1944, il fut nommé à Bergen-Belsen. C'est dans ce camp ravagé par le typhus qu'il fut arrêté par les Britanniques.

À deux reprises des juges militaires français interrogèrent Josef Kramer en Allemagne sur son activité passée au Struthof-Natzweiler.

Dans les archives de la Justice militaire française, on découvre trois documents qui sont censés nous rapporter ce que Josef Kramer a dit sur la « chambre à gaz » du Struthof.

Ces trois documents se présentent comme suit :

1. Document 1806-Y-14. Il s'agit d'une courte déclaration entièrement dactylographiée en français, sans signature sinon « Josef Kramer » écrit à la machine ! Cette déclaration est datée de « Celle, le 26 juillet 1945 ». Elle est adressée « au lieutenant français Paul Heiker ». Peut-être s'agit-il là du lieutenant Hecker (notez la différence d'orthographe) dont il sera question dans le document du 6 décembre 1945 (voyez ci-dessous). Dans la courte déclaration le nom de Natzweiler est à deux reprises écrit Nutzweiler.

2. Document 107 (voyez également document 1806/V/2). Il s'agit du procès-verbal d'interrogatoire mené par le juge d'instruction militaire commandant Jadin. Le texte est manuscrit ; il a été rédigé en français par le greffier et il porte entre autres signatures celle de Josef Kramer ; ce dernier n'a donc pas signé un texte rédigé dans sa propre langue, mais un texte rédigé en français et dont le greffier-interprète (?) nous garantit qu'il a donné à Kramer une interprétation en allemand. Ce procès-verbal est, comme la courte déclaration susmentionnée de « Celle, le 26 juillet 1945 ». Le texte en est assez négligé.

3. Documents 157 (texte allemand) et 158 (traduction en français) (voyez également pour 158 la curieuse reproduction qui en a été

donnée dans le document 1806/V/2bis). Il s'agit du procès-verbal d'interrogatoire mené par le capitaine Paul André, officier de liaison auprès du « HQ British Army of the Rhine » agissant en vertu d'une commission rogatoire du commandant Jadin. Les deux textes ont été dactylographiés par le greffier ; le texte allemand est entaché de très nombreuses fautes et le texte français contient, en plus d'une grave erreur de traduction, de nombreuses fautes d'orthographe. Kramer a signé les deux documents. Tous deux datent de Lüneburg (en français Lunebourg) le 6 décembre 1945. Il est intéressant de comparer ainsi à quatre mois et demi de distance les « confessions » de Kramer.

À quatre mois et demi de distance, ces « confessions » divergent gravement. On s'étonne de ce que la Justice militaire ne se soit apparemment pas souciée de ces divergences. On s'étonne aussi de ce que les historiens parlent de « la confession » de Kramer comme s'il n'existait qu'une « confession ».

Une chambre à gaz homicide est un instrument qui est obligatoirement très difficile à concevoir, à construire et à faire fonctionner. Rien n'est dangereux comme de tuer un homme par le moyen d'un gaz. Il a fallu de nombreuses années aux Américains pour mettre au point leurs chambres à gaz destinées à l'exécution d'un seul condamné à la fois. Aussi voit-on mal comment Josef Kramer a pu, en l'espace de quelques jours du mois d'août 1943, concevoir et réaliser une « chambre à gaz » homicide pour l'exécution de groupes d'une quinzaine de personnes. Cet ancien libraire avait-il le génie de la chimie et de toutes sortes de technologies industrielles ? Dans une chambre à gaz américaine tout est conçu pour que le gaz cyanhydrique provoque la mort du condamné dans les délais les plus rapides. Il ne faut que quarante secondes après l'émission du gaz pour que le condamné s'endorme irrémédiablement, mais la mort, elle, ne vient qu'au bout de quelques minutes (environ une dizaine de minutes). Josef Kramer, lui, tuait ses victimes en trente secondes environ ! On se demande de quel produit magique il se servait.

Selon chacune des deux principales versions contradictoires de ses « confessions », il aurait reçu, un jour d'août 1943, soit un ordre écrit accompagné d'une lettre, soit simplement un ordre écrit. Aucune référence, sinon très vague, ne nous est fournie sur cet ordre ou cette lettre. D'après la première version, il ne s'agissait pas d'un ordre d'exécution mais seulement d'un ordre de recevoir environ quatre-vingts internés venant d'Auschwitz et la lettre lui demandait seulement de se mettre en relation avec le professeur Hirt, de Strasbourg. D'après l'autre version, un seul et même ordre écrit lui faisait obligation d'exécuter des internés envoyés d'Auschwitz et de se mettre en rapport avec le professeur Hirt pour le mode d'exécution. Selon la première version, Kramer est allé voir Hirt qui lui a dit qu'« il avait eu connaissance d'un convoi d'internés d'Auschwitz pour le Struthof » ; et Hirt « précisa que ces personnes devaient être exécutées dans la chambre à gaz du Struthof à l'aide de gaz asphyxiants ». Selon l'autre version, Kramer « fait part » à Hirt des ordres d'exécution qu'il a reçus et le professeur lui « donna le conseil [sic] d'exécuter les gens par le gaz » ; Kramer lui répondit alors que « dans le camp, il n'y avait ni une chambre à gaz, ni gaz » ; qu'importe sans doute puisque Kramer avait à sa disposition un entrepreneur de bâtiments qui lui avait été envoyé d'Oranienburg (Centrale des camps de concentration allemands) ; il faisait « alors construire la chambre à gaz par des internés ». Quand on sait que le moindre plan de construction en temps de guerre était l'objet d'une foule d'études et d'autorisations officielles, on se dit que la construction d'un engin aussi extraordinaire qu'une chambre à gaz homicide aurait dû laisser de nombreuses traces écrites ; nous possédons bien, par exemple, sous la cote NI-7961 (cotes des tribunaux alliés), une lettre du 3 septembre 1943 adressée à la Direction des constructions du camp de Natzweiler-Struthof par la firme allemande spécialisée dans la construction de chambres à gaz pour épouillage ; soit dit en passant, le contenu de cette lettre prouve très clairement qu'à cette date du 3 septembre 1943, c'est-à-dire postérieurement aux prétendues exécutions de Kramer, les autorités du camp en étaient encore à envisager la création d'une chambre à gaz pour épouillage ; elles s'y prenaient d'ailleurs si maladroitement dans le plan de leur projet qu'il faut voir comme elles se font rabrouer pour leur incompétence.

D'après la première version des aveux de Kramer, Hirt remit à ce dernier, « à la suite » de leur conversation, « un flacon de la contenance d'un quart de litre environ contenant des sels que je crois être cyanhydriques ». D'après l'autre version, « Hirt me donna alors une bouteille de verre fermée avec de la cire. Dedans il y avait un produit se constituant de petits corps blancs, semblables à de la soude ». D'après la première version, Hirt ne semble pas à première vue avoir dit à Kramer qu'il fallait ajouter de l'eau à ces sels pour en obtenir le dégagement immédiat d'un gaz létal, mais, étant donné que dans la suite du récit Kramer dit qu'il a procédé de cette manière, on peut supposer que c'est le professeur Hirt qui lui a indiqué ce curieux processus ; obtenir ainsi un gaz mortel à partir d'un mélange de sel et d'eau constitue une prouesse chimique. D'après l'autre version, il est dit en toutes lettres que Hirt déclara qu'en ajoutant de l'eau à ces sels Kramer obtiendrait un gaz toxique !

Selon les versions, la dose est « approximative » ou « exacte ». Toutefois, aucune des deux versions ne nous précise combien il fallait de sel pour chaque opération. Kramer, en effet, a dû se voir obligé d'ouvrir et de fermer à plusieurs reprises son « flacon » ou sa « bouteille de verre fermée avec de la cire » car, selon une version, il a tué d'abord « une quinzaine de femmes », puis, « quelques jours après », « une certaine quantité de femmes », « puis encore, quelques jours après, […], en deux ou trois fois une cinquantaine d'hommes environ, peut-être cinquante-cinq », tandis que, selon l'autre version, il a d'abord tué vingt-six femmes (et non une quinzaine), puis, « à quelque temps de là », un transport d'hommes au nombre indéterminé, puis « deux ou trois semaines après, un transport de trente hommes ». En réalité d'ailleurs, si l'on tient compte non seulement de ces deux versions principales mais aussi du texte de l'« erratum » de la seconde version ainsi que de la « déclaration » au lieutenant Paul Heiker, on aboutit à un ensemble de données inextricables en ce qui concerne aussi bien le nombre des transports à exterminer que le nombre et la cadence et la date de chaque séance d'extermination. Pour ne prendre que l'exemple des dates, c'est en juillet que Kramer aurait perpétré ses crimes selon la version de la courte « déclaration » ; selon le premier procès-verbal, c'est apparemment en août, et, selon le second procès-verbal, il semblerait que ces exécutions se soient étendues sur une assez longue période de temps qui a pu s'étendre jusqu'au mois de septembre. Je rappelle ici que pour l'accusation on devait, en fin de compte, jeter son dévolu sur la version suivante (Doc. 1806-vps) : « Kramer a exécuté par le gaz quatre-vingt-sept Juifs et Juives les 11, 13, 17 et 19 août 1943. » On se demande bien comment une pareille affirmation peut s'accommoder, ainsi qu'on tend à nous le faire croire, avec « l'aveu » (*sic*) ou « la confession » (*sic*) de Josef Kramer.

Les divergences les plus graves apparaissent au moment où Kramer est censé nous relater comment il a tué ses victimes.

Selon la première version, il commence par enfermer les femmes dans la « chambre à gaz » ; il ferme la porte et, de l'extérieur, il verse à travers la paroi dans un entonnoir ses mystérieux sels et de l'eau ; sels et eau semblent se mélanger dans l'entonnoir sans provoquer de dégagement gazeux sous le nez de Kramer qui ne paraît pas porter de masque à gaz ; c'est seulement quand ces sels et cette eau parviennent dans une excavation située à l'intérieur de la « chambre à gaz » que le gaz se dégage et qu'il tue en une demi-minute la quinzaine de victimes. Selon la seconde version, Kramer entre le premier dans la « chambre à gaz » ; il dépose dans l'excavation (« le trou aménagé dans le plancher ») « une poignée de produit » ; puis il sort de la pièce et il y fait entrer les femmes (elles sont vingt-six et non pas une quinzaine) ; de dehors il verse de l'eau dans l'entonnoir ; et cette eau coule « par un tuyau muni d'une fermeture dans le trou où se trouvaient les petits grains ». Après une demi minute les cris cessent dans la « chambre à gaz ».

Selon la première version, Kramer est censé avoir observé cette mise à mort. Selon la seconde version, il ne l'a pas observée ; il était seulement aux écoutes ! On lit en effet dans la première version :

> « J'allumai l'intérieur de la chambre à l'aide du commutateur placé près de l'entonnoir et j'observai par le regard extérieur ce qui se passait à l'intérieur de la chambre. – Je constatai que ces femmes ont continué à respirer environ une demi-minute puis elles tombèrent à terre. Lorsque j'ouvris la porte après avoir fait en même temps marcher la ventilation, [etc.]. »

Dans la seconde version on lit en revanche :

> « Je déclare que je n'ai pas, par la fenêtre, observé la mort. J'étais seulement aux écoutes. Comme il n'y avait plus rien à entendre et que plus rien ne se mouvait, j'ai mis le ventilateur en marche. Pendant ce temps, je me trouvais à l'extérieur et je n'ai ni respiré, ni senti le gaz. Après un quart d'heure, j'ai ouvert la porte. »

On a présenté à Kramer des photographies de la « chambre à gaz » qu'il prétendait avoir fait construire et avoir utilisée. Ces photographies sont celles de l'album du commandant Jadin. Kramer a manifestement été incapable d'expliquer la structure, l'agencement et l'emploi du local. Dans la première version il déclare : « J'ignore à quoi était destiné le tuyau de fer situé dans la porte d'entrée de la chambre à gaz. » Quant au gaz, Kramer dit dans sa seconde version : « Le professeur me nomma le gaz ; j'ai oublié son nom. Mais je pourrais reconnaître les graines si on me les présentait. » Il ne peut pas être question de granulés de Zyklon ; le produit était d'un usage courant dans l'armée allemande pour la désinfection des locaux et Kramer, qui était commandant de camp, connaissait certainement ce produit. Le professeur Hirt était un éminent spécialiste des gaz et il n'est pas étonnant que sur le carnet de Volkmar on trouve son nom à côté de la mention de « Gas Blausäure » (gaz cyanhydrique), surtout si à la date en question on cherchait à construire à Natzweiler une chambre d'épouillage en circuit fermé à acide cyanhydrique. Il est stupéfiant que Kramer ait procédé lui-même à la manipulation du poison et qu'aucun des médecins du camp ne se soit trouvé à ses côtés. Il ne cite nommément comme complice que « Zeus » (texte français) ou « Zeuss » (texte allemand) ; il s'agissait en réalité de Wolfgang Seuss, lequel, après la guerre, sera interrogé par la justice française et, à l'exemple de ses camarades SS présents au Struthof, niera toute participation à un tel crime, y compris lorsqu'il se verra confronté avec le témoin Paul Weigel le 4 novembre 1949 (pièce 1806-V-16). Il est également curieux que Kramer n'ait à aucun moment rappelé que la prétendue « chambre à gaz » homicide du Struthof avait été effectivement une chambre à gaz… pour l'essai des masques à gaz par la troupe. Ce genre de local existe dans toutes les armées du monde et son caractère rudimentaire fait qu'il ne saurait être utilisé pour un gaz foudroyant aux effets redoutables pour son utilisateur.[225] Le professeur Bickenbach devait d'ailleurs profiter de l'existence de cette chambre à gaz pour y procéder d'abord sur sa propre personne, puis sur la personne de détenus « volontaires » à des essais sur l'urotropine comme préventif des effets du gaz phosgène. Le gouvernement allemand avait appris que, dès la fin de 1942, les Alliés entreposaient en Afrique du Nord de grandes quantités de gaz phosgène ; craignant que ce gaz ne serve à bombarder les populations allemandes, le gouvernement avait chargé le professeur Bickenbach de mener des recherches en ce domaine. Bref, « la confession de Kramer » est digne en tous points des différents éléments qui ont contribué à forger la légende de la prétendue « chambre à gaz » homicide du Struthof. Je me permets de rappeler le caractère scandaleux du recueil photographique établi et commenté par le juge d'instruction militaire Jadin avec ses grattages sur photographies ou ses grattages de légendes (quand il ne s'agit tout bonnement pas de pages arrachées) et aussi avec ses commentaires marquant à la fois les préventions du commentateur et son incapacité à expliquer le fonctionnement d'une installation que d'entrée de jeu il baptise de « chambre à gaz » homicide. Je rappelle le caractère infantile et odieusement tendancieux du rapport dit d'expertise

---

[225] Sur l'emploi de cette chambre pour l'essai des masques, voyez, par exemple, les pièces 244, 2311 ou 2318. Dans la pièce 244, Adolf Becker, qui travaillait aux cuisines, à proximité de cette pièce, déclare : « Je n'ignorais pas qu'une chambre à gaz se trouvait située dans le magasin à vivres près de l'hôtel. C'est dans cette chambre que nous devions essayer nos masques. J'ignorais que des internés aient été exécutés dans ladite chambre, notamment qu'en août 1943 on avait asphyxié 80 internés. » Dans la pièce 2311, Herbert Dillmann déclare : « Je n'ignorais pas que dans le bâtiment BW 10 [il s'agit, d'après le dessin joint, de notre fameuse « chambre à gaz »] il y avait une salle où l'on essayait les masques à gaz. Je sais aussi que dans la suite, dans la même pièce, le Dr Bickenbach a fait des expériences. » Dans la pièce 2318, Adolf Becker répète : « Tous les SS ont dû une fois essayer nos masques à gaz dans cette chambre à gaz. » Dans une autre pièce du carton 12, Robert Nitsch parle également de *Gasmaskenprobe*. Dans la pièce 1371, Wolfgang Seuss (cité par Kramer) parle d'une chambre à gaz « installée près des bâtiments économiques » et il affirme catégoriquement : « Des juifs n'ont pas été asphyxiés à Natzweiler. »

des D_{rs} Simonin, Piedelièvre et Fourcade ; on s'y acharne mais sans succès à prouver que les cadavres trouvés à l'Institut d'Anatomie de Strasbourg sont ceux de détenus « gazés » au Struthof. Je rappelle l'absence dans les archives de la Justice militaire du rapport du professeur René Fabre établissant qu'il n'avait trouvé de trace d'acide cyanhydrique ni dans les cadavres, ni dans les produits de raclage de la « chambre à gaz » ou dans les plâtras (bocaux W et X). Je rappelle l'absence de toute expertise de la « chambre à gaz » par un homme de l'art. Je rappelle l'embarras croissant de l'Amicale des déportés et familles de disparus de Natzweiler-Struthof dont le président François Faure me déclarait en 1975 qu'il n'avait jamais visité cette « chambre à gaz » ; curieusement, cette « chambre à gaz » n'est aujourd'hui plus visitable dans la pratique. Je rappelle le silence total des autorités locales ou nationales que je saisissais par une lettre du 23 septembre 1976 de la supercherie que constituait cette « chambre à gaz ». Pour terminer, je ne laisserai la parole ni au colonel Rémy, qui ne croit pas à la « chambre à gaz », ni à me Floriot rappelant en 1954 au tribunal militaire de Lyon qu'il ne fallait pas confondre les « chambres à gaz » homicides d'Auschwitz avec le petit local du Struthof, mais à un incroyable témoin : le député RPR de Paris, Joël Le Tac. Dans *France-Soir* du 25 novembre 1978, ce dernier prétendait me donner la réplique en évoquant ses souvenirs des « gazages » homicides du Struthof. Quand on connaît, d'une part, la configuration de la pièce et du bâtiment où s'inscrit cette pièce et, d'autre part, la version officielle du « gazage » de quatre-vingt-sept juifs et juives, on admirera la fausseté du témoignage et ses fantastiques confusions ; on admirera aussi combien les Allemands s'y sont pris pour installer à son aise le témoin de leurs crimes et lui permettre de tout observer. Voici le texte de ce faux témoignage :

« Cette nuit-là donc, une vingtaine de Tsiganes furent amenés. On les a fait monter dans des camions en même temps que des brancards roulés. Les camions se sont arrêtés à 2 kilomètres plus loin devant une sorte de blockhaus. Alors a eu lieu le tri : 5 par 5, à raison de deux vieux, un enfant et deux jeunes, les tziganes étaient choisis. On a constitué ainsi quatre groupes. Au premier groupe on a donné une ampoule de gaz qu'il devait briser à l'intérieur du blockhaus… Dès qu'ils furent entrés, les SS et les « spécialistes » se sont précipités pour regarder par un hublot ce qui se passait à l'intérieur du blockhaus. Après dix minutes, ils ont fait sortir les tziganes. Ils avaient le visage marqué mais aucun d'entre eux n'était mort. – Après avoir ventilé le blockhaus on a fait rentrer le deuxième groupe mais cette fois avec deux ampoules de gaz. Mais là encore il n'y eut pas de mort. Le troisième essai fut le « bon ». Pour faire entrer les cinq nouveaux cobayes, les SS durent intervenir… mais cette fois personne n'en sortit vivant. Même chose pour le quatrième groupe. Quand le blockhaus fut ventilé, ce sont des cadavres que nous avons chargés avec les brancards dans les camions. Du sang coulait de leurs narines. – Je pourrais raconter cette nuit pendant des heures… jusqu'à ce que le jour se lève, même à Faurisson, professeur de l'université française. »

– *Texte des « confessions » de Josef Kramer* –

On trouvera ci-dessous le texte des « confessions » de Kramer. Je reproduis ce texte d'après les notes que j'ai prises, dans de mauvaises conditions, lorsque j'ai pu consulter les archives de la Justice militaire française. Je n'étais pas autorisé à faire de photocopies. Il se peut donc que j'aie commis des fautes malgré le soin que j'ai apporté à mon travail. J'ai tenté de reproduire toutes les fautes des textes originaux français. Je ne livre pas ici le texte allemand de la seconde « confession », mais sa traduction officielle. Je n'ai retenu de ces textes que ce qui concernait la « chambre à gaz » du Struthof. Bien que Kramer ait eu de hautes responsabilités à Auschwitz, il ne semble pas que la Justice militaire française l'ait interrogé là-dessus. Dans le livre d'A. R. Butz on trouvera le texte en anglais de deux dépositions *(« statements »)* successives de Kramer.[226] La comparaison des deux dépositions est instructive. La première déposition est longue, détaillée et ne paraît pas avoir été faite sous la contrainte ; Kramer n'y souffle pas mot de « gazages » au Struthof ; quant aux « gazages » d'Auschwitz, il en dit ceci :

> « Je suis au courant des allégations d'anciens prisonniers d'Auschwitz faisant mention de l'existence d'une chambre à gaz, d'exécutions et de corrections massives, de la cruauté des gardes, tout cela en ma présence ou à ma connaissance. Tout ce que je puis répondre à tout cela, c'est que c'est faux du début à la fin. »

La seconde déposition de Kramer est brève et d'un tout autre ton quand il s'agit de Natzweiler-Struthof ou d'Auschwitz. Kramer fait allusion à sa déposition devant le commandant français Jadin ; il dit qu'il avait reçu l'ordre de gazer des femmes (il ne parle pas d'hommes et de femmes), que l'ordre de Berlin était signé de Glücks sur ordre de Himmler (ce qui vient totalement en contradiction avec l'affirmation de Rudolf Höss selon laquelle Himmler lui avait dit de tout cacher à ses supérieurs hiérarchiques en matière de « gazages »), que Hirt lui avait donné un récipient contenant des cristaux avec des instructions sur le mode d'emploi. Kramer ajoute qu'il n'y avait pas au Struthof de chambre à gaz spécifique *(no regular gas chamber)* mais que Hirt lui décrivit *(sic)* comment utiliser une pièce ordinaire *(he described to me how an ordinary room might be used)*. Quant à Auschwitz, ce qu'en dit Kramer est tout à fait vague en matière de « chambres à gaz » et, pour commencer, il ne parle que d'une « chambre à gaz » à Auschwitz-

---

[226] A. R. Butz, *The Hoax of the Twentieth Century*, p. 264-277.

Birkenau là où, selon la légende officielle, il y avait au moins quatre
« chambres à gaz ». Je reproduis ci-dessous la « confession obtenue » à
Celle le 26 juillet 1945 par le commandant français Jadin et la
« confession » obtenue à Lunebourg le 6 décembre 1945 par le capitaine
français André. C'est ce que j'appelle la première et la seconde
« confessions » de Kramer. J'ai repoussé à la fin ce que j'appelle « une
autre "confession" de Kramer » ; en fait, cette courte déclaration se situe
le même jour que la « confession » recueillie par Jadin et il est probable
qu'elle lui est antérieure de quelques instants. Elle est manifestement
hâtive (voyez l'orthographe de Nutzwiller, à deux reprises ; elle ne porte
pas même la signature de Kramer ; elle situe les « gazages » en juillet
1943 alors que la vulgate exterminationniste place ces « gazages » en
août 1943).

– Première « confession » de Josef Kramer –
(Celle, 26 juillet 1945)

Au cours du mois d'août 1943 j'ai reçu du camp d'Oranienburg ou
plutôt du commandement suprême SS de Berlin qui m'a fait transmettre
l'ordre par le Cdt. du camp d'Oranienburg, de recevoir environ 80
internés venant d'Auschwitz. Dans la lettre qui accompagnait [p. 3] cet
ordre il m'était précisé d'avoir à me mettre en relation immédiatement
avec le professeur Hirt de la Faculté de médecine de Strasbourg.

Je me suis rendu à l'Institut d'anatomie de Strasbourg où se trouvait
Hirt. Ce dernier me déclara qu'il avait eu connaissance d'un convoi
d'internés d'Auschwitz pour le Struthof. Il me précisa que ces personnes
devaient être exécutées dans la chambre à gaz du Struthof à l'aide de gaz
asphyxiants et que leurs cadavres devaient être conduits à l'Institut
d'anatomie pour être mis à sa disposition.

À la suite de cette conversation il me remit un flacon de la contenance
d'un quart de litre environ contenant des sels que je crois être des sels
cyanhydriques. [Nous présentons à] [raturé].

Nous présentons au témoin le livre de Volkmar retrouvé au camp du
Struthof et placé par Nous sous scellé n° II.

Le témoin : Je reconnais parfaitement dans le livre que vous me
représentez l'agenda qui était la propriété de Volkmar.

Ce livre est sténographié de sa main mais [deux mots illisibles
raturés] dans une sténographie que je ne comprends pas. Je constate qu'il
est marqué « gaz cyanhydrique ». [p. 4].

Le professeur m'indiqua la dose approximative que je devais
employer pour asphyxier moi-même les internés venant d'Auschwitz
dont je viens de vous parler.

Au début d'août 1943 je reçus donc les 80 internés destinés à être supprimés à l'aide des gaz qui m'avaient été remis par Hirt, et je commençais par faire conduire dans la chambre à gaz un certain soir, vers 9 heures, à l'aide d'une camionnette une première fois une quinzaine de femmes environ. Je déclarais à ces femmes qu'elles devaient passer dans la chambre à désinfection, et je leur cachais qu'elles devaient être asphyxiées.

Assisté de quelques SS je les fis complètement déshabiller et je les poussais dans la chambre à gaz alors qu'elles étaient toutes nues.

Au moment où je fermais la porte elles se mirent à hurler. J'introduisis, après avoir fermé la porte, une certaine quantité de sel dans un entonnoir placé au-dessous et à droite du regard. En même temps je versai une certaine quantité d'eau qui, ainsi que [p. 5] les sels, tombèrent dans l'excavation située à l'intérieur de la chambre à gaz au bas du regard. Puis je fermai l'orifice de l'entonnoir à l'aide d'un robinet qui était adapté dans le bas de cet entonnoir, prolongé lui-même par un tube en métal. Ce tube en métal conduisit le sel et l'eau dans l'excavation intérieure de la chambre dont je viens de vous parler. J'allumai l'intérieur de la chambre à l'aide du commutateur placé près de l'entonnoir et j'observai par le regard extérieur ce qui se passait à l'intérieur de la chambre.

Je constatai que ces femmes ont continué à respirer environ une demie minute puis elles tombèrent à terre. Lorsque j'ouvris la porte après avoir fait en même temps marcher la ventilation à l'intérieur de la cheminée d'aération je constatai que ces femmes étaient étendues sans vie et qu'elles avaient laissé échapper leurs matières fécales. J'ai chargé deux SS-infirmiers de transporter ces cadavres dans une camionnette le lendemain matin vers 5 heures 1/2 pour [p. 6] qu'ils soient conduits à l'Institut d'anatomie ainsi que le professeur Hirt me l'avait demandé.

Quelques jours après, dans les mêmes conditions sus-indiquées j'ai conduit à nouveau dans la chambre à gaz une certaine quantité de femmes qui furent asphyxiées [dans] [*raturé*] de la même façon, puis encore, quelques jours après, j'ai fait conduire dans la chambre à gaz en deux ou trois fois une cinquantaine d'hommes environ, peut-être cinquante-cinq, qui furent supprimés, toujours à l'aide des sels que je détenais de Hirt.

S. I. : J'ignore ce que Hirt devait faire des cadavres de ces internés, assassinés sur ses indications au Struthof. Je n'ai pas cru devoir le lui demander.

S. I. : J'ignore à quelle nationalité appartenaient les internés que j'ai asphyxiés, je pense qu'ils provenaient du Sud-est de l'Europe sans toutefois pouvoir vous préciser le pays.

Nous présentons au témoin l'album de photographies dans lequel se trouvent les vues de la chambre à gaz. [p. 7]

Le témoin : Je reconnais en ces photographies la chambre à gaz du Struthof qui fut construite vers le milieu de 1943 à l'effet d'asphyxier les internés destinés au professeur Hirt.

S. I. : La chambre à gaz a été aménagée par les internés sur mon ordre. Elle avait été construite quelque temps auparavant pour servir de frigorifique.[227]

S. I. : À ma connaissance, aucune ampoule de gaz asphyxiants n'aurait été jetée dans la chambre à gaz à l'effet d'asphyxier des internés. J'ignore à quoi était destiné le tuyau de fer situé dans la porte d'entrée de la chambre à gaz. [...] [p. 9]

S. I. : Hirt s'était rendu au Struthof peut-être deux fois et Hagen une fois pour visiter le camp.

Le professeur Bickenbach s'est rendu à plusieurs reprises au Struthof conférer avec le médecin du camp Krieger ou Blanke. J'ignore s'il a procédé à des expériences mais cependant, il me dit un jour qu'il avait reçu l'ordre de procéder à certaines expériences sur les internés sans me préciser à quelles expériences, et qu'en tout cas il était lié au secret par le commandement SS. [...] [p. 10]

S. I. : À ma connaissance les professeurs de Strasbourg ne se sont pas rendus dans la chambre à gaz. Je ne pense pas que des expériences sur des gaz aient été tentées par des médecins dans la chambre à gaz. Je n'ai pas eu connaissance que des ampoules contenant des gaz aient été jetées dans cette chambre pour tenter des expériences sur des internés.

Demande : Vous m'avez, tout à l'heure, parlé des conditions dans lesquelles vous aviez exécuté les internés à l'aide des gaz asphyxiants. Au cas où les internés [p. 11] n'auraient pas été tués à la suite de l'introduction des gaz, faite par vous, les auriez-vous achevés d'une balle ?

Réponse : J'aurais tenté de les asphyxier à nouveau en projetant dans la chambre une seconde dose de gaz. Je n'ai éprouvé aucune émotion en accomplissant ces actes car j'avais reçu l'ordre d'exécuter de la façon dont je vous ai indiqué les 80 internés. J'ai d'ailleurs été élevé comme cela (*sic*).

Lecture et interprétation faites, persiste et signe avec nous et notre greffier en approuvant la rature de cinq mots nuls.

---

[227] NdA : le local plus tard devenu une chambre à gaz avait été, à l'origine, une chambre frigorifique. C'est sans doute pour punir Kramer d'avoir rappelé cette vérité que les Britanniques qui l'interrogeaient l'enfermèrent pendant toute une nuit dans une chambre frigorifique en mai 1945 (Dr J. L. Fréjapon, *Bergen-Belsen*, p. 22).

HERTZOG, KRAMER, JADIN

Sur un bout de feuille rattaché avec un trombone au haut de la page 3 figure un erratum qui concerne les arrivées des femmes et des hommes. Kramer parlait d'« un premier transport de 26 femmes [...] », puis, d'« un deuxième transport [...] composé seulement d'hommes » ; il parlait enfin d'une arrivée « 2 ou 3 semaines après, un transport de 30 hommes [...] » Or l'erratum était ainsi rédigé :

Erratum : Il n'y avait qu'un seul transport de 86 personnes, parmi elles 26 femmes et soixante hommes. Tous étaient Juifs. Dans un délai de 10 jours, tous étaient exécutés de la manière ci-dessus précisée.

– Seconde confession de Josef Kramer –

(Lunebourg, 6 décembre 1945)

Au milieu de 1943, je reçus de Berlin un ordre, par écrit, d'exécuter les gens qui avaient été envoyés d'Auschwitz, et de livrer les restes à l'Institut anatomique de l'hôpital municipal de Strasbourg.

Quant au mode d'exécution, j'ai été, selon l'ordre par écrit, obligé de me mettre en **rapport avec** le professeur d'anatomie Hirt. Je me rendis donc auprès de ce professeur et lui faisais part des ordres que j'avais reçus. Hirt me donna le conseil d'exécuter les gens par les gaz. Je lui répondis que, dans le camp, il n'y ava**it pas encore de chambres à gaz.**[228]

Hirt me donna alors une bouteille de verre fermée avec de la cire. Dedans il y avait un produit se constituant de petits corps blancs, semblables à de la soude. Hirt me déclara que, en y ajoutant de l'eau, j'obtiendrais un gaz toxique. Il me donnait aussi une indication exacte de la dose. Je lui disais que j'avais à ma disposition l'entrepreneur de bâtiments Untersturmführer Heider qui m'avait été envoyé d'Oranienburg.

Je faisais alors construire la chambre à gaz par des internés.

A quelque temps de là, arriva un premier transport de 26 femmes âgées de 20 à 50 ans. Elles demeurèrent 8 jours au camp. Pendant ce temps elles ne furent pas maltraitées et pas mieux nourries que les autres internés. Je n'avais pas quant à ces personnes des instructions spéciales. Après 8 jours d'attente, au milieu d'août 1943, je faisais conduire ces femmes, à 9 heures du soir à la chambre à gaz. Dans l'antichambre, elles

---

[228] La traduction est gravement fautive. Le tapuscrit rédigé en allemand par un Français en principe sous la dictée de Kramer, porte : « *Ich antwortete, im Lager wäre weder eine Gaskammer noch Gaz* [pour : *Gas*] *vorhanden.* » « Je répondis que dans le camp il n'y avait ni une chambre à gaz ni gaz. »

furent déshabillées. Je plaçais alors une poignée de produits dans le trou aménagé dans le plancher. Je faisais entrer les femmes dans la chambre à gaz et fermai la porte. Alors, les femmes commencèrent à pleurer et à crier. [p. 3] Dehors, je versais de l'eau dans l'entonnoir préparé. Cette eau coula par un tuyau muni d'une fermeture dans le trou où se trouvait les petits grains. Après une demi-minute, les cris cessèrent dans la chambre.

Je déclare que je n'ai pas, par la fenêtre, observé la mort. J'étais seulement aux écoutes. Comme il n'y avait plus rien à entendre et que plus rien ne se mouvait, j'ai mis le ventilateur en marche. Pendant ce temps, je me trouvais à l'extérieur et je n'ai ni respiré, ni senti le gaz. Après un quart d'heure, j'ai ouvert la porte. Il semblait que la mort s'était déroulée d'une façon normale. Seulement 3 ou 4 n'avaient pas pu tenir leur selle. Il était à peu près 9 heures 30.

Le matin suivant, à 5h 30, je faisais conduire les corps à Strasbourg dans un camion revêtu d'une bâche. Cette façon était choisie afin que personne ne puisse être tenu au courant de ce qui s'était passé. Car j'étais contraint au secret le plus strict. Je nie avoir abattu qui que ce soit, prisonniers ou internés. À cette exécution ont assisté 4 SS dont je connais le nom d'un seul, celui de Lagerführer Zeus. Le Stabscharführer Jung Hans n'y assistait pas. Je nie avoir tenu un discours.

Hirt n'était pas présent. Il vint en tout deux ou trois fois à Struthof, en visite personnelle, sans rapport avec l'exécution. À quelques temps de là, un deuxième transport arriva à Struthof, venant d'Auschwitz, composé seulement d'hommes. Huit jours après ils étaient exécutés de la même façon. 2 ou 3 semaines après, un transport de 30 hommes qui demeurèrent 10 Jours au camp furent également asphyxiés. Je nie qu'après l'exécution les SS aient but. C'était toujours les mêmes SS qui assistaient aux exécutions.

Le professeur me nomma le gaz ; j'ai oublié son nom. Mais je pourrais reconnaître les graines si on me les présentait. [...] [p. 6] Le professeur Hirt vint seulement deux ou trois fois dans le camp. Il ne demeurait jamais plus longtemps qu'une heure. Je connaissais les médecins du camp. Je ne sais pas s'ils étaient en correspondance avec eux. [...] Les 86 corps qui ont été fournis à l'hôpital municipal de Strasbourg étaient tous juifs. Je pouvais constater ce fait selon une liste nominative. Il s'agissait d'habitants du Sud-Est de l'Europe.

Lecture faite, persiste et signe
KRAMER Capitaine
ANDRÉ Lieutenant
HECKER Sergent PAGE

– Une autre « confession » de Kramer –

[Le même jour que la première, peut-être antérieure à cette première]
Je fais la déclaration suivante au lieutenant français Paul Heiker :

À la suite d'une ordonnance reçue de Berlin, je fis traiter par les gaz, en juillet 1943, au camps de Nutzweiler (Alsace) 30 femmes et 50 hommes (juifs de la région Est) âgés de 20 à 55 ans. Les cadavres furent conduits au « Bürgerspital » de Strasbourg.

Je déclare aussi qu'il existait une chambre à gaz au camp de Nutzweiler.

Celle le 26 juillet 1945
Josef Kramer

***

[1980]

Chambre à gaz du pénitencier de Baltimore, Maryland (USA)[229]

Chambre à gaz :
Feuille de contrôle de la marche à suivre
Pour préparer la chambre, [il faut] : 1. Deux (2) jours.

Deux (2) opérateurs ; 3. Seize (16) heures de travail. [Pour ce qui suit, la feuille indique qu'il faut pointer chacune des quarante-sept opérations consécutives et en indiquer l'heure.]

B. Chambre prête, [sont à vérifier] : 1. Joints ; 2. Pompes ; 3. Soupapes ; 4. Épurateur (ou barboteur, pour l'acide cyanhydrique à neutraliser) ; 5. Système d'évacuation (du gaz) ; 6. Le tout dans les conditions de marche.

Étapes préliminaires : 1. Connecter le réservoir d'ammoniaque ; 2. Préparer le mélange chimique de l'épurateur (3,4 kg de soude caustique ajoutée à 56,7 litres d'eau) ; 3. Remplir

---

[229] Chambre à gaz du pénitencier de Baltimore, (Maryland, États-Unis). Participent directement à l'exécution du condamné un médecin, installé dans une cabine proche de la chambre à gaz, et, dans une autre cabine, deux opérateurs. Le document qu'on va lire résume très succinctement le travail des opérateurs. Le médecin, de son côté, doit posséder lui aussi son propre résumé. Tout cela n'est-il pas trop compliqué, trop sophistiqué, trop marqué par le souci de la perfection ? La réponse est : non. L'emploi de l'acide cyanhydrique exige toutes ces précautions. Il est impossible de faire moins. [NdA]

l'épurateur ; 4. Mettre en marche le moteur de l'épurateur ; 5. Préparer le mélange d'acide et d'eau pour le générateur de gaz (3 litres d'acide sulfurique et 5 litres d'eau) ; 6. Préparer une solution de soude caustique et la garder dans un seau ; 7. Vérifier et tenir prêt le cyanure ; 8. Vérifier la position (ou l'état) pour : a) le levier de versement, n° 1 (position fermée) ; b) l'admission d'air frais, n° 2 (position fermée) ; c) l'admission du mélange acide, n° 3 (position fermée) ; d) la soupape de purge du creuset du générateur, n° 4 (fermée) ; e) le conduit de l'épurateur, n° 5 (position fermée) ; f) la soupape d'ammoniaque sur le réservoir (position fermée) ; g) les coupelles remplies (eau distillée et 1 % de phénolphtaléine) ; h) le moteur (en marche) de la pompe de l'épurateur ; i) le ventilateur (en marche) pour l'évacuation du gaz (de la chambre).

D. Étapes de l'exécution : 1. Placer l'homme sur sa chaise et l'y attacher ; 2. Lui appliquer les bracelets pour électrocardiogramme ; 3. Placer le cyanure sur le générateur fermé ; 4. Fermer hermétiquement la chambre ; 5. Faire du vide dans la chambre (durée : 1'55") ; 6. Ouvrir la soupape d'admission n° 3 du récipient à mélange acide ; 7. Laisser un intervalle pour l'écoulement de l'acide et pour un compte rendu en provenance de la salle des opérations chimiques ; 8. Fermer la soupape d'admission n° 3 ; 9. Verser la soude du seau de sécurité dans le récipient du mélange acide ; 10. Baisser à fond, en position ouverte, le levier d'écoulement n° 1 qui fait tomber le cyanure dans l'acide ; 11. Émission du gaz – Exécution effectuée.

E. Nettoyage de la chambre : 1. Ouvrir la soupape n° 5 (tuyau de l'épurateur) ; 2. Laisser un intervalle de vingt (20) minutes (le gaz se déverse dans l'épurateur) ; 3. Vider le mélange de sécurité dans le générateur en ouvrant la soupape n° 3 ; 4. Ouvrir la soupape n° 4 (quand la soupape n° 4 est ouverte, le gaz d'échappement du générateur et l'eau de nettoyage qui coule du récipient d'acide à travers le générateur sont évacués dans l'égout) ; 5. Arrêter le ventilateur de recirculation d'air ; 6. Ouvrir la soupape d'admission de l'ammoniaque, n° 4, à la pression de deux (2) kg (laisser l'ammoniaque circuler pendant deux (2) minutes) ; 7. Fermer la soupape d'admission de l'ammoniaque, n° 4 ; 8. Les coupelles doivent indiquer la teneur en ammoniaque (elles doivent virer du rose au pourpre pour en marquer la circulation) ; 9. Débloquer la soupape n° 2 (admission d'air frais – air seulement dans la chambre) ; 10. Ouvrir graduellement la soupape n° 2 (mettre deux (2) minutes pour l'ouvrir à fond) ; 11. Laisser ouverte la soupape n° 2 de vingt (20) à trente (30) minutes ; 12. Ouvrir la porte de la chambre ; 13. Passer au jet d'eau ; 14. Vider la chambre (enlever le corps).

15 juillet 1958, révisé le 22 octobre 1975, SEH : fh.

– Remarques de R. Faurisson sur ce document : –

J'ai visité cette chambre à gaz en septembre 1979 et je m'en suis fait expliquer le fonctionnement. Les responsables du pénitencier m'ont dit que « gazer un homme, c'est très compliqué, parce que c'est dangereux ». Les chambres à gaz d'aujourd'hui ne diffèrent pas essentiellement des chambres à gaz mises au point vers 1936-1938 après des années de tâtonnements. Les premiers Américains qui ont eu l'idée de ce mode d'exécution avaient pensé que rien ne serait plus facile et plus humain que d'endormir le condamné avec un gaz qui finirait par le tuer. C'est quand ils ont voulu passer aux actes que les Américains se sont rendu compte des redoutables difficultés d'une telle exécution. La première exécution a eu lieu en 1924. Elle a présenté de tels dangers pour l'entourage que l'idée des chambres à gaz a failli être abandonnée.

Le document qu'on a lu n'est qu'une simple feuille de contrôle de quarante-sept opérations. Certaines de ces opérations sont élémentaires mais d'autres sont délicates. Voici, par exemple, ce que signifie la quarante-septième et dernière opération (vider la chambre, enlever le corps) : le médecin et deux assistants doivent entrer dans la chambre avec un masque à gaz, un tablier de caoutchouc, des gants de caoutchouc ; le médecin secoue la chevelure du mort pour en chasser autant que possible les molécules d'acide cyanhydrique que les fumées d'ammoniaque et le système de ventilateurs orientables n'ont pas pu neutraliser ; les deux assistants doivent laver le corps avec un jet ; ils doivent apporter un grand soin à ce travail ; ils doivent notamment laver la bouche, toutes les ouvertures du corps et ils ne doivent surtout pas oublier les plis des bras et des genoux.

Non ! Vraiment, gazer son prochain sans se gazer soi-même n'est pas une sinécure. Vraisemblablement, les récits de gazage à Auschwitz ne sont, à l'origine, qu'un sinistre ragot de prison.

[Publié dans *VHVP*, p. 301-307. Avec huit photographies. Voy. cahier photographique à paraître.]

***

1980

Vérité historique, vérité humaine

Dans mon article du *Monde* (29 décembre 1978, p. 8) intitulé : « Le problème des "chambres à gaz" ou "la rumeur d'Auschwitz" », j'écrivais :

« L'inexistence des "chambres à gaz" est une bonne nouvelle pour la pauvre humanité. Une bonne nouvelle qu'on aurait tort de tenir plus longtemps cachée. »

C'est avec soulagement et non avec indignation qu'on devrait recevoir la nouvelle que des millions d'êtres humains qu'on croyait avoir été assassinés dans des conditions atroces ont survécu à la guerre. En particulier, beaucoup plus de juifs qu'on ne le croit généralement ou bien ne sont pas allés en camps de concentration ou de travail forcé (c'est le cas pour les trois quarts des juifs de France) ou bien y sont allés mais en sont revenus.

On trouvera ci-dessous l'exemple de trois bonnes nouvelles qui constituent trois **révisions** de la thèse officielle par des juifs eux-mêmes.

Viennent ensuite deux textes qui sont, pour chacun d'eux, significatifs de leur époque. Le premier date de 1946. Il montre qu'une littérature prétendument antinazie ne fait que reproduire et illustrer les mécanismes mentaux et les fantasmes de la pire propagande antisémite. Ces mécanismes sont toujours à l'œuvre ; seuls le sujet et l'objet en ont été intervertis. Le dernier texte date de 1980. Il donne à espérer que le délire d'une époque touche à sa fin et que nous serons peut-être un jour débarrassés d'un nazisme fantasmatique qui infecte toute la pensée contemporaine. Paradoxalement le délire antinazi alimente un certain goût pour les idées nazies.

Ce délire n'est pas spécifique aux juifs, il est universel. Il n'a pas été produit plus particulièrement par les juifs. Il se trouve simplement qu'au lendemain de la guerre effroyable de 1939-1945, les appareils judiciaires américain, britannique, français et soviétique ont authentifié ce qui n'était probablement à l'origine qu'une rumeur obsidionale reprise par la propagande de guerre. Après le cataclysme de la guerre, il fallait réinventer le Diable ; il s'agissait là d'un besoin général, commun à la société des vainqueurs. Il serait d'autant plus absurde de reprocher aux juifs d'y avoir cru que tout le monde y a cru, y compris le peuple allemand dans son ensemble, et la grande majorité des ex-dirigeants nazis.

Il ne faut pas jouer avec les chiffres. Ils ont leur importance. Il ne faut ni grossir, ni minimiser le nombre des morts de la seconde guerre mondiale. Le chiffre des six millions de morts juives ne repose sur rien de sérieux. Le nombre exact des morts juives peut très bien être déterminé. Il se trouve simplement que trente-cinq ans après la guerre, on n'a toujours pas déterminé ce nombre. Il y a déjà quinze ans, on pouvait lire dans le supplément du *Patriote Résistant (Histoire d'un crime. L'impossible oubli. Pourquoi*) cette remarque qui garde aujourd'hui toute sa valeur (p. 98) :

> « Lorsque les générations nouvelles qui ne manquent pas déjà, et ne manqueront pas demain, de s'interroger sur l'effroyable tragédie, poseront la question de savoir combien d'êtres humains ont été déportés, combien sont morts, il serait dérisoire de devoir leur répondre qu'à l'époque des ordinateurs électroniques, au moment où la statistique est en train de devenir une science exacte, personne n'a été capable de dresser un bilan de quelque valeur. »

Un homme qui disparaît laisse derrière lui des traces de son existence. Ces traces sont nombreuses dans le cas des juifs ou des déportés. Il faut un cataclysme comme celui de Dresde, bombardée par les Anglo-américains, pour que le nombre exact des victimes en un lieu donné devienne très difficile à établir. Encore les victimes de Dresde peuvent-elles, dans les statistiques, se retrouver sur la liste des « personnes disparues » vers février 1945. Je prétends que nous possédons depuis longtemps tous les moyens désirables pour établir le nombre exact, ou à peu près exact, des juifs morts par tous faits de guerre de 1939 à 1945. Même s'il existe dans la communauté juive des individus qui se sont détachés d'elle, il n'empêche que cette communauté tisse de forts liens entre ceux qui la compose, ou la composait autrefois, et cela d'un pays à l'autre, d'un continent à l'autre et aussi d'un bloc politique à l'autre, entre l'Est et l'Ouest. Le document qu'on va lire prouve qu'une simple enquête menée par des particuliers, avec toutes les imperfections et les difficultés d'une entreprise conduite par des profanes et non des professionnels de la recherche officielle, peut donner d'excellents résultats. Ce document est une dépêche de l'*Associated Press* de novembre 1978. Le *State-Times*, de Baton Rouge (Louisiane), l'a publiée le 24 novembre 1978, p. 8, dans sa version intégrale, que nous reproduisons ici, tandis que le *San Francisco Chronicle* en a donné une version tronquée de sa fin, dans son numéro du 25 novembre 1978, p. 6 (partie mise ci-dessous entre crochets) :

Des survivants des camps de la mort de Hitler tiennent une réunion à Los Angeles

Los Angeles (*Associated Press*). – Autrefois les Steinberg florissaient dans un petit village juif de Pologne. C'était avant les camps de la mort de Hitler. Voici qu'un vaste groupe de plus de deux cents survivants et leurs descendants sont ici réunis pour participer ensemble à une célébration spéciale de quatre jours qui a opportunément commencé le jour d'Action de Grâce (*Thanksgiving Day*). Des parents sont venus jeudi du Canada, de France, d'Angleterre, d'Argentine, de Colombie, d'Israël et d'au moins treize villes des États-Unis. « C'est fabuleux », a dit Iris Krasnow, de Chicago, « Il y a ici cinq générations qui vont de trois mois à quatre-vingt-cinq ans. Les gens pleurent et passent un merveilleux moment. C'est presque comme une réunion de réfugiés de la seconde guerre mondiale. » Sam Klaparda de Tel Aviv était stupéfait par un vaste arbre généalogique installé dans le salon de l'hôtel Marriott de l'aéroport international de Los Angeles. « C'est fantastique... ce que je peux avoir de parents », dit-il. L'idée du pèlerinage provenait de Joe et Gladys Steinberg de Los Angeles. Ils s'étaient assuré l'aide de plusieurs parents, dont une belle-fille, Elaine Steinberg, pour leur recherche des membres de la famille. « Ce qui nous a d'abord incités à la recherche des gens de la famille, c'est d'avoir vu *Racines (Roots)* », dit Mme Steinberg. Ce feuilleton de télévision reconstituait l'histoire de la famille de l'écrivain Alex Haley, retracée, en remontant dans le temps, de l'époque de l'esclavage aux États-Unis jusqu'en Afrique. « Puis, après *Holocaust* (autre feuilleton de télévision), nous y sommes vraiment allés à fond », dit-elle. La branche de la famille vivant à Los Angeles a recherché des informations auprès des cousins et par des annonces dans des journaux juifs à travers le monde. Trouver des membres de la famille n'a pas été facile. « Des centaines, a dit Mme Steinberg, ont été anéantis dans l'holocauste de Hitler. » Les racines des Steinberg se trouvaient dans le village de Skarseika-Kamiena, en Pologne, avant la seconde guerre mondiale. « Il en reste très peu là-bas maintenant, dit Joe Steinberg. Pour certains, c'est réellement tout à fait extraordinaire parce qu'ils ne pensaient pas qu'il leur restait de la famille. » Tel était le cas d'Arthur Steinberg, architecte à Houston, et de sa sœur Rosslyn, de New York. Ni l'un, ni l'autre ne pensait qu'aucun membre de leur famille avait survécu au fléau d'Hitler. Les Steinberg ont ingurgité vingt-trois dindes à leur dîner de *Thanksgiving*, puis ils ont commencé un week-end de vacances qui allait comprendre visite de la ville, tournois de ping-pong, de backgammon et de bridge, un dîner dansant le samedi soir, ainsi que des séminaires consacrés à des films d'amateurs, aux questions de santé, aux affaires de crédit, de biens immobiliers, de planning financier et de travaux d'artisanat.

[Pour la mère d'Iris Krasnow, Hélène, qui avait quitté la Pologne pour la France, puis pour les États-Unis, c'était un joyeux événement. « Je pleure, dit-elle, je ne peux croire que tant de personnes ont survécu à l'holocauste. Il y a ici tant de vie – une autre génération. C'est magnifique. » « Si Hitler apprenait cela, il se retournerait dans sa tombe ». dit-elle.]

– L'enfant du ghetto de Varsovie : symbole du « génocide » –

S'il faut en croire le *Jewish Chronicle*[230], cet enfant a survécu à la guerre et, devenu aujourd'hui un homme très riche, il vit dans la banlieue de Londres avec son père, sa mère et quatre enfants. Un jour de 1941, à Varsovie, il avait été arrêté avec tout un groupe de juifs portant des ballots ; l'armée allemande avait procédé ce jour-là à des fouilles et à des contrôles en prévision de l'arrivée dans la capitale polonaise d'une importante personnalité allemande. L'enfant avait été amené au poste de police. Sa mère qui, elle, n'avait pas été arrêtée, s'inquiétant de l'absence de son enfant, était allée en informer le poste de police et c'est ainsi que son fils lui avait été rendu. La seconde photo est censée représenter le même enfant, photographié quelques années plus tard en U.R.S.S., où il était allé se réfugier. « L'enfant du ghetto » est assez souvent présenté dans les légendes photographiques comme un enfant pris par les Allemands en avril-mai 1943, lors de l'insurrection du ghetto de Varsovie, et amené vers Treblinka et asphyxié dans une « chambre à gaz ».

– Simone Veil –

Le CDJC (Centre de documentation juive contemporaine) de Paris affirme, comme tous les autres centres de recherches du même genre, que le fait de ne découvrir dans les énormes archives du camp d'Auschwitz aucune trace d'un détenu signifie que ce détenu a été gazé dès son arrivée. C'est ainsi que le CDJC a établi de longues listes de juifs de France (français, étrangers ou apatrides) qui sont censés avoir été gazés à Auschwitz. Prenons, par exemple, le convoi n° 71, lequel est arrivé à Auschwitz le 16 avril 1944. Toutes les femmes de ce convoi ont été, nous dit-on, gazées le jour même de leur arrivée. Parmi elles figurait le nom d'une certaine Simone Jacob, née le 13 juillet 1927 à Nice. Or, cette jeune

---

[230] 11 août 1978, p. 1-2.

fille est bel et bien revenue vivante en France ; par son mariage elle est devenue Simone Veil et elle préside aujourd'hui le parlement européen. Bien d'autres femmes de ce convoi, comptabilisées de la même façon comme « gazées », ont survécu à la déportation. Serge Klarsfeld s'est récemment avisé des formidables erreurs de comptabilité (et, surtout, dirons-nous, de méthode) commises par le CDJC ; il les signale honnêtement dans son *Mémorial de la déportation des juifs de France* (1978), du moins pour quelques milliers de cas. Pour vérifier ce que je dis là du cas de Simone Veil, il faut consulter deux sources : 1° pour le sort du convoi n° 71, la livraison n° 7 (1964) des *Hefte von Auschwitz*, à la page 88 ; 2° pour la présence de Simone Jacob dans ce convoi, la colonne de gauche de la page 519 du *Mémorial*.

– Antinazisme de sex-shop (1946) –

Fac-similé d'une page caractéristique. Même des ouvrages universitaires réputés sérieux en sont infectés. Peut-on aller plus loin dans l'incitation à la haine et dans l'affabulation ?

« PAPA, ENCORE UNE FOIS, JE T'EN PRIE ! »

« Un rapport de la Commission d'État extraordinaire, chargée d'enquêter sur les crimes commis par les nazis, les fascistes et leurs complices à Lwow, en Ukraine soviétique, déclare que les Allemands majeurs massacraient les habitants juifs majeurs, tandis qu'ils livraient les enfants et les nourrissons aux Jeunesses hitlériennes. Les assassins étaient eux-mêmes des enfants et portaient encore des *shorts*. Aussi se sentaient-ils très obligés envers leurs aînés qui leur abandonnaient les petites victimes et les laissaient jouer au football avec les nourrissons juifs avant de les achever, ou bien les jeter en l'air pour les viser comme dans un tir aux pigeons.

« Wilhaus, le commandant du camp de concentration de Yanowska, à Lemberg, avait une fillette trop jeune pour faire partie du *Jungvolk* ; elle avait neuf ans. Elle ne pouvait encore ni jouer à football, ni tirer, mais elle aimait déjà à voir couler le sang. Son père l'adorait et ne manquait aucune occasion de lui faire plaisir. Comme le commandant habitait une maison dont le balcon donnait sur le camp, il avait l'habitude de tirer sur les détenus qui passaient à portée de son fusil. L'enfant assistait à ces scènes et comptait les coups. Le rapport cité plus haut dit que Wilhaus se fit apporter un jour deux enfants de quatre ans pour les précipiter de son balcon et les tirer en l'air. L'enfant applaudissait en criant : « Encore une fois, papa, je t'en prie, encore une fois ! »

« A ce moment-là, il y avait encore des enfants à Lwow. Les petits hitlériens pouvaient à loisir assouvir leur besoin de spectacles sadiques. »

(J. Gottfarstein, *L'École du meurtre*)
– *Apologue révisionniste (1979)* –

« J'ai conté à mes élèves des anecdotes de la guerre, en les déformant à notre avantage. J'ai stimulé leur propension à ne retenir que le pire, leur tendance à généraliser et leur humaine paresse à tout critiquer. J'ai polarisé sur l'Allemand seul leur potentiel de haine et de cruauté.

« Pédagogue, j'ai collaboré à la rédaction du dernier chapitre de l'histoire de France : je n'y ai retenu que ce qui pouvait charger le vaincu et glorifier le vainqueur, en masquant le rôle parfois douteux, de certains Alliés.

« Je dois dire que non seulement l'Université ne m'a jamais reproché mes violentes inexactitudes, mais, au contraire, m'a manifesté sa haute satisfaction en me décorant et en me donnant l'avancement que dix ans de dévouement et de conscience professionnelle n'avaient jamais réussi à me valoir.

« Ethnologue, j'ai soutenu des thèses inacceptables et j'ai poussé le ridicule en portant le divorce fondamental franco-allemand sur le plan biologique : j'ai même imaginé pour des revues de vulgarisation scientifique (?), le témoignage du Dr Woybosczek (un nom qui me vint comme ça) qui, pour avoir disséqué trois mille cinq cents cadavres de soldats allemands, aurait été en mesure d'affirmer que le déséquilibre thyroïde-surrénales était énorme chez ces sujets, alors qu'il était infime chez les Français. Or tout le monde sait que le déséquilibre thyroïde-surrénales est la cause de la férocité chez les animaux.

« Ainsi la cruauté teutonne se trouvait étalée sur le marbre des morgues, irréfutablement.

« Oui, j'ai fait cela, Walther.

« Et je dois dire, à ma grande confusion, que tout cela a très bien pris auprès du peuple qui se dit le plus intelligent de la terre et que vous aimez tant. Oui, les Français m'ont cru. J'en suis décontenancé. […] »

(Henri Vincenot, *Walther, ce boche mon ami,*)

Il s'agit là d'un personnage de roman.

Toute ressemblance avec des universitaires ayant réellement existé serait fortuite.

[Publié dans *VHVP*, p. 323-330.]

***

1980

Un juif, à son tour, conteste l'existence des « chambres à gaz » homicides

J. G. Burg (de son vrai nom : Ginsburg) a 71 ans. Il vit dans les environs de Munich. Il est juif pratiquant. Il aime à rappeler que la loi mosaïque fait obligation à un juif de ne jamais tromper, de ne jamais mentir même s'il a affaire à un goy (un Gentil). J. G. Burg a tenté de vivre en Israël. Il n'a pu se faire à cet État et à ce régime politique. Il est revenu s'établir en Allemagne. Il n'admet pas l'acharnement des sionistes à répandre sur le compte du passé de l'Allemagne des mensonges éhontés. Il dénonce l'escroquerie politico-financière des « réparations » obtenues au nom d'un « génocide » ou d'un « holocauste » qui n'ont jamais existé. Il vient de publier un livre de cent quarante-huit pages intitulé : *Maidanek in alle Ewigkeit ?* (Majdanek jusqu'à la fin des temps ?) Ce livre a été saisi sur l'ordre du parquet de Munich ; tous les exemplaires trouvés ont été confisqués ainsi que le matériel de reproduction du livre. Burg est poursuivi pour deux motifs : « Tirades haineuses contre le sionisme et tentative de réhabilitation des sbires des camps de concentration ». C'est du moins ce que dit la presse, qui ajoute que Burg devra subir un examen psychiatrique parce qu'il est soupçonné de n'avoir pas tous ses esprits. Officiellement, Burg est poursuivi pour « incitation à la haine raciale » (paragraphe 130 du Code Pénal). Il vient de lancer une accusation publique dans une courte brochure qui porte le titre français de *J'Accuse*.

Mais voici un extrait de son livre sur Majdanek. Il s'agit d'un passage situé aux pages 53 et 54.

« En tant que membre d'une commission d'enquête gouvernementale, j'avais eu, à la fin de 1944, la possibilité de visiter officiellement Majdanek. À l'automne de 1945, à titre privé, encore une fois Majdanek et Auschwitz. Tout m'avait été ouvert, partout, dedans et dehors. J'avais eu des conversations approfondies avec des gens qui y avaient été internés plusieurs années et qui connaissaient leur camp sous tous ses angles : aucun d'eux n'avait vu ni entendu parler d'une chambre à gaz où des vies humaines auraient été supprimées. Ils ne connaissaient que des chambres de désinfection, comme il y en avait eu aussi au camp modèle de Theresienstadt, pour détruire la vermine.

« J'avais eu aussi la possibilité de parler sans entraves et franchement avec d'anciens membres du personnel auxiliaire : personne n'était au courant de massacres et de chambres à gaz. De meurtres en masse et d'installations de gazage pour mettre à mort des êtres humains, j'ai pour la première fois entendu parler à Breslau dans les écoles de propagande sioniste.

« Au début de 1946, j'avais été affecté au camp de personnes déplacées de Neufreimann, près de Munich. J'y était magistrat et la police aussi était sous mes ordres. Je faisais partie du département de la presse et je travaillais au sein de la commission de recherches sur les événements de l'ère des camps de concentration auprès du comité central siégeant rue Siebert-Möhl à Munich.

« J'avais alors de nouveau affaire avec le problème des massacres et des gazages. Il fallait y remplir des questionnaires pour l'ONU ; les questionneurs venaient généralement tous de Palestine et, si on ne répondait pas dans leur sens, c'était la terreur.

« Un cas, par exemple :

« Un médecin de ma connaissance, originaire du même pays que moi, répondit aux questions qui lui étaient posées comme on le lui demandait, c'est-à-dire « en toute conscience ». Dès la question portant sur sa langue maternelle, qui était le yiddish – ses parents ne maîtrisaient pas d'autre langue – commencèrent les coupages de cheveux en quatre. Dans la série manquait le mot « yiddish » et l'on devait choisir entre le hongrois, le polonais, le roumain, etc., ce qui, en l'espèce, ne correspondait pas à la vérité. Puis, son questionnaire souleva des critiques sous prétexte qu'il dépeignait les circonstances de sa relégation en Transnitrie (Ukraine) sous un jour paradisiaque. Par la suite, ses questionnaires à nouveau remplis lui furent également retournés et on le menaça d'empêcher son émigration vers l'outre-mer. Ainsi, dès cette époque, se trouvaient posées les fondations de « Yad Vashem », ce musée des horreurs sis à Jérusalem et qui allait se parer de pures fantaisies.

« Après la liquidation de ces officines bavaroises de fabriques de documents, on érigea à Tel-Aviv le Centre mondial de documentation. À ce jour, il y a à Yad-Vashem des pièces sur plus de trois millions de juifs tués. Pour pouvoir bientôt y adjoindre les trois millions manquants, on a diffusé dans le monde entier un prétendu « formulaire du Mémorial » où, là encore, il s'agit de répondre à quelques questions. Voyez aussi *Jüdische Pressedienst* de juin 1978, p. 19.

« En raison de son importance, ce formulaire est aussi en langue allemande, bien que l'allemand, pour tout sioniste qui se respecte, soit boycotté parce que *terefa* (impur).

« Les six millions de fausses déclarations doivent être établies !

« Mais revenons aux fours à gaz :

« J'ai reçu l'assurance de différentes personnes qui, sous la contrainte, avaient écrit sur les installations de gazage, qu'elles n'avaient jamais rien vu de tel, bien que la rumeur en circulât dès le milieu de 1944.

« En tant qu'attaché de presse du camp de personnes déplacées, je pouvais assister sans entrave aux audiences du procès de Nuremberg et, au « Grand Hôtel », il se tenait fréquemment des débats d'information entre journalistes juifs non sionistes. À cette occasion, je fis la rencontre, entre autres, d'un publiciste viennois qui, lui aussi, avait été interné plusieurs années à Auschwitz et en connaissait avec précision tous les coins et recoins. Il m'assura en présence du publiciste Ilya Ehrenbourg n'avoir jamais vu quoi que ce fût d'une chambre à gaz. Ehrenbourg n'en savait rien non plus. Ce qui est en soi extraordinaire vu qu'il a été, durant la seconde guerre mondiale, le responsable de la propagande de l'URSS. »

***

1980

Le chancelier Schmidt décide de révéler au peuple allemand le mensonge des chambres à gaz et du génocide (récit de politique-fiction, en trois actes)

Premier acte

Les agences de presse du monde entier se font l'écho d'une nouvelle surprenante : pour un motif inconnu, le chancelier Schmidt a décidé de démissionner de son poste de chancelier ; il s'en expliquera ce soir à la télévision.

Il est 20 h. Une bonne partie du peuple allemand est à l'écoute cependant que les journalistes politiques et les chancelleries du monde entier guettent un message qui, sans nul doute, sera de portée internationale.

Helmut Schmidt apparaît sur les écrans. Il est blême. Voici le texte de son message :

« Mes chers concitoyens,

Notre pays a connu dans son histoire des heures particulièrement tragiques. Je crains que ce soir, une nouvelle fois, il ne s'apprête à connaître une terrible épreuve. Et cela par ma faute. J'ai, en effet, pris la décision de vous révéler une vérité particulièrement troublante. J'ai conscience de vous avoir assez menti pour vous devoir enfin la vérité, quoi qu'il doive m'en coûter et quoi qu'il doive vous en coûter à vous aussi.

Cette vérité concerne le passé de l'Allemagne. Ou plutôt, non : elle concerne un passé qui reste tellement présent dans l'esprit du monde entier que cette vérité touche à notre vie quotidienne d'aujourd'hui. Elle intéresse, si j'ose dire, la substance même de notre peuple, sa sensibilité la plus profonde, la représentation qu'il se fait de lui-même, d'une façon consciente ou inconsciente.

Cette vérité concerne notre histoire de la dernière guerre.

Vous savez avec quel zèle de tous les instants j'ai personnellement veillé à ce que notre peuple prenne une conscience aiguë de son indignité en raison des crimes sataniques du nazisme. Vous savez aussi qu'en vertu de la jurisprudence allemande nul n'a le droit de douter si peu que ce soit de la réalité des « chambres à gaz » homicides et du « génocide des juifs ».

Eh bien, mes chers concitoyens, je vous mentais abominablement, on vous mentait abominablement. Ces « chambres à gaz » n'ont jamais existé et ce « génocide » n'a jamais eu lieu.

Cet odieux mensonge a eu chez nous cours forcé. Votre devoir, jusqu'ici, était de vous flageller devant la communauté internationale en raison de crimes imaginaires. Plus vous vous flagelliez, plus on vous estimait. C'est à ce prix qu'a été possible le pardon des grandes puissances occidentales et, par voie de conséquence, le miracle économique allemand.

Aujourd'hui, on nous envie notre monnaie et notre économie mais personne ne nous envie notre âme.

Il s'est trouvé quelques hommes courageux et solitaires pour vous dire depuis longtemps ce que je me suis décidé à vous dire en ce jour. Nous les avons couverts de boue et d'outrages. Notre police et nos tribunaux les ont persécutés.

Auparavant, nous avions déjà applaudi à la mascarade judiciaire de Nuremberg. Puis, nous avons approuvé ces innombrables procès de sorcellerie au terme desquels tant de nos concitoyens ont été pendus ou fusillés, torturés ou acculés au suicide, condamnés à des peines de prison, destitués de leurs droits de citoyens, déshonorés par la presse avant de l'être par les tribunaux. Nos magistrats ont pris parti pour « le mensonge du siècle ». Nos hommes politiques. Nos professeurs. Nos prêtres. Nos historiens. L'histoire de l'Allemagne n'a plus été écrite, en fait, par les historiens mais par les journalistes. De jour, de nuit, pendant trente-cinq ans, nous avons été assommés, ahuris, hébétés par la plus grande force qui soit au monde : le pouvoir médiatique. Après un Goebbels, nous avons eu dix mille « Goebbels » qui, se disputant à tout sujet, étaient d'accord sur un seul : l'holocauste des juifs. Il n'y a eu là ni complot, ni conjuration, mais un conformisme de fer.

À nos fils et à nos filles, nous avons appris à mépriser leurs pères. Nous avons été les pires ennemis de nous-mêmes. Jamais un peuple ne s'était encore roulé dans la fange comme nous l'avons fait. Jamais un peuple ne s'était ainsi battu la coulpe.

Au nom de prétendus crimes gigantesques, mon glorieux prédécesseur, Konrad Adenauer, s'est laissé extorquer des sommes gigantesques au bénéfice d'Israël. L'État d'Israël ne doit sa survie économique qu'aux « réparations » que nous lui versons. Encore ne les versons-nous qu'avec une telle discrétion que rares sont les gens qui connaissent le versement de ces « réparations ». Aujourd'hui, trente-cinq ans après la fin de la guerre, le jeune contribuable allemand, qui n'a pas la moindre responsabilité dans les événements de la période « 1932-1945 » verse sa part d'argent pour les prétendus crimes exceptionnels de ses pères.

L'escroquerie politico-financière dont nous sommes les victimes est si vaste, si outrageante, si bouleversante que, lorsque je m'arrête un instant pour la considérer dans son ensemble, je crois sentir le sol se dérober sous mes pieds. Ce vertige, vous le ressentirez à votre tour, lorsque, peu à peu, vous découvrirez l'étendue de la vérité.

Vous ressentirez alors la tentation de la haine ou de la vengeance. N'y cédez pas ! Songez qu'il a existé cent autres mensonges dans l'histoire et que, si celui-ci nous bouleverse, c'est parce que l'évolution générale de l'humanité, les progrès de la communication, la dépendance accrue des économies de chaque pays ont permis la création et la perpétuation d'une espèce de mensonge frappée d'un gigantisme qui est la caractéristique des temps modernes. Et puis, bien des religions occidentales s'effondrent ; il y avait un relais à prendre ; c'est chose faite avec la religion de l'Holocauste. Elle permet, au moins, provisoirement, une communion des esprits. Haine et vengeance n'auraient donc aucun sens.

Peut-être, aussi, serez-vous tentés de croire qu'après tout le national-socialisme était, en fin de compte, une doctrine acceptable et le régime de Hitler, un régime qui ne conduisait pas aux excès de toutes sortes. Réfléchissez ! Hitler a tiré l'Allemagne de l'abîme pour la replonger dans l'abîme. Comme Napoléon l'avait fait pour la France.

Pourquoi ces réflexions ? Pourquoi ce discours ? Et pourquoi ce soir ?.

Je ne le sais pas moi-même. J'ai seulement l'impression que, si je ne vous parlais pas ce soir, d'autres hommes politiques, demain, dans un an, dans dix ans, dans trente ans, le feraient à ma place. Autant vous le dire : je crains le jugement de la postérité. Je songe à mes enfants et à mes petits-enfants.

Quand ils en viendront à me juger et quand le peuple allemand me jugera, je demande qu'on prenne en considération, à la fois, toute une vie de mensonges, lesquels m'ont permis d'accéder aux plus hautes responsabilités politiques, et ces minutes de vérité, lesquelles m'obligent à présenter ma démission de ces hautes responsabilités.

Parce que je viens de dire la vérité, je m'attends à être cruellement traité. C'est la règle. Mais ma conviction est que cette vérité, quoi qu'entreprennent ses ennemis, finira par se faire jour. C'est la règle aussi.

Mes chers concitoyens, attendez-vous à payer chèrement ce que je viens de vous révéler. On ne vous pardonnera pas d'avoir entendu ce langage, ne fût-ce que quelques minutes.

S'il le faut, courbez une nouvelle fois la tête dans la tempête qui se prépare. Mais, au fond de vous-mêmes, comme une flamme inextinguible, gardez ce besoin de vérité sans lequel l'homme ne peut pas vivre.

Les sceptiques prétendent : « L'homme est de glace aux vérités, il est de feu pour les mensonges. » C'est sans doute exact. Toutefois, ce feu là ne brûle qu'un temps. Le mensonge de l'« Holocauste » est déjà condamné.

J'en appelle à une véritable réconciliation des vainqueurs occidentaux et de la République fédérale d'Allemagne : une réconciliation dans la vérité.

Pour commencer et pour être pratique, je demande le rétablissement en Allemagne de la liberté d'expression dans les universités, le droit au doute et à la recherche en ce qui concerne l'histoire de la seconde guerre mondiale et la levée des interdits de toutes sortes qui pèsent sur les jeunes historiens et chercheurs.

Il y a en Allemagne trois capitales du Grand Mensonge : Munich, Ludwigsburg et Göttingen. À Munich règne, sous l'égide de Martin Broszat, un Institut d'histoire contemporaine qui s'est érigé en porte-parole du « mensonge d'Auschwitz ». À Ludwigsburg, fonctionne, sous l'égide d'Adalbert Rückerl, un office judiciaire d'investigation des « crimes nationaux-socialistes », qui organise la préparation de mascarades judiciaires comme, par exemple, le très honteux « procès d'Auschwitz », à Francfort (1963-1965). À Göttingen, se trouve une célèbre université qui, sous l'égide du professeur Norbert Kamp, en appelle à une loi de Hitler (!) pour essayer de retirer à Wilhelm Stäglich, magistrat intègre, historien courageux, véritable honneur de notre pays, son grade de docteur, obtenu en 1951, parce que, en 1979, il a publié un livre intitulé *Le Mensonge d'Auschwitz* : ce livre a été saisi par notre police et tous les instruments servant à sa composition ont été détruits.

Cette collusion entre policiers et universitaires, entre juges et historiens doit cesser. Ni Broszat, ni Rückerl, ni Kamp ne devront être inquiétés ; ils devront simplement ne plus être autorisés à prononcer la loi et le droit.

C'est par des mesures de ce genre, sans esprit de revanche, que l'Allemagne réapprendra l'usage de libertés élémentaires qui lui ont été retirées par Hitler en 1932 et que les Alliés ne lui ont toujours pas restituées aujourd'hui.

L'Allemagne n'est ni le pire, ni le meilleur des peuples. Le reste du monde devrait s'en convaincre mais, pour cela, c'est aux Allemands d'abord à le découvrir enfin. »

Deuxième acte

Après cette allocution, l'opinion générale en Allemagne et à l'étranger est que le Chancelier Schmidt est devenu fou. On pense qu'au terme de toute une vie d'auto-flagellation devant le regard satisfait des Alliés il a voulu, cédant à son habitude, se flageller encore mais, cette fois, dans une toute autre intention : pour faire honte aux Alliés. Il est impossible qu'il ait dit la vérité sur l'Holocauste, vu qu'il y a au moins six millions de témoins juifs pour attester de ce que les juifs ont été exterminés par Hitler. Néanmoins, quelques jeunes sont troublés et se mettent à réfléchir. Quelques vieux ne sont pas moins troublés et réinterrogent leur mémoire anesthésiée.

Martin Broszat réagit avec vigueur. Il déclare :

« Assurément, il n'existe pas d'ordre de Hitler d'exterminer les juifs. Certes, il n'existe pas non plus de plan. Bien sûr, il n'existe pas de budget. Sans doute n'a-t-on pas retrouvé l'arme du crime (chambre à gaz ou camion à gaz). Il n'y a pas non plus de cadavre, puisque les cadavres qu'on a découverts par milliers étaient des cadavres de malheureux tués principalement par des épidémies mais jamais par gaz-poison. Sans doute… Sans doute…

Sans doute aussi la prolifération des rescapés, survivants et miraculés est-elle quelque peu troublante, si l'on considère qu'il y a eu une politique d'extermination totale des juifs pendant trois ou quatre ans sur toute la superficie d'un continent.

Je reconnais que nous n'avons pas pu, en trente-cinq ans de recherches, déceler le moindre commencement de preuve matérielle d'un gigantesque massacre.

Mais c'est là précisément que réside la perversité du nazisme.

Ces gens-là codaient énormément. Ils passaient même le plus clair de leur temps, non pas à chercher à gagner la guerre, mais à coder et à surcoder. Mais l'institut que je dirige consacre une bonne partie de ses forces et de l'argent du contribuable à décoder.

Il faut donc nous croire. Il le faut d'autant plus que nous ne cherchons pas vraiment à prouver.

Ainsi que l'ont fort bien proclamé trente-quatre universitaires français : « Il ne faut pas se demander comment, techniquement, un tel meurtre de masse a été possible. Il a été possible techniquement puisqu'il a eu lieu. »

Bref, pendant trente-cinq ans les historiens allemands s'en sont remis aux journalistes et aux juges pour savoir comment écrire l'histoire. Il n'y a pas de raison de changer. Et puis, enfin, il y a la police, la nouvelle Gestapo de la pensée. Il est de l'intérêt des Allemands de continuer à m'accorder le crédit et les crédits qu'ils m'ont jusqu'à présent consentis. J'y veillerai. »

Pendant toute la nuit suivant l'allocution du chancelier Schmidt, les télétypes du monde entier ont crépité. À peu près toutes les chancelleries de la planète ont envoyé au gouvernement israélien et au Congrès juif mondial des télégrammes pour exprimer leur indignation devant les propos tenus par l'« ex-Chancelier » et pour dire leur soutien à la seule vraie vérité : la vérité officielle. Heureusement, tous les télégrammes expriment l'idée que « le ventre est encore fécond d'où est sortie la bête immonde. » On stigmatise à l'envi cette résurgence du nazisme et de l'antisémitisme. On souligne que la liberté d'expression est un droit sacré, garanti par toutes les constitutions et tous les États, y compris en Union soviétique, ce qui est assez dire combien ce droit est inaliénable. Mais il ne suffit pas d'être libre ; il faut être responsable !!! La liberté est un bien trop précieux pour que des irresponsables en abusent. On suggère une répression accrue contre ces abus.

Même des ambassades de pays arabes ou musulmans ont tenu à faire savoir leur émotion. Elles sont prêtes à tout pour que la presse internationale cesse d'insinuer qu'Arafat est le nouvel Hitler. Il leur faut à tout prix se dédouaner. Comme en 1945, l'heure de la mise au pas de l'Allemagne a sonné. Il convient de rééduquer le peuple allemand.

Les responsables du Fonds monétaire international et de toutes les grandes banques mondiales ont décidé de bloquer les avoirs allemands. Le mark est en chute libre. Les commandes passées aux entreprises allemandes sont annulées. Comme en 1932, certains commerçants juifs écrivent à leurs créanciers allemands qu'étant donné ce qui vient de se passer en Allemagne, l'argent juif n'a plus de raison d'aller à ce pays maudit. Un peu partout dans le monde, des agences de firmes allemandes sont mises à sac. Dans toutes les villes du monde occidental se forment des cortèges de protestataires. Des touristes allemands sont lynchés. Des voitures allemandes, y compris des Mercédès appartenant à des juifs ou à des Africains, sont brûlées. C'est l'allégresse générale dans la haine. C'est l'hallali. C'est la curée à odeur de Libération (des instincts). Élie Wiesel, grelottant de haine, préside. L'Allemagne compte maintenant six millions de chômeurs, vu que, progressivement, la machine économique s'arrête.

Quant à Helmut Schmidt, il n'a pas eu le temps de présenter sa démission. Il a été interné dans un asile psychiatrique. Le directeur et les membres de cet asile sont, d'ailleurs, à la pointe du combat contre l'usage des asiles et de la psychiatrie dans la répression des idées, en Union soviétique. Des psychiatres et psychologues américains, britanniques, français et soviétiques vont s'occuper de Helmut Schmidt comme ils ont autrefois pris soin des accusés de Nuremberg. Comme à Nuremberg, Schmidt aura un projecteur braqué sur sa figure de jour comme de nuit. Il verra plus clair en lui. La tâche de ses interrogateurs en sera facilitée. Il est question qu'il aille rejoindre à la prison de Berlin-Spandau le plus vieux prisonnier du monde, l'homme aux trente-neuf années de prison aggravée de solitude totale, le vaincu que l'on dit fou parce qu'il n'a jamais voulu adhérer aux thèses de ses vainqueurs, le captif qui, plus que personne, mériterait le prix Nobel de la paix, puisque, aussi bien, c'est pour avoir cherché à faire la paix avec la Grande-Bretagne qu'en 1941 il s'est envolé vers ses amis anglais pour leur offrir la paix ; cet homme, c'est Rudolf Hess.

Troisième acte

À l'horizon, l'Allemagne voit poindre une catastrophe comparable à celles qu'elle a connues après la première et la seconde guerre mondiale.

Les Occidentaux s'inquiètent.

Les Soviétiques et l'Allemagne de l'Est menacent de « libérer » l'Allemagne de l'Ouest en proie à ses « revanchards ».

Menahem Begin a pris le lit. Il est agité de soubresauts frénétiques. C'est de la faute aux Anglais. Il va revenir aux bonnes vieilles méthodes : faire sauter des hôtels et pendre des Anglais.

Le lobby juif américain est en transe. D'une part, ses milliards de dollars ont bien profité de l'effondrement du mark, mais, d'autre part, cet effondrement d'une monnaie qu'il fallait jusqu'ici garantir à tout prix parce que c'est en marks que la RFA versait aux juifs et à Israël les très juteuses « réparations », l'inquiète jusque dans ses fibres les plus intimes.

L'Organisation sioniste mondiale ne semble pas du tout déconcertée. Elle voit revenir les heureux jours des années 30 où le brave chancelier Hitler, bien obligé de faire face au boycottage décrété par des quantités d'organisations juives, avait été trop heureux de saisir la perche tendue par les Sionistes et de leur réserver le monopole de certaines opérations financières. Les Allemands décident d'offrir à l'état d'Israël mille milliards de dollars de « réparations » dès que l'économie de leur pays aura repris souffle.

Le Parlement allemand, à l'unanimité décide alors de faire appel à Willy Brandt. Autrefois, ce vieux cheval de retour du monde politique s'était mis à genoux à Varsovie (sous-capitale du Goulag) et les mauvaises langues disent qu'il avait ainsi mené à bien une certaine opération commerciale qui s'annonçait délicate entre la RFA et la Pologne. Pendant la guerre, établi à l'étranger, cet ancien militant communiste, semble avoir participé à la « propagande à base d'atrocités » contre l'Allemagne.

Sans élection aucune, par un vote à main levée, Willy Brandt accède pour la deuxième fois de sa vie au poste de chancelier. Parmi les messages de félicitations on note celui de Günther Guillaume qui, après avoir si longtemps trahi son pays pour la cause communiste, coule des jours paisibles en Allemagne de l'Est.

Le soir même de sa nomination triomphale, Willy Brandt s'adresse en ces termes à la nation allemande :

« Mes chers concitoyens,

Il y quelques mois, vous avez entendu, comme moi, hélas, l'horrible blasphème proféré de la bouche d'un illuminé qu'inspiraient, à n'en pas douter, Satan, Amalec et Adolf Hitler. La preuve qu'il se trompait est là sous vos yeux. Voyez la situation tragique où nous sommes aujourd'hui plongés. Nous méritons pleinement ce qui nous est arrivé.

Cependant, il nous faut sortir du chaos. Il le faut pour notre peuple, tant éprouvé ; il le faut dans l'intérêt même de la paix et de la sécurité mondiales. Il le faut surtout – et là, je suis sûr d'être entendu – pour l'État le plus cher à nos cœurs et à notre portefeuille : l'État d'Israël. À cet État sublime, choisi de Dieu, épris de paix, incapable de s'approprier le bien d'autrui, de mener des conquêtes coloniales, modèle de démocratie socialiste et de désintéressement, si bon pour ses domestiques arabes, il faut, dans les plus brefs délais, cette manne de marks allemands sans laquelle il ne pourrait survivre.

En 1945, dans des circonstances aussi graves que celles-ci, le peuple allemand avait pris la sage résolution de ne plus désormais vivre qu'à genoux. Que cette belle leçon ne soit pas perdue ! Mes chers concitoyens, vous m'avez déjà compris. Jusqu'à présent nous vivions à genoux. Cela ne suffit plus. Désormais, nous vivrons couchés.

Depuis trente-cinq ans, l'Allemagne est amputée d'un tiers de son territoire. Elle est coupée en deux. Son territoire est occupé par quatre grandes puissances. Le peuple allemand, à l'Est comme à l'Ouest, a fait la preuve de son sérieux. C'est ainsi qu'à l'Est, il n'a fait entendre que la voix de son vainqueur de l'Est tandis qu'à l'Ouest il n'a fait entendre que la voix de ses vainqueurs de l'Ouest. C'est le gramophone allemand : c'est la voix de ses maîtres. C'est notre devise. Il suffit de s'y tenir mais, cette fois-ci, en allant plus loin.

D'ores et déjà, en signe de repentance pour le blasphème ici prononcé et en témoignage de contrition, j'ai pris unilatéralement une série de décisions démocratiques. Je sais d'avance que ceux qui ne les approuveraient pas pleinement ne seraient que des néo-nazis. Donc, ou bien vous serez d'accord ou bien je vous enverrai devant les juges.

Je vais m'adresser à M. Begin et aux plus hautes autorités juives. Ces personnes ont toujours témoigné à l'endroit de l'Allemagne bonté, compréhension, désintéressement ; jamais une once de haine, de désir de vengeance ; encore moins de fébrilité à ausculter nos coffres. Surtout, jamais d'arrogance ! Oh que non pas ! À M. Begin je demanderai pour la RFA l'honneur, l'insigne honneur de n'être plus seulement une sorte de colonie américano-sioniste, mais une belle et bonne et franche colonie exclusivement sioniste. Notre drapeau portera l'étoile de David. Quiconque touchera à Israël devra savoir qu'il touche à la fibre même de la République fédérale d'Allemagne. Selon le vœu de Mme Simone Veil (qui fut gazée à Auschwitz), nous sommes prêts à intervenir militairement au Proche-Orient dès qu'Israël se décrétera en danger. Nos milliards ne suffisent plus. C'est le sang de nos fils qu'il faut offrir à cet état si pacifique.

Dans chaque commune d'Allemagne sera dressé, à côté du monument à nos morts bien réels un monument à l'Holocauste. Sur nos écrans de télévision, une fois par an passera le film *Holocauste*. Dans nos universités, comme dans déjà plus de mille universités américaines, seront créées des chaires d'histoire de l'Holocauste, avec des cursus en Holocauste, des examens en Holocauste, des doctorats en Holocauste. Dans une phase ultérieure, il conviendrait que chaque foyer allemand possède un recoin où se dresserait un petit autel de l'Holocauste ; en cas de ces perquisitions policières que nous affectionnons tant, il faudra qu'un cierge brûle en permanence

Mes chers concitoyens, il ne sera pas dit que trente-cinq ans de « rééducation » n'ont servi à rien. Nos enfants naissent aujourd'hui avec l'échine pliée. Dès leur plus jeune âge, ils savent que nous avons assassiné six millions de juifs, que les nazis ne sont pas des hommes, que seuls les juifs sont des hommes et qu'en conséquence les crimes commis contre les juifs appartiennent à une catégorie très spéciale, celle dénommée des « crimes contre l'Humanité ». C'est en continuant d'élever les jeunes générations dans ces idées saines que nous préserverons l'avenir de notre pays, c'est-à-dire sa prospérité économique et financière.

Un deuxième miracle économique allemand est à notre portée. Mes chers concitoyens, n'écoutez pas celui qui vous a suggéré de vivre debout. Mes chers concitoyens, pour vivre heureux, vivons couchés ! »

Suite non prévue par Willy Brandt

Le révisionnisme historique, c'est-à-dire, le mouvement naturel qui conduit les historiens à revoir et vérifier les idées reçues, commence à se développer hors d'Allemagne. Tout naturellement, le flot révisionniste tend à s'infiltrer en Allemagne même. Les historiens allemands s'inquiètent, vacillent, hésitent, se demandent pendant combien de temps encore ils vont pouvoir affecter la surdité. Ils trouvent une parade momentanée. Ils fabriqueront à usage interne un ersatz de révisionnisme, un succédané bien allemand. Lourdement, dans le langage obscur qu'ils aiment bien, ils vont « réviser », revoir et corriger, rectifier, tout ce qui est au-dessus, en dessous et à côté du cœur de la religion holocaustique. Ils vont continuer d'affirmer qu'ils croient aux chambres à gaz et au génocide mais ils vont aussi se livrer à des comparaisons hardies entre les différentes entreprises de génocide que le monde, disent-ils, a connues ou connaît encore. Ils vont découvrir que « juger, c'est comparer ». Ils vont suggérer que les plus terribles déportations que le monde ait connues, en quantité et en horreur, sont peut-être les déportations des minorités allemandes de l'Est. Ils vont parler de Katyn, de Dresde, d'Hiroshima, du Goulag stalinien, des crimes alliés, de l'« Opération Keelhaul ». Ils vont faire le procès du procès de Nuremberg. Peu à peu, le tabou de l'holocauste va surgir dans le paysage historiographique comme un phénomène excentrique, une monstrueuse anomalie dans un environnement encombré de prêtres gesticulants et déserté par les gens normaux.

Que se produira-t-il alors dans le monde politique ? Cela dépendra-t-il de l'Allemagne elle-même ? Ou des pays arabo-musulmans ? Ou des intellectuels juifs de New York ou de Californie ? Ou de certains Israéliens ? Ou de la France, pays où la curiosité intellectuelle reste vivace ?

La pièce ne fait que commencer. Elle risque de devenir intéressante à la fin des années quatre-vingt et au début des années quatre-vingt-dix.

En un bel exemple de mouvement dit « dialectique », la répression contre les révisionnistes s'aggravera et la drogue holocaustique étendra ses ravages à coups de milliards et, pendant ce temps-là, s'accentuera l'indifférence générale des populations aux prétendues souffrances exceptionnelles des juifs et, chez des intellectuels, l'intérêt pour les idées révisionnistes gagnera en profondeur.

1981

12 janvier 1981

LETTRE À ME CHOTARD

Maître,

J'ai reçu vos trente-quatre pages sur Kremer samedi vers 11 h. Je les ai annotées à la main, de cette nuit (2 heures du matin) à maintenant (10 heures du matin). Il est flagrant que vous vous trompez du tout au tout. Je vous demande de bien vouloir, je vous prie, lire mes annotations avec le soin même que j'ai apporté à les rédiger. Le moindre trait de stylobille a sa raison d'être. J'espère que vous trouverez cette raison d'être, malgré certains griffonnages que vous voudrez bien me pardonner.

Vous dites que dans cette affaire je suis honnête tandis que mes adversaires sont malhonnêtes. Je vous remercie de l'admettre. Mais je n'admets pas ce que vous vous permettez d'écrire à la page 23 : vous trouverez tout seul de quoi il s'agit avant que ne vous parviennent ces trente-quatre pages que je communique aujourd'hui même à Pierre Guillaume pour qu'il m'en fasse des photocopies.

Vous venez, paraît-il, d'être suspendu du MRAP. Vous êtes ainsi en train, bien malheureusement pour vous et pour nous, de prendre la mesure de la terreur qui s'exerce à peu près dans le monde entier à l'encontre des vaincus de la dernière guerre. Écoutez bien ce que je vous dis : vous n'avez pas idée du millième de ce qui se produit depuis trente-cinq ans dans ce sens-là. Encore vendredi, un éditeur belge et sa collaboratrice (infirme ou très malade, je ne sais) ont été condamnés, lui à quinze mois de prison ferme et elle à douze mois de prison ferme et tous deux solidairement à onze millions six cent mille anciens francs français d'amende, pour avoir édité une *Lettre au Pape à propos d'Auschwitz* où Léon Degrelle développe des vues révisionnistes sur ce que moi j'appelle la sinistre farce d'Auschwitz.

Là où tant de pauvres êtres ont souffert de souffrances vraies et donc à peu près impossibles à raconter, des salauds – il n'y a pas d'autres termes – ont édifié une sorte de Disneyland de l'horreur. Je ne veux pas être du bord des salauds et des menteurs. Dans vos trente-quatre pages vous employez une série d'expressions sévères pour dénoncer les filouteries de la partie adverse. Pourtant, je note deux choses :

1) À aucun moment vous ne nous expliquez comment, sur le fond de l'affaire, c'est l'honnête homme qui a tort (celui qui n'a éprouvé le besoin ni de tricher, ni de fabriquer, ni de tronquer, ni de dénaturer) et ce sont tous ces malhonnêtes gens qui ont raison (eux qui – on se demande bien pourquoi – ont accumulé « grossières dénaturations », « grossières falsifications », « tricherie », « ont faussé en certains passages le texte même du *Journal* de Kremer », « imposant une traduction tendancieuse », « supprimant certains mots », « sont pris en flagrant délit de dénaturation », « abusant de [l]a confiance [du lecteur] », « procédant à une fausse traduction », « hypothéquant leur crédit »… mais le retrouvant miraculeusement auprès de me Chotard qui les jugeait pourtant en ces termes : je sais qu'un menteur et un tricheur peut venir à dire la vérité ; mais comment le pourrait-il sur le point même où il a abondamment triché et menti ?

2) A aucun moment ne vous paraît venir le soupçon que, sur tous les différents points qui intéressent le problème des « chambres à gaz », nos gens se sont comportés de la même façon ; Yahvé sait pourtant combien Thion et moi-même nous avons accumulé de preuves bassement et bêtement matérielles impossibles à réfuter : falsification des lieux, etc.

Je vous demande de vous ressaisir.

Vous m'avez dit un jour qu'un avocat pouvait aussi bien lire un texte qu'un professeur. Votre comparaison n'était pas bonne. Je ne suis pas le genre d'homme à utiliser le stupide argument d'autorité. Il y beau temps que je vois combien le profane, de toute façon, peut être supérieur à l'homme de métier sous certaines conditions. Non, ce que j'invoquerais à la rigueur, c'est une pratique tellement longue et obstinée de l'analyse de textes que je ne peux vous en vouloir de patauger – souffrez ce terme que je ne veux pas injurieux – comme je vous vois patauger dans ces trente-quatre pages. Vous avez fait une faute de méthode courante et excusable qui est particulièrement répandue en France : vous avez mêlé les plans et les genres. Je vous expliquerai cela de vive voix, si vous le désirez. Je ne vous en donnerai aujourd'hui qu'un exemple : vous êtes allé jusqu'à revendiquer l'expression de « critique interne » pour ce qui était typiquement de la « critique externe ». Ne croyez pas à de la cuistrerie de ma part. Il s'agit d'une grave et courante erreur de méthode que la plupart des universitaires, hélas, commettent avec un beau sang-froid au pays de Descartes. Voyez dans le « Thion » ce que je dis de Napoléon et de la Pologne.

Mais peut-être m'épargnerez-vous ces explications qui m'épuisent de plus en plus à mesure que j'avance en âge et qui me font regretter de ne pouvoir trouver le temps, dans une vie de plus en plus éprouvante, d'écrire un petit traité de méthode. J'espère, en effet, que les écailles vous tomberont des yeux. Vous découvrirez alors que non seulement vous défendez un honnête homme mais une cause exaltante : celle de la vérité simple, nue, propre, bonne, saine, contre un horrible ensemble de mensonges tels que l'Histoire n'en avait pas encore connus parce que, tout simplement, les médias n'avaient jamais atteint la force de matraquage qu'elles viennent d'atteindre en ce siècle. En l'espace de quelques jours, trois septuagénaires allemands (l'un à Sao Paulo, l'autre à Kiel, et le troisième je ne sais plus où en Allemagne) viennent de se suicider plutôt que d'affronter l'horrible justice de nos tricoteuses épuratrices. J'ai par moments cette tentation moi-même et je suis sûr que, si je n'avais pas rencontré cet homme absolument hors du commun qu'est Pierre Guillaume, je me serais tué. Alors, vous savez, les « aveux » vrais ou faux…

Quand vous me défendez auprès de vos ennemis, que ce ne soit pas en m'accablant par ailleurs, par exemple en leur disant que je me trompe sur le fond. Je ne vous demande pas de déclarer non plus que vous êtes d'accord, bien sûr ! J'ai simplement assez d'ennemis comme cela sans que s'y ajoute publiquement mon avocat ! Chomsky, lui, vient de dire qu'il est d'un « complet agnosticisme » sur le sujet de Faurisson.

Il crève les yeux aujourd'hui qu'on est *incapable* de nous répondre.

[Remarques additionnelles de l'auteur en juin 1981 et en 1982-1983] :

Quelques mois après cette lettre, Me Chotard déclarait au tribunal en première instance : « Faurisson n'est pas un faussaire intégral. »[231] Lors d'une émission télévisée, le même Me Chotard persistait à soutenir que Faurisson n'était pas « un faussaire intégral ». Il avait à ses côtés Me Rappaport. Mais, par la suite, il allait changer d'opinion et déclarer à une étudiante préparant un mémoire sur l'affaire Faurisson : « [en première instance] j'avais même traité Faurisson d'historien d'opérette [...]. C'est moi qui étais un avocat d'opérette ! »[232] Lors du procès en appel, me Chotard allait prendre, sans plus aucune réserve, la défense du professeur, et cela à un point tel que Me Rappaport, prenant à son tour la parole, allait

---

[231] L. Rubinstein, « Deux jours d'audience à la première chambre civile du tribunal de Paris », *Le Droit de vivre*, juin 1981, p. 17.
[232] M.-P. Mémy, *L'affaire Faurisson (Nuit et brouillard...)*, p. 56.

ouvrir sa plaidoirie sur les mots suivants : « Mais c'est que vous avez changé, me Chotard, beaucoup changé ! »

***

Janvier 1981

Faurisson utilise un droit de réponse envers Les Nouvelles littéraires

Monsieur le Directeur,
Dans votre livraison n° 2768, M. Jean-Pierre Faye a publié un article intitulé : « Face à l'insanité massive. Chomsky contre Faurisson ? »

Vous voudrez bien, je vous prie, publier en droit de réponse le texte ci-après, conformément à l'article 13 de la loi du 29 juillet 1881, dans son intégralité et selon les formes prévues par la loi.

Veuillez recevoir, Monsieur le Directeur, mes salutations distinguées.

[Droit de réponse]

M. Jean-Pierre Faye me présente comme un nazi. Il parle à mon propos de « formes déguisées » du nazisme ou d'« avocats hypocrites » du nazisme. Il affirme que « le discours de Faurisson » est « celui des antisémites rageurs ». Selon lui, ici, j'excuserais les « hitlériens » et, là, je partagerais leur surprise. Ailleurs encore, M. Faye écrit : « *La différence est faible entre le discours faurissonien de 1980 et celui de Joseph Goebbels en 1943.* » Il ajoute pour conclure : « *Faurisson prend d'ailleurs soin de préciser qu'il n'est pas "judéo marxiste" : on croirait lire les affiches de l'Occupation hitlérienne.* » M. Faye fait ici allusion à une lettre en droit de réponse que j'avais publiée dans *Le Monde* du 16 janvier 1979, p. 13. Je vous en reproduis textuellement la partie qui nous intéresse dans le cas présent afin que vos lecteurs puissent avoir une idée de mes opinions réelles et, en même temps, juger du procédé de M. Faye. Voici ce que j'écrivais :

> « Si par malheur les Allemands avaient gagné la guerre, je suppose que leurs camps de concentration auraient été présentés comme des camps de rééducation. Contestant cette présentation des faits, j'aurais été sans doute accusé de faire objectivement le jeu du "judéo-marxisme" » (les guillemets sont de moi). Dans le même texte j'ajoutais immédiatement : « Ni objectivement, ni subjectivement je ne suis judéo-marxiste ou néo-nazi. » Et je concluais :

« J'éprouve de l'admiration pour les Français qui ont courageusement lutté contre le nazisme. Ils défendaient la bonne cause. Aujourd'hui, si j'affirme que les « chambres à gaz » n'ont pas existé, c'est que le difficile devoir d'être vrai m'oblige à le dire. »

M. Faye m'a donc fait dire exactement le contraire de ce que j'écrivais, tout en prétendant me citer. De la même façon, dans ce qu'il me fait dire à propos soit du Struthof, soit de Johann-Paul Kremer, soit de Höss, soit De l'héroïque insurrection du ghetto de Varsovie, je ne reconnais pas ma pensée. Quant aux textes de Himmler et notamment quant à ses discours de Posen, il faut ne pas en citer des fragments habilement cousus ensemble, sans aucune référence soit au contexte immédiat, soit au contexte général (notamment les discours de Sonthofen). Enfin, pour ce qui est de Noam Chomsky, s'il s'est porté à ma défense, ce n'est nullement, ainsi que voudrait le faire entendre M. Faye, comme à la défense d'un nazi ou d'un antisémite. Au contraire, Noam Chomsky opère une nette distinction entre ces personnes-là et ma propre personne. Voyez aux pages IX-XV ses « Quelques commentaires élémentaires sur le droit à la liberté d'expression ». Je considère que ceux qui me défendent n'ont avec moi qu'un point commun à coup sûr : ils sont comme moi prêts à se battre pour des gens qui n'ont pas leurs idées dès lors que ceux-ci se voient retirer la liberté d'expression. Il sévit en France une incroyable intolérance.

L'affaire Chotard, venant après l'affaire Chomsky, en est encore un exemple. Me Chotard est mon avocat. Voyant qu'une formidable coalition de groupements et d'associations m'attaquaient en justice pour délit d'opinion, il a accepté de prendre ma défense devant les tribunaux. Cela n'implique pas du tout qu'il ait les mêmes idées que moi sur les « chambres à gaz » ou le « génocide ». Or, le voici menacé d'être exclu du MRAP (Mouvement contre le racisme et pour l'amitié entre les peuples) parce qu'il est mon avocat. *Les Nouvelles littéraires* font de la défense des libertés leur cheval de bataille. Qu'attendent-elles pour réagir ? On les lit beaucoup à l'étranger. Noam Chomsky vient de déclarer au *Monde* : « *Le débat intellectuel français est marqué par le goût de l'irrationnel et le mépris pour les faits.* »[233] Beaucoup d'Anglo-Saxons attendent avec curiosité mon procès qui leur paraît déjà « *so typically French* ». Bavards et pompeux dès qu'il s'agit de défendre la liberté en paroles et en théorie, voilà l'image que nous donnons des intellectuels français. Infligez pour une fois un démenti à Noam

---

[233] *Le Monde*, 24 décembre 1980, p. 10.

Chomsky. Il vous suffit de suivre son exemple. Défendez la liberté d'expression. « *Pas de liberté pour les ennemis de la liberté* » Belle formule jacobine. Sous le ronflant et l'habillage des mots, on voit trop bien ce qu'elle veut dire : « *Pas de liberté pour ceux que j'appelle les ennemis de la liberté.* » Alors pourquoi ne pas dire plus franchement : « *Pas de liberté pour ceux qui ne sont pas d'accord avec moi ?* » Comme le dit si bien Chomsky : « *Je croyais que le débat sur la liberté d'expression était réglé depuis le XVIII*e *siècle...* »[234]

[Publié dans *Les Nouvelles littéraires,* nº 2771, semaine du 22 au 27 janvier 1981.]

***

Juillet 1981

L'AFFAIRE DES « CHAMBRES À GAZ » DEVANT LA JUSTICE FRANÇAISE

1) Robert Faurisson est « assigné pour falsification de l'histoire ».

2) Le tribunal déclare qu'il n'a "pas à rechercher si un tel discours (celui de Faurisson) constitue ou non une falsification de l'histoire"

3) Faurisson est condamné ! Coût des condamnations : trois mois de prison avec sursis et plus de trois millions cinq cent mille francs (trois cent cinquante millions d'anciens francs).

La justice française vient de condamner le professeur Faurisson à quatre reprises dans l'affaire des « chambres à gaz ». Il est condamné à trois mois de prison avec sursis. Le montant des amendes, des dommages-intérêts, des frais d'insertion dans la presse, à la radio et à la télévision, et, enfin, des dépens s'élève à la somme de 3.580.488,83 F. Cette somme équivaut à peu près à six cent cinquante mille dollars ou trois cent soixante mille livres sterling ou un million cinq cent mille deutschmarks.

Il faut croire que le paisible professeur s'est rendu coupable d'un énorme délit. Et c'est vrai. Il s'est rendu coupable d'un délit d'opinion. Il a affirmé que les prétendues « chambres à gaz » hitlériennes ne sont qu'un odieux mensonge de la propagande de guerre et il a dit quels étaient les principaux bénéficiaires et les principales victimes de ce mensonge historique.

---

[234] *Libération* 23 décembre 1980, p. 3.

Les condamnations dont il a été ainsi l'objet remontent au 3 juillet (d'une part jugément du procès que lui intentait Léon Poliakov et, d'autre part, deux jugements de procès que lui intentaient d'abord le MRAP et l'Amicale d'Auschwitz, puis la LICRA) et au 8 juillet 1981 (jugement du procès civil que lui intentaient neuf associations).

Avant d'entrer dans le détail de chacun de ces quatre procès, nous voudrions avertir notre lecteur de trois faits importants et surprenants :

1° Les tribunaux ont bien voulu admettre qu'ils n'avaient aucune qualité pour se prononcer sur un point d'Histoire ;

2° En conséquence, aucun tribunal n'a voulu dire si les « chambres à gaz » avaient existé ou non ;

3° À la grande déception de la partie adverse, aucun tribunal n'a dit ni n'a même insinué que le professeur Faurisson était un falsificateur.

Cela dit, notre lecteur doit se demander quels motifs les tribunaux ont bien pu trouver pour le condamner comme ils l'ont fait. La réponse se lira plus loin.

Qu'on nous permette auparavant un bref retour sur le passé.

Le délit d'opinion qui lui coûte aujourd'hui si cher en justice a déjà valu au professeur Faurisson, depuis 1978, une somme de persécutions et d'ennuis incessants. À diverses reprises il a été agressé sans que la justice instruise ses plaintes. À cause de ce même délit, il ne peut plus enseigner la littérature française et la critique de textes et documents à l'université de Lyon-II. Sa carrière est brisée. Pourtant, de l'avis même du recteur chargé d'une enquête sur son compte, « le professeur Faurisson était inattaquable ; il n'avait commis aucune faute professionnelle » et, en particulier, il n'avait pas entretenu ses étudiants de ses opinions sur les « chambres à gaz ».

Son nom a été et continue d'être couvert de boue par la presse nationale et internationale à quelques exceptions près. Récemment, le 7 août 1981, la *Tribune de Genève* vient de lui consacrer un article intitulé : « Faurisson : une liberté d'expression pour les salauds ? » Cet article est signé d'un avocat qui est en même temps chargé de cours à l'université de Genève : M. Charles Poncet. Le même jour *La Tribune de Genève* a affiché à des centaines d'exemplaires un placard publicitaire ainsi rédigé : « L'antisémite Faurisson : une liberté pour les salauds ? » Sa vie personnelle, sa vie familiale, sa vie professionnelle : tout a été bouleversé du jour au lendemain parce qu'un jour il a osé proclamer après bien d'autres auteurs français et étrangers, eux aussi persécutés (surtout en Allemagne), que les « chambres à gaz » hitlériennes n'ont jamais existé.

Déjà en octobre 1978, il avait eu affaire à la justice française. En effet, le Conseil d'État – jugeant en première et dernière instance, sans possibilité d'appel pour le condamné – avait osé déclarer contre toute évidence matérielle, qu'il n'était qu'un maître de conférences qui n'avait jamais rien publié de sa vie et qu'en conséquence le président de son université avait eu le droit d'interrompre, comme il l'avait fait, le déroulement normal de sa carrière. Le Conseil d'État avait prononcé ce jugement alors qu'il avait pourtant sous les yeux la liste ou la reproduction de ses ouvrages sur des auteurs du XIX$_e$ et du XXe siècle.

Par la suite, son expérience de la justice française devait se révéler tout aussi négative dans les divers procès qu'il était obligé d'intenter soit au président de son université, soit à des journaux qui lui refusaient le droit de réponse. Jusqu'ici, à chaque fois qu'il a réclamé en justice le droit de réponse dans les journaux qui le citaient soit pour l'insulter, soit pour déformer la réalité des faits, il a constaté que la justice avait recours aux arguments les plus retors pour lui refuser un droit qui est pourtant inscrit dans la loi.

Mais venons-en maintenant à chacun des quatre procès que l'on a intentés au professeur Faurisson et qu'il a tous perdus.

1. Le procès que lui intentait Léon Poliakov

Le 28 janvier 1981, Léon Poliakov intentait à son éditeur et à lui-même un procès en diffamation. En effet, dans son livre intitulé *Mémoire en défense contre ceux qui m'accusent de falsifier l'Histoire*, le professeur Faurisson avait principalement reproché à Léon Poliakov, auteur du *Bréviaire de la haine,* d'avoir reproduit, au fil des rééditions, différentes moutures d'une seule et même "confession" du SS Kurt Gerstein. Il avait écrit que Léon Poliakov s'était livré à des manipulations et à des fabrications de textes. Il avait à sa disposition des preuves tellement flagrantes de manipulations et de fabrications que, selon une procédure rarement usitée en justice, il avait été en mesure de remettre aux autorités judiciaires une « offre de preuve » dans un délai inférieur à dix jours. Léon Poliakov aurait dû lui répondre dans un délai de cinq jours mais il s'en révélait incapable.

Les manipulations et les fabrications auxquelles s'était livré Léon Poliakov étaient absolument criantes. Même un enfant aurait su les voir et les montrer du doigt. Elles portaient sur des points essentiels du texte. Voici un exemple : dans un manuscrit rédigé en français et fort lisiblement dactylographié Kurt Gerstein écrivait en 1945 que dans les prétendues « chambres à gaz » de Belzec se pressaient debout sept à huit cents personnes sur 25 m$_2$, à 45 m$_3$. On ne peut pas dire qu'il s'agisse là d'un point de détail ; nous sommes ici au cœur même du récit de Kurt Gerstein car il y est question des « chambres à gaz » elles-mêmes. Mais, si le lecteur est attentif, il se rend compte que nous sommes en même temps au cœur d'une absurdité puisque sept à huit cents personnes debout sur 25 m2 cela ferait de vingt-huit à trente-deux personnes au mètre carré, ce qui constituerait une impossibilité totale, une impossibilité qui, surgissant en plein cœur d'un récit, a pour résultat d'anéantir dans l'instant ce récit. De plus, les 45 m3 laisseraient supposer une hauteur d'1 m 80. Léon Poliakov en publiant ce récit six ans plus tard, c'est-à-dire en 1951, procédait à une transformation stupéfiante du texte. Il supprimait le chiffre de 25 m2 pour le remplacer par un chiffre complètement fabriqué : celui de... 93 m2. Puis, constatant qu'une pièce de 93 m2 et de 45 m3, cela ferait une hauteur de plafond d'environ cinquante centimètres, il avait froidement supprimé toute mention des 45 m3, non seulement à cet endroit-ci du texte, mais un peu plus loin dans le texte là où Gerstein faisait une nouvelle mention des 45 m3. C'est ce qui s'appelle une manipulation de texte.

Ces exemples de manipulations et de fabrications sont en nombre considérable dans les différentes moutures de la confession de Gerstein, qu'il s'agisse de la forme la plus connue de cette confession (PS-1553) ou d'autres formes moins connues et que Léon Poliakov a également dénaturées. Des pans entiers de phrases ont été insérés, d'autres ont été supprimés ; tout a été contaminé par d'incessantes manipulations : des chiffres, des noms de personnes, des noms de choses, des verbes, des adjectifs, tout, jusqu'au caractère mène de certains personnages, à commencer par celui de Gerstein qui, il faut bien le reconnaître, ne nous a laissé, avant de se suicider dans une prison militaire française, que des confessions incohérentes et inacceptables par leur contenu intrinsèque.

Bref, Léon Poliakov avait agi de 1951 (date de la première édition) jusqu'à 1979 (date de la dernière édition du *Bréviaire de la haine*) comme un homme qui n'avait cessé de livrer au public une marchandise frelatée. Le fait était d'autant plus grave que Léon Poliakov avait fini sa carrière comme directeur de recherches au CNRS.

En conséquence, le jour du procès, ses avocats ont bien senti que la cause de leur client était indéfendable. Pas un instant ils n'ont cherché à répondre aux preuves de manipulations et de fabrications. Ils n'ont pas essayé de montrer que le professeur Faurisson avait tort. Ils ont préféré utiliser un subterfuge. Selon un procédé classique, ils l'ont décrit comme un personnage diabolique. Ils lui ont prêté des intentions de nazi, un nazi qui, à travers la personne de Léon Poliakov, cherchait à atteindre le personnage de Gerstein, lui-même décrit par eux comme une espèce de saint et de héros qui s'était glissé dans la SS pour découvrir de l'intérieur l'horrible machinerie. Ils ont dit qu'il ne croyait pas à l'existence de Gerstein. C'est ainsi que les avocats de L. Poliakov ont fait défiler, à la barre des témoins, des étrangers tels que le baron suédois von Otter qui ont raconté, chacun à son tour, que pendant la guerre ils avaient personnellement rencontré Gerstein et que ce dernier leur avait fait d'horribles révélations sur les agissements de ses compatriotes allemands. Aucun de ces étrangers n'a, soit dit en passant, montré un document quelconque qu'il aurait rédigé juste après sa rencontre avec cet étrange SS ; ces comptes rendus ont fort probablement été rédigés et il serait du plus haut intérêt de les examiner pour voir d'une part ce que Gerstein avait bien pu raconter à chacun et ce que chacun pensait à l'époque, en pleine guerre, des dires de Gerstein et du personnage même de Gerstein.

Et c'est ainsi que Léon Poliakov a gagné son procès. Dans son jugement le tribunal a, en effet, déclaré que M. Poliakov avait été « animé du désir passionné et légitime d'informer le public sur une période et des faits particulièrement tragiques de l'histoire contemporaine » et que M. Poliakov avait « pu, sur des points de détail, enfreindre la rigueur scientifique sans que pour autant il soit permis d'affirmer qu'il est un manipulateur ou un fabricateur de textes ».

Le professeur Faurisson a été présent à ce procès et à ce seul procès. Pas un instant, il n'a vu le tribunal demander à Léon Poliakov d'où il avait tiré ses « quatre-vingt-treize mètres carrés » et cent autres fabrications.

Les juges ont été MM. Quilichini, Cabié et Boyer-Chammard. Les peines prononcées contre le professeur Faurisson ont été les suivantes : un franc de dommages-intérêts, deux mille francs d'amende pour son éditeur (Pierre Guillaume), deux mille francs d'amende pour lui-même, huit mille francs d'insertion dans la presse et, comme dépens, 462,34 F et 124,22 F. Le total se monte ainsi à 12.587,56 F.

2. Le procès que lui intentaient le MRAP et l'Amicale d'Auschwitz
(l'affaire de la phrase de soixante mots)

Le 24 février 1981, le MRAP ainsi que l'Amicale des déportés d'Auschwitz et des camps de Haute-Silésie déposaient plainte contre le professeur Faurisson pour diffamation publique envers une personne ou un groupe de personnes à raison de leur origine, de leur appartenance ou de leur non-appartenance à une ethnie, une nation, une race ou une religion déterminée. Bref, ils l'accusaient d'avoir diffamé la communauté juive. En effet, le 17 décembre 1980 il avait prononcé une phrase de soixante mots sur les antennes de la station de radio *Europe n° 1*. Cette phrase avait été soigneusement préparée. Elle résumait son opinion sur le mensonge des « chambres à gaz » et sur les conséquences de cet énorme mensonge. À la radio, il la faisait précéder d'un avertissement pour dire qu'aucun de ces soixante mots ne lui était dicté par une sympathie ou une antipathie politiques. Voici cette phrase qui allait lui coûter des millions de francs :

> « Les prétendues "chambres à gaz" hitlériennes et le prétendu génocide des juifs forment un seul et même mensonge historique, qui a permis une gigantesque escroquerie politico-financière dont les principaux bénéficiaires sont l'État d'Israël et le sionisme international et dont les principales victimes sont le peuple allemand – mais non pas ses dirigeants – et le peuple palestinien tout entier. »

Il convient de voir dans cette phrase de soixante mots un ensemble indissociable. De même que pour les sionistes, « chambres à gaz » et « génocide » forment une seule et même vérité (le crime serait le « génocide » et l'instrument parfait de ce crime parfait serait les « chambres à gaz »), de même, pour lui, « chambres à gaz » et « génocide » forment un seul et même mensonge, un mensonge à classer au point de vue historique parmi tous ceux que la propagande de guerre a fabriqués depuis l'aube des temps. Le plus récent mensonge historique auquel on puisse comparer celui qui nous intéresse ici est celui de la première guerre mondiale sur la « barbarie teutonne » avec ses prétendues usines où la chair humaine était transformée en savon ou en engrais. Quant à la gigantesque escroquerie politique permise par le mensonge des « chambres à gaz » et du « génocide », elle a eu de multiples bénéficiaires à commencer par le bloc des Alliés (y compris nos alliés soviétiques) instituant en un seul mouvement le procès à grand spectacle de Nuremberg et le partage du monde à la convenance des vainqueurs, sûrs de leur bon droit et certains d'avoir écrasé une bête immonde avec laquelle ils ne pouvaient avoir aucun point commun, car, eux, ils n'avaient institué aucun « génocide » ni rien de comparable aux horribles « chambres à gaz », instruments d'un meurtre gigantesque froidement et scientifiquement calculé. Il ne fait cependant guère de doute que le principal bénéficiaire du mensonge a été le sionisme international qui, depuis la fin du XIX$_e$ siècle, s'efforça de créer un état hébreu et n'y parvenait pas encore malgré le succès obtenu durant la première guerre mondiale avec la « déclaration Balfour ». Ce que les sionistes avaient commencé d'obtenir au cours de la première guerre mondiale, ils allaient l'obtenir complètement à l'issue de la seconde guerre mondiale. Les Nations Unies, considérant que des souffrances qui avaient été sans aucun précédent historique (le « génocide » et les « chambres à gaz » étaient en effet sans précédent au point qu'on avait dû créer le mot de « génocide ») autorisaient une réparation de caractère exceptionnel, découpaient une partie du globe terrestre pour en faire donation à un groupe de sionistes internationaux et cela sans guère se soucier de l'opinion des occupants de cette terre promise. Ainsi fut fondé l'État d'Israël. Quant au « sionisme international », il n'est pas une expression vide de sens. Le sionisme international est même officiellement représenté par une instance internationale qui s'appelle le Congrès juif mondial (le mot de « congrès » étant à prendre dans son sens américain de « parlement »). Le président en était pendant la guerre, après la guerre, et jusqu'à une époque récente, Nahum Goldmann, lequel a toujours clamé : « Je suis sioniste ».

Le professeur Faurisson dit que Nahum Goldmann pour le sionisme international et David Ben Gourion pour l'État d'Israël ont agi en escrocs d'envergure internationale dans leurs pourparlers avec le chancelier Adenauer, pour l'obtention des réparations financières au profit du sionisme international et de l'État d'Israël. En 1976, Nahum Goldmann a révélé dans une longue interview pleine de cynisme de quelle façon lui-même et Ben Gourion avaient agi avec un Adenauer soit réduit à l'impuissance, soit consentant. Tout le monde devrait lire et méditer cette longue interview telle qu'elle est parue dans l'hebdomadaire français *Le Nouvel Observateur* du 25 au 29 octobre 1976.[235] Le professeur donnait ces références dans un article publié en 1979 et reproduit en note 61 de le page 212 du livre de Serge Thion, *Vérité historique ou vérité politique ?* paru en 1980. C'est au cas précis de Ben Gourion et de Nahum Goldmann qu'il faisait allusion lorsque le 17 décembre 1980 il parlait de l'État d'Israël et du sionisme international. Nous défions un lecteur de garder son sang-froid devant cette interview : un homme d'affaires y explique avec une extraordinaire fatuité comment il a conduit son affaire, l'argent qu'il en espérait d'abord, puis l'argent qu'il a obtenu grâce à son habileté, les moyens de pression utilisés, etc.

Le professeur Faurisson ne s'en prenait pas aux juifs. Sionisme et judaïsme sont deux réalités distinctes. On peut être sioniste sans être juif et on peut être juif sans être sioniste. On peut être antisioniste sans être contre les juifs. Son avocat a insisté sur le fait qu'il n'y avait dans sa phrase de soixante mots aucune imputation concernant les juifs ou portant atteinte à la considération de la communauté juive, laquelle ne doit pas être confondue avec l'État d'Israël ou le sionisme international.

---

[235] N. Goldmann, « Nahum Goldmann : au nom d'Israël ».

S'il en avait eu le loisir à la radio dans la courte émission qui lui avait été accordée et où il était constamment interrompu par les attaques de l'interviewer, il aurait même pu ajouter que, pour lui, figuraient parmi les victimes « non principales » du mensonge les jeunes générations juives élevées dans une sorte de religion pleine de haine et d'inventions affreuses. Il aurait pu dire que les juifs ne sont pas plus responsables que beaucoup d'autres du mensonge des « chambres à gaz » ; ils n'étaient pas mieux armés que les autres pour déceler la supercherie. La croyance dans les « chambres à gaz » a été si universelle que même les déportés pouvaient ne pas soupçonner le caractère fallacieux de la rumeur des « chambres à gaz ». Le mythe des « chambres à gaz » et du « génocide » a été universellement admis parce qu'il fournissait une explication facile et rassurante pour l'humanité au sortir de la plus grande boucherie de l'Histoire.

Mais pour le tribunal rien de ce que le professeur Faurisson pouvait avoir exactement écrit, ni rien de ce qu'il pensait ou pouvait penser en réalité ne semble avoir eu d'importance. Il n'a pas pu assister à ce procès. Comme il le craignait, l'atmosphère en était hystérique et la salle était en bonne partie constituée de "tricoteuses". Le journal de gauche *Libération* a dénoncé pour sa part cet état de fait, lequel n'a provoqué aucune intervention de la part du président du tribunal.

Dans son jugement, le tribunal affirme que « la simple lecture de la phrase poursuivie énonce des imputations de faits déterminés qui portent gravement atteinte à l'honneur et à la considération des Juifs ».

Cependant, le tribunal a humblement commencé par affirmer qu'il ne lui appartenait pas de dire si les « chambres à gaz » et le « génocide » avaient existé ou non. Sa phrase est exactement la suivante : « Le Tribunal entend préciser qu'il ne lui appartient pas de confirmer l'Histoire ni par conséquent de prendre parti sur les thèses développées par le prévenu ».

Les juges ont été, comme pour le procès Poliakov, MM. Quilichini, Cabié et Boyer-Chammard. Les peines prononcées contre le professeur ont été les suivantes : quatre mille francs d'amende, six mille francs plus six mille francs de dommages-intérêts, quatre mille francs plus quatre mille francs de publication dans les journaux, et comme dépens, 455,15 F + 144,60 F. Mais surtout, fait qui paraît sans précédent, le tribunal ordonnait la lecture du jugement sur les antennes de la radio d'*Europe n°1* et de la télévision au cours d'un journal télévisé. Le tribunal ne donnait aucune autre précision. Les précisions qu'il n'a pas données, nous les donnons ici au lecteur. La lecture du jugement exigerait environ dix minutes. Sur *Europe n°1* où la publicité à l'heure de l'émission considérée coûte quarante mille francs la minute, il aurait à payer environ quatre cent mille francs. Sur la première chaîne de télévision, à l'heure du journal télévisé, la minute de publicité revient à deux cent soixante-six mille, ce qui fait qu'il aurait à payer deux millions six cent soixante mille francs. Le total des condamnations de ce seul procès s'élève donc ainsi à 3.088.599,75 F.

3. Le procès que lui intentait la LICRA (toujours à propos de la phrase de soixante mots)

Il s'agit en fait du même procès que le précédent. Le plaignant est cette fois-ci la Ligue internationale contre le racisme et l'antisémitisme. Le directeur de la LICRA, M. Jean Pierre-Bloch, avait très vivement attaqué le professeur Faurisson sur les antennes de la radio *Europe n° 1*. Il l'avait notamment accusé d'être vraisemblablement payé par Kadhafi! Et c'est justement en raison de la violence des attaques portées contre sa personne qu'il avait obtenu de passer le lendemain à *Europe n° 1*. La LICRA, elle, obtenait sa condamnation pour provocation à la discrimination, à la haine ou à la violence raciale.

Les juges ont continué d'être MM. Quilichini, Cabié et Boyer-Chammard. Les peines prononcées contre le professeur ont été les suivantes : une amende de cinq mille francs réduite à mille francs en vertu du précédent jugement ; quatre mille francs plus deux mille francs de dommages-intérêts ; quatre mille francs plus quatre mille francs plus quatre mille francs de publication et, comme dépens, 155,92 F et 144,60 F. Le tribunal ordonnait la lecture du jugement sur les antennes de la radio *Europe n° 1*, soit environ quatre cent mille francs. Enfin, il était condamné à trois mois de prison avec sursis. Là encore le tribunal déclarait : « Le Tribunal entend préciser qu'il ne lui appartient pas de confirmer l'Histoire, ni par conséquent de prendre parti sur les thèses développées par le prévenu. » Le total des condamnations de ce seul procès s'élève donc ainsi à 419.300,52 F.

On aura remarqué que pour la même phrase de soixante mots le professeur Faurisson est condamné à deux reprises malgré la règle *non bis in idem*.

4. Le procès civil que lui intentaient la LICRA, le MRAP, l'Amicale d'Auschwitz et six autres associations

Ce quatrième jugement était rendu le 8 juillet 1981. Le débat s'était déroulé devant tribunal civil et le professeur n'avait donc pas le droit d'y prendre la parole. Ce jugement était le plus attendu de tous. Il était en fait attendu depuis plus de deux ans. Pendant tout ce temps-là, les neuf associations et, en particulier, la LICRA n'avaient épargné ni leur temps, ni leur argent, ni leur sueur, pour essayer de découvrir ce que le professeur mettait les exterminationnistes au défi de trouver, c'est-à-dire une preuve, une seule preuve matérielle de l'existence passée d'une seule « chambre à gaz ». Des fours crématoires ont été utilisés dans certains camps ; il en subsiste mille preuves matérielles. C'est une preuve matérielle de ce genre – et une seule – qu'il demandait qu'on lui trouve afin de lui prouver l'existence d'une seule « chambre à gaz » hitlérienne. Peine perdue ; au bout de deux ans, c'était pour la partie adverse un fiasco complet. À la place de cette seule preuve, la partie adverse nous inondait d'un flot de papiers et de paroles en l'air comme par exemple le faux témoignage d'un Martin Gray. Ce procès était le seul qui fût susceptible de porter sur le fond de la question historique. Et le professeur Faurisson ne pouvait y prendre la parole ! Tout allait se passer par procédure écrite et par l'intervention d'avocats.

Les neuf associations l'avaient attaqué en réparation pour un curieux motif : celui de « dommage ». Il était accusé de leur avoir causé un « dommage » par son opinion sur le mensonge des « chambres à gaz », telle que cette opinion était apparue dans *Le Matin de Paris* et *Le Monde* à la fin de 1978 et au début de 1979. Ces associations affirmaient qu'il avait « volontairement faussé la présentation de l'Histoire » et qu'il avait « tronqué certains témoignages tels que celui de J. P. Kremer » ; elles l'accusaient également d'avoir écarté sans justification sérieuse un certain nombre de preuves jusqu'ici retenues par des instances judiciaires. Elles attendaient du tribunal qu'il déclare que les « chambres à gaz » avaient bien existé et que Faurisson était un « falsificateur ».

Nous ne pouvons ici entrer dans le détail du jugement, tel qu'il a été rédigé par l'un des juges, M. Pierre Drai. Nous n'en retiendrons que deux points essentiels. Le premier point porte sur la qualité du tribunal en matière d'histoire. Là le tribunal est clair. Il déclare : « les Tribunaux […] n'ont ni qualité ni compétence pour juger l'Histoire ». Le second point porte sur un passage d'une lettre que Mme Olga Wormser-Migot avait adressée au professeur Faurisson le 7 novembre 1977.[236] Cette personne est une spécialiste de l'histoire de la déportation. Elle est d'origine juive. C'est elle qui en 1968 a parlé, dans sa thèse, du « problème des chambres à gaz ». C'est elle qui a osé écrire que, malgré tous les témoignages

---

[236] Cette lettre est reproduite dans le présent volume, à la page 38.

contraires, il n'avait pas pu exister de « chambre à gaz » ni à Ravensbrück, ni à Mauthausen. Cela lui avait valu des ennuis. Le professeur avait été voir cette personne et était entré en correspondance avec elle. Elle l'adjurait de ne pas continuer à s'intéresser au problème des « chambres à gaz ». Elle lui faisait valoir qu'il fallait d'abord et avant tout ménager les anciens déportés. L'argument surprend de la part d'une historienne. Pour une historienne, n'est-ce pas la vérité qui devrait compter d'abord et avant tout et non pas le souci de ménager Pierre ou Paul ?

Dans sa lettre du 7 novembre 1977, elle reprenait son argument sous la forme suivante : « L'Histoire se doit d'attendre que le temps permette une étude sans agressivité de certains problèmes d'horreur. »[237] Son avocat avait déposé cette lettre auprès du tribunal. Tous deux pensaient que le tribunal en tirerait peut-être la conclusion que la première spécialiste en France de l'histoire concentrationnaire en était réduite à de bien pauvres arguments en réponse aux questions précises que le professeur posait sur les « chambres à gaz » qui n'étaient pas de Ravensbrück ou de Mauthausen, mais, par exemple, d'Auschwitz ou de Majdanek. Eh bien, tous deux se trompaient, car on peut dire que c'est de cette phrase de M_{me} Olga Wormser-Migot que le tribunal allait faire son principal argument contre Faurisson. À la treizième page du jugement, il est en effet écrit : « il est profondément vrai que "l'histoire se doit d'attendre que le temps permette une étude sans agressivité de certains problèmes d'horreur". » Dans neuf « attendus » d'un caractère extrêmement vague, le professeur se voyait en fin de compte reprocher par le tribunal d'avoir manqué « aux obligations de prudence, de circonspection objective et de neutralité intellectuelle qui s'imposent au chercheur que [Faurisson] veut être ». Des allégations surprenantes de la part du tribunal apparaissent encore sous la forme suivante : « Attendu que [Faurisson] *apparaît vouloir* [souligné par nous] rejeter globalement dans le néant du mythe les souffrances de ceux qui ont subi, par eux-mêmes ou par la disparition de membres de leur famille, les épreuves du régime concentrationnaire – alors qu'ils sont encore vivants pour en témoigner ».

Il y a mieux : pour le tribunal, le professeur a « *paru* » faire admettre que les victimes du régime concentrationnaire auraient, de près ou de loin, été les auteurs et les bénéficiaires d'une « gigantesque escroquerie politicofinancière » ; de plus, il aurait permis « avec une légèreté insigne, mais avec une conscience claire de laisser prendre en charge, par autrui, son discours dans une intention d'apologie des crimes de guerre ou

---

[237] Réponse d'O. Wormser-Migot, à une lettre de R. Faurisson, 7 novembre 1977, reproduite ci-dessus, p. 39.

d'incitation à la haine raciale ». On ne voit pas ici ceux que le tribunal vise par le mot d'« autrui » et, de toute façon, il ne semble pas que le professeur puisse être tenu pour responsable de ce que Pierre ou Paul font de ses écrits.

Nous en aurons fini en faisant remarquer que sa phrase de soixante mots était pour la troisième fois évoquée ici par un tribunal alors même qu'elle avait été prononcée plusieurs mois après la date de clôture de dépôt des pièces. Nous dirons aussi, d'un autre côté, que le tribunal a déclaré qu'il n'avait « pas à rechercher si un tel discours (celui de Faurisson) constitue ou non une falsification de l'Histoire. »[238]

Nous précisons que M. Boittiaux, représentant du ministère public, a au cours de ce procès pris la parole contre le professeur pour demander sa condamnation.

Les juges ont été MM. Caratini, Drai et Martzloff. Les peines prononcées contre le professeur ont été : un franc de dommages-intérêts et trois fois vingt mille francs de publication dans deux journaux et une revue. Le total s'élève donc ici à soixante mille et un francs, sans compter les frais, non précisés dans le jugement.

En conclusion, le jugement qui était destiné à persuader la France et le monde entier de ce que les « chambres à gaz » auraient existé ne comportait aucune réponse sur ce point, ni aucun argument technique ou historique ; il ne parvenait à mettre en évidence aucune falsification ni même aucune erreur de Faurisson. Les seuls arguments employés contre Faurisson étaient ou bien vagues, ou bien d'ordre moral ou sentimental, avec tout l'arbitraire qui peut se déployer dans de pareils cas.

Signé : Quelques nouveaux amis de Robert Faurisson

***

26 novembre 1981

Walter Laqueur et la rumeur des « chambres à gaz »

Walter Laqueur est directeur de l'Institut d'histoire contemporaine à la Wiener Library de Londres. En 1980, il a publié *The Terrible Secret*. Le secret en question serait celui de l'« holocauste » des juifs que Hitler aurait voulu tenir caché. Mais, fait remarquer l'auteur, Hitler n'a pas réussi dans son entreprise. Dès l'été 1942, tout le monde savait ou pouvait savoir. Et c'est ainsi que W. Laqueur entend prouver l'existence d'une

---

[238] Or, la LICRA l'avait bien assigné pour falsification de l'Histoire !

rumeur et, en même temps, dénoncer le scepticisme général avec lequel cette rumeur a été reçue. Son livre est paradoxal : il est écrit par un exterminationniste, c'est-à-dire par quelqu'un qui croit que l'extermination systématique des juifs (ou « génocide ») a été recherchée par Hitler, mais plus on se plonge dans la lecture de *The Terrible Secret* et plus on a l'impression qu'un révisionniste pourrait l'avoir écrit en maints endroits.

Selon l'auteur donc, tout le monde ou presque tout le monde aurait dû savoir l'existence des « chambres à gaz » et y croire bien avant la fin de la guerre. Or, personne ou presque personne de ceux qui ont été informés n'a voulu y croire. Comment se fait-il, demande l'auteur, que les plus hautes instances alliées n'aient pas ajouté foi à ce qui leur était rapporté de toute part ? W. Laqueur n'a pas de réponse. Il parle étrangement d'un « syndrome de dénégation ». Il dénonce l'aveuglement non seulement des neutres, de la Croix-Rouge, du Vatican, mais aussi des Alliés et bien souvent des juifs eux-mêmes, y compris des juifs établis en Palestine. Grâce à une foule d'exemples, il prouve que les rumeurs sur les atrocités allemandes sont allées s'amplifiant durant toute la guerre. L'Allemagne ne pouvait en empêcher la multiplication et il semble à vrai dire que Goebbels s'en soit peu soucié.

Il faudrait plusieurs pages pour énumérer les noms de ceux qui, dans le camp allié, ont refusé de croire à ces rumeurs, ainsi que les termes employés pour exprimer le scepticisme général. À ceux qui venaient parler des atrocités allemandes telles que « chambres à gaz » ou exterminations diverses, on répondait qu'il s'agissait de rumeurs, de pures spéculations, d'inventions de la propagande de guerre. On relève, par exemple : « Vous exagérez un peu votre propagande anti-allemande »[239] ; ces histoires sont « indignes de confiance »[240], ce sont des « mensonges de propagande comparables par leurs dimensions à ceux de Goebbels »[241], des « histoires d'horreurs »[242], « fantastique »[243], « exagérations[244], « de folles rumeurs inventées par des craintes juives », « une propagande incroyable et exagérée de la part d'un peuple qui souffre »[245], « Cher Mr Storch, en matière de propagande, nous en savons plus que vous »[246], « marchands de panique »[247], etc. Certes Churchill,

---

[239] W. Laqueur, *The Terrible Secret*, p. 113.
[240] *Id.*, p. 121.
[241] *Id.*, p. 90.
[242] *Id.*, p. 90.
[243] *Id.*, p. 98.
[244] *Id.*, *passim*.
[245] *Id.*, p. 116.
[246] *Ibid.*
[247] *Id.*, p. 133.

Roosevelt, Benès ou Pie XII ne restaient pas insensibles à l'émotion des messagers mais ils ne semblent pas les avoir entièrement crus. « Je ne vous crois pas », dit le juge Frankfurter à Jan Karski[248], venu lui raconter ce qu'il prétend avoir vu au camp de Belzec en Pologne.

À plusieurs reprises, W. Laqueur reconnaît lui-même que les rumeurs de la seconde guerre mondiale ressemblaient parfois étrangement aux fausses rumeurs de la première guerre mondiale. Il en donne un exemple à la page 9 de son ouvrage où il écrit : « En mars 1916, le *Daily Telegraph* rapportait que les Autrichiens et les Bulgares avaient tué sept cent mille Serbes par le moyen de gaz asphyxiants ». Il ajoute : « Il est probable que certains lecteurs se rappelaient ces histoires (inventées de toutes pièces) quand, en juin 1942, le *Daily Telegraph* fut le premier à rapporter que sept cent mille juifs avaient été gazés ». Le plus curieux est que W. Laqueur ne nous indique pas le moindre critère pour distinguer le vrai et le faux. Pour lui, le *Daily Telegraph* mentait en 1916 et disait la vérité en 1942. Un esprit scientifique ne devrait-il pas ici traiter de la même façon ces deux informations ?

Il n'existe peut-être pas de livre qui, mieux que celui de W. Laqueur, nous montre où, quand et comment a pris forme le mythe des « chambres à gaz » et du « génocide ». La rumeur semble avoir pris naissance dès la fin de 1941 dans certains milieux juifs slovaques ou polonais. De là, elle atteint la Grande-Bretagne et les États-Unis, en particulier par l'intermédiaire de milieux sionistes très actifs qui, en Suisse, notamment à Genève et à Berne, inondaient de leurs lettres, télégrammes ou appels téléphoniques les plus hautes instances sionistes de Grande-Bretagne et des États-Unis, lesquelles à leur tour alertaient ou essayaient d'alerter les autorités britanniques ou américaines. Un des personnages les plus agissants semble avoir été Gerhard Riegner, secrétaire à Genève du Congrès juif mondial. Il avertissait aux États-Unis le rabbin Stephen Wise, président du Congrès juif mondial, lequel à son tour tentait d'agir sur Roosevelt ou sur son entourage.

W. Laqueur souligne le paradoxe : on s'est mis à croire vraiment aux « chambres à gaz » et au « génocide » à partir de la découverte des horreurs de Bergen-Belsen. Ce camp, ainsi que le note l'auteur avec raison n'était pas à proprement parler un camp de concentration mais, en bonne partie, un camp pour malades. Ce camp avait été ravagé par le typhus à la fin de la guerre et ce que les Alliés allaient y découvrir, c'était précisément des amas épouvantables de typhiques soit morts, soit moribonds. Il n'en fallut pas plus pour que s'accrédite l'idée que les

---

[248] *Id.*, p. 237.

Allemands avaient organisé l'élimination systématique de peuples entiers par le gaz. C'est là un phénomène de suggestion collective.

W. Laqueur apporte une autre contribution à l'histoire révisionniste quand dans un long chapitre il montre à quel point l'Allemagne et les pays que celle-ci occupait n'étaient pas isolés du reste du monde. De nombreuses ambassades ou légations de pays neutres ou de pays qui étaient alliés à Hitler (sans pour autant être à sa botte) répandaient à travers le monde un flot d'informations touchant à tous les aspects de la vie civile ou militaire. D'autre part, les Alliés avaient très tôt déchiffré les codes de la SS, de la SD et même des chemins de fer allemands. À la seule ambassade britannique de Stockholm, trente personnes, dont la plupart étaient juives[249], dépouillaient les journaux et nouvelles en provenance de Pologne. Un flot de juifs[250] pouvait encore quitter l'Europe occupée et, par exemple, à partir de 1942, le gouvernement roumain ne s'opposait plus en principe à l'émigration. Les liaisons avec Londres étaient innombrables grâce à une résistance polonaise très active. Les leaders juifs slovaques[251] étaient en relations téléphoniques fréquentes avec les représentants juifs établis en Suisse. Beaucoup de liaisons se faisaient aussi par Istanbul ou, à un moindre degré, par l'Espagne. Aussi, penserons-nous, pour notre part, que si Hitler avait installé au cœur de son empire une énorme entreprise de destruction des juifs par les gaz, cela se serait su et W. Laqueur serait aujourd'hui en mesure de nous apporter des preuves de l'existence de cette entreprise au lieu de nous livrer une somme de rumeurs répétitives dont beaucoup ne se différenciaient pas des rumeurs de la guerre de 1914-1918.

Il y a chez W. Laqueur beaucoup d'ingénuité. L'idée ne lui est pas venue au cours de son enquête qu'il avait en mains la preuve que « chambres à gaz » et « extermination systématique » n'avaient pas plus de consistance réelle que bien d'autres « informations » glanées çà et là sur l'ébouillantement des juifs ou leur électrocution ou leur mise à mort par de la chaux vive ou leur transformation en engrais, en savon ou en lubrifiants. Car ces « témoignages » figurent au même titre que « chambres à gaz » et « génocide » dans les milliers de rapports qui circulaient pendant la guerre sur le compte des Allemands. Elles auraient pu devenir la vérité officielle d'aujourd'hui et si les « chambres à gaz » l'ont en quelque sorte emporté dans ce concours de ragots, ce ne peut être que pour des raisons de circonstances.

La démarche d'esprit de W. Laqueur est sensiblement comparable à celle du fondateur d'Amnesty International. Sean McBride, lui aussi, part

---

[249] W. Laqueur, *The Terrible Secret, p. 104.*
[250] *Id.*, p. 166.
[251] *Id.*, p. 188.

du principe intangible et tabou que les « chambres à gaz » ont existé, puis il se rappelle que, pendant la guerre, il a eu en mains des documents mentionnant l'existence de camps d'extermination mais, à l'époque, ces documents ne lui apparaissaient pas très convaincants. Il se reproche aujourd'hui son scepticisme d'alors. Il ne lui vient pas à l'idée que ce scepticisme pouvait valoir mieux que la foi qu'on lui a inculquée après la guerre. Je crois utile de citer un long fragment d'un article de S. McBride paru dans *Le Monde* du 13 février 1981, sous le titre de « L'avertissement ». On y verra en réduction et sous une forme simplifiée toute la démarche intellectuelle de W. Laqueur et tout son livre en quelque sorte. Voici ce qu'écrivait Sean McBride :

> « Au milieu de la deuxième guerre mondiale, j'entretenais des relations extrêmement amicales avec l'ambassadeur des États-Unis en Irlande, David Gray, un intime de Roosevelt. Un jour je le vis perplexe. – J'ai reçu du Département d'État, me dit-il, des documents troublants qui font état d'une politique d'extermination menée par les nazis dans des camps spécialement aménagés à cet effet. – Je regardais les papiers qu'il détenait et, ce qui est évidemment le plus atroce, je dois l'avouer, c'est qu'ils n'apparaissaient pas très convaincants. Mes démarches pour obtenir davantage de précisions, puis pour alerter l'opinion, se heurtèrent à l'indifférence et au scepticisme. Ceci est resté pour moi fondamental : le génocide le plus monstrueux de l'histoire de l'humanité avait pu se développer durant cinq années dans l'ignorance la plus totale. »

Le fondateur d'Amnesty International se reproche de n'avoir pas cru, tandis que W. Laqueur reproche, lui, à la planète entière de n'avoir pas cru. Tous ces reproches sont de trop. Il convenait de ne pas croire. Les prétendus documents n'avaient rien de convaincant. C'est ce qui saute aux yeux d'un lecteur non prévenu. C'est ce qui saute à la vue du livre de W. Laqueur : « chambres à gaz » et « génocide » étaient et sont de l'ordre du mythe historique. Walter Laqueur en fait involontairement la démonstration. À ce titre, son ouvrage constitue une sorte de curiosité psychologique.

Note de la Rédaction : « Le terrifiant secret » vient de paraître aux éditions Gallimard.

[Publié dans *Rivarol*, 26 novembre 1981, p. 7. La rédaction a donné comme titre : *« Révisionniste » sans le vouloir*.]

1982

24 février 1982

LETTRE À M. ROGER BRUGE

Le Républicain lorrain

Cher Monsieur,

Je vous remercie bien de votre lettre du 21 reçue ce matin même.

De diverses sources j'ai appris l'existence de *Sachso* mais je n'ai pas le livre ; j'aimerais bien le lire.

Il n'a jamais existé de « chambre à gaz » homicide à Oranienburg-Sachsenhausen. Tous les historiens sans exception partagent l'opinion exprimée par le Dʳ Martin Broszat, de l'Institut d'histoire contemporaine de Munich, dans la fameuse lettre de *Die Zeit* du 19 août 1960, intitulée « Keine Vergasung in Dachau ». Broszat qui est un exterminationniste convaincu – au moins en apparence – dit expressément qu'il n'y a eu aucun gazage d'êtres humains ni à Dachau « ni en aucun point de l'*Altreich* ». L'*Altreich*, je vous le rappelle, est l'Allemagne dans ses frontières de 1937.[252] Voyez la thèse d'Olga Wormser-Migot (*Le Système concentrationnaire nazi…*) à la page 541, en note. Téléphonez au Centre de documentation juive contemporaine, 17, rue Geoffroy-l'Asnier (4ₑ) 277.44.72. La « chambre à gaz » d'Oranienburg est l'une des toutes premières à avoir fait fiasco après la guerre. Je constate qu'on tente de la ressusciter aujourd'hui. Quel désarroi tout de même ! Vous m'écrivez que la légende d'une des photos dit ceci : « Un des bourreaux du camp, Paul Sakowski, répète devant un officier de la commission d'enquête soviétique, en 1945, les gestes qui déclenchaient la mort dans la chambre à gaz. » Vous ajoutez que dans la légende de la photo du bas on dit que, « d'un coup de paume sur un percuteur, il brise l'ampoule de Zyklon B dont les vapeurs mortelles se répandent à l'intérieur. » Or, le Zyklon B n'a jamais existé en ampoule. Le Zyklon B est un absorbat d'acide cyanhydrique sur base poreuse inerte – la terre d'infusoire – et qui libère l'acide cyanhydrique au contact de l'air. Il existe sous trois formes : « ERCO » : *kleine blaue Würfel :* petits dés bleus [j'en possède chez

---

[252] Voy. mon *Mémoire en défense*, p. 181-184, « La révision de 1960… », reproduit dans le présent volume à la page 8.

moi] ; DIAGRIESS : *eine rotbraune körnige Masse* : une masse granuleuse rouge-brun ; DISCOIDS : *Holzfaserscheiben* : fibres de bois en forme de disques [un peu comme des ronds de bière]. Je pense que le dénommé Sakowski montrait comment on soumettait les soldats allemands à l'épreuve de la chambre à gaz. Dans toutes les armées du monde, on utilise les chambres à gaz pour l'entraînement au port du masque à gaz. On utilise alors des gaz quasi inoffensifs (libérés justement par percussion ou encore par bris d'ampoule) par rapport au HCN, aisément ventilables après l'opération, ne nécessitant aucune installation sophistiquée. À Montlhéry, près de Paris, vous avez ainsi une petite chambre à gaz pour l'entraînement des recrues. Je ne vous apprendrai certainement pas que les officiers de l'armée française qui s'occupaient de ce genre d'entraînement étaient autrefois des « officiers Z ». En allemand, de telles chambres à gaz s'appelaient *Gasraum* ou *Gaskammer*, tout comme les autoclaves de désinfection (en général de 10 m₃). Le jour venu, si cela vous intéresse, je vous montrerai ma documentation sur ces sujets et en particulier un petit livre de soixante-sept pages publié à Berlin en 1943 (publication officielle) par le D$_r$ Franz Puntigam et intitulé *Blausäuregaskammern für Fleckfieberabwehr* (chambres à gaz à l'acide cyanhydrique pour la défense contre le typhus).

En France, aujourd'hui, c'est la société ANPA, 18 rue Goubet (19$_e$) qui distribue le Zyklon. Vous pourriez demander au téléphone M. Martin (200.67.01). L'homme est exaspéré par ces histoires de Zyklon B mais si vous vous y prenez bien il consentira peut-être à vous parler.

[...]

***

12 mars 1982

Les cheveux d'Auschwitz

Une certaine Ruth Abram-Rosenthal vient d'écrire dans le journal hollandais *Handelsblad NRC* du 6 mars 1982, sous le titre « En Pologne l'antisémitisme continue de vivre » :

> « Des écoliers qui visitent les anciens camps de concentration tels ceux de Treblinka, Birkenau et Sobibor reçoivent des brochures où ils peuvent lire que les gazages sont des inventions juives. On suggère aux enfants, lors d'une visite prochaine chez le coiffeur, d'envoyer leurs cheveux coupés à l'instance

commémorative d'Auschwitz pour que celle-ci puisse les ajouter à sa fallacieuse collection de cheveux. »

Personnellement, pour des raisons que je n'ai pas envie de développer ici, je dirais que la journaliste hollandaise a été la victime d'une provocation ; ou peut-être sait-elle fort bien qu'il s'agit d'une provocation et que cela l'arrange de chercher à nous faire croire que des antisémites polonais seraient à l'œuvre. En revanche, ce qui est sûr, c'est que la collection de cheveux présentée derrière l'une des vitrines du musée d'État d'Auschwitz est bel et bien fallacieuse. En effet, tout ou partie de ces cheveux rassemblés en 1945 ne venait pas des camps d'Auschwitz ou de Birkenau mais… d'une usine de tapis et peluches, sise à Kietrz ! Cette ville de Kietrz se situe, à vol d'oiseau, à environ quatre-vingt-dix kilomètres à l'ouest d'Auschwitz, à proximité de la frontière tchécoslovaque. Une expertise polonaise du 27 mars 1947 portant sur quatre kilos deux cents de cheveux saisis dans cette fabrique permettait de découvrir des traces d'acide cyanhydrique dans des cheveux ainsi décrits : « *de teintes peu variées : blond foncé, châtain pour la plupart, certains légèrement grisonnants* ». Cette présence d'acide cyanhydrique était normale puisque, aussi bien, l'usine devait désinfecter les cheveux avant d'en faire des tapis ou des peluches et que les Allemands, comme beaucoup d'autres peuples, avant et après la guerre et encore aujourd'hui, utilisaient ou continuent d'utiliser le Zyklon B (qui est un absorbat d'acide cyanhydrique) quand il s'agit de désinfecter quelque matériau que ce soit et surtout des cheveux, avec leurs impuretés, leurs poux et leurs lentes. Mais le fameux juge d'instruction Jan Sehn, de Cracovie, célèbre pour avoir interrogé Rudolf Höss et bien d'autres Allemands responsables du camp d'Auschwitz, s'empressa d'y voir une preuve de crime. Il fit saisir ces cheveux et les proposa au directeur du musée d'Auschwitz qui les accepta. De Cracovie, le 6 mai 1947, Jan Sehn écrivait à la Commission centrale d'investigations sur les crimes allemands en Pologne (lettre n° 366-47) :

> « Je considère comme le moyen le plus sûr d'assurer la conservation de ces cheveux leur remise au musée national d'Auschwitz, ce qui garantira leur conservation dans l'état dans lequel ils se trouvent actuellement et permettra pendant longtemps de s'en servir, si besoin est, comme preuve matérielle [contre les accusés).
>
> « Je me suis entendu à ce sujet avec M. Wasowicz, directeur du musée, qui s'est déclaré prêt d'en assurer, par ses propres moyens, le transport de Kietrz à Auschwitz pour les garder, d'une part,

comme objets d'exposition, et, de l'autre, comme éléments de preuves susceptibles de servir à l'avenir. »

Et c'est ainsi, pensera le touriste d'Auschwitz, que la magnifique tresse blonde qui trône au milieu du tas de cheveux qu'on lui présente aujourd'hui comme ayant appartenu à des femmes « gazées » *peut* très bien avoir appartenu à une Silésienne allemande qui aurait sacrifié sa chevelure à l'effort de guerre allemand.

De toute façon, ces étalages muséographiques de cheveux, de lunettes, de blaireaux, de chaussures, de béquilles n'ont pas grand sens. Dans toute l'Europe en guerre, chez tous les coiffeurs, on faisait de la récupération de cheveux. On « récupérait » d'ailleurs et on rassemblait dans toutes sortes de dépôts toutes sortes de matériaux ou d'objets. Dans les usines, dans les prisons, dans les camps de travail ou de concentration, on utilisait une main-d'œuvre considérable pour le traitement ou le retraitement de ce qu'on avait récupéré. Certains camps de concentration contenaient de véritables usines de fabrication de chaussures ou de vêtements. Aujourd'hui, le touriste abusé se voit présenter tous ces objets comme autant de preuves de la barbarie allemande. Il est sûr que certains de ces objets ont pu appartenir à des internés dépouillés après leur mort. Mais il en allait de même pour les dépouilles des populations civiles allemandes recueillies, après chaque bombardement, par des équipes d'internés conduites sur les lieux à déblayer. Il en allait de même pour les dépouilles des soldats allemands concentrés dans des dépôts militaires.

L'Allemagne était engagée dans un formidable conflit et subissait un blocus presque total. On essayait de gâcher le moins possible et de récupérer le plus possible.

Mais le touriste est si facile à tromper. Pourquoi ne pas en profiter ? C'est un rêveur. Nourrissons ses rêves, n'est-ce pas, surtout s'ils sont malsains. D'Auschwitz, qui fut un lieu de souffrances et de drames, les communistes polonais ont fait une sorte de Disneyland.

***

30 avril 1982

Exposition de la déportation 1933-1945
Remarques sur cette exposition

Cette exposition se tient sous l'égide du ministère des anciens combattants et plus précisément de la Commission de l'information historique pour la Paix. Actuellement (fin avril-début mai 1982) elle occupe l'Esplanade du Trocadéro. Elle est appelée à parcourir la France entière. Elle montre certaines des horreurs de l'histoire des camps de concentration (uniquement allemands) mais – fait curieux – elle commence à laisser soupçonner aux visiteurs que les prétendues chambres à gaz homicides pourraient bien n'être qu'un mythe. Nous avons relevé toutes les photographies qui portent pour légende « chambres à gaz » et voici tout ce que nous avons trouvé :

Panier électronique sans numérotation intitulé La mort. La Libération.

Photo 01. La chambre à gaz du Struthof.

On n'aperçoit en fait que le petit bâtiment qui est censé contenir, dans une de ses parties, une chambre à gaz homicide. Depuis que, dans le journal *Libération* à la fin de 1978, le professeur Faurisson a invité chaque Français passant près de Strasbourg à faire un tour au Struthof pour voir de ses yeux l'absurdité de cette prétendue chambre à gaz homicide, aucune visite n'est plus autorisée. Une affichette prétend qu'en raison d'actes de vandalisme la visite n'est possible qu'en la compagnie d'un gardien. Or, si l'on prend la peine d'aller chercher un gardien, on s'entend répondre que « Toute visite est strictement interdite, c'est la consigne ». On peut le regretter pour les visiteurs qui auraient l'occasion de voir, comme le disait la plaque intérieure, une « chambre à gaz en état d'origine », une chambre à gaz, il est vrai, où à tous les coups le gazeur aurait été le premier à se gazer. Figurait également à l'intérieur du bâtiment le texte dit de LA confession de Kramer qui fut commandant du camp. Cette confession est absurde. Et ce que le visiteur ignore, c'est que ses geôliers ont obtenu de Kramer une autre confession, tout aussi absurde et totalement contradictoire de la première. Enfin, dans une autre pièce, le petit bâtiment contenait des fosses à choucroute et à pommes de terre baptisées… « fosses à cadavres ».

Photo 02. Intérieur de la chambre à gaz de Mauthausen.

De la toute petite pièce ainsi nommée à Mauthausen, on ne voit qu'une toute petite partie : quelques pommes de douche et des tuyaux. On remarquera que le dispositif d'ouverture et de fermeture de la tuyauterie se manœuvre de l'intérieur de la pièce : une sorte de gazage en self-service ! Les pommes de douche sont plaquées au plafond et rien ne les raccorde à la tuyauterie mais c'est là un point qui ne peut pas se constater sur la photo.

Photo 03. Belzec : véhicule servant à asphyxier.

On ne voit en tout et pour tout qu'une petite partie de l'arrière d'une Volkswagen immatriculée POL 28545 et de la tuyauterie. En fait, là encore il s'agit d'une toute petite partie d'un montage photographique qu'on trouve au complet dans un ouvrage sur le III_e Reich écrit après la guerre[253] et où la VW est couplée avec un camion, le tout dans la prétendue chambre à gaz d'Auschwitz-I et non à Belzec. Sur le photomontage original, on apercevait dans la partie gauche l'ombre portée gigantesque et sépulcrale d'une sorte de gestapiste à imperméable et à chapeau mou.

Photo 04. La chambre à gaz de Majdanek.

On n'aperçoit qu'un mur et une porte, très flous. Le connaisseur des lieux distingue pourtant là le mur et la porte d'une des chambres à gaz de *fumigation* sises à l'entrée du camp de Majdanek et sans rapport avec la photo suivante.

Photo 05. Intérieur de la chambre à gaz de Majdanek.

C'est une simple salle de douche ! D'ailleurs, aujourd'hui, elle est honnêtement présentée à Majdanek comme une simple salle de douche ! La photo n'est pas du tout prise sous son angle habituel. Elle nous cache qu'à la gauche du photographe se trouve une série de simples vitres donnant sur l'extérieur. Si ces vitres nous étaient montrées, nous nous rendrions compte qu'il ne pouvait pas s'agir d'une chambre à gaz homicide : il suffirait en effet aux détenus de briser les vitres pour que le gaz se répande à l'extérieur, pour que l'air frais s'engouffre à l'intérieur et pour que les détenus sautent par les fenêtres qui sont à hauteur d'homme.

Panier électronique n° 1 intitulé
– Un régime, l'internement, la déportation –

---

[253] R. Neumann, *Aufstieg und Untergang des Dritten Reiches*, p. 194-195.

Aucune photo de chambre à gaz homicide.

Panier électronique n° 2 intitulé – Les lieux –

Photo 42. Mauthausen. La chambre à gaz.

Il s'agit de la même photo que la photo n° 2 du panier électronique sans numérotation.

Photo 73. Neuengamme, la chambre à gaz.

On n'aperçoit qu'une cour à ciel ouvert entre trois bâtiments ! Depuis 1960 les historiens officiels ont de toute façon déclaré qu'il n'y avait jamais eu de chambre à gaz homicide à Neuengamme, ainsi d'ailleurs que dans tout l'ancien Reich (Allemagne dans ses frontières de 1937).

Panier électronique n° 3 intitulé – Les lieux –

Photo 08. Sachsenhausen. La chambre à gaz.

On n'aperçoit qu'un homme vu de dos, ainsi que de la tuyauterie. L'ensemble est flou. *Oranienburg-Sachsenhausen* se trouvait à trente kilomètres de *Berlin* et, pour les historiens officiels, ce camp n'a jamais possédé de chambre à gaz homicide. Cela n'a pas empêché les anciens du camp de prétendre le contraire dans un livre récent intitulé *Sachso*. Ils le prétendent sans fournir la moindre preuve et, notamment, le plan qu'ils ont dessiné du camp ne permet pas de reconnaître où se trouvait précisément cette prétendue chambre à gaz homicide.

Photo 26. Struthof, chambre à gaz. Extérieur.

Il s'agit encore une fois de la photo 01 du panier électronique sans numérotation.

Panier électronique n° 4 intitulé – Les déportés –

Aucune photo de chambre à gaz homicide.

– Autres remarques –

1.– Sur le Struthof

Une grande reconstitution sous vitrine représente le camp du Struthof. Remarquez à droit, en bas, le tout petit bâtiment avec sa cheminée extérieure. C'est le bâtiment qui, en une de ses parties, contient la fameuse « chambre à gaz » du Struthof déjà vue à plusieurs reprises.

2.– Sur Dachau

Dans la partie droite d'un panneau situé non loin de l'entrée de l'exposition, on lit les mots suivants : *Four crématoire, chambre à gaz (photo prise à la Libération)*. Un déporté est montré entrouvrant la porte n° 2 d'une série de chambres à gaz. Sur la porte, on lit en allemand *Horaires de gazage de... heures à... heures ;* puis est dessinée une tête de mort accompagnée des inscriptions suivantes : *Attention ! Gaz ! Danger de mort. Ne pas ouvrir.* Il s'agit à l'évidence de chambres à gaz de désinfection (voyez le tas de vêtements à gauche). D'ailleurs, selon la version des historiens officiels, il n'y a jamais eu de gazages homicides à Dachau.

3.– Sur Auschwitz

On remarquera qu'il n'y a aucune photo de la prétendue chambre à gaz homicide d'Auschwitz-I, qui est pourtant visitée chaque année par des centaines de milliers de touristes, polonais et étrangers. Il n'y a non plus aucune photo des ruines des quatre prétendues chambres à gaz homicides d'Auschwitz-II ou Birkenau, qui étaient censées gazer des dizaines de milliers de victimes par jour. Pas de photo, pas de reconstitution, pas de plan, pas de dessins : rien.

Toutefois, parmi les récitants enregistrés au magnétoscope, on entend G. Wellers parler très brièvement des chambres à gaz d'Auschwitz. Du même G. Wellers, on trouve sur le sujet une interview écrite, à la page 16 de la revue qui est vendue pour dix francs à l'entrée de l'exposition. Au magnétoscope, G. Wellers montre un plan allemand de ce qu'il ose appeler une des chambres à gaz d'Auschwitz-Birkenau. Il n'y a qu'un malheur pour lui, c'est que ce plan porte lisiblement le mot de *Leichenkeller*, qui signifie « cellier à cadavres » ou « salle froide enterrée ». Il s'agit, en effet, non pas d'une chambre à gaz homicide, mais d'une chambre froide aux dimensions caractéristiques (trente mètres sur sept), semi-enterrée afin d'être protégée de la chaleur.

Ces plans allemands n'avaient rien de secret. Quant aux commandes de portes étanches au gaz avec un dispositif en caoutchouc et d'un judas, il s'agissait de commandes de portes de chambres à gaz de désinfection

(*Entwesungskammer*), comme l'atteste le registre de la serrurerie d'Auschwitz où toute commande était enregistrée et contrôlée.

G. Wellers dit qu'on a trouvé des traces d'acide cyanhydrique sur le système de ventilation de cette pièce. Le fait est tout à fait normal étant donné qu'une morgue peut se désinfecter au Zyklon B (produit à base d'acide cyanhydrique, inventé en 1917 et encore utilisé aujourd'hui dans le monde entier). Et s'il y avait des chambres de désinfection fonctionnant au Zyklon B, il est encore plus normal qu'on ait trouvé de l'acide cyanhydrique dans leur système d'aération !

Un dernier point : G. Wellers parle de quatre chambres à gaz d'Auschwitz-Birkenau actuellement en ruines. S'il s'abstient de mentionner celle que l'on fait visiter intacte à l'entrée du camp principal, c'est peut-être parce que le professeur Faurisson a retrouvé les plans de cette prétendue chambre à gaz homicide et qu'il a pu dénoncer la supercherie : en un premier temps, l'endroit avait été une morgue et, en un second temps, un abri anti-aérien, avec salle d'opération, pour l'hôpital voisin.

D'une façon générale, cette exposition officielle de 1982 marque une évolution intéressante du mythe des chambres à gaz homicides : les fragments que l'on nous montre de prétendues chambres à gaz homicides se font de plus en plus petits. On va vers l'infinitésimal, le zéro, le néant. Déjà beaucoup de ces chambres à gaz homicides ne sont plus montrées du tout : on se contente de nous en montrer le bâtiment qui est censé les contenir.

N.B. Le livre de Georges Wellers intitulé Les chambres à gaz ont existé contient douze photographies ; pas une ne représente une chambre à gaz homicide.

***

Juin 1982

Simon Wiesenthal

Dans une interview de Georges Suffert que publie votre livraison du 2430 mai 1982, M. Simon Wiesenthal me met en cause (p. 179) en raison de la visite que je lui ai rendue à Vienne (Autriche) le 27 juin 1978. Je ne lui ai pas « *débité* [ma] *petite histoire* [sur les chambres à gaz] » car je me suis essentiellement entretenu avec lui du sujet sur lequel nous avions eu un échange de correspondance : l'histoire d'Anne Frank et de son arrestateur. Je n'ai pas non plus été « *flanqué dehors avec énergie* ». Au terme d'un entretien cordial, j'avais été raccompagné à sa porte avec une politesse toute viennoise, et nous nous étions serré la main. Si j'ai prononcé quelques mots en passant sur les chambres à gaz, j'ai pu me rendre compte que M. Simon Wiesenthal ne connaissait rien à cette époque de mon opinion sur le sujet.

Je déplore par ailleurs que vous ayez publié ma photo, alors que je fais défense à quiconque de publier une photo de moi. La légende qui accompagne cette photo, à côté de celles de Skorzeny et de Mengele, fait de moi un adepte de la violence. Je vous rappelle que, depuis le 16 novembre 1978, je suis au contraire une victime de la violence sous toutes ses formes, y compris sa forme physique.

[Publié dans *Le Point*, n° 508, 14 juin 1982, p. 173.]

***

15 juin 1982

Lettre à François Furet et Raymond Aron

Messieurs,

Vous organisez un colloque sur « Le national-socialisme et les Juifs » ; ce colloque se tiendra du mardi 29 juin au vendredi 2 juillet 1982 à la Sorbonne et aux Hautes Études.

Dans la revue *L'Histoire* (revue mensuelle éditée par la Société d'édition scientifique), livraison de juin 1982, aux pages 70-71, je lis :

> « Il a fallu les secousses passionnelles provoquées par le professeur Robert Faurisson dans l'opinion publique et l'adhésion remportée par lui auprès d'une poignée d'anciens "anarcho-communistes" pour que le doute vienne à planer sur quelques tabous : la comptabilité du génocide, l'existence des chambres à gaz, la volonté d'extermination des nazis à l'endroit des Juifs, etc. »

Je lis encore :

> « Si François Furet (maître-d'œuvre de ce colloque) reconnaît que "l'affaire Faurisson" fut le déclic, il compte aller bien au-delà de ce fait de société. »

Je lis enfin :

« La thèse révisionniste [sera étudiée] par Pierre Vidal-Naquet. »

Dès l'annonce publique de ce colloque, j'ai pris contact avec l'un et l'autre d'entre vous. À l'un comme à l'autre, j'ai demandé l'autorisation d'assister à ce colloque. Votre réponse a été un refus immédiat et catégorique. L'un d'entre vous m'a dit qu'il s'agissait d'un refus « non négociable » et l'autre m'a fait remarquer : « Vous comprenez, il y a des vérités qui sont établies pour toujours ! » J'ai eu beau rappeler que nos positions sur les prétendues « chambres à gaz » homicides de Hitler et le prétendu « génocide » des juifs seraient présentées au colloque par le plus farouche, le plus violent défenseur des thèses adverses : Pierre Vidal-Naquet qui, depuis trois ans, mène campagne contre ma personne et contre la personne de ceux qui me défendent, vous m'avez fait comprendre que l'hérétique que je suis à vos yeux serait jugé *in absentia* et sans avocat, devant une brochette de procureurs choisis par cooptation. Ces procédés ne risquent-ils pas d'apparaître à la fois sorbonniques et staliniens ? Monsieur Furet a bien voulu me confier à deux reprises qu'il désapprouvait les « persécutions » – c'est là son propre mot – dont j'étais la victime depuis tant d'années. Or, je considère que la tenue de ce colloque à huis clos, suivi d'une conférence de presse de Monsieur Aron, prend la forme d'une nouvelle atteinte à ma liberté d'expression : je pourrais en subir de très graves conséquences sur les plans universitaire et judiciaire. La justice ne manquera pas d'en tirer parti lors du procès civil de septembre.

Actuellement se trouve en délibéré un arrêt à rendre sur un jugement qui me condamne à trois mois de prison avec sursis et à plus de trois millions de francs d'amendes diverses, de dommages-intérêts et de frais d'insertion pour la seule expression de mes idées en matière d'histoire contemporaine.

J'aimerais me tromper sur vos intentions et, envers et contre tout ce que vous m'avez dit jusqu'à présent, je me permets de compter sur une invitation.

Jusqu'ici vous m'avez interdit même une présence muette à votre colloque. Je ne peux pas croire que vous maintiendrez une pareille interdiction.

Je vous prie, Messieurs, de recevoir mes salutations distinguées.
[Ajout manuscrit] *P.S. :* Monsieur Furet a bien voulu m'accorder un entretien d'une demi-heure. Il m'a dit, au passage, qu'il avait lu l'ouvrage de Serge Thion, *Vérité historique ou vérité politique ?* et qu'il avait entendu mon interview à « Europe-1 » par Ivan Levaï. (Il n'a pas lu mon *Mémoire en défense*). Dans ce cas, je me demande comment il a pu croire

que je niais l'existence des... fours crématoires ! D'autre part, il m'a confié, à propos des participants du colloque, qu'ils avaient **tous** « pignon sur rue » et qu'ils me tenaient **tous** pour un « imposteur ». Pour moi, j'estime que l'argument d'autorité n'est peut-être pas un bon argument, surtout quand cette autorité-là reçoit toutes les cautions possibles de tous les pouvoirs possibles. Ensuite, la plupart des participants ont fait comme moi : ils se sont improvisés historiens du « génocide ». Enfin, si le révisionnisme est une imposture, il convient de dévoiler cette imposture d'une façon convaincante, par exemple, en invitant au colloque un révisionniste qu'il serait aisé de confondre publiquement. Une dernière remarque : si **tous** sont antirévisionnistes et si **aucun** révisionniste n'est invité, n'est-ce pas que le procès du révisionnisme sera fait par des gens décidés d'avance à prononcer la condamnation des prévenus ?

***

Troisième trimestre 1982

CÉLINE DEVANT LE MENSONGE DU SIÈCLE

J'appelle le mensonge du siècle le mensonge des prétendues « chambres à gaz » hitlériennes.

Céline avait au moins deux amis et correspondants qui ne croyaient pas à la réalité de ces « chambres » homicides, de ces abattoirs humains. Il s'agissait pour eux d'un mensonge de la propagande de guerre alliée, comparable en bien des points aux bobards ignobles de la première guerre mondiale sur les enfants belges aux mains coupées par les Allemands ou sur les usines à cadavres d'outre-Rhin. Ces deux amis et correspondants étaient Paul Rassinier et Albert Paraz. Je ne me rappelle pas avoir rencontré jusqu'ici sous la plume de Céline une allusion au formidable tabou des « chambres à gaz » homicides.

De Vence, le 15 juin 1950, Albert Paraz écrivait en préface au *Mensonge d'Ulysse* de Paul Rassinier :

> « Après les oubliettes, Torquemada, les jésuites, les francs-
> maçons, le masque de fer, il est une autre histoire à laquelle il ne
> faut absolument pas toucher, celle des chambres à gaz. La croûte
> terrestre en est à vif pour des siècles. J'ai failli me faire assassiner
> trois fois hier, rien que pour avoir soumis le texte de Rassinier (*Le
> Mensonge d'Ulysse*) à des voisins, le tout en marchant à moins de
> cent mètres de chez moi. — Seul un extraordinaire masochiste peut

s'aviser d'écrire, maintenant que les témoignages sur les chambres à gaz ne sont pas tout à fait assez concluants, pour son goût, qu'il n'y en a qu'un seul dans la littérature concentrationnaire, celui de Weiss, mais encore supporté de seconde main et que personne n'a songé à interroger ce Weiss d'une manière sérieuse qui puisse être retenue par un historien. C'est de la dynamite. »[254]

En fait, grâce à Lucette Destouches et à François Gibault, nous possédons aujourd'hui une lettre où Céline parle de la question des « chambres à gaz » en des termes qui marquent d'ailleurs son vif intérêt pour le sujet. Il s'agit d'une lettre inédite adressée par Céline à son ami allemand H. Bickler le 30 décembre 1960. Peut-être François Gibault a-t-il raison d'écrire :

> « Toutes les lettres écrites de Meudon ne sont que de longues plaintes, des suites de lamentations assorties de l'annonce de guerres prochaines, de cataclysmes épouvantables et autres lugubres prophéties. Aigri, malade, désabusé de tout, Céline éprouvait pour ses contemporains le plus parfait mépris et les vouait aux pires gémonies, en attendant l'apocalypse et l'extinction du genre humain. »[255]

mais, personnellement, j'aurais tendance à considérer que, jusqu'au bout, la flamme du génie a persisté dans ce corps torturé et que Céline n'a jamais cessé d'être cet esprit vif comme l'éclair, curieux, ouvert, prophétique qu'il avait été dès son plus jeune âge. Voyez en quels termes il s'adresse à son ami Bickler pour avoir des documents sur une nouvelle sensationnelle qui touche à un revirement de l'histoire officielle en ce qui concerne ce qu'il faudrait croire et ce qu'il ne faudrait pas croire sur le sujet des « chambres à gaz ». On sent que la curiosité de Céline, sept mois avant sa mort, est piquée au vif par une information appelée à être dissimulée par la grande presse parce qu'elle portait un terrible coup à la légende préférée des vainqueurs de la seconde guerre mondiale. Il écrit, à l'aube de l'année 1961 :

> « Que cette 61 soit possible, ce serait déjà très beau, tout le bonheur que je vous souhaite ! Certes il faudrait nous rencontrer – mille choses inconnues nous séparent hélas ! d'abord nous sommes

---

[254] Voy. A. Paraz, *Le Menuet du haricot*, p. 84.
[255] C'est aux pages 328 et 329 du livre de F. Gibault que je fais référence dans cet article ; voy. *Céline, 1944-1961*.

vieux et *démodés*, nos histoires embêtent les gens ! *Je n'ai pas vu Epting.* Vous ne pouvez pas vous faire une idée de notre vie ici, en cinq minutes, vous auriez compris... tout... *pas du tout ce que vous imaginez.* Par Epting vous pouvez sans doute savoir ce que veut dire, s'il existe, un Institut de Recherches historiques *officiel de Bonn* dont le siège serait à Munich, et tout à fait sérieux, qui après longues recherches aurait découvert et *publié* qu'il n'y aurait jamais eu de fours à gaz (*gaskammer*) à Buchenwald, Dachau etc... *ni nulle part en* Allemagne... il y en avait en *construction* mais qui ne furent jamais terminés... selon cet Institut. Si vous obtenez des documents voilà qui m'intéresserait fort, vous aussi sans doute ! »

La source de cette information ne me paraît guère faire de doute. Je pense l'avoir trouvée dans le n° 520 de *Rivarol,* daté du 29 décembre 1960. Céline écrit sa lettre du 30 décembre 1960 sous le coup, pour ainsi dire, d'un article paru en page 3 sous la signature de Charles Schneider et intitulé « Germanophobie systématique ». Après une récapitulation de quelques faits qui marquaient pour lui une « germanophobie systématique », Charles Schneider terminait ainsi son article :

> « Cette récapitulation était un peu fastidieuse. Le lecteur qui a eu la patience de la lire jusqu'au bout mérite donc une récompense. Il l'aura, car voici du "sensationnel", de l'inédit "bouleversant" ou presque, une nouvelle que, je vous le promets, vous ne lirez pas ailleurs – d'ici longtemps. Mais asseyez-vous d'abord, bien d'aplomb, car ce que j'ai à vous annoncer est stupéfiant.
>
> Depuis une dizaine d'années, il existe à Munich un organisme tout ce qu'il y a de plus officiel, d'esprit résistant et d'humeur pédante comme il sied, de recherches historiques, appelé INSTITUT FÜR ZEITGESCHICHTE. C'est une sorte d'instance suprême, de haute cour historique, qui décide en dernier ressort de l'interprétation à donner aux événements qui se sont produits entre 1933 et 1945. Le journal *Die Zeit,* ayant publié un article où il était de nouveau question des dizaines de milliers de juifs qui auraient été tués dans des chambres à gaz, ledit Institut lui adressa une lettre rectificative que le journal dut publier et qui contenait ceci : *Ni à Dachau, ni à Bergen-Belsen, ni à Buchenwald, aucun Juif ou autre prisonnier n'a été gazé. La construction des chambres à gaz de Buchenwald n'a jamais été terminée et, par conséquent, elles n'ont pu être utilisées. Sur tout l'ancien territoire du Reich, il n'y a pas eu d'exécutions au moyen du gaz.*

Comment naissent, se propagent et meurent les légendes... »

Charles Schneider se faisait l'écho d'un article paru dans le n° 33 de l'hebdomadaire allemand *Die Zeit*, le 12 août 1960, en première page, sous la signature de son rédacteur en chef R. Strobel ; l'article s'intitulait *Weg mit ihm !* et s'en prenait, avec cette surenchère propre aux journalistes allemands, à un général Unrein qui avait déclaré, d'une part, qu'il n'avait jamais existé de « chambre à gaz » homicide à Dachau et, d'autre part, que des prisonniers allemands avaient été employés par les Alliés pour achever la construction de fours crématoires dans ce camp. La livraison suivante de *Die Zeit* publiait une lettre rectificative du D$_r$ Martin Broszat, membre éminent de l'Institut d'histoire contemporaine de Munich et publicateur en 1959, pour sa courte honte, des mémoires écrits par Rudolf Höss sous la férule de ses gardiens polono-staliniens. La lettre était intitulée : « *Keine Vergasung in Dachau* » (Pas de gazage à Dachau). Le titre était stupéfiant. Il réduisait en quelque sorte à néant des centaines de « témoignages » et de « preuves » qu'on invoquait jusqu'ici avec impudence pour faire croire à la réalité des « gazages » homicides de Dachau. Mais le contenu de la lettre était encore bien plus stupéfiant : il révélait qu'il n'y avait eu de « gazage » ni à Dachau, ni à Bergen-Belsen, ni à Buchenwald, ni dans aucun point de l'ancien Reich (Allemagne dans ses frontières de 1937) ! Pas de « gazage » donc à Ravensbrück, à Neuengamme, à Oranienburg-Sachsenhausen... Il n'y avait eu de « gazage » « *qu'en de rares points choisis à cet effet et pourvus d'installations techniques adéquates, avant tout* (?) *en territoire polonais occupé* (mais nulle part dans l'ancien Reich) : *à Auschwitz-Birkenau, à Sobibor-sur-Bug, à Treblinka, Chelmno et Belzec* ».

À ce compte, que fallait-il penser des tribunaux alliés qui avaient condamné à mort des officiers allemands pour avoir fait fonctionner dans leurs camps de l'ancien Reich de prétendues « chambres à gaz » homicides ? Pourquoi le D$_r$ Broszat s'était-il contenté d'une lettre à un hebdomadaire allemand ? Comment se fait-il d'ailleurs qu'aujourd'hui encore, vingt-deux ans après cette prise de position, et alors que depuis 1972 il dirige cet institut de Munich, le D$_r$ Broszat n'ait toujours pas donné ses raisons de ne plus croire aux « gazages » de Dachau et de croire encore à ceux d'Auschwitz ? Ne serait-ce pas qu'en les donnant il offrirait aux lecteurs avertis et aux historiens l'occasion de découvrir que, dans un cas comme dans l'autre, les « preuves » et les « témoignages » sont rigoureusement de même nature ?

Céline avait raison de se montrer fort intéressé. Il est dommage que son biographe, sortant du rôle qui devrait être le sien, ait cru devoir lui envoyer le coup de pied de l'âne après avoir cité cette lettre à H. Bickler. François Gibault écrit en effet :

> « Malheureusement pour Louis Destouches, pour Hermann Bickler et surtout pour ceux qui n'en sont pas revenus, les camps de la mort ont existé. Le passage de cette lettre est inhabituel, car après la guerre Céline n'a plus jamais abordé ces questions, sauf au cours d'entretiens très privés avec son "confesseur" protestant, le pasteur François Löchen, auquel il a dit qu'il avait été dans l'ignorance des camps d'extermination. »

Si par l'expression ambiguë de « camps de la mort », le biographe entendait simplement « camps où l'on mourait en grand nombre », il serait à côté de la question, puisque nul ne songe à nier que, surtout à l'occasion des épidémies et des conditions générales de la guerre, les morts étaient nombreuses dans les camps de concentration, qu'ils fussent allemands ou non. Si, en revanche, le biographe veut parler, comme il le fait un peu plus loin, de « camps d'extermination », c'est-à-dire de camps munis d'installations spéciales pour en faire des sortes d'abattoirs, nous voilà en plein dans le débat sur l'existence ou la non-existence des « chambres à gaz » homicides. Et, du même coup, on se demande de quel droit le biographe se permet d'en remontrer à son modèle ? François Gibault s'est-il acquis des lumières particulières qui lui permettent de trancher ainsi du vrai et du faux sur un sujet tabou ?

À la lecture de la première partie de son *Céline*, j'avais conçu quelque crainte en ce qui concernait le sort que François Gibault ferait aux idées politiques de Céline. Je lui avais écrit à diverses reprises pour le mettre en garde contre le mythe des « chambres à gaz ». Le 8 juillet 1977, je lui écrivais :

> « Attention, Maître ! Vingt choses qui sont aujourd'hui d'évidence « historiques » vont avoir, dans les années qui viennent, le sort de la dent d'or ! Tous ces historiens ou assimilés qui nous rebattent les oreilles du génocide, de l'holocauste, de l'extermination, des chambres à gaz, des six millions et du reste vont se trouver démasqués ou ridiculisés. »

Le 8 janvier 1978, on me répondait :

> « [...] j'ai tout à fait l'intention de remettre certaines choses en place, en rappelant des événements oubliés et en présentant le portrait de quelques hommes sous un jour un peu nouveau, mais je

ne peux ni réécrire l'histoire de la seconde guerre mondiale, ni vous suivre dans tous vos errements. »

F. Gibault se trompait. Je ne lui demandais ni de « réécrire l'histoire de la seconde guerre mondiale » ni de me suivre dans mes thèses qu'il appelait mes « errements » (« manières d'agir blâmables »). Le 7 août 1978, je recevais une nouvelle lettre où F. Gibault me rassurait enfin ; il m'écrivait :

> « [...] J'ai mille choses à dire dans mon livre et je ne vais pas me lancer dans l'examen de savoir s'il y avait ou non des chambres d'extermination. Le seul point qui m'importe est de savoir que Céline en ignorait l'existence, comme la Croix-Rouge, me dites-vous..., et comme le Pape. »

À cette heure, on me permettra de regretter que F. Gibault, dont le travail est par ailleurs si plein de mérites divers, soit revenu sur ses intentions de 1978. Je regrette également de ne lui avoir pas signalé à temps une autre erreur qui, il est vrai, se rencontre de plus en plus rarement : celle qu'il commet à la page 168 de son livre quand il parle de l'ordre donné par Hitler de détruire Paris, un ordre auquel Choltitz se vantait de n'avoir pas obéi. Cet ordre n'a pas plus existé que la danse de Hitler à Rethondes, les tireurs des toits vers Notre-Dame de Paris etc.

Champ, contrechamp. Sartre avait l'esprit aussi faux que Céline pouvait l'avoir juste. Parlons de Sartre pour le comparer à Céline sur la même question. Une des dernières curiosités prophétiques de Céline, alors que « *la Parque lui gratte le fil* », aura donc été cette question des « chambres à gaz ». Il sent l'importance de la question. Il subodore le mensonge. Comme Charles Schneider, il doit se douter qu'il y a là une nouvelle sur laquelle toute autre presse que celle de *Rivarol* fera longtemps le silence. Il faudra en effet attendre sept ans pour que le journal *Le Monde* s'en fasse l'écho, et encore très brièvement et tout à fait à son corps défendant.[256] Céline avait du flair, Sartre était lourd.

Au début de 1980, Serge Thion publiait aux éditions de la Vieille Taupe *Vérité historique ou vérité politique ?* Or, *Les Temps modernes* de Sartre avaient auparavant publié, dans leur livraison de janvier 1980, deux articles de Serge Thion sur l'Indochine. Consternation aux *Temps modernes !* On avait laissé la parole à un homme de gauche, antiraciste,

---

[256] Voy. *Le Monde,* 23 mai 1967, p. 8.

qui avait pris la défense de Faurisson ! D'où l'« Avis aux lecteurs » présenté ensuite en page 1765 du n° 404 (mars 1980) :

« Dans notre numéro de janvier consacré à l'Indochine, nous avons publié deux articles d'un ancien collaborateur occasionnel de la revue, Serge Thion. Le numéro venait d'être mis en vente quand nous avons appris que, s'agissant cette fois de l'extermination des juifs, le même Thion défendait les thèses du sinistre Faurisson qui nie, on le sait, la réalité de l'extermination et l'existence des chambres à gaz. Ceci nous amène évidemment à demander à nos lecteurs d'accueillir avec réserves les informations communiquées par Thion sur l'Indochine.

Il revient à la vérité de dire que le comité de direction – bien qu'ignorant alors tout des positions de Thion sur la question juive – avait été largement divisé quant à l'opportunité de publier l'un au moins de ses articles (*Despote à vendre)* et que celui-ci n'a dû de l'être qu'à la faveur d'un tour de passe-passe.

C'est notre bonne foi qui a été surprise : *Les Temps modernes* n'ont jamais, en connaissance de cause, donné la parole aux antisémites de droite ou de gauche et aux falsificateurs. Directeur de la revue, j'ai tenu à avertir les lecteurs et à leur présenter personnellement nos excuses. »

Jean-Paul SARTRE.[257]

Jusqu'à sa mort, Sartre devait rester hanté par le succès des thèses révisionnistes. À la page 153 de *La Cérémonie des adieux*, Simone de Beauvoir écrit : « *La fièvre le faisait délirer. Le matin il avait dit à Arlette : « Toi aussi, tu es morte, petite. Comment ça t'a fait d'être incinérée ? Enfin, nous voilà tous les deux morts maintenant.* » En note, Simone de Beauvoir ajoutait : « *Arlette était juive et Lanzmann nous parlait souvent de son film sur l'extermination des Juifs, et donc des fours crématoires. On parlait aussi des thèses de Faurisson qui en niait l'existence. D'autre part, Sartre souhaitait être incinéré.* » On me permettra de faire remarquer ici une fois de plus que je n'ai jamais nié l'existence des fours crématoires, lesquels n'ont rien de criminel, mais l'existence des prétendues « chambres à gaz » homicides.

Il est pour les céliniens d'une importance capitale de savoir si l'on nous dit la vérité ou si l'on nous ment en nous présentant les nazis comme nous les présente l'histoire des vainqueurs depuis près de quarante ans.

---

[257] Le texte des *Temps modernes* a été reproduit et diffusé par La Vieille Taupe sous le titre : « Le Testament politique du roi des cons ».

Si « génocide » et « chambres à gaz » ont existé, ils se dressent en arrière-plan de l'œuvre célinienne. S'ils n'ont pas existé, c'est une bonne nouvelle pour la pauvre humanité dans son ensemble et plus particulièrement pour tous ceux qui, comme Céline, ont pu avoir une forme de sympathie à un moment donné pour Hitler ou pour Doriot. Faites l'expérience de lire certaines pages des admirables pamphlets une première fois en acceptant la version officielle des historiens de cour et une seconde fois en adoptant le point de vue révisionniste et vous me comprendrez. Vous mesurerez à quel point le mensonge du siècle, comme nous l'appelons, fausse tout jugement sur l'histoire de la seconde guerre mondiale et de ses suites. Car, il va de soi, pour commencer, que si les « chambres à gaz » hitlériennes n'ont pas existé, le grand crime de la dernière guerre devient ou Hiroshima, ou Nagasaki, ou Dresde, ou Katyn, ou Vinnitsa ou encore la plus formidable opération policière et épuratrice de tous les temps : celle qui a permis, après les hostilités, d'abominables règlements de compte à travers toute l'Europe ensanglantée, qui se poursuivent d'ailleurs encore aujourd'hui par des exécutions en URSS et par des emprisonnements à vie dans des prisons allemandes, françaises, italiennes, etc.

Ce qui, dans vingt ans, frappera le plus chez Céline, c'est sa perspicacité ; aujourd'hui, elle fait encore peur, y compris à certaines catégories de céliniens.

[Publié dans *Le Bulletin célinien*, Bruxelles, n° 3, 3e trimestre 1982, p.4-8. On reliera ce texte à d'autres qui sont consacrés à Céline, au 4e trimestre 1982 (ci-dessous), en mars 1984, vol. II, p. 483 et en décembre 1989, vol. II, p. 927.]

***

Quatrième trimestre 1982

Céline devant le mensonge du siècle (suite)

Dans *Le Bulletin célinien* n° 3 (3e trimestre 1982), j'écrivais à la page 4 :

« Je ne me rappelle pas avoir rencontré jusqu'ici sous la plume de Céline une allusion au formidable tabou des "chambres à gaz" homicides. » Et je croyais que Céline en avait parlé pour la première et la dernière fois dans sa lettre du 30 décembre 1960 adressée à son ami allemand H. Bickler. Or, des lecteurs me font savoir que le sujet avait déjà été abordé par Céline dans certaines de ses lettres adressées dix ans plus tôt à Albert Paraz. Ces lecteurs me signalent à juste titre les pages 312 et 320 du sixième des *Cahiers Céline* (*Lettres à Albert Paraz, 1947-1957*, édition établie et annotée par Jean-Paul Louis, NRF, Gallimard, 469 p., 1980). »

À la page 312 se lit la lettre du 15 [mars 1951], dont voici le premier alinéa :

« Oh mon vieux je prends pas du tout votre lettre contre les chambres à gaz à la légère ! C'est du Donquichottisme foutrement magnifique ! En saloperie d'égoïste, pensant bien à moi si je retournais en France et qu'on m'assassine – (recta !) mon meurtrier acquitté dans les bravos ! aurait pour grande excuse les *chambres à gaz !* alors ? Si je suis dans le coup ! Tu causes ! »

À la page 320 se lit la lettre du 6 [avril 1951], dont voici la dernière ligne où Céline affecte d'entendre les cris hystériques du célèbre Bernard Lecache de la LICA (aujourd'hui devenue LICRA) :

« "On vous l'avait bien dit ! assassins !" fours à gaz ! etc. – »

Mais c'est à la page 276 que se découvre le plus pertinent commentaire de Céline sur les prétendues « chambres à gaz » homicides de Hitler. En effet, à la fin de cette lettre du 28 [novembre 1950], il écrit à propos de l'auteur du *Mensonge d'Ulysse*, livre où Rassinier commence tout juste à mettre en doute la réalité de ces abattoirs humains :

« Rassinier est certainement un honnête homme... il ne va pas te compromettre plus outre... dans ton état ! Ça suffit ! Son livre se vend-il ? Est-il content du système **direct** [de vente]? Son livre, admirable, va faire du bruit – QUAND MÊME Il tend à faire douter de la magique chambre à gaz ! ce n'est pas peu ! Tout un monde de haine va être forcé de glapir à l'Iconoclaste ! C'était tout la chambre à gaz ! Ça permettait TOUT ! Il faut que le diable trouve autre chose... Oh je suis bien tranquille ! »

Ainsi donc, dès 1950, l'intuition de Céline lui inspirait de sérieux doutes quant à la réalité matérielle des « chambres à gaz » homicides de Hitler. Dès 1950, il analysait parfaitement le caractère spécifique de ce mensonge : ce mensonge est « TOUT » en ce qu'il permet d'accréditer que la somme entière des horreurs infligées à l'Allemagne, au Japon et à leurs alliés ne peut en aucun cas atteindre l'horreur de ces massacres concertés dans des abattoirs humains ; ce mensonge est « TOUT » en ce qu'il accrédite un autre mensonge, celui du « génocide », car sans l'instrument exceptionnel, où serait le crime si exceptionnel que, pour le désigner, il a fallu à un sioniste américain inventer le mot de « génocide » vers 1943 ? Ce mensonge permet « TOUT » en ce qu'il excuse d'avance les pires infamies à l'endroit du vaincu : responsabilité collective, rétroactivité des lois, dispense de preuves techniques, poursuites judiciaires jusqu'au bout de la terre et jusqu'à plus soif de ceux qu'on qualifie d'avance de « criminels de guerre », étant bien entendu qu'Oradour (six cent quarante-deux morts) est un atroce « crime de guerre », tandis que Dresde (cent trente-cinq mille morts, le plus grand crématoire du monde) n'est qu'un fait de guerre. Ce mensonge permet d'avance toutes les épurations, y compris la censure de facto de trois livres du plus grand de nos écrivains : Céline lui-même. Pour caractériser cette invention de la propagande de guerre qui, dans l'Allemagne d'aujourd'hui, à force de loi, Céline découvre l'adjectif de « magique ». Quelle merveille que le choix de ce mot ! Les « chambres à gaz » d'Auschwitz et d'ailleurs n'ont aucune consistance réelle ; mis à part les grossiers trucages pour touristes, on n'en possède pas le moindre fragment, le moindre indice, la moindre pièce à conviction ; elles sont des objets *magiques* à la façon des soucoupes volantes. Elles sont au cœur d'une religion diabolique faite de haine et de vengeance jusqu'à la fin des temps : *magie* noire de l'« Holocauste ». Elles ont servi de fondement à une gigantesque escroquerie politico-financière avec la création d'un état colonial abreuvé de colossales « réparations » financières[258] : *magie* des opérations frauduleuses menées dans les hautes sphères du monde politique et financier. Elles permettent de culpabiliser la terre presque entière et elles autorisent un état colonial, et des minorités qui soutiennent cet état, à faire ce qu'il leur plaît au risque de mettre le feu à la planète : *magie* de mots-talismans comme « Auschwitz », « génocide » ou « Holocauste » pour bloquer toute discussion et pour avancer ses propres pièces. Elles paralysent tout effort de recherche historique honnête, toute vérification des faits, toute intervention en faveur du droit au doute et à la recherche ; on passe pour diabolique si l'on paraît émettre le moindre doute sur leur existence : c'est de la diablerie, de la sorcellerie, de la *magie*. Hitler brûle éternellement au milieu de pals, de grils, de fours et, surtout, de *magiques* « chambres à gaz » qui sont capables de prouesses que récusent absolument toutes les données des sciences physico-

---

[258] Voy. « Nahum Goldmann : * au nom d'Israël », dans *Le Nouvel Observateur* du 25-29 octobre 1976, p. 120 et suivantes.

chimiques. Superbe et nauséabonde *magie* des dix mille procès de sorcellerie ! Depuis bien des années, je cherchais un adjectif à la fois riche de sens et très simple pour qualifier ces « chambres à gaz ». Céline m'offre celui de « magiques ». Il convient à merveille. Je le garde et n'en chercherai plus d'autre.

[Publié dans *Le Bulletin célinien*, Bruxelles, n° 4, 4e trimestre 1982, 5-6. Voir aussi, plus haut, à la date du 3e trimestre 1982, p. 315, et ci-dessous, deux autres textes, de mars 1984, vol. II, p. 483, d'octobre 1989, vol. II, p. 927.]

***

3 novembre 1982

LE MYTHE DES « CHAMBRES À GAZ » ENTRE EN AGONIE

À propos de l'article de Jean-Claude Pressac,
« Les "Krematorien"-IV et V
de Birkenau et leurs chambres à gaz.
Construction et fonctionnement », p. 91-131,
Le Monde Juif, n° 107, juillet-septembre 1982,

L'article est présenté en une centaine de lignes par Georges Wellers, responsable de la revue et auteur, lui-même, d'un livre intitulé : *Les chambres à gaz ont existé. Des documents, des témoignages, des chiffres.*

G. Wellers fait, pour sa part, de formelles réserves sur la thèse de J.-C. Pressac. Ce dernier formule la thèse selon laquelle la décision de construire les quatre grands bâtiments d'Auschwitz-Birkenau appelés crématoires-II, III, IV et V a été prise par la SS « hors de tout contexte criminel », c'est-à-dire, en bon français, sans aucune intention criminelle ; cette intention criminelle serait apparue « plus tard », sans autre précision dans le temps.

G. Wellers dit que les raisons avancées par l'auteur pour soutenir une thèse aussi nouvelle et surprenante sont au nombre de quatre ; il énumère ces quatre raisons et il les critique une à une, car il n'est d'accord avec aucune d'entre elles. En conclusion, il écrit : « Bref, aucun argument avancé par l'auteur à l'appui de son opinion selon laquelle "à l'origine" la construction des chambres à gaz criminelles n'était pas envisagée à Birkenau n'est convaincant. »

Aussi le lecteur se demande-t-il pourquoi G. Wellers a accepté de publier dans *Le Monde juif* une étude dont aucun argument n'est, selon lui, convaincant. On attend une explication. On n'en trouve pas. G. Wellers a commencé sa présentation en disant que l'auteur était jeune, catholique, avait entrepris plusieurs voyages à Auschwitz où il avait étudié les ruines de Birkenau, des plans, des photographies, des archives, etc. G. Wellers écrit à propos de l'auteur : « Le goût d'une étude approfondie, en pleine indépendance, est, sans doute, un trait caractéristique de sa curiosité intellectuelle et les moyens qu'il a employés pour la satisfaire sont les meilleurs, quoique peu communs ».

J.-C. Pressac apporterait « maintes précisions nouvelles » et des « détails importants inédits », ainsi qu'« une réflexion originale, quelquefois discutable ». Bref, il s'agirait d'un « apport important à nos connaissances concernant les chambres à gaz d'Auschwitz et qui éclaire maints problèmes restés jusqu'à aujourd'hui dans le flou, sinon dans l'obscurité ». Voilà donc quelques compliments qu'on aurait aimé voir accompagner de précisions et d'exemples. Car la phrase finale de Georges Wellers est d'un effet dévastateur : « Aucun argument [de J.-C. Pressac]... n'est convaincant ». Le dernier alinéa de la présentation de cette nouvelle thèse est tout aussi dévastateur ; il y est dit qu'il existe « une série cohérente de faits » montrant, en substance, que la thèse de J.-C. Pressac est inacceptable ; pour G. Wellers, en effet, la décision de construire à Birkenau quatre grands crématoires a été prise dans ce qu'il appelle « le cadre sinistre de la "solution finale de la question juive" », c'est-à-dire dans le cadre d'une extermination délibérée du peuple juif. G. Wellers ne précise pas de quels faits il veut parler et il n'en montre donc pas la « série cohérente ». On le regrette. Puisque G. Wellers critique chacun des quatre arguments de J.-C. Pressac, il aurait été intéressant de connaître les raisons pour lesquelles ce dernier n'en a pas moins soutenu sa thèse. J.-C. Pressac et G. Wellers sont tous deux à ranger dans le camp des « exterminationnistes », mais leurs arguments, au lieu de s'ajouter les uns aux autres et de s'enrichir par des apports mutuels, se contrecarrent et se détruisent sous nos yeux. Il n'est pas possible d'affirmer à la fois : 1. On a construit délibérément, en vue d'une extermination criminelle, des abattoirs à juifs ; et 2. On a construit délibérément, en vue d'un usage pacifique, des bâtiments sanitaires pour juifs et non-juifs et, plus tard, à une époque non précisée et selon un processus général non déterminé, on a perdu de vue l'usage pacifique et les bâtiments sanitaires sont devenus des abattoirs à juifs. Dans le premier cas, celui de G. Wellers, l'affirmation a le mérite de la cohérence. Dans le second cas, celui de J.-C. Pressac, il n'y a pas d'incohérence à proprement parler, mais un bouleversement complet des êtres et des choses. Pour admettre la possibilité d'un tel retournement à 180°, le lecteur exigera de J.-C. Pressac une analyse conduite avec clarté, méthode, rigueur, où chacune des étapes d'un parcours aberrant sera soigneusement marquée de sorte que l'incroyable deviendra croyable ; à chaque étape, le lecteur trouvera la confirmation d'un développement logique ; on lui fournira à chaque fois des indications de temps, de lieu et de personne ; sous ses yeux des bâtiments à destination visiblement pacifique se transformeront en bâtiments à destination évidemment criminelle ; là où entraient des hommes chargés de tâches sanitaires entreront des bourreaux ; là où les bâtiments avec leurs différentes pièces et leurs dépendances avaient été conçus (par des architectes, par des ingénieurs, par des médecins, par des spécialistes en toutes sortes de technologies) pour être soit des bains-douches, soit des chambres de désinfection, soit des chambres froides, soit des fours destinés à brûler des cadavres, soit enfin des fours d'incinération, on verra surgir d'épouvantables chambres à gaz homicides, maquillées ou non en bains-douches factices et chargées de tuer industriellement des quantités industrielles de victimes, de sorte, d'ailleurs, que les fours ne pourraient jamais venir à bout de tant de cadavres. Ce retournement de 180° devrait également trouver d'abord sa source, non pas dans le cerveau malade de quelques SS travaillant sur place, mais dans une décision venue de très haut et qui, tout au long de l'échelle militaire et administrative d'un pays en guerre, laisserait obligatoirement des traces incontestables. L'instance administrative et économique dont dépendaient les camps de concentration allemands surveillait d'extrêmement près les moindres dotations en matériel, en argent, en personnel. Le moindre boulon à fabriquer ou à poser faisait l'objet de mentions dans des registres tels que ceux des ateliers du camp. Dans un pays en guerre, on ne commande pas la marchandise qu'on veut à qui l'on veut. Un service central est chargé de répartir les autorisations en tenant compte des nécessités de l'exportation, des besoins civils et des exigences de l'armée.

J.-C. Pressac avait-il *a priori* quelques chances de nous entraîner à sa suite dans ce parcours aberrant ? On peut en douter quand on considère les difficultés déjà insurmontables que rencontraient des exterminationnistes comme G. Wellers qui, eux, avaient au moins l'avantage de défendre une thèse cohérente, sans aucun retournement à 180°. Déjà ces exterminationnistes-là étaient bien en peine de nous trouver **une** preuve, **une** seule preuve de l'existence et du fonctionnement d'**une** seule chambre à gaz dans un seul camp de concentration allemand. Comment, aujourd'hui, un homme comme J.-C. Pressac pourrait-il donc nous apporter en quelque sorte le double de preuves ? Comment pourrait-il prouver que les Allemands ont, en un premier temps, annulé et fait annuler tout ou partie des mesures prises dans une bonne intention pour aller, en un second temps, instaurer de formidables mesures prises dans une intention démoniaque ?

Mais la première pierre d'achoppement n'est pas là. Je parlais de la nécessité d'être clair. Or, non seulement J.-C. Pressac n'est pas clair, mais il a manifestement beaucoup de peine à organiser ses idées. Le sujet qu'il a choisi de traiter est difficile. La thèse générale qu'il cherche à soutenir et qu'on appelle thèse exterminationniste est redoutablement difficile à défendre. La thèse particulière qu'il a forgée dans son esprit exigerait pour être développée un véritable génie de l'invention et de la démonstration. C'est assez dire qu'avec J.-C. Pressac le lecteur est loin du compte. L'épreuve d'une telle lecture est exténuante et il est probable que l'auteur a eu autant de peine à réunir dans son esprit les éléments de sa thèse que le lecteur en rencontre à vouloir comprendre les phrases de J.-C. Pressac et leur enchaînement. Comme G. Wellers éprouve, lui aussi, quelques difficultés à argumenter, cette longue étude du *Monde juif* est, pour tout lecteur, un redoutable pensum.

1. Les quatre arguments de J.-C. Pressac, d'après G. Wellers

J.-C. Pressac a particulièrement étudié le cas des deux bâtiments d'Auschwitz-Birkenau appelés crématoire IV et crématoire V. Il nous promet d'autres études sur d'autres bâtiments et, en particulier, sur les crématoires II et III. D'après G. Wellers, les principales raisons pour lesquelles l'auteur pense que les crématoires IV et V n'ont pas été conçus à l'origine, c'est-à-dire en août 1942, dans une intention criminelle sont les suivantes :

1. Sur les plans de ces bâtiments, les pièces qualifiées, selon la tradition exterminationniste, de « chambres à gaz » homicides, ne portent aucun nom ;

2. S'il s'agissait de « chambres à gaz » homicides, la disposition générale des bâtiments et l'emplacement précis des « gazages » impliqueraient une absurde « séquence des opérations » subies par les victimes ;

3. Pour atteindre les lucarnes par lesquelles le bourreau SS « introduisait » le Zyklon B, il aurait fallu une échelle alors que, selon l'auteur, « il aurait été si simple de placer les ouvertures […] plus bas, ou en édifiant […], juste au-dessous, un petit escalier […], de manière à rendre [les lucarnes] directement accessibles » ;

4. Enfin, dans certaines de ces pièces avaient été installés de petits poêles chauffés au charbon, ce qui donne à penser qu'à l'origine il s'agissait de douches.

2. J.-C. Pressac est exterminationniste

Constatant que certaines personnes (les exterminationnistes) croient à la réalité des chambres à gaz homicides d'Auschwitz et que d'autres (les révisionnistes) ne croient pas que ces chambres aient existé, l'auteur annonce que, dans son enquête, il a essayé « de rester impartial ».[259] Il dédie son étude à Maria et Helena Zylbermine, « anéanties par le camp de concentration d'Auschwitz-Birkenau ». Que veut dire « anéanties » par un camp ? A-t-il vérifié, comme il est facile de le faire, que ces deux personnes sont bien mortes du fait des Allemands ? L'auteur parle des « six millions » comme s'il ajoutait foi à ce chiffre.[260] Il ne tarit pas d'éloges sur les autorités du musée d'Auschwitz qui lui ont donné libre accès à tous les lieux et à tous les documents souhaitables (... sauf à ceux qu'on verra plus loin) et ces autorités n'ont rien de « falsificateurs "polono-communistes". » (à quelques énormes exceptions près qu'on trouvera également ci-dessous.) Il croit que le nombre des victimes d'Auschwitz est d'environ un million.[261] Ses sources sont exclusivement exterminationnistes.[262] Il cite deux ouvrages révisionnistes : l'un de Butz et l'autre de Rassinier mais il n'utilise ni l'un, ni l'autre dans son étude et il se contente d'une allusion méprisante.[263] Il recourt au témoignage de Pery Broad, témoignage que même un Vidal-Naquet soupçonne d'être un faux. Il recourt au livre de Filip Müller, véritable perle de culture de l'antinazisme de sex-shop.[264] Il ose citer *Médecin à Auschwitz*, livre protéiforme attribué par un certain Tibère Kremer au Dr Nyiszli, dont Rassinier a magistralement démontré la « gredinerie ». Il a fait état du témoignage de l'« Auteur inconnu » mis au jour par Bernard Mark, directeur de l'Institut historique juif de Varsovie, professeur que même l'historien M. Borwicz tient pour un fabricateur.[265] Sur tous ces points, J.-C. Pressac n'a qu'à se reporter aux démonstrations qui sont fournies

---

[259] J.-C. Pressac, « Les "Krématorien" IV et V ... », p. 94.

[260] *Id.*, p. 93.

[261] *Id.*, p. 97.

[262] *Id.*, p. 98-99.

[263] *Id.*, p. 95.

[264] F. Müller, *Trois ans dans une chambre à gaz d'Auschwitz.*

[265] « Succédant à la bien méritante Commission d'histoire juive, l'Institut historique juif de Varsovie s'est livré, sous la direction de B. Mark, à des "transformations" de documents. », M. Borwicz,, « Journaux publiés à titre posthume », p. 93.

par des ouvrages révisionnistes de Rassinier, de Stäglich, de Thion, de Faurisson. Une démonstration ne peut et ne doit se fonder que sur des documents dont on a fait au préalable l'examen critique. J.-C. Pressac cite le manuscrit de l'« Auteur inconnu » d'après une édition très connue que le musée d'Auschwitz a publiée en 1972. N'a-t-il pas lu ce que les autorités de ce musée pensent elles-mêmes de Bernard Mark? Comment n'a-t-il pas compris que ce manuscrit yiddish est une fabrication du plus pur style « réaliste-socialiste » avec, par exemple, l'histoire de la jeune Polonaise nue haranguant les victimes dans la chambre à gaz même, ces victimes se mettant à genoux, les unes chantant l'hymne national polonais et les autres, l'hymne juif de la Hatikva, jusqu'au moment où toutes les voix se confondent pour entonner « L'Internationale ». Ce dernier trait paraissant un peu fort, il arrive qu'on le supprime. Mais il y a mieux et aujourd'hui, comme pour couronner le faux, voici qu'en France Plon vient d'éditer, du même B. Mark, un ouvrage intitulé *Des Voix dans la nuit.*[266] L'« Auteur inconnu » a perdu son fâcheux anonymat et il s'appelle maintenant Leib Langfus. Le passage de « l'Internationale » se trouve à la page 247. À la page 252 nous attend une première surprise. On nous y livre un fragment qui avait été supprimé dans l'édition du musée d'Auschwitz de 1972 avec cette explication : « On a excepté quatre pages concernant Belzec. » Les quatre pages nous sont ici livrées sous le titre de « Sadisme ». On y apprend que les Allemands construisirent « dans la forêt huit grandes baraques dans lesquelles on installa des tables et des bancs. » Puis, dit le texte : « C'est là qu'on entassa les juifs de Lublin, de Lemberg et d'autres circonscriptions et on les y électrocuta. » Un appel de note renvoie à la remarque suivante : « C'est ce qu'on pensait à l'époque. En réalité, on utilisa le gaz. »[267] Ce qui est vrai, c'est que, sur Belzec comme sur Auschwitz et comme sur tous les camps, il y a eu cacophonie de ragots. Pour en revenir à Belzec, la vérité a d'abord été qu'on y électrocutait les juifs[268], cette électrocution connaissant des modalités étrangement différentes les unes des autres. Puis, ou en même temps, la vérité a été qu'on tuait les juifs à la chaux vive et de nulle autre façon. Puis, est venue la version de Kurt Gerstein : on gazait les juifs. La version dite « de la chaux vive » nous provient de Jan Karski, aujourd'hui professeur à l'université Georgetown, de Washington.[269] Mais, pour en revenir à

---

[266] B. Mark, *Des Voix dans la nuit.*
[267] *Id.*, p. 253.
[268] *The New York Times,* 12 février 1944, p. 6, cité par Butz, p. 146 ; Dr Stefan Szende, cité dans *Réponse à P. Vidal-Naquet,* de R. Faurisson, p. 35-37 ; W. Laqueur, *The Terrible Secret,* en note de la page 222.
[269] R. Faurisson, *Réponse à Pierre Vidal-Naquet…*, p. 37.

Auschwitz et au manuscrit de « l'auteur inconnu », devenu Leib Langfus, J.-C. Pressac aurait grand intérêt à lire deux autres fragments ajoutés à la version initiale : le premier s'intitule « Les six cents garçons » et le second « Les trois mille nues ».[270] Il aurait aussi quelque intérêt à méditer les termes d'un article de Serge Thion et de Jean-Gabriel Cohn-Bendit consacré au livre de Filip Müller, *Trois ans dans une chambre à gaz d'Auschwitz,* et intitulé « Le faux témoignage est un art difficile. »[271]

Par bien d'autres points de son article, l'auteur fait allégeance à la thèse exterminationniste. Il lui arrive d'aller si loin dans la complaisance qu'il en conçoit quelque embarras. Il flatte, tout en se demandant si sa flatterie ne touche pas à l'absurde. Höss, dans ses notes rédigées sous la surveillance de ses geôliers communistes de Cracovie, est censé avoir écrit en toute liberté la phrase suivante : « Je dois franchement dire que jamais je ne me serais attendu à ce que dans ma détention en Pologne on me traite d'une façon aussi convenable et prévenante, comme ce fut le cas après l'intervention du ministère public. »[272] Höss n'est pas le seul à complimenter son juge d'instruction Jan Sehn et le ministère public. Il est mort pendu et heureux. On peut en être sûr. D'ailleurs, pour J.-C. Pressac, « Höss semble avoir atteint, d'après une de ses dernières photographies juste avant son exécution, un état de paix intérieure totale, à la limite de la béatitude, aussi absurde que cela puisse paraître... »[273]

3. J.-C. Pressac fait d'intéressantes concessions aux révisionnistes

J.-C. Pressac ne semble être ni un tricheur, ni un homme de mauvaise foi. S'il lui arrive de sauter un passage important dans une citation et s'il n'en prévient nullement le lecteur, ce peut être par accident. C'est ainsi qu'à la page 128 (sixième ligne) il saute une phrase capitale de « l'Auteur inconnu ».

Cette phrase dit : « là-dessus s'ensuit le démontage du crématoire-III ». Inutile d'épiloguer.

J.-C. Pressac s'en prend à ceux qui ont mis en doute l'authenticité des confessions de Höss.[274] Il dit que, pour sa part, il a eu tout loisir de consulter et d'examiner le manuscrit de Höss écrit au crayon. Mais au moment même où il croit trouver là une preuve de l'authenticité du

---

[270] B. Mark, *op. cit.,* p. 257-263.
[271] Republié dans *Une Allumette sur la banquise...,* p. 12-15. [N.d.é]
[272] R. Höss, *Kommandant in Auschwitz,* p. 147.
[273] J.-C. Pressac, *op. cit.,* p. 94.
[274] *Id.,* p. 94-95.

manuscrit, il est pris d'un scrupule. Il lui vient à l'esprit que Höss « a rédigé plusieurs centaines de pages **sans aucunes ratures** ». Il en conclut fort justement que : « Ce travail soigné ne semble pas être le premier "jet" de Höss, homme de terrain et non écrivain professionnel. » Il ajoute : « Ce manuscrit proviendrait du *recopiage* d'une ou plusieurs ébauches qui n'ont pas été portées à la connaissance du public. » Un peu plus loin, il ne cache pas que seule une moitié des écrits de Höss nous est connue. Le D$_r$ Martin Broszat, éditeur des écrits de Höss dans leur langue originale, en 1958, nous avait déjà prévenus de ce fait ; à la page 8 de son ouvrage, il nous donnait même des précisions chiffrées. Dès lors se pose une grave question : pourquoi ne peut-on avoir accès aux différentes moutures des écrits de Höss et pourquoi, en 1958, soit onze ans après la pendaison de Höss, ne nous a-t-on livré dans la langue originale que la moitié de la version définitive ? J.-C. Pressac a-t-il posé cette question aux autorités du musée d'Auschwitz ? M. Smolen, directeur de ce musée national, avait proposé à J.-C. Pressac de corriger ses livres ou articles, quelle que fût leur teneur « gracieusement, pour éviter les erreurs grossières ». Proposition acceptée par l'auteur, ainsi qu'il nous le révèle.[275] L'article de J.-C. Pressac a donc, en fin de compte, été soumis avant publication à la fois aux autorités du musée national d'Auschwitz et à celles du Centre de documentation juive contemporaine de Paris. Pour quelqu'un qui dit essayer de rester impartial, il lui aurait suffi de soumettre son texte à un ou deux auteurs révisionnistes ; il se serait épargné bien des « erreurs grossières » et aurait peut-être pu ainsi faire la preuve de son impartialité.

Au fil des pages, l'auteur fait des remarques qui sont comme autant de réserves que les tenants de la thèse exterminationniste, en plein désarroi, sont bien obligés de laisser passer :

- p. 106 : en dépit de demandes répétées, il n'a pu obtenir du musée communication d'une pièce mentionnée par les Soviétiques dans leur rapport sur Auschwitz du 6 mai 1945 (la référence TIN est mise pour TMI) ;
- même page : dans son livre, Filip Müller contredit gravement sa déposition au procès de Francfort ; dans son livre, il parle de fausses douches dans les crématoires tandis que dans sa déposition il affirmait : « Il n'y avait pas de fausses douches dans les crématoires. » ;
- p. 111 : les équipes travaillant à la construction des crématoires étaient de composition mixte, incluant civils et détenus (cas, ici, de l'équipe Kohler), ce qui, dirons-nous, pour notre part, rend absurde

---

[275] *Id.*, p. 95.

la thèse présentant la construction de ces édifices comme criminelle et hautement secrète ;

- p. 119 : le juge d'instruction Jan Sehn corrige un texte original avant d'apposer sa signature ainsi que la formule de légalisation pour le tribunal ; l'auteur pense que J. Sehn avait raison (?) de corriger mais qu'il aurait dû faire savoir qu'il s'agissait là d'une correction ;

- p. 120 : telle commande de « portes étanches » n'est (contrairement à ce qu'on pourrait croire ?) « manifestement pas d'usage criminel » ;

- p. 122 : s'il est raisonnablement possible d'attribuer tel type de portes aux chambres à gaz des quatre crématoires, « il est impossible de conclure à leur emploi criminel » (le style de l'auteur est si embarrassé que le sens du passage semble être le suivant : « ces portes paraissent appartenir à des chambres à gaz de désinfection ») ;

- même page : tel fait « démontre l'impossibilité totale de distinguer entre les portes de chambres à gaz de désinfection et celles criminelles » (l'auteur semble vouloir dire : « il est totalement impossible de distinguer si ces portes appartiennent à des chambres à gaz de désinfection ou à des chambres à gaz homicides ») ;

- même page : « le travail judiciaire accompli par Jan Sehn est d'excellente et irréprochable qualité » (compliment qui étonne après la remarque de la page 119) mais le travail fourni par les « experts » techniques est « douteux, imprécis, parfois incompréhensible [et] aux frontières du contestable » ; c'est en particulier le cas pour le travail du Professeur Dr Ing. Roman Dawidowski, « expert pour toutes les questions techniques » ; ce dernier a participé en 1945 à la commission d'expertise soviétique avant de passer à la commission d'expertise polonaise ; le fait est grave, dit J.-C. Pressac, car le juge Jan Sehn « se servira de ces détestables expertises techniques pour donner son évaluation du nombre des victimes d'Auschwitz » ; ce nombre que J.-C. Pressac ne nous rappelle pas est de près de quatre millions ; s'il nous avait révélé ce chiffre et, d'ailleurs, bien d'autres chiffres extravagants du juge Jan Sehn, J.-C. Pressac nous aurait donné la mesure de ce que valent ses compliments et de ce que valait le juge polonais ; dans son livre sur Auschwitz, Jan Sehn ne nous dit-il pas, par exemple, que le rendement des chambres à gaz de Birkenau était de soixante mille personnes par jour ?[276] Tel est l'homme pour lequel Höss et J.-C. Pressac marquent de l'admiration ;

- p. 123-126 : le témoignage de Szlama Dragan, longuement cité comme étant le témoignage d'un « tragique acteur forcé », nous décrit la marche des opérations depuis l'arrivée des victimes devant les crématoires jusqu'à leur gazage et jusqu'au travail du coiffeur et du dentiste sur trois mille cinquante cadavres (un seul coiffeur et un seul dentiste, chacun dans son coin) ; J.-C. Pressac, qui ne semble pas s'être avisé de ces énormités-là, affirme qu'« *industriellement, la marche des opérations est aberrante* » ; il souligne sa phrase ; plus loin, à propos de la manière dont le SS verse le contenu de sa boîte de Zyklon B, il écrit : « On est stupéfait devant ce bricolage. »

- p. 126 : en conclusion, J.-C. Pressac affirme : « Alors, une évidence s'impose : *les Krematorium-V et V n'ont pas été conçus comme instruments criminels, mais ils ont été transformés à cette fin* ». Il est probable que l'auteur a voulu dire qu'une telle aberration dans la conduite des opérations et un tel bricolage impliquent que les bâtiments en question n'avaient pas été conçus à l'origine pour servir d'abattoirs industriels. On aimerait qu'il nous dise clairement en vue de quel emploi les Allemands avaient créé ces bâtiments et quelles transformations avaient été apportées, puisque, aussi bien, ce que nous décrit Dragan laisse croire qu'il n'y a justement pas eu de transformations ? Ne serait-ce pas le récit de Dragan lui-même qui serait aberrant et bricolé ? Les phrases qui suivent cette conclusion de J.-C. Pressac sont particulièrement obscures ;

- p. 127 : parlant du livre de Filip Müller, J.-C. Pressac dit d'un seul et même souffle : « [Il] comporte certains passages dont la véracité semble douteuse, mais qui ne nuisent en rien à la réalité du témoignage ». Il veut sans doute dire : « … qui ne nuisent en rien à *l'authenticité* du témoignage ». On peut s'étonner de voir qu'un témoignage dont certains passages (non précisés) sont d'une véracité douteuse garde toute son authenticité. J.-C. Pressac ajoute d'ailleurs qu'à choisir entre Dragan et Müller, il pencherait plutôt pour Dragan (le témoin qui décrivait des faits aberrants et du bricolage) ;

- p. 128 : J.-C. Pressac déclare que « l'auteur inconnu se trompe de bonne foi [...] sur plusieurs points » ;

---

[276] J. Sehn, *Le Camp de concentration...*, 1961, 172 p.

- p. 129 : parlant des portes étanches au gaz qu'on a trouvées à la libération du camp, il convient qu'elles pouvaient « provenir de chambres à gaz de désinfection classiques » et, venant à évoquer le fameux camouflage de l'un des crématoires, il écrit que les Allemands avaient planté une haie et il ajoute : « il semble que l'efficacité du camouflage ait été plus symbolique que réelle ».
- p. 130 : il soupçonne les Polonais d'avoir tenté de « reconstituer » les crématoires-IV et V, comme ils ont, au camp central d'Auschwitz, « réaménagé » le crématoire-I ; ce passage ne prend sa pleine expression et toute sa saveur que lorsqu'on sait que le « réaménagement » du crématoire-I a été, de la part des Polonais, une grossière supercherie pour touristes.[277]

4. Quelques suggestions à J.-C. Pressac

Cette étude fourmille d'erreurs pour les raisons susmentionnées. Il n'y a ni ordre, ni clarté, ni rigueur. Les raisonnements sont boiteux. À l'observation des lieux et à l'examen des documents l'auteur mêle de façon constante des bribes de témoignages. On s'y perd. Un bon juge d'instruction commence par établir la matérialité des faits qui peuvent être établis. Sous les yeux il a des plans et des photos ainsi que d'autres indices matériels. Il les examine. Il cherche à se les expliquer. Parfois, il a recours à des experts. Plus tard, quand ce point de son travail lui paraît suffisamment avancé, il va écouter ou lire des récits, ceux de l'accusation et ceux de la défense. Si jamais il a commencé par une audition préalable des parties ou des témoins, il va de soi qu'il ne les acceptera comme sérieux que sous bénéfice d'inventaire. Quand il entendra proférer des énormités qui sont un défi aux lois élémentaires de la physique ou de la chimie, il en prendra bonne note. Il ne les passera pas sous silence. J.-C. Pressac a commis une erreur en déclarant que ces deux pièces mystérieuses des crématoires-IV et V devaient être des douches, à l'origine. Il ne fournit pas d'argument à l'appui de son hypothèse. Il a d'ailleurs l'honnêteté de nous rappeler tout au long de son exposé qu'il s'agit là d'une dénomination choisie « par commodité et habitude ». Il rappelle opportunément que, dans les camps de concentration du III$_e$ Reich, les crématoires étaient souvent flanqués de douches. Il oublie de dire… et d'installations de désinfection, par exemple des chambres à gaz. Parti avec cette idée que les deux pièces munies chacune d'un petit poêle au charbon pouvaient être des douches, il s'en va examiner les registres

---

[277] Pour une comparaison de l'état actuel des lieux avec les états d'origine, voy. le livre de S. Thion, *Vérité historique…*, p. 314-317.

des ateliers d'Auschwitz et là, stupeur, rien ne semble indiquer qu'il y ait eu des douches commandées pour ces crématoires. Il découvre, en revanche, de nombreuses preuves que des chambres à gaz ou des éléments de chambres à gaz étaient commandés pour ces mêmes crématoires. Il se fait alors ce raisonnement : si les Allemands commandaient de telles chambres à gaz pour ce qui, en réalité, était des salles de douches, c'est qu'ils employaient là des chambres à gaz... homicides. La vérité est qu'à bien examiner comment sont rédigées les commandes il ne fait aucun doute qu'il s'agissait de chambres à gaz de désinfection.

Une autre erreur de J.-C. Pressac est de n'avoir compris dans sa bibliographie aucun ouvrage, aucun article sur les chambres à gaz allemandes. Ne serait-ce qu'en se reportant aux publications révisionnistes de Thion ou de Faurisson, il aurait appris ce que sont les contingences d'une opération de gazage au Zyklon B ou avec d'autres gaz. Il lui aurait fallu étudier sur la question des chambres à gaz quelques livres et articles surtout rédigés en allemand ou en anglais qu'on trouve par milliers dans les bibliothèques américaines ou allemandes. Et puis, pour commencer, les documents rassemblés par les Alliés pour juger des Allemands comme Tesch, Weinbacher ou G. Peters constituent déjà une riche provende. J.-C. Pressac nous aurait épargné ses considérations de la page 123 sur les boîtes de Zyklon B portant en toutes lettres la mention : « Attention ! Sans avertisseur ». Il aurait appris que déjà bien avant la guerre les Allemands utilisaient pour eux-mêmes et vendaient à l'étranger du Zyklon sans ce produit (*Bromessigester*) qui avait l'inconvénient de ne pouvoir s'appliquer à certains produits sensibles. L'armée allemande pouvait utiliser une forme simplifiée du Zyklon B. Dans *Justiz und NSVerbrechen*, on lit, par exemple : « Dans des cas exceptionnels, principalement pour le traitement au gaz de matières sensibles aux odeurs, tels que les produits alimentaires et le tabac, la Degesch fournissait du Zyklon B sans avertisseur ; ceci était alors indiqué sur l'étiquette des boîtes par la mention : "Attention. Sans avertisseur". Le document de Nuremberg NI-1210 est un mémorandum du 21 juin 1944, signé d'un Dr Heinrich. Il y est expliqué qu'il y a manque d'ester bromacétique (*Mangel an Bromessigester*), ce qui est très ennuyeux pour le brevet du Zyklon B ».[278]

J.-C. Pressac a fort bien vu que la mention dans un registre de la serrurerie d'Auschwitz de mots comme « *Gaskammer* » n'impliquait pas qu'il y eût gazage homicide. Mais il a tort, quand il voit le mot de « *Gaskammern* » remplacé par celui de « Kammern », d'imaginer qu'on

---

[278] *Justiz und NS-Verbrechen*, tome XIII, p. 138.

a voulu cacher le mot de « *Gas* ».[279] Les Allemands appelaient leurs chambres à gaz des noms de « *Gasraum* », de « *Gaskammer* », de « *Begasungskammer* », de « *Blausäuregaskammer* », d'« *Entlausungskammer* », d'« *Entwesungskammer* » ; c'était selon. Et quand on avait à répéter le mot dans un même contexte on pouvait aussi bien utiliser « kammer ». On agirait de même dans un texte français ou anglais où « chambre » ou bien « chamber » succéderaient à « chambre à gaz » ou à « *gas chamber* ». Pour favoriser l'action de certains gaz, il arrivait qu'on chauffe la pièce au préalable. Dans des installations sommaires comme celles de Majdanek, on voit encore aujourd'hui que les chambres à gaz étaient flanquées d'un petit édicule où se trouvait un poêle. Cette pièce n'était raccordée à la chambre à gaz que par un tuyau perçant le mur de séparation. Il est probable que les deux pièces trouvées suspectes par J.-C. Pressac aux crématoires-IV et V étaient des chambres à gaz de désinfection. Le poêle était en effet garni de l'extérieur, dans le couloir d'accès, avec le charbon déposé dans une autre pièce à proximité. J'ignore quel gaz on utilisait mais je suppose qu'il s'agissait d'un autre gaz que le Zyklon B (par exemple le Cartox, le Ventox, l'Areginal…), lequel avait l'inconvénient d'être très dangereux et d'adhérer longuement aux surfaces. Le Zyklon était surtout employé pour le gazage général de bâtiments ; l'opération exigeait de six à vingt et une heures selon la température ; il y fallait un personnel spécialement entraîné et rien n'était délicat comme l'aération de ces bâtiments et des objets qui s'y trouvaient. Munis de masques à gaz au filtre le plus sévère, les hommes de l'art pénétraient dans les lieux avec, pour consigne, de n'ouvrir que les fenêtres qui voulaient bien s'ouvrir sans trop de difficultés ; et rapidement ils ressortaient des lieux, retiraient leurs masques, respiraient l'air pur pendant dix minutes et reprenaient ensuite leur activité. Aussi ne peut-on que hausser les épaules devant les récits de gazages homicides censés avoir été librement rédigés par Höss dans sa douce prison polono-communiste. À en croire Höss, l'équipe chargée de vider la chambre à gaz de tel crématoire de Birkenau pénétrait dans les lieux **immédiatement** après la mort des victimes et la mise en marche d'un appareil d'aération. Les équipiers traînaient les cadavres hors de la chambre à gaz vers le petit monte-charge, en fumant et en mangeant, c'est-à-dire, si l'on comprend bien, sans même un masque à gaz. Même avec des masques à gaz, l'opération aurait été impossible. Imagine-t-on deux mille corps (c'est le chiffre du musée d'Auschwitz) cyanurés et baignant dans des restes de gaz mortel, qu'il faudrait démêler les uns des autres ? J.-C. Pressac sait fort bien que la disposition des lieux est telle

---

[279] J.-C. Pressac, *op. cit.*, p. 111.

qu'il n'y avait pour ainsi dire pas de dégagement et que les équipiers auraient été fort en peine de trouver où entreposer deux mille cadavres en attendant de les faire brûler, afin que le convoi suivant de victimes vienne à son tour se faire gazer dans les deux cent dix mètres carrés de ce qui était en réalité une *Leichenkeller*, c'est-à-dire un dépositoire en sous-sol. Aujourd'hui, à Berlin, le crématoire du quartier de Charlottenburg et de Spandau possède une « *Leichenkeller* » (le mot est resté le même) capable de contenir cinq cents cadavres et il possède quatre fours. C'est assez dire qu'un cadavre demande encore aujourd'hui beaucoup de temps à être incinéré et que, d'autre part, des fours ne peuvent fonctionner en continu des jours entiers. Tous les chiffres de crémations que nous présentent les Polonais et quelques autres à propos des fours crématoires d'Auschwitz doivent être accueillis avec la plus grande méfiance. Pour en revenir à l'actuel crématoire de Charlottenburg-Spandau, chaque four ne peut brûler que de quinze à dix-sept cadavres par vingt-quatre heures.

Dans l'immense littérature scientifique concernant les chambres à gaz de désinfection, on recommandera à J.-C. Pressac de commencer son initiation par la lecture d'un petit ouvrage édité à Berlin en 1943 sous le label officiel ; il s'agit de *Blausäuregaskammern zur Fleckfieberabwehr* (Chambres à gaz à l'acide cyanhydrique pour la prévention du typhus).[280] Il pourrait tout aussi bien prendre la peine de lire les études de G. Peters signalées dans le livre de Serge Thion à la page 204.

Mais est-il même besoin d'entreprendre de pareilles recherches ? J.-C. Pressac connaît le registre de la serrurerie d'Auschwitz. Qu'il s'y reporte à la commande n° 459 du 28 mai 1943. Il y verra ceci :

« Chambre de désinsectisation, camp de concentration d'Auschwitz. Objet : 1° Les ferrures pour une porte avec cadre, étanche à l'air avec mouchard pour chambre à gaz ; 2° Une porte à lattes (etc.). » Les mots allemands sont : *Entwesungskammer, Beschläge, Tür, Rahmen, luftdicht, Spion, Gaskammer*. Ces mots reviennent très fréquemment à propos des chambres à gaz ; il est manifeste qu'il s'agit de chambres à gaz de désinfection et J.-C. Pressac lui-même a l'honnêteté de nous montrer en page 112 de son étude la photographie d'« une porte étanche au gaz de la baraque de désinfection du Kanada-I du *Stammlager* avec œilleton [ou mouchard] ».

Bien sûr, on pourrait prétendre que les Allemands gazaient des détenus dans des chambres à gaz de désinfection, mais, pour commencer, c'est là une accusation qui n'a jamais été sérieusement portée, ne serait-ce que parce qu'elle ferait apparaître chez les Allemands un esprit d'improvisation et un recours au bricolage qui seraient bien loin de la

---

[280] F. Puntigam, H. Breymesser et Ing. Erich Bernfus, *Blausäuregaskammern zur Fleckfieberabwehr...*

gigantesque entreprise d'extermination qu'on leur prête généralement sans avoir pu jamais la prouver par un document quelconque. Cela reviendrait aussi à dire que quiconque possède chez lui une hache a pu s'en servir pour tuer. De plus, aucun des prétendus témoins n'en a parlé.

Quant au terme de « *Vergasung* », il fourmille aussi bien dans les ouvrages allemands traitant de fours, et il est alors à prendre au sens de carburation, que dans les ouvrages traitant de désinfection par chambres à gaz, soit « simples », soit « avec circuit fermé » et, alors, il signifie gazage. Dans un message-radio du 22 juillet 1942 adressé sous la signature du général Glücks au camp d'Auschwitz on lit : « Par la présente, j'accorde l'autorisation d'effectuer le trajet aller/retour d'Auschwitz à Dessau (endroit où se livrait le Zyklon B) pour un camion de cinq tonnes, afin d'aller chercher du gaz destiné au gazage du camp… » Il faut toute l'impudence de nos exterminationnistes pour faire comme si la phrase s'arrêtait là et pour dire : voilà une preuve qu'on gazait les détenus d'Auschwitz ! Il serait manifeste, si la phrase s'arrêtait là, que le gazage en question est celui des bâtiments du camp et non celui des internés. Et comme, d'ailleurs, la phrase ne s'arrête pas là, autant en donner la fin, qui est « … pour lutter contre l'épidémie qui s'est déclenchée ». Le texte allemand donne : « *Gas für Vergasung.* »

On pourrait faire vingt autres suggestions à J.-C. Pressac. Par exemple, on pourrait le mettre en garde contre sa myopie. Le camp d'Auschwitz était un énorme ensemble et même Birkenau à soi seul constituait un tout qu'il fallait garder à l'esprit au moment d'en analyser tel ou tel détail. Si vraiment on exterminait des foules entières aux crématoires-IV et V, comment expliquer qu'à deux pas de là se trouvait un ensemble de baraquements hospitaliers avec soixante médecins et trois cents infirmières qui soignaient les détenus malades ? Comment se fait-il qu'il y ait eu tant d'enfants à Birkenau, des enfants dont on retrouve encore les naïfs dessins à l'intérieur de certaines pièces ? Comment expliquer que dans *L'Anthologie* (bleue) d'Auschwitz, publiée par le Comité international d'Auschwitz, on puisse lire le rapport d'une sagefemme polonaise qui, sur trente-huit ans de carrière, avait, en l'espace de deux ans passés à Birkenau, accouché trois mille femmes juives et non juives, et cela, dit-elle, avec un taux de réussite exceptionnellement élevé ? Comment se fait-il qu'à leur arrivée à Auschwitz, le 27 janvier 1945, les Soviétiques aient trouvé des vieillards ou des enfants apparemment en bonne santé comme nous le montre le film alors tourné par leurs services ? Comment se fait-il que, vers 1965, les Polonais aient été en mesure de procéder à toute une série d'études médicales d'un grand nombre d'« enfants d'Auschwitz », c'est-à-dire d'adultes qui étaient nés dans le camp d'Auschwitz ou qui y avaient été concentrés avec leurs parents dès leur plus jeune âge ?[281]

Comment se fait-il que les services secrets alliés, disposant – on le sait aujourd'hui – d'innombrables renseignements sur Auschwitz pendant toute la guerre et possédant même des photographies aériennes prises lors de trente-deux missions aériennes au-dessus du camp et de ses environs, n'aient pas conclu un seul instant à l'existence de formidables abattoirs, avec foules humaines piétinant le sol à l'entrée des bâtiments des crématoires, aux cheminées infernales lançant jour et nuit des volutes de fumée et des langues de feu ? Nous possédons des analyses de photos aériennes ; on remarque que les analystes accordaient une importance particulière aux feux, aux vapeurs et aux fumées ; on essayait par là de savoir les résultats d'une activité industrielle ennemie ou les résultats d'un bombardement allié ; on voulait savoir si des locomotives ou des usines fonctionnaient ou non et en quelle quantité. On peut donc bien penser que, s'il avait existé quelques-uns de ces formidables brasiers humains mentionnés par Höss dans ses confessions ou décrits par Filip Müller dans ses mémoires protéiformes, ils n'auraient pas échappé à l'aviation alliée ; quelques brasiers n'auraient peut-être pas trop attiré leur attention, mais ces crémations gigantesques et répétées dans des fosses où, nous dit-on, on recueillait la graisse coulant des cadavres pour la reverser sur ces mêmes cadavres (*sic,* chez Höss et chez Müller), auraient immanquablement été repérés même à très haute altitude.

D'où vient que les très précises photographies aériennes publiées par les Américains en 1979 et dont on trouve un exemple dans le livre de S. Thion[282] ne montrent rien qui puisse laisser soupçonner l'existence d'immenses abattoirs humains, et tout qui puisse faire penser qu'Auschwitz n'était qu'un grand camp de concentration ?

J.-C. Pressac serait bien inspiré de se montrer moins crédule. Tout au long de son étude on croit sentir une personnalité fragile qui se réfugie dans le détail insignifiant pour ne pas avoir à regarder en face les gens et les choses. L'autorité lui fait peur. Ses audaces tournent court. Il s'en effraie lui-même et sagement, après avoir inquiété le maître par un brusque entêtement et une velléité d'indépendance, il regagne sa place avec, à l'adresse du maître, des éloges appuyés. Il répète sagement sa leçon et si, par exemple, on lui a dit que « l'ordre d'arrêt des gazages était arrivé à l'automne 1944 », il reprend l'affirmation à son compte et, s'il ne fournit aucune preuve, c'est parce qu'il n'en a pas demandé lui-

---

[281] Voici les références de *L'Anthologie :* tome II, 2e partie, p. 159-169 et 3e partie, p. 31-114.
[282] S. Thion, *op. cit.*, p. 318.

même.[283] *Magister dixit ;* alors on s'incline. À la page 13 de sa thèse *Le Système concentrationnaire nazi,* Olga Wormser-Migot écrit : « Dernière remarque à propos des chambres à gaz : ni aux procès de Nuremberg, ni au cours des différents procès de zone, ni au procès d'Höss à Cracovie, d'Eichmann en Israël, ni aux procès des commandants de camps, ni de novembre 1963 à août 1965, au procès de Francfort (accusés d'Auschwitz « de seconde zone »), n'a été produit le fameux ordre, signé de Himmler, du 22 novembre 1944, sur la fin de l'extermination des juifs par les gaz, l'ordre de mettre fin à la Solution finale ». Ajoutons qu'on aurait été bien heureux de le trouver, cet ordre ; il aurait en effet compensé l'absence totale d'un ordre de mise en marche de l'extermination des juifs. En revanche, les faits et les documents ne manquent pas qui prouvent par leur seule signification qu'un tel ordre n'a tout simplement *pas pu* exister.

L'étude de J.-C. Pressac est loin d'être inutile. Elle prouve d'abord qu'on peut être exterminationniste de bonne foi, ardent au travail et à la recherche, soucieux de mener à bonne fin un type d'investigation que méprisent beaucoup d'historiens chevronnés : je veux parler de l'investigation matérielle et sur place. Mais J.-C. Pressac, avec la meilleure volonté exterminationniste du monde, est parvenu à démontrer le contraire de ce qu'il entendait démontrer. Il a voulu prouver deux choses : 1° que les crématoires d'Auschwitz, avec leurs dépendances, n'avaient nullement été conçus dans une intention homicide ; 2° que les Allemands ont ensuite, néanmoins, utilisé ces crématoires et leurs dépendances à des fins homicides. Pour le premier point, la démonstration est probante, malgré d'incroyables gaucheries dans le maniement des idées et dans leur expression. Pour le second point, l'échec est total. Dans leur désarroi devant la montée et le succès des idées révisionnistes, les autorités du musée national d'Auschwitz et le Centre de documentation juive contemporaine de Paris s'en étaient remis à un jeune pharmacien enthousiaste et quelque peu naïf ; ils lui avaient ouvert toutes les portes (ou presque toutes les portes) ; malheureusement pour ces autorités et pour le jeune chercheur, ces portes donnaient sur le vide.

***

15 novembre 1982

---

[283] J.-C. Pressac, *op. cit.,* p. 128.

L'ARGENT DES CONTRIBUABLES CONTRE R. FAURISSON ET LES RÉVISIONNISTES

Le 21 avril 1982 a été fondée l'ASSAG (Association pour l'étude des assassinats par gaz sous le régime national-socialiste). Il s'agit en principe d'une association privée mais cette association est appelée à recevoir des fonds publics si l'on en juge par la qualité de ses membres fondateurs. Parmi ces derniers figurent M_{me} Renée Aubry, chef de cabinet du ministre des Anciens Combattants ; M. Jean-Louis Crémieux-Brilhac, directeur de la Documentation française ; M. Jacques Delarue, commissaire divisionnaire honoraire au ministère de l'Intérieur ; M. Augustin Girard, directeur d'un département au ministère de la Culture ; parmi les membres fondateurs se trouvent, d'autre part, M. Pierre Vidal-Naquet, présenté en ces termes :

« Historien – auteur notamment d'une étude en réponse aux affirmations faurissonniennes » ; l'avocat Bernard Jouanneau, présenté comme « avocat du Comité d'Action de la Résistance dans le procès Faurisson en 1981 à Paris » ;

M. Jean-Pierre Faye, présenté comme « écrivain – engagé dans la lutte contre les thèses révisionnistes ». M_{me} Germaine Tillion préside l'association. M. G. Wellers est vice-président. On relève aussi les noms de M_{me} Geneviève de Gaulle-Anthonioz, de M_{me} Anise Postel-Vinay, de M. Serge Choumoff, auteur d'un opuscule intitulé : *Les Chambres à gaz de Mauthausen* (1972) ; ce dernier, en 1982, est présenté comme l'auteur « d'un ouvrage sur la chambre à gaz de Mauthausen ». L'association se propose, selon ses propres termes, de *« rechercher et contrôler les éléments apportant la preuve de l'utilisation des gaz toxiques par les responsables du régime national-socialiste en Europe pour tuer les personnes de différentes nationalités ; contribuer à la publication de ces éléments de preuve ; prendre à cet effet tous les contacts utiles au plan national et international (en particulier, avec le groupe de travail international animé par Hermann Langbein) »*.

On est étonné qu'il faille, trente-sept ans après la fin de la guerre, se mettre ainsi à rechercher des preuves qui, paraît-il, existaient à profusion.

À la fin d'avril et au début de mai 1982 se tenait à Paris, sur l'esplanade du Trocadéro, une exposition de la déportation (1933-1945). Elle se tenait sous l'égide du ministère des anciens combattants et, plus précisément, de la Commission de l'information historique pour la paix. Elle était appelée à parcourir la France entière. Elle s'est soldée par un fiasco pour tous ceux qui espéraient voir ou montrer des photographies ou des documents attestant de l'existence, dans les camps allemands, de chambres à gaz homicides.

Le 21 octobre 1982, le député RPR (parti de Jacques Chirac, se présentant comme « gaulliste ») Jean Falala donnait par écrit son avis sur le projet de loi de finances pour 1983 en ce qui concerne la Commission de l'Information historique pour la paix.

Le député Falala déclare : « Il est écrit dans la réponse à la question 24 du Rapporteur que la commission, au titre de l'axe de travail "Paix et vigilance", aura pour tâche, notamment, de *favoriser la recherche historique sur des sujets aujourd'hui controversés (ex. les chambres à gaz)*. De quel extraordinaire manque de vigilance témoigne cette phrase ! » Le député Falala continue en ces termes : « L'existence des chambres à gaz, surabondamment prouvée par les rapports administratifs des nazis, parfois leurs aveux[284], par les témoignages des déportés, n'est pas un objet de controverse historique, si la recherche peut bien entendu s'y appliquer. Ignore-t-on que le principal "révisionniste" français, Robert Faurisson, a été une fois de plus condamné en justice en 1982 pour avoir soutenu que les chambres à gaz n'ont pas existé ?[285] A-t-on lu, entre beaucoup d'autres, l'ouvrage de Georges Wellers *Les chambres à gaz ont existé*, l'article de l'historien Pierre Vidal-Naquet "Un Eichmann de papier. Anatomie d'un mensonge" paru dans la revue *Esprit* en septembre 1980 (repris dans le recueil *Les Juifs, la mémoire et le présent ?* Non, il ne s'agit pas d'une question controversée. » Le député Falala conclut : « On veut croire qu'il n'y a là qu'une maladresse d'expression. »

Tenant compte des remarques du député Falala, la Commission des Affaires culturelles, familiales et sociales a conclu : « La Commission regrette que dans un document officiel émanant du ministère [des anciens combattants] l'existence des chambres à gaz dans les camps de concentration nazis pendant la Seconde Guerre mondiale soit considérée comme "controversée". Elle demande que cette erreur de langage soit rectifiée. »[286]

Le ministère de la Recherche finance, lui aussi, les efforts désespérés des tenants de la légende exterminationniste. Il a financé en partie le

---

[284] La première rédaction de ce passage donnait : « L'existence des chambres à gaz, cent fois prouvée hélas, par les aveux des Nazis (à Nuremberg notamment)… »

[285] En réalité, les tribunaux ont clairement affirmé qu'ils ne voulaient pas et qu'ils ne pouvaient pas trancher de l'existence ou non des chambres à gaz homicides ; le professeur Faurisson a été jusqu'ici condamné pour « diffamation » ou pour « dommage » sans que, aux yeux des juges, cela implique qu'il ait dit vrai ou faux.

[286] Doc. n°1166, Assemblée nationale, annexe au procès-verbal de la séance du 21 octobre 1982, avis présenté au nom de la Commission des affaires culturelles, familiales et sociales sur le projet de loi de finances pour 1983 (n° 1083), tome VII, Anciens Combattants, par M. Jean Falala, député, p. 1-24.

colloque de la Sorbonne (29 juin-2 juillet 1982) sur « L'Allemagne nazie et l'extermination des juifs ». De ce colloque il est ressorti que, malgré « les recherches les plus érudites », on n'avait pu trouver aucun ordre de Hitler d'exterminer les juifs. Les participants du colloque ou, du moins, certains d'entre eux, pensaient qu'un pharmacien de la région parisienne avait peut-être trouvé un document allemand faisant état de chambres à gaz homicides. En réalité, il s'agissait de chambres à gaz de désinfection. C'est ce qu'on peut constater en lisant dans *Le Monde juif* de juillet-septembre 1982 l'article dudit pharmacien sur « Les Krématorien IV et V de Birkenau et leurs chambres à gaz ». Cet article est analysé dans notre texte du 3 novembre 1982, intitulé : « Le mythe des "chambres" à gaz entre en agonie ».

∗∗∗

17 décembre 1982

À PROPOS DE L'AFFAIRE DU JUGE STÄGLICH (RÉPUBLIQUE FÉDÉRALE D'ALLEMAGNE)

Les lois hitlériennes restent en vigueur à l'université de Göttingen

Par lettre recommandée du 15 novembre 1982, l'actuel président de la célèbre université allemande de Göttingen (Basse-Saxe) vient de faire savoir au Dr Wilhelm Stäglich, magistrat retraité, âgé de soixante-six ans, qu'une procédure était engagée contre ce dernier en vue de lui retirer le grade de docteur en droit. Dans sa lettre, le président, professeur Dr Norbert Kamp, précise que le fondement juridique de cette procédure repose sur une loi du IIIe Reich du 7 juin 1939 et sur un décret d'application pris également sous le IIIe Reich, le 21 juillet 1939.

Wilhelm Stäglich avait obtenu de cette université son titre de docteur en droit en 1951.

Pendant la guerre, Wilhelm Stäglich avait été mobilisé dans la Wehrmacht et faisait partie d'une unité de défense antiaérienne. En 1944, les Alliés avaient commencé à bombarder les installations industrielles d'Auschwitz. Lors de son séjour dans la région d'Auschwitz, Wilhelm Stäglich avait pu voir les déportés soit dans leur camp même, soit dans leurs allées et venues entre le camp et les lieux de travail. De la mi-juillet à la mi-septembre 1944, c'est-à-dire à l'époque précisément où l'on nous dit que les Allemands tuaient chaque jour des milliers ou des dizaines de milliers de déportés dans des chambres à gaz homicides pour les brûler ensuite dans des fours crématoires ou sur des bûchers de plein air, W. Stäglich n'avait rien vu de tel. Au contraire, ce qu'il avait pu voir (il donne des détails là-dessus) l'avait convaincu que les déportés ne vivaient apparemment pas du tout dans la crainte et que ce vaste camp ressemblait… à un camp.

Vers 1965, il commença à parler dans un cercle de collègues de ses souvenirs d'Auschwitz et de manifester son scepticisme à l'endroit des récits d'horreurs sur ce prétendu haut lieu des chambres à gaz homicides et du « génocide ». Dénoncé par un collègue, il commença à connaître dès cette époque de graves ennuis. Il fut contraint de demander sa mise à la retraite anticipée. En 1973, il publia quelques pages pour faire connaître son opinion. Les ennuis s'aggravèrent à mesure que Stäglich multipliait les initiatives pour répandre son témoignage ou celui d'autres personnes qui, comme Thies Christophersen, avaient eu des responsabilités à Auschwitz.

En fin de compte, en 1979, il publia chez Grabert Verlag (Tübingen) un remarquable ouvrage de cinq cent quatre pages intitulé *Der Auschwitz Mythos. Legende oder Wirklichkeit ?* (Le mythe d'Auschwitz. Légende ou réalité ?). C'est cet ouvrage qui lui attire aujourd'hui les foudres de l'Université de Göttingen. Mais il faut savoir qu'avant cette entrée en scène de l'université le D$_r$ Wilhelm Stäglich avait connu toutes les formes possibles de chasse aux sorcières : perquisitions de la police à plusieurs reprises, examens psychiatriques (le premier, d'une durée d'un quart d'heure, pour le déclarer fou et le second pour déclarer qu'il s'agissait non pas d' « un cas psychiatrique », mais d' « un cas politique »), réduction du montant de sa retraite de vingt pour cent pendant cinq ans, divers procès se terminant par de lourdes peines d'amende, saisie de ses écrits et en particulier du *Mythe d'Auschwitz ;* dans ce dernier cas on a même, sur l'ordre des tribunaux, fait procéder par les soins de la police à la fonte des plombs de composition.[287]

Le cas de Wilhelm Stäglich est devenu courant en Allemagne et, en particulier, dans le monde des enseignants les suspensions ou mises à pied commencent à devenir inquiétantes, sans compter le cas extraordinaire de Hellmut Diwald, célèbre professeur d'histoire de l'Université d'Erlangen, dont le livre sur *L'Histoire des Allemands* comportait trois pages de sens révisionniste ; son ouvrage fut, sur plainte de la communauté juive allemande, retiré de la circulation et un nouveau tirage fut mis en vente où les trois pages, refaites on ne sait par qui, disent

---

[287] Voy. l'hebdomadaire juif allemand *Allgemeine Jüdische Wochenzeitung* du 14 mai 1982, par exemple.

le contraire de ce que disait la première édition. (La même mésaventure était arrivée à l'historien David Irving pour son monumental ouvrage sur *Hitler und seine Feldherren*, traduit ensuite en anglais sous le titre de *Hitler's War*.)

Mais voici la traduction de la lettre adressée par le président de l'université de Göttingen le 15 novembre 1982 au Dᵣ Stäglich :

> Georg-August-Universität-Göttingen
> Le Président
> Procédure en vue du retrait du grade de docteur
> Très honoré Dᵣ Stäglich,
> Le Conseil des doyens de l'université Georg-August de Göttingen, après examen approfondi de votre livre *Le Mythe d'Auschwitz. Légende ou réalité ?* et après avoir pris connaissance du jugement du Tribunal de Land de Stuttgart du 7 mai 1982 – Az. XVI KLs 115/80 – a décidé d'introduire contre vous une procédure en vue du retrait du grade de docteur.
> Le Conseil des doyens est d'avis que par ce livre vous vous êtes rendu indigne de porter le titre de docteur qui vous avait été décerné par la faculté de droit de l'université Georg-August de Göttingen au motif que, par l'ouvrage susmentionné, qui a la prétention d'être scientifique, vous avez violé de la façon la plus grossière et la plus lourde les principes d'une attitude scientifique ainsi que (les principes) de la considération due à la dignité humaine.
> Il vous est donné la possibilité de vous exprimer là-dessus dans un délai d'un mois à partir de la notification de cette lettre.
> Le fondement juridique pour la procédure de retrait du grade de docteur est constitué par la loi sur la détention des grades académiques du 7 juin 1939 (*Code du Reich*, I, p. 985) et le décret d'application correspondant du 21 juillet 1939 (*Code du Reich*, I, p. 1326).
>
> Professeur Dᵣ Kamp

Dans la répression des idées révisionnistes, l'Allemagne fédérale se montre impitoyable, ce qui lui vaut d'être citée en exemple par des publications comme celles du Congrès (Parlement) juif mondial. Bientôt une loi spécifique pénale y punira « la minimisation ou la contestation des atrocités du génocide commises sous le national-socialisme ». Selon l'agence DDP (29 septembre 1982), le Cabinet fédéral à Bonn vient d'approuver ce projet de loi pénale. *Cf.* aussi *Research Report.*[288] La France est aussi donnée en exemple. Dans le *Jewish Chronicle* de Londres il est écrit que le professeur Faurisson a été condamné pour falsification de l'Histoire (ce qui est faux) et le fait est présenté comme une *lesson for Britain.*[289]

---

[288] *Institute of Jewish Affairs. World Jewish Congress*, Londres, janvier 1980, p. 32 33 et mars 1982, p. 1-11.
[289] *Jewish Chronicle,* 8 octobre 1982, p. 21.

1983

12 janvier 1983

APRÈS L'AUDIENCE D'APPEL
DE DÉCEMBRE 1982

J e laisse le soin à mon avocat de développer les moyens juridiques et je me contenterai de répondre ici aux affirmations et aux insinuations de la Ligue internationale contre le racisme et l'antisémitisme (LICRA), du Mouvement contre le racisme et pour l'amitié entre les peuples (MRAP) et, enfin, de la société Amicale des anciens déportés des camps d'Auschwitz et de Haute Silésie (ADAC-Haute-Silésie).

Depuis quatre ans, ces associations me font grief d'appartenir à une école historique, dite révisionniste, pour laquelle les prétendues chambres à gaz homicides de Hitler et le prétendu génocide des juifs forment un seul et même mensonge historique. Dès la fin de la première guerre mondiale, des auteurs révisionnistes avaient pris pour objet d'étude les rumeurs et les propagandes d'atrocités des belligérants des deux camps et s'étaient interrogés sur le problème des responsabilités dans le déclenchement du conflit. À ce dernier problème, nulle réponse bien claire n'avait pu être apportée. (Pour ma part, je n'ai jamais su dire, pour quelque guerre que ce fût, qui était le responsable et qui était la victime.) En revanche, pour ce qui est des rumeurs et des propagandes d'atrocités, des auteurs comme Harry Elmer Barnes pour les États-Unis, Arthur Ponsonby pour la Grande-Bretagne et Jean Norton Cru pour la France avaient démontré que l'imagination et la crédulité étaient sans bornes pour décrire la barbarie de l'ennemi.[290] Il n'y a pas de guerre sans propagande de guerre. La première victime d'une guerre est toujours, comme on l'a dit, la vérité. La vérité, c'est ce qui est vérifiable ; et le contraire de la vérité s'appelle le mensonge. S'il est quelquefois difficile ou impossible de discerner la vérité, il est souvent facile de débusquer le mensonge. L'affaire des enfants belges aux mains coupées par les Allemands était un mensonge que dès 1914 André Gide avait percé à jour. Il faut dire qu'il entendait, d'après ses propres paroles, ne pas croire son

---

[290] Le grand livre de Jean Norton Cru, *Témoins*, a été réédité par les Presses universitaires de Nancy en 1993. [N.d.é]

ennemi capable de tout et de n'importe quoi. L'affaire des usines allemandes où l'on se servait de graisse humaine pour en faire du savon ou des engrais était un autre mensonge. L'affaire du « Lusitania » présenté comme un navire inoffensif était encore un mensonge.

Aujourd'hui, certains bobards journalistiques de la première guerre mondiale apparaissent d'une telle naïveté qu'il suffit de les rapporter pour que leur nature de bobards se révèle sans difficulté à l'esprit le plus obtus. C'est que le temps a passé. En voici un exemple cité par Arthur Ponsonby dans *Falsehood in War-time*.[291] En novembre 1914, les Allemands venaient de prendre Anvers et, pour fêter cette victoire, on avait fait sonner les cloches des églises. On avait, bien entendu, fait sonner ces cloches en Allemagne et non pas à Anvers ! Aussi le journal de Cologne *(Die Kölnische Zeitung)* put-il écrire :

> « Quand la chute d'Anvers fut connue, les cloches des églises se mirent à sonner. »

Or, voici en quels termes la nouvelle fut répercutée dans la presse alliée, c'est-à-dire dans des journaux respectivement français, britannique, italien, puis à nouveau dans le journal français :

> *Le Matin :* « D'après la *Kölnische Zeitung*, le clergé d'Anvers a été contraint de sonner les cloches après la prise de la forteresse. »
>
> *The Times :* « D'après les informations que *Le Matin* a reçues de Cologne, les prêtres belges qui ont refusé de sonner les cloches après la prise d'Anvers ont été chassés de leurs postes. »
>
> *Corriere della Sera :* « D'après les informations que le *Times* a reçues de *Cologne*, via *Paris*, les malheureux prêtres qui ont refusé de sonner les cloches des églises après la prise d'Anvers ont été condamnés aux travaux forcés. »
>
> *Le Matin* (à nouveau) : « D'après les informations du *Corriere della Sera* reçues de *Cologne*, via *Londres*, on confirme que les barbares vainqueurs d'Anvers ont puni les malheureux prêtres belges de leur refus héroïque de sonner les cloches des églises, en les pendant aux cloches comme des battants. »

Il est probable que les lecteurs français de novembre 1914 ont pris pour argent comptant cet ignoble et grotesque mensonge et qu'il aurait été dangereux d'aller prétendre que le journal *Le Matin* avait utilisé dans

---

[291] A. Ponsonby, *Falsehood in Wartime* (rééd., 1980)

la fabrication de cette nouvelle tous les ingrédients les plus classiques de la propagande de haine. Parmi ces ingrédients je me contenterai de citer celui des « diverses sources », celui de la scansion par trois adjectifs stéréotypés (_barbares_ vainqueurs – _malheureux_ prêtres – refus _héroïque_) et surtout l'ingrédient idéal que constitue le martyre du saint (ici, il s'agit de prêtres ; ailleurs on choisit des bonnes sœurs ou un évêque ou un saint). Je ne veux pas dire, bien sûr, qu'il n'y ait pas eu de victimes réelles des Allemands parmi les gens du clergé. Je dis simplement, pour l'avoir bien des fois constaté, que les fabulateurs abusent souvent du crédit accordé au clergé pour mieux faire passer un mensonge anti-allemand. [**Rectification de 1997 :** Constatant que les sources invoquées (des journaux allemand, français, anglais, italien) étaient dépourvues de toute précision, en particulier de dates, je demandais, dans les années quatre-vingt, à un chercheur américain, D. G., d'entreprendre une recherche sur le sujet. Vérification faite, A. Ponsonby s'était trompé et je l'avais suivi dans ses errements. À l'origine de cette histoire des prêtres d'Anvers se trouvait, en fait, un article de la _Kölnische Zeitung_[292] où un journaliste allemand avait, de toutes pièces, inventé ces extraits de journaux alliés avec l'intention de se moquer de la propagande alliée. Le fait était signalé par James Morgan Read en 1941.[293] J'en prévenais ultérieurement le révisionniste Jean Plantin qui allait en faire état dans _Arthur Ponsonby, mensonges et rumeurs en temps de guerre_, avec insertion d'une note rectificative.[294] Voy. mon article « Le premier historien révisionniste _après_ la seconde guerre mondiale ? », reproduit dans le volume III, p. 1322.] Pour le comparer avec un mensonge de la première guerre mondiale, je citerai maintenant un mensonge de la seconde guerre mondiale. Fort probablement, le lecteur cette fois-ci ne verra pas d'emblée que ce mensonge-ci est tout aussi ignoble et grotesque que ce mensonge-là. C'est que le temps n'a pas encore fait son office et que nous restons encore imprégnés par la propagande d'atrocités de la dernière guerre. Il s'agit d'un témoignage concernant la « chambre à gaz » de Dachau. Il émane d'un Français qui est toujours en vie en 1983, à l'heure où j'écris. Ce Français s'appelle Fernand Grenier et son livre s'intitule _C'était ainsi_. Voici le texte du témoignage :

> « À côté des quatre fours crématoires qui ne s'éteignaient jamais, une chambre : des douches avec, au plafond, des pommes d'arrosoir. L'année précédente [1944] on avait remis à cent vingt

---

[292] 4 juillet 1915, p. 2.
[293] J. M. Read, _Atrocity Propaganda, 1914-1919_, p. 24-25.
[294] [A. Ponsonby] _Arthur Ponsonby, mensonges et rumeurs en temps de guerre_, p. 196, n.73.

enfants de huit à quatorze ans une serviette et un savon. Ils étaient entrés tout joyeux. On ferma les portes. Des douches s'échappèrent des gaz asphyxiants. Dix minutes après, la mort avait tué ces innocents que les fours crématoires réduisaient en cendres une heure après. »[295]

Il y a ainsi sur les prétendus gazages homicides de Dachau une quantité de témoignages, de preuves, sinon d'aveux. Par exemple, dans son livre *Prison et déportation*, Mgr Piguet, évêque de Clermont-Ferrand, avait écrit que des prêtres polonais étaient passés par la « chambre à gaz » de Dachau.[296] On possède même un *début* d'expertise de cette « chambre à gaz » ; elle émane d'un capitaine de l'armée française nommé Fribourg. Jusqu'en 1960, la réalité de cette « chambre à gaz » constituait une vérité officielle. Malheur à qui aurait mis en doute son authenticité ! On l'aurait insulté, traité de nazi, accusé de diffamation ; et de pieuses associations, chargées, par elles-mêmes, de la défense des vérités patriotiques, l'auraient attrait en justice pour « dommage » par « falsification de l'Histoire » (articles 1382 et 1383 du Code civil). Mais il se trouve qu'en 1960, exactement à partir du 19 août, une haute autorité de l'Institut d'histoire contemporaine de Munich, pourvue de toutes les cautions exterminationnistes, a déclaré subitement dans l'hebdomadaire *Die Zeit* qu'il n'y avait jamais eu de gazage homicide à Dachau, **non plus que dans tous les camps situés dans l'ancien Reich** (Allemagne dans ses frontières de 1937) ; il n'y avait eu avant tout (?) de tels gazages que dans le territoire occupé polonais : à Auschwitz-Birkenau, à Sobibor-sur-Bug, à Treblinka, Chelmno et Belzec (autrement dit en Pologne communiste). Du même coup s'évanouissaient les gazages de Ravensbrück, de Mauthausen, du Struthof-Natzweiler, de Neuengamme, d'Oranienburg-Sachsenhausen, de Buchenwald, de Majdanek-Lublin, etc. S'évanouissaient avec ces gazages cent, mille ou dix mille témoignages, preuves et aveux. Çà et là on avait pendu ou conduit au suicide des responsables de camps qui, sans ces gazages, auraient sans doute eu la vie sauve. Cette haute autorité (le Dr Broszat) se gardait bien de nous révéler pourquoi il ne fallait plus croire aux gazages dans ces camps là et pourquoi il fallait persister à croire aux gazages des camps situés en Pologne. Depuis le 19 août 1960, nous attendons la liste des critères de la vraie et de la fausse « chambre à gaz » et cette liste ne vient toujours pas, malgré nos objurgations répétées. Car, il faut le savoir, rien ne ressemble plus à une preuve d'Auschwitz qu'une preuve de Dachau.

---

[295] F. Grenier, *C'était ainsi*, p. 26.
[296] Mgr Piguet, *Prison et déportation*, p. 77.

Fernand Grenier – on a le droit de le dire aujourd'hui mais on ne pouvait le dire avant 1960 – n'est qu'un de ces innombrables faux témoins pour qui la haine de l'Allemagne, le souci de se faire passer pour un héros, un martyr ou un saint, ou tel autre motif du même genre l'a emporté sur le devoir d'être vrai : un devoir qui exige du courage dans la France d'aujourd'hui et qui, en République fédérale d'Allemagne, va jusqu'à exiger de l'héroïsme. Le court témoignage de F. Grenier ne contient que douze inventions ; c'est peu quand on le compare à des Martin Gray ou à des Filip Müller (ce dernier a publié un livre intitulé *Trois ans dans une chambre à gaz d'Auschwitz*, qui a bénéficié d'une sortie tapageuse et la LICRA lui a décerné le prix Bernard Lecache à l'unanimité). Ces douze inventions sont les suivantes :

1° les quatre fours crématoires qui ne s'éteignaient jamais (il n'existe pas de fours capables de ces prouesses) ;

2° les chambres aux fausses douches avec leurs pommes d'arrosoir ;

3° l'année où l'événement s'est produit (à la différence de bien des témoins, il ne va pas jusqu'à donner le mois, le jour et l'heure) ;

4° les enfants ;

5° le nombre de ces enfants ;

6° les âges de ces enfants ;

7° les cent vingt serviettes et les cent vingt savons (*sic*) ;

8° la toute joie des enfants en entrant ;

9° la fermeture des portes (au pluriel : plusieurs portes pour une « chambre à gaz » !) ;

10° les gaz asphyxiants ;

11° le délai de dix minutes pour que survienne la mort ;

12° la durée-record de la crémation de cent vingt cadavres d'enfants dans quatre fours : une heure seulement alors qu'aujourd'hui, avec des moyens autrement modernes que ceux de 1944, il faudrait à quatre fours du genre de ceux qui fonctionnent au cimetière parisien du Père-Lachaise... deux cent vingt-cinq heures, soit environ neuf jours (quarante-cinq minutes pour cadavres n'ayant pas reçu d'antibiotiques ; sinon, cinquante à soixante minutes).

Le faux témoignage en matière d'atrocités allemandes reste encore aujourd'hui d'un grand rendement financier, politique et moral. Dans ce domaine une véritable compétition et une surenchère dans l'antinazisme de sex-shop ont permis le développement d'une industrie prospère. Les productions de Christian Bernadac ont été souvent dénoncées à ce titre par les anciens déportés eux-mêmes, mais il ne semble pas que ce soit pour des motifs tout à fait louables. On a surtout reproché à ce dernier d'avoir exploité le filon d'une manière éhontée. Car, si l'exploitation du filon paraît se faire pour la bonne cause, les associations ne protestent plus ; au contraire elles se soutiennent par un silence complice. Prenons un exemple. Nous savons depuis plus de vingt-deux ans qu'il n'y a jamais eu de gazage homicide au camp d'Oranienburg-Sachsenhausen. Or, l'Amicale des anciens internés de ce camp vient de publier un gros ouvrage intitulé *Sachso* dans lequel on affirme l'existence et le fonctionnement dans ce camp d'une chambre à gaz homicide. Deux photos prétendent venir appuyer cette affirmation ; elles ont la lourde naïveté de la propagande soviétique à qui nous devons ces photos et leurs légendes. Il y est notamment question d'une ampoule de Zyklon B... or, le Zyklon B, qui fut inventé en 1917 et qui est encore couramment utilisé dans le monde entier *comme désinfectant*, n'a jamais existé en ampoule ; le Zyklon B est un absorbat d'acide cyanhydrique sur base poreuse inerte : la terre d'infusoires, par exemple. Ajoutons que le Zyklon B, selon les besoins de son emploi, possède ou ne possède pas, en complément, une substance d'avertissement.

La crédulité générale en matière de chambre à gaz homicide tient pour une bonne part dans le fait que les gens qui emploient cette expression de « chambre à gaz » n'ont pas réfléchi au sens de ces mots. Comme bien souvent, ils n'ont pas commencé par le commencement. La question préalable à tout développement sur ce sujet devrait être : « Mais, au fait, à quelle réalité matérielle peut bien correspondre cette expression ? Qu'est-ce qu'une chambre à gaz ? Comment y fait-on pénétrer un gaz mortel ? Comment le gazeur et son entourage peuvent-ils se prémunir contre les dangers d'emploi de ce gaz ? Et, surtout, comment faire après la mise à mort du condamné pour évacuer ce gaz et pénétrer dans la pièce pour en extraire le cadavre ? » Trop de gens se représentent une « chambre à gaz » comme une réalité au fond assez proche d'une simple chambre à coucher sous la porte de laquelle il passe du gaz domestique. Ces gens constituent une proie facile pour tous ceux qui font visiter au bon touriste une pièce aux murs nus (dotée de quelques trous dans le plafond) et auquel on dit : « Voici une chambre à gaz homicide ! » Le touriste ne voit pas pourquoi il ne croirait pas aux paroles du guide. Si dans cette pièce, comme c'est le cas à Majdanek, il y a toute une série de minces fenêtres à hauteur d'homme, il ne lui viendra pas à l'idée que la présence de telles fenêtres constitue une absurdité dans une chambre à gaz. Les carreaux une fois brisés, le gaz s'échapperait à l'extérieur et mettrait en péril la vie de l'entourage ; quant aux victimes que les premières émanations n'auraient pas étourdies ou tuées, elles prendraient facilement la fuite.

L'installation et le fonctionnement d'une chambre à gaz destinée à ne tuer qu'une seule personne constituent un redoutable problème technique. J'ai pu m'en rendre compte en cherchant comment les

Américains s'y étaient pris pour fabriquer leurs premières chambres à gaz, comment ils les utilisaient aujourd'hui dans une demi-douzaine de pénitenciers dont j'ai obtenu une intéressante documentation et, en particulier, comment fonctionnait la chambre à gaz de Baltimore dont j'ai publié les photos et le mode d'emploi dans le livre de S. Thion, *Vérité historique...*. On y trouvera la liste des quarante-sept opérations nécessitées par une exécution à l'acide cyanhydrique.[297] Pour ne prendre qu'un exemple, la quarante-septième et dernière opération est ainsi résumée : « Vider la chambre, enlever le corps. » On pourrait croire que cette opération est simple. En réalité, elle consiste en ceci :

> « Le médecin et ses assistants, après avoir laissé passer près d'une heure pour que de puissants exhausteurs aspirent le gaz pour le conduire vers un barboteur où il est neutralisé par de l'ammoniaque et rejeté par une cheminée située au plus haut du pénitencier, doivent entrer dans la chambre à gaz avec un masque à gaz, un tablier de caoutchouc, des gants de caoutchouc ; le médecin secoue la chevelure du mort pour en chasser autant que possible les molécules d'acide cyanhydrique que les fumées d'ammoniaque et le système de ventilateurs orientables n'ont pas pu neutraliser ; les deux assistants doivent laver le corps avec un jet ; ils doivent apporter un grand soin à ce travail ; ils doivent notamment laver la bouche, toutes les ouvertures du corps et ils ne doivent surtout pas oublier les plis des bras et des genoux. »

C'est vers 1917, que pour la première fois, des Américains à la recherche d'une façon plus humaine de tuer les condamnés avaient songé à l'emploi du gaz cyanhydrique. Ils n'imaginaient pas que les problèmes techniques rencontrés en cours de route exigeraient des années pour être surmontés. La première exécution eut lieu en 1924 au pénitencier de Carson City, Nevada. Deux heures après l'exécution on relevait encore des traces de gaz dans la cour de la prison. M. Dickerson, gouverneur du pénitencier, déclara qu'en ce qui concernait le condamné la méthode était certainement la plus humaine jusqu'ici employée. Mais il ajouta qu'il renoncerait à cette méthode à cause du danger qu'elle faisait courir aux témoins. C'est seulement vers 1936-1938 que les Américains semblent avoir mis au point leurs chambres à gaz.

De toutes les armes, le gaz est la moins maniable. L'acide cyanhydrique présente, de plus, l'inconvénient d'adhérer longuement et fortement aux surfaces. Son emploi encore actuel dans la désinfection des

---

[297] S. Thion, *Vérité historique...*, p. 301-330.

locaux d'habitation, des usines, des bateaux, des meuneries, des silos, des bibliothèques, exige un luxe de précautions. J'ai retrouvé dans les archives nationales de Washington un texte allemand datant de la guerre intitulé : « Directives pour l'utilisation de l'acide prussique (Zyklon) en vue de l'extermination de la vermine (désinfection) ». Je l'ai reproduit en traduction dans mon *Mémoire en défense...*[298] Pour tuer la vermine, il faut, selon la température, de six à trente-deux heures. Puis viendra le moment le plus critique : celui de l'aération. Le texte porte :

> « L'aération présente le plus grand danger pour les participants comme pour les non-participants. Il faut donc y procéder avec une prudence particulière et toujours en portant des masques à gaz. »

Cette aération devra durer « au moins vingt heures ». Pour que commence cette aération, il a fallu entrer dans les lieux avec un masque au filtre le plus sévère (filtre J). On a ouvert les portes et les fenêtres. Si les fenêtres requièrent un effort pour être ouvertes, il ne faut pas insister. Tout effort physique est à éviter. Il faut à plusieurs reprises interrompre son travail, se porter à l'air libre et, là, ôter son masque pour respirer l'air frais pendant dix minutes. Lorsque les vingt heures sont passées (vingt-quatre heures dans le cas de la législation française), on pénètre dans les lieux avec le masque et on procède à un test, avec un papier indicateur de gaz résiduel, dans chaque pièce séparément. En aucun cas on ne peut dormir pendant la nuit qui suit le gazage dans une pièce qui a été gazée. Les matelas, paillasses, etc. ont dû être portées à l'air libre ou dans un hall aéré pour être battus pendant une ou deux heures selon la température. Car les molécules de gaz cyanhydrique ont tout imprégné.

On est dès lors stupéfié par les récits de gazages homicides dans les camps allemands. Il est manifeste que tous ces récits, repris en antiennes, à d'étonnantes variations près, offensent les lois de la physique et de la chimie. Les exterminationnistes invoquent le plus souvent pour Auschwitz ce qu'ils appellent le témoignage de Rudolf Höss, l'un des trois commandants successifs du camp. En réalité, il s'agit de confessions obtenues par la justice communiste de Pologne avant la pendaison de l'intéressé. Pour toutes sortes de raisons que je ne peux énumérer ici, le texte de ces confessions est totalement inacceptable. Seules des juridictions d'exception peuvent admettre de prendre en considération de telles impostures. J'appelle juridiction d'exception celle, par exemple, du

---

[298] R. Faurisson, *Mémoire en défense...*, p. 165-178, reproduit ci-dessus, p. 18.

Tribunal militaire international de Nuremberg ; les articles 19 et 21 du statut de ce tribunal disposaient que :

> « Le Tribunal ne sera pas lié par les règles techniques relatives à l'administration des preuves [...], n'exigera pas que soit rapportée la preuve de faits de notoriété publique, mais les tiendra pour acquis. [...] »

Höss est censé avoir dit qu'on enfermait deux mille victimes à la fois dans une chambre à gaz dont seul le toit émergeait du sol. Une demi-heure après avoir « lancé » le gaz on ouvrait la porte et on mettait en marche l'appareil de ventilation. On commençait alors *immédiatement* (mot souligné par moi) à extraire les cadavres. Cette extraction était faite par une équipe de détenus avec une morne indifférence ; en effet, tout en tirant les cadavres, ces détenus mangeaient ou fumaient. C'est assez dire qu'ils ne portaient pas de masques à gaz. D'ailleurs, en eussent-ils même porté, on a vu que tout effort physique était impossible. Il aurait été radicalement impossible de pénétrer ainsi dans une salle pleine de gaz cyanhydrique pour en extraire deux mille cadavres eux-mêmes imprégnés de gaz. Qu'on ne vienne pas nous dire que les Allemands ne se souciaient pas de la santé de l'équipe spéciale affectée à ce travail sur-herculéen ! Si, en effet, ces gens devaient entrer dans la chambre à gaz pour s'y empoisonner à leur tour, jamais la chambre à gaz n'aurait été vidée de ses victimes pour laisser place à une nouvelle fournée de victimes. Ce récit paraît encore plus absurde à ceux qui, comme moi, se sont donné la peine de retrouver les plans des lieux pour constater, en fin de compte, que l'espace baptisé « chambre à gaz » n'était en réalité qu'une chambre froide destinée à l'entreposement des cadavres.

Pour ce qui est des plans retrouvés, des photographies aériennes et autres, prises soit par les Allemands, soit par les Alliés, pendant ou après la guerre, on pourra se reporter aux deux ouvrages publiés par les éditions de la Vieille Taupe. On y verra en particulier à quelles supercheries d'ordre physique les Polonais se sont livrés pour abuser le touriste.

Nous savons, aujourd'hui, où le mythe des chambres à gaz a pris naissance, comment il s'est développé, les difficultés rencontrées par les Alliés pour mettre au point un court récit stéréotypé et nous pouvons voir également aujourd'hui comment ce mythe entre en agonie dans les milieux scientifiques. Sur ce dernier point, on pourra se reporter à ma *Réponse à Pierre Vidal-Naquet* où figure sous le titre de « Le mythe des chambres à gaz entre en agonie » le compte rendu d'une surprenante étude récemment parue dans *Le Monde Juif,* revue du CDJC de Paris.[299]

« Jamais Hitler n'a ordonné ni admis que quiconque fût tué en raison de sa race ou de sa religion. »

La partie adverse me fait le reproche d'avoir écrit cette phrase. Or, chacun des mots qui composent cette phrase a été mûrement choisi. Je commence par remarquer que ces mots ont été lus hâtivement. L'un d'entre eux notamment doit être souligné à l'attention des distraits. Ce mot est celui de « tué ». Je n'ai jamais dit que Hitler n'avait pas poursuivi les juifs de son hostilité dès son arrivée au pouvoir. Et la guerre a aggravé cette hostilité. J'ai dit, et je le maintiens, que jamais Hitler n'a *ordonné* de *tuer* un juif, un tzigane, un catholique, un protestant, un Français, un Slave, ou quiconque en raison de sa race ou de sa religion. Les médias ont peu à peu instillé dans l'esprit de la masse des profanes que pendant la guerre les Allemands se livraient à une continuelle chasse aux juifs afin de les *tuer.* Chaque juif aurait ainsi été une sorte de mort en sursis. C'est faux. Dans le camp de Hitler comme dans le camp des Alliés (mais pour ce qui est de ces derniers cela ne se dit guère), on a accumulé les horreurs et les atrocités. Partout il y a eu des massacres, des prises d'otages, des fusillades, des déportations. Et même les plus importantes déportations n'ont pas été le fait des Allemands, mais le fait des Alliés, non pas que les Alliés aient été plus cruels mais il se trouve qu'ils disposaient simplement de beaucoup plus de temps et de moyens. Douze à quatorze millions de minoritaires allemands ont été chassés ou déportés de l'Est européen dans des conditions qui, la plupart du temps, ont été abominables. Il faut malheureusement dire qu'il y a eu là un phénomène classique de beaucoup de guerres modernes. Les camps de concentration ne sont d'ailleurs pas une invention de Hitler. Ces camps, et leurs horreurs obligées en temps de guerre et de famine, sont une invention de la guerre civile américaine. Ce que les exterminationnistes voudraient nous faire croire, c'est que dans le cas des juifs, par exemple, Hitler aurait innové dans l'horreur. Ses troupes ne se seraient pas contentées de massacres comme il y en a dans toutes les guerres. Hitler aurait créé une abomination bien particulière à l'endroit des juifs et, comme ce qui est nouveau appelle, pour être désigné, un nouveau vocable, un juif polonais réfugié aux États-Unis a inventé en 1944 le mot de « génocide ». Le « génocide » ou l'« ethnocide » serait ainsi une politique d'extermination délibérée de toute une race, de tout un peuple. Hitler aurait ordonné : « Tuez-moi les juifs, tous les juifs qui vous tombent sous la main ! » En réalité, jamais un tel ordre n'a été donné et jamais les Allemands n'ont

---

[299] R. Faurisson, *Réponse à Pierre Vidal-Naquet*, 2e édition. Le texte « Le mythe… » est reproduit dans le présent volume p. 325.

agi comme si cet ordre avait été donné. Les Allemands et le camp des Alliés (de ce dernier camp les juifs étaient partie prenante) se sont combattus. Ni d'un côté, ni de l'autre on n'a épargné les civils ou les enfants. À propos des massacres de Beyrouth, on a couramment imprimé que les Israéliens se livraient à un « génocide » ou même à des « génocides » : mensonges de propagande là encore. Les Israéliens et les Palestiniens n'ont, ni les uns, ni les autres entrepris une politique systématique d'extermination de l'adversaire. Ils sont en guerre. Étant en guerre, ils se font le plus de mal possible. Quand un belligérant s'abstient d'utiliser telle ou telle arme, ce n'est jamais, je pense, pour des considérations morales, mais pour toutes sortes de raisons qui peuvent aller de la crainte de représailles du même calibre à la crainte des réactions des non-belligérants. Dans les territoires occupés par l'armée israélienne, les autochtones et les réfugiés peuvent avoir toutes les craintes possibles, même celle de la mort : ils ne sont pas pour autant des morts en sursis.

Pour en revenir aux Allemands, il n'y a eu chez eux, ni dans les textes, ni dans les faits, de plan d'extermination des juifs, des Tziganes, des Slaves, des homosexuels. Du côté des Alliés, il n'y a pas eu non plus de plan d'extermination des Allemands. Il y a eu les bombardements systématiques des villes allemandes ou japonaises. Le seul bombardement de Dresde (« la Florence de l'Elbe ») a causé environ cent trente-cinq mille morts (« le plus grand crématoire du monde »). Il y a eu la guerre et son banal cortège d'horreurs. La guerre, c'est la banalisation du mal. Tout le monde en ressort bien dégoûtant. Il faudrait, après la tuerie, rentrer chez soi et se faire tout petit. Au lieu de cela, les vainqueurs de la dernière tuerie ont pris des airs de justiciers et les voici, encore en 1983, à poursuivre, emprisonner ou exécuter certains de leurs vaincus. Une énorme propagande de guerre continue à semer des idées de haine, de vengeance et de réparation. La grande masse des Français s'imagine que Hitler a donné l'ordre d'exterminer les juifs. Mais les historiens, eux, savent bien qu'on n'a jamais trouvé trace d'un tel ordre ni de quoi que ce fût qui impliquerait l'existence d'un tel ordre. Dès 1960, le Dr Kubovy, historien israélien, l'avait dit mais les médias sont d'une telle discrétion dans ces cas-là que les historiens qui ne sont pas des spécialistes de l'ère nazie continuent de propager l'erreur. À Paris, à la Sorbonne, du 29 juin au 2 juillet 1982, il s'est tenu un colloque d'historiens exclusivement exterminationnistes sur « L'Allemagne nazie et l'extermination des juifs » (titre d'origine : « Le national-socialisme et les juifs »). Ce colloque était manifestement destiné à contrecarrer le développement croissant des idées révisionnistes dont aucun représentant n'était admis à assister au colloque, même à titre d'auditeur.

Les professeurs Raymond Aron et François Furet présidaient ce colloque, l'un pour la Sorbonne, et l'autre pour l'École des hautes études en sciences sociales. Tous deux allaient découvrir au fil des communications faites par des spécialistes de l'ère nazie une vérité qu'ils auraient dû connaître depuis plus de vingt ans, à savoir que, malgré les recherches les plus érudites, on n'avait rien pu trouver qui pût démontrer que Hitler avait donné un ordre quelconque de tuer les juifs. On voudra bien se reporter ici à mon annexe sur la conférence de presse donnée par les deux professeurs à la fin d'un colloque qui avait duré quatre jours. Les médias n'ont, comme on pouvait le penser, rien dit de cette conclusion d'un colloque annoncé à son de trompe comme devant répliquer aux arguments des auteurs révisionnistes. C'est que les suites de ce constat auraient été difficiles à expliquer au profane. À ce dernier il aurait, du même coup, fallu révéler que l'expression de « solution finale » située dans son exact contexte impliquait l'émigration ou l'évacuation des juifs et que le fameux « protocole de Wannsee » n'était qu'un prétendu procès-verbal non signé, sans en-tête, sans référence, tapé à la machine par on ne sait qui sur du papier ordinaire. La « solution finale de la question juive » n'impliquait pas plus l'extermination des juifs que la solution finale de la question palestinienne ou de la question du chômage n'impliquerait nécessairement l'assassinat des Palestiniens ou des chômeurs. Ni les discours de Himmler, ni les instructions de Heydrich, ni les « confessions » de Höss ou d'autres Allemands tombés aux mains de l'appareil judiciaire des Alliés n'apportaient la moindre preuve de l'existence d'un ordre ou d'une directive ou d'une instruction appelant à exterminer les juifs.

Mais il y a mieux : des quantités de textes et de faits (certains faits étant de l'ordre de la simple évidence oculaire) prouvent qu'un tel ordre n'a pas pu exister. En quarante ans de procès dits de criminels de guerre (il n'y a de criminels de guerre que chez les vaincus) aucun Allemand, des procès de Kharkov en 1943 jusqu'aux procès actuels de 1983, n'a pu faire valoir pour sa défense qu'un tel ordre avait existé. Au contraire, nous avons la preuve que des tribunaux militaires allemands ont condamné, parfois même à mort, jusqu'à des SS pour des meurtres de juifs. Je cite exemples et références dans la longue note 45 de la page 210 de *Vérité historique ou vérité politique ?* Hitler se préoccupait d'abord et avant tout de mener la guerre. Il voulait utiliser pour la machine de guerre allemande la main-d'œuvre juive dans les camps ou hors des camps et les juifs constituaient également comme des otages. En temps de guerre, un usage barbare veut que les représentants des puissances belligérantes hostiles soient mises en camps de concentration. Les Américains eux-mêmes n'ont pas hésité à mettre en camp de concentration, lors de la dernière guerre, des hommes, des femmes et des enfants qui, tout en possédant la nationalité américaine, étaient d'ascendance japonaise. Je ne compare évidemment pas les conditions respectives des camps dirigés par les Américains ou par les Allemands. Dans le premier cas, il s'agissait d'une nation opulente et qui n'a jamais eu à conduire de « guerre totale » et dans l'autre cas il s'agissait d'un pays de peu de ressources et, à la fin de la guerre, exsangue et en proie à la famine. C'est dans les derniers mois de la guerre que les déportés ont le plus souffert. L'apocalypse était générale et le typhus sévissait à l'état latent ou patent. Les charniers de Bergen-Belsen sont des charniers de typhiques. Dès 1942, le camp d'Auschwitz avait été ravagé par une violente épidémie de typhus dont on sait qu'elle a provoqué des morts jusque chez les médecins, les officiers, les soldats allemands et leurs familles (car, bien souvent, pour les médecins et les officiers, ils avaient leur famille dans cet ensemble de villes et de villages et d'usines et de mines et d'exploitations agricoles, etc., qu'on a pris l'habitude d'appeler Auschwitz). La pièce n° 4 du document de Nuremberg PS-4025 (mars-avril 1942) est ainsi résumée par l'organisme américain de poursuite des criminels de guerre :

Note exposant que Hitler avait l'intention de repousser à l'après-guerre la solution du problème juif.

Cette note, terriblement encombrante pour la thèse du « génocide » devait disparaître des Archives nationales américaines. L'historien britannique D. Irving devait la retrouver il y a quelques années. Il s'agissait d'un mémorandum de routine envoyé par le Dr Schlegelberger, secrétaire d'État au ministère de la Justice. En voici le contenu :

> « M. le Ministre du Reich Lammers m'a fait part de ce que le Führer a déclaré à plusieurs reprises en sa présence qu'il voulait voir repousser à l'après-guerre la solution de la question juive. En conséquence, les considérations présentes ont, selon Monsieur le Ministre du Reich Lammers, une valeur simplement théorique. Mais il veillera dans tous les cas à ce que des décisions de fond ne soient pas rendues sans sa connaissance à la suite d'un rapport inattendu d'une autre instance. »

Il n'est pas sans intérêt de savoir que ce document n'est pas répertorié par la bibliographie de Jacob Robinson et de Henry Sachs, *The Holocaust. The Nuremberg Evidence. Part One : Documents.* Il n'apparaît ni sous la cote PS4025, ni sous la cote PS-4055. Tous les spécialistes de l'ère nazie utilisent cette bibliographie comme un ouvrage de référence obligatoire, comme une bible en quelque sorte. Le 24 juillet 1942, dans un cercle restreint de familiers, Hitler, rappelant que « les juifs

[lui] avaient déclaré la guerre » par l'intermédiaire de Chaïm Weizmann (car c'est toujours l'adversaire qui porte, bien entendu, la responsabilité de la guerre), dit qu'*après la guerre* il détruira leurs villes les unes après les autres et il précise qu'il le fera « …si ces ordures de juifs ne décampent pas et s'ils n'émigrent pas vers Madagascar ou vers quelque autre foyer national juif ». Le plan de Madagascar avait été envisagé par les sionistes, par les Français et par les Allemands déjà avant la guerre. En plein conflit, Hitler, nous le savons par bien d'autres sources, n'envisageait pas plus de régler la question juive qu'il ne voulait, en Union soviétique occupée par ses troupes, réformer le système communiste de production ou de propriété.

Le grand public l'ignore, mais les spécialistes le savent bien, le chiffre de six millions de morts juives n'a jamais été qu'un chiffre de propagande ou, comme l'a pudiquement reconnu le D_r Broszat susmentionné, « un chiffre symbolique ».[300] On pourrait déterminer le chiffre réel ; on en a les moyens grâce au Service international de recherches d'Arolsen (organisme situé en RFA mais dépendant du Comité international de la Croix-Rouge de Genève), mais on se garde bien d'utiliser ces moyens. Quelquefois – c'est le cas pour la France – l'organisme officiellement chargé de déterminer le nombre réel des déportés résistants ou raciaux travaille pendant vingt ans à la question, puis, en possession des chiffres, s'abstient de les publier par crainte d'incidents avec certaines associations de déportés. Notre Comité d'histoire de la deuxième guerre mondiale, office directement rattaché au premier ministre, faisait cet aveu dans son bulletin confidentiel à la fin de 1973. J'ai pu entrer en possession de ces chiffres et je les ai récemment publiés.[301] Ils sont déroutants pour tous ceux qui défendent la thèse d'une extermination des juifs.

La phrase de soixante mots

La partie adverse me fait grief d'avoir prononcé sur les antennes de radio *Europe-n° 1* une phrase qui résumait en soixante mots le résultat de mes recherches historiques. J'avais fait précéder cette phrase de l'avertissement suivant : « Pas un de ces mots ne m'est dicté par une sympathie ou une antipathie politique. » Voici cette phrase :

> « Les prétendues chambres à gaz hitlériennes et le prétendu génocide des juifs forment un seul et même mensonge historique,

---

[300] « *Eine symbolische Zahl* », Procès contre Erwin Schönborn, Francfort, 3 mai 1979, 50 Js 12 828-78 919.
[301] R. Faurisson, *Réponse à Pierre Vidal-Naquet*, p. 31.

qui a permis une gigantesque escroquerie politico-financière dont les principaux bénéficiaires sont l'État d'Israël et le sionisme international et dont les principales victimes sont le peuple allemand – *mais non pas ses dirigeants* – et le peuple palestinien *tout entier*. »

Les sept mots que j'ai soulignés sont souvent omis dans l'intention de faire disparaître la distinction que j'opère entre, d'une part, les dirigeants de la RFA et, d'autre part, le peuple allemand. Le grand public ignore, en effet, la formidable répression exercée en RFA contre tout auteur révisionniste et on tient à le laisser dans cette ignorance.

La fable des chambres à gaz homicides et la fable du génocide sont intimement liées l'une à l'autre. Le génocide aurait été un crime exceptionnel et les chambres à gaz auraient été l'arme exceptionnelle de ce crime exceptionnel.

Le crime et l'arme du crime ne sauraient se concevoir l'un sans l'autre. Lorsque je parle d'un seul et même mensonge historique, c'est pour faire allusion à cent autres mensonges de l'Histoire qu'il s'agit toujours, pour un esprit qui entend rester libre, de débusquer et de dénoncer.

Pour ce qui est de la « gigantesque escroquerie politico-financière », elle est celle d'un Nahum Goldmann face au chancelier Adenauer dans ses efforts pour obtenir la conclusion des accords dits de Luxembourg (10 septembre 1952) ; cette escroquerie est exposée de façon circonstanciée aux pages 198 et 199 de *Vérité historique ou vérité politique ?* ainsi qu'à la note 61 de la page 212. Il faut lire la longue et suffocante interview de N. Goldmann parue dans la livraison n° 624 du *Nouvel Observateur*[302] ; rarement a-t-on vu exposer avec un pareil cynisme le récit d'une escroquerie politico-financière où Ben Gourion a eu aussi sa part. Par ailleurs, N. Goldmann ne cache pas que les colossales « réparations » obtenues du chancelier allemand « constituent une innovation extraordinaire en matière de droit international ». Il confirme cyniquement que le chancelier allemand a dû prendre en la circonstance une décision personnelle qui était *contraire* à la constitution allemande. N. Goldmann et Ben Gourion ont dicté *expressis verbis* la lettre d'acceptation signée de Konrad Adenauer. N. Goldmann a obtenu en 1950 d'une Allemagne se relevant tout juste de la famine la promesse d'un versement de quatre-vingts milliards de marks, soit une somme, nous confie-t-il, de dix à quatorze fois supérieure aux sommes qu'au tout

---

[302] [N. Goldmann], « Nahum Goldmann : au nom d'Israël ».

début de l'opération on s'apprêtait à demander à l'Allemagne de l'Ouest. N. Goldmann déclarait en 1976 :

> « Sans les réparations allemandes [...], Israël n'aurait pas la moitié de son infrastructure actuelle : tous les trains en Israël sont allemands, les bateaux sont allemands, ainsi que l'électricité, une grande partie de l'industrie... sans même parler des pensions individuelles versées aux survivants [...]. Certaines années, les sommes d'argent qu'Israël recevait d'Allemagne dépassaient le montant des collectes du *judaïsme international* – les multipliant par deux ou par trois. Aujourd'hui plus personne n'est contre ce principe : même certains membres du Hérouth [parti nationaliste israélien, fondé en 1948 par Menahem Begin] perçoivent les réparations. »

Dans ces « négociations », N. Goldmann et Ben Gourion avaient une arme, celle dite des Six Millions. La création de l'État d'Israël et les réparations obtenues de l'Allemagne forment avec les Six Millions un ensemble. Dans la même interview, N. Goldmann affirme avoir dit à Ben Gourion : « Nous avons connu de terribles défaites ; six millions de juifs ont été exterminés. Mais nous avons aussi remporté deux immenses succès historiques : la création de État d'Israël et les réparations obtenues de l'Allemagne. » C'est dire l'importance de ces réparations.

Dans ma phrase de soixante mots j'ai employé l'expression de « sionisme international ». La partie adverse me l'a reprochée comme si cette expression appartenait au vocabulaire de l'antisémitisme. Loin d'être ici une formule vague du langage antijuif et de désigner on ne sait trop quelle fumeuse conjuration, cette expression n'est que la traduction de « World Zionism », le même Nahum Goldmann ayant d'ailleurs été le président de deux grandes organisations *sionistes :* la WZO (*World Zionist Organization*) et le WJC *(World Jewish Congress :* parlement juif mondial, qui s'est toujours dit « sioniste »). D'ailleurs, ainsi qu'on l'a vu ci-dessus par les deux mots que j'ai soulignés, N. Goldmann, qui parlait un excellent français, utilisait, lui, dans cette interview, l'expression de « judaïsme international ». Cette expression est trompeuse puisque beaucoup de juifs non sionistes estiment qu'ils n'ont rien à voir avec le WJC ou avec N. Goldmann et ses successeurs.

Pour ce qui est de la distinction opérée entre, d'une part, le peuple allemand victime du mensonge et, d'autre part, ses dirigeants qui n'en sont pas les victimes, cette distinction est expliquée à la page196 de *Vérité historique ou vérité politique ?* En effet, depuis 1945, l'Allemagne, amputée d'un tiers de son territoire, scindée en deux États, occupée par quatre armées, est dirigée par des hommes politiques qui, on peut le supposer, sont bien obligés de faire passer les contingences politiques avant le souci, propre au chercheur, de la vérité historique. Apparemment la survie de ces deux États respectifs exige que l'Allemagne de l'Est fasse entendre la voix de ses libérateurs de l'Est et que l'Allemagne de l'Ouest fasse entendre la voix de ses libérateurs de l'Ouest. Dans le camp des démocraties occidentales, les responsables de l'Allemagne de l'Ouest se signalent par une répression déterminée contre le nombre croissant des auteurs révisionnistes. Quiconque y soutient l'argumentation révisionniste est poursuivi en justice pour être condamné, selon les cas, à des peines de prison, à de lourdes amendes, à l'inscription de ses livres à l'Index (*Indizierung*) des ouvrages dangereux pour la jeunesse, à la saisie des ouvrages et même à la fonte des plombs de composition. Pour s'en tenir au seul cas du Dᵣ Stäglich, cet ancien magistrat, auteur d'un ouvrage important sur *Le Mythe d'Auschwitz*, a vu la saisie de son livre, a été condamné à de lourdes amendes, a eu le montant de sa retraite amputé d'un cinquième pendant cinq ans et, actuellement, fait l'objet d'une procédure de retrait de son grade de docteur en droit de la part du Conseil des doyens de l'université de Göttingen. Ce grade obtenu en 1951 doit lui être retiré au nom d'une loi de 1939 signée du chancelier Hitler. Quant à J. G. Burg, de nationalité allemande et juif pratiquant, il est l'auteur de plusieurs écrits révisionnistes dont *Majdanek in alle Ewigkeit ?* (« Majdanek jusqu'à la fin des temps ? ») et se voit pour cela menacé d'internement dans un asile psychiatrique.

Dans ma phrase de soixante mots, je n'ai pas précisé quels étaient les bénéficiaires « non principaux » du mensonge historique, mais je suis prêt à le faire ici en disant qu'il s'agit de l'ensemble des vainqueurs de la seconde guerre mondiale ; en effet, si les chambres à gaz homicides n'ont pas existé, le « crime de guerre » par excellence pourrait être Dresde ou Hiroshima ou Katyn ou la déportation des minorités allemandes de l'Est européen ou la livraison, après la guerre, de centaines de milliers de Russes aux maîtres du Kremlin (« Opération Keelhaul » menée par les Britanniques) ou le commencement d'exécution du plan Morgenthau par les Américains.

Je n'ai pas non plus précisé quelles étaient à mes yeux les victimes « non principales » du mensonge historique, mais je suis prêt à le faire ici en disant qu'il s'agit, par exemple, du Vatican – en particulier, de Pie XII, et du Comité international de la Croix-Rouge. Tous deux sont encore aujourd'hui accusés de n'avoir pas vu ni dénoncé l'existence des chambres à gaz homicides alors que l'un et l'autre étaient admirablement renseignés sur ce qui se passait en Europe et tout particulièrement en

Pologne, pays avec lequel le Saint-Siège conservait les liens les plus étroits et pays où la Croix-Rouge internationale avait pu mener des enquêtes. À ce propos, il convient de remarquer précisément que, si le Vatican et le CICR, très bien renseignés sur la Pologne, n'ont parlé ni de chambres à gaz homicides, ni d'extermination systématique des juifs, c'est tout simplement qu'ils voyaient bien que ces bobards de guerre n'étaient que des bobards de guerre. Pie XII n'en a fait mention ni du temps de l'occupation de Rome par les Allemands, ni après la libération de Rome. Il avait d'excellentes et simples raisons de n'en pas faire mention : c'est que ces horreurs avaient été inventées dans l'exacerbation d'une guerre déjà suffisamment riche d'horreurs réelles, de part et d'autre, sans qu'on aille en ajouter de pires encore. Comment peut-on imaginer un instant que serait passé inaperçu un massacre qui, à l'échelle du temps, aurait duré trois ou quatre ans, qui, à l'échelle de la géographie, aurait intéressé tout un continent et qui, à l'échelle du nombre des victimes, aurait touché des millions de gens ? Même les conjurés allemands du 20 juillet 1944 n'en ont pas fait mention, même les juifs déportés vers Auschwitz ou d'autres camps ne croyaient pas au bien-fondé de ces rumeurs.[303] Menahem Begin reproche aux Alliés de n'avoir jamais dénoncé l'Holocauste au moment où il se produisait et de n'avoir rien entrepris pour le faire cesser, mais qui pourrait croire que Churchill, Roosevelt, Staline et tous les gouvernements en exil à Londres auraient *su* que se produisait cette abomination et auraient, sans se concerter, décidé de n'en rien dire ? Qui ne voit que, si ce crime gigantesque avait été perpétré par les Allemands, l'annonce de cette nouvelle au monde entier aurait constitué pour les Alliés la plus formidable des armes psychologiques ?

Parmi les victimes « non principales » du mensonge, je nommerais les jeunes générations juives. À leur manière elles ne peuvent que souffrir de cette religion ténébreuse et aberrante de l'Holocauste. Cette religion donne naissance à tout un monde de phénomènes du genre de la « victimologie » avec ses congrès et ses symposiums internationaux en Israël, en Allemagne de l'Ouest, aux États-Unis[304], à la création de « chaires universitaires d'Holocauste », détenues par des « docteurs en Holocauste », à des cours d'Holocauste dans les écoles primaires et secondaires des États-Unis, accompagnés de traumatisantes « expériences en Holocauste ». Du point de vue de l'histoire de la communauté juive mondiale, la dernière guerre a été tragique, non pas dans le sens qu'il y aurait eu une EXTERMINATION spécifique du peuple juif européen mais dans le sens qu'il s'est effectivement produit

---

[303] Voy. G. Wellers, *L'Étoile jaune à l'heure de Vichy…*, chapitre 1.
[304] Voy. L. Sebba, « The Reparations Agreements: A New Perspective ».

une DISSOLUTION de la communauté juive européenne. Les guerres ne freinent pas le progrès scientifique ; au contraire, elles accélèrent ce progrès ; de la même façon, elles accélèrent tragiquement certains processus de transformation sociale. Depuis des siècles, il se faisait dans la communauté juive mondiale un mouvement géographique de translation de l'Est vers l'Ouest. Ce mouvement se faisait de la Russie ou de l'Ukraine vers la Pologne ; puis, de la Pologne – longtemps lieu privilégié et terre d'asile – vers l'Allemagne ; de l'Allemagne vers l'extrémité occidentale de l'Europe ; de l'Europe vers l'Amérique (États-Unis, Canada, Argentine…) ; on constate qu'aujourd'hui la communauté juive américaine, après s'être principalement concentrée sur la côte est des États-Unis, se transfère de manière sensible vers la côte ouest : Los Angeles et la Californie sont en passe de devenir la nouvelle terre promise. Dès avant la dernière guerre, le mouvement de translation d'est en ouest de la communauté juive européenne était si irrésistible qu'un grand nombre de juifs polonais quittaient la Pologne pour venir s'établir dans l'Allemagne de Hitler ; celle-ci prenait alors des mesures de refoulement *(Zurückdrängung nach Osten)* à l'égard des juifs à passeports polonais.

Les parents du jeune Herszl Grynspan furent ainsi refoulés. À Paris, Grynspan assassina Ernst vom Rath, conseiller de légation à l'ambassade d'Allemagne. En réaction à cet assassinat se produisit la « Nuit de Cristal » et, contre les juifs vivant en Allemagne, de nouvelles répressions. Il est tout à fait contraire à la vérité d'affirmer qu'à la fin de la guerre il n'existait pour ainsi dire plus de juifs en Pologne. En l'absence de tout recensement leur nombre ne peut être déterminé, mais même des auteurs exterminationnistes comme Raul Hilberg font état d'un très important mouvement de migration des juifs polonais vers les zones d'occupation britannique ou américaine en Allemagne.[305] Vers 1968, le mouvement de migration reprenait avec force. Quant aux juifs d'Union soviétique, ils émigrent encore aujourd'hui principalement vers les États-Unis, via l'Autriche. Considérées par rapport à ce profond mouvement d'est en ouest, la création même de l'État d'Israël et la migration déjà presque tarie vers ce nouvel État apparaissent comme un phénomène historique qui semble à la fois précaire et pathétique. De profonds changements sociologiques et politiques accélérés par la guerre ou provoqués par elle font qu'aujourd'hui certains systèmes de vie propres à la communauté juive polonaise ne se trouvent plus à Varsovie ou du côté des Carpathes mais, par exemple, dans les faubourgs de New York, de Chicago ou de Los Angeles. Comme l'écrit Jacques Madaule, « […]

---

[305] R. Hilberg, *The Destruction of the European Jews*, 1979, p. 728.

si Sighet, au fond des Carpathes, est morte à jamais, tous les lecteurs d'Élie Wiesel le savent bien, elle revit dans les faubourgs de New York, où les *hassidim* se sont regroupés autour de leurs rabbis. »[306]

L'auteur anglais George Orwell (1903-1950) est de nos jours souvent cité pour avoir écrit une œuvre d'anticipation intitulée *1984*. Avec raison on le présente comme un type d'esprit libre, anxieux devant l'avenir réservé à la liberté de l'esprit. Ce que l'on ne sait guère à son propos, c'est qu'il fut probablement le premier auteur révisionniste de notre après-guerre. Dès la fin de la guerre, dès le mois de mai 1945, il posa comme un fait établi qu'il y avait eu une « extermination des juifs allemands et polonais », mais poursuivant sa réflexion sur la force des moyens de propagande et sur les altérations les plus grossières de la vérité objective, il écrivait qu'il est difficile de croire que les gens sont tout simplement en train de mentir quand ils forgent l'Histoire à leur goût. Il disait : « On peut souvent nourrir un doute sérieux à propos des événements les plus énormes ». Et, parmi un certain nombre de questions qu'il se posait, figurait celle-ci :

> « Est-ce vrai ce qu'on dit des fours à gaz allemands en Pologne ? »[307]

Par cette simple question, traduisant ce que les Anglais appellent « *a genuine doubt* », George Orwell, partant d'une affirmation exterminationniste et posant ensuite une question de sens révisionniste, esquissait le chemin qu'après lui les principaux auteurs de l'école révisionniste ont tous eu à parcourir, ce chemin qui, de la foi, mène au doute. Pour ma part, je ne cherche pas à triompher ou à faire triompher une thèse ; je revendique le droit de m'exprimer, de discuter, de critiquer, de chercher. Je ne connais pas pour un chercheur de bonnes raisons de ne pas révéler le sujet de ses recherches historiques. Si les chambres à gaz homicides de Hitler n'ont pas existé, ne pas le dire, c'est participer à un mensonge. Pour reprendre le mot de Soljenitsyne, je ne veux pas croire que « ce qui est exigé de nous, c'est d'obéir au mensonge, c'est de participer chaque jour au mensonge ».[308]

Je ne livre pas de combat. Je travaille d'abord, je publie ensuite ; enfin, si je viens à me battre, c'est pour qu'on ne déforme pas mon travail. Où voit-on que je me fasse l'apologiste de Hitler ? Où ai-je avancé qu'il n'y avait pas eu de victimes raciales de la politique hitlérienne ? Où aurais-je présenté l'histoire des chambres à gaz et du génocide comme une

---

[306] À propos de *Paroles d'étranger* d'Élie Wiesel, *Le Monde*, 24 décembre 1982, p. 11.
[307] G. Orwell, *Notes sur le nationalisme*, p. 21.
[308] *Le Monde*, 4 février 1978, p. 2.

invention de comploteurs cherchant à monter de toutes pièces une vaste escroquerie politico-financière ? J'ai esquissé l'histoire de ce qui, dans le temps, a pris la forme d'une rumeur parmi bien d'autres, née à la fois d'une peur et d'une haine qui ne sont que trop normales en temps de guerre ; cette rumeur entretenue à petit feu dans des officines sionistes de Berne et de Genève parmi cent autres rumeurs (camions à gaz, wagons à gaz, électrocutions, pompes à vide, ébouillantement, usines à savon, etc.) a été répercutée à Washington par des sionistes du type du rabbin Stephen Wise, président du *World Jewish Congress* ; il a fallu attendre novembre 1944 pour qu'elle accède, par les soins du *War Refugee Board,* au statut de vérité officieuse. Elle n'a commencé d'apparaître comme une sorte de vérité officielle qu'à l'extrême fin de la guerre avec la révélation au monde, stupéfait et écœuré, du charnier des typhiques de Bergen-Belsen. Pendant longtemps elle a connu une singulière ubiquité ; elle était partout ; la magique chambre à gaz homicide, capable de défier toutes les lois de la physique et de la chimie, se trouvait partout où il y avait eu soit des fours crématoires, soit des chambres à gaz de désinfection. Dans la saga de la déportation, tout déporté survivant était censé avoir échappé à la chambre à gaz, principalement les déportés juifs ; puis, le temps passant, le récit s'est transformé et, comme l'a dit l'historienne juive française Olga Wormser-Migot, la chambre à gaz est devenue une sorte de privilège juif que les non-juifs ont essayé de revendiquer aussi pour eux-mêmes ; mais sans succès. Aujourd'hui nombreux sont les juifs qui s'émeuvent de l'emploi politique que Menahem Begin fait de l'Holocauste et des chambres à gaz. Ils vont jusqu'à lui faire le reproche de tirer des chèques en blanc sur l'Holocauste. Ainsi d'immenses souffrances vraies d'un peuple qui, pendant la dernière guerre, a probablement pâti autant que, chacun de son côté, le peuple allemand, le peuple polonais, le peuple russe, le peuple japonais et – on l'oublie toujours – le peuple chinois, se trouvent aujourd'hui converties en argent et en politique pour le profit de quelques-uns. Dans cette affaire, on compte en définitive très peu de menteurs et une masse innombrable de victimes d'un énorme mensonge historique.

L'homme a évidemment besoin de mensonge ; comme l'a dit Anatole France, on peut vouloir aimer la vérité mais il faut bien convenir que sans le mensonge l'humanité périrait de désespoir ou d'ennui. À ce titre, le mensonge des chambres à gaz, peu intéressant en lui-même, offre au sociologue, au psychologue, au psychanalyste, à l'historien, au moraliste, au spécialiste des croyances religieuses et des sectes, des tabous et des rites d'une société qui se croit laïque, un champ d'investigation aussi intéressant que l'histoire de la sorcellerie, une histoire, rappelons-le, qui s'est développée non pas au Moyen Âge, comme on l'entend dire trop souvent mais dans cette période de crise intellectuelle intense qu'a été l'époque de la Renaissance et de la Réforme. Le procès de Galilée remonte à la fin de cette période.

Paul Rassinier est le plus célèbre des auteurs révisionnistes français. Il est connu pour avoir écrit *Le Mensonge d'Ulysse :* Ulysse a connu cent épreuves mais, revenu chez lui, il en a raconté mille. P. Rassinier a écrit *Ulysse trahi par les siens :* il suffit d'écouter les divers récits de ses compagnons d'infortune pour voir qu'Ulysse est un fabulateur qui prétend avoir vu des êtres et des choses qui n'ont pas pu exister. P. Rassinier a aussi écrit *Le Véritable Procès Eichmann ou Les Vainqueurs incorrigibles :* les vainqueurs ne se lassant pas d'instruire le procès des vaincus ne font qu'accumuler les preuves de leurs propres mensonges, surtout en ce qui concerne les prétendues chambres à gaz homicides et le prétendu génocide des juifs. Il a écrit *Le Drame des juifs européens :* au-delà du drame de la guerre, les juifs vivent un autre drame : on a menti à leur propos et cela commence à se savoir. Il a écrit *L'Opération « Vicaire ». Le rôle de Pie XII devant l'Histoire :* un auteur allemand a fait jouer une pièce intitulée *Le Vicaire ;* dans cette œuvre il accuse le Vicaire du Christ d'avoir été mis au courant de l'extermination des juifs par l'intermédiaire du SS Kurt Gerstein et, à travers le monde entier, cette pièce a été reprise, ainsi que l'accusation sur laquelle elle était bâtie, de sorte qu'on a assisté à une véritable opération politique contre le Saint-Siège ; or, Rassinier le démontre magistralement, les « confessions » du SS Gerstein sont un tissu d'insanités ; donc la base même de l'opération s'effondre ; Rassinier publiait ce livre en 1965 aux éditions de la Table Ronde ; en 1983, une thèse universitaire française va apporter une éclatante confirmation de ses arguments.[309]

P. Rassinier était un homme de gauche. Il avait été l'un des responsables du réseau de résistance « Libé-Nord ». Arrêté et torturé par le service de sécurité allemand, il avait été déporté à Buchenwald et à Dora. De retour en France, invalide à cent pour cent plus cinq degrés, il reprit un instant la lutte politique et il fut député de la deuxième assemblée constituante. À partir de 1950 il entreprit sa quête de la vérité sur les camps de concentration allemands. Son œuvre, vilipendée en particulier par les communistes mais non par un résistant comme Edmond Michelet, lui valut les attaques habituelles dès lors qu'on porte atteinte à certains tabous. Des associations s'efforcèrent sans succès d'entraîner les tribunaux français dans une condamnation des thèses historiques de P. Rassinier. Jusqu'à sa mort, en 1967, P. Rassinier, sa femme et son fils connurent une existence très difficile. Or, aujourd'hui, on commence à

---

[309] Cette thèse a été soutenue en 1985 par H. Roques et a provoqué « l'affaire Roques ». [N.d.é]

rendre hommage à sa valeur, même dans les rangs de ceux qui le bafouaient. Eugen Kogon faisait partie des auteurs qui, sur les camps de concentration allemands, défendaient la thèse des chambres à gaz. Le 5 mai 1960, P. Rassinier lui écrivait :

> « Il ne vous échappera peut-être pas que, si l'idée a pu venir à l'esprit d'un Pape de faire trancher un problème scientifique par des juristes, quatre siècles ont tout de même passé depuis, et qu'aujourd'hui aucun homme vraiment cultivé n'aurait celle de soumettre à ceux de notre temps un problème historique. »

Pour ma part, depuis le début de l'année 1979, je suis l'objet de procès en cascade de la part de la LICRA et de toutes sortes d'associations. Celles-ci souhaitaient me faire condamner en justice pour « dommage » par « falsification de l'Histoire ». Au cours des procès et des années, elles se sont rendu compte que c'était trop demander. Elles ont trouvé un biais : elles se contenteraient aujourd'hui d'une condamnation pour « imprudence » ou pour tel autre motif du même genre ; puis, sans vergogne, elles feraient ce qu'elles ont fait à Rassinier et ce qu'elles m'ont fait à moi-même jusqu'ici dans la presse ; elles répandraient partout que le faussaire Faurisson ou le falsificateur Faurisson a été condamné. Le *Jewish Chronicle* de Londres ne répand-il pas déjà à travers le monde que Faurisson a été condamné par les tribunaux français pour, entre autres motifs, « falsification de l'Histoire » ? Cette condamnation est présentée comme un modèle à suivre par la Justice britannique à l'endroit des révisionnistes britanniques. En France, ces associations ont pu croire, de bonne foi, que je soutenais une thèse mensongère et facile à réfuter. Elles ont pu le croire en 1979 mais, aujourd'hui, au terme de quatre années de réflexion et d'expériences diverses, elles ne peuvent plus entretenir d'illusions.

Deux personnes portent la responsabilité des imprudences de la LICRA et tous autres : Pierre Vidal-Naquet, historien de l'Antiquité, et Georges Wellers, biologiste (?). À la fin de 1978 et au début de 1979, ces deux personnes, aidées de Léon Poliakov, avaient lancé une violente campagne, dans *Le Monde* notamment, à la suite de la parution de mon article sur « La rumeur d'Auschwitz » (29 décembre 1978). Le même jour G. Wellers avait tenté de me donner la réplique. Mon texte en droit de réponse du 16 janvier 1979 rouvrait la question. G. Wellers répondait. À sa réponse très faiblement argumentée, je répliquais par un texte que *Le Monde* refusait d'insérer. Là commençaient les méprises de la LICRA. Ne connaissant pas ma réplique, elle s'imaginait que G. Wellers avait montré que j'avais faussé le sens d'un témoignage : celui du médecin d'Auschwitz, Johann-Paul Kremer. Dans leur assignation, la LICRA et tous autres ne formulaient que des accusations vagues ; sur un seul point l'accusation se faisait précise : j'avais, paraît-il, faussé le témoignage du D_r J.-P. Kremer. Dans un *Mémoire en défense contre ceux qui m'accusent de falsifier l'Histoire,* je montrais, en me référant au texte allemand du journal de ce médecin, qu'une véritable tradition falsificatrice lui avait fait dire ce qu'il n'avait jamais dit. Je prouvais également que les aveux du médecin à la justice polono-communiste étaient absurdes. À l'époque de la rédaction de ce mémoire je ne savais pas encore que les autorités du musée d'Auschwitz possédaient la preuve que, de retour en Allemagne, le médecin avait rétracté ses aveux et avait protesté contre le traitement dont il avait été l'objet de la part de la justice polonaise. P. Vidal-Naquet et L. Poliakov, de leur côté, avaient pris l'initiative de faire circuler une pétition qui se terminait en ces termes :

> « Il ne faut pas se demander comment **techniquement** un tel meurtre de masse a été possible. Il a été possible techniquement puisqu'il a eu lieu. Tel est le point de départ obligé de toute enquête historique sur ce sujet. Cette vérité, il nous appartenait de la rappeler simplement : il n'y a pas, il ne peut y avoir de débat sur l'existence des chambres à gaz. »

Cette déclaration devait paraître dans *Le Monde* du 21 février 1979 ; trente-quatre historiens la signaient ; pas un de ces historiens n'était un spécialiste de l'histoire des camps de concentration, ni même de la période considérée. René Rémond, membre du Comité d'histoire de la deuxième guerre mondiale et responsable de la section chargée de l'histoire de la déportation, refusait sa signature. Henri Michel, président du même comité, ne signait pas non plus. Logiquement, il ne devait pas y avoir de débat sur l'existence des chambres à gaz. En réalité, tout en faisant signer cette déclaration, P. Vidal-Naquet incitait ses collègues à se mettre au travail sur le sujet et, lui-même, il allait donner l'exemple. Dix-neuf mois plus tard, il publiait dans la revue *Esprit* une étude intitulée : « Un Eichmann de papier ». Cette étude allait être reprise dans un livre intitulé *Les juifs, la mémoire et le présent.* À la page 196 de ce livre on pouvait lire : « Bon nombre d'historiens ont signé la déclaration publiée dans *Le Monde* du 21 février 1979, très peu se sont mis au travail, une des rares exceptions étant F. Delpech. » En réalité, F. Delpech avait été le seul des signataires à publier un article ; il l'avait intitulé « La persécution nazie et l'attitude de Vichy » et l'avait publié dans la revue

Historiens et géographes[310] : il s'agissait de la reprise, développée, d'un article qu'il avait fait paraître dans *Le Monde* du 8 mars 1979. Continuant son œuvre, P. Vidal-Naquet multipliait à tous les échos, en France et à l'étranger, des déclarations sur l'entreprise de falsification de l'Histoire que constituait à ses yeux le travail des révisionnistes. On pouvait s'étonner de voir déployer tant d'efforts sur le sujet des chambres à gaz, un problème qui « ne se posait même pas » à propos d'une réalité historique sur laquelle on possédait, par ailleurs, une « abondance de preuves » (titre de l'un des articles de G. Wellers). Plus étonnante encore était l'initiative de provoquer une rencontre internationale sur le sujet (on voudra bien se reporter à ce que j'ai dit ci-dessus du colloque de Paris, 29 juin–2 juillet 1982, strictement réservé aux auteurs exterminationnistes et qui devait se clore sur une débâcle : celle de la conférence de presse finale). Mais, par-dessus tout, P. Vidal-Naquet allait fournir involontairement la preuve... qu'on ne possédait pas de preuve de l'existence des chambres à gaz ou des camions à gaz homicides. En effet, le 21 avril 1982 allait être fondée à Paris une association appelée l'ASSAG : Association pour l'étude des assassinats par gaz sous le régime national-socialiste. Cette association se propose pour objet de :

> « rechercher et contrôler les *éléments apportant la preuve* de l'utilisation des gaz toxiques par les responsables du régime national-socialiste en Europe pour tuer les personnes de différentes nationalités ; – contribuer à la publication de ces *éléments de preuve ;* – prendre à cet effet tous les contacts utiles au plan national et international. »

J'ai souligné les mots éléments apportant la preuve et éléments de preuve... et – je cite le texte – « la durée de l'Association est limitée à la réalisation de son objet énoncé à l'art. 1 ». P. Vidal-Naquet et G. Wellers font partie des membres fondateurs de cette association dont la seule existence serait inconcevable si nous possédions ne serait-ce qu'une seule preuve de la réalité de l'« utilisation des gaz toxiques par les responsables du régime national-socialiste en Europe pour tuer (d)es gens de différentes nationalités. »

R. Faurisson

Résumé des trois annexes

---

[310] *Historiens et géographes,* mai-juin 1979, p. 591-635.

Annexe 1 :

Attestation de William Skyvington au sujet de la conférence de presse tenue par les professeurs Raymond Aron et François Furet le 2 juillet 1982 à la fin du colloque international sur « Le national-socialisme et les juifs » :

1. Malgré les recherches les plus érudites on n'a pas trouvé de preuve que Hitler ait ordonné l'extermination des juifs ; on n'a pas non plus trouvé de preuve d'une activité personnelle de Hitler.

2. Les deux professeurs se déclarent, à titre personnel, contre les procès intentés (au professeur Faurisson) : « ...Je suis contre les procès de cet ordre... je trouve ça absurde... enfin, ce n'est pas à un tribunal de trancher... je trouve absurde que les organisations juives fassent des, des... (inaudible)... je suis entièrement contre... je n'aime pas les procès de sorcellerie... »

Annexe 2 :

Remarques du professeur Faurisson sur l'Exposition de la déportation (19331945), esplanade du Trocadéro (avril-mai 1982) et, en N.B., sur le livre de G. Wellers : *Les Chambres à gaz ont existé, :*

Pas une photographie représentant une chambre à gaz homicide, pas même une photographie des prétendues chambres à gaz homicides que visitent les touristes d'Auschwitz, de Majdanek, de Mauthausen, de Hartheim (celle du Struthof est fermée à toute visite depuis le débat ouvert dans Le Monde *et* Libération *fin 1978-début 1979).*

Annexe 3 :

Mise en garde contre le texte du Recueil Dalloz Sirey :

J'ai chargé mon avocat de poursuivre la société éditrice du Dalloz-Sirey pour avoir gravement dénaturé le texte et le sens du jugement du 8 juillet 1981.

Texte de l'annexe 1

William Skyvington [demeurant à] Paris :

Je soussigné, William John Skyvington, né le 24 septembre 1940 à Grafton (Australie), de nationalité australienne, ingénieur indépendant en informatique, domicilié [à] Paris, ayant assisté à la conférence de presse tenue par MM. les professeurs Raymond Aron et Franois Furet dans les locaux de la Maison des Sciences de l'Homme, le 2 juillet 1982 à 18 h 30, à l'issue du colloque « Le national-socialisme et les juifs », déclare avoir procédé à l'enregistrement sonore sur cassette magnétique de la totalité de cette conférence de presse, en accord avec les organisateurs, et d'une manière parfaitement visible, de sorte qu'aucun interlocuteur ne pouvait ignorer le fait que j'enregistrais ses paroles.

Cet enregistrement devait constituer un élément intéressant dans le dossier que je prépare depuis quelque temps sur ce que l'on appelle parfois l'« affaire Faurisson » et ses rapports avec la liberté de l'expression en France, sujet dont je pensais me servir éventuellement pour rédiger un ouvrage en langue anglaise.

Je certifie que les textes suivants constituent une transcription rigoureuse de trois extraits de cet enregistrement, que je tiens par ailleurs à la disposition du tribunal. Je n'ai effectué aucune coupure volontaire de mots à l'intérieur de ces trois passages.

Premier extrait

Raymond Aron : « [...] l'incertitude tient que, pour les historiens, on a besoin de documents d'archives, ou de preuves. Si on fait simplement du raisonnement, disons, du type compréhensif... (Silence.) Si on dit : « Étant donné sa nature, ses propos, sa doctrine, il est tout à fait compréhensible qu'il ait fait ceci ou cela... » Bon, c'est ce qu'on fait quand on n'a pas de documents. Mais quand il y a des historiens qui disent : « Bien sûr que c'est compréhensible à partir d'une certaine représentation de Hitler... » (Silence.) Mais ils n'ont pas les preuves, et ils ont... (Silence.) Tout le monde a cherché, mais on a constaté que l'on n'a pas trouvé ce que l'on cherchait ; et que, d'autre part, dans le déroulement, on n'a pas trouvé l'activité personnelle de Hitler. »

Second extrait

Un journaliste : Et donc aujourd'hui, après ce colloque, après les travaux qu'ont faits tous les historiens qui étaient là, on peut considérer comme un fait certain que la décision de la solution finale a été prise ? Et par Hitler personnellement ?

Raymond Aron : Non.

François Furet : Non, je ne dirais pas ça.

Raymond Aron : Non. On pourrait dire que c'est le plus probable, mais en fonction de raisonnements. Mais ce n'est pas démontré par les recherches les plus érudites.

Troisième extrait

Un journaliste : Est-ce que vous estimez judicieux qu'il y ait eu des procès devant la justice ?

Raymond Aron : Le colloque n'a rien dit. Moi, à titre personnel, je suis contre les procès de cet ordre.

François Furet : Je trouve ça absurde. Enfin, ce n'est pas à un tribunal de trancher.

Raymond Aron : Je trouve absurde que les organisations juives fassent des, des… (inaudible).

Interlocuteur : On n'en a pas discuté.

Raymond Aron : On n'en a pas discuté. Mais… C'est en dehors du colloque, à titre personnel, moi je suis entièrement contre.

Interlocuteur : C'est aussi la position de Vidal-Naquet.

François Furet : Je pense que oui.

Raymond Aron : Je n'aime pas les procès de sorcellerie.

Texte de l'annexe 3

Mise en garde contre le texte du Recueil Dalloz-Sirey

Dans leurs mémoires ampliatifs (p. 2, fin du premier alinéa), les parties adverses font référence au jugement rendu le 8 juillet 1981 par le tribunal de grande instance de Paris tel qu'il a été reproduit dans le *Recueil Dalloz Sirey* du 3 février 1972, p. 59, note Bernard Edelman.

Dès lors, deux observations me paraissent s'imposer :

1. le 10 novembre 1982, le tribunal de police de Paris a condamné le directeur responsable du recueil Dalloz Sirey pour m'avoir refusé l'exercice du droit de réponse ;

2. j'ai, par ailleurs, chargé mon avocat, me Éric Delcroix, du barreau de Paris, de poursuivre devant la juridiction civile la société éditrice du *Recueil Dalloz Sirey* pour avoir gravement dénaturé le texte et le sens du jugement qu'elle prétendait reproduire.

Indépendamment de coupures signalées, parfois accompagnées d'un résumé dont le lecteur scrupuleux a toujours la possibilité (bien hypothétique en fait…) de vérifier l'objectivité en se référant à la source, le texte publié par Dalloz Sirey comporte des coupures non signalées qui altèrent gravement le sens du jugement. Ces coupures non signalées par des points de suspension sont particulièrement graves :

1°– parce que la présence de coupures signalées rassure sur le caractère rigoureux et honnête de la publication et endort la vigilance du lecteur ;

2°– parce que toutes les coupures non signalées visent à empêcher le lecteur de prendre connaissance des parties du jugement qui contredisent les interprétations de M_e Edelman. Aucune de ces coupures n'est anodine et la volonté d'induire en erreur est manifeste.

Sont notamment supprimées les « … prétentions des parties » dont la lecture aurait conduit à découvrir que le tribunal, bien qu'ayant condamné, n'avait pas suivi le plaignant dans sa demande, le plaignant n'étant parvenu à objectiver aucune faute précise, aucune dénaturation de texte, aucune falsification prétendument commises par le professeur défendeur.

Sont également supprimés toute mention et tout élément du texte pouvant laisser supposer l'existence de l'intervention volontaire à titre principal et à titre accessoire, au côté du professeur, de Serge Thion, sociologue, chargé de recherche au CNRS ; Maurice Di Scuillo, homme sans qualité ; Gabor Tamas Rittersporn, historien, sociologue, attaché de recherche au CNRS ; Jean-Luc Redlinski, homme sans qualité ; Jean-Gabriel Cohn-Bendit, auteur d'une étude sur le journal de J.-P. Kremer et travaillant à une recherche sur les confessions de Rudolf Höss ; Pierre Guillaume, éditeur sans qualité ; Jacob Assous, homme sans qualité.

Ainsi, dans un procès particulièrement grave au regard des principes, qui met en cause la liberté du chercheur, la déontologie de l'historien et la liberté d'expression, parvient-on à cacher la présence au côté du professeur de chercheurs et d'historiens qui attestent du caractère sérieux de ses travaux.

C'est ainsi que de nombreux juristes sont amenés à travailler sur le texte gravement tronqué d'un jugement, sans qu'aucun d'entre eux ait même envisagé que la publication par le Recueil Dalloz Sirey pût être déficiente.

***

Mai 1983

Sur la difficulté et sur le devoir d'être vrai… Réflexions à propos de Max Gallo, de Martin Gray et de quelques autres

Martin Gray est l'auteur d'un best-seller intitulé *Au nom de tous les miens*. Le livre se présente comme un récit autobiographique « recueilli par Max Gallo », où Martin Gray raconte sa vie dans le ghetto de Varsovie et comment il édifia une fortune en faisant du marché noir. Il explique longuement et en détail son internement dans le camp de Treblinka : il y décrit en particulier les chambres à gaz et leur fonctionnement.

Après la guerre, rescapé du massacre, il édifie aux États-Unis une nouvelle fortune en vendant de fausses antiquités. Il se marie, s'installe en France, devient le père de quatre enfants.

Le 3 octobre 1970, sa femme Dina et ses quatre enfants meurent dans l'incendie de forêt du Tanneron dans le Midi. Quelques années plus tard, à l'âge de cinquante-cinq ans, il épouse une jeune fille de dix-sept ans. Selon toute apparence, il possède toujours près de Mandelieu une luxueuse propriété que les téléspectateurs français ont pu voir, vers le 13 août 1975, dans une émission d'Antenne 2 réalisée par M. Jeannesson et précisément consacrée à Martin Gray.

Étranglés de nos mains

Lors de cette émission, Martin Gray, montrant ses mains, disait qu'il avait tenu à accoucher personnellement sa femme pour sentir de ses mains la vie chaude et palpitante des nouveau-nés. En effet, à Treblinka, affirmait-il, les Allemands gazaient jusqu'aux enfants, mais, parfois, au moment de décharger les chambres à gaz, « parmi les corps chauds, disait-il, nous avons trouvé des enfants encore vivants. Seulement des enfants contre le corps de leur mère ». Et, ajoutait-il aussi bien à la télévision que dans son livre, « nous les avons étranglés de nos mains avant de les jeter dans la fosse. »[311]

Treblinka et ses chambres à gaz

Au nom de tous les miens fut traduit en anglais sous le titre de *For those I loved* et ce fut pour Martin Gray le point de départ de quelques ennuis.

On douta de la véracité de son récit. Il commença à être soupçonné d'avoir fabriqué de faux mémoires, comme il avait fabriqué de fausses antiquités, dans les deux cas non sans aide extérieure et, bien entendu, pour de l'argent.

Il faut rappeler ici que, du point de vue de la vérité historique officielle – celle qui avait pris forme au premier procès de Nuremberg – il n'y avait pas eu à Treblinka des chambres à gaz, mais des chambres à vapeur au nombre de treize (*steam chambers*), avec des bouilloires (*boilers*) situées dans une chambre de chauffe (*boiler-room*) à proximité d'un puits (*well*),

---

[311] M. Gray, *Au nom de tous les miens*, p. 177, ainsi que p. 186, 211, 228.

des conduites de vapeur (*pipes*) et un sol fait de terre cuite devenant très glissant quand il était mouillé. Ces treize chambres à vapeur étaient réparties dans deux bâtiments. Toutes ces précisions sur les treize chambres homicides de Treblinka sont contenues dans le document de Nuremberg PS-3311.[312]

Le James Bond juif

Le 21 juin 1974, Adam Rutkowski, chargé de recherches au CDJC de Paris avait dit : « Martin Gray est un James Bond (juif). Il est venu me trouver en me montrant les photos de sa famille et en pleurant. J'ai eu pitié de lui et je lui ai donné des documents. Mais il a écrit avec Max Gallo, qui est un bon historien, un roman. Moi, je n'ai pas voulu démentir, même quand une journaliste allemande a voulu avoir un entretien parce qu'elle trouvait qu'il y avait des choses qui n'allaient pas. Vous comprenez, si ce n'avait pas été un roman, j'aurais dit quelque chose. Steiner, lui aussi, a inventé, mais, lui, il a attaqué les juifs et puis il est maintenant marié avec la fille d'un officier allemand. »

A. Rutkowski faisait par-là allusion au best-seller de Jean-François Steiner, intitulé *Treblinka* ; ce faux-là avait abusé un grand nombre de lecteurs dont Simone de Beauvoir et Pierre Vidal-Naquet qui lui a consacré un article dans *Le Monde* du 2 mai 1966 et qui, en 1981, a reconnu être « tombé dans le piège tendu par *Treblinka* de J.-F. Steiner ».[313]

Le 8 octobre 1975, Georges Wellers, du CDJC, confirmait que M. Gray n'avait pu être à Treblinka.

L'exploitation de la crédulité

Le coup de grâce devait être porté à la légende de M. Gray, témoin des chambres à gaz de Treblinka et étrangleur forcé de petits enfants, par une journaliste britannique d'origine hongroise : Gitta Sereny Honeyman, auteur, pour sa part, de *Into that Darkness*. Le 2 novembre 1979, dans un long article du *New Statesman*, intitulé : « The men who whitewash Hitler », elle s'en prenait avec violence aux auteurs révisionnistes qui nient l'existence des chambres à gaz homicides sous le régime de Hitler. Mais elle convenait de ce que, sur le sujet des camps de concentration allemands et des chambres à gaz, il existait une

---

[312] Tome XXXII, p. 154-158, sixième charge contre Hans Frank, gouverneur général de Pologne.
[313] P. Vidal-Naquet, *Les Juifs, la mémoire…*, p. 212.

exploitation de la crédulité générale. Parlant du livre de Jean Michel sur Dora, elle écrivait :

> « Le problème avec des livres comme ce dernier, c'est qu'ils sont écrits par des nègres professionnels (*ghosted by professional wordsmiths*) – procédé spécialement prisé des Français – qui n'ont ni le désir, ni la capacité de dépeindre la réalité avec retenue. Ce sont moins les exagérations que la fausse emphase et l'humour à bon marché qui les disqualifient. – Pires encore sont les faux partiels ou complets, tels que le *Treblinka* de Jean-François Steiner ou *Au nom de tous les miens* de Martin Gray. En apparence le livre de Steiner paraît même juste : c'est un homme de talent et de conviction et il est difficile de voir comment il a pu errer à ce point. Mais ce qu'il a en fin de compte produit était un pot-pourri de vérités et d'erreurs insultant à la fois pour les morts et pour les vivants. Il fallut retirer de la vente l'édition française originale et republier le livre en changeant les noms. – Le livre de Gray, *Au nom de tous les miens,* était l'œuvre du nègre (*ghost-writer*) Max Gallo, qui a aussi produit *Papillon*. Lors d'une enquête que j'ai menée pour le *Sunday Times* au sujet du livre de Gray, M. Gallo m'a froidement déclaré qu'il « avait eu besoin d'un long chapitre sur Treblinka parce qu'il avait fallu au livre quelque chose de fort pour attirer les lecteurs ». Lorsque j'ai dit moi-même à Gray, « l'auteur », qu'il n'avait manifestement jamais été à Treblinka et qu'il ne s'en était pas évadé, il me dit finalement, en désespoir de cause : « Mais quelle importance ? » Le plus important n'était-il pas que Treblinka avait eu lieu et qu'il fallait écrire là-dessus et qu'il fallait montrer que certains Juifs avaient été héroïques ? »

La journaliste britannique ajoutait, dans son article du *New Statesman* :

> « Cela est arrivé et de nombreux juifs ont effectivement été des héros. Mais les contre-vérités ont toujours de l'importance, et non pas seulement parce qu'il est inutile de mentir quand on dispose de tant de vérités terribles. Chaque falsification, chaque erreur, chaque habileté spécieuse (*slick*) dans le *rewriting* est un avantage pour les néo-nazis. »

L'esprit critique et la mystification

Dans sa préface au livre de M. Gray, M. Gallo écrit :

« L'un et l'autre nous étions inquiets. Martin Gray parce que la vie l'a contraint à la prudence, qu'il lui était difficile de me parler, par pudeur, qu'il ne savait pas si avec des mots il serait possible de donner l'image de ce qu'avaient été sa lutte, son malheur et les raisons de survivre encore. »

Plus loin, Max Gallo affirme :

« Je l'ai questionné, je l'ai enregistré, je l'ai regardé, j'ai vérifié, j'ai écouté la voix et les silences. J'ai découvert la pudeur d'un homme et sa volonté, j'ai mesuré dans sa chair la barbarie de notre siècle sauvage qui a inventé Treblinka. »

Pour terminer, Max Gallo parle de « l'émotion » et de « la leçon qu'il y a eu pour [lui] à rencontrer [en Martin Gray] un homme vrai et debout ».
Ce faisant, il témoignait de moins de perspicacité que le journaliste du *Monde* signant M. E. qui avait eu à rendre compte de l'émission de télévision où était apparu Martin Gray. Ce dernier, montrant ses mains aux caméras, s'était exclamé : « Et dire que c'est avec ces mains que j'égorgeais des petits enfants pour qu'ils ne soient pas enterrés vivants ! » Le journaliste, rendant compte de cette émission et d'une autre diffusée par TF 1, avait intitulé son article « Comédies macabres » ; il écrivait : « Adieu l'esprit critique !... »[314]

Intoxication ou désinformation

Il serait injuste de faire grief aux téléspectateurs français de leur crédulité en même temps que de leur complaisance pour un antinazisme de sex-shop. La radio et la télévision françaises déversent sur le consommateur de tels mensonges et de telles immondices sur le compte des nazis que ceux-ci ne sont plus considérés comme des êtres humains mais comme des monstres dignes en tout point d'être poursuivis par une justice vengeresse jusqu'à la fin des temps.
Les médias français, prenant modèle sur ce que l'écrivain britannique George Orwell prévoyait pour 1984[315], organisent non pas simplement des « quarts d'heure de la haine » mais des journées continues de haine contre le nazisme, sur le compte d'un Bousquet, d'un Leguay, d'un Papon, d'un Barbie, d'un Touvier. Il suffit par exemple de se reporter à l'article signé M.B.R. paru dans *Le Monde*, où, sous le titre « Avant-

---

[314] *Le Monde,* 15 août 1975, p. 14.
[315] G. Orwell, *1984.*

première judiciaire de l'affaire Papon », le rédacteur rapporte en toute tranquillité les propos injurieux et haineux d'un Gilles Perrault.[316]

Ainsi se donne libre cours un concours général de la haine. On tue, on brise les membres[317], on vitriole[318] et la justice française ne trouve rien à redire. Les manuels d'histoire sont pleins de mensonges et de silences. Les opuscules d'un Christian Bernadac donnent le ton. Les meilleurs historiens fabulent impunément, y compris dans les thèses de doctorat d'État soutenues trente-sept ans après la guerre.

L'exemple du professeur d'histoire Marcel Ruby est éclairant ; cet homme politique, doublé d'un historien, a soutenu, le 5 janvier 1979, devant M. René Rémond et M. Garden, professeur à l'université de Lyon-II, une thèse intitulée *La Résistance à Lyon*. Dans son deuxième tome, à la page 982, l'auteur parle de l'Épuration. Il affirme qu'« une seule femme a été exécutée : la criminelle qui avait vendu à la Gestapo vingt-deux bébés juifs. Les Allemands les lui payaient cinq cents francs l'un, avant de les tuer par des injections de benzine. » Ce fait ahurissant, digne en tout point du mythe des enfants belges aux mains coupées par les uhlans durant la première guerre mondiale, est froidement rapporté comme une vérité d'évidence : pas une note, pas une indication de source, pas une référence, pas un nom ne sont donnés et il n'y a pas le plus petit commencement de preuve ou de démonstration. Pourquoi les candidats se gêneraient-ils ? Quel est le membre du jury qui oserait exiger que de pareilles accusations fussent accompagnées de preuve? Et même un historien honnête [Henri. Amouroux], bien connu du grand public, a repris cette accusation à son compte sans aucune autre vérification.

M. Gallo ne s'est pas limité à recueillir les confessions de M. Gray ; il ne paraît pas plus soucieux de la réalité des faits et des chiffres quand il s'exprime à propos d'Auschwitz. Lyrique de la surenchère, il semble avoir battu tous les records dans l'estimation du nombre des morts : même les Polonais, même les Soviétiques sont battus de plusieurs longueurs. Pour Max Gallo, il est mort à Auschwitz cinq millions de personnes.[319] Or, le véritable chiffre oscille aux alentours de soixante-mille[320] morts pour cinq ans et pour toute l'étendue de l'immense territoire occupé par le camp d'Auschwitz et ses quarante sous-camps.

---

[316] *Le Monde,* 5 mai 1983, p. 1.
[317] Lynchage de Marc Fredriksen.
[318] Vitriolage de Michel Caignet.
[319] *L'Express,* 16 juin 1975, p. 70.
[320] Ce chiffre de soixante mille est celui auquel est parvenu, en 1978, après de longues années d'enquête, le Service international de recherches d'Arolsen, dépendant du Comité international de la Croix-Rouge de Genève (communication de M. de Coquatrix). Le SIR d'Arolsen prend toujours la précaution de dire que ses chiffres peuvent être sujets à révision et il admet implicitement les « gazages » mais ne fournit ni faits ni chiffres.

Le chiffre de soixante mille suffit, n'est-ce pas ?

[Ce texte, non signé, amputé de son dernier paragraphe, figure dans la brochure intitulée *L'Affaire Papie-Barbon et l'arrêt du 26 avril 1983. Contribution à la jurisprudence française au concept de génocide*, signée « Le Citoyen », coll. Les Petits Suppléments, édités par La Vieil le Taupe, en août 1983.]

***

Paris, mardi 26 avril 1983
à 16 heures

Communiqué

La cour d'appel de Paris (1re chambre civile) vient de rendre son arrêt dans l'affaire opposant neuf associations, conduites par la LICRA, au professeur Faurisson, qui nie l'existence des chambres à gaz homicides dans les camps de concentration allemands.

Le professeur Faurisson relève que, selon le texte de l'arrêt :

> « Il convient de constater que les accusations de légèreté formulées contre lui manquent de pertinence et ne sont pas suffisamment établies […] »

et que :

> « il n'est pas davantage permis d'affirmer, eu égard à la nature des études auxquelles il s'est livré, qu'il a écarté les témoignages par légèreté ou négligence, ou délibérément choisi de les ignorer ; qu'en outre, personne ne peut en l'état le convaincre de mensonge lorsqu'il énumère les multiples documents qu'il affirme avoir étudiés et les organismes auprès desquels il aurait enquêté pendant plus de quatorze ans ; que la valeur des conclusions défendues par M. Faurisson relève donc de la seule appréciation des experts, des historiens et du public. »

La cour l'a néanmoins condamné :

> « considérant que les positions adoptées par M. Faurisson sont aussi blessantes pour les survivants des persécutions raciales et de la déportation qu'outrageantes pour la mémoire des victimes. »

Texte de l'arrêt du 26 avril 1983

COUR D'APPEL DE PARIS
1re chambre, section A

ARRÊT DU 26 AVRIL 1983 sur appel d'un jugement du Tribunal de Grande Instance de Paris du 8 juillet 1981

Confirmation

Arrêt du 26 avril 1983. Parties en cause :

1° M. Robert Faurisson, demeurant…, appelant ayant pour avoué me Menard et pour avocats me Delcroix [du barreau de Paris] et me Chotard du barreau de Nantes.

Et aussi :

1° M. Serge Thion, chargé de recherches au C.N.R.S., domicilié

2° M. Maurice Di Scuillo, demeurant… ;

3° M. Rittersporn Gabor, chercheur au C.N.R.S., demeurant… ;

4° M. Redlinski Jean-Luc, demeurant… ;

5° M. Jean-Gabriel Cohn-Bendit, enseignant, demeurant… ;

6° M. Pierre Guillaume, éditeur… ;

7° M. Jacob Assous, domicilié…. appelants, ayant pour avoué me Menard et pour avocat me Berthout, avocat à Flers.

Et :

1° La Ligue internationale contre le racisme et l'antisémitisme (L.I.C.R.A.) dont le siège est à Paris, prise en la personne de son président, M. Jean Pierre-Bloch, domicilié audit siège, 40, rue de Paradis, intimée, ayant pour avoué me Roblin et pour avocats me Bernard Jouanneau et me Korman ;

2° L'Association nationale des familles de résistants et d'otages morts pour la France (A.N.F.R.O.M.F.) dont le siège est à Paris, 8, rue des Bauches, représentée par son président, Mme Irène de Lipkowski ;

3° L'Union nationale des associations de déportés internés et familles de disparus (U.N.A.D.I.F.) dont le siège est à Paris, 8, rue des Bauches, représentée par son président, M. Jean Cuelle ;

4° La Fédération nationale des déportés et internés de la résistance (F.N.D.I.R.) dont le siège est 8, rue des Bauches, à Paris, représentée par son président, M. Teyssandier ;

5° L'Union nationale des déportés, internés et victimes de guerre (U.N.D.I.V.G.) dont le siège est à Paris, 5, place des Ternes, représentée par son président, fondateur, M. R. Clavel ;

6° Le Comité d'action de la résistance (C.A.R.) dont le siège est à Paris, 10, rue de Charenton, représenté par son président, Mme Marie-

Madeleine Fourcade ; intimées, ayant pour avoué la S.C.P. Garnier-Duboscq, et pour avocats Mes Dubarry et P.-F. Veil ;

7° L'Amicale des déportés d'Auschwitz et des camps de Haute-Silésie (A.D.A.C.) dont le siège est 10, rue Leroux, à Paris, représentée par son président, Mme Marie-Elisa Cohen, intimée, ayant pour avoué me Varin, et pour avocat me Imerglik ;

8° Le Mouvement contre le racisme et pour l'amitié entre les peuples (M.R.A.P.) dont le siège est 89, rue Oberkampf, 11e, représenté par son président, M. Pierre Paraf, intimé, ayant pour avoué Me Varin, et pour avocat me Rappaport ;

9° L'Association des fils et filles des déportés juifs de France dont le siège est 78, rue de la Fédération, Paris 15 e, représentée par me Klarsfeld, son président, intimée, appelante incidente, ayant pour avoué Me Ribaut et pour avocat me Halimi ;

10° La S.A.R.L. « Le Monde » dont le siège est 5, rue des Italiens à Paris 9e, intimée, ayant pour avoué Me Ribadeau-Dumas et pour avocat me Y. Baudelot ; [Page 3]

11° La société du « Nouveau Quotidien de Paris » [= *Le Matin de Paris*, N.d.é] dont le siège est 21, rue Hérold, Paris 1r, prise en la personne de ses représentants légaux, intimée, ayant pour avoué Me Dauthy et pour avocat M. le bâtonnier Couturon.

Composition de la cour (lors des débats et du délibéré) :

MM. Grégoire, président, Fouret et Le Foyer de Costil, conseillers.

Greffier : Mlle Montmory.

Ministère public (auquel le dossier a été communiqué) représenté par Mme Flipo, avocat général, qui, à l'audience du 15 février 1983, a développé ses conclusions écrites.

Débats : aux audiences publiques des 13 décembre 1982 et 15 février 1983 (la cour siégeant dans la même formation).

Arrêt : contradictoire.

M. Robert Faurisson est appelant d'un jugement du tribunal de grande instance de Paris du 8 juillet 1981 qui, après avoir déclaré recevable la demande formée contre lui par la L.I.C.R.A. ainsi que les interventions des autres associations ci-dessus énumérées, l'a condamné à leur payer un franc de dommages-intérêts et a ordonné la publication dans trois journaux des motifs de fond énoncés par les premiers juges ainsi que du dispositif de leur décision.

Les associations estiment que M. Faurisson a porté atteinte aux intérêts moraux qu'elles défendent en rendant publiques les conclusions auxquelles l'ont amené ses recherches sur les camps de concentration créés, avant et pendant la seconde guerre mondiale, sur le territoire de l'Allemagne et des pays occupés par elle.

M. Faurisson, qui se déclare « révisionniste » par opposition aux historiens « officiels » ou « exterminationnistes », prétend avoir démontré qu'aucune chambre à gaz n'a jamais été utilisée dans aucun de ces camps. Après avoir exposé cette thèse dans plusieurs ouvrages, il l'a soutenue dans des articles de presse et des entretiens accordés à des journalistes, puis dans un « mémoire en défense » publié à l'occasion du présent procès. Élargissant le débat malgré les vives contestations qu'il a rencontrées, il en est venu à affirmer que « ce qui est contesté c'est l'existence dans l'Allemagne hitlérienne de camps d'extermination », que l'« intention criminelle que l'on prête à Hitler n'a jamais pu être prouvée », que « les prétendus massacres en chambres à gaz et le prétendu génocide sont un seul et [Page 4.] même mensonge », et finalement que « Hitler n'a jamais ordonné ni admis que quiconque fût tué en raison de sa race ou de sa religion », phrase pour laquelle il a été condamné à trois mois de prison avec sursis.

Les premiers juges, après avoir affirmé le principe de la liberté de l'historien, ont ajouté que les témoins encore vivants d'une époque récente « méritent égards et considération » et qu'un « devoir élémentaire de prudence » s'impose au chercheur, l'Histoire « se devant d'attendre que le temps permette une étude sans agressivité de certains problèmes d'horreur ». Ils ont estimé que dans le cas d'espèce M. Faurisson avait manqué à ses obligations en écartant par principe tous les témoignages contraires à sa thèse, en orientant son analyse des documents « dans le sens de la négation » et en se livrant « sur un ton messianique » à des proclamations « qui relèvent plus du discours politique que de la recherche scientifique ». Ils ont enfin jugé que ces fautes avaient bien porté atteinte aux intérêts moraux dont les associations demanderesses assument la défense.

Moyens développés par les parties
Sur la recevabilité des demandes

Pour soulever l'irrecevabilité des demandes formées contre lui, M. Faurisson soutient :

– que les intimées n'ont pas qualité pour ester en justice au nom de l'intérêt collectif de leurs membres ;

– que leur objet « ne postule pas la défense de telle ou telle thèse historique » et qu'elles ne peuvent légitimement se prévaloir de leur volonté d'imposer à l'opinion publique l'idée qu'elles se font d'événements controversés ;

– que le tribunal devait débouter les demanderesses dès lors qu'il ne se reconnaissait pas compétence pour trancher un débat de cette nature.

En ce qui concerne plus spécialement l'intervention de l'U.N.D.V.I.G., il relève qu'en première instance cette association « n'a fait enregistrer sa cause » qu'après l'ordonnance de clôture. Il reproche d'autre part au jugement entrepris d'avoir fait bénéficier d'une condamnation l'Association des fils et filles des déportés juifs qu'il avait déclarée irrecevable à demander par voie d'intervention principale la réparation d'un préjudice réalisé avant la date de sa constitution.

[Page 5]

Les intimées répliquent en invoquant les décisions de la Cour de cassation qui admettent les associations à demander réparation d'atteintes en rapport avec « la spécialité de leur but et l'objet de leur mission ».

L'U.N.D.I.V.G. rappelle qu'elle est intervenue par conclusions du 6 novembre 1980, alors que l'ordonnance de clôture n'a été rendue que le 25 février 1981 après jonction des diverses instances engagées contre M. Faurisson.

De son côté l'Association des fils et filles des déportés juifs fait état à l'appui de son appel incident d'une série d'arrêts selon lesquels une association peut demander réparation d'un préjudice réalisé antérieurement à sa constitution.

***

Par ailleurs ont interjeté appel principal M. Serge Thion et six autres personnes qui étaient intervenus aux débats de la première instance, d'abord à titre accessoire en raison de leur solidarité intellectuelle et morale avec M. Faurisson et dans la crainte qu'un jugement favorable à la L.I.C.R.A. ne leur cause préjudice, mais encore à titre principal en réparation du dommage qu'ils auraient personnellement subi du fait de la « propagande émaillée d'illustrations mensongères » que la L.I.C.R.A. pratique à leur égard. Le tribunal a déclaré les interventions irrecevables, estimant que leurs auteurs ne justifiaient ni d'« une volonté positive et concrète de protéger des droits personnels », ni d'un « préjudice direct et personnel » que leur aurait causé la L.I.C.R.A. en recherchant la responsabilité de M. Faurisson.

Sur le *fond*,

M. Faurisson fait valoir que les critiques de la L.I.C.R.A. sont dirigées contre quatre brefs articles de presse (*Le Matin*, 16 novembre 1979, *Le Monde*, 16 et 29 décembre 1978, 16 janvier 1979) dont les deux derniers seulement contiennent un résumé des résultats de quatorze ans de recherches, ce qui excluait toute possibilité de discussions exhaustives. Ses conclusions développent longuement les trois points suivants : son travail est de caractère scientifique et lui permet de répondre à toutes les objections qui lui sont faites par la L.I.C.R.A., qui ne soupçonnait pas la complexité du problème qu'elle a soulevé. Il expose sur plus de quarante pages quels documents et [Page 6] quelles études le mettent en mesure d'affirmer que la croyance aux « prétendues chambres à gaz » se heurte à une impossibilité de fait et qu'aucun des témoignages recueillis ne permet de conclure à leur existence. Il reproche au tribunal de s'être contenté de généralités vagues et « simplificatrices » pour l'accuser de légèreté ou d'imprudence, alors que c'est lui-même qui met ses adversaires en demeure d'apporter ne serait-ce qu'un « unique témoignage » qui contredirait sa thèse de façon convaincante, et que, d'autre part, aucune preuve n'a davantage été apportée des prétendues « falsifications » qui lui sont reprochées.

Il offre d'ailleurs de comparaître devant la cour et de lui présenter un film qu'il a réalisé sur « le problème des chambres à gaz ».

Il réclame la condamnation de chacune des associations intimées au paiement de un franc de dommages-intérêts en réparation du préjudice moral qu'elles lui auraient causé et de trente-cinq mille francs par application de l'article 700 du nouveau code de procédure pénale.

M. Thion et autres réclament, outre le rejet des demandes formées contre M. Faurisson, 10 francs de dommages-intérêts pour chacun d'eux, la publication de l'arrêt sollicité et le bénéfice de l'article 700 du nouveau code de procédure pénale.

M. Faurisson a également intimé devant la cour les sociétés du « Nouveau Quotidien de Paris » et « Le Monde » contre qui aucune demande n'a été formée et que les premiers juges ont mises hors de cause.

La L.I.C.R.A., qui fonde son action sur les articles 1382 et 1383 du code civil, reproche à M. Faurisson :

1. d'avoir écarté systématiquement et sans explications des témoignages et des documents importants qui vont à l'encontre de sa thèse ;

2. d'avoir omis de poursuivre ses investigations auprès de certaines organisations qui ont elles aussi étudié les mêmes questions et possèdent des archives à leur sujet ;

3. d'avoir dénaturé le journal de Kremer, médecin du camp d'Auschwitz, et les aveux de Höss, commandant du même camp ;

4. d'avoir exposé des interprétations techniques fallacieuses ;

[page 7] Les autres associations intimées reprennent les mêmes critiques. L'Association des fils et filles des déportés juifs ajoute que « M. Faurisson nie la réalité de la mort des juifs » et cause ainsi « une violente souffrance » à leurs descendants en même temps qu'il « fomente sciemment la haine antisémite » et « ouvre la voie à une possible tentative de réhabilitation du nazisme ».

Ces associations, à l'exception de la L.I.C.R.A. et des Fils et filles des déportés juifs, sollicitent le bénéfice de l'article 700 du N.C.P.C.

Cela étant exposé, la cour,

Considérant que les premiers juges ont rappelé avec raison que les tribunaux ne sont ni compétents ni qualifiés pour porter un jugement sur la valeur des travaux historiques que les chercheurs soumettent au public et pour trancher les controverses ou les contestations que ces mêmes travaux manquent rarement de susciter ;

Qu'il importe avant toute chose de réaffirmer le principe de la liberté de la recherche et d'en assurer le cas échéant la protection, en rejetant notamment l'idée d'une sorte de délai de rigueur pendant lequel la critique historique ne serait pas autorisée à s'exercer sur les événements les plus récents et sur le comportement de ceux qui s'y sont trouvés mêlés ;

Considérant néanmoins que, même dans l'exercice de son activité scientifique, et en particulier lors de la publication des résultats de ses travaux, tout historien demeure soumis envers autrui au principe de responsabilité édictée par les articles 1382 et 1383 du code civil ; que ces textes faisaient en l'espèce à M. Faurisson un devoir impératif de ne formuler qu'avec la plus grande circonspection des thèses ou des affirmations manifestement blessantes pour les victimes des événements qu'il a choisi d'étudier ou pour leurs descendants ;

Considérant en conséquence que si les neuf associations intimées ne peuvent prétendre interdire à quiconque de remettre en cause tel ou tel aspect de l'histoire des persécutions raciales au XXe siècle, les demandes qu'elles ont formées contre M. Faurisson sont recevables dans la mesure où elles lui font grief d'avoir, avec légèreté ou de mauvaise foi, porté atteinte, par ses écrits ou ses propos, aux intérêts collectifs de leurs membres dont elles ont reçu pour mission d'assurer la protection, étant rappelé que leur objet commun est de défendre le souvenir des victimes du nazisme et de la déportation et de lutter contre toutes les formes du racisme ;

[Page 8] Considérant plus spécialement que les intérêts moraux collectifs des Fils et filles des déportés juifs préexistaient à l'association créée en 1979 et que celle-ci est donc recevable à agir alors même que l'atteinte prétendument portée à de tels intérêts aurait été réalisée avant cette date ; que le jugement entrepris sera en conséquence réformé sur ce point ;

Considérant que les moyens relatifs à la recevabilité de l'intervention de l'U.N.D.I.V.G. en première instance sont, devant la cour, dépourvus de toute pertinence, dès lors que l'article 554 du N.C.P.C. autoriserait cette association à intervenir pour la première fois en cause d'appel ;

Considérant que MM. Thion, Di Scuillo et autres ne peuvent intervenir à titre principal dès lors que leur demande tend à la réparation du préjudice personnel que leur causeraient des écrits qui sont étrangers aux présents débats et ne s'y rattachent pas assez directement pour que se trouve satisfaite la condition posée par l'article 325 du N.C.P.C. ;

Considérant en revanche que M. Pierre Guillaume, qui affirme sans être contredit, qu'il a édité le *Mémoire en défense* de M. Faurisson, possède de ce fait un intérêt à intervenir à ses côtés, puisque la condamnation sollicitée frapperait cet ouvrage à travers son auteur ;

Que les autres intervenants ne justifient pas d'un intérêt distinct de leur solidarité intellectuelle avec M. Faurisson et que dans ces conditions le présent arrêt ne peut en rien préjuger des appréciations qui pourraient être éventuellement portées sur leurs propres écrits ;

Considérant que la présente instance a été initialement introduite par la L.I.C.R.A. à l'occasion des articles de presse visés ci-dessus – et principalement des deux lettres adressées au *Monde* par M. Faurisson en décembre 1978 et janvier 1979 – mais qu'au cours du déroulement du procès celui-ci s'est élargi par le fait de M. Faurisson lui-même, qui a versé aux débats son ouvrage intitulé *Mémoire en défense* dont l'objet est de préciser ses thèses et de répondre aux accusations portées contre lui par les associations intimées ;

[Page 9] Considérant qu'il ressort de ces diverses publications, comme des conclusions prises devant la cour, que les recherches de M. Faurisson ont porté sur l'existence des chambres à gaz qui, à en croire de multiples témoignages, auraient été utilisées durant la seconde guerre mondiale pour mettre à mort de façon systématique une partie des personnes déportées par les autorités allemandes ; Considérant qu'à s'en tenir provisoirement au problème historique que M. Faurisson a voulu soulever sur ce point précis, il convient de constater que les accusations de légèreté formulées contre lui manquent de pertinence et ne sont pas suffisamment établies ; qu'en effet la démarche logique de M. Faurisson consiste à tenter de démontrer, par une argumentation [qu'il estime[321]] de nature scientifique, que l'existence des chambres à gaz, telles que décrites habituellement depuis 1945, se heurte à une impossibilité absolue, qui suffirait à elle seule à invalider tous les témoignages existants ou à tout le moins à les frapper de suspicion ;

Que s'il n'appartient pas à la cour de se prononcer sur la légitimité d'une telle méthode ni sur la portée des arguments exposés par M. Faurisson, il n'est pas davantage permis d'affirmer, eu égard à la nature des études auxquelles il s'est livré, qu'il a écarté les témoignages par légèreté ou négligence, ou délibérément choisi de les ignorer ;

---

[321] Ces mots ont été ajoutés à la plume. [N.d.é]

Qu'en outre, personne ne peut en l'état le convaincre de mensonge lorsqu'il énumère les multiples documents qu'il affirme avoir étudiés et les organismes auprès desquels il aurait enquêté pendant plus de quatorze ans ;

Que la valeur des conclusions défendues par M. Faurisson relève donc de la seule appréciation des experts, des historiens et du public ;

Mais considérant qu'une lecture d'ensemble des écrits soumis à la cour fait apparaître que M. Faurisson se prévaut abusivement de son travail critique pour tenter de justifier sous son couvert, mais en dépassant largement son objet, des assertions d'ordre général qui ne présentent plus aucun caractère scientifique et relèvent de la pure polémique ; qu'il est délibérément sorti du domaine de la recherche historique et a franchi un pas que rien, dans ses travaux antérieurs, [Page 10] n'autorisait, lorsque, résumant sa pensée sous forme de slogan, il a proclamé que « les prétendus massacres en chambres à gaz et le prétendu génocide sont un seul et même mensonge » ; que, par-delà la négation de l'existence des chambres à gaz, il cherche en toute occasion à atténuer le caractère criminel de la déportation, par exemple en fournissant une explication personnelle mais tout à fait gratuite des « actions spéciales » mentionnées à quinze reprises et avec horreur dans le journal du médecin Kremer ;

Que sans doute il proteste dans ses dernières conclusions contre les « falsifications » de sa pensée qui lui prêteraient l'opinion « qu'il n'y a pas eu de victimes juives » de l'Allemagne nazie ; que cependant ses propos conduisent le lecteur, de façon plus ou moins insinuante, à cette idée que, « chambres à gaz » et « génocide » se confondant, il y a eu assurément des « victimes juives » mais que le massacre des juifs est une exagération, voire une « rumeur de guerre », puisqu'il semble bien, à lire M. Faurisson, que les déportés d'Auschwitz mouraient avant tout du typhus, à quoi s'ajoute que l'emploi du terme « génocide » serait à strictement parler impropre, que le chiffre de six millions de victimes juives est évidemment approximatif et que d'ailleurs on n'a jamais pu retrouver un ordre écrit de Hitler concrétisant sa décision d'« exterminer » les Juifs ;

Que M. Faurisson, qui s'indigne de ce qu'il nomme « la religion de l'holocauste », n'a jamais su trouver un mot pour marquer son respect aux victimes en rappelant la réalité des persécutions raciales et de la déportation en masse qui a causé la mort de plusieurs millions de personnes, juives ou non, de sorte qu'en dépit du caractère partiel de ses travaux son « révisionnisme », qu'il oppose à « la cause des exterminationnistes », peut faire figure d'une tentative de réhabilitation globale des criminels de guerre nazis ;

Considérant que les positions ainsi adoptées par M. Faurisson sont aussi blessantes pour les survivants des persécutions raciales et de la déportation qu'outrageantes pour la mémoire des victimes, dont le grand public se trouve incité à méconnaître les souffrances, si ce n'est à les mettre en doute ; qu'en outre elles sont évidemment de nature, ainsi que l'a justement relevé le tribunal, à provoquer des réactions passionnelles d'agressivité contre tous ceux qui se trouvent ainsi implicitement accusés de mensonge et d'imposture ;

[page 11]

Considérant que les fautes de M. Faurisson ont causé le préjudice invoqué par les associations intimées ; que les condamnations prononcées par le jugement entrepris en assureront une juste réparation ;

Considérant qu'il serait inéquitable de laisser à la charge des intimées l'intégralité des frais qu'elles ont été contraintes d'exposer en cause d'appel ; qu'il n'y a pas lieu en revanche de préciser, comme le demande la L.I.C.R.A., quels sont les débours qui doivent entrer dans les dépens ;

Considérant qu'il n'y a pas lieu de faire droit à la demande de réouverture des débats présentée au nom de M. Faurisson, le dernier jour du délibéré, et qui fait état de la découverte de prétendus carnets d'Adolf Hitler ; qu'il n'apparaît pas en effet, eu égard aux motifs développés ci-dessus, que d'éventuelles révélations apportées par ces documents puissent avoir une incidence quelconque sur la solution du présent litige ;

Par ces motifs,

Joint les instances suivies sous les n° 1.14.650, 1.15.635 et 1.18.042 ;

Sur la recevabilité, faisant droit pour partie aux appels, déclare recevable l'intervention principale de l'Association des fils et filles des déportés juifs de France et l'intervention accessoire de M. Pierre Guillaume ;

Confirme le jugement sur le surplus ;

Sur le fond,

Déboute M. Robert Faurisson et M. Guillaume de leur appel principal ; Confirme le jugement entrepris dans toutes ses dispositions ;

Dit toutefois que la mesure de publication ordonnée par les premiers juges portera sur les pages 7 à 10 du présent arrêt, qui seront suivies d'une mention résumée des condamnations prononcées ;

Condamne M. Faurisson à payer, au titre de l'article 700 du N.C.P.C., la somme de 2 000 francs à chacune des associations intimées, à l'exception de la L.I.C.R.A. et de l'Association des fils et filles des déportés juifs de France ; Le déboute de ses demandes reconventionnelles ;

Le condamne au paiement des dépens d'appel, à l'exception de ceux qu'ont exposés MM. Thion, Di Scuillo et autres, qui en supporteront la charge ;

[Page 12] Admet M_{es} Roblin, Varin, Ribadeau-Dumas, Dauthy, Ribaut et la S.C.P. Garnier-Duboscq, avoués, au bénéfice de l'article 699 du N.C.P.C. Prononcé à l'audience publique de la cour d'appel de Paris, 1_{re} chambre, le 26 avril 1983, par M. le président Grégoire, qui a signé avec M_{lle} Montmory, greffier.

[Publié dans J. Aitken, Épilogue judiciaire de l'affaire Faurisson, Paris, La Vieille Taupe, août 1983, p. 5-15.]

***

Avril 1983

AFFAIRE KURT GERSTEIN (SUITE) M. ALAIN DECAUX EN QUESTION

M. Alain Decaux est historien. Il appartient à l'Académie française. Ses émissions historiques à la radio ou à la télévision sont en général très prisées. Son crédit moral est grand. Ses exposés sont clairs. Le grand public n'a pas de mal à les comprendre. Le ton d'A. Decaux est chaleureux et convaincant. Les historiens professionnels cependant peuvent parfois le trouver superficiel. A. Decaux traite de trop de sujets divers pour avoir le temps d'étudier personnellement chacun de ces sujets comme il le faudrait. Il est obligé de se décharger d'une grande partie de sa tâche sur des collaborateurs qui n'ont pas obligatoirement une formation nécessaire à la recherche historique. La plus récente de ses émissions portait sur le SS Kurt Gerstein. En voici le texte d'annonce.

Jeudi 24 mars 1983 – 20.35 L'HISTOIRE EN QUESTION
Émission d'A. Decaux. Collaboration : Janine Knuth et Françoise Renaudot. Réalisation : Jean-Charles Dudrumet.
Sturmführer SS Gerstein, espion de Dieu
Kurt Gerstein : un nom inconnu du grand public. Cet homme a pourtant été le premier à dénoncer le génocide hitlérien et à révéler les conditions d'extermination des Juifs pendant la Seconde Guerre mondiale. Non seulement Kurt Gerstein était allemand, mais c'était un SS.

Étrange destinée que celle de Gerstein. Cet ingénieur protestant très pratiquant s'était rallié à Hitler, comme la majorité de ses compatriotes, en 1933. Très vite, des mesures antireligieuses sont prises par le nouveau pouvoir. Tous les mouvements de jeunesse, catholiques et protestants, doivent s'inscrire dans la jeunesse hitlérienne. Écœuré par cette propagande antichrétienne, Gerstein continue à animer clandestinement des groupes de jeunes. Vite repéré, il est déporté en 1938 au camp de concentration de Dachau.

À l'automne 1940, Hitler décide l'élimination des malades mentaux. La belle-sœur de Gerstein, qui est folle, est assassinée. Lors de ses obsèques, Gerstein annonce sa décision à sa famille : il va rentrer dans les SS. Stupéfaction. Ce n'est pourtant qu'en s'intégrant aux nazis, qu'il pourra mieux observer et dénoncer

Il gravit rapidement les échelons de la hiérarchie. Nommé Sturmführer en 1941, on utilise sa qualification pour l'intégrer au service de la désinfection. À ce titre, il est appelé en 1942 au camp de concentration de Belzec, près de Lublin. Dès lors, comme l'écrit Saül Friedländer dans le livre qu'il lui a consacré (éd. Casterman), « il devient à la fois le témoin oculaire et le technicien complice de l'extermination des juifs ». Avec une horreur absolue, il verra les hommes, les enfants, les femmes marcher, nus, vers la mort. Il doit témoigner. Bien qu'espionné en permanence, il va prévenir un diplomate suédois, un diplomate suisse, le nonce du pape à Berlin. Il entre en contact avec un membre de la résistance hollandaise. Peu à peu, le monde libre est averti de l'entreprise infernale qui est en cours. Et le monde libre ne fera rien.

En avril 1945, Gerstein se présente aux autorités françaises qui le laissent libre pour qu'il puisse rédiger un compte rendu de ce qu'il a vu. Mais Gerstein est un officier SS. Il doit donc être arrêté. À la prison du Cherche-Midi, il plonge dans le désespoir. Un matin, on le trouve pendu dans sa cellule.

L'émission est illustrée par des documents d'archives inédits. Avec la participation de **Reinhardt Gedecke,** ami de Kurt Gerstein ; **Léon Poliakov,** historien, et le **baron von Otter,** attaché à l'ambassade de Suède à Berlin en 1942.

Reprise de l'émission demain 15 h 55.

Supposons que, profane en la matière, un téléspectateur français de 1983 ait lu ce texte d'annonce avec un tant soit peu d'attention. Il pourra, semble-t-il, n'aller que de surprise en surprise jusqu'à se demander avec perplexité : « Mais quelle histoire me raconte-t-on là ? »

Voici, facilement imaginables, les motifs de surprise ou de perplexité qui vont sans doute assaillir successivement le téléspectateur :

- Pas un instant les mots de « chambre à gaz » ou de « gazage » ne sont prononcés dans ce texte. On nous dit bien que Gerstein a été le premier homme à révéler « les conditions d'extermination des juifs pendant la seconde guerre mondiale », mais ces conditions-là ne sont pas précisées d'un seul mot. On ajoute, par ailleurs, que Gerstein a vu « les hommes, les enfants, les femmes marcher nus vers la mort », mais il n'y a pas un mot pour nous dire comment cette mort était administrée. Enfin, il est curieux que l'entreprise d'extermination systématique semble s'appliquer exclusivement à des victimes juives.

- Il est étonnant que le premier homme à dénoncer le génocide des juifs ait été un SS et que ce fait spectaculaire ait été en quelque sorte dissimulé au grand public pendant près de quarante ans, puisque, aussi bien, comme le dit le texte, le nom de Kurt Gerstein est « inconnu du grand public ». Quant à la destinée de ce SS, elle est troublante. Dès avant la guerre, Kurt Gerstein, qui n'était pas encore SS, aurait été « vite repéré » pour ses activités antinazies et, dès 1938, il aurait ainsi logiquement été mis dans un camp de concentration. Cependant, libéré de ce camp, il aurait été admis dans la SS et il aurait rapidement gravi les échelons de la hiérarchie SS. Il serait spontanément entré dans la SS, non pour la servir, mais pour la desservir. Il y serait entré avec l'intention de l'espionner pour le compte de puissances étrangères. C'est ainsi qu'il aurait exterminé des juifs non par désir de les exterminer mais pour témoigner plus tard de ce qu'il y avait une extermination des juifs. Les Nazis l'auraient « espionné en permanence ». Cet espion espionné serait allé prévenir du génocide un diplomate suédois, puis un diplomate suisse, puis le nonce du Pape à Berlin et, enfin, jusqu'à un membre de la résistance hollandaise. À partir de là, il se serait produit un incroyable enchaînement de circonstances : peu à peu le monde libre aurait été averti de l'entreprise infernale qui était en cours, **mais il n'aurait rien fait**. Ni la Suède, ni la Suisse, ni le Vatican (en la personne de Pie XII), ni la résistance hollandaise n'auraient rien fait. Comme dans une gigantesque conspiration du silence, Churchill, Roosevelt, Staline (du monde libre ?) et tous les gouvernements en exil auraient décidé de ne pas révéler au monde cette existence d'une horreur sans précédent dans l'histoire : l'extermination scientifique, sur une échelle industrielle, de millions d'hommes en raison de leur seule race.

– En avril 1945, Gerstein se serait présenté de lui-même aux autorités militaires françaises pour qu'il puisse rédiger un compte rendu de ce qu'il avait vu. On peut penser que, fort de ce compte rendu et fort de tous les gages qu'il avait donnés à l'espionnage allié, Gerstein allait être salué comme cet « espion de Dieu » qui, entré dans l'infernale machinerie pour mieux la décrire aux Alliés, avait été le premier à informer le monde libre tout entier des horreurs nazies. Or, les Français le jettent en prison et là Gerstein est retrouvé pendu. Il est probable que, saisi de désespoir, il a choisi de se tuer.

Ce résumé est plein d'erreurs

Ce résumé est plein d'erreurs dont voici quelques-unes :
– Le grade de Sturmführer n'existait pas. Gerstein a été successivement *Untersturmführer* (sous-lieutenant), puis *Obersturm-führer* (lieutenant), non pas à titre militaire mais comme affecté spécial, c'est-à-dire en raison de son emploi professionnel civil. Il n'a pas dépassé le grade de lieutenant.
– Il n'a pas été déporté ni interné au camp de concentration de Dachau, mais il a été souvent interpellé par la police en raison de son activisme religieux hostile au régime. Il a passé quelques semaines en prison et au camp de Welsheim, près de Stuttgart.
– Hitler n'a pas décidé à l'automne 1940 l'élimination physique des malades mentaux mais, dès le premier jour de la guerre avec la Pologne (1er septembre 1939), il a autorisé la pratique de l'euthanasie, en particulier dans le cas des soldats atrocement blessés ainsi que de débiles mentaux. Un an plus tard, sous la pression de l'opinion publique et des églises, l'euthanasie ne fut plus pratiquée.
– La belle-sœur d'un frère de Gerstein était malade mentale et elle est morte dans un asile. Rien ne permet de dire qu'elle a été assassinée.
– Gerstein n'a passé que deux jours au camp de Belzec ; c'est le deuxième jour qu'il affirme avoir assisté au gazage de plusieurs milliers de juifs.
– Il n'a rencontré que deux fois le baron von Otter, attaché de l'ambassade de Suède. La première fois, par hasard, il a abordé dans un train un étranger qui se trouvait être Otter ; il lui a fait un récit terrifiant et lui a demandé d'avertir la Suède. Une autre fois, il a rencontré Otter non pas à l'ambassade mais dans une rue de Berlin, proche de l'ambassade. Il semble que Otter ait eu avec lui

le comportement et les propos qu'on peut avoir avec un importun et un excité[322] dont on veut se débarrasser. Gerstein n'a rencontré qu'une fois, en juin 1944, Paul Hochstrasser, qui était fonctionnaire à l'ambassade suisse de Berlin ; il lui aurait raconté qu'il avait assisté à un gazage homicide dans un camp nommé Berblenka(?) ; s'agissait-il en fait du camp de Treblinka ? Mais Gerstein n'avait, dit-il lui-même, passé que quelques heures dans ce camp près de deux ans plus tôt (en août 1942).

– On ne peut pas dire qu'il ait prévenu le nonce du pape à Berlin, puisqu'il semble avoir été refoulé de la nonciature dès après avoir répondu qu'il était soldat ; la nonciature ne pouvait accorder d'entretien à un soldat, même en tenue civile, sans accord des autorités militaires.

– On nous affirme que « l'émission est illustrée par des documents d'archives inédits ». Il ne semble pas que ce soit le cas. Cette émission était illustrée de photographies de cadavres de typhiques ou de malades qu'on retrouve sans cesse dans les documentaires destinés à illustrer ce qu'on appelle l'horreur des camps. Le sujet portait spécialement sur le camp de Belzec ; or, il n'est apparu aucune photographie, aucun plan, aucun document en rapport avec ce camp. Et cela pour une bonne raison qui devrait donner à réfléchir : on prétend ne rien posséder de tel sur Belzec. C'est invraisemblable. Il est plus vraisemblable qu'il existe des documents sur Belzec mais qu'on ne tient pas à nous les montrer. Si on nous les montrait, nous verrions au premier coup d'œil que les installations de mort, forcement gigantesques, dont on nous parle n'y trouveraient pas place. Ces remarques valent également pour Treblinka et pour Sobibor. Les historiens spécialistes de ces camps, comme Gitta Sereny Honeyman ou Adalbert Rückerl, en sont réduits dans leurs ouvrages à ne présenter soit aucun plan, soit des plans « reconstitués selon la mémoire » de tel rescapé ; quelquefois, ils ne nous disent même pas qu'il s'agit de reconstitutions. Sur ces plans, la chambre à gaz (sous-entendu « homicide ») n'est qu'un minuscule bâtiment. Lors de l'émission d'A. Decaux, on a utilisé un audacieux subterfuge : on nous a présenté un film qui, disait la bande-annonce, avait été « filmé à Dachau ». Ainsi le spectateur non averti croyait-il voir, à défaut d'une chambre à gaz homicide de Belzec, une chambre à gaz homicide située à Dachau. La réalité est toute différente. On a filmé à Dachau (près de Munich) une pièce désignée par le mot de

---

[322] S. Friedländer, *Kurt Gerstein*, p. 115-116 et P. Joffroy, *L'Espion de Dieu.*, p. 173-174.

« Brausebad » (bain-douche) et on a laissé entendre que ce bain-douche était en réalité une chambre à gaz homicide. La caméra s'attarde comme méditativement sur des murs, sur un carrelage, sur une grille d'égout, sur des emplacements au plafond qui ont pu être ceux de pommes de douches. Mais, pour les besoins du film, on a écarté le panneau mobile sur lequel les autorités du musée ont inscrit en cinq langues que cette chambre à gaz n'avait jamais servi à tuer personne. Après la guerre, pendant de longues années, ces autorités ont laissé croire que des dizaines de milliers d'internés avaient été gazés dans cette pièce : l'unique chambre à gaz homicide de Dachau. Il faut convenir que d'innombrables témoignages, dont celui de Mgr Piguet, évêque de Clermont-Ferrand, avaient accrédité ce mensonge. Quand les autorités de Dachau se rendirent compte avec le temps qu'il fallait expliquer aux sceptiques le fonctionnement de cette machine de mort et quand elles se virent dans l'impossibilité de le faire, elles eurent recours à une échappatoire. Elles affirmèrent que ladite pièce était bien une chambre à gaz homicide déguisée en douches, mais que cette pièce, dont la construction avait été commencée en 1942, n'était pas encore achevée en 1945 à la libération du camp. Elle n'avait donc pu tuer personne. J'ai alors demandé par lettre sur quoi l'on se fondait pour qualifier cette pièce inachevée de future chambre à gaz homicide. Je demandais également : « Comment peut-on savoir qu'une pièce inachevée est destinée à devenir, une fois achevée, une chose qu'on n'a jamais encore vue de sa vie ? » Les autorités du musée de Dachau aussi bien que l'Amicale internationale des anciens déportés de Dachau furent incapables de répondre à mes questions. C'est ce que l'on pourra constater en lisant dans mon Mémoire en défense mon échange de correspondance avec ces personnes. Ajoutons ici qu'il n'existe aucune expertise technique de l'arme du crime (ces chambres à gaz homicides qu'à Auschwitz et ailleurs on présente aux touristes soit « à l'état d'origine », soit sous forme de ruines) et qu'il n'existe non plus aucun rapport d'autopsie établissant que tel ou tel cadavre est celui d'une personne tuée par l'effet d'un gaz. La vérité est qu'il a existé des ébauches d'expertise qu'on n'a pas publiées et, à Strasbourg, pour le camp du Struthof, une tentative de rapport d'autopsie qui a tourné court lorsque le doyen Fabre, de la Faculté de pharmacie de Paris, a conclu que, contrairement à ce qui s'était dit, les cadavres examinés ne contenaient pas trace d'acide cyanhydrique. Le rapport du professeur Fabre a disparu des archives de la Justice militaire française, mais on sait ses conclusions par une phrase des experts non toxicologues qui travaillaient dans la même commission d'enquête.

L'exposé d'A. Decaux

L'exposé d'A. Decaux fut, en substance, comparable au texte d'annonce. Le ton m'en est paru forcé. Il y avait moins de conviction sincère que d'habitude.

A. Decaux a prononcé l'expression de chambre à gaz. Il a parlé de gazages homicides à l'oxyde de carbone (CO) et au gaz carbonique (CO_2). Il n'a pas hésité à dire que, pour liquider les malades mentaux, les médecins allemands procédaient à des injections de morphine sur les malades qu'ils envoyaient ensuite par fournées dans des chambres à gaz : bizarre procédure que ne fonde aucune preuve. Il n'a pas non plus hésité à dire qu'en janvier 1942 les Allemands avaient décidé à Wannsee « la solution finale » (entendez par là l'extermination des juifs). Ce faisant, A. Decaux commettait plusieurs graves erreurs et il montrait en même temps qu'il ignorait encore que, même pour les auteurs les plus exterminationnistes, une affirmation comme la sienne est devenue insoutenable. Dès 1960, le D$_r$ Kubovy avait dû admettre qu'on ne possédait pas le moindre document prouvant que soit Hitler, soit un membre de son entourage ait donné un ordre d'extermination des juifs. Mais les concessions faites, en la matière, à la vérité des faits sont toujours cachées par les grands moyens d'information et parfois même par les ouvrages scientifiques. Aussi, en juin 1982, les professeurs Raymond Aron et François Furet s'imaginaient-ils encore de bonne foi qu'il existait une foule de documents prouvant que les nazis avaient donné ou reçu l'ordre d'exterminer les juifs. C'est lorsque ces deux professeurs ont accepté de diriger le colloque international de Paris sur « Le National-socialisme et les juifs » (29 juin–2 juillet 1982) qu'ils ont découvert leur méprise. Pour tout détail sur ce point, on pourra se reporter aux pages 90 et 91 de la seconde édition de ma *Réponse à Pierre Vidal-Naquet*. Parmi les documents traditionnellement invoqués par les exterminationnistes a souvent figuré le procès-verbal (et non pas : « le protocole ») d'une réunion qui s'était tenue à Berlin, avenue de Wannsee, le 20 janvier 1942. Il a fallu de longues années aux historiens pour se rendre compte que ce procès-verbal, étrange par certains points de son contenu, ne comportait pas d'en-tête, n'était signé de personne et ne présentait aucune des caractéristiques habituelles des documents officiels (par exemple : la liste de ventilation des divers exemplaires). On n'avait sous les yeux qu'un papier anonyme ordinaire dont le texte avait été tapé à la machine par un anonyme. De toute façon, il n'était pas question d'exterminer les juifs. Quant à l'expression de « solution finale », A. Decaux devrait tout de même savoir qu'elle est clairement expliquée par le contexte où elle apparaît, par exemple, dans la lettre, très connue, que

Goering adressait à Heydrich le [31] juillet 1941 : cette solution (enfin, à la fin des fins) de la vieille question juive était à rechercher, dès son début, dans l'**émigration** et dans l'**évacuation**. Je cite dans mes écrits des textes prouvant que Hitler repoussait à l'après-guerre la solution de la question juive. En attendant, une partie de ces minorités juives installées en Europe devait, dans la mesure des moyens matériels disponibles, être « refoulée vers l'Est » (*Zurückdrängung nach Osten*). C'est ainsi que, pour toute la durée de l'occupation de la France par les Allemands, seul un quart de tous les juifs se trouvant en France (qu'ils fussent français, étrangers ou apatrides) furent victimes de déportations.

A. Decaux ne manque pas de flair : il a senti qu'il y avait quelques aspects troubles ou troublants chez Gerstein, mais il s'est contenté de parler de « contradictions » ; ces contradictions, il ne les a illustrées que par le récit de quelques épisodes sans grande portée. C'était dans les récits mêmes de Gerstein qu'il aurait fallu nous montrer ce qui était troublant ou contradictoire. Et c'est là qu'A. Decaux a gommé tout ce qui aurait pu donner l'éveil à l'esprit critique du téléspectateur. Les récits de Gerstein abondent en invraisemblances, absurdités, contradictions. A. Decaux les a toutes effacées, sans exception. Si on lit attentivement tous les textes signés de Gerstein ou attribués à Gerstein, il est humainement impossible de croire à ce qu'ils nous racontent. Et si Gerstein n'a, dans les faits, rencontré que scepticisme, c'est qu'il n'était pas crédible. A. Decaux et bien d'autres avec lui ont tort d'accuser la Suède, la Suisse, le Vatican et les Alliés de n'avoir pas ajouté foi aux propos de Gerstein. Si Gerstein n'avait dit que ce qu'A. Decaux lui faisait dire dans cette émission télévisée, alors, certes, le scepticisme du monde entier aurait été plus difficile à comprendre, mais, précisément, Gerstein avait dit tout autre chose. Ses textes sont délirants. Il est naïf d'aller prétendre que la Suède craignait pour sa neutralité ou que personne ne se souciait du sort des juifs. Les responsables alliés, quant à eux, auraient été trop heureux de déclarer à la face du monde que les Allemands étaient d'horribles barbares qui avaient, avec les chambres à gaz homicides, inventé la plus grande folie meurtrière de tous les temps. Les Alliés ne se privaient pas de dire du mal de l'Allemagne et même d'en inventer, ne fût-ce que pour couvrir leurs propres crimes. Staline aurait été trop heureux de proclamer que les fascistes allemands commettaient tous les jours plusieurs « Katyn » à la fois. Jamais les responsables alliés n'ont manqué de rappeler qu'à leurs yeux la politique de Hitler à l'égard des juifs était criminelle et meurtrière. C'était même là un leitmotiv de la propagande de guerre alliée en réponse au leitmotiv de la propagande de guerre allemande selon lequel c'étaient les juifs qui avaient appelé le plus fort à la croisade contre l'Allemagne, tant du côté des « ploutocrates de l'Ouest » que du côté des « judéo-bolcheviques de l'Est ». Il faut faire ici une différence entre ce que colportaient les officines de propagande alliées et ce que les responsables politiques alliés prenaient à leur compte. Pendant toute la guerre, les journaux et les radios alliées (et parfois même neutres) ont propagé de prétendues informations sur les chambres à gaz allemandes ou sur les chambres à vapeur ou sur les électrocutions à échelle industrielle, ou sur les mises à mort dans des wagons imprégnés de chaux vive, ou sur les usines à savon fait avec de la graisse de juifs ou sur toutes sortes d'horreurs mythiques. Mais, en même temps, il faut noter que pas un seul responsable politique n'a pris la responsabilité d'exploiter pour son compte ce type de mensonges. Les récits « à la Gerstein » étaient jetés en pâture à la foule, mais Churchill, Roosevelt, Staline, de Gaulle, Sikorski, Benès et leurs homologues n'y croyaient pas. Leurs paroles et surtout leurs actes le prouvent. Ni à Téhéran, ni à Yalta, ni ensemble, ni séparément, on n'a parlé de chambres à gaz ou de génocide. Sur ce sujet, le livre le plus éclairant me paraît être celui de Walter Laqueur intitulé *The Terrible Secret*. Ce chercheur, juif et exterminationniste, soutient la thèse selon laquelle tous les gouvernements savaient qu'il existait des chambres à gaz et un génocide des juifs, mais tous les gouvernements (y compris les responsables des juifs de Palestine) ont préféré se dissimuler la vérité ou bien n'ont pas voulu y croire. C'est avec cette idée en tête que Walter Laqueur a mené son enquête et écrit son livre. Or, le résultat le plus patent de cette enquête et de ce livre est, pour tout esprit non prévenu, qu'il n'a existé chez les responsables politiques ni aveuglement sur ce point, ni on ne sait trop quelle conjuration générale pour faire le silence, mais une réaction générale de bon sens ; tous ces responsables ont parfaitement discerné qu'il n'y avait là que de la propagande de guerre et même sans doute, pour beaucoup d'entre eux, que de la propagande de guerre forgée par leurs propres services. Le Vatican et le Comité international de la Croix-Rouge témoignaient, de leur côté, de la même clairvoyance. Le Vatican possédait notamment sur le compte des événements de Pologne toutes les informations désirables. Quel est le responsable politique ou religieux qui se serait tu s'il avait su que les Allemands avaient poussé la barbarie jusqu'à installer en plein cœur de l'Europe la plus fantastique machinerie à tuer en série qu'on puisse imaginer ? Le livre de W. Laqueur présente un autre avantage : il démontre que, pour les Alliés, l'Allemagne et son empire étaient progressivement devenus « transparents » ; tous les codes allemands avaient été déchiffrés, les informations de toute sorte affluaient en provenance soit des pays alliés de l'Allemagne, soit des pays neutres, soit des mouvements de résistance ; la Suisse, en particulier, constituait une plaque tournante pour la transmission des nouvelles en clair ou chiffrées. Les communications par lettres, par télégraphe, par téléphone, par journalistes, par valises diplomatiques permettaient de se faire une idée exacte de ce qui se passait en Europe occupée. Les photographies aériennes combinées avec les renseignements des services secrets alliés ne laissaient rien ignorer des activités d'Auschwitz, par exemple. Les photographies aériennes d'Auschwitz prises en 1944 et publiées en 1979 ont porté le coup de grâce à la légende des gigantesques chambres à gaz de Birkenau et des formidables bûchers ou crématoires.

Les invraisemblances et les insanités de Gerstein

Vers la fin de 1983 ou le début de 1984, une thèse sera publiée en France sur les étonnantes confessions de Gerstein.[323] Une analyse sèche et scientifique des divers textes attribués à Kurt Gerstein y mettra en évidence des invraisemblances, des insanités et des contradictions telles qu'on se demande à tout le moins si Kurt Gerstein n'était pas un personnage sujet à des exaltations frénétiques qui lui faisaient perdre tout sens de la réalité, à commencer par des réalités qu'en vertu de sa formation scientifique il n'aurait pas dû ignorer. Cet aspect de fièvre et d'exaltation a été relevé par tous ceux qui l'ont connu ou rencontré et il est juste de dire ici qu'A. Decaux lui-même a, à plusieurs reprises, signalé ce trait de caractère aux téléspectateurs. Quand on sort d'une lecture prolongée des textes de cet étrange mystique de l'Église confessante allemande, on ne peut que se demander ce qu'en penseraient des psychiatres. Et comme Gerstein passe d'une exaltation mégalomaniaque à des phases de sincérité et d'humilité, il lui arrive de nous dire, par exemple, que tel réseau de résistance étranger le critique et lui demande des renseignements exacts et non pas des récits de cruautés fictives ; à un autre moment, il confesse qu'il a été éconduit par l'ambassadeur d'une puissance neutre lui disant que son récit « ne pouvait être que le produit d'une fantaisie pathologique ».[324]

Nous nous limiterons à quelques échantillons des confessions multiformes de cet étrange SS. Voici son récit :

Il déclare qu'un jour de juin 1942 un inconnu, habillé en civil, le chargea d'une extraordinaire et terrible mission, une mission ultra-secrète. Cet inconnu aurait été un commandant SS du nom de Günther et appartenant à l'Office central de sécurité du Reich. La mission consistait pour Gerstein à se procurer cent kilos d'acide prussique (ailleurs, il dira :

---

[323] En fait, la thèse d'Henri Roques sur les « confessions » de Gerstein fut soutenue en juin 1985. [NdA]

[324] P. Joffroy, *op. cit.*, p. 292 : « Rapport d'un inspecteur de la Police judiciaire (1945) ».

deux cent soixante kilos). La destination n'est connue que du civil et du chauffeur du camion. Le départ se fait au mois d'août 1942. La première étape les amène à l'usine de Collin, près de Prague. Le camion chargé, on part pour Lublin, mais déjà l'esprit de Gerstein s'est mis à fonctionner : il imagine à peu près à quoi l'acide prussique devra servir et même il est allé donner à entendre aux ouvriers *tchèques* de l'usine que cet acide était destiné à tuer des êtres humains. En cours de route, il se produit un fait bizarre : alors que la mission est ultra-secrète, on prend avec soi « plutôt par hasard » (*sic*) le professeur Pfannenstiel, professeur d'hygiène à l'université de Marbourg.

À Lublin, une éminence, le général SS Globocnik (que Gerstein nommera toujours Globocnek), reçoit les voyageurs, c'est-à-dire apparemment Gerstein et le voyageur de complément, Pfannenstiel. Nous sommes le 17 août 1942. Le général les informe qu'il va les mettre au courant du plus grand secret du Reich et, sans autre préambule, il leur déclare qu'au camp de Belzec (orthographié Belcec) on tue au maximum quinze mille personnes par jour ; au camp de Sobibor, vingt mille personnes par jour ; au camp de Treblinka, vingt-cinq mille personnes par jour ; et il ajoute que le camp de Majdanek (orthographié Maidannek) est en préparation. Gerstein prétend avoir visité trois de ces camps ; un seul lui est inconnu : dans une version de ses confessions, c'est Majdanek, et, dans les autres versions, c'est Sobibor. De pareils chiffres et une pareille révélation subite devraient suffoquer nos gens. Ces chiffres sont évidemment faux et fous. Ce n'est pas moi qui le dis, mais David Rousset. Ce dernier, constatant que Jean-François Steiner écrivait à la page 108 de son *Treblinka* (un faux aujourd'hui reconnu même par un Vidal-Naquet) : « On gaza, à Treblinka, une moyenne de quinze mille juifs par jour », ne peut cacher son indignation et il dit : « C'est évidemment faux. Il suffit à ces avocats du diable (sous-entendu : les négateurs du génocide) de se saisir de ce chiffre de quinze mille par jour et d'en montrer l'absurdité par un simple calcul, pour faire un mal que l'on imagine peu ».[325] Que dirait alors David Rousset des soixante mille morts par jour dans ces trois petits camps à l'existence éphémère ? D'autres que moi ont fait le calcul : il y serait mort28.350.000 hommes. Cela sans compter le vaste camp de Majdanek et l'immense complexe d'Auschwitz et bien d'autres camps encore. Vu que dans ces trois petits camps on aurait enterré les morts dans des fosses ou bien on les aurait brûlés sur des bûchers, imagine-t-on les prodigieux charniers qu'on aurait trouvés après la guerre (voyez déjà l'étendue des seuls charniers de Katyn

---

[325] *Candide*, 18 avril 1966, p. 18.

pour quatre mille cent quarante-trois cadavres) et les énormes quantités de carburant nécessaires à de telles hécatombes ?

Mais ces quinze mille morts au maximum de Belzec, comment les aurait-on obtenus ? La réponse est stupéfiante : par le moyen d'un vieux moteur Diesel russe. Un seul moteur pour quinze mille personnes ! Et le comble est que ce moteur n'aurait pas été à explosion, mais à combustion interne à haute compression et fonctionnant à l'huile lourde ou gasoil. Un moteur Diesel fournit bien un peu d'oxyde de carbone (mortel) mais surtout du gaz carbonique ; ce gaz n'est pas toxique, mais une atmosphère qui en contient trente pour cent détermine une asphyxie. M. Louis Truffert, le toxicologue bien connu, que j'avais consulté sur les effets respectifs du CO, du CO_2 et de l'HCN, avait eu cette réflexion : « Si on vous parle de gazage (homicide) au CO_2, vous pouvez considérer que c'est une plaisanterie. » Et Gerstein est un scientifique et il est un spécialiste d'hygiène et de désinfection !

Le général SS demande qu'on lui désinfecte d'énormes quantités de vêtements et que, d'autre part, on lui change le système des chambres à gaz pour utiliser maintenant de l'acide prussique (HCN). Et le général de se lancer dans un récit de matamore. Il dit qu'avant-hier, soit le 15 août, Hitler en personne et Himmler en personne sont venus lui rendre visite ainsi qu'un directeur de ministère du nom de Herbert Lindner. Or, il est admis par les historiens que ni Hitler, ni Himmler ne pouvaient avoir été présents (et qu'il n'existait pas de directeur de ministère de ce nom, mais un Linden). Cette vantardise, si elle était le fait du général, risquait d'être éventée par la moindre question posée dans l'entourage par nos visiteurs. Hitler aurait dit qu'il valait mieux enterrer les corps au lieu de les brûler pour que, retrouvés plus tard, ils attestent la grandeur du national-socialisme. Autrement dit, si l'on veut bien se reporter aux performances susmentionnées, les Allemands, seulement pour trois modestes camps de durée éphémère, auraient ainsi laissé la trace d'environ quinze « Katyn » par jour et d'environ sept mille « Katyn » en tout. Mais les confessions de Gerstein renferment encore bien plus d'énormités.

Le 18 août 1942, c'est-à-dire le lendemain de sa rencontre avec le général SS, il se rend au camp de Belzec avec le professeur Pfannenstiel. Le général les présente à un capitaine SS. Gerstein donne le grade et le nom du personnage : il écrit en toutes lettres et bien lisiblement : « SS Hauptsturmführer Obermeyer de Pirmasens ». Pirmasens est le nom d'une ville allemande. Mais là encore les historiens nous disent qu'il n'y a jamais eu à Belzec de personne du nom d'Obermeyer, qu'elle fût de Pirmasens ou d'ailleurs. L. Poliakov, prétendant reproduire le texte de Gerstein, n'hésite pas à supprimer les mots « Hauptsturmführer Obermeyer de Pirmasens » pour les remplacer par trois points de suspension et il déclare en note : « Ce nom est mal lisible : Wirth? » C'est là une invention de Poliakov, d'abord parce que le texte est parfaitement lisible, ensuite parce que, dans d'autres versions de ses confessions, Gerstein donne les mêmes indications (grade, nom de la personne, nom de la ville) ; dans une version en allemand, Gerstein va jusqu'à faire parler le personnage (« Le SS Hauptsturmführer Obermeyer me raconta : "J'ai rencontré dans un village de la région un Juif et sa femme, originaires de ma ville natale de Pirmasens..." ») ; L. Poliakov est enfin un inventeur puisqu'il ne peut être question de substituer le nom de « Wirth », lequel occuperait cinq espaces dactylographiques, aux mots « *Hauptsturmführer Obermeyer* de Pirmasens », lesquels occupent quarante espaces dactylographiques (le texte de référence est dactylographié en français et Gerstein a écrit « *fuehrer* » et non « *führer* »).

On ne sait trop pourquoi le capitaine SS fait voir à Gerstein les « installations » avec « grande retenance » (entendez : grande répugnance). Il y a notamment « trois et trois chambres comme des garages, 4 x 5 mètres, 1,90 mètre (s) d'altitude ». Retenons par conséquent que, d'après les dires de l'ingénieur Gerstein, il y a en tout *six* chambres ; chacune d'entre celles-ci à une hauteur d'un mètre quatre-vingt-dix (Gerstein lui-même mesure un mètre quatre-vingt-six), une superficie de 20 m_2 et un volume de 38 m_3. Je passe ici sur d'autres points du récit et je prie le lecteur qui voudrait connaître le texte intégral de l'une au moins des confessions de Gerstein de se reporter aux pages 283-90 du livre de Pierre Joffroy.

Le lendemain matin – 19 août 1942 – arrive au camp de Belzec un train en provenance de Lemberg. Ce train est de quarante-cinq wagons, ce qui est considérable. Ces wagons contiennent six mille sept cents personnes, ce qui, si on fait le calcul, revient à dire qu'on avait pu mettre une moyenne de près de cent quarante-neuf personnes dans chaque wagon.[326] Gerstein dit que mille quatre cent cinquante personnes étaient déjà mortes à l'arrivée. Il ne nous indique pas comment cette comptabilité s'est faite. L. Poliakov, lui, fait dire à Gerstein que les quarante-cinq wagons contenaient « plus de six mille personnes » et il ne reproduit pas les mots « mille quatre cent cinquante déjà morts à leur arrivée ». Gerstein dit que deux cents Ukrainiens « arrachent les portes » et « chassent les personnes en dehors des voitures ». Chez Poliakov, ces « personnes » deviennent des « juifs ». Gerstein dit que les personnes en question sont invitées à se déshabiller et qu'un petit garçon juif de quatre

---

[326] « Le voyage était extrêmement pénible, car nous étions soixante par wagon et l'on ne nous a pas distribué de nourriture ni de boissons pendant le trajet. » (Marie-Claude Vaillant-Couturier, *TMI*, VI, p. 214).

ans offre à chacun un petit morceau de ficelle pour « joindre ensemble les chaussures ». L. Poliakov saute sans vergogne l'épisode du petit distributeur de ficelles. C'est que cet épisode est invraisemblable : imagine-t-on, en effet, un enfant de quatre ans répétant cinq mille deux cent cinquante fois ce geste, puisque, aussi bien, il reste encore cinq mille deux cent cinquante personnes vivantes ? Dans une autre version de ses confessions – une version en allemand – Gerstein écrira : « Je me souviens de quelques images profondément saisissantes pour moi : d'un petit garçon juif de trois ou quatre ans dans la main duquel on mit un paquet de ficelles pour attacher les chaussures ensemble, et comment il distribuait les ficelles aux gens, comme perdu dans un rêve. »

Version encore plus invraisemblable : un paquet de ficelles dans une main pour cinq mille deux cent cinquante personnes, le tout étant distribué d'un air rêveur !

Arrive le moment crucial. Les victimes sont dans les chambres à gaz. L'ingénieur continue de donner des précisions chiffrées, mais, curieusement, ces précisions se mettent à changer. On ne va pas se servir de six chambres à gaz mais seulement de quatre. Leur superficie n'est plus de vingt mètres carrés mais de vingt-cinq mètres carrés, comme si l'on pouvait écrire 5 x 4 =25. Le volume n'est plus de trente-huit mais de quarante-cinq mètres cubes. Il faut donc entendre que la hauteur de ces chambres est ramenée d'un mètre quatre-vingt-dix à un mètre quatre-vingts. Gerstein dit que les gens se pressent les uns aux pieds des autres et qu'il y a dans chaque chambre de sept à huit cents personnes. Il ne s'agit pas là d'une méprise. Il répétera un peu plus loin : « 4 fois 750 personnes à 4 fois 45 m$_3$ ». Ces précisions sont une constante de *toutes* les versions de ses confessions. Si on fait le calcul, cela représente de vingt-huit à trente-deux personnes debout au mètre carré. Que le lecteur s'imagine une pièce de la superficie d'une chambre à coucher ordinaire mais avec un plafond à un mètre quatre-vingts, et non pas un mètre quatre-vingt-dix, comme le dit Gerstein par ailleurs ! Comment y faire tenir debout une moyenne de trente personnes au mètre carré ? Qui pourrait faire entrer dans une telle chambre sept à huit cents personnes ? L'impossibilité est patente. Aussi Léon Poliakov a-t-il remplacé « 25 m$_2$ » par… quatre-vingt-treize mètres carrés. Quant à Robert Neumann, il a remplacé les chiffres de sept à huit cents par ceux de « 170 à 180 ».[327] Comprimés comme ils l'auraient été sous un plafond situé à un mètre quatre-vingts du sol, les malheureux n'auraient eu aucune difficulté à empêcher l'arrivée du gaz et le moteur Diesel se serait étouffé.

Gerstein dit que le moteur Diesel a pris 2 h 49 mn pour se mettre en marche et que pendant ce temps-là on entendait les victimes pleurer. Il dit que vingt-cinq minutes passent, au bout desquelles beaucoup de victimes sont mortes. On se demande comment les victimes ont pu

---

[327] R. Neumann, *Hitler...*, p. 190.

continuer de respirer pendant une si longue attente : où trouvaient-elles l'oxygène nécessaire ? Comment, d'autre part, Gerstein a-t-il pu savoir que dans les quatre chambres à gaz beaucoup de gens étaient morts au bout de vingt-cinq minutes ? Il écrit :

« C'est ce qu'on voit par la petite fenêtre, par laquelle la lampe électrique fait voir pour un moment l'intérieur de la chambre. » Une petite fenêtre dans une chambre à gaz ? N'aurait-elle pas été brisée sous la pression ? Comment une lampe électrique aurait-elle permis de voir autre chose que le premier corps appliqué contre la petite fenêtre ? Comment Gerstein aurait-il pu savoir que, trois minutes après ces vingt-cinq minutes, peu de gens survivent dans les quatre chambres et que, quatre minutes après les vingt-huit minutes, deux mille huit cents à trois mille deux cents personnes sont mortes ? Il dit qu'une fois ouvertes les portes de bois, les morts sont encore debout « comme des colonnes de basalte ». En ce cas, on se pose à nouveau la question :

« Puisque les morts ne tombaient pas, comment Gerstein pouvait-il distinguer à travers la petite fenêtre de chaque chambre les morts et les vivants ? » Comment peut-il affirmer : « Même morts on connaît encore les familles, qui se serrent encore les mains. On a peine de les séparer [...] » ?

Il écrit que les cadavres étaient jetés dans des fosses de 100 m x 20 m x 12 m. Une profondeur de douze mètres représente trois à quatre étages. Il s'agirait de gouffres, mais ces gouffres auraient-ils pu engouffrer quinze mille cadavres par jour ? Ces « fossés » qu'il nous dit « situés auprès des chambres de la mort » ne pouvaient pas à cette cadence continuer de se situer près des chambres à gaz et ils se seraient étendus sur des kilomètres carrés. Mais, au fait, quinze mille morts par jour (un « maximum », il est vrai), cela implique que l'opération à laquelle Gerstein dit avoir assisté pour la première et pour la dernière fois de sa vie se reproduisait cinq fois par jour (750 x 4 = 3.000 x 5 = 15.000). Or, le capitaine de police Wirth, dont il est dit qu'il dirigeait ce camp, prenait soin, nous rapporte Gerstein, de faire contrôler toutes les bouches, tous les anus et toutes les parties génitales à la recherche d'or ou de diamants. Imagine-t-on ces journées où il fallait assurer la réception de quinze mille personnes, les amener à se déshabiller et à entrer dans des pièces de vingt-cinq mètres carrés et d'un mètre quatre-vingts de hauteur, les tuer avec le gaz d'échappement d'un vieux moteur Diesel, les extirper une à une, leur ouvrir la bouche pour en extraire éventuellement des dents en or, les sonder de toutes parts, les jeter ensuite dans de gigantesques fosses qu'il fallait bien auparavant avoir ouvertes en retirant de la terre jusqu'à douze mètres de fond ? On peut se demander par quel moyen se faisait l'extraction de la terre à une telle profondeur de même qu'on peut s'interroger sur les montagnes de vêtements et de linge que le lendemain Gerstein verra, dit-il, à Treblinka ; ces montagnes ont de trente-cinq à quarante mètres « environ » (*sic*) de hauteur : comment faire cette fois-ci pour projeter ou déposer des vêtements et du linge à la hauteur de dix à douze étages ?

Gerstein écrit que la radio anglaise minimise le nombre des gens tués par les Allemands à Belzec et à Treblinka ; pour lui, ce nombre est « environ » de vingt-cinq millions (dans d'autres versions il parle seulement de vingt millions). Léon Poliakov ne reproduit pas ce passage et, d'ailleurs, il ne reproduit en tout et pour tout qu'une partie du texte français de Gerstein. Il le fait au prix de nombreuses manipulations que je ne peux toutes citer ici. L'une de ces manipulations vaut cependant la peine d'être mentionnée. On a vu ci-dessus que Léon Poliakov avait affecté de voir probablement « Wirth » là où Gerstein avait clairement écrit « *Hauptsturmfuehrer* Obermeyer de Pirmasens » (personnage de fiction) ; dans la suite du texte, Gerstein nomme à nouveau en toutes lettres « le *Hauptsturmfuehrer* Obermeyer » et, cette fois-ci, L. Poliakov, sans le moindre scrupule et sans note en bas de page, substitue à ce grade et à ce titre le simple nom de... Wirth.

De la même façon et toujours avec le même sang-froid, L. Poliakov avait supprimé à deux reprises la mention faite par Gerstein du volume des pièces. Léon Poliakov, qui avait, de sa propre autorité, transformé les vingt-cinq mètres carrés de superficie en quatre-vingt-treize mètres carrés ne pouvait évidemment plus conserver le volume de quarante-cinq mètres cubes pourtant deux fois indiqué par le texte. En effet, s'il avait mentionné ce volume de quarante-cinq mètres cubes, nous nous serions trouvés devant des chambres à gaz qui, ayant quatre-vingt-treize mètres carrés de superficie, auraient eu à ce compte environ cinquante centimètres de hauteur.

Le lendemain, c'est-à-dire le 20 août 1942, Gerstein est censé se rendre à Treblinka. Pour ce qui est des chambres à gaz, il se contente de dire qu'il y en avait huit. Il ne décrit aucune opération de gazage. Il est intéressant de noter ici que, selon la vulgate exterminationniste établie au grand procès de Nuremberg, il n'y avait pas à Treblinka de chambres à gaz, mais treize « chambres à vapeur » ![328]

Parvenu ensuite en automobile à Varsovie, Gerstein prend le train Varsovie– Berlin. Dans le train, il lie conversation avec un attaché de la légation de Suède à Berlin, le baron von Otter. Encore sous le coup de ce qu'il vient de voir, il raconte tout à ce Suédois à qui il demande de prévenir les Alliés. Il dit qu'après quelques semaines il a encore vu deux

---

[328] Voy. le document PS-3311 dans le tome XXXII du *TMI*, p. 154-158, sixième charge contre Hans Frank, gouverneur général de Pologne.

fois Otter. Ce dernier lui dit qu'il a fait son rapport au gouvernement suédois, un rapport qui, selon les mots du baron, « a eu grande influence aux relations de Suède et d'Allemagne ». Gerstein ajoute qu'il a également voulu prévenir le « chef de la légation du Saint-Père », mais « on me demanda si j'étais soldat. Alors, on me refusa tout entretien. » Il fait alors un rapport détaillé au « secrétaire de l'épiscopat de Berlin, M$_{gr}$ le D$_r$ Winter », espérant ainsi atteindre l'évêque de Berlin et la légation du Saint-Père. Toute cette partie du récit ne comporte en elle-même rien de tout à fait invraisemblable. On est même surpris de ce retour apparent à la réalité. Je ne parle pas bien sûr de la véracité du récit, qui est une tout autre affaire.

Après ce passage, le lecteur a de nouveau le sentiment de lire le récit d'une imagination malade. Gerstein en revient à parler de Günther. Ce dernier ne paraît pas lui avoir demandé le moindre compte rendu de sa mission ultrasecrète. En revanche, il demande à Gerstein de lui procurer plusieurs wagons « d'acide toxique ». Dans quel but ? Gerstein pense à plusieurs possibilités : peut-être les nazis voulaient-ils tuer « une grande partie du peuple allemand, peut-être les travailleurs étrangers, peut-être les prisonniers de guerre ».

En tout cas, Gerstein, qui semble, lui, le simple sous-lieutenant, bénéficier d'une étrange omnipotence, fait disparaître cet acide. Il dit posséder assez de cet acide pour tuer « huit millions d'hommes ». Une autre fois Günther, qui ne paraît décidément pas se décourager à la suite de ces colossales disparitions d'acide, vient demander à Gerstein – l'homme qui sait tout – s'il est possible de tuer un grand nombre de juifs « au plein vent des fossés de fortifications de Maria-Theresienstadt ». La question est d'une incroyable absurdité. S'il s'agit, comme c'est probable, d'acide cyanhydrique, se représente-t-on la scène ? Les juifs se promèneraient dans les fossés et, d'en haut, on tenterait de leur déverser sur la tête le contenu de bouteilles (?), de flacons (?) remplis d'un acide tellement volatil qu'il serait surtout dangereux pour les verseurs ? Plus loin, Gerstein écrit que des millions d'hommes – à ajouter à ceux des trois petits camps – sont morts à Auschwitz (il écrit Oswice pour Oswiecim) et à Mauthausen-Gus (il écrit Gus pour Gusen) dans des chambres à gaz statiques ou automobiles. Il précise : « La méthode de tuer les enfants était de leur tenir sous le nez un tampon à l'acide prussique » ; encore une fois le caractère volatil de l'acide prussique ou cyanhydrique semble rendre impraticable une pareille méthode de mise à mort.

Témoin omniprésent d'atrocités toutes plus fortes les unes que les autres, il écrit qu'à Oranienburg, près de Berlin, il a vu disparaître en un seul jour tous les prisonniers homosexuels. Il ne précise pas les conditions de cette disparition et à quel titre il se trouvait là. Dans ses confessions du 6 mai 1945, il dit qu'il a vu disparaître des homosexuels dans un four (plusieurs milliers, dans les confessions du 6 mai ; plusieurs centaines, dans celle du 4 mai) ; en un seul jour (confessions du 26 avril et du 6 mai) ou en plusieurs jours (confession du 4 mai).

Pour en revenir à son expérience d'Auschwitz, lieu où il ne semble jamais s'être rendu, Gerstein, dans ses confessions du 6 mai, dit que plusieurs millions d'enfants ont été tués par la méthode de l'acide prussique placé sous leur nez.

Quelques particularités supplémentaires de la version allemande du 4 mai 1945

Wirth est censé raconter à Gerstein quels procédés avaient été utilisés pour tuer les malades mentaux. Parmi ces procédés figurait celui-ci : on tuait les gens par air comprimé dans de vieilles chaudières dans lesquelles l'air était mis sous pression avec des compresseurs comme ceux qui sont utilisés pour arracher l'asphalte.

Mais voici un autre genre de mise à mort utilisée par les Allemands : « On faisait monter aux gens l'escalier d'un haut-fourneau et, après les avoir abattus d'un coup de grâce, on les faisait disparaître dans le haut-fourneau. » Cette scène est invraisemblable. Il faut en effet supposer la présence en haut de l'échelle d'un Allemand qui aurait été lui-même dans les volutes de gaz chauds émanant du haut-fourneau ; il ne s'y serait pas maintenu ; et, de plus, comment procéder pour faire monter ces escaliers de la mort aux victimes qui auraient vu quel sort les attendait là-haut ? Gerstein ajoute cette phrase :

« Dans des fours de tuileries, beaucoup de gens ont été, paraît-il, abattus et brûlés ». Et après une telle avalanche d'énormités assenées au lecteur du ton le plus normal, il manifeste un scrupule. Il émet une réserve et dit : « Cette source cependant n'est pas suffisamment sûre. »

Quelques particularités supplémentaires de la version allemande du 6 mai 1945

Dans cette version, Günther lui donne l'ordre de se procurer deux cent soixante kilos d'acide prussique (et non pas cent kilos) ; Günther fait cela « avec toutes sortes d'allusions mystérieuses ». On retrouve le petit enfant juif distributeur de ficelles, mais les changements ne manquent pas d'intérêt. Voici le texte : « Sous le bras d'un petit garçon juif, on presse une poignée de brins de jonc, que l'enfant de trois ans, éperdu, distribue aux gens : pour attacher ensemble les chaussures! Car, dans le tas de trente-cinq ou quarante mètres de haut, personne n'aurait pu ensuite aller retrouver les chaussures allant ensemble. » Dans la version française du 26 avril 1945, il y avait déjà un tas de trente-cinq à quarante mètres mais c'était à Treblinka et le tas était formé de vêtements et de linge.

Sur la contenance des chambres à gaz, Gerstein fait un raisonnement des plus curieux et dont, pour ma part, je ne vois pas la logique. Il écrit : « Les gens se marchent sur les pieds, 700 à 800 personnes sur 25 m$_2$ dans 45 m$_3$. Je fais une estimation : poids moyen : tout au plus 35 kg ; plus de la moitié sont des enfants ; poids spécifique 1 ; donc 25.250 kg d'êtres humains par chambre. Wirth a raison : si la SS pousse un peu, on peut faire entrer 750 personnes dans 45 m$_3$! » On se demande s'il ne faut pas avoir l'esprit dérangé pour aller ainsi trouver une formule mathématique qui montrerait la possibilité d'un phénomène physique qui, en tout état de cause, est matériellement impossible.

Gerstein revient sur l'épisode de la petite fenêtre, ici devenue une petite lucarne : « la petite lucarne, par laquelle la lumière électrique éclaire un instant la chambre ». Et il ajoute cette étonnante précision : « Wirth m'avait minutieusement interrogé pour savoir si je trouvais mieux de faire mourir les gens dans une pièce éclairée ou sans éclairage. » Il dit aussi : « Le jour de ma visite n'arrivèrent à Belzec que deux transports avec au total environ 12.500 personnes. Cette installation [de Belzec] fonctionnait depuis avril 1942 et effectue en moyenne 11.000 mises à mort par jour. Quand moi-même et mon cercle d'amis écoutions la radio de Londres ou la Voix de l'Amérique, nous nous étonnions souvent de ces anges innocents qui nous présentaient des centaines de milliers de morts, alors qu'il y en avait déjà par dizaines de millions. Le mouvement de Résistance hollandais me fit demander en 1943 par le "Diplomingenieur" Ubbink de Duisburg de ne pas leur fournir des atrocités mais des faits de la plus stricte authenticité. »

Revenant à Günther et aux exigences de ce dernier en matière d'acide cyanhydrique, il écrit : « De certaines questions d'ordre technique que Günther posa je conclus qu'on devait avoir en vue de tuer un très grand nombre de personnes dans une sorte de salle de club ou de lecture. » Revenant aux hauts fourneaux, il précise que la montée des victimes se faisait par un escalier en spirales. Parlant des cruautés dont même les SS pouvaient être victimes, il écrit : « de tout jeunes membres des Waffen SS ont été fusillés pour le fait d'avoir attrapé un camarade par le fond de son pantalon dans la région du pubis. »

Quelques particularités supplémentaires de la version française (Capitaine Douchez (?) du 6 mai 1945

À propos du petit distributeur de ficelles, il déclare : « Un garçonnet juif de trois ans reçoit une brassée de ficelles qu'il distribue pensivement aux autres : c'est destiné à lier les chaussures, car jamais personne ne pourrait retrouver les paires assorties dans le tas haut de 35 à 40 m. »

Les morts ne sont plus « par dizaines de millions » mais seulement de « plus de dix millions ».

Il déclare encore :

> « Dans l'année 1943, la Résistance hollandaise me fit dire par UBBINK que j'étais prié de ne pas fournir d'atrocités inventées, mais de me contenter de reproduire la stricte vérité ; malgré mes indications de ces choses, en août 1942, auprès de l'ambassade suédoise à Berlin, on se refusa à croire ces chiffres. Malheureusement, j'en réponds sous serment, ces chiffres sont exacts. »

Gerstein nous livre ici un renseignement important : le baron von Otter, selon lui, se refusa à croire ces chiffres. On comprend cette réaction du Suédois puisque, de toute évidence, Gerstein n'avait pas été en mesure d'établir de pareils chiffres ; le sous-lieutenant Kurt Gerstein n'avait ni la science infuse, ni le don d'ubiquité ; il lui aurait fallu être partout et conduire une gigantesque enquête statistique.

Il déclare encore :

> « Wirth me demande de ne pas proposer à Berlin de modification dans les méthodes de mort dans les chambres à gaz employées jusqu'à présent car elles ont fait leurs preuves (*sic*). Ce qui est curieux, c'est que l'on ne m'a posé aucune question à Berlin. J'ai fait enterrer l'acide prussique emporté. »

Il y a dans ces quelques lignes de Gerstein ou attribuées à Gerstein de nouvelles invraisemblances. En effet, Gerstein aurait été envoyé de Berlin à Kollin (près de Prague), à Lublin, à Belzec et à Treblinka pour une mission ultra-secrète et particulièrement grave ; on aurait mobilisé un camion et un chauffeur qui, accompagnés par Gerstein lui-même et par le professeur Pfannenstiel en voiture, seraient allés chercher cent ou deux cent soixante kilos d'acide cyanhydrique à Kollin ; une pareille livraison, surtout en temps de guerre où tout est contrôlé et contingenté, nécessite une autorisation spéciale et plus d'une formalité ; il s'agit, de plus, d'un produit très dangereux à transporter, particulièrement en saison chaude (nous sommes en août) où le transport d'acide cyanhydrique doit se faire en principe de nuit. À Lublin, nos gens sont reçus par un général

SS qui leur déclare : « J'ai reçu l'ordre de ne pas donner de permis aux gens qui sont obligés de visiter ces installations pour des raisons de service indispensables, mais de les accompagner personnellement en vue de la conservation du secret. » Le même général a précisé auparavant : « Un autre aspect [que celui de la désinfection] beaucoup plus important de votre mission est de modifier le fonctionnement même de nos instituts de mort. Actuellement cela se fait grâce aux échappements de gaz d'un vieux moteur Diesel russe. Je pense surtout à l'acide prussique. » Cette dernière phrase est curieuse. Comment le général peut-il dire qu'il « pense surtout à l'acide prussique » alors que la mission même de nos gens consiste à lui apporter de l'acide prussique ou cyanhydrique ? Mais, au fait, il ne suffit pas d'apporter cet acide quelque part pour tuer des gens. Comment va-t-on procéder à la manipulation du poison pour ne pas s'empoisonner soi-même ? Quelle étude des lieux a bien pu précéder ce transport ? A-t-on vraiment envoyé sur place le sous-lieutenant Gerstein avec de pareilles quantités d'acide pour qu'il improvise en un tournemain la liquidation physique de soixante mille hommes par jour en trois endroits de Pologne distants de plusieurs centaines de kilomètres les uns des autres ? Gerstein dit :

« J'ai visité à fond tous ces endroits. » Il veut ici parler de Belzec, de Sobibor [camp que dans une autre version il dit n'avoir pas vu] et de Treblinka. Il est curieux que le général ne fasse d'ailleurs mention que d'un seul « vieux moteur Diesel russe ». Est-ce le cas à chaque fois dans chacun des trois camps ? On pourrait multiplier les interrogations. Mais le plus étonnant n'est-il pas que personne ne demande à Gerstein et à ses acolytes un compte rendu de cette mission ultra-secrète ? Ainsi donc, à l'en croire, le capitaine Wirth lui aurait demandé de ne rien modifier de la vieille méthode du « vieux moteur Diesel russe » ? Ce capitaine inviterait Gerstein à ne pas proposer à Berlin de changer de méthode ? Est-ce vraisemblable ? Gerstein n'était pas envoyé en mission d'information. Une très grave décision avait été prise à Berlin et toute une machinerie militaire, industrielle et administrative avait été lancée. Gerstein dit qu'il a fait enterrer l'acide prussique emporté. Cela signifierait qu'un sous-lieutenant aurait, de sa propre autorité, décidé d'enfreindre un ordre venu du plus haut échelon à Berlin et confirmé en quelque sorte sur place par un général SS. Dans la première version de ses confessions (manuscrit français du 26 avril 1945), il dit que, répondant à la demande du capitaine Wirth, il a menti : il lui a affirmé que l'acide s'était « détruit » durant le transport, devenant ainsi dangereux et qu'il lui avait fallu enterrer cet acide, chose « qui se fit aussitôt ». La deuxième version (tapuscrit français du même jour) confirme la première version : « Alors je serai forcé de l'enterrer – [ce qui] se fit aussitôt. » La troisième version (tapuscrit allemand du 4 mai 1945) dit également : « J'ai fait enterrer l'acide prussique sous ma surveillance, sous prétexte qu'il se décomposait. » Or, enterrer les conteneurs de cent ou deux cent soixante kilos d'acide cyanhydrique ne saurait être une sinécure. Qui a fait ce travail dangereux et ardu sous la surveillance du sous-lieutenant Gerstein ? Le chauffeur du camion, de plus, n'aurait pas manqué de faire son rapport à Berlin, lui qui, à l'origine, était le seul à savoir où nos gens devaient se rendre. Gerstein l'a-t-il mis dans la confidence ? Et le général Globocnik ne s'est-il pas enquis du chargement de ce camion qui accompagnait Gerstein lors de son arrivée à Lublin, puis lors de son voyage de Lublin à Belzec, puis, sans doute de Belzec à Treblinka? Cette question se pose d'autant plus que le général attendait, à Lublin, Gerstein et son chargement d'acide prussique et qu'il avait l'obligation de conduire ses hôtes de camp d'extermination en camp d'extermination. On se demande aussi quel jour le général Globocnik a pu faire visiter le camp de Sobibor que Gerstein prétend avoir « visité à fond » ; du moins le prétend-il dans une version de ses confessions car dans les cinq autres versions il dit n'avoir pas vu Sobibor. Le 17 août 1942, Gerstein est à Lublin ; le 18 et le 19 août, il est à Belzec ; enfin, le 20 il est à Treblinka et le soir même du 20 il est à Varsovie d'où il prend le train pour Berlin. Sa mission aura été invraisemblablement courte pour celle d'un homme censé mettre au point un nouveau processus de gazage homicide au moins dans trois camps : soit ceux de Belzec, Treblinka et Sobibor, selon une version ; soit ceux de Belzec, Treblinka et Majdanek, selon les cinq autres versions. De toute manière on ne voit pas quand, dans ce déplacement de quelques jours, il a pu visiter « à fond » le troisième camp. Ce pourrait être lors d'une autre mission, mais nulle part dans ses confessions il ne fait état d'une autre mission ou d'un autre déplacement. Sa mission ultra-secrète, ordonnée par Günther, et au cours de laquelle le professeur Pfannenstiel est pris comme compagnon de route « plutôt par hasard », est manifestement la seule mission de ce genre qu'il ait eu à accomplir.

Gerstein se plaint des difficultés qu'il rencontre à être cru ou, plus simplement, à être écouté. Il demande ce qu'on peut dans ce cas attendre d'un citoyen moyen contre le nazisme. Il poursuit en ces termes : « Que doit-il faire lui qui ne connaît ces erreurs, en général, que de ouï-dire ? Lui qui, comme des millions d'étrangers (telle la Résistance hollandaise) tient ces choses pour terriblement exagérées, qui ne dispose pas de mon habileté, qui n'a peut-être aucune occasion telle que moi d'écouter la radio étrangère, que doit-il faire contre le nazisme si même le représentant du pape en Allemagne se refuse à écouter des informations de cette importance extraordinaire sur cette violation unique contre la

base de la loi de Jésus "Tu dois aider ton prochain comme toi-même" ? »
Il continue un peu plus loin en disant qu'il a « rendu compte de ces morts
atroces à des centaines de personnes influentes » et il cite certains noms
dont celui du Suisse Paul Hochstrasser.

Il réitère l'histoire des enfants tués par un tampon d'acide
cyanhydrique tenu sous le nez. Il dit par ailleurs : « Un autre jour, à
Oranienburg, j'ai vu disparaître sans traces des milliers de pédérastes
dans un fourneau ». Il est à supposer que si de telles affirmations étaient
soumises à l'attention soit de l'Amicale des anciens déportés
d'Auschwitz et des camps de Haute-Silésie, soit de l'Amicale des anciens
déportés d'Oranienburg-Sachsenhausen, ces associations crieraient à la
folie ou à la provocation. Elles auraient les mêmes réactions que celle de
David Rousset devant les chiffres inventés par Jean-François Steiner pour
son livre sur Treblinka.

Revenant à parler de Belzec et du capitaine Wirth, Gerstein dit de ce
dernier qu'il n'avait « aucune notion de chimie ou de physiologie ». Il
faut reconnaître que les Allemands qui ne manquaient pourtant pas de
chimistes ni de physiologistes, étaient allés recruter en la personne de
Wirth un curieux « gazeur » : pour gazer environ quinze mille personnes
par jour, Wirth se servait des gaz d'échappement d'un vieux moteur
Diesel russe. Mais Gerstein, lui, – nous le savons par sa biographie – avait
mieux que de simples notions de chimie et de physiologie ; il avait reçu
une formation de technicien des mines, puis une formation de
physiologiste et, enfin, il était un membre distingué de l'Institut
d'hygiène de la Waffen-SS à Berlin. Faisait partie de ce même institut le
docteur en médecine Walter Dötzer, auteur d'un ouvrage sur la
stérilisation, la désinfection et la désinsectisation publié en 1943 par
« Preussische Verlags– und Druckerei G.m.b.H. » de Berlin ; cet ouvrage
était, pour cette année-là, le troisième *Cahier des Directives de travail
pour la clinique et le laboratoire de l'Institut d'hygiène ;* dans la préface,
datée d'avril 1943, W. Dötzer remercie l'ingénieur diplômé Gerstein
pour les conseils qu'il lui a donnés dans le domaine technique.[329] Aussi
les invraisemblances techniques de toute nature dont fourmillent les
confessions de Gerstein sont-elles particulièrement surprenantes. À l'en
croire, Wirth lui avait parlé « d'un petit enfant qu'ils ont trouvé un matin
dans une chambre à gaz qui n'avait pas été vidée la veille, et qui était
parfaitement vivant et gai ». Gerstein rapporte le fait comme l'une de ces
choses « les plus étranges apparemment » qu'il a recueillies de la bouche
de Wirth. Il ne se pose pas la question de savoir comment un petit enfant,
comprimé avec sept cent cinquante personnes dans une chambre à gaz de

---

[329] Arbeitsanweisungen für Klinik und Laboratorium des Hygiene-Institutes der Waffen-SS, Berlin, Heft 3, Dr.med. Walter Dötzer, *Entkeimung, Entseuchung und Entwesung.*

vingt-cinq mètres carrés et d'un mètre quatre-vingts de hauteur de plafond, aurait pu survivre à une telle compression, à un gazage qui aurait tué tout le monde autour de lui, à la promiscuité pendant toute une nuit de tant de cadavres (décrits par ailleurs comme offrant un terrible spectacle de corps couverts de sueur, de sang, d'excréments) ; comment cet enfant aurait-il pu le lendemain matin être découvert « parfaitement vivant et gai » ? Gerstein rapporte que Wirth, selon les propos de l'intéressé, se serait livré à des expériences « particulièrement intéressantes sur des faibles d'esprit ». Il écrit : « Des essais ont également été faits [par Wirth] à l'aide d'air comprimé : des gens ont été mis dans de vieilles bouilloires remplies, à l'aide de compresseurs, d'air comprimé. » Il ajoute, pour sa propre part : « À Treblinca, j'avais l'impression que certains vivaient encore et étaient seulement sans connaissance, ce qui n'excluait pas qu'au cours de la nuit, ils pouvaient se ranimer et souffrir un nouveau martyre jusqu'à la mort définitive. » Cette dernière expérience de Gerstein est troublante. Elle est présentée comme une sorte de confirmation par Gerstein lui-même des récits qu'il tient de Wirth ; or, elle rend encore plus invraisemblable l'histoire du petit miraculé ; de plus, Gerstein n'a passé que quelques heures à Treblinka le 20 août 1942. Il est parti le matin de Belzec et la distance entre Belzec et Treblinka est d'au moins trois cents kilomètres ; il a déjeuné à Treblinka d'où il est parti pour gagner Varsovie, distante de quelque quatre-vingt-dix kilomètres afin d'y prendre vers vingt heures le train pour Berlin : qu'a-t-il pu observer qui lui permette de supposer quoi que ce fût à propos de ce qui avait pu se passer pendant la nuit ? Il ajoute : « Presque tous avaient les yeux ouverts et offraient un aspect effroyable. »

À l'épisode des hauts-fourneaux il ajoute l'épisode des fours à briques. C'est ainsi qu'il écrit : « Un autre moyen de tuer du monde en Pologne était de faire monter les personnes en haut d'échelles de hauts-fourneaux et les jeter à l'intérieur après les avoir tuées d'un coup de pistolet. Beaucoup d'êtres auraient disparu dans des fours à briques, étouffés par les gaz et brûlés. » Il ajoute : « Dans ces cas je ne dispose pas d'une source absolument garantie. »

Il écrit encore :

> « Un des chefs de la police de Bromberg, le SS Sturmbannfuehrer Haller, racontait au médecin qui suivait le cours avec moi qu'il était d'usage à son arrivée à Bromberg de prendre les enfants juifs par les pieds et de leur casser la tête contre le mur de leur appartement, pour éviter le bruit de la fusillade. »

À propos des SS hollandais ou belges, il raconte :

« ˑLes deux tiers ont été amenés [à la SS] par force et par ruse sous prétexte de cours sportif. S'ils refusaient par la suite d'obéir, ils étaient immédiatement fusillés.ˮ Il ajoute : "Toute personne qui, même de l'extérieur, d'un geste imprudent, touchait au pantalon d'un camarade était immédiatement fusillé. Cet ordre émanait directement de *Himmler* et a coûté la vie à beaucoup de tout jeunes SS, sortant de la Hitler Jugend et amenés par force aux SS.ˮ Gerstein ne donne aucun éclaircissement sur cet ordre, ni aucune référence ; si cet ordre avait existé, il serait connu et des SS et de la législation des tribunaux militaires allemands. »

Gerstein à la une de France-Soir, le 4 juillet 1945

Le 4 juillet 1945, en première page et sur trois colonnes, *France-Soir* titre : « Un bourreau des camps nazis avoue : J'ai exterminé jusqu'à 11.000 personnes par jour. » L'article est signé du correspondant de guerre de *France-Soir*, Géo Kelber ; il est daté de « Stuttgart… juin » sans précision de jour. À droite figure la reproduction d'un texte dactylographié en allemand ; il s'agit du commencement du *curriculum vitæ* de Gerstein.

Le journaliste présente le document en ces termes : « Le document officiel du 2ᵉ Bureau de la 1ʳᵉ Armée française, où Gerstein, le bourreau de Belsic [*sic*], a consigné ses aveux. » À la fin de son article, Géo Kelber fait une remarque de bon sens ; il écrit : « Le plus étrange, c'est que le SS Gerstein répand des déclarations comme preuve de sa révolte "humanitaire" et qu'il est encore en liberté comme s'il n'avait aucune responsabilité dans l'œuvre de mort du camp de Belsic. »

La Justice militaire française se refuse à croire Gerstein

Le 22 avril 1945, Gerstein s'était rendu à des soldats français. De ce jour et jusqu'à sa mort à Paris, le 25 juillet 1945 dans la prison du Cherche-Midi, il semble que Gerstein ne cessera de protester de son innocence, de dénoncer les horreurs de Belzec et de vouloir apparaître comme témoin à charge dans le procès qui s'annonce des grands responsables du III$_e$ Reich.[330] La Sécurité militaire française le laisse relativement libre de ses mouvements. Il en profite pour écrire de multiples versions de son récit. Amené en France, il commence enfin à être interrogé sérieusement par un juge d'instruction militaire, le commandant Mattei, le 19 juillet. Nous possédons le texte de l'interrogatoire. Méfiant, logique et précis, le commandant Mattei ne cache pas son scepticisme. Pierre Joffroy écrit : « Le commandant Mattei connaît son dossier. L'invraisemblance de la thèse gersteinienne a de quoi le suffoquer. »[331] Le juge signe alors l'inculpation de Gerstein pour avoir « participé directement ou indirectement à l'assassinat de nombreux déportés en Allemagne, en fournissant deux cent soixante kilos de cyanure de potassium destinés à asphyxier les victimes dans les chambres à gaz ».

Six jours plus tard, Gerstein est retrouvé pendu dans sa cellule.

Pas une ligne du « rapport Gerstein » n'est lue au TMI de Nuremberg !

Le 26 avril 1945, Gerstein avait rédigé en français le texte que, par la suite, on devait appeler « le rapport Gerstein », comme s'il n'y avait en notre possession qu'un seul texte de ses confessions. Ce « rapport » ne semble pas avoir intéressé le moins du monde notre Service de sécurité militaire qui, par ailleurs, laissait le SS à peu près libre de ses mouvements. Le 5 mai, deux officiers alliés, le Britannique D. C. Evans et l'Américain J. W. Haught, prenaient gîte à l'hôtel de Rottweil – près de Stuttgart – et voyaient s'avancer vers eux un civil allemand désireux de leur montrer des papiers. Il s'agissait de Gerstein et ces papiers n'étaient autres que le fameux « rapport » du 26 avril qui, quoique rédigé en français, n'avait pas, semble-t-il, intéressé les Français. Ces deux officiers faisaient partie du service secret chargé de l'information scientifique et, en particulier, de l'information sur les gaz mis au point par les Allemands. C'est ainsi que « le rapport Gerstein » devait, en fin de compte, se retrouver dans les archives américaines du grand procès de Nuremberg. Ce rapport et quelques factures de livraison de Zyklon B étaient archivés sous la même cote PS-1553. Ce rapport aurait dû constituer la pièce la plus sensationnelle du procès. Il n'en fut rien. Les Américains la passèrent sous silence. Les Français, découvrant cette pièce dans les archives américaines, ne firent usage que des factures de

---

[330] Il est à noter que Gerstein ne semble avoir rédigé aucun écrit sur les horreurs de Belzec et autres camps avant de tomber aux mains des Alliés. Il s'est beaucoup déplacé à l'étranger pendant la guerre et a eu, semble-t-il, des contacts avec des Résistants ; pourquoi n'a-t-il remis aucune relation écrite ?

[331] P. Joffroy, *op. cit.*, p. 251.

Zyklon B. Encore le juge américain, Francis Biddle, chercha-t-il à faire écarter le document PS-1553. Pour tout détail sur l'étrange affaire de ce document, on se reportera aux pièces suivantes : a) Pour le débat autour de ce document, le sixième tome du TMI, aux pages 345-347 et 376-377 ; b) Pour ce qui figure dans la documentation, le 27e tome, aux pages 340-342, où l'on constatera que ne figurent que deux factures de livraison de Zyklon B, l'une pour Oranienburg et l'autre pour Auschwitz, toutes deux aux fins de « désinsectisation et décontamination » (*Entwesung und Entseuchung*) ; c) Pour les révélations de Pierre Joffroy, le livre de ce dernier aux pages 265-269 ; ces révélations sont particulièrement intéressantes mais, au bas de la page 267, Pierre Joffroy commet une erreur : les excuses que le président du tribunal présente au procureur français Dubost ne concernent pas le document PS-1553, mais un autre document qui est sans rapport avec notre sujet.

On n'ose pas publier les confessions de Gerstein in-extenso !

Si les confessions de Gerstein étaient publiées *in extenso*, leurs anomalies, leurs énormités et leurs contradictions sauteraient aux yeux. Jamais Léon Poliakov n'a publié ces confessions sans les tronquer ou les dénaturer de quelque manière. Les publications françaises, allemandes ou anglaises sont toutes entachées des mêmes vices. Dans les procès américains ou allemands on a agi de même. Un exemple récent illustrera ces procédés. Je l'emprunterai à un ouvrage de François de Fontette dont les titres sont les suivants : doyen honoraire de la faculté de droit et de sciences économiques d'Orléans, professeur à la faculté de droit de l'université René Descartes (Paris-V). L'ouvrage a été publié dans la collection « Que sais-je ? » des Presses Universitaires de France, en 1982, et s'intitule : *Histoire de l'antisémitisme*. Le chapitre final porte sur « L'extermination, "solution finale" ». L'auteur commence par dénoncer les révisionnistes, ces gens qui « ont la stupide prétention et l'insolente audace de nier » l'extermination des juifs (p. 113). Puis, désireux d'apporter une preuve de cette extermination par le gaz, il en choisit une et une seule, celle qu'il croit trouver dans l'une des confessions de Gerstein (celle, en allemand, du 4 mai 1945) ; il en emprunte le texte à un ouvrage de Léon Poliakov et Josef Wulf, *Le IIIe Reich et les Juifs*. Il écrit, à la page 120 : « On donnera un seul témoignage, celui de Kurt Gerstein, chrétien engagé dans les SS à seule fin de témoigner pour l'avenir et qui rapporte ce qu'il a vu à Belzec lorsque les victimes sont dirigées vers les chambres à gaz qui ressemblent à des salles de douches. » Arrivé à ce point, F. de Fontette cite vingt-sept lignes du récit qu'on pourrait intituler « Prélude de l'opération » ; il s'agit du récit stéréotypé montrant notamment mères et enfants dans leur progression vers les chambres à gaz. Soudain, alors que le lecteur s'attend à trouver le récit même du gazage, F. de Fontette coupe le fil de la narration et donne… « le résultat de l'opération ». Il écrit textuellement cette phrase introductive : « Et voilà le résultat lorsque l'opération est terminée… » Et de nous donner le récit à nouveau stéréotypé des cadavres entassés, qu'on extrait des chambres à gaz. Ce faisant, il a sauté trente-cinq lignes qui décrivaient le plus important, c'est-à-dire l'opération elle-même avec toutes ses absurdités : sept à huit cents personnes debout sur vingt-cinq mètres carrés, etc. Au lieu de nous fournir ces trente-cinq lignes qui sont le cœur du récit, F. de Fontette a procédé à un découpage qui lui a fait retenir 27 + 17 = 44 lignes qui n'étaient que le prélude et la conclusion. F. de Fontette, comme L. Poliakov et comme Saül Friedländer et comme bien d'autres encore, a **vu** les absurdités du récit mais il n'a pas voulu que les autres les **voient**. Pierre Joffroy est le seul à avoir fourni le texte complet de l'une des confessions de Gerstein. Je suis personnellement en mesure de dire pourquoi. Au cours d'une conversation téléphonique vieille de plusieurs années, M. Joffroy devait me dire qu'il n'avait pas aperçu d'invraisemblances dans le texte de Gerstein : seul le chiffre de vingt-cinq millions de morts, donné par celui-ci, lui avait paru excessif.

Il aurait fallu écouter les mises en garde de Paul Rassinier et d'O. Wormser-Migot

Les études de Paul Rassinier sont aujourd'hui trop connues pour que j'y revienne ici. Dans plusieurs ouvrages, Rassinier traite du cas Gerstein et, par le fait même, du cas Poliakov. Il démontre avec toute la pertinence désirable qu'il est humainement impossible d'accorder foi aux écrits de Gerstein. Toutes les conclusions ou toutes les suppositions de Rassinier ne sont pas pour autant valables aujourd'hui où nous possédons bien plus d'éléments sur Gerstein que ne pouvait en posséder Rassinier, mais l'analyse des textes est excellente. On se reportera notamment à *L'Opération « Vicaire »*. *Le rôle de Pie XII devant l'Histoire* et à *Le Drame des Juifs européens*.

Rassinier était révisionniste. Olga Wormser-Migot, elle, est exterminationniste. Dans sa thèse sur *Le Système concentrationnaire nazi*, elle exprime son scepticisme sur le cas Gerstein. Dans une note de la page 11, elle écrit à propos de la confession de Gerstein : « confession dont bien des points demeurent obscurs et notamment les conditions, le lieu, le moment de sa rédaction. Depuis l'utilisation de sa confession dans *Le Vicaire* de Rolf Hochhuth, Gerstein apparaît comme un symbole plutôt que comme une personnalité historique. » Plus loin, elle écrit : « Nous nous sommes posé de multiples questions à propos de Gerstein et de sa confession, sans arriver à en élucider bien des obscurités ».[332] Elle ajoute : « Des personnalités comme celle de Gerstein, de Sorge, de maints agents doubles, ne sont pas aisément déchiffrables ».[333] Elle termine en disant à propos du récit lui-même : « Les *leitmotive* de la confession, y compris les prières des victimes, sont tellement identiques à cinquante autres évocations, y compris celles des *Mémoires* de Höss – que nous arrivons difficilement, pour notre part, à admettre l'authenticité intégrale de la confession de Kurt Gerstein, ou la véracité de tous ses éléments ».[334]

Les déclarations du baron von Otter et de Paul Hochstrasser

Le Suédois Otter et le Suisse Hochstrasser déclarent aujourd'hui qu'ils ont eu des contacts pendant la guerre avec le SS Kurt Gerstein et ils affirment qu'ils ont, à l'époque, accordé foi aux dires de Gerstein. En ce cas, il est troublant qu'ils ne puissent pas aujourd'hui fournir la preuve qu'ils ont, à ladite époque, rédigé un rapport ou un mémorandum quelconque pour leurs gouvernements respectifs. Je vois deux explications possibles à cette incapacité de nous fournir encore en 1983 une copie de ces rapports ou mémorandums. La première explication est la suivante : ni le Suédois, ni le Suisse n'ont rédigé quoi que ce fût et cela parce qu'ils auraient senti que le récit de Gerstein était une provocation ou bien n'était que « le produit d'une fantaisie pathologique ». Ces derniers mots, rappelons-le ici, figurent dans un « Rapport d'un inspecteur de la Police judiciaire » française qui avait interrogé Gerstein en 1945.[335] L'inspecteur écrit exactement : « [Gerstein] se serait également présenté à l'ambassadeur d'une puissance neutre, je ne me souviens plus de laquelle, qui l'aurait éconduit disant que ce récit ne pouvait être que le produit d'une fantaisie pathologique. »

La seconde explication est la suivante : il a existé et il existe peut-être encore dans les archives suisses ou suédoises un ou plusieurs rapports sur ces rencontres avec Gerstein, mais on se refuse à les publier, précisément parce qu'ils feraient état du scepticisme de leurs auteurs et souligneraient le caractère délirant des propos de Gerstein.

---

[332] O. Wormser-Migot, *Le Système concentrationnaire…*, p. 426.
[333] *Ibid.*
[334] *Ibid.*
[335] P. Joffroy, *op. cit.,* p. 292.

Sur ces questions, on devra lire avec attention les pages 48-50 du livre susmentionné de W. Laqueur. Au détour d'une phrase de Laqueur, on apprend que Gerstein aurait dit au baron von Otter qu'il avait vu à Belzec une *corpse factory*, c'est-à-dire une « usine à cadavres ». Cette expression pourrait désigner à la rigueur un ensemble de chambres à gaz homicides, mais il se trouve que *corpse factory* est l'expression consacrée depuis la guerre de 14-18 pour désigner une usine où les cadavres étaient traités pour en extraire de la graisse ou pour en faire de l'engrais. Cet ignoble mensonge de la propagande de guerre avait été forgé par une officine britannique spécialisée dans la fabrication de propagande « noire ». On retrouve ce mensonge dans l'arsenal de la propagande anti-allemande de la seconde guerre mondiale. Il serait intéressant de savoir quel est le mot suédois que Walter Laqueur dit avoir littéralement traduit par *corpse factory*. De toute façon, il a circulé sur le camp de Belzec un grand nombre de rumeurs toutes plus fictives les unes que les autres.

Le « complexe de Sean McBride »

Il n'est pas du tout exclu qu'Otter et Hochstrasser souffrent aujourd'hui de ce que j'appelle « le complexe de Sean McBride ». Ce dernier, on le sait, est le fondateur d'Amnesty International. Dans *Le Monde* du 13 février 1981, p. 2, il écrivait un article intitulé « L'avertissement », dont voici un extrait :

> « Au milieu de la deuxième guerre mondiale, j'entretenais des relations extrêmement amicales avec l'ambassadeur des États-Unis en Irlande, David Gray, un intime de Roosevelt. Un jour je le vis perplexe. – J'ai reçu du Département d'État, me dit-il, des documents troublants qui font état d'une politique d'extermination menée par les nazis dans des camps spécialement aménagés à cet effet. – Je regardais les papiers qu'il détenait et, ce qui est évidemment le plus atroce, je dois l'avouer, c'est qu'ils n'apparaissaient pas très convaincants. – Mes démarches pour obtenir plus de précisions, puis pour alerter l'opinion, se heurtèrent à l'indifférence et au scepticisme. Ceci est resté pour moi fondamental : le génocide le plus monstrueux de l'histoire de l'humanité avait pu se développer durant cinq années dans l'ignorance la plus totale. »

Ainsi donc, Sean McBride s'accusait en quelque sorte en 1981 d'avoir été aveugle en 1942 et durant toute la guerre. Il en vient même à écrire cette phrase extraordinaire : « le génocide le plus monstrueux de l'histoire de l'humanité avait pu se développer durant cinq années dans l'ignorance la plus totale ». Il ne se rend pas compte de l'énormité qu'il profère ainsi, puisque, si le génocide le plus monstrueux de l'histoire de l'humanité avait pu se produire à l'époque moderne, avec tous les moyens d'information de cette époque, il n'aurait certainement pas pu se dérouler dans l'ignorance la plus totale. Les exterminationnistes soutiennent parfois ce paradoxe, mais, se rendant compte de l'énormité du propos, ils choisissent plutôt de dire : « Tout le monde savait et personne n'a voulu agir pour empêcher ce formidable génocide. » Ce qui est tout aussi incroyable.

Sean McBride s'accuse à tort. C'est aujourd'hui qu'il est dans l'erreur et c'est autrefois qu'il voyait clair. Durant ces quarante dernières années le matraquage des esprits par les médias a atteint de telles proportions qu'il nous fait aujourd'hui voir la nuit en plein jour. Il est possible qu'Otter et Hochstrasser souffrent d'un complexe à l'exemple de Sean McBride et qu'ils se disent : « Je ne croyais pas Gerstein pendant la guerre, mais aujourd'hui je le crois. Mes yeux se sont ouverts. Oui, Gerstein disait la vérité. Oui, j'ai reçu Gerstein et il m'a révélé ce que nous savons tous aujourd'hui. Je me porte garant de Gerstein et de ce qu'il disait. » Sean McBride n'a pas été le seul à se frapper le front ou la poitrine et à se dire : « A l'époque, je ne comprenais pas, mais maintenant je comprends. » Un homme comme Baldur von Schirach, en 1945-1946 au grand procès de Nuremberg, se montrera aussi stupéfait que les autres accusés de ce qu'il « apprendra » sur les gigantesques atrocités des camps de concentration, mais, en 1960, il se frappera le front et dira qu'à la réflexion un certain discours de Himmler à Posen ne pouvait avoir que le sens d'un ordre d'extermination des juifs. Il faudrait citer aussi le cas du général SS Karl Wolf. On recompose souvent les faits du passé à la lumière du présent. Tout cela est trop humain.

Quelques supercheries photographiques du film d'A. Decaux sur Gerstein.

La première photographie est un montage qui constitue une supercherie. Ce montage se trouve aux pages 194-195 du livre de Robert Naumann, *Hitler, Aufstieg und Untergang des Dritten Reiches*. Ces deux photos, qui se chevauchent bizarrement, n'ont qu'une légende : « Die Heckenholt Stiftung. Das Dokument zu Seite 190 », c'est-à-dire : « La Fondation Heckenholt. Le document à la page 190 ». Si l'on se reporte à ladite page, on y trouve un extrait de l'une des confessions de Gerstein. La « Fondation Heckenholt » est censée être le complexe de gazage homicide du camp de Belzec. Le montage est fait de manière à nous convaincre qu'il y avait à Belzec, d'une part, une pièce servant de chambre à gaz, et, d'autre part, une pièce où se trouvaient une Volkswagen et un camion, dont les gaz d'échappement s'échappaient par des tuyaux vers la chambre à gaz. Dans la réalité, la photo du haut a été prise à Auschwitz ; elle représente une pièce qui a eu deux usages successifs ; en un premier temps elle a été une chambre froide, en cul-de-sac, communiquant sur la gauche avec la salle des fours crématoires ; en un second temps, cette salle, après la mise hors service des fours crématoires vers juillet 1943, a été transformée en un abri antiaérien pour l'hôpital SS, avec salle d'opération ; une porte et une antichambre ont été ouvertes au fond et des cloisons ont été élevées en quinconce (on en voit encore la trace). Les Polonais communistes ont abattu les cloisons et conservé porte et antichambre pour faire croire que nous avions là une chambre à gaz homicide ; les victimes arrivant par le fond étaient, nous dit-on, gazées à l'acide prussique (Zyklon B), puis transportées dans la salle des fours crématoires. Pour tout détail sur cette supercherie-là, voyez, de Serge Thion, *Vérité historique ou vérité politique ?*, en particulier, les pages 314-317. Pour en revenir à la présente supercherie, on notera la présence, dans la photo du bas, de l'ombre d'une espèce de gestapiste. Les auteurs ne se sont pas préoccupés de trouver « un vieux moteur Diesel russe » ; ils ont pris une voiture et un camion immatriculés en Pologne.

Ce montage a été repris à son compte par S. Friedländer au début de son livre *Kurt Gerstein ou l'ambiguïté du bien*. La légende porte : « Chambre à gaz "Hackenholt-Stiftung" à Belzec. Les détenus étaient exterminés en trente-deux minutes par le gaz d'échappement d'un moteur Diesel (automobile au premier plan de la photo). Gerstein, qui a assisté à cette opération, en décrit le fonctionnement dans son rapport. Hackenholt était l'inventeur de l'installation et c'était lui qui faisait fonctionner le moteur. »

Annexe

Pour estimer à sa juste valeur l'émission d'A. Decaux sur Gerstein, voici deux photographies[336] :
– La première est un montage photographique ; elle constitue une supercherie déjà utilisée en 1961 pour appuyer l'étrange témoignage de Gerstein ;

---

[336] Voy. le cahier photographique, à paraître.

– La seconde concerne Dachau ; elle représente l'avertissement que les autorités du musée de Dachau ont inscrit en cinq langues sur un panneau mobile à l'intention des visiteurs : la pièce que – sans aucune preuve et sans la moindre expertise technique – elles qualifient de chambre à gaz homicide n'a, de leur propre aveu, jamais tué personne.

Dans son émission, M. A. Decaux a utilisé la supercherie de 1961 ; quant à l'avertissement du panneau mobile, il a été retiré (ou non filmé) de sorte que les téléspectateurs ont pu croire qu'ils avaient devant les yeux une abominable et perverse machinerie qui avait servi à tuer en série des êtres humains.

* * *

29 avril 1983

ENTRETIEN ACCORDÉ À MARIE-PAULE MÉMY

– *Robert Faurisson, la presse a beaucoup parlé de vous, mais vous-même avez fort peu parlé. Avez-vous refusé des interviews ?*

– Oui, j'ai refusé des interviews. J'ai dit que mon principe était d'accorder des interviews écrites.

– *Pourquoi cela ?*

– Parce que je ne voulais pas que ma pensée soit déformée.

– *Comment vous, professeur de lettres, avez-vous été amené à vous intéresser à l'histoire, et particulièrement à cette période-là de l'histoire ?*

– Dans mes recherches littéraires, j'ai toujours été intéressé par la recherche du sens et du contresens, du vrai et du faux. Je ne saurais pas très bien vous dire pourquoi cette période-là précisément m'a intéressé. Je crois que j'avais vocation à enquêter un jour sur ce qui, pour moi, se révèle être le plus gros mensonge de l'époque moderne. Si vous avez ce côté Sherlock Holmes, il est difficile de ne pas apercevoir cette énormité à vos côtés. Le génocide des juifs est quelque chose qui ne tient pas debout. Attention, je dis bien génocide. Ce mot n'est pas à confondre avec massacre. Ouvrez les yeux, et regardez autour de vous. Voyez, parmi vous, vos amis juifs. Ils sont plus nombreux qu'avant la guerre. Ce simple fait vous amène à douter que Hitler, qui a occupé la France pendant quatre ans, ait pu procéder à une élimination systématique des juifs. La question se pose déjà.

– Mais cela ne suffit pas ! Comment se fait-il que l'on n'arrive pas à évaluer de manière assez précise le nombre de juifs déportés qui ont péri dans les camps de concentration ?

– Je vais répondre à votre question. Mais je reviens à mon point de départ. En un premier temps, constatez le nombre de gens qui sont en France et qui sont bel et bien vivants. M$_{me}$ Simone Veil est allée à Auschwitz ; on a dit d'ailleurs qu'elle avait été gazée sous le nom de Simone Jacob. Vous pouvez prendre Simon Wiesenthal qui vous dit froidement avoir fait treize camps de la mort ; vous pouvez prendre Samuel Pisar ; vous pouvez prendre toutes les associations d'anciens déportés. Alors, d'abord, avant qu'on aille chercher les chiffres, voyons bien que, s'il y a eu politique d'extermination que les Allemands auraient voulu mener en France pendant quatre ans, comment expliquez-vous déjà... On ne peut pas dire qu'il n'y ait pas un problème.

– Pour le nombre maintenant. M. Klarsfeld[337] lui, dit qu'il y a eu un quart des juifs installés en France qui ont été déportés, pendant toute la guerre.

– Il comprend là-dedans les juifs de nationalité française, les juifs étrangers et les juifs apatrides. Quand vous prenez le tout, un quart ont été déportés. Encore une fois, comment se fait-il que les Allemands, entreprenant une formidable politique d'extermination, ayant eu quatre ans devant eux, aient déporté un quart des juifs ?

Là, vient la question intéressante : combien ont survécu à la déportation ? Je dis que c'est une honte qu'on ne soit pas en mesure de nous donner un chiffre. Il est inadmissible qu'en 1983 on ne soit pas capable de nous donner ces chiffres, et inadmissible que, pour la France en particulier, le Comité d'histoire de la seconde guerre mondiale ait pu nous cacher les chiffres auxquels ses enquêteurs étaient parvenus, en décembre 1973, au bout d'une enquête qui avait duré vingt ans. Ce sont des chiffres qui ne cadrent pas du tout avec ceux de M. Klarsfeld. Ces chiffres se trouvent dans un bulletin confidentiel. On peut maintenant le consulter à la Bibliothèque nationale, je vous le signale. Ce qui est amusant, c'est qu'il y est écrit : « Attention, à ne pas diffuser ». C'est indiqué. Peu à peu, ces chiffres ont circulé dans un milieu extrêmement restreint.[338] La distance entre les spécialistes et le grand public est

---

[337] S. Klarsfeld, *Le Mémorial de la déportation des Juifs de France.*
[338] À propos de ce chiffre :
- Le manuel d'histoire, classe terminale, coll. Monnier chez Nathan, donne pour la France deux cent mille juifs déportés.
- Serge Klarsfeld donne soixante-seize mille juifs déportés.

effrayante. Les gens ne voient pas ; ils ne sont pas entraînés d'ailleurs à distinguer le vrai du faux.

Certains s'imaginent que la différence entre eux et moi, c'est que, moi, je serais un nazi, ou un fou ou un homme amoureux du paradoxe, tandis qu'eux seraient moraux, seraient dans le juste, et dans le vrai, etc. Mais non ! La différence, c'est que moi je travaille et eux ne travaillent pas. Ils ne travaillent pas, pour une bonne raison, c'est qu'ils n'ont pas besoin de travailler. Parce que, pour eux, la vérité, elle est trouvée. Moi, je la cherche.

– *À propos de la révision de 1960, les historiens sont-ils d'accord ?*

– Eh bien oui. Et puis, tant mieux. Cette révision de 1960 peut se résumer de la façon suivante : il n'y a eu, en fin de compte, aucune chambre à gaz homicide sur tout le territoire de l'Ancien Reich, c'est-à-dire, dans l'Allemagne dans ses frontières de 1937.

La lettre de Broszat était faite de telle sorte qu'elle entretenait un doute, parce qu'elle disait : « Des gazages ont eu lieu, *avant tout* en quelques points choisis de Pologne. » Tout est dans ce *avant tout*. Moi, je l'interprète de la façon suivante :

Broszat n'a pas osé parler franchement. Ça a été une bombe, cette affaire-là. Pour la première fois, il a parlé du « problème compliqué des chambres à gaz ».

– *Mais sur quels faits, quelles preuves, M. Broszat fonde-t-il ses affirmations ? Il n'a pas suffi d'une lettre, quand même, pour convaincre des historiens…, pour rendre nuls de nombreux témoignages et aveux sur lesquels étaient fondée cette certitude ?*

– C'est une question que je pose depuis des années, et c'est pour cela qu'on n'ose pas m'affronter dans un débat public. Ma question continuelle est celle-ci, elle est capitale : « Enfin, M. Broszat, vous vous êtes contenté d'une lettre pour annoncer une nouvelle aussi grave ? Quels sont vos critères ? Quels sont vos critères pour dire "là, il y a eu une chambre à gaz et, plus loin, il n'y a pas eu de chambre à gaz" ? "Là, il y a eu gazage homicide et là, il n'y a pas eu gazage homicide" ! Comment faites-vous pour distinguer ? » Jamais L. Broszat n'a répondu à cette question.

– *Mais des historiens de France auraient été convaincus de cette manière-là ?*

– Le chiffre du Comité d'histoire de la Seconde guerre mondiale est de 28.162 juifs déportés (les deux principaux responsables sont MM. Henri Michel et Claude Lévy), Bulletins… [confidentiels], janvier et avril 1974.
Le résultat d'ensemble de l'enquête n'a pas été publié, « par crainte d'incidents avec certaines associations de déportés » ou encore « pour éviter les réflexions désobligeantes pour les déportés ».

– C'est comme dans les croyances religieuses. Peu à peu, sans que le pape ait donné le feu vert, on a fini par considérer que certains miracles pouvaient bien ne pas en être. On liquide un certain nombre de choses comme ça, lentement, par une forme d'assentiment général. Il ne faut pas vous scandaliser ; dans la vie c'est une chose très courante. Écoutez, je vous recommande de poser simplement deux questions, à n'importe quel institut officiel et reconnu : « Existe-t-il des expertises techniques établissant que tel ou tel local ait servi de chambre à gaz ? Existe-t-il des rapports d'autopsie établissant que tel cadavre est celui d'un détenu tué par gazage ? ». Moi, je peux vous donner tout de suite la réponse. La réponse est qu'on ne possède aucune expertise.

– *Avant vous, d'autres auteurs se sont intéressés à la question des chambres à gaz. C'est par exemple le cas d'Olga Wormser-Migot. Pourquoi n'est-elle pas allée plus loin ? Existe-t-il, par exemple, des preuves plus solides pour Auschwitz que pour Dachau ?*

– Je ne suis pas en mesure de vous dire pourquoi Olga Wormser-Migot n'a pas parlé d'Auschwitz par exemple, après avoir déclaré, en donnant ses raisons, pourquoi certaines chambres étaient de l'ordre du mythe. Auschwitz se trouve en zone soviétique, enfin, polonaise. Les possibilités d'enquête sont bien plus réduites que pour Dachau, par exemple. M$_{me}$ Wormser-Migot s'est attaquée aux petits miracles, elle n'a pas osé s'attaquer aux gros. Ou bien peut-être a-t-elle pensé que c'était un vrai miracle. Toujours est-il qu'après avoir écrit ce qu'elle a écrit elle a eu les pires ennuis. Dans cette affaire-là, il faut avoir les nerfs solides, ou bien ce n'est pas la peine de vous y engager. Elle a craqué, littéralement. Elle me l'a dit.

– *Vous niez le génocide des juifs. Qu'entendez-vous par là ?*

– Il faut bien voir le sens de ce mot. Je n'ai jamais dit qu'il n'y avait pas eu de massacres de juifs, qu'on n'avait pas persécuté les juifs, qu'il n'y avait pas eu de ghettos, etc.

On va reprendre le terme de « massacres ». Un génocide, c'est un massacre, planifié, pour obtenir l'extermination d'une race. Le juif est la victime spécifique d'un type de massacre spécifique. Il est la victime d'un type de massacre qui est sans précédent. Un massacre planifié, industriel, scientifique. D'où l'importance capitale de la chambre à gaz qui est une arme industrielle, scientifique et spécifique.

Le terme de génocide est apparu dans un livre publié en 1944 par un juif polonais établi aux États-Unis. Par abus du terme, on a parlé du génocide des Indiens, du génocide des Arméniens. Il s'agit là, en fait, de massacres dont il est difficile de prouver qu'ils aient fait partie d'un programme et qu'on ait conçu pour eux une arme spécifique.

Jamais aucun ordre, aucune directive n'ont été donnés de tuer des juifs. La meilleure preuve, ce sont tous les procès, depuis quarante ans. Quand, dans tous ces procès, on a dit aux accusés : « Tant de juifs ont été tués dans le camp où vous étiez ! », jamais un accusé n'a pu répondre : « C'était parce qu'il y avait un ordre ! »

– *Même si Hitler, ou Himmler, ou un autre dirigeant n'ont pas ordonné explicitement ce que l'on appelle « la solution finale », est-ce que la machine nazie n'a pas pu se mettre en marche toute seule ?*

– Que la machine se soit mise en marche toute seule est radicalement impossible dans un état dirigiste, militaire et en guerre. Pour la moindre marchandise, il fallait une autorisation d'achat ; pour la moindre initiative matérielle, un ordre. On veut nous faire croire qu'en pleine Europe, pendant quatre ans, une énorme machinerie a procédé à l'élimination physique d'une population égale à celle de la Suisse, sans que personne n'en ait eu connaissance, ni Churchill, ni Roosevelt, ni Staline, ni le Vatican, ni les Croix-Rouges nationales, ni la Croix-Rouge internationale, ni surtout l'Agence juive installée en Palestine. L'Allemagne et l'Europe étaient devenues transparentes ; tous les codes allemands avaient été déchiffrés depuis longtemps par les Alliés.

– *Vous pensez que des milieux sionistes auraient inventé cette rumeur à des fins politiques ? Afin d'obtenir d'importantes réparations, par exemple ?*

– Mais non ! Absolument non ! Il n'y a eu ni conjuration, ni complot. Il y a une rumeur qui naît. Mais on ne sait jamais, ou à peu près jamais, comment naît une rumeur. Un bruit se répand dans un milieu donné ; ou bien il va s'éteindre ou bien il va croître, embellir, prospérer. C'est une série de développements imprévisibles et vous ne pouvez pas savoir, à un moment donné, si une rumeur va servir à quelque chose. Alors non, non, il n'y a pas eu d'exploitation délibérée à l'origine.

– *Mais alors, pourquoi un mensonge aussi colossal ?*

– En ce moment, ce mensonge nous paraît énorme. Il faudra attendre cinquante ans pour en prendre les dimensions. Je ne veux pas vous choquer si vous croyez en Dieu, mais… voyez-vous une différence avec ça ? Moi, ce qui m'ennuie, c'est que cette religion de l'holocauste a quelque chose de malsain, d'aberrant aussi. Elle pue l'argent et la politique.

– *Mais pourquoi les déportés auraient-ils contribué à la propagation de cette rumeur ? Pourquoi Germaine Tillion persisterait-elle à affirmer qu'il y avait une chambre à gaz homicide à Ravensbrück ?*

– Ah, c'est étonnant ! Cependant, vous êtes bien obligée de constater que Germaine Tillion fait une estimation. Quand vous lui demandez de situer cette chambre, dans le camp, elle ne sait pas vous répondre. Et, attention ! M_{me} Tillon est ethnologue. C'est un esprit scientifique ! C'est le terrible mystère de la croyance…

– *Vous n'avez pas d'autre explication ? Celle-ci vous satisfait ?*

– Ça ne me satisfait nullement parce que je ne me l'explique pas. Je n'ai pas d'explication à ce mystère profond de l'homme qui est le désir de croire, envers et contre tout. Et ce phénomène-là, vous pouvez le constater en quantité de domaines. On peut apporter les preuves qu'une chose existe et dire qu'elle n'existe pas, et inversement.

L'holocauste est une religion de la peur. Je suis persuadé qu'un mythe comme celui des chambres à gaz, du génocide, est du domaine de la peur.

C'est terrible pour les juifs qui s'élèvent eux-mêmes dans un repliement malsain et conçoivent les autres comme des monstres. Les nazis sont des hommes, quoi qu'ils aient pu faire. Quel est celui qui osera dire que, dans une situation donnée, il ne va pas faire telle ou telle chose ? Quel est le gros malin qui va me dire : moi, je ne torturerai jamais ? C'est véritablement qu'il manque d'imagination.

[Entretien accordé à Marie-Paule Mémy, in *L'Affaire Faurisson (Nuit et brouillard...)*, Mémoire de DUT, option journalisme, Université de Bordeaux III, IUT-B, 1983, p. 37-43. Reproduit ici avec quelques légères corrections de l'auteur.]

***

26 mai 1983

LETTRE À M. PIERRE VIDAL-NAQUET

(copie à MM. Poliakov, Wellers,
l'immortel auteur de *Les chambres à gaz ont existé*)

Monsieur,
Vous écrivez à M. Pierre Guillaume :

« Je n'ai aucun goût pour la persécution de qui que ce soit et, à l'occasion j'interviendrai publiquement pour qu'on ne réclame pas à M. Faurisson les sommes qui sont exigées de lui par le jugement le condamnant. J'ai toujours été hostile à ce procès et n'ai pas changé d'avis. »

Vous avez été à la pointe de la persécution. Vous êtes avec votre ami Poliakov à l'origine de la déclaration "silly and stalinist" des trente-quatre historiens. Vous avez dit que la question des chambres à gaz ne se posait pas et vous avez en même temps incité les gens à écrire en faveur de ces chambres magiques. Seul François Delpech, qui a animé la cabale contre moi à l'université Lyon-II, s'est mis au travail. Vous avez eu l'aplomb de venir me charger devant un tribunal avec une bassesse qui a suffoqué les gens. Sachant pertinemment que votre ami Poliakov était un manipulateur et un fabricateur de textes dans l'affaire Kurt Gerstein, vous avez eu l'immense culot de dire que Poliakov-le-faussaire n'avait commis que des erreurs fautives. Vous m'avez traité de faussaire et de menteur partout où vous preniez la parole sur le sujet, en France et à l'étranger. Je suis pour vous un « Eichmann de papier » et vous avez apporté une inlassable collaboration à mes accusateurs. Ce n'est peut-être pas persécuter quelqu'un que de le traiter d'Eichmann, c'est-à-dire, à vos yeux d'assassin (des morts !) à faire passer en jugement. *Urbi et orbi*, vous avez donné des récitals (payés, je suppose) de haine et de vengeance sur le thème développé dans *Esprit* et ailleurs. Je vous remets en mémoire les expressions qui vous sont venues sous la plume à mon propos :

Mensonge – Prétendu révisionnisme – impossible de *débattre* – Discussion inutile – Obscène – Sophiste – Faux-semblant – L'imposture révisionniste – Mensonge – Inexistence – Délire – Franchement absurde et haineux – Mentir effrontément – Idée absurde – Mensonge – Le mensonge pur et simple, l'appel à une documentation de pure fantaisie – Ignoré ou falsifié – (Faurisson) à la recherche non comme il le prétend du vrai, mais du faux – Tout simplement faux – L'amour de la vérité qui caractérise tous les faussaires – Un florilège des formes les plus stupides et les plus éculées de l'antisémitisme – Il est parfaitement évident que Faurisson n'a pas lu le texte qu'il cite – Une anthologie de l'immonde – Caractère mensonger de leurs affirmations – Absurdité palpable – Sur le plan de la morale intellectuelle et de la probité scientifique (l'interprétation de Faurisson) est un faux (**clin d'œil aux juges et procureurs**) – Un discours qui remplace le réel par le fictif –mensonge – Et, s'il faut donner un prix au mensonge, je dirai que le livre de Butz *The Hoax of the twentieth Century* (*Le Canular du siècle*) représente par moments une réussite assez effrayante – Un mensonge total – L'entreprise "révisionniste" en général, celle de Faurisson en particulier, relève de l'imposture, de l'apologie du crime par dissimulation du crime (**nouveau clin d'œil aux juges et procureurs :** Vidal le *délateur*) – Le faussaire – L'Imposture – Le Mensonge – Ce travail (*Mémoire en défense*, de Faurisson) n'est ni plus ni moins mensonger et malhonnête que les précédents – Ses mensonges – Faux – Le reste de ses mensonges et de ses falsifications – Un faux que l'on a modifié sans prévenir le lecteur demeure bien entendu un faux – Je soutiens moi, et je prouve que Faurisson, hors le cas vraiment limité du *Journal* d'Anne Frank, ne cherche pas le vrai mais le faux – Un faussaire... Et le droit de réponse m'a été refusé ! Et votre amie Nadine Fresco me nommant cent cinquante fois dans un article des *Temps Modernes* pour m'insulter comme vous le ferez à sa suite, me refuse le droit de réponse ! Et votre ami, me B. Edelman, vous citant à son tour, accumule jusque dans le Dalloz-Sirey la note sous jugement la plus délirante de haine que j'aie jamais lue sur le compte d'un homme condamné. Et à cet homme on refuse le droit de réponse une fois de plus.

Vous et les vôtres, vous vous êtes déshonorés dans cette chasse au dissident. Là-dessus vous avez bâti ce lamentable congrès de la Sorbonne (29 juin-2 juillet 1982) non sans avoir fondé avec des officiels cette association qui a pour objet de rechercher et contrôler les éléments de la preuve que les Allemands avaient utilisé des gaz pour tuer des êtres humains (21 avril 1982) !

L'arrêt de la cour d'appel de Paris du 26 avril est votre coup de grâce, vous le sentez bien et vous vous apprêtez à tourner casaque.

Je vous préviens que, si j'apprends que d'une manière ou d'une autre vous vous avisez de venir maintenant nous jouer les bons apôtres, vous aurez à vous en repentir. Ce que je publierai alors sera plus dur que ce que vous venez de lire. Il me suffira de m'en tenir à la vérité des faits, comme je l'ai fait dans mon travail, contre vents et marées. Chambres à gaz et génocide sont un énorme mensonge. Vous aurez défendu ce mensonge dans toute la mesure de vos moyens. Vous êtes maintenant dans le cloaque. Restez-y.

***

1er juillet 1983

LETTRE À M. A. DECAUX

Je vous remercie bien de votre aimable réponse du 27 juin. En page 9 de mon étude c'est précisément au travail de M. Henri Roques que je faisais allusion. Je suis le premier à reconnaître que, comme vous le dites, il « a procédé à la critique la plus approfondie des textes de Gerstein ». Pour ma part, j'ajouterais que, si son travail est excellent, ses conclusions sont, elles aussi, excellentes et, me semble-t-il, inéluctables : il n'est pas possible d'accorder foi aux récits de Gerstein. On ne peut qu'être sceptique comme l'ont été Rassinier, O. Wormser-Migot et tous ceux qui, connaissant intégralement les six versions, à la source, se mettraient à réfléchir sur les textes originaux. La critique externe est riche de confirmations, surtout pour qui connaît le mécanisme des « aveux » de « criminels de guerre » venant renforcer d'une manière ou d'une autre des « confessions » à la Gerstein. J'espère que vous tiendrez compte de ce que M. Roques dit du cas du Dr Pfannenstiel (un cas qui se retrouve notamment avec les « aveux » du Dr Kremer et d'autres médecins : dans les procès à aveux programmés on a souvent recours à l'autorité des médecins et des professeurs ; Pfannenstiel, tout comme Augoyard, n'avait pas le choix et on s'est contenté de son vague et absurde témoignage ; on l'a relâché, lui, le plus précieux des témoins, non sans le rappeler, comme le Dr Kremer, en service commandé quand il le fallait : ses dénégations ou ses critiques des propos de Gerstein ont été utilisées précisément pour rattraper les plus grosses invraisemblances du récit vraiment fou de Kurt Gerstein).

Il y a longtemps que j'ai perdu toute curiosité intellectuelle pour la question des chambres à gaz qui, en elle-même, n'a d'intérêt que si l'on en discerne les prolongements historiques, sociologiques, psycho-historiques, judiciaires, politiques et humains. La partie adverse ne s'y est pas trompée. Elle a mobilisé le ban et l'arrière-ban pour se porter au secours de ce qui se situe au cœur-du-cœur d'un énorme ensemble d'intérêts divers. Elle comptait sur la justice française. Peine perdue : l'arrêt de la première chambre de la cour d'appel de Paris en date du 26 avril 1983 vient de porter le coup de grâce à ce que Céline appelait « la magique chambre à gaz », celle qui « permettait **tout** ». Je me permettrai de vous faire envoyer par la Vieille Taupe un exemplaire à paraître ces jours-ci d'une brochure intitulée : *Épilogue judiciaire de l'affaire Faurisson* (« Personne ne peut en l'état le convaincre de mensonge… »). La cour est de votre avis sur cette affaire : sur le problème des chambres à gaz, « la valeur des conclusions défendues par M. Faurisson relève donc de la seule appréciation des experts, des historiens et du public ». La cour reconnaît que, si j'ai écarté les témoignages (dont celui de Gerstein Pfannenstiel), ce n'est ni par « légèreté », ni par « négligence », ni pour avoir « délibérément choisi de les ignorer », mais au terme d'une « démarche logique », grâce à une « argumentation », etc.

Ce n'est pas exactement aux chambres à gaz que j'ai consacré tant d'années de recherches, mais à un très vaste problème de la seconde guerre mondiale et, pour ma part, je ne sais travailler qu'en bénédictin ; c'est de la déformation congénitale.

La recherche de la vérité des faits et des textes m'intéresse parce que j'y découvre toute une partie de l'être humain avec son amour conjugué de la vérité et du mensonge. Le *will to believe* est pathétique ; le phénomène du témoignage, de l'aveu, de la confession est du plus haut intérêt. La foi est un mystère, mais tout est à étudier, même les mystères de ce genre. La question juive m'ennuie et m'endort, mais par moments les disputes sur ce sujet offrent un festival de bonne et de mauvaise foi qui me tire du sommeil. Je viens d'acheter le n° 103 (juillet 1983) du *Monde – Dossiers et Documents ;* les quatre premières pages sont consacrées à l'antisémitisme ; on y cite un extrait d'un article que *Le Monde* avait publié de moi en décembre 1978 ; je vous laisse le plaisir de voir comment il est présenté et de quelle bibliographie hautement sélective le tout est accompagné, mais surtout, regardez bien la vignette placée en haut et à droite de la première page et goûtez la façon que peut avoir le plus sérieux de nos quotidiens, de se payer la tête du lecteur. *Le Monde* traduit le texte de la vignette de la manière suivante : « Sans l'extinction de la race juive, pas de salut pour l'humanité. » Or, le texte allemand, écrit en caractères gothiques, dit en fait : « Sans *solution* de la *question* juive, pas de délivrance pour l'humanité. » Vous avez là, en raccourci, une illustration des procédés de gens qui veulent à tout prix perpétuer une espèce de mythe fondateur et je suis convaincu que neuf lecteurs sur dix, prévenus de la supercherie, trouveraient que cela « ne change rien à l'essentiel ». L'essentialisme est une composante de la paresse d'esprit. J'espère que dans votre texte sur Gerstein vous aurez le soin de nous dire que vous avez été gravement abusé par la ou les personnes que vous aviez chargées de la documentation filmique ou photographique.

***

23 novembre 1983

LE PROFESSEUR FAURISSON OBTIENT LA CONDAMNATION DU « DALLOZ-SIREY »

Le recueil Dalloz tient, dans la doctrine et dans la jurisprudence du droit français, une place essentielle. Il est la « bible » des juristes. Il est, en particulier pour les professeurs et pour les étudiants en droit, le premier des ouvrages de référence. Voici ce qu'on peut lire dans le dictionnaire Larousse (édition en trois volumes, 1965) à l'article Dalloz :

« Maison d'édition française, créée à Paris, en 1824, par les avocats Désiré et Armand Dalloz. Elle publie, depuis sa fondation, le *Répertoire de législation, de doctrine et de jurisprudence* et le *Recueil périodique de jurisprudence générale.* Le recueil Dalloz tient, dans la doctrine et dans la jurisprudence de notre droit, une place essentielle. La librairie Dalloz publie aussi des codes, des ouvrages de droit, d'économie politique, ainsi que des précis pour étudiants. »

À l'article Sirey, on lit :

« Sirey (Jean-Baptiste), juriste français (Sarlat 1762Limoges 1845). À partir de 1800, il publia un *Recueil des lois et arrêts.* »

Les maisons Dalloz et Sirey ont fusionné à une époque récente.

Dans son hebdomadaire du 3 février 1982, le *Recueil Dalloz-Sirey,* sous la rubrique « Jurisprudence », présentait :

L'affaire Faurisson : Droit, histoire et liberté.
– Note sous (texte d'un jugement du) Tribunal de grande instance de Paris, 8 juillet 1981, » par Bernard Edelman, docteur en droit, avocat à la cour de Paris, p. 59.

Après la reproduction du texte du jugement, me Bernard Edelman rédigeait une longue note comme il est probable que le vénérable recueil n'en avait jamais publiée. Dans cette note, d'une extraordinaire violence, le professeur Faurisson était décrit sous les traits d'un raciste, d'un antisémite, d'un homme haineux et violent, ennemi de la démocratie et de la collectivité humaine, cherchant à échapper à toute responsabilité professionnelle, fanatique, assassin de la vérité ; par-dessus tout, il était décrit à plusieurs reprises comme un menteur professionnel, utilisant la « méthode du *mensonge absolu* » : « *Il mentait à tout le monde* ».

Mais, il y a plus intéressant : le texte même du jugement avait été falsifié. Pour cette raison, le professeur Faurisson, par l'intermédiaire de son avocat, me Éric Delcroix, faisait assigner la société éditrice du recueil Dalloz-Sirey pour « dommage à autrui » (art. 1382 et 1383 du code civil). Le 23 novembre 1983, la première chambre (première section) du Tribunal de grande instance de Paris condamnait la société éditrice à la publication du jugement de ce jour et aux dépens.

Les motifs de la condamnation du Dalloz Sirey pourraient se résumer en cinq phrases :

Il n'a pas fait connaître clairement et sans équivoque... Il n'a pas averti... Il n'a pas indiqué... Il a supprimé... Il a occulté...

Extraits du texte du jugement

(p. 5) [il appartenait à l'éditeur] « de faire connaître clairement et sans équivoque l'existence et la place des passages supprimés ou résumés, et éventuellement leur nature ou leur importance, afin de permettre au lecteur d'exercer en toute connaissance de cause son pouvoir d'interprétation ou de libre critique de la décision ; »

(p. 5) « [...] en s'abstenant d'avertir le lecteur de suppressions de paragraphes par lesquels le Tribunal a estimé devoir exposer le fondement juridique de la demande ainsi que les moyens de défense de Robert Faurisson – aux fins de fixer l'objet du litige et des thèses en présence – la Société Dalloz-Sirey a commis une faute de nature à engager sa responsabilité ; »

(p. 6) « [...] en omettant d'indiquer l'existence d'intervenants volontaires aux côtés du défendeur (Robert Faurisson) et en supprimant sans avertissement tous les passages pouvant révéler leur existence, la société [Dalloz-Sirey] a fait preuve d'imprudence ; [...] s'agissant d'un litige relatif à la liberté de l'historien de soutenir une thèse, fût-elle considérée dans l'opinion commune comme inacceptable, concernant une période très récente et particulièrement douloureuse de l'histoire contemporaine,

– celle de « l'inexistence des chambres à gaz » – la présence de ces interventions au « soutien » du défendeur [Robert Faurisson] et l'appréciation de leur recevabilité ne peuvent être jugées, ainsi que le prétend la société Dalloz Sirey, comme un problème juridique au seul caractère procédural ; »

(p. 6) « [...] la suppression non signalée des passages relatifs notamment à l'exposé des moyens de défense de Robert Faurisson, quelle que soit leur pertinence, a causé à celui-ci un préjudice moral, dès lors que le lecteur n'a pas été à même de prendre connaissance de façon complète et objective de sa position personnelle dans le débat ; »

(p. 6) « [...] l'occultation de l'existence de sept personnes, qui sont intervenues au litige pour lui apporter « leur soutien », lui est aussi préjudiciable, en dépit de l'appréciation juridique de leur recevabilité, dans la mesure où il apparaît à la lecture de cette publication comme un homme seul, dans un débat qui ne saurait se limiter aux seuls problèmes juridiques en cause ; »

(p. 7) « PAR CES MOTIFS, [le tribunal] condamne la société Dalloz-Sirey à faire publier le présent jugement, dans le prochain numéro de l'hebdomadaire Dalloz-Sirey sous le titre « Publication judiciaire », dans la rubrique « Jurisprudence » dans son texte intégral et en caractères semblables à ceux utilisés pour la publication du jugement rendu par ce tribunal (le) 8 juillet 1981 ; rejette les autres demandes ; dit n'y avoir pas lieu à exécution provisoire de ce jugement ; condamne la société Dalloz-Sirey aux dépens. »

Conclusion

Il sera intéressant de voir si la société éditrice ira en appel.

On peut dire, en attendant, que les adversaires de la thèse révisionniste du professeur Faurisson ont multiplié les falsifications dans leurs prétendues « publications judiciaires ». À propos d'une seule et même affaire civile, on relève ainsi trois « publications judiciaires » falsifiées. D'abord, pour le cas du texte du jugement de première instance, voyez, en plus de la falsification du *Dalloz-Sirey,* la falsification perpétrée par la LICRA dans l'abusive « publication judiciaire » parue dans *Le Monde* du 18 juillet 1981, p. 10, heureusement rectifiée par une lettre de me Éric Delcroix dans le numéro du 23 juillet, p. 10. Quant au texte de la cour d'appel de Paris, du 26 avril 1983, il a été falsifié par me Charles Korman, pour le compte de la LICRA, dans *Historia,* octobre 1983, p. 17 ; c'est ce qu'on pourra constater en se reportant au texte intégral et conforme à l'original publié dans *Épilogue judiciaire de l'affaire Faurisson.*

[N.d.é : Les adversaires du professeur Faurisson ont échoué ensuite en appel et en cassation : une humiliation pour le docte recueil. Ses responsables s'étaient aventurés à faire confiance au faussaire Bernard Edelman, un ami de Pierre Vidal-Naquet, défendu par me Charles Korman.]

***

9 décembre 1983

LES TRICHERIES DE L'ALBUM D'AUSCHWITZ

L'Album d'Auschwitz, présenté et commenté par Serge Klarsfeld, Anne Freyer et Jean-Claude Pressac, vient d'être édité aux éditions du Seuil.

Ainsi qu'il le reconnaît lui-même, c'est sous la pression exercée par les auteurs révisionnistes que M. Serge Klarsfeld s'est décidé à produire des documents qui jusqu'à maintenant nous étaient, pour la plupart, encore cachés.

L'Album d'Auschwitz rassemble notamment cent quatre-vingt-huit photos prises par un Allemand en 1944 au camp d'Auschwitz-Birkenau. Toutes ces photos auraient dû être publiées dès leur découverte, en 1945. Mais, par leur caractère d'authenticité, elles contredisaient gravement le mythe naissant d'Auschwitz. Enfin publiées, ces photos sont malheureusement accompagnées de commentaires destinés à faire croire au lecteur que ce qu'il voit, ce ne sont pas les simples réalités d'Auschwitz, mais des scènes toutes plus atroces les unes que les autres. Le pathos incantatoire des commentaires atteint de telles proportions que le rapprochement entre ce que nous montrent ces photos et ce qu'on nous adjure d'y voir provoque l'ébahissement. En fin de compte, le résultat obtenu est à l'opposé de celui auquel aspiraient les commentateurs.

Ainsi S. Klarsfeld, A. Freyer et J.-C. Pressac desservent-ils dans cet ouvrage la cause des victimes de la déportation.

Ils la desservent également par nombre de tricheries, dont voici un exemple :

– Pour essayer de nous faire croire que la route prise par les déportés finissait aux crématoires -II et III (avec leurs prétendues chambres à gaz homicides), ces trois auteurs ont tronqué le plan du camp d'Auschwitz-Birkenau. En réalité, la route se poursuivait vers le grand centre de douches et de désinfection : le « Zentral Sauna ». Ainsi qu'on le verra ci-après, nous avons marqué de flèches les deux coupures pratiquées abusivement et nous présentons le véritable plan du camp, tel qu'il apparaît dans tous les ouvrages de référence.[339]

Une étude de cet album (édition américaine de 1981 et édition française de 1983) sera publiée par La Vieille Taupe, ainsi qu'un examen de l'ouvrage suivant qui, lui aussi, montre le désarroi des tenants de la thèse exterminationniste :

Eugen Kogon, Hermann Langbein, Adalbert Rückerl et tous autres, *NS Massentötungen durch Giftgas* (Gazages en masse sous le régime national-socialiste).

Très curieusement, un historien français semble vouloir réactualiser une œuvre de base de toutes les bibliographies exterminationnistes, qui a

---

[339] Voy. le cahier photographique, à paraître.

été publiée en 1947 sous le titre *De l'Université aux camps de concentration. Témoignages strasbourgeois.* On imagine mal qu'en 1983 on puisse encore accorder crédit aux extravagances de cet ouvrage publié au lendemain de la guerre.

Les révélations de L'Album d'Auschwitz *(édition française)*

L'Album d'Auschwitz était paru en 1980 sous la présentation suivante :

> The Auschwitz Album, A Book Based Upon an Album Discovered by a Concentration Camp Survivor, Lili Meier, text by Peter Hellman, Random House, New York, vii-167 p. (188 photos).

À la fin de 1983, il est paru une adaptation française de cet ouvrage :

> *L'Album d'Auschwitz, D'après un album découvert par Lili Meier, survivante du camp de concentration,* texte de Peter Hellman, traduit de l'américain par Guy Casaril. Édition française établie et complétée par Anne Freyer et Jean-Claude Pressac, Éditions du Seuil, Paris, 224 p.

Cette adaptation comporte un « Avertissement pour l'édition française » (p. 39-40) signé de Serge Klarsfeld, un « Plan d'Auschwitz » (p. 41-43), les cent quatre-vingt-huit photos de l'édition américaine, comptées, par erreur, cent quatre-vingt-neuf, et classées, non dans l'ordre du document originel mais, sans que le lecteur en soit prévenu, dans un ordre personnel à Jean-Claude Pressac et au prix de manipulations ; l'ensemble se termine par une annexe sur les crématoires de Birkenau (p. 207-221).

Les cent quatre-vingt-huit photos de Birkenau, principal camp annexe d'Auschwitz, ont été prises par un photographe de l'armée allemande en 1944. Elles ont été découvertes en 1945. Elles auraient dû être aussitôt publiées en raison de leur exceptionnelle valeur documentaire. Ce ne sont pas des photos de propagande. Si elles avaient été publiées au moment de leur découverte, elles auraient tué dans l'œuf le mythe d'Auschwitz et de ses prétendues chambres à gaz homicides. L'original était détenu par une certaine Lili Jacob, originaire de Ruthénie subcarpatique, émigrée aux États-Unis, établie à Miami sous le nom de Lili Meier. Le musée juif de Prague détenait des copies de ces photos depuis 1946. De 1946 à 1979, certaines de ces photos – moins de la moitié – ont été publiées ici ou là. Dès 1964, il était devenu évident que Lili Meier possédait un lot de photographies documentaires sur Auschwitz. Ces photos ou, du moins certaines d'entre elles, avaient été apportées par Lili Meier elle-même au procès de Francfort pour prouver que tel ou tel accusé SS se trouvait bien sur la rampe de Birkenau à l'arrivée de convois de déportés. Il devenait dès lors impossible de ne pas publier le fameux album.[340] Cependant, l'affaire était si délicate qu'on ne s'y résolvait pas. En 1980, Serge Klarsfeld s'inquiète. Les assauts des historiens révisionnistes se multiplient. Le premier d'entre eux, l'Américain Arthur Robert Butz, avait écrit qu'il existait des documents sur Auschwitz qu'on ne voulait pas révéler au grand public. Butz avait particulièrement en vue des photos de reconnaissance aérienne détenues par la CIA. C'était en 1976. Trois ans plus tard la CIA se décidait à publier ces photos. J'en parlerai plus loin. S. Klarsfeld, de son côté, allait trouver Lili Meier à Miami et il obtenait d'elle qu'elle fît don de l'album à l'État d'Israël. L'album se trouve aujourd'hui au « Yad Vashem » de Jérusalem (Institut et Monument de l'Holocauste).

1. Les trois éditions de l'album

S. Klarsfeld commençait, nous dit-il, par éditer en 1980 une « reproduction scrupuleuse de l'album ».[341] Cette édition à tirage limité était, selon ses propres termes, « destinée aux principales bibliothèques universitaires et publiques du monde entier. »

En 1981, paraissait l'édition américaine à l'intention du grand public. Un problème épineux surgissait : celui de la présentation et du commentaire de photos qui allaient provoquer un choc, tant celles-ci venaient en contradiction avec les fantastiques légendes créées autour d'Auschwitz et de Birkenau. Il convenait également d'expliquer pourquoi on avait attendu trente-cinq ans pour révéler aux chercheurs et au public ces cent quatre-vingt-huit photos. La solution fut typique des médias américains. On créa un énorme tapage publicitaire autour de la personne de Lili Meier. Lili avait découvert l'album en 1945 dans des circonstances où elle avait vu un signe de la Providence. La rencontre de Serge Klarsfeld et de Lili ne semblait avoir été possible, elle aussi, que

---

[340] Lili a déposé devant le tribunal de Francfort le 3 décembre 1964. Son nom était alors Lili Zelmonovic ou Lilly Zelmanovic. Hermann Langbein, dans le livre cité ci-dessous, ose dire que l'album présentait des photos de « gazages » (Vergasungen, p. 150). Quant à Klarsfeld, il prétend avoir découvert Lili au terme d'une enquête difficile et périlleuse. C'est du roman. Le tribunal de Francfort avait l'adresse de la barmaid dès 1964.
[341] J.-C. Pressac, L'Album d'Auschwitz, p. 40.

par un dessein de la Providence. L'«introduction» écrite par Peter Hellman et son «épilogue» appartiennent à ce type d'histoire pieuse et édifiante qu'on rencontre toujours en pareil cas. J'y renvoie le lecteur. Quant aux photos elles-mêmes, elles étaient accompagnées d'un tel flot de généralités pathétiques, de digressions bouleversantes, de développements emphatiques, que le lecteur, l'œil embué et la tête pleine de récits d'atrocités, ne pouvait plus, selon toute probabilité, simplement voir ce que les photos lui donnaient à voir. Tout le monde sait qu'il y a parfois une grande distance entre une photo et sa légende. Ici, la distance était sidérale.

L'affaire aurait dû réussir et pourtant elle échoua. *L'album d'Auschwitz* au bout de quelque temps ne fit plus parler de lui.

Les Français se mirent à la besogne. S. Klarsfeld publiait deux ans plus tard l'édition française. Cette fois-ci, les Américains étaient dépassés dans leur propre domaine. On retouchait leur texte, sans le dire au lecteur. On bouleversait l'ordre original des photos pour que celles-ci s'adaptent mieux au récit mythique selon lequel les victimes s'éloignaient progressivement du quai d'arrivée à Birkenau pour aller s'engouffrer dans les chambres à gaz, tout au bout du camp de la mort. En même temps, on cherchait à battre les révisionnistes sur leur propre terrain et on allait, à son tour, se montrer soucieux d'exactitude topographique et de minutie matérielle. En réalité, ainsi qu'on le verra plus loin, on falsifiait le plan de Birkenau de la façon la plus grave et on accumulait subterfuges et supercheries, le tout en un français à peine compréhensible et dans la confusion mentale. S. Klarsfeld n'est pas ici en cause mais seulement le collaborateur qu'il s'est choisi : un certain Jean-Claude Pressac, pharmacien de son état, ancien collaborateur de G. Wellers, dont G. Wellers lui-même avait fini par se débarrasser.

2. La légende de Birkenau

Auschwitz était une sorte de plaque tournante de la déportation. Il y avait d'abord le camp principal d'Auschwitz, appelé aussi Auschwitz-I. Il y avait ensuite l'annexe de Birkenau, appelé aussi Auschwitz-II. Auschwitz-III était constitué par environ quarante sous-camps. Les déportés parvenus à Birkenau étaient répartis dans tous ces camps. Beaucoup de déportés aussi ne faisaient que passer par Birkenau ; ils y étaient enregistrés et, après quelques jours, ils étaient envoyés dans des camps situés jusqu'en Allemagne. Le camp lui-même de Birkenau était en grande partie occupé par des gens inaptes au travail pour différentes raisons (âge, santé, etc.). En 1942, la mortalité y fut effrayante à cause d'une longue épidémie de typhus. À partir de mars-juin 1943 allaient entrer en fonction à Birkenau quatre crématoires. Il y avait, d'autre part, à Birkenau, un « secteur hôpital » pour les détenus. Les vêtements étaient désinfectés dans des chambres à gaz dont certaines fonctionnaient au Zyklon B (insecticide très puissant, d'usage en Allemagne et à l'étranger à des fins civiles ou militaires).

La légende de Birkenau a fait un amalgame de tous ces éléments : morts en grand nombre, gaz et chambres à gaz, hôpital et crématoires. Birkenau passe pour avoir été le haut lieu de l'extermination des juifs en chambres à gaz. Comme pour toutes les légendes de cette sorte, il y a eu des tâtonnements. Au moment même de la libération du camp par les Soviétiques (27 janvier 1945), la *Pravda* avait parlé d'Auschwitz et de Birkenau comme d'un camp d'extermination principalement par... l'électricité ! Dans la *Pravda* du 2 février 1945 (p. 4), paraissait un télégramme du correspondant de guerre Boris Polevoï où l'on pouvait lire ces mots sous le titre : « Le combinat de la mort à Auschwitz » :

« [Les Allemands] ont fait sauter et ont annihilé les traces de la chaîne électrique où des centaines de personnes étaient simultanément tuées par un courant électrique ; les cadavres tombaient sur une bande lentement mue par une chaîne et avançaient ainsi vers un four minier [haut fourneau ?] ; ils étaient réduits en cendres ; les os étaient laminés et, une fois pulvérisés, on les utilisait pour l'amendement des champs. Les appareils mobiles spéciaux pour la mise à mort des enfants sont emmenés derrière le front. Les chambres à gaz fixes situées dans la partie orientale du camp étaient reconstruites ; [les Allemands leur ont] ajouté des tourelles et des ornements architecturaux, pour qu'elles aient l'air de garages inoffensifs. »

La commission d'enquête soviétique abandonna aussi bien la thèse de la « chaîne électrique » que celle des « chambres à gaz à tourelles ». Pour soutenir qu'il y avait eu des gazages homicides, il lui fallut bien désigner un lieu ; elle jeta son dévolu sur une resserre à boîtes de Zyklon B située à l'ouest du camp. Une allusion est faite à cette « erreur » à la page 146 de *L'Album*. Plus tard, la commission changea d'avis et décida que les chambres à gaz se trouvaient dans les bâtiments des crématoires. Tout le monde se rattacha à cette thèse et, depuis 1945, nous ne faisons qu'entériner une invention tardive de la propagande soviétique.

La légende de Birkenau veut que les gazages homicides aient atteint leur point culminant avec l'arrivée des juifs hongrois au milieu de l'année 1944. D'après cette légende, ces juifs parvenaient à Birkenau dans un état de délabrement total. Les wagons à bestiaux (les Allemands utilisaient ce type de wagons pour le transport de leurs troupes, de leurs réfugiés et même de leurs grands blessés) étaient pleins à craquer. Partout il y avait des cadavres. Les Allemands ouvraient les portes avec brutalité et en hurlant. Leurs chiens aboyaient et se jetaient sur les juifs. On matraquait les nouveaux arrivants pour les extirper de leurs wagons ou on les abattait à coups de feu. Sur la rampe de Birkenau, c'était la cohue et une terreur sans nom. Les arrivants étaient sauvagement séparés en deux groupes : d'un côté, les hommes, les femmes et les adolescents aptes à travailler, et, de l'autre côté, les vieillards, les enfants ainsi que les hommes et les femmes jugés inaptes à travailler ; ceux-là étaient expédiés vers les chambres à gaz homicides. Birkenau offrait une image de l'enfer, un enfer pire que celui de Dante. Les gigantesques cheminées des crématoires, nuit et jour, crachaient feu et flammes ainsi que de longues et épaisses fumées noires, visibles des kilomètres à la ronde. L'air était empesté par l'odeur des charniers ou par celle des cadavres qu'on brûlait soit dans les fours crématoires, soit sur des bûchers de plein air.

3. Publiées en 1979, les photos aériennes de 1943-1945 infligent un premier démenti à la légende d'Auschwitz et de Birkenau

Ainsi que je l'ai dit plus haut, la CIA (qui avait succédé à l'OSS) se décidait à publier les photos aériennes d'Auschwitz et de Birkenau que les Américains détenaient depuis la guerre. Ces photos infligeaient à la légende le plus implacable démenti. Au cours de trente-deux missions aériennes au-dessus du complexe d'Auschwitz et, en particulier au-dessus de la zone industrielle de Monowitz, les Alliés avaient eu tout loisir d'examiner toute la région. Leurs missions de reconnaissance s'intéressaient très particulièrement aux feux, aux fumées et aux vapeurs. Il s'agissait de savoir l'étendue des dégâts provoqués par un bombardement : feux d'incendies, fumées d'usines ayant repris leur activité, fumées de locomotives. Des photos aériennes, d'une remarquable netteté, avaient été prises en août et septembre 1943, qui montraient, en particulier, les quatre crématoires de Birkenau comme des crématoires ordinaires. Nulle trace de fumée, ce qui ne veut pas forcément dire que ces crématoires ne fonctionnaient pas à ce moment-là. Nulle trace de foules humaines faisant la queue pour pénétrer dans les prétendues chambres à gaz de ces crématoires. Aux alentours des bâtiments, le terrain était très visible et, notamment, un jardin bien dessiné : nulle trace là encore de terrains qui auraient été bouleversés par le piétinement quotidien de milliers de gens en attente de la mort. Nulle trace de bûchers en plein air.

4. *Les photos de* L'Album *confirment ce démenti*

Je prendrai ici pour référence l'édition américaine de *L'Album* parce que son classement des photos semble reproduire le classement de l'album original.

À cet ensemble de cent quatre-vingt-huit photos (sans compter celles qui ont été perdues et peut-être celles qu'on n'a pas voulu nous montrer), le photographe allemand a donné pour titre : « *Umsiedlung der Juden aus Ungarn* » (Transplantation des juifs de Hongrie). Le titre peut surprendre, mais les Allemands utilisaient le mot de « transplantation » parce que, dans leur esprit, ainsi que l'attestent des textes officiels, l'internement des juifs dans des camps de concentration ou dans des camps de transfert était une solution provisoire : après la guerre, les juifs seraient refoulés à l'Est dans une zone à coloniser (le premier projet étudié avait été celui d'une colonie juive à Madagascar). Les cent quatre-vingt-huit photos concernent donc des juifs, venus de Hongrie par force et arrivant à Birkenau. On les voit en train de descendre des wagons ou déjà descendus sur la rampe. Dans l'ensemble, ils paraissent fatigués ou moroses ou anxieux ; certains n'ont pas cet air-là et ils se parlent, sourient ou se hèlent de loin. Dans le flot on aperçoit des soldats et des officiers allemands ainsi que des internés à tenue rayée. Les Allemands portent bonnet de police ou casquette ; on n'aperçoit qu'un seul casque. Les « tenue rayée » sont de corpulence normale. Les attitudes et les gestes des Allemands n'ont rien de brutal, de méprisant ou d'hostile ; certains de leurs gestes sont même attentionnés. Il n'y a ni chiens de garde, ni armes braquées. Les bagages sont embarqués dans des camions. Il n'y aucun signe de précipitation et même tout semble se faire avec une certaine lenteur. Puis, les gens sont rangés en deux groupes mais non pas selon leur aptitude ou non au travail. D'un côté se trouvent les femmes, quel que soit leur âge, avec les enfants et, de l'autre côté, les hommes, quel que soit leur âge, avec des garçons d'âge adolescent. Le tri entre les aptes et les inaptes au travail semble donc se faire ensuite à partir de chacun de ces groupes, mais on voit souvent dans un groupe d'aptes au travail des gens qui, par exemple en raison de leur âge, devraient figurer parmi les inaptes, et *vice versa*. Les colonnes s'ébranlent en différentes directions du camp. Elles ne sont pas encadrées de soldats. Il semble qu'elles suivent par groupes disséminés une direction qu'on leur a indiquée. Par exemple, on a pu dire à ces groupes de femmes et d'enfants de prendre la route qui, longeant une voie de chemin de fer, va jusqu'au terme de cette voie. Ces groupes se dirigent vers la zone des crématoires-II et III, mais la route continue ensuite vers le grand « *Zentral Sauna* », l'établissement des bains-douches. Des groupes d'hommes sont photographiés à la sortie de la douche ; on les voit d'abord en sous-vêtements, puis dans la tenue rayée. Il n'y a aucun accoutrement anormal ou grotesque. Il est manifeste que ces hommes ont eu le temps d'endosser des tenues à leur taille (sauf pour les plus gros). On voit également des groupes de femmes qui, après être passées à la douche, sont en robes uniformes, portent des foulards sur la tête et, sur leur bras, des manteaux. Là encore aucune tenue anormale, quelle que soit la taille de chacune de ces femmes. Ces femmes sont chaussées de différents types de chaussures. Certains groupes ne sont pas coiffés de foulards ; on s'aperçoit alors que ces femmes avaient les cheveux rasés ou coupés très court. Derrière les poteaux et les fils qui séparent le camp des hommes de celui des femmes, on aperçoit des hommes, assis ou debout près de leurs baraquements et du linge qui sèche : ils regardent un groupe de femmes. On n'aperçoit pour ainsi dire pas d'uniformes allemands dans toutes ces photos prises ailleurs que sur le quai de débarquement et ses alentours. Plusieurs photos montrent des groupes de vieillards, de femmes et d'enfants couchés ou assis sur l'herbe. Tout un ensemble de photos concernent les dépôts des objets et bagages du « camp des effets » (*Effektenlager*). Ici se trouvent parfois des hommes et des femmes qui s'affairent au rangement au coude à coude. Sur certaines photos on aperçoit les bâtiments des crématoires ; contrairement à ce que dit la légende, ils ne sont nullement dissimulés aux regards ; ce sont des bâtiments comme d'autres. Sur aucune photo de l'album, ni sur aucune photo des annexes de l'édition française spécialement consacrées aux crématoires on ne voit de cheminée de crématoire en train de rejeter de la fumée. Le photographe allemand, d'une écriture manuscrite, en caractères semi-gothiques, a donné les titres suivants aux différentes parties de cet album :

> « Arrivée d'un transport ferroviaire » – « Tri » (*Aussortierung*) – « Hommes à l'arrivée » – « Femmes à l'arrivée » – « Après le tri, hommes aptes au travail » « Femmes aptes au travail » – « Hommes inaptes au travail » – « Femmes et enfants inaptes au travail » – « Après l'épouillage » – « Affectation au camp de travail » – « Effets ».

La dernière série de photos ne semble pas avoir de titre ; celles-ci nous montrent des vieillards, des femmes et des enfants dans un paysage d'herbe et d'arbres vraisemblablement situé dans la partie ouest du camp.

Si le photographe n'a pas cherché à dissimuler les crématoires, c'est qu'il n'avait aucune raison pour le faire. Supposons, toutefois un instant que ceux-ci aient eu la fonction criminelle que leur attribue la légende. Alors, de deux choses, l'une :

- ou bien le photographe aurait voulu nous les cacher et, en ce cas, il n'aurait dû nous montrer ces crématoires ni de près ni de loin (avec des gens à leur proximité) ;
- ou bien il n'aurait pas voulu nous les cacher et, en ce cas, il aurait photographié ces gens en train de s'engouffrer dans les crématoires.

5. Les manipulations et les supercheries de l'édition française

Le lecteur français est prévenu à la page 40 que : « Les passages entre crochets, le plan d'Auschwitz et l'Annexe constituent les additifs apportés à l'édition française ». Pour le reste, il s'imagine avoir affaire à l'édition américaine, elle-même supposée conforme à l'album original pour le principal, c'est-à-dire pour les photos, rangées en douze parties : onze parties avec onze titres en allemand (écriture semi-gothique) et une partie finale intitulée par l'éditeur américain « Birkenau » et par l'éditeur français « Le Birkenwald ».

Or, sans en souffler mot au lecteur, Jean-Claude Pressac a agi comme un pharmacien qui aurait trafiqué étiquettes, flacons et contenu respectif de chaque flacon, tout cela non sans commettre deux faux en écriture.

Sur les onze étiquettes originales en allemand, il en a conservé seulement neuf, qu'il a traduites honnêtement. Puis, il a bouleversé l'ordre original des parties (ou des flacons) : un ordre qui reflétait une progression logique des événements du camp de Birkenau pour les nouveaux arrivants. Il y a substitué un ordre donnant à entendre que, pour la plupart de ces gens, le sort qui les attendait était celui de la chambre à gaz homicide. Il a également changé le nombre des photos de chacun des groupes et il a procédé à des transferts de photos d'un groupe à un tout autre groupe.

Il a réservé un traitement tout particulier à deux groupes de photos :
- le groupe n° 7 intitulé *Nicht mehr einsatzfähige Männer* (Hommes inaptes), comprenait vingt et une photos (n° 80 à n° 95) ;
- le groupe n° 8 intitulé *Nicht mehr einsatzfähige Frauen u. Kinder* (Femmes et enfants inaptes), comprenant quatorze photos (n° 112 à 125).

Jean-Claude Pressac a froidement supprimé le groupe n° 7 et il a rétabli le compte des groupes en utilisant à deux reprises l'intitulé du groupe n° 8. Ainsi a-t-il en fin de compte présenté (après forgerie) les deux groupes suivants :
- le groupe n° 10 intitulé *Nicht mehr einsatzfähige Frauen u. Kinder*, ce qui signifie « Femmes et enfants inaptes » mais qu'il a eu l'aplomb de traduire par « Hommes, femmes et enfants inaptes

vers les crématoires-II et III » ; ce groupe contient chez lui dix-huit photos (n° 136 à n° 153) ;

– le groupe n° 11 intitulé **de la même façon** que le groupe précédent, mais, cette fois-ci, avec la traduction « <u>Hommes</u>, femmes et enfants inaptes vers les crématoires-IV et V » ; ce groupe contient chez lui vingt photos (n° 154 à n° 173).

Ce n'est bien sûr qu'au prix d'un montage photographique malhonnête qu'on a pu ainsi reproduire deux fois une formule que l'Allemand n'avait utilisée qu'une fois.[342]

La plus spectaculaire supercherie de Jean-Claude Pressac se situe aux pages 42 et 43 de l'ouvrage. Le plan de Birkenau a tout simplement été tronqué pour nous faire croire que les personnes (notamment les femmes et les enfants) photographiées le long de la voie de chemin de fer sur une route conduisant à l'ouest aboutissaient à un cul-de-sac avec, sur leur gauche, le crématoire II et, sur leur droite, le crématoire-III. En réalité, il n'y avait pas de cul-de-sac. La route se poursuivait au-delà. Elle conduisait à l'établissement de bains-douches. Pour nous faire croire à l'existence de ce cul-de-sac, Jean-Claude Pressac n'a pas reproduit le tracé de cette route tel qu'il figure sur tous les plans de Birkenau, y compris dans les brochures-guides édités par les Polonais. Il a coupé la route juste après les crématoires et juste avant l'établissement de bains-douches. Autrement dit, tous les gens qu'il nous montre « sur la route de ces crématoires » et voués au gazage et à la mort étaient en fait sur la route des douches.

Le plan est dépourvu d'échelle ce qui permet à l'imagination des lecteurs, fouettée par un commentaire *ad hoc,* d'imaginer de formidables dimensions aux bâtiments de mort ou à leurs cheminées.

Autre supercherie : à proximité du crématoire III et même tout contre la cour de ce crématoire se trouvait un « *Sportplatz* » avec son terrain de football pour les internés. Afin de n'avoir pas à mentionner ce point et afin de nous dissimuler que les joueurs de football et les spectateurs avaient une vue directe sur ce crématoire dans la cour duquel ils pouvaient aller rechercher le ballon, J.-C. Pressac a laissé un blanc. Et ce blanc, il l'a rempli avec les mots « Secteur hôpital » qui désignent un groupe de bâtiments situé à droite et qui, effectivement, est l'hôpital des détenus.

Je reparlerai de supercheries à propos des témoignages invoqués.

6. Les photos ne sont pas analysées

---

[342] Voy. p. 165 et 179 de l'édition française.

Les photos ne sont pas analysées. Il y a parfois une ébauche d'analyse mais le plus souvent les photos ne servent que de prétextes à de pures divagations. L'observation subit d'étranges défaillances et il en découle de graves conséquences. J.-C. Pressac édifie, par exemple, toute une théorie sur la présence d'un second photographe allemand. Il croit découvrir ce photographe sur la photo n° 17 ; il le dit « reconnaissable à son appareil plaqué au niveau du ceinturon » ; en réalité, le soldat a simplement replié son bras gauche sur sa poitrine. L'erreur est répétée en note 3 de la p. 12 et en note 1 de la p. 30. L'analyse de la photo que J.-C. Pressac a placée à la fin du recueil comme étant la plus terrible témoigne là encore d'une sorte d'éclipse des facultés mentales de l'analyste. Il écrit :

> « Cette photo est unique, terrible et à verser au dossier de l'extermination des Juifs comme preuve à charge »[343]

La photo représente au fond un crématoire, bien visible, sans même une haie de protection ; à gauche, deux soldats en bonnet de police et peut-être un troisième soldat ; à droite, un autre soldat en bonnet de police se dirige d'un pas paisible vers l'avant d'un camion. Il y a des arbres. Aucun des soldats ne prête attention à une scène qui se déroule au premier plan et que le photographe a captée. Il y a là trois juifs à chapeaux ; deux sont âgés et le troisième est dans la force de l'âge ; au centre une très grosse femme à fichu paraît se disputer avec au moins l'un des deux juifs de gauche ; celui de droite soutient la femme et semble vouloir l'emmener de là. Voici une partie du commentaire de cette photo :

> « Le sentier sur lequel cette femme refuse d'avancer aboutit devant la porte d'entrée du crématoire-V, donnant sur le vestiaire et les chambres à gaz. Si les trois hommes qui l'entraînent ne semblent pas se douter du sort qui les attend, elle sait que le bâtiment dont elle se détourne, ce bâtiment en briques rouges, au toit noir, avec ses deux cheminées hautes de seize mètres, est devenu la négation de la vie et pue la mort. »

Ce pathos ne saurait nous cacher ceci : il n'y a pas de sentier et on ne saurait prédire la direction que pourrait prendre tel ou tel personnage ; on ne nous dit rien de la présence et de l'indifférence ou de l'inattention des soldats allemands ; comment la femme saurait-elle qu'on va la gazer et comment les hommes ignoreraient-ils qu'on va les gazer ? Enfin et

---

[343] J.-C. Pressac, *op. cit.*, p. 204.

surtout, il est manifeste que la femme ne cherche pas à se détacher de l'homme de droite ou à lui résister : de sa main gauche elle enserre la main de cet homme.

Un exemple caractéristique du procédé de commentaire des photos est fourni par la photo de deux garçons tout juste descendus du train et derrière lesquels on aperçoit un petit garçon souriant et des personnes qui semblent en conversation.[344] Il s'agit de deux beaux enfants à la mine triste ou soucieuse ; l'un deux paraît sur le point de pleurer. Le commentateur américain écrit :

> « Cette photo rappelle le récit d'un témoin oculaire du matraquage et du gazage de près de deux mille jeunes garçons à l'installation de mort n°2 en octobre 1944. »

Le commentateur français, censé traduire le texte américain, écrit :

> « Cette photo ne manque pas de rappeler le récit d'un témoin oculaire du matraquage et de l'envoi dans la chambre à gaz du crématoire-III, de *plus de six cents* jeunes garçons en octobre 1944 – *le 20 croit-on* ».

Le reste du commentaire américain est fou et digne de la littérature de sexshop de Bernard Mark, directeur de l'Institut historique juif de Varsovie. Le commentaire français traduit le commentaire américain mais en introduisant de savoureuses corrections sur l'origine du témoignage.

Quand une photo se révèle gênante pour le mythe des continuelles atrocités allemandes, le commentaire essaie de faire le contrepoids par un récit hystérique. La photo n° 89 dans l'édition française (n° 35 dans l'édition américaine) montre deux troupiers allemands dont l'attitude à l'endroit de femmes et d'enfants descendus du train semble témoigner de compréhension et d'humanité. Deux autres Allemands se trouvent sur la droite dont l'attitude n'appelle pas de commentaire particulier. C'est alors que le commentateur se déchaîne. « Sur la droite, dit-il, on aperçoit tel SS qui a été jugé au procès de Francfort » (1963-1965). C'était un monstre.

> « On le craignait pour son habileté à prendre une vie d'un seul coup de la main sur une artère. »

---

[344] Photo n° 52 de l'édition américaine et n° 28 de l'édition française.

Le témoin Simon Gotland avait rapporté à son propos une histoire abominable se terminant par ces mots :

« Puis, il lança le nouveau-né au loin d'un coup de pied, "comme un ballon de football". »

Le juge demanda au témoin Gotland s'il pouvait jurer cela en conscience. La réponse vaut la peine d'être rapportée. Elle éclaire d'un jour cru la valeur générale des témoignages de ce genre. Simon Gotland répondit :

« Je peux jurer en toute bonne foi que la scène était cent fois plus horrible que ce que j'ai décrit. »

Autrement dit, son témoignage n'en était pas un.

Dans *L'Album d'Auschwitz*, le commentateur ajoute que Simon Gotland était humain et généreux. Il se garde bien d'ajouter que, pour le tribunal allemand, pourtant si prêt à accueillir les pires insanités, Simon Gotland a été considéré comme un menteur. Sa déposition à la barre différait trop de ce qu'il avait dit auparavant dans un procès-verbal de témoignage.[345] Il y a donc ici, comme en beaucoup d'autres endroits de cette œuvre, usage délibéré d'un faux témoignage. Pourquoi se gêner ? Il n'existe, à ma connaissance, depuis 1945, aucune poursuite pour faux témoignage de gens qui, par ailleurs, ont été qualifiés de faux témoins par un tribunal ; cela dans les procès où des Allemands de la période nazie ont été accusés. Contre un nazi, on bénéficie de la part des tribunaux du privilège de pouvoir lancer n'importe quelle accusation en toute impunité.

À la page 98, on cite le témoignage d'une Soviétique interrogée à Nuremberg. L'interrogateur – on ne le dit pas ici – était l'avocat général soviétique Smirnov. La Soviétique avait déclaré à Nuremberg que chaque jour on lui amenait à l'entrepôt où elle travaillait « des centaines, parfois des milliers » de voitures d'enfants.[346] Nos commentateurs, trouvant la ficelle un peu grosse, lui font dire : « Souvent une centaine, parfois beaucoup plus. »

7. Les trois grands – faux – témoins de J.-C. Pressac

---

[345] H. Langbein, *Der Auschwitz-Prozess*, p. 880.
[346] *TMI*, VIII, p. 321.

J.-C. Pressac cite quelquefois le témoignage dit « du D$_r$ Nyiszli ». Il y a beau temps que Paul Rassinier a démontré le faux. Les trois grands témoins de J.-C. Pressac sont d'une part Leib Langfus et Zalman Lewental et, d'autre part, Filip Müller. Le lecteur français peut se faire une idée de la valeur de ces témoignages en se reportant à l'ouvrage suivant : Ber(nard) Mark, *Des Voix dans la nuit*. Ce livre a été traduit *et adapté* du yiddish ; son titre original est : *Meggillat Auschwitz*. L'avertissement nous dit que l'ouvrage fut écrit par Ber Mark, en yiddish, en 1965. Ce dernier était depuis 1949 directeur de l'Institut historique juif de Varsovie. Il est mort en 1966. En 1962, son compatriote et coreligionnaire Michel Borwicz, devenu citoyen français après la guerre, a laissé entendre que le professeur Ber (nard) Mark pouvait être un fabricateur de manuscrits.[347] Dans *Des Voix dans la nuit*, Ber (nard) Mark présente six manuscrits miraculeusement découverts à Birkenau. Ils sont attribués par lui à un Zalman Gradowski, à un « Auteur inconnu » (devenu, on ne sait trop comment, Leib Langfus) et à un Zalman Lewental. Le mot de « miracle » s'impose. Par exemple, pour trouver le manuscrit de Lewental, on n'a pas eu à remuer beaucoup de terre. On a creusé le sol et juste à l'endroit creusé on a découvert une boîte métallique qui contenait le manuscrit. C'est ce que l'on peut déduire de la photo publiée par les Polonais en 1972 dans le « cahier spécial » consacré à ces découvertes ; voyez à la page 135 la photo du haut : un petit trou et, au fond de ce petit trou, la boîte miraculeuse.[348]

– Premier grand témoin de J.-C. Pressac –
L'Auteur inconnu, devenu Leib Langus

Moins de vingt pages qu'on a intitulées d'après leur contenu de la façon suivante : 1. Dans l'horreur des atrocités – Journal I ; 2. Sadisme ; 3. Journal II ; 4. Les six cents garçons (il faudrait ajouter : « nus ») ; 5. Les 3 000 (femmes) nues. À la page 247, voici le récit d'une action qui se déroule dans une chambre à gaz. Le témoin ne nous dit pas où il se trouvait pour observer une telle scène édifiante qui se termine aux accents de *l'Internationale*. Une jeune Polonaise nue adresse aux victimes nues une harangue qui se termine par :

> « À bas la barbarie, incarnée par l'Allemagne hitlérienne ! Vive la Pologne ! »

---

[347] M. Borwicz, « Journaux publiés à titre posthume », p. 93.
[348] « Handschriften von Mitgliedern des Sonderkommandos ».

Puis, elle s'adresse aux membres du *Sonderkommando*, non pas pour les invectiver mais pour leur demander de raconter plus tard que les victimes sont allées au-devant de la mort « avec une grande fierté et en parfaite conscience ». Puis, dans la chambre à gaz, les Polonais vont s'agenouiller sur le sol « dans une pose impressionnante » *(sic)* et ils vont réciter solennellement une prière. Ensuite, ils se lèveront et chanteront en chœur l'hymne polonais. Les juifs entonnent la *Hatikva* en même temps que les Polonais chantent l'hymne polonais. Le lecteur pourrait croire que la différence à la fois des langues et des musiques va créer une cacophonie. Pas du tout. Au contraire. Les deux hymnes se confondent harmonieusement :

> « L'horrible destin commun a mêlé dans ce lieu maudit les accents lyriques de ces deux hymnes différents. Chaque peuple exprimait avec ardeur ses derniers sentiments et son espoir dans l'avenir glorieux de sa race. Puis, tous deux chantèrent *l'Internationale*. Entre-temps arriva la voiture de la Croix-Rouge, on lança le gaz dans le bunker. Les condamnés exhalèrent leur vie par le chant et par l'extase, dans un rêve de fraternité et de reconstruction du monde. »

Cet épisode paraît moins réaliste que « réaliste-socialiste ». Il est à noter que, dans le procès que la LICRA m'avait intenté pour « falsification de l'Histoire », figurait ce passage de « l'auteur inconnu », mais la LICRA avait sauté la phrase mentionnant *l'Internationale*.

À la seule page 250, on peut lire les phrases suivantes :

> « (La fillette déshabillant son petit frère et s'adressant à un membre du *Sonderkommando*) : "Va-t'en, assassin juif ! Enlève de mon petit frère ta main qui a trempé dans le sang juif ! C'est moi qui suis à présent sa bonne mère. C'est dans mes bras qu'il mourra avec moi." À côté se trouve un garçonnet de sept-huit ans, qui s'exclame : "Mais toi aussi tu es juif ! Comment peux-tu gazer des enfants ? Pour rester en vie ? Est-ce que la vie parmi cette bande d'assassins t'est plus chère que la mort de tant de victimes ?" … »

> « [L'adjudant-chef] SS Moll avait l'habitude de disposer quatre hommes, l'un derrière l'autre et, d'un seul coup de feu de son pistolet, de faire traverser les quatre têtes par la balle. »

> « [L'adjudant] SS Forst se plaçait devant la porte de déshabillage et touchait le sexe de chaque jeune femme qui passait nue pour entrer dans le bunker de gazage. On connaît des SS de

tous rangs qui enfonçaient leurs doigts dans les organes des belles jeunes filles. »

À la page 252, on lit ceci, du même témoin, à propos de Belzec où il semble également s'être trouvé :

> « On creusait, par exemple, une fosse étroite et profonde, puis on saisissait chaque jour des Juifs qu'on poussait dedans à raison d'un homme par fosse. Ensuite on forçait chacun des détenus à faire ses besoins sur la tête de la victime. Celui qui refusait recevait des coups de matraque. Cela durait ainsi toute la journée, jusqu'à ce que les immondices étouffent le malheureux. »

– Deuxième grand témoin de J.-C. Pressac – Zalman Lewental

Tous ces manuscrits sont censés avoir été retrouvés dans un tel état que par moments le texte n'est pas lisible ; d'où des lacunes et des blancs. Voici deux échantillons du témoignage de Lewental ; l'un est prélevé à la deuxième page de son témoignage et l'autre constitue la phrase finale de son manuscrit :

> « [...] violaient *les menaçant* de couteaux [...] jeunes filles nues, *torturées* d'une manière affreuse [...] leur enfonçant des bâtons dans le rectum jusqu'à ce qu'elles expirent dans des souffrances terribles, avec des douleurs indicibles. Les sadiques *assassins* forçaient les hommes âgés à violer leurs *propres* enfants [...] les femmes de leur famille [...]. »[349]
> « Quand vous aurez déterré ce cahier, cela vaut la peine de chercher (encore). Cela a été enfoui au hasard dans plusieurs endroits. Cherchez encore ! Vous [...] trouverez encore. »[350]

Dans cet ouvrage de Ber(nard) Mark le faux pullule. Même les Polonais, dans leur édition, susmentionnée, de ces manuscrits miraculeux n'avaient pas osé reproduire certains passages comme, par exemple, celui concernant les défécations forcées à Belzec. La préface de leur édition est, par ailleurs, très intéressante sur les falsifications opérées par deux collaborateurs du professeur Bernard Mark dans la reproduction des manuscrits en polonais. Ces deux membres de l'Institut historique juif de Varsovie sont Adam Rutkowski et Adam Wein. Adam Rutkowski, après

---

[349] J.-C. Pressac, *op. cit.*, p. 266.
[350] *Id.*, p. 309.

avoir quitté la Pologne, est venu s'établir en France : il a été recruté par le Centre de documentation juive contemporaine de Paris (responsable : Georges Wellers) et il a publié des études dans la revue *Le Monde Juif* (même responsable).

L'ouvrage de Ber(nard) Mark a été accueilli en France par un concert d'éloges. Les journalistes français ont trouvé que ce recueil de témoignages était d'une vérité criante. Gilles Lambert cite notamment l'épisode de la défécation forcée et il écrit à propos de ce qu'il appelle le « sadisme des nazis » :

> « Les condamnés sont introduits dans des fosses verticales, que les déportés doivent, sous menace de mort, combler de leurs déjections naturelles jusqu'à étouffement de la victime. La réalité se hisse au niveau de la fiction cauchemar : on pense à certaines pages hallucinées du *Sang du ciel,* le livre de Piotr Rawicz, qui s'est suicidé récemment. »

L'article est paru dans *Le Figaro.*[351] Voyez, dans le même registre, un article d'Éric Roussel dans *Le Monde*[352] et un article de Pierre Pachet dans *La Quinzaine Littéraire.*[353]

L'ouvrage était préfacé par Élie Wiesel qui, au même moment, publiait *Paroles d'étranger* (aux éditions du Seuil – les mêmes qui éditent ici *L'Album d'Auschwitz*). Élie Wiesel est une sorte de témoin professionnel qui, à son tour, rencontre d'étranges témoins. Parlant de Babi-Yar, il écrit :

> « Plus tard, j'appris par un témoin que [après une exécution massive de juifs], pendant des mois et des mois, le sol n'avait cessé de trembler ; et que, de temps en temps, des geysers de sang en avaient giclé ».[354]

– Le troisième – et le meilleur – des grands témoins de J.-C. Pressac –
– F. Müller –

Filip Müller est l'auteur – par nègre allemand interposé (Helmut Freitag) – du livre le plus délirant qu'on ait écrit sur Auschwitz. Le contenu du livre et son caractère extravagant sont bien rendus par le titre qu'on a donné à l'édition française : *Trois ans dans une chambre à gaz*

---

[351] *Le Figaro,* 13-14 novembre 1982, p. 25.
[352] 26 novembre 1982, p. 23.
[353] 16 décembre 1982, p. 25.
[354] É. Wiesel, *Paroles d'étranger,* p. 86.

d'Auschwitz. Les lecteurs qui voudraient savoir comment au procès de Francfort, Filip Müller est apparu comme un faux témoin, avec quels poncifs et quels procédés de la littérature de sex-shop il a fait écrire son livre qui a obtenu à l'unanimité le prix Bernard Lecache décerné par la LICRA, aura avantage à voir ce que j'ai rapporté de sa vie et de son œuvre dans mon *Mémoire en défense contre ceux qui m'accusent de falsifier l'Histoire*. Les passages concernant Filip Müller figurent aux pages 256 à 261 et à la page 266 (l'épisode où Filip Müller, dans la chambre à gaz où il a voulu mourir voit soudain se pressant autour de lui des jeunes filles nues : « Elles étaient toutes dans la fleur de l'âge ». Celles-ci ne veulent pas qu'il meure ; il doit survivre pour porter témoignage.

« Elles m'empoignèrent par les bras et par les jambes et me traînèrent littéralement jusqu'à la porte de la chambre à gaz, malgré ma résistance, etc. » À la page 195 de *L'Album*, J.-C. Pressac s'inspire du témoin Filip Müller pour affirmer que l'adjudant-chef Moll

> « conçut une série de canaux au fond des tranchées, pour recueillir la graisse qui tombait. Ces canaux s'écoulaient ensuite vers chaque extrémité de la fosse, où la graisse recueillie était versée par-dessus les cadavres comme carburant additionnel. Ces bûchers étaient dissimulés par la profondeur des fosses, des haies de camouflage et des arbres, mais l'odeur et la fumée se remarquaient bien au-delà des limites du camp. »

Ce passage est un répertoire d'inepties. Pourquoi cacher ce qui, de toute façon, par l'odeur et la fumée serait devenu un secret de polichinelle ? Comment la graisse pourrait-t-elle tomber des cadavres et rouler en ruisseaux ? Les corps n'étaient pas embrochés à la rôtissoire au-dessus et au centre d'un foyer. Ils étaient entassés dans des fosses « profondes » ; donc la graisse était le premier élément à disparaître consumée. Comment allumer un feu dans une fosse profonde et pratiquer les arrivées d'air indispensables à la combustion ? Comment s'approcher de pareilles fournaises pour aller recueillir dans les profondeurs de la fosse la prétendue graisse ? Comment les haies de camouflages qu'on nous dit par ailleurs être constituées par des branchages de trois mètres de hauteur, découpés aux alentours et repiqués là, auraient-elles pu supporter la chaleur de la fosse ?

À la page 200, les extraits du texte américain traduits par les Français pour leur propre édition ont été l'objet de coupures destinées à supprimer des invraisemblances. On pourra faire la comparaison de tout ce passage avec les trois versions du livre de Müller.[355] On notera que dans ce passage comme dans la totalité des trois livres on a multiplié les ajouts, les coupures, les transformations dans ce témoignage qui, par définition, aurait dû n'avoir qu'une seule forme. Il est à remarquer enfin que Filip Müller a, lui aussi, assisté à une fin glorieuse dans la chambre à gaz. L'hymne entonné cette fois-là était tchèque (*Kde domov muj*) et peu après lui faisait écho la même *Hatikva.*[356]

8. La plus belle cornichonnerie de l'école exterminationniste

J.-C. Pressac mériterait de passer à la postérité pour avoir exprimé la thèse la plus cornichonne qu'on ait jamais exprimée chez les gens qui croient aux prétendues chambres à gaz hitlériennes. Rappelons qu'il y a, d'un côté, ceux qui disent que ces chambres à gaz homicides ont existé ; on les appelle les exterminationnistes parce qu'ils croient qu'il y a eu une extermination systématique des juifs par cette arme spécifique qu'aurait été la chambre à gaz. De l'autre côté, se trouvent les auteurs révisionnistes qui estiment que la question des chambres à gaz et de l'extermination avait besoin d'être revue et même révisée. Ou bien ces chambres à gaz ont existé ou bien elles n'ont pas existé. Il n'y pas de moyen terme. Et, si elles ont existé, elles ont, par la nature même de ce qu'elles étaient (une formidable innovation scientifique nécessitant un ordre venu du plus haut, des crédits spéciaux, des études particulières, un budget de fonctionnement, des instructions sur le plan technique, militaire, administratif, médical, etc.), impliqué un énorme effort concerté, exclusif de toute improvisation. C'est là du moins ce que penserait un homme dont le cerveau fonctionnerait normalement et non pas avec des pannes soudaines et d'étranges arrêts d'électricité mentale. Or, J.-C. Pressac a de ces pannes : c'est ce qui se constate dans sa conversation, dans ses écrits, dans ses raisonnements. Il a inventé la théorie dite du « gazouillage ». Il veut dire que les gazages homicides ont existé sans exister tout à fait. Lorsque Georges Wellers, affolé des progrès réalisés par les auteurs révisionnistes, a cherché précipitamment une parade, il a cru pendant un moment que ce biscornu personnage le tirerait d'affaire. Imprudemment, il lui a ouvert les colonnes de sa revue *Le Monde Juif.* Et c'est ainsi que dans cette vénérable revue du CDJC paraissait un long article inepte et indigeste où J.-C. Pressac soutenait sans rire la thèse suivante :

---

[355] Version allemande, p. 214 ; version américaine, p. 134, version française, p. 182.43.
[356] p. 151 de *Trois ans* et p. 142 de *L'Album.*

Quand les Allemands ont conçu dans leurs plans, puis réalisé sur le terrain les quatre crématoires de Birkenau, ce n'était manifestement pas pour en faire un usage homicide ou criminel. Il n'est que de regarder les plans des bâtiments et leurs ruines actuelles pour se rendre à l'évidence : ces bâtiments ne possédaient pas de chambres à gaz homicides, ni un vestiaire pour que les victimes s'y déshabillent. Soudain, à un moment que J.-C. Pressac n'a jamais précisé, des SS fous (qui ne sont pas nommés) ont dû prendre l'initiative de transformer les lieux pour en faire ces fantastiques usines de mort dont nous parlent Leib Langfus, Zalman Lewental et Filip Müller. Mais, convient notre loufoque, il faut bien dire que tout ce qu'ont fait ces fous respire la plus complète improvisation et n'est, somme toute, que du bien mauvais bricolage. Et Jean-Claude Pressac nous livre la clé ultime du mystère : tout cela tenait à ce qu'il appelle « le niveau extrêmement bas des SS affectés au service des crématoires. » Il a soutenu cette thèse dans le n° 107 du *Monde juif*[357] : je lui ai consacré une étude intitulée : « Le Mythe des chambres à gaz entre en agonie. »[358] À la suite de cette prestation, Georges Wellers se débarrassa de son collaborateur, qui fut recueilli par S. Klarsfeld.

9. *L'annexe sur les crématoires-II, III, IV et V*

J.-C. Pressac continue dans cette annexe à illustrer sa thèse du « gazouillage ». La première photo qu'il nous présente (le porche d'entrée de Birkenau) n'a pas de référence et ne présente pas d'intérêt. Les six vues extérieures des crématoires n'offrent pas plus d'intérêt. Pressac, bien involontairement, les rend amusantes par l'application naïve avec laquelle il a dessiné des flèches directionnelles pour nous montrer où, derrière les murs, se situaient les chambres à gaz homicides. Il sait comme tout le monde qu'à l'intérieur de certaines des pièces qu'il baptise du nom de chambres à gaz homicides il y avait un poêle à charbon. Que peut bien venir faire un poêle dans une pièce où l'on va, paraît-il, emmagasiner des foules humaines pour les tuer avec du Zyklon B ? On se le demande. Même J.-C. Pressac se le demande. Mais sa logique subissant comme bien souvent une étrange éclipse il affirme : « Ce sont quand même des chambres à gaz ! » Plus loin, il s'interroge sur la manière dont le SS pouvait procéder pour avoir, de l'extérieur, accès aux petites fenêtres de ces pièces. Il s'étonne. Il remarque que ces fenêtres ne sont accessibles de l'extérieur que si l'on dispose en dessous d'elle

---

[357] J.-C. Pressac, « Les "Krematorien"-IV et V de Birkenau... »
[358] in R. Faurisson, *Réponse à Pierre Vidal-Naquet*, 2 e édition, p. 67-83, reproduit ci-dessus, p. 325.

une échelle ou un escabeau. Donc le SS devait venir sur place avec une échelle pour atteindre la fenêtre et déverser son Zyklon. J.-C. Pressac n'a pas l'air, une fois de plus, de soupçonner que voilà une raison de plus de douter que la pièce soit une chambre à gaz homicide. Il a trouvé une solution à tout problème : ces SS fous étaient bêtes, de surcroît. Quand il en vient à examiner les curieux mouvements que la foule des victimes aurait à suivre à l'intérieur de ces mêmes crématoires, il trouve le système « aberrant ». On ne saurait mieux juger. Ces mouvements feraient, par exemple, que les victimes passent d'abord par une morgue qui serait en même temps un vestiaire (!) pour aller se faire gazer dans trois petites pièces situées à gauche ; puis les membres du *Sonderkommando* auraient à pénétrer dans ces pièces et à en tirer les cadavres en prenant le soin de ne pas renverser les poêles à charbon ; ils ramèneraient les cadavres à droite dans la morgue-vestiaire et pendant que ces cadavres seraient en attente de passer au four crématoire, on ferait entrer les nouvelles victimes qui se fraieraient un chemin au milieu des cadavres.

J.-C. Pressac qui, ainsi qu'on l'a vu par ailleurs, ne manque pas d'aplomb pour falsifier un plan, ose nous montrer en page 218 un document allemand où figure le mot de *Gasskammer (sic* pour *Gaskammer)*. Il laisse croire à son lecteur qu'il s'agit d'une chambre à gaz homicide. Or, il sait bien que cette *Gasskammer* se retrouve en bien des points des registres de la serrurerie (*Schlosserei*) d'Auschwitz et que parfois son nom change en *Entlausungskammer* (chambre d'épouillage) ; quand on regarde la constitution de ces chambres on s'aperçoit qu'elle est la même. D'ailleurs, à la page 156 de l'ouvrage, on lisait :

> « Chambre à gaz de désinfection avec […] son ventilateur circulaire et sa commande électrique […]. Cette porte étanche comporte un œilleton de sécurité. »

Les deux photos finales de *L'Album* représentent des hommes en civil qui traînent des cadavres uniformément squelettiques (victimes du typhus ?). Dans le fond monte une fumée blanche. Étant donné la couleur de la fumée, je ne pense pas qu'il s'agisse ici de brûler les corps en plein air. Je croirais plutôt qu'il s'agit de l'un de ces feux de bois vert et de branches que l'on fait pour combattre la puanteur. En tout cas on ne voit pas ce qui permet au commentateur de dire que ces cadavres à la corpulence identique sont des cadavres de gazés.

10. Le mot de la fin : un joyau de J.-C. Pressac

Voici les derniers mots du commentateur :

« Certaines informations sur le fonctionnement des crématoires de Birkenau ne peuvent être portées à la connaissance du public. La raison vacille devant des faits qu'on refuse immédiatement parce qu'incroyables. Ils sont explicables par le niveau extrêmement bas des SS affectés au service des crématoires. »

« La raison vacille… » « Le niveau extrêmement bas… »

11. Les documents que l'on continue de nous cacher

À la page 30, nous apprenons que les Allemands ont réalisé un film au cours des déportations de Hongrie. À la page 12 (note 2), nous apprenons que depuis 1980 le Yad Vashem (de Jérusalem) possède un album comprenant environ cinq cents photos des réalisations de la direction des constructions d'Auschwitz et que vingt de ces photos montreraient la construction et l'achèvement des crématoires de Birkenau. À la page 37, il est dit que L'Album contenait, en plus de nos 188 photos, dix pages où étaient présentées soixante-trois photos sur des sujets « comme les camps annexes d'Auschwitz et les visites officielles au camp. » À la page 210, on parle de la possibilité d'existence d'un album détenu par les Soviétiques. Rien de tout cela ne nous est encore montré parce qu'on ne sait plus comment s'y prendre pour aveugler le lecteur sur le compte de ce que montrent ces photos. En tout cas, le présent album démontre ce qu'était la réalité d'Auschwitz et par quels procédés à la fois candides et éhontés il est possible de travestir la vérité des faits. Dans toutes les écoles de journalisme, quand on voudra montrer jusques à quelles outrances peut conduire la déformation d'une photo par le texte de la légende inventée pour cette photo, on disposera de L'Album d'Auschwitz dans la présentation que les Américains, suivis des Français, ont réussi à lui donner.

***

31 décembre 1983

Un défi à D. Irving

En septembre 1983, lors de notre cinquième congrès révisionniste, j'ai eu le plaisir de faire la connaissance de D. Irving. Malheureusement la rencontre a été trop brève. Nous avons eu une courte conversation privée, puis j'ai écouté sa conférence. À l'issue de la conférence, quelques-uns d'entre nous ont pu lui poser des questions ou lui faire part de remarques. Là encore le temps a été trop mesuré pour qu'à mon tour je lui pose des questions ou lui fasse des remarques. Le lendemain, avant de commencer ma propre conférence, j'ai dit à mon auditoire, en quelques mots, quelles auraient été mes questions à David Irving et mes remarques. Je vais les développer ici. On ne s'étonnera pas qu'elles portent sur ce qu'on appelle le problème du génocide et celui des chambres à gaz.

– Les « quelque soixante-dix hommes » de Karl Wolff –

Dans ma brève conversation, j'ai demandé à D. Irving quels étaient ces « quelque soixante-dix hommes » qui, à son avis, savaient l'existence des camps d'extermination. Je lui ai rappelé le passage suivant de son *Hitler's War,* publié en 1977 :

> « By August 1942 the massacre machinery was gathering momentum – of such refinement and devilish ingenuity that from Himmler down to the ex-lawyers who ran the extermination camps perhaps only seventy men were aware of the truth. »[359]

D. Irving me dit que c'était le général Karl Wolff, ancien SS-*Obergruppenführer*, qui avait mentionné ce chiffre d'environ soixante-dix hommes. Il l'avait fait dans une étude qui se trouverait aujourd'hui à l'*Institut für Zeitgeschichte de Munich.* J'ai alors demandé à D. Irving s'il n'y avait pas là quelque chose d'étrange. En effet, Karl Wolff (chef d'état-major de Himmler et officier de liaison auprès de Hitler) n'avait pendant toute la durée de la guerre jamais eu la révélation d'un quelconque programme d'extermination. C'est seulement en avril 1945 qu'il en avait entendu parler en Suisse, à la radio, au moment des pourparlers en vue de la reddition des troupes allemandes se trouvant en Italie. D. Irving se déclara d'accord avec moi sur ce point. Et notre conversation fut alors interrompue. Les questions que j'aurais eu à lui poser sont les suivantes :

1. Karl Wolff a porté une très grave accusation contre soixante-dix personnes. Quelles sont, une à une, ces soixante-dix personnes ? Karl Wolff a-t-il entrepris une enquête à propos de chaque cas ? Quand et

---

[359] « En août 1942, la machinerie du massacre prenait de la vitesse – avec un tel raffinement et une ingéniosité si diabolique qu'en partant de Himmler et en descendant jusqu'aux anciens hommes de loi qui dirigeaient les camps d'extermination il se trouvait peut-être seulement soixante-dix hommes pour savoir la vérité. », D. Irving, *Hitler's War*, p. 393.

comment ? Possède-t-il des preuves précises à l'appui de ses accusations ? Pouvons-nous contrôler ces preuves ?

2. D. Irving a-t-il examiné ces preuves et les trouve-t-il convaincantes ? Pourquoi l'Institut de Munich ne les a-t-il pas publiées ? K. Wolff, D. Irving et Martin Broszat sont-ils aujourd'hui prêts à publier ce dossier qui a dû être rédigé avant 1977 (date de la publication de *Hitler's War*) ?

3. Pour comprendre les mots « *with such refinement and devilish ingenuity* » (« avec un tel raffinement et une ingéniosité si diabolique »), j'ai besoin de précisions concrètes de toutes sortes. Je désire savoir en quoi consistaient d'abord ce *refinement* (raffinement), puis cette *ingenuity* (ingéniosité) qui n'était pas ingénue mais *devilish* (diabolique). Derrière ces mots il y a obligatoirement des réalités matérielles que je veux connaître. De quelle nature étaient ces réalités ? De quelles dimensions ? Localisées où ? Fonctionnant comment ? Qui les a conçues ? Qui en a tracé les plans ? Qui les a fait exécuter ? Avec quelle main-d'œuvre et quels matériaux ? Avec quel budget surtout ? Comment est-on parvenu à cacher la création et le fonctionnement d'une telle machinerie pendant trois ou quatre ans à Hitler et à l'univers entier ? Comment l'ensemble des organismes militaires, policiers, économiques, aurait-il pu ne pas voir que des millions de gens disparaissaient ainsi dans d'horribles abattoirs dont le fonctionnement devait exiger de considérables moyens en matières premières (difficiles à se procurer en temps de guerre totale) et une main-d'œuvre non moins considérable (à une époque où le manque de main-d'œuvre posait précisément à l'Allemagne des problèmes si angoissants) ?

– *Quelque soixante-dix surhommes* –

Pour reprendre une comparaison de D. Irving, je veux bien croire que Menahem Begin a pu ignorer, sur le moment, le massacre de Sabra et Chatila. Pendant quelques heures, quelques centaines de civils ont été massacrés. Je ne sais pas à quelle heure Begin a eu connaissance de ces massacres, mais je sais que, comme la terre entière, il l'a très vite appris. Cependant, si au lieu de quelques centaines d'hommes, de femmes et d'enfants massacrés en quelques heures, nous avions eu affaire au massacre de quelques millions d'hommes, de femmes et d'enfants pendant trois ou quatre ans au cœur de l'Europe, par quel miracle aurait-on pu dissimuler cette énormité à Hitler, à Staline, à Churchill, à Roosevelt ainsi qu'à l'Allemagne et à l'Europe entière sauf à « peut-être soixante-dix hommes » ? Ces « peut-être soixante-dix hommes » étaient des surhommes. Pour moi qui ai tant étudié ce sujet, je constate, de plus, que ces surhommes, non contents de mener clandestinement un si fantastique massacre, seraient parvenus à effacer toutes les traces de leur forfait. **Car nous n'avons, par exemple, aucune preuve de l'existence d'une seule chambre à gaz homicide** qui ait pu être fabriquée et utilisée par les Allemands. Il existe, en revanche, une surabondance de prétendues preuves qui, si on leur applique les méthodes de routine de l'enquête historique, se révèlent être fausses. Nous avons des milliers de preuves solides de l'existence dans certains camps allemands d'installations de douche, d'installations de désinfection, d'installations pour conserver les cadavres dans des chambres froides avant de les brûler dans des fours crématoires ; nous savons quand, où, par qui, selon quels plans et avec combien d'argent tout cela a été fait, mais, sur les gigantesques chambres à gaz homicides, nous ne possédons rien. C'est de la magie.

– D. Irving a seulement « quelques sentiments » sur l'histoire de l'extermination –

J'en viens maintenant à la conférence de D. Irving.[360] L'impression de magie persiste là encore. D. Irving a l'honnêteté de nous prévenir qu'en fait il n'a pas étudié cet aspect particulier de l'histoire de la seconde guerre mondiale que constitue ce que certains appelle l'« Holocauste». Il répète avec insistance qu'il n'a surtout là-dessus que des *feelings* (sentiments). Il dit que, dans son esprit, il s'est forgé une certaine représentation de ce qui s'est probablement passé. Pas un instant il n'attaque les auteurs révisionnistes. Il n'agit pas comme ces gens qui prononcent des condamnations d'autant plus fermes du révisionnisme qu'ils n'ont même pas étudié la question. Cependant, même un D. Irving cède à la tentation, parfois, de tenir des propos que, de son propre aveu, il ne devrait pas tenir puisque, n'est-ce pas, il n'a pas étudié la question. D'ailleurs, les erreurs qu'il commet çà et là prouvent par elles-mêmes que nous devons le croire quand il confesse qu'il est un profane en la matière.

À la page 274, D. Irving emploie les mots suivants :

« [....] my suggestion that, if there was any kind of liquidation program going on, then Hitler did not know about it. »[361]

---

[360] D. Irving, « On Contemporary History and Historiography ».
[361] « Je suggère que, s'il se déroulait quelque type que ce fût d'un programme de liquidation, eh bien Hitler n'en savait rien. », *Id.*, p. 274.

Pour ma part, je laisse de côté la question de Hitler lui-même et j'essaie seulement de savoir si, pour notre historien, il y a eu un programme de liquidation physique des juifs, ou non. Les mots que je viens de citer me font voir un historien qui ne répond à ma question ni par oui ni par non ; mais, de ce seul fait, il adopte à mon avis une position courageuse, qui incite ses lecteurs à la réflexion, car il n'est pas ici de ceux qui posent l'extermination comme un fait établi. Il en parle au mode conditionnel. Ce scepticisme ou ce refus de se prononcer se rencontrent ailleurs sur le même sujet dans la même conférence. Voici quelques citations dont je souligne intentionnellement certains mots :

> « Hitler was completely in the dark about anything that may have been going on. »[362]
> « whatever happened at the other end (of this transport movement) **if anything happened at the other end.** »[363]
> « what crimes may **or may not** have been going on. »[364]

À maintes reprises, D. Irving, au lieu de parler d'une certitude comme celle qu'on peut tirer d'une enquête, préfère parler d'un sentiment (*feeling*) ou de sentiments (*feelings*) qu'on peut simplement avoir à l'esprit (*mind*) :

> « I would say I am satisfied in my own **mind** [...]. I am quite plain about that in my own **mind** [...]. I've got the kind of gut **feeling** which suggests to me that that is probably accurate. »[365]
> « my own **feelings.** »[366]
> « Now, this fits with the image that I have built in my own **mind** that [...]. »[367]

Je vais maintenant reproduire tout un passage où D. Irving tente de préciser sa position. J'en souligne les mots qui me paraissent dignes d'intérêt, soit parce qu'ils montrent franchement les incertitudes de

---

[362] « Hitler était complètement dans le noir au sujet de quoi que ce fût qui se **serait** déroulé. », *Ibid.*

[363] « Quoi qu'il se fût produit à l'autre bout (de ce mouvement de transfert), **s'il s'est produit quoi que ce fût à l'autre bout.** » *Id.*, p. 278.

[364] « Quels que fussent les crimes qui se déroulaient **ou non.** » *Id.*, p. 279.

[365] « Je dirais que, dans mon propre **esprit**, j'ai la conviction que [...]. Dans mon propre **esprit**, il est tout à fait clair que [...]. J'ai le type de **sentiment** instinctif qui me conduit à penser que c'est probablement exact. », *Id.* p. 274.

[366] « Mes propres **sentiments.** », *Id.*, p. 277.

[367] « Bon, ceci s'accorde avec l'image que je me suis faite dans mon propre **esprit**, à savoir que [...] », *Id.*, p. 279.

l'auteur, soit parce qu'ils appellent des précisions qu'on ne voit pas venir ; d'où l'impression générale que D. Irving porte des accusations graves dont il n'est peut-être pas bien sûr lui-même, du moins à ce moment-là. Il dit en effet :

> « I would say I am satisfied in my own **mind** that in **various locations**, **Nazi criminals** acting **probably** without **direct orders from above**, did carry out **liquidation** of **groups** of people including Jews, gypsies, homosexuals, mentally incurable people and the rest. I am quite plain about that in my own **mind**. I can't prove it, I haven't got into that, I haven't investigated that particular aspect of history but from the documents I have seen, I've got **the kind of gut feeling** which **suggests** to me that that is **probably** accurate. »[368]

Nous aimerions savoir combien, pour D. Irving il y eut d'emplacements et en quels points géographiques ; combien il y a eu de « criminels nazis » et quelles ont été les responsabilités particulières de chacun ; si ces derniers ont agi « probablement sans ordres directs venant d'en-haut », est-ce à dire qu'ils ont peut-être agi avec des ordres **indirects** ou peut-être aussi **sans ordres du tout ?** Que signifie « d'en-haut » ? À quel degré de la hiérarchie D. Irving pense-t-il ici, s'il ne vise pas seulement Adolf Hitler ? Quels étaient les procédés de liquidation physique utilisés ? De quelles dimensions étaient ces groupes de victimes ? Si, d'une part, D. Irving a l'honnêteté – rare parmi les historiens – de nous dire « je ne puis le prouver, je ne l'ai pas étudié, je n'ai pas examiné cet aspect particulier de l'histoire », la déduction que je peux me permettre est la suivante : D. Irving a étudié des documents qui ne lui permettent pas de prouver qu'il y a eu de telles exterminations et peut-être cela est-il dû précisément au fait qu'il a étudié des documents qui ne sont pas ceux qu'il aurait étudiés si ses recherches avaient porté sur les exterminations. En ce cas, s'il n'a pas porté ses recherches de ce côté-là, il ne peut pas en dire grand-chose. Il peut seulement exprimer des

---

[368] « Je dirais que, dans mon propre **esprit**, j'ai la conviction que, en **des emplacements variés** (?), des **criminels nazis** (?) agissant probablement **sans ordre direct** (?) **venus d'en-haut** ont procédé à des **liquidations** de **groupes** (?) de gens incluant des juifs, des Tziganes, des homosexuels, des personnes incurables et tout le reste. Dans mon propre **esprit** c'est tout à fait clair. Je ne puis le prouver, je ne l'ai pas étudié, je n'ai pas examiné cet aspect particulier de l'histoire mais, d'après les documents que j'ai vus, j'ai le type de **sentiment instinctif** qui me **conduit à penser** que c'est **probablement** exact. », *Id.*, p.274.

« sentiments ». Quand il déclare à ses auditeurs du cinquième congrès révisionniste, à Los Angeles, en 1983 :

> « I am sure you realize that I take a slightly different line from several people here [...] »[369]

il ne peut qu'avoir raison, vu que les chercheurs révisionnistes ont mené leur enquête sur un terrain spécifique qui n'était pas celui de D. Irving. En bonne logique, s'il était invité à un congrès de croyance exterminationniste (c'est-à-dire de personnes qui soutiennent la version orthodoxe de l'« Holocauste »), D. Irving serait tenu à la même prudence ; cette prudence est celle du scientifique qui sait qu'on ne peut parler que de ce qu'on croit avoir étudié.

À la p. 277, il prend le risque de donner quelques précisions sur l'histoire, selon lui, de l'extermination. Il est remarquable que sa phrase d'introduction commence ainsi :

> « I can summarize **my own feelings**, having read all the documentation, quite simply by saying that. [...] »[370]

Ici le mot de « documentation » est à prendre au sens de « documentation non spécifique » ou de « documentation ne portant pas spécifiquement sur l'histoire de l'extermination ». Comme la documentation qu'il a étudiée ne lui a pas permis d'aboutir à des **preuves** (« *I can't prove* »), il est normal encore une fois qu'il utilise à nouveau le mot de *feelings* (sentiments).

– Trop de métaphysique, pas assez de matérialisme –

C'est dans les pages 277-278 que D. Irving propose son histoire de l'extermination. Voici des extraits de ces pages ; j'ai retiré ce qui me semblait être de l'ordre du commentaire ou de la digression et je souligne intentionnellement certains mots :

> « [...] **whatever** happened **gained its own momentum deriving from** atrocities which the Nazis did commit, for example, the euthanasia program [...], the killing of the mentally incurable,

---

[369] « Je suis sûr que vous vous rendez compte que je suis une voie légèrement différente de celle de plusieurs personnes qui sont ici. [...] », *Ibid.*

[370] « Après avoir lu toute la documentation, je peux résumer mes **propres sentiments** tout simplement en disant que [...] »

who occupy the hospital beds that wartime Germany needed, this was an operation that was carried out on Hitler's written instructions. And this **generated a certain amount of** expertise in killing. – And there is no question in my mind that some of the personnel who were operating in that program, the T-4 operation, the "Tiergartenstrasse – the office from which it was conducted, were then **automatically injected** into the killing operations that a number of local police officials in my view on the Eastern Front in Germany, carried out against Jews and other people **who just got in their way.** »[371]

Ce que dit ici D. Irving est conforme au récit des exterminationnistes. À un bout de la chaîne on a le programme d'euthanasie et, à l'autre bout de cette chaîne, on a un programme d'extermination des juifs et d'un peu toutes les catégories de victimes possibles. On veut nous démontrer qu'il y a là une sorte d'évolution logique. C'est difficile à croire. Pour commencer, un programme d'euthanasie est-il une atrocité ou encore un crime ? Je ne crois pas qu'on puisse l'affirmer. Je constate qu'aujourd'hui des gens militent pour l'euthanasie comme d'autres militent pour l'avortement libre. Ce programme d'euthanasie a été daté du jour même (1er septembre 1939) où l'on peut dire qu'éclatait un terrible conflit qui allait provoquer d'abominables blessures physiques. C'est peut-être donc *aussi* en songeant au spectacle horrible de certains grands mutilés de la première guerre mondiale que Hitler et les siens ont voulu instituer la possibilité de mettre fin chez ces mutilés à des souffrances intolérables ou à des maux incurables. En tout cas, l'affaire était assez grave pour que Hitler signe en personne un tel ordre. Et le secret n'en a, bien sûr, pas pu être gardé. Les Églises ont protesté et le programme a été abandonné sous leur pression et celle de l'opinion publique allemande.

C'est assez dire que, lorsqu'il y avait une décision de ce genre à prendre, Hitler n'en laissait pas la responsabilité à d'autres mais la prenait

---

[371] « Ce qui arriva, – quoi que fût ce qui arriva – prit **toute son extension** à partir d'atrocités effectivement commises par les Nazis, par exemple, leur programme d'euthanasie [...] la mise à mort des malades mentaux incurables qui occupaient les lits d'hôpitaux dont l'Allemagne avait besoin en temps de guerre – une opération qui fut menée sur les instructions écrites de Hitler. Et ceci entraîna **une certaine somme** d'expertise dans la mise à mort, sans aucun doute. Et, dans mon esprit, il n'y a pas de doute que certains membres du personnel qui participaient à cette action, l'action T-4, du nom de la "Tiergartenstrasse" (bureau qui en assurait la conduite), furent ensuite **automatiquement injectés** dans les actions de mise à mort que, dans mon esprit, un certain nombre de responsables locaux de la police sur le front de l'Est en Allemagne, menèrent contre les juifs et d'autres gens **qui simplement leur tombaient entre les mains**. »

lui-même. Il signait un document qui servait ensuite de référence à une foule d'ordres et de mesures à prendre en conséquence. J'ajoute que, lorsque la décision était prise, à la suite d'une procédure exigeante, de donner la mort à un incurable, cela se faisait par piqûre (par exemple, de scopolamine). Pour se convaincre qu'il n'y a jamais eu de chambre à gaz homicide dans les hôpitaux allemands, il suffit de se reporter aux « témoignages » (*sic*) de ceux qui prétendent qu'il y avait de telles chambres à gaz. Les récits, uniformément ineptes, peuvent être lus, par exemple, dans le récent ouvrage de Kogon, Langbein, Rückerl et Cie[372]. Imagine-t-on, d'ailleurs, des grabataires, des moribonds, des gens sans bras ou sans jambes se rassemblant docilement à l'entrée d'une pièce où ils auraient été ensuite abandonnés avec « une serviette chacun et un bout de savon »[373] : la pièce aurait été camouflée en douches, pour les aveugles sans doute ?

Je ne vois pas comment le fait d'administrer une piqûre à de telles personnes aurait pu « entraîner une certaine somme d'**expertise** dans la mise à mort ». Je ne vois pas comment l'existence d'un ordre de Hitler dans le cas de l'euthanasie expliquerait l'absence d'un ordre du même Hitler dans le cas d'une gigantesque entreprise d'assassinats collectifs. Je ne vois pas comment Hitler, reculant devant les conséquences de son geste auprès des Églises et de l'opinion publique allemande, aurait pu se lancer dans une entreprise follement criminelle et propre à lui aliéner toutes les Églises et tous les peuples de la terre. Et, dans le cas de la thèse de D. Irving (l'immense crime a été perpétré sans que Hitler en sût rien), je comprends encore moins comment il aurait pu se trouver des Allemands pour se croire mille fois, dix mille fois plus forts que leur Führer pour accomplir la prouesse suivante : servir le Führer à l'insu de ce dernier et de sa police, à l'insu de toutes les opinions publiques, à commencer par celle de ces civils en armes qu'on appelle les militaires, à l'insu de leurs supérieurs hiérarchiques dans leur ensemble, pour se lancer dans la plus démente des entreprises humaines qu'on ait jamais pu imaginer ; là où Hitler avait renoncé, eux, ils triompheraient sur tous les plans ! D. Irving a-t-il fait une enquête pour dire que « certains membres du personnel [de l'action euthanasie] furent ensuite automatiquement injectés dans les actions de mise à mort [...] sur le front de l'Est en Allemagne »? Que veut dire « automatiquement injectés » ? Y a-t-il une preuve, un document de service montrant cette « injection automatique » ? Que veut dire « certains membres » : s'agit-il d'un nombre significatif ? Quels mots portaient les ordres de mission de ces

---

[372] E. Kogon, H. Langbein, A. Rückerl, *NS–Massentötungen durch Giftgas, Eine Dokumentation*. En français, *Chambres à gaz, secret d'Etat*.
[373] « *Seife und Handtücher* », p. 48.

gens-là ? En quel endroit exact chacun d'entre ces gens est-il allé sur ce front de l'Est où allaient, d'ailleurs, à peu près tous les Allemands en âge de servir l'armée ou l'administration allemandes ? Comment la compétence dans le maniement de la seringue donnerait-il la compétence dans le maniement des gaz homicides : un maniement que redoutent aux États-Unis même les spécialistes qui disposent, pour tuer un seul condamné à la fois, d'installations spéciales très élaborées ? D. Irving ferait-il allusion au *Kriminaloberkommissar* Christian Wirth et aux ahurissantes confessions de Kurt Gerstein ? Il est trop sagace, je pense, pour accorder foi, ne fût-ce qu'une minute, au contenu de pareilles confessions.

À la page 278, D. Irving tente de nous expliquer la fin de sa phrase : « [...] contre les juifs et d'autres gens qui simplement leur tombaient entre les mains ». Il doit sentir que ce morceau est l'un des plus difficiles à faire passer. Nous étions déjà dans le vague de l'immanence avec des phrases comme :

« [...] ce qui arriva, – quoi que fût ce qui arriva – prit toute son extension » ou « ceci entraîna une certaine somme de [...] » ou « automatiquement injectés ».[374]

Dans ces phrases, il me semble voir le dieu de Spinoza en action. En effet, l'extermination est présente comme un phénomène qui doit résulter du cours naturel des événements et se manifester un jour ou l'autre ! Ici, la rencontre des juifs et des autres avec leurs propres bourreaux et avec leur mort atroce semble de caractère immanent. Soit dit en passant – cela ne concerne pas

D. Irving – je suis frappé par la place qu'occupent dans la thèse exterminationniste des choses comme la métaphysique, le goût de l'immatériel, le caractère abstrait des représentations, le récit mythique stéréotypé, et une sainte horreur des sciences exactes.

– Les juifs envoyés à l'Est –

D. Irving dit que Berlin envoyait les juifs à l'Est sans trop se préoccuper de leur sort. Ainsi les Allemands qui les recevaient en surnombre ne savaient-ils que faire de tant de juifs. Ainsi a-t-il dû germer dans l'esprit de certains Allemands l'idée de procéder à une liquidation de ces juifs sur une grande échelle. À l'appui de cette thèse, D. Irving cite une lettre écrite à Adolf Eichmann dès le 16 juillet 1941. L'auteur de la lettre dit qu'à Posen (Poznan) les autorités allemandes se plaignent de cet

---

[374] D. Irving, *op. cit.,* p. 277 et 278.

afflux de juifs et se demandent comment les nourrir tous. La lettre comporterait en particulier les phrases suivantes :

> « We seriously ought to consider wether it is not, wether it would not be the most humane solution, to finish off the Jews, insofar as we can't make use of them, as labor, by some kind of fast working method, means which implies some kind of chemical. In any case, it would be far more pleasant that to allow them just to starve to death. »[375]

Personnellement, je ne peux pas porter de jugement sur cette lettre aussi longtemps que je ne l'ai pas relue en allemand. Je dis « relue » parce qu'il me semble bien l'avoir lue quelque part. Supposons que cette lettre est authentique et qu'elle est correctement traduite (le membre de phrase « un moyen impliquant un produit chimique quelconque » n'aurait-il pas été intercalé dans la paraphrase ?). Je ne vois dans ces phrases que la réaction d'un homme débordé par un grave problème qui était déjà celui de la Pologne avant 1939 et qui allait devenir le problème de toute une Europe en guerre qui souffrait d'un blocus progressif. Cet homme et ceux qui sont avec lui pestent contre Berlin. Pour eux, Berlin envoie ces juifs sans se soucier des difficultés de santé, d'hébergement et de ravitaillement que cela va causer pour tout le monde, à commencer par ces juifs eux-mêmes. Il serait plus humain de les tuer, ces juifs, par n'importe quel moyen : par une méthode de travail accélérant leur mort ou par un poison chimique quelconque. Si cette réflexion prouve quelque chose, c'est bien précisément qu'un telle méthode n'existait apparemment pas le 16 juillet 1941 à la connaissance de ce correspondant d'Eichmann. Cette méthode a-t-elle existé plus tard ? Eh bien, il faut chercher à le savoir. Ce peut être le point de départ d'une enquête historique ; ce ne saurait être le point d'arrivée ou une conclusion.

D. Irving rapproche cette lettre de la transcription littérale d'une conférence de presse tenue à la fin de 1941 par Hans Frank, gouverneur de Pologne où l'un des chefs de la police locale se plaint de Berlin dans les mêmes termes :

---

[375] *Id.*, p. 278-279 : « Nous devrions sérieusement examiner si la solution la plus humaine n'est pas, ne serait pas d'achever les juifs, pour autant qu'on ne pourrait les utiliser au travail, par quelque méthode expéditive, un moyen impliquant un produit chimique quelconque. En tout cas, ce serait beaucoup plus heureux que de simplement leur permettre de mourir de faim. » Je suppose que D. Irving paraphrasait ici le contenu de la lettre.

« They are sending us trainloads of the people to us. Does Berlin imagine that we are housing them in neat housing estates along the Baltic somewhere ? We just can't do that. We're just bumping them off as and when they arrive. »[376]

– La bonne foi d'Hans Frank, confronté à la propagande d'atrocités –

D. Irving me permettra de lui citer ici un passage des comptes rendus des séances du Tribunal militaire international de Nuremberg à propos de l'accusé Hans Frank. Pour commencer, je lui citerai le document PS–2223. Il s'agit d'extraits du journal de Hans Frank. Ce journal, dans sa version complète, serait de dix mille à douze mille pages. Pour le tribunal de Nuremberg, les extraits ne représentent que deux cent soixante-neuf pages imprimées. On peut faire confiance à ceux qui ont choisi les extraits. Ils ont choisi tout ce qui pouvait accabler Frank. Or, dans cette montagne de papiers divers, ils n'ont pas découvert une seule page en faveur de l'extermination et des chambres à gaz. La page numérotée 503 dans le tome XXIX des documents de Nuremberg est la plus violente contre les juifs. Elle contient ces mots :

« Wir müssen die Juden vernichten, wo immer wir sie treffen.[...] »[377]

Or, si nous replaçons ces mots dans leur contexte et à l'époque où ils ont été prononcés (Cracovie, 16 décembre 1941), nous nous apercevons qu'ils font partie de ce pathos guerrier qu'on rencontre chez tous les hommes politiques d'un pays en guerre. Dans sa propre conférence, D. Irving a bien montré comment il fallait replacer les mots de Hitler dans leur contexte. Il en va de même pour Hans Frank. Et quand un homme politique se voit remettre sous les yeux telle ou telle parole qu'il a prononcée à tel moment de grande tension nationale ou internationale, il peut en toute justice répondre ce que Frank a répondu à ses accusateurs le 18 avril 1946 :

« Il faut considérer mon journal dans son ensemble. Vous ne pouvez pas prendre les quarante-trois volumes, en choisir des

---

[376] « Ils nous envoient de plein convois de gens. Berlin s'imagine-t-il que nous les hébergeons quelque part le long de la Baltique dans des lotissements bien tenus ? Nous ne le pouvons pas. Simplement, nous les liquidons comme et quand ils arrivent. », *Id.*, p. 279. Il s'agit là d'une improvisation de D. Irving à partir d'une portion d'un document de Nuremberg PS–2223, daté du 16 décembre 1941.

[377] « Nous devons anéantir les juifs, partout où nous les rencontrerons. »

phrases séparées, et les interpréter en dehors de leur contexte. Je veux déclarer que je n'ai pas l'intention de jouer sur le sens des mots. Ce fut une période sauvage et orageuse, remplie de passions et lorsqu'un pays est en feu et livre un combat à mort, on peut facilement utiliser de pareilles expressions. – Quelques-unes sont effroyables et je dois dire que j'ai été moi-même bouleversé par certains mots que j'avais pu employer. »[378]

La sincérité de Hans Frank ne peut faire de doute, je pense, pour personne. Il a d'abord plaidé "non coupable". Puis, il s'est mis subitement à croire aux pires inventions de la propagande de guerre alliées sur les chambres à gaz et le reste. Il en a été atterré. Il s'est accusé d'aveuglement. Il a pensé que Hitler l'avait odieusement trompé. Il s'est effondré dans la repentance chrétienne. Pendant la guerre, sur la foi de rumeurs d'atrocités à Belzec, il s'était immédiatement rendu dans ce camp. Il avait rencontré le général Globocnik[379] et il avait simplement vu des juifs du Reich et de France construisant un immense fossé comme clôture de protection ; il avait parlé à quelques-uns d'entre eux et son enquête s'était close là. Au procès, l'avocat Seidl avait fini par lui demander, le 18 avril 1946 :

« N'avez-vous jamais participé à l'extermination des juifs ? »

Voici la réponse de Hans Frank. Elle est pathétique tant elle prouve la bonne foi de cet homme et le caractère infâme de la propagande qui l'avait conduit à une telle auto-accusation :

> « Je réponds "oui". Car, ayant vécu les cinq mois de ce procès, et surtout après avoir entendu la déposition du témoin Höss [trois jours auparavant], il me semble que ma conscience ne m'autorise pas à laisser retomber la responsabilité sur les seules personnes qui n'avaient qu'une influence de second ordre [...]. Mille ans passeront sans que soit effacée cette responsabilité de l'Allemagne. »[380]

Ainsi Frank avait-il été dupé par le faux témoignage de Rudolf Höss, l'un des anciens commandants d'Auschwitz, qui avait signé sa déposition

---

[378] *TMI*, XII, p. 26-27.
[379] Qu'il appelait Globocznik, s'il faut en croire le compte rendu du procès, *TMI*, XII, p.24-25.
[380] *TMI*, XII, p. 19.

écrite sans même savoir ce qu'elle contenait, tant il avait été battu par ses gardiens britanniques.[381]

– D. Irving n'est pas certain –

À la page 280, D. Irving nous rappelle que, jusque dans ses conversations privées, prises en sténographie, Hitler tenait sur les juifs des propos qui prouvent que le Führer ignorait tout d'un programme d'extermination des juifs. Et D. Irving dit que ces propos étaient tenus devant des gens comme Martin Bormann, Reinhard Heydrich ou Heinrich Himmler qui, eux, savaient « certainement » qu'il y avait un tel programme et une telle extermination ! Il dit :

> « [Hitler] is saying this to the people who are actually doing the dirty deed. Or who certainly know it's going on. »
> ([Hitler] dit ceci aux gens qui, en fait, sont en train de faire la sale besogne. Ou qui certainement savent ce qui est en train de se passer.)

Je me permets ici une suggestion. Quand D. Irving dit « certainement », c'est qu'il n'est pas certain. Ce genre d'adverbe est souvent employé pour donner du poids à ce que l'on n'est pas certain de pouvoir démontrer. Pour Hans Frank et d'autres condamnés du procès de Nuremberg, Hitler jouait un double jeu. En réalité, ce double jeu n'a jamais existé. Ni les uns, ni les autres ne se cachaient un horrible secret : celui d'un programme d'extermination des juifs. Ce programme n'a tout simplement pas existé.

–D'où D. Irving tient-il que les Tsiganes ont été exterminés ?

À la page 282, D. Irving présente la liquidation physique des Tsiganes comme un fait avéré. Je ne vois pas sur quelle preuve il s'appuie. Certes, des Tsiganes ont été placés dans des camps de concentration, mais il y avait encore des troupes de Tsiganes qui donnaient des représentations de cirque jusque dans l'Allemagne de l'apocalypse. Et je n'ai pas l'impression que les Tsiganes soient une race disparue d'Europe continentale, ou qu'ils aient été, à la fin de la guerre, une race en voie d'extinction.

---

[381] Voy. R. Faurisson, « Comment les Britanniques... Rudolf Höss, commandant d'Auschwitz », vol. II, p. 657.

– Une erreur au sujet de Majdanek –

À la page 718 de son *Hitler's War,* D. Irving parle de « Majdanek près de Treblinka ». En fait, à vol d'oiseau, environ cent quatre-vingts kilomètres séparent Majdanek, qui est dans la banlieue de Lublin, et Treblinka qui se situe à l'est de Varsovie. Je vais mentionner ci-dessous Majdanek comme un des six emplacements où les exterminationnistes persistent à dire qu'il y avait des chambres à gaz homicides, bien que Martin Broszat, de l'*Institut für Zeitgeschichte* de Munich, ne mentionne pas ce camp dans sa fameuse lettre publiée dans *Die Zeit* le 19 août 1960 et bien que Gerald Reitlinger ne paraisse pas croire à l'existence de telles chambres à gaz dans ce camp où, écrit-il, « il n'y avait pas d'usine de mort dans le style d'Auschwitz. »[382]

– D. Irving pourrait-il trouver ces plans ?

À la page 49, D. Irving fait, en passant, une remarque sur Posen (Poznan). Il dit :

« Poznan was the area where several of the major concentration camps which were involved were located. »[383]

S'il veut dire « impliqués dans l'extermination », il commet une erreur. L'histoire officielle a progressivement réduit à six le nombre des camps dits d'extermination : il s'agit d'Auschwitz qui est dans l'extrême sud de l'actuelle Pologne, puis de Treblinka, Sobibor, Majdanek et Belzec situés à l'est, vers la frontière russe. Reste Chelmno-sur Ner, situé environ à cent quatre-vingts kilomètres à l'est de Poznan dans le département de Konin. La légende fait état de la présence à Chelmno de quelques *Stationierte Gaswagen*, c'est-à-dire de quelques « camions à gaz stationnés là » : des camions immatériels et magiques dont on se garde bien de nous montrer, autrement que par des dessins d'enfant, à quoi ils pouvaient ressembler. Je serais reconnaissant à l'excellent investigateur qu'est D. Irving s'il pouvait me trouver un plan de construction de l'un de ces camions gazeurs et, par la même occasion, un plan de Treblinka, un plan de Sobibor et un plan de Belzec ; je dis bien : un plan et non pas une quelconque « reconstitution par la mémoire » d'un témoin à charge, où, ingénument, pour nous faire croire à l'existence de

---

[382] G. Reitlinger, *Die Endlösung*, 4e éd., p. 332.
[383] « Poznan était le secteur où étaient établis plusieurs des grands camps de concentration impliqués ici. », D. Irving, *Hitler's War*, p. 49.

chambres à gaz homicides dans ces camps, le dessinateur a dessiné un minuscule rectangle baptisé non moins ingénument « emplacement de la (des) chambre(s) à gaz ». Car, le grand public l'ignore, on a monté de toutes pièces des procès contre des Allemands de ces camps en se contentant de représentations imaginaires des lieux du crime. Des « historiens » comme Gitta Sereny-Honeyman et Adalbert Rückerl ont l'aplomb de publier des ouvrages sur ces camps parfois sans nous montrer aucun plan, parfois en nous montrant des plans « reconstitués d'après la mémoire d'un témoin » de l'accusation. Germaine Tillion a fait mieux pour Ravensbrück. Elle donne un plan mais elle s'abstient discrètement de nous mentionner l'emplacement de la chambre à gaz homicide. Ces chambres à gaz sont décidément magiques.

La palme revient au camp de Treblinka. En 1945-1946, au grand procès de Nuremberg, la vérité officielle était que ce camp possédait des *steam chambers* au nombre de treize. On y exterminait les juifs avec de la vapeur d'eau.[384] À une époque que je ne saurais déterminer, ces chambres à vapeur sont devenues, et elles sont officiellement restées, des chambres à gaz.

Il est temps pour D. Irving de commencer par le commencement –

J'en arrive à une phrase de conclusion de la conférence de D. Irving. À la page 279, après avoir cité le correspondant d'Eichmann du 16 juillet 1941 et une réflexion de Hans Frank, il s'adresse aux historiens révisionnistes. D'un mot que je trouve pertinent, il les appelle les historiens "dissidents". Il dit :

> « [...] it's sufficient to make me suspect that there was some kind of major crime going on at the initiative of the local criminals on the spot. This I think is the line that dissident historians should take. »[385]

Ma réponse à D. Irving est la suivante :
Vous avez raison d'être soupçonneux. Dans l'investigation historique, le soupçon est le commencement de la sagesse. Mais, ce que vous considérez comme une ligne, en quelque sorte, d'arrivée, une ligne à laquelle il faudrait se tenir pour continuer l'enquête, je le considère

---

[384] Voy. doc. PS-3311, sixième charge contre Hans Frank, gouverneur général de Pologne.
[385] « Cela me suffit pour soupçonner qu'un crime majeur se déroulait à l'initiative, sur place, de criminels locaux. Telle est la ligne que les historiens dissidents devraient se fixer. », D. Irving, « On Contemporary History and Historiography », p. 279.

comme une ligne de départ. Partez de ce soupçon, si vous le voulez, mais ne vous en tenez pas là. Que ce soupçon soit un stimulant pour l'investigateur que vous êtes. N'hésitez pas à le remettre en cause au besoin. Vous dites vous-même franchement que vous n'avez « pas examiné cet aspect particulier de l'histoire ». Vous dites même que « [...] vous ne l'avez pas étudié ». Permettez à quelqu'un qui est entré dans ce sujet il y a de longues années et qui y a mené des investigations d'un caractère aussi matérialiste que possible de vous dire que le moment est venu pour un historien de votre valeur d'entrer dans le sujet et de l'étudier à votre façon à vous.

– D. Irving devrait étendre son offre de mille dollars –

J'aurais aussi quelques autres choses à dire à D. Irving, par exemple celles-ci :

« Je vous félicite des termes vigoureux que vous avez employés contre les persécuteurs de la libre recherche. J'ai dans ce domaine malheureusement une certaine avance sur vous. S'il y a une leçon que je retire de mon expérience du combat contre cette intolérance, c'est qu'il faut être inflexible. Il ne faut jamais craindre de se tenir bien droit face à un pareil ennemi. Il faut le provoquer. Il faut le débusquer. Il faut l'obliger au combat. Vous l'avez habilement provoqué en disant publiquement que vous étiez prêt à offrir telle somme si l'on vous apportait la preuve, par exemple, que Hitler savait quelque chose d'une extermination des juifs. Je vous dis : "Étendez votre offre au-delà de Hitler. Englobez les autres membres la hiérarchie et de l'administration nazie, en allant aussi haut ou aussi bas que vous voudrez : Himmler, Goering, Goebbels, Bormann, Ribbentrop, Rosenberg, Frank, Heydrich, Kaltenbrunner, Heinrich Müller, Oswald Pohl, Eichmann, Richard Glücks et d'autres. Ne craignez rien. Vous ne perdrez pas vos mille dollars." »

– R. Hilberg lui-même pourrait indiquer à D. Irving la voie à suivre –

Depuis longtemps un Raul Hilberg, ce pape de l'exterminationnisme, le seul pour lequel j'ai une sorte d'estime intellectuelle (car que valent de tristes sires comme Kogon ou Wiesenthal, Rückerl ou Martin Gray, Broszat ou Filip Müller, Wellers ou Poliakov ?), est allé beaucoup plus loin que vous. Son désarroi n'est pas celui d'un minable tricheur pris la main dans le sac. Son désarroi ressemble à celui d'un homme qui aurait accumulé une énorme somme de travail pour découvrir, en fin de compte, qu'il n'avait pas vu ce qu'un enfant est capable de voir : avant de se lancer dans des théories, il faut se soucier d'établir la matérialité des faits. « **Que s'est-il concrètement passé ?** » Telle est la première question à laquelle l'historien doit s'efforcer de répondre. La vérité n'est pas facile à trouver, soit, mais la vérité des faits, voilà déjà quelque chose de plus délimité, de plus précis, de plus accessible. Et puis, si beaucoup ne savent pas ce qu'est la vérité, du moins beaucoup savent-ils ce qu'est un mensonge. Chercher à débusquer le mensonge, c'est aider à l'apparition de la vérité des faits. R. Hilberg s'est aperçu sur le tard qu'il n'avait pas commencé par le commencement et qu'il avait été trop cérébral et insuffisamment matérialiste. Je vous conseille de lire la longue interview qu'il a accordée à Guy Sitbon, correspondant permanent du *Nouvel Observateur* aux États-Unis et qui a été publiée dans *Le Nouvel Observateur* du 3 au 9 juillet 1982. Mais peut-être vous sera-t-il plus aisé de vous reporter à un article de George De Wan paru dans *Newsday* (Long Island) du 23 février 1983 (p. II, 3) et intitulé « The Holocaust in Perspective ». Voici un échantillon de ce que R. Hilberg a déclaré à propos de ce qu'il appelle « The Destruction of the European Jews » :

> « But what began in 1941 was a process of destruction not planned in advance, not organized centrally by any agency. There was no blueprint and there was no budget for destructive measures. They were taken step by step, one step at a time. Thus came about not so much a plan being carried out, but an incredible meeting of minds, a consensus-mind reading by a far-flung bureaucracy. »[386]

L'un de nos conférenciers, le Dr Robert John, avait assisté à cette conférence donnée par R. Hilberg au Lincoln Center's Avery Fisher Hall. Il m'a confirmé que ces propos avaient bien été tenus et qu'il en avait été surpris. Pour ma part, ces propos ne me surprennent pas. R. Hilberg sait bien que, si demain D. Irving étudiait le cas de Himmler, de Heydrich, de Bormann, de Frank, de Globocnik pour descendre jusqu'au cas de l'adjudant-chef Otto Moll, responsable des crématoires de Birkenau, il aboutirait aux mêmes conclusions que pour Hitler. Aussi Hilberg, lié par les nécessités d'une thèse qu'il soutient depuis plus de vingt ans, est-il, en désespoir de cause, obligé de chercher une explication d'ordre magique : la transmission de pensée bureaucratique. Mais D. Irving, lui,

---

[386] « Mais ce qui commença en 1941 fut un processus de destruction non planifié à l'avance, non organisé et centralisé par une agence quelconque. Il n'y eut pas de projet et il n'y eut pas de budget pour des mesures de destruction. [Ces mesures] furent prises étape par étape, une étape à chaque fois. C'est ainsi qu'apparut moins un plan mené à bien qu'une incroyable rencontre des esprits, une transmission de pensée consensuelle au sein d'une vaste bureaucratie. »

est plus libre. Son hypothèse, celle qu'il a exposée au cinquième congrès révisionniste, a des ressemblances de forme avec celle de R. Hilberg. Mais ce dernier a déjà accompli toutes les investigations que D. Irving pourrait se proposer de faire maintenant. Et on en voit le résultat : une explication quasi-métaphysique de la prétendue extermination physique des juifs.

J'invite donc D. Irving à constater dans quelle impasse conduit la thèse de l'extermination des juifs et, dans un second temps, je l'invite à élargir son offre. On n'a jamais été capable de lui fournir une seule preuve que Hitler était au courant de l'extermination des juifs et de l'existence des chambres à gaz homicides. Je suis bien tranquille qu'il en sera de même pour tous les nazis du plus grand au plus petit. Personne ne pourra trouver dans ce domaine ce que R. Hilberg lui-même n'a jamais pu trouver. Le tome XLII et dernier du TMI contient un « *Affidavit Politische Leiter–54* » en date du 30 juillet 1946. Cette pièce résume l'examen de 26.674 déclarations d'anciens dirigeants politiques allemands placés par les Alliés dans des camps d'internement, concernant leur conduite et leur activité, à propos de la question juive. A l'unanimité, les 26.674 personnes ont répondu que « *sie von einer Vernichtung von Juden in sog. Vernichtungslagern erst nach der Kapitulation im Mai 1945 Kenntnis erhielten.* » (Ils n'avaient pris connaissance d'une extermination des juifs dans ce qu'on appelle camps d'extermination qu'après la capitulation en mai 1945.) Cette unanimité aurait-elle été possible si cette *Vernichtung* (extermination) avait existé ?

– Mon offre personnelle de mille dollars à D. Irving –

Tout au long de son *Hitler's War*, D. Irving s'abstient trop souvent d'indiquer les sources exactes de ses allégations en ce qui concerne « l'extermination ». Quand il s'agit d'un potin, sans doute intéressant mais sans grande portée, sur Hitler ou son entourage, il se fera un scrupule d'indiquer sa source et, parfois même, il fournira des explications détaillées sur cette source. Mais pour une assertion des plus graves quant à "l'extermination", c'est-à-dire pour une assertion au sujet d'un événement qui aurait affecté des millions d'êtres humains au cours de l'un des plus grands drames de l'histoire et qui doit certainement affecter le cœur même de l'entière conception que se fait D. Irving des dirigeants nazis et de l'État nazi, on ne trouve trop souvent rien. Par exemple, à la page 718 de son livre il écrit : "En octobre 1944, Himmler donna l'ordre d'arrêter l'extermination des juifs."

Je défie D. Irving de m'indiquer précisément le jour d'octobre 1944 où Himmler a donné cet ordre et de m'apporter la preuve de l'existence de cet ordre. S'il le fait, je lui verserai mille dollars.

D. Irving acceptera-t-il de relever mon défi ?

[N.d.é : Ce texte est inédit en français. La version anglaise en est parue dans le *Journal of Historical Review*, sous une forme abusivement écourtée par Willis Carto, dans le désir de ménager D. Irving. La conférence prononcée par ce dernier figure aux pages 251-288 (« On Contemporary History and Historiography ») et le commentaire de

R. Faurisson aux pages 289-305 (« A Challenge to D. Irving »), hiver 1984 ; voyez également la livraison du printemps 1985 aux pages p. 8 et 122 (« Dr Faurisson's Comments »).]

DÉJÀ PARUS

OMNIA VERITAS

OMNIA VERITAS LTD PRÉSENTE :

ÉCRITS RÉVISIONNISTES de ROBERT FAURISSON

LE DEVOIR DE MÉMOIRE EN **4** VOLUMES

Redécouvrons le sens de l'exactitude historique !

OMNIA VERITAS

OMNIA VERITAS LTD PRÉSENTE :

Les organisations juives ou sionistes, à travers le monde, sont en train de vivre un drame. Un mythe, dont elles ont cherché à tirer profit, est en train de se dévoiler : le mythe du prétendu «holocauste des juifs durant la seconde guerre mondiale».

ROBERT FAURISSON

ÉCRITS RÉVISIONNISTES
II

1984-1989

Les révisionnistes n'ont jamais nié l'existence des camps

OMNIA VERITAS

OMNIA VERITAS LTD PRÉSENTE :

"Par sa nature même, le révisionnisme ne peut que troubler l'ordre public ; là où règnent les certitudes tranquilles, l'esprit de libre examen est un intrus et il fait scandale."

ROBERT FAURISSON

ÉCRITS RÉVISIONNISTES
III

1990-1992

Tout Français a le droit de dire que les chambres à gaz n'ont pas existé

OMNIA VERITAS

OMNIA VERITAS LTD PRÉSENTE :

ROBERT FAURISSON

ÉCRITS RÉVISIONNISTES
IV

1993-1998

ROBERT FAURISSON

ÉCRITS RÉVISIONNISTES
IV
1993-1998

"La question de l'existence des chambres à gaz nazies est d'une considérable importance historique, car si elles n'ont existé, nous n'avons plus aucune preuve que les Allemands ont entrepris l'extermination physique des juifs…"

D'où les sanctions judiciaires qui s'abattent sur ceux qui en contestent l'existence

OMNIA VERITAS

Omnia Veritas Ltd présente :

LES ŒUVRES DE PAUL RASSINIER

LE MENSONGE D'ULYSSE
&
ULYSSE TRAHI PAR LES SIENS

LE DISCOURS DE LA DERNIÈRE CHANCE
À LE VÉRITABLE PROCÈS EICHMANN

LE DRAME DES JUIFS EUROPÉENS
À LES RESPONSABLES DE LA 2ND GUERRE MONDIALE

J'avais pensé que, sur un sujet aussi délicat, il convenait d'administrer la vérité à petites doses

OMNIA VERITAS

OMNIA VERITAS LTD PRÉSENTE :

ŒUVRES & ÉCRITS de CHARLES MAURRAS

7 VOLUMES POUR RETROUVER LE SOUFFLE DE L'ESPRIT FRANÇAIS

Pour sortir de la domination cosmopolite, célébrons Maurras !

*O*MNIA VERITAS   Omnia Veritas Ltd présente :

LES PAMPHLETS de LOUIS-FERDINAND CÉLINE

« ... que les temps sont
venus, que le Diable
nous appréhende, que
le Destin s'accomplit. »

LF Céline

BAGATELLES POUR UN MASSACRE

L'ÉCOLE DES CADAVRES

LES BEAUX DRAPS

Un indispensable devoir de mémoire

---

*O*MNIA VERITAS   Omnia Veritas Ltd présente :

Les décombres

Lucien Rebatet
Les décombres

Lucien Rebatet

La France est gravement malade, de lésions profondes
et purulentes. Ceux qui cherchent à les dissimuler, pour
quelque raison que ce soit, sont des criminels.

Mais que vienne donc enfin le temps de l'action !

---

*O*MNIA VERITAS   Omnia Veritas Ltd
présente :

Pierre-Antoine
Cousteau
Lucien Rebatet

Dialogues
de "vaincus"

Lucien Rebatet
Dialogues
de "vaincus"
Pierre-Antoine
Cousteau

«Pour peu qu'on décortique un peu le système, on
retrouve toujours la vieille loi de la jungle, c'est-à-dire le
droit du plus fort.»

Le Droit et la Justice sont des constructions métaphysiques

OMNIA VERITAS
Omnia Veritas Ltd présente :
LA CONTROVERSE DE SION
de
Douglas Reed
Les racines multiséculaires et l'agenda caché du sionisme.
L'ouvrage-clef non-censuré
enfin disponible en français !

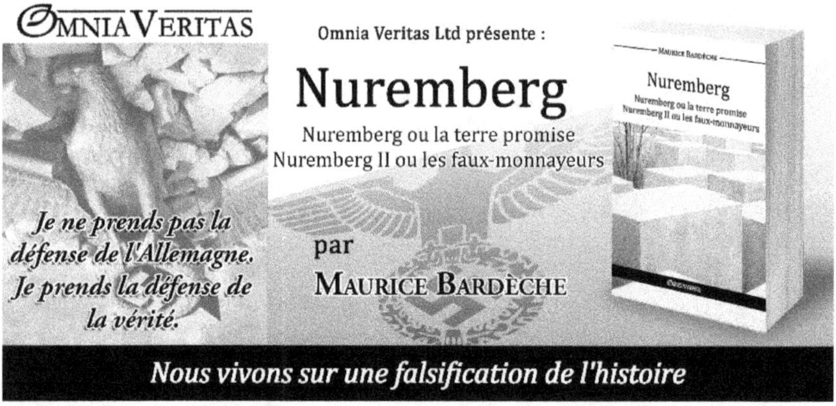
OMNIA VERITAS
Omnia Veritas Ltd présente :
Nuremberg
Nuremberg ou la terre promise
Nuremberg II ou les faux-monnayeurs
par
MAURICE BARDÈCHE
Je ne prends pas la défense de l'Allemagne. Je prends la défense de la vérité.
Nous vivons sur une falsification de l'histoire

OMNIA VERITAS
Omnia Veritas Ltd présente :
MON TESTAMENT
POLITIQUE & PRIVÉ
Un homme ne doit jamais perdre contact avec le sol sur lequel il a eu le privilège de naître. Il ne doit s'en éloigner que temporairement et toujours avec l'idée d'y revenir.
1933 ~
MON TESTAMENT POLITIQUE & PRIVÉ
Un peuple qui veut prospérer doit rester lié à sa terre

OMNIA VERITAS

Omnia Veritas Ltd présente :

Quel est le peuple, quelle est la nation qui devrait être la première du monde par ses vertus, par son passé, par ses exploits, par ses croyances ?

J. A. Metzel

LE PASSÉ, LES TEMPS PRÉSENTS ET LA QUESTION JUIVE

LE PASSÉ, LES TEMPS PRÉSENTS ET LA QUESTION JUIVE

Que s'est-il passé pour ce qui devrait être ne soit pas ?

OMNIA VERITAS

Omnia Veritas Ltd présente :

JEAN-PIERRE ABEL

L'ÂGE DE CAÏN par JEAN-PIERRE ABEL

L'AGE DE CAÏN
PREMIER TÉMOIGNAGE SUR LES DESSOUS DE LA LIBÉRATION DE PARIS

« Ce livre n'est pas un roman. Je ne fais qu'y conter des événements dont j'ai été le témoin... »

PREMIER TÉMOIGNAGE SUR LES DESSOUS DE LA LIBÉRATION DE PARIS

Abel qui renaît à chaque génération, pour mourir encore par la grande haine réveillée

OMNIA VERITAS

Omnia Veritas Ltd présente :

LÉON-MARIE VIAL

LE JUIF SECTAIRE ou la TOLÉRANCE TALMUDIQUE

LE JUIF SECTAIRE ou la TOLÉRANCE TALMUDIQUE

PAR
LÉON-MARIE VIAL

Ce volume est l'esquisse, à grands traits, de la tolérance des juifs, à travers dix-neuf siècles, à l'égard des chrétiens, spécialement des chrétiens français.

La France est perdue si elle ne brise à bref délai le réseau des tyrannies cosmopolites...

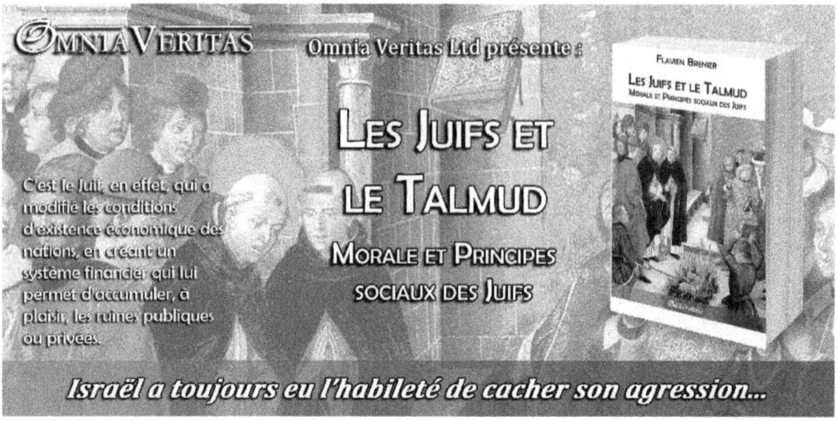

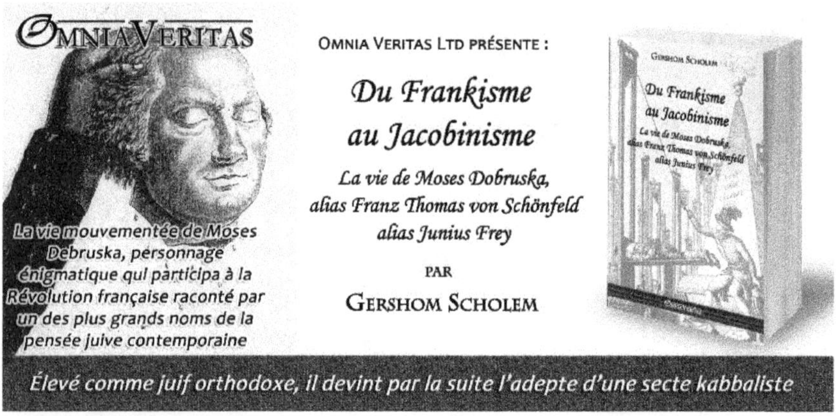

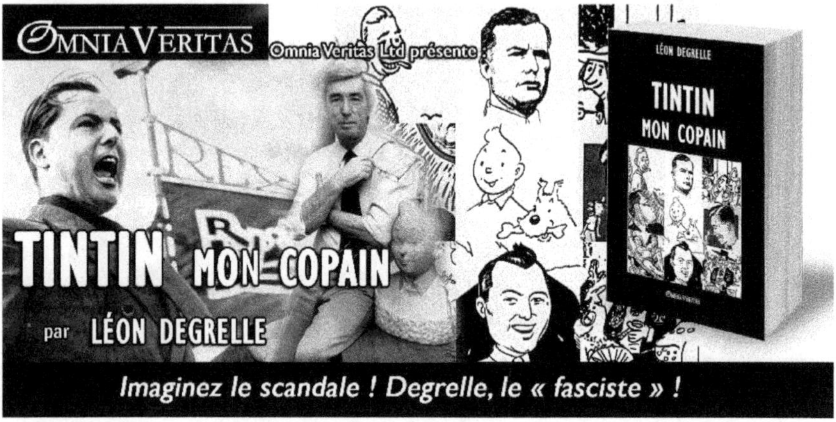

www.omnia-veritas.com

www.ingramcontent.com/pod-product-compliance
Lightning Source LLC
Chambersburg PA
CBHW060320100426
42812CB00003B/832